江苏省高等学校实验室管理研究成果汇编

魏永前　董　林　熊宏齐　主　编

南京大学出版社

图书在版编目(CIP)数据

江苏省高等学校实验室管理研究成果汇编 / 魏永前，董林，熊宏齐主编. -- 南京：南京大学出版社，2024.11. -- ISBN 978-7-305-28500-4

Ⅰ.G642.423

中国国家版本馆 CIP 数据核字第 2024Q86J47 号

出版发行　南京大学出版社
社　　址　南京市汉口路 22 号　　邮　编　210093
书　　名　**江苏省高等学校实验室管理研究成果汇编**
　　　　　JIANGSUSHENG GAODENG XUEXIAO SHIYANSHI GUANLI YANJIU CHENGGUO HUIBIAN
主　　编　魏永前　董　林　熊宏齐
责任编辑　刘　飞　　　　　　　　编辑热线　025-83592146
照　　排　南京开卷文化传媒有限公司
印　　刷　南京新洲印刷有限公司
开　　本　787 mm×1092 mm　1/16　印张 34.75　字数 803 千
版　　次　2024 年 11 月第 1 版　2024 年 11 月第 1 次印刷
ISBN 978-7-305-28500-4
定　　价　128.00 元

网　　址：http://www.njupco.com
官方微博：http://weibo.com/njupco
官方微信号：njupress
销售咨询热线：(025)83594756

＊版权所有，侵权必究
＊凡购买南大版图书，如有印装质量问题，请与所购
　图书销售部门联系调换

编委会

主 编

魏永前　董　林　熊宏齐

副主编

（按姓氏笔画排序）

丁兆奎	于江华	马江权	王　勤
冯建刚	庄志洪	农春仕	刘拥军
刘兼唐	刘鹏展	许朝山	孙爱东
吴祝武	何文科	沈清明	张徐祥
陈永清	陈晓猛	陈晓琴	邵光辉
周　军	周国栋	胡　凯	赵建新
赵树宇	俞宝龙	章奕晖	盖宏伟
葛志明	董　云	强伟纲	蔡以兵
臧延金	鞠建峰	戴　亮	

序

三十载春秋更迭，南京大学戴安邦先生的睿智洞见犹在耳畔回响，他深刻指出："唯知识与技术之传授，实乃教育之片面；全面之高等教育，当融知识传授、技能锤炼、科学方法培育、思维启迪及科学精神与品德涵养于一体。实验教学，恰为达成此境之最为有效之教学范式"。同年，由南京大学、苏州大学等十所高校强强联合，共同完成的"大学基础化学实验课系统改革的研究与实践"成果，荣膺国家级教学成果奖特等奖，此举犹如破晓之光，照亮了我国高等教育重视实验实践教学与实验室建设的崭新征程。

二十载风雨兼程，教育部为全面促进高校秉持以生为本、知识传授与能力培育并重、素质提升协调发展的教育理念，以能力培养为核心的实验教学观念，高瞻远瞩地启动了国家级实验教学示范中心建设。随后，东南大学等江苏省众多高校积极响应，百余个国家级实验教学示范中心应运而生。江苏省高校依托高素质实验教学团队、高水平资源共享平台、高质量开放服务体系以及现代化管理机制，引领了全国高校实验室建设与发展的潮流。

近十年来，江苏省高校实验室研究委员会肩负使命，各高校实验室工作者紧密围绕深入学习贯彻习近平新时代中国特色社会主义思想，贯彻党的十九大、二十大精神以及习近平总书记视察江苏的重要讲话指示精神，围绕建设世界一流大学和一流学科的宏伟目标，全面贯彻党的教育方针，落实《中国教育现代化2035》，坚持立德树人。我们发表并出版了众多基于实验教学与实验室建设研究的佳作，举办了一系列实验室创新发展论坛，提出了一系列现代化高校实验室建设与安全研究的良策，制定并出台了一系列规范、通则、规程、指导意见及安全教育共享资源等，为江苏省高校构建了体系化、精准化、科学化的实验教学与实验室管理体系，提供了丰富的理论与实践指导素材。目前实验室建设成果斐然，已惠及全省乃至全国高校。

　　卅年弦歌不辍，薪火相传；廿载栉风沐雨，春华秋实；十年奋楫笃行，铸魂筑梦。为进一步契合江苏教育发展的道路规划，形成高质量的高校实验教学与实验室建设体系及江苏特色，支撑江苏教育实现高水平跨越，江苏省第八届高校实验室研究委员会在江苏省教育厅、江苏省高等教育学会的领导下，向全省168所高校发出征文邀请，邀集专家对各类研究论文与实践案例进行严谨评审，精选了70余篇优秀论文与典型管理案例。本着"扎根江苏大地，凝练江苏优势实验室管理资源，探索建设中国特色、世界一流大学实验室工作新路径"的宗旨，将成果集正式出版，这必将为我省高等教育内涵建设的深化、教育质量的全面提升、高校服务经济社会发展能力的显著增强，以及确立创新型、开放型、特色型、服务型的江苏教育发展道路，做出全省高校实验室管理人的卓越贡献。

张徐祥　教授
江苏省高校实验室研究委员会第八届理事会副理事长、秘书长

目 录

第一部分 已发表成果

3 新时期高校教学实验室安全教育"三全"模式设计
　　　　　　　　　　　　　　　　　　　　　　李孔文

9 虚拟仿真实验教学助推理论教学与实验教学的融合改革与创新
　　　　　　　　　　　　　　　　　　　　　　熊宏齐

16 新时代深化高校实验技术队伍改革的探索与实践
　　　　　　　　吴祝武　于　泽　辛　良　孙志华　赵　华

22 校院两级大型仪器设备开放共享体系建设与实践
　　　　　　　　　　　　　　　　　　　吴智丹　马洪雨

31 高校实验室安全"双体系"预防体系的探索与实践
　　　　　　　　　　　　　　魏永前　陈洪霞　姜享旭

37 云降水物理学虚拟仿真实验资源设计与实现
　　　　吕晶晶　朱　彬　何都良　安俊琳　刘晓莉　王　静　项　磊

43 高校实验技术人员岗位考核的探索与实践
　　　　　　　　　　　　　　　郭　盛　高　翔　尹婵娟

50 "双一流"行业高校建设虚拟仿真实验教学项目的探究
　　　　　　　　农春仕　孟国忠　周德群　潘　越　张远兰

| 60 | 大型仪器平台科研服务效率与质量的并行提升 |

严丽娟　徐凌云　舒　婕

| 67 | 基于虚拟仿真的线上线下融合专业实验教学体系构建 |

熊宏齐

| 77 | 矿业工程多专业融合数字场景体验式教学方法 |

徐剑坤　王恩元　习丹阳　周　蕊

| 85 | 基于"智慧实验室"的高校实验室信息化探究与实践 |

石　磊　庄志洪　李　博

| 93 | 促进国产科研仪器发展的策略研究 |

孙占久　王　超　吕晶淼

| 100 | 高校实验室安全管理体系建设探索与实践 |

陈洪霞　魏永前

| 104 | 学科交融的生命科学基础实验教学平台建设 |

杜　坤　郭宾会　傅媛媛　骆　乐　陈一兵　周　俊　魏万红

| 110 | 高校实验室废液处理工作规范的构建 |

徐　文　张　键　李　江　陈一兵　张惠芹

| 117 | 高危环境事件中大气污染探测虚拟仿真系统设计与实现 |

安俊琳　项　磊　吕晶晶　朱　彬

| 122 | 江苏省高校虚拟仿真实验教学共享平台建设与实践 |

祖　强　魏永军　熊宏齐

| 129 | 地方本科高校实践教学体系改革的研究 |

刘振海　祖　强　张长森　董云芝

| 136 | 高校化学类科研实验室安全管理的探索与实践 |

李育佳　徐　铮　章福平　唐廐庚

| 142 | 多校区运行模式下高校大型仪器设备共享优化策略研究 |

刘宇雷　王　超

| 148 | 高质量发展背景下高校实验教学育人能力的建设 |

刘　虎　王　勤

| 155 | 关联案例平台的实现及在MIS教学中的应用研究 |

申　彦　樊茗玥　刘春华

| 165 | 虚实结合PBL双创课程教学研究 |

申　彦　杜建国　童金根　窦　倩　张亚菲

| 171 | "双一流"目标下的高校实验室建设与管理 |

崔国印　黄　刚　聂小鹏　郭　盛　尹婵娟

| 177 | 基于物联网基础下的大型仪器共享平台管理模式 |

孙志传　王重庆　潘宜昌

| 185 | 大型科学仪器设备开放共享"网格化"效益评价体系的构建与实践 |

王洪洲　张　乐　段伦超

第二部分　拟发论文

| 195 | "三实"模式的实验室安全教育体系建设与实践 |

南盼盼　陈彦达　徐邦瑜　李梅映　姚李娜　陈如松

| 203 | 基于GIS的高校实验室安全管理信息化平台设计与构建 |

赵建新　钱婷婷　高　珂　郑　磊　周小沪

209	中国药科大学实验室隐患排查治理体系的建设与实践
	常其沛 郑碧云 徐金星

216	基于射流冲击平板实验平台培养交叉学科实验方案设计能力
	吴里程 康 灿 刘海霞 李明义

224	实验室安全智能化管理：提升安全水平与效率的新策略
	娄 阳

228	双重预防机制下危险源辨识管控在涉化类高校中的探索研究
	居晨玉 黄 勇 张 晔 吴凌云 张 琳 马江权

240	基于数字孪生的高校实验室高温设备智能化监管体系的研究与实现
	张惠芹 章小卫 杜 坤 李 江

248	基于雷达图的高校实验室危化品管理评价模型研究与实践
	潘 越 农春仕

256	高校实验材料成本管控对策研究
	董云芝 孙爱东 高锦飚

262	高等特殊教育院校实验室实施"7S"管理的探索
	成诗敏 艾 蓉 王 娟

269	信息技术环境下电工电子实验室的探索与改革
	韩 磊 任云晖

275	高校实验室事故致因风险贝叶斯网络因果推理分析
	李贤功 吴祝武 赵 建 袁 玲

287	国家级实验教学中心助力创新创业教育的探索与实践
	孔令娜 曹 蕾 李刚华 吴 震

292	新工科导向的设计实践教育及其改革策略研究
	刘　华　曾庆抒　段齐骏

298	"互联网＋"化工原理实验平台建设助力实验虚实结合教学
	薛　峰　朱　珺　王　晟　李明海　居沈贵

306	基于"三全体系"的高校仪器可持续发展应用研究
	高　杰　陶　梅　王丽华　王方田

317	教育信息化背景下建筑类虚拟仿真实验平台建设研究
	葛　峰　高建华　郭华瑜　李静娴　李　强

326	高校实验室安全研究知识图谱的发展趋势探讨
	张慧琴　李中凯　王　鹏

第三部分　优秀管理案例

343	高校安全实训基地建设
	刘　斌　南盼盼　李梅映　徐邦瑜　陈彦达　陈如松

348	高校实验室安全管理体系构建与改革实践
	吴祝武　孙志华　郝雄飞　许婵婵　张　辉　项志前

355	鸡胚孵化及蛋鸡饲养虚拟仿真实验教学项目
	王　恬　张艳丽　蒋广震　时晓丽

363	高校实验室安全管理体系构建与实践
	魏永前　姜享旭

371	大型仪器X射线光电子能谱仪服务典型案例
	周传强　周　俊　黄学武

| 375 | DN25～1 000 mm 流体机械多功能试验台共享服务 |

陈刻强　郎　涛

| 377 | 大型仪器共享典型案例 |

——南京邮电大学分析测试中心"显微电镜"机组

苏晓丹　王　锦　陈月花

| 383 | 提高石化工程人才解决复杂工程问题能力的螺旋递进式实践教学模式构建与实践 |

马江权　魏科年　黄　薇　钟　璟　陈　群

| 391 | 践行医教协同育人，线上线下同频共振 |

——徐州医科大学外科学 1 实验教学新探索

何　毅

| 397 | 无锡职业技术学院机械制造工程中心实训基地建设案例 |

杨　飞　王　骏

| 406 | 长三角现代航海技术虚拟仿真实训基地建设与实践 |

完剑侠　苏文明　丁振国

| 420 | 产教谱系指引，共享工厂融汇 |

——汽车关键零部件智能制造虚拟工厂的建设与应用

许爱华　许成中　杨　晨　郑伶俐　束亚林　唐　悦

| 427 | 电工电子基础课程实验教学规范的研究与达成体系的设计 |

胡仁杰　堵国樑

| 430 | 长江经济带科技资源共享优秀服务案例 |

——激光粉末床熔融增材制造系统

顾冬冬

| 436 | 基于创新驱动的语言学实验教学供给侧改革与实践 |

杨亦鸣　朱祖德　张　强　耿立波

443 产教融合背景下 ICT 实验室的建设与实践

李清波　朱立砚　武　超

448 校企协同应用型本科"课、赛、证"融通的建设实践

李锦辉　孟正大

453 MEMS 电容式加速度计虚拟仿真实验

卜雄洙　吴志强　姜　波　张　晶　王　宇　朱蕴璞　苏　岩

460 南京理工大学"废旧仪器设备拆装工坊"
　　——让废旧设备成为激发学生原始创造力的新能量

张小兵　王亚群　魏　亚　丁　浩

466 化工大类课程教学与实践耦合提升学生工程创新能力的探索

钟　秦　丁　杰　张舒乐

472 一流资源集聚、辐射强、影响广的车辆工程国家级虚拟仿真实验教学中心建设

耿国庆　江浩斌　尹必峰　曹晓辉

475 分析测试中心"核磁共振波谱仪"机组

郑　超　赵　惠　亓媛媛

482 创新线上线下混合多元化实践渠道

胡仁杰　郑　磊　黄慧春　王凤华　徐莹隽

485 虚实结合的土木工程专业实验教学体系构建
　　——以土木工程国家级实验教学示范中心(东南大学)为例

徐伟杰　徐　明　郭　彤　熊宏齐　陆金钰　黄　镇
王燕华　胥　明　刘　艳　杜二峰　徐向阳　顾大伟

493 南京理工大学大型仪器设备开放共享"五个一"全生命周期管理模式介绍

贺　薇　严　瑞

500	严守安全底线,全面提升实验室安全精细化管理水平	
		李 强 颜 雪 余雅昕

504	编制高校实验室危险化学品安全管理指南,助力提升高校实验室本质安全化水平	
		潘 勇 周 汝 王静虹

510	理论实验一体化教学模式	
		堵国樑 黄慧春

512	磁共振成像原理与序列应用虚拟仿真实验课程	
		孙 钰 万遂人 张 宇 付德刚 周光泉

521	大型科研仪器开放共享平台课程构筑博士生创新技能	
		陆 巍 钱 猛 何琳燕 王国祥

529	新型动物科学类专业人才核心能力培养体系的构建与创新	
		毛胜勇 姜 平 王 恬 蒋广震 曹瑞兵 熊富强 张艳丽

537	江苏大学实验室全流程、精准化安全管理案例	
		吴云龙 夏姣姣 李 静

540	后 记	
		江苏省高等教育学会高校实验室研究委员会

第一部分

已发表成果

新时期高校教学实验室安全教育"三全"模式设计

李孔文[①]

摘 要:高校教学实验室既是培养学生实验技术能力的主要教学场所,也是学生开展创新实践的重要实验平台。确保安全是实验室进行任何教学科研活动的基础,而安全教育是保障教学实验室安全的关键。该文通过分析高校教学实验室安全教育所处的新时期的特点,探讨并提出了与之相适应的全员参与、全过程培养、全方位教育的"三全"教育模式,阐明了涵盖责任主体职能、教育过程组织、教育形式方法运用等内容的教学实验室安全教育整体设计方案,可为高校开展实验室安全教育提供参考。

关键词:教学实验室;安全教育;教育模式

高校教学实验室安全工作直接关系到广大师生的生命财产安全以及学校和社会的安全稳定[②]。通过对实验室安全事故的分析发现,因违反操作规程和操作不当所引发的事故相对较多[③],这说明导致安全事故发生的关键是人的因素。因此,以提高人的安全意识和安全素质为主旨的安全教育,是防止各类事故发生的前提,是落实安全管理方针的具体体现,也是保障实验教学安全的关键[④]。新时期高校如何加强实验室安全教育、保持长效工作机制、增强安全教育效果,是值得高校实验室相关工作者探索研究的重要课题之一。

一、高校教学实验室安全教育所处的新时期

安全教育培训是以受教育者获得安全意识和素养以及某种特定技能为目的的教育,是从根本上预防事故发生的主要方法和手段[⑤⑥⑦]。为了避免事故发生,许多高校设置了安全教育环节,组织安全教育宣传培训,探索适合自身实际的实验室安全教育模式,形成

---

① 作者简介:李孔文,南京大学讲师,主要研究方向为实验室管理、资产管理、工程管理及信息化建设。
② 教育部.关于加强高校教学实验室安全工作的通知:教高厅〔2017〕2号[Z].2017.
③ 李志红.100起实验室安全事故统计分析及对策研究[J].实验技术与管理,2014,31(4):210-213,216.
④ 代显华.实验教学安全管理概述[M].北京:科学出版社,2013.
⑤ 徐媛,吴超.安全教育学基础原理及其体系研究[J].中国安全科学学报,2013,23(9):3-8.
⑥ 傅贵,李宣东,李军.事故的共性原因及其行为科学预防策略[J].安全与环境学报,2005,5(1):80-83.
⑦ 李宇静,刘义.安全培训的有效性分析[J].中国安全生产科学技术,2014,10(增刊1):204-210.

了保障和推进实验室安全教育的机制体制[1][2][3]。当前,高校教学实验室安全教育处于新的时期,具有以下4个特点,各高校应掌握安全教育的特点、把握时代变化、更好地顺势调整,以便建立更加完善的实验室安全教育体系。

(1) 高校对教学实验室安全工作更加重视。自2017年起,教育部要求高校进一步加强教学实验室安全工作,并实施安全工作年度报告制度和健全安全检查工作机制[4]。通过加强检查和督查,各高校基本建立了实验室安全管理办法和条例,初步形成了安全工作齐抓共管的共识,但对于安全教育的职责主体、教育内容、教育形式及考核方式等还没有形成具体的标准、规范和指南。随着教育主管部门、高校及社会更加重视实验室安全工作,实验室管理者应积极把握这一有利时机,提前设计、优化并实施更为有效的安全教育方案。

(2) 高校对教学实验室提出更高要求。目前,教学实验室已成为学生拓展训练、创新培养的基地,除了实验教学任务之外,还为学生开展综合性实验、设计性实验及研究性实验提供条件支持。随着实验室功能的增加,进入实验室学习的人次势必增加,实验室潜在的安全风险也将大幅提高,因此对学生开展实验室安全教育愈加必要。安全教育是防灾减灾、应对危机最有效的方式之一[5]。为适应实验室人员流动性变大、实验风险增加的新情况,需要树立全员、全程、全面的安全教育观,探索并实践"以学生为本"的实验室安全教育模式。实验室安全教育既是避免事故发生、减少健康危害的有效手段,也是培养学生综合素质的重要方式。

(3) 大学生安全健康意识增强。2020年突如其来的新冠疫情给高校安全教育带来了很大的影响,但也迎来了学生更加重视安全与健康的新时期。后疫情时代,学生对安全知识、防护技能、突发事故处理方式的学习愿望比较强烈,更加关注生物安全问题,愿意学习个人防范措施、救护逃生程序等。掌握安全知识及能力需要反复训练、强化记忆,如在关于火灾演练的研究中发现疏散培训频率越高,人员疏散意识越好[6]。高校实验室安全教育不仅应包含学生关心的安全知识,还应为学生提供反复训练的环境和机会。实验室可以看作是学生未来工作环境的微缩版,特别是理工科专业的实验室,在布局、设备等方面是按照业界通用标准建设的,因此如果充分利用实验室进行安全教育,培养学生形成安全意识,掌握安全方法等,这将为学生毕业后走上工作岗位打下良好的基础。正是在全社会更加重视公共安全的新时期,高校应把握契机加强实验室安全教育,以学生需求为引线,指导学生主动学习、扩展学习,培养其安全习惯。

(4) 教育技术快速发展。当前,高校实验室安全教育方式相对单一,大多数安全教育

---

[1] 李丁,曹沛,王萍,等.高校实验室安全管理体系构建的探索与实践[J].实验室研究与探索,2014,33(3):274-277.
[2] 顾昊,曹群,孙智杰,等.实验室安全教育体系的构建及实践[J].实验室研究与探索,2016,35(4):281-283,292.
[3] 崔琳,杜奕,陈定江,等.以安全准入为核心的实验室安全管理信息化系统构建及应用[J].实验技术与管理,2020,37(11):277-281.
[4] 宋毅,高东锋.新时代高等学校教学实验室安全管理体系与管理能力提升实践[J].实验技术与管理,2020,37(1):1-2,9.
[5] 梁静,宋乃庆.生命旨归与危机理性:全民安全教育体系的构建逻辑[J].国家教育行政学院学报,2021(1):73-75.
[6] 陈长坤,秦文龙,童蕴贺,等.突发火灾下人员疏散心理及行为的调查与分析[J].中国安全生产科学技术,2018(8):35-40.

以理念传授为主,即使部分高校开通了安全学习网站,学习内容也是以文字介绍为主,学生的安全知识学习过程缺乏体验感,学生实际参与度不高,学习效果难以保证。科技进步推动了教育技术的快速发展,也为安全教育采用更多教育手段提供了可能,如模拟仿真技术、在线教学等。先进的教育技术突破了时空限制,可以使学生按需选择教学内容,随时随地开展学习,提高了学习效率,得到了学生的普遍认可[①]。新时期,唯有充分利用新的教育技术、探索教育内容与新工具的融合并创新教学方式,才能够吸引学生积极参与到实验室安全教育中,确保安全教育的实际效果。

二、实验室安全教育"三全"模式

实验室安全教育的"三全"模式是指在实验室安全教育中实现全员参与、全过程培养和全方位教育,主要思想是以培养学生安全能力为目标,加强学生的实验室安全防护和安全操作技能,提升其安全责任感。

1. 全员参与实验室安全教育

人是教育活动的主体,对安全教育的成效起决定作用[②]。高校实验室安全教育的实施主体应由指导和参与实验室安全教学、管理及服务等全体人员组成,形成全员参与的实验室安全教育的协同育人系统,共同承担安全教育责任,以保障实验室安全教育得以实施。实验室安全教育中不同层面的教育者承担各自不同的教育职能。按照当前高校的实际情况,可以建立全员参与的实验室安全教育责任体系(见图1),明确不同角色教育者的具体教育任务与职责。

(1) 管理责任人。学校领导负责动员和协调各方力量,重视和推进实验室安全教育工作。教务部门和实验室管理部门共同制定实验室安全教育责任体系的制度规范,明确实验室安全教育进课程、进课堂、进培养方案的政策规定。院系及实验中心负责实验室安全教育人员的选配、培训及管理,并根据专业特点开设实验室安全的必修课或选修课,建立实验教师与实验技术人员合作分工的工作机制,保障实验室管理人员权责落实。

(2) 实施责任人。实验课教师须在课上讲授实验安全知识、安全操作要领等;课题及项目导师须协助有关部门组织安全教育培训,进行实验安全性评估,负责评估实验项目安全等级等;实验技术人员负责示范和指导学生进行实验准备、监督学生安全操作,实验室管理人员负责制定实验室使用规范、落实实验室安全教育制度、布置实验室环境、建立实验室安全文化等。

(3) 辅助责任人。学生工作管理部门及辅导员应将安全教育纳入学生能力培养方案或学生综合素质考评方案,注重在日常教育活动中进行安全意识培养。保卫处及后勤工作部门负责实验室日常安全检查,避免实验室内部及外围发生消防、触电等非实验类安全事故。

---

① 薛成龙,郭瀛霞.高校线上教学改革专项及应对策略大学生信息化程度[J].华东师范大学学报(教育科学版)2020(7):65-74.
② 叶澜.教育概论[M].北京:人民教育出版社,2006.

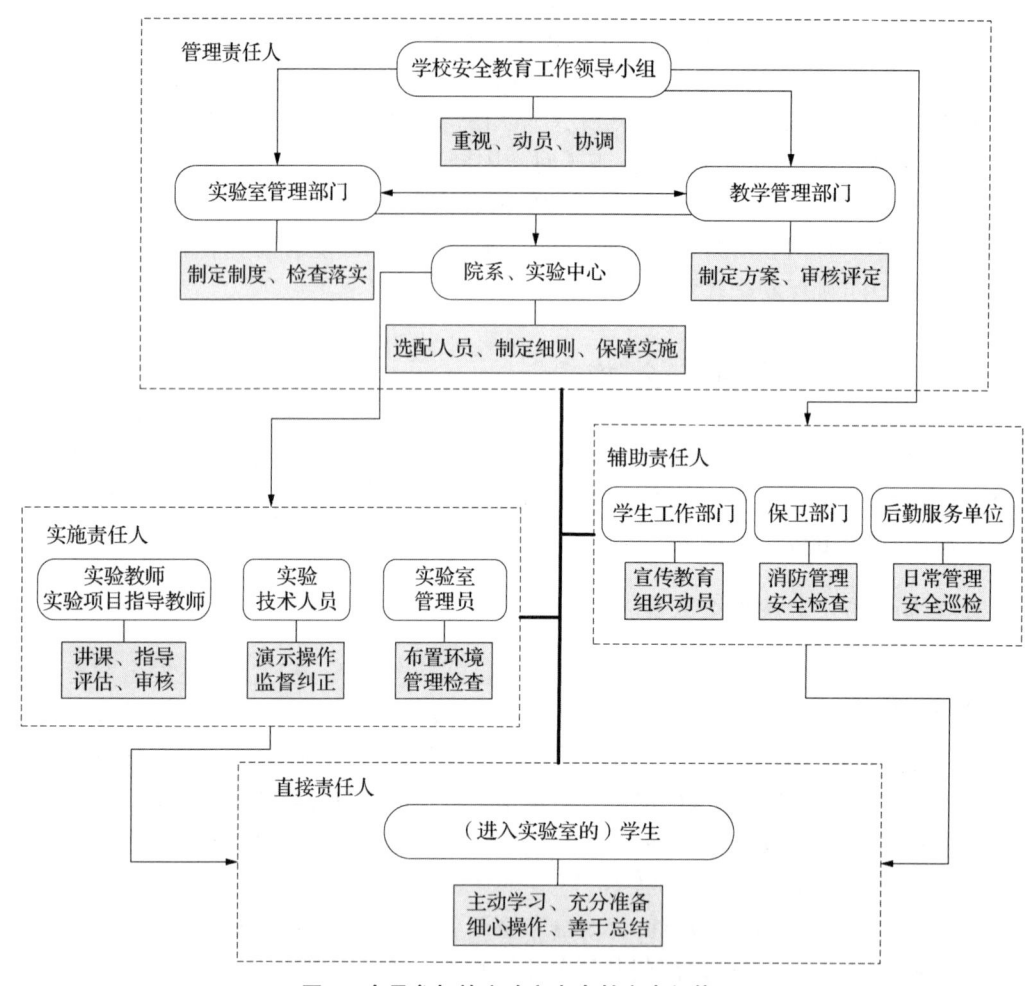

图 1　全员参与的实验室安全教育责任体系

（4）直接责任人。学生是安全教育的受益者，也是安全的直接责任人，必须牢记安全是每个人自己应负的责任[①]。通过制度约束、安全习惯形成，潜移默化地培养学生的安全责任意识。此外，须要求学生自觉加强安全知识学习及技能训练，熟悉实验室安全隐患和应急事件处置流程，掌握仪器设备安全操作规程等。

全员参与实验室安全教育需要持续激励安全教育参与者的主观能动性和积极性，形成安全教育合力。这需要不同层次的教育者各司其职，明确学校、院系、实验室的教育职能和管理职责，建立保障和推进实验室安全教育工作的一系列制度规范，鼓励实验室的每一位成员重视安全、履行安全职责。

2. 全过程实施实验室安全教育

教育时机的选择直接影响学生学习的效果[②]。实验室安全教育应结合实验过程的特

[①] 詹伟峰.系统理论视角下高校安全教育体系探析：以纽卡斯尔大学为例[J].教育评论，2017(11)：66-70.
[②] 叶澜.教育概论[M].北京：人民教育出版社，2006.

点和学生的学习规律,把握好融入实验教学活动的教育时机,将安全教育覆盖实验的全过程。实验教学课可划分为以下4个阶段。

(1) 即将进入实验室阶段。实验室安全准入制度要求所有进入实验室的人员必须接受实验室安全教育培训,考核合格后才准予进入实验室开展或参与教学科研工作。这个阶段的安全教育培训可以充分发挥不同教育媒体的作用,帮助学生了解必备的安全内容,特别是借助信息化平台和工具进行安全教育和安全能力测试,如针对微小型安全事故,可通过现场模拟,训练学生处置事故的能力。但是对于大型安全事故,现场模拟投入成本高、效果难以预估,还存在次生风险,因此可运用现代虚拟仿真技术,使学生能够身临其境地进行安全防护和学习事故处理的正确操作方法。此外,培训学生在每次实验前能够对实验项目存在的安全风险进行评估,明确安全隐患和应对措施,养成事前进行安全评估与防范的习惯。

(2) 实验开始前准备阶段。每一次实验可能是在不同的实验室进行的,必须使学生了解所在实验室的危险源及应急事件处置操作流程。实验教师可通过警示标识、处置流程海报、安全手册等媒介对学生进行安全教育引导,也可以通过信息系统与使用实验室的权限联动,设置对当前实验室的安全内容必读环节或专项测试,以确保学生充分了解实验室的相关情况。此外,实验教师应反复强调安全意识,要求学生熟悉安全规程及操作规程。

(3) 实验进行阶段。实验开始后,对仪器设备、实验用具的正确使用是重要的安全保障之一。教师可通过讲解和演示的方式告知学生如何安全使用,也可利用实验室内的教学演示系统,播放正确的操作规程视频,介绍安全操作的关键点。对于危险系数高的仪器还可以增加安全学习信息模块,引导安全操作。学生通过多次先学习后操作的训练,可掌握仪器设备的正确使用方法。此外,在实验过程中实验教师须进行严格的监督检查,及时纠正错误的操作,帮助学生形成良好的实验习惯。

(4) 实验结束后整理阶段。实验结束后,指导学生回顾实验过程中可能存在的安全风险点,再次熟悉对实验室环境可产生的安全风险隐患,确认危险源清单及个人防范措施,在实验报告中进行安全总结,巩固安全操作经验。经过每堂实验课的全过程安全教育,循序渐进地教育学生牢记安全知识和应急操作步骤,帮助学生养成安全评估和安全操作的习惯。

3. 全方位开展实验室安全教育

(1) 开设实验安全课程、专题讲座及技能培训。利用课程和讲座宣讲实验安全知识,培训安全操作及安全防护技能。对不同专业的学生进行分类教育,在理工科专业的学生中开设专门的安全系列课程,特别是安全风险高的专业,需要在每门实验课中设置"安全第一课";文科类学生开设选修课,介绍通用安全知识等。面向全体学生举办安全事故预防、常见事故处置等专题讲座,组织消防疏散演习,开展逃生、自救和救护等基本技能培训。

(2) 营造实验室及校园安全文化氛围。良好的校园安全文化氛围能够起到润物无声的教育作用。通过开展多样化的教育形式,如建立实验室安全学习角、利用校内宣传阵地等,将安全理念植根在学生脑海中;组织安全教育月、实验室开放日等活动,举办安全知识竞赛及技能竞赛等,将安全文化融入校园文化。组建实验室学生安全督导员团队、安全教育学生社团等,发挥学生自我教育、自我管理的作用。通过以上安全活动,可进一步增强学生的安全意识和安全责任感。

(3)建设实验室安全教育数字化平台。以信息技术为基础,建设数字化安全教学平台,其内容包含安全教学资源库、安全知识学习模块、安全考试模块等。数字化安全教学平台能够帮助学生实现在线自主学习、交互应答、师生互动等,也能够帮助教师了解学生学习安全教育内容的情况,同时方便学生随时学习安全知识参加线上考试。

三、结　语

实验室安全教育是高校开展素质教育的一个重要环节,是对学生生命教育的一个组成部分,也是平安校园建设的一项基础保障。全员参与、全过程培养、全方位引导的"三全"实验室安全教育模式是促进学生提高安全意识、树立安全理念、习得安全知识、识别防范风险、掌握安全技能、形成安全习惯的有效方式。实验室安全教育是一项系统工程,现代科技的快速发展可以提供信息化技术和工具支撑,今后我们将深入探讨与"三全"安全教育模式相适应的安全教育信息化系统,以便更有效地开展实验室安全教育工作。

虚拟仿真实验教学助推理论教学与实验教学的融合改革与创新

熊宏齐[①]

摘　要：该文从实验教学的概念及重要性出发，阐述了虚拟仿真实验教学的内涵。在此基础上，提出了虚拟仿真实验教学推动传统实验教学升级重构需要遵循的6个平衡原则，阐述了虚拟仿真实验教学推进理论教学整体优化创新的改革思路，并对其推动创新创业教育融入专业教育全程进行了简要分析。

关键词：虚拟仿真实验教学；理论教学；创新创业；改革与创新

一、实验教学的概念及重要性

创新性人才是在先天禀赋、后天环境、教育影响和个人努力过程中成长起来的，其中教育的作用集中体现在促进其创造性发展。大学生的创造性发展是在他们掌握扎实、充分的基础知识的基础上，通过实践得以真正实现。

高校实验教学是学生选取实验研究对象，利用仪器设备或其他因素，在人为控制条件下，引起实验研究对象的内在因素发生变化，学生通过观察、测定、分析、综合、设计等获得知识、能力和素养的教学活动。在通常的高校实验教学起始阶段，学生要在教师指导下，通过基本操作训练，掌握基本知识、基本方法和基本技能。随着教学进程的不断深入，学生主动实验的意识逐步增强，自主实验的要求不断提高，实验教学活动逐渐转变为学生自己设计实验方案、自己控制实验过程、自主分析实验结果、系统撰写实验报告的高级阶段。

在教学理念、教学内容、教学方法、管理模式、资源配置等方面，实验教学与理论教学相比较，更加有利于突出学生主体，促进其主动建构科学的知识体系；更加有利于突出手、脑并用，促进理论与实践结合；更加有利于突出研究探索，培养学生创新意识和实践能力；更加有利于突出综合设计和多元分析结合，提高学生综合科学素质；更加有利于突出知、情、意、能的高级复合作用，帮助学生取得创新成果并得到全面综合发展。因此，实验教学改革是高校教学改革的重要方向、教学建设的重要内容，对创新人才培养质量的提高具有重要作用[②]。

---

① 作者简介：熊宏齐，教育部高等学校实验教学指导委员会秘书长、东南大学实验室与设备管理处处长、博士生导师，长期从事高校实验室建设与实验教学改革研究工作。
② 郑家茂，熊宏齐.开放·创新：实验教学新模式[M].北京：高等教育出版社，2010.

二、虚拟仿真实验教学的内涵

虚拟仿真实验教学是依托虚拟现实、多媒体、人机交互、数据库、网络通信等技术,构建高度仿真的虚拟实验环境和实验对象。学生在虚拟环境中开展实验,达到教学大纲要求的教学目的的教学活动。

教育部《关于 2017—2020 年开展示范性虚拟仿真实验教学项目建设的通知》(教高厅〔2017〕4 号)[①]和《关于开展国家虚拟仿真实验教学项目建设工作的通知》(教高函〔2018〕5 号)[②]明确指出,国家虚拟仿真实验教学项目的教学理念:注重以学生为中心,注重对学生社会责任感、创新精神、实践能力的综合培养,调动学生参与实验教学的积极性和主动性,激发学生的学习兴趣和潜能,增强学生创新创造能力;国家虚拟仿真实验教学项目的教学内容:不仅要坚持问题导向,重点解决不具备真实实验项目条件或实际运行困难,涉及高危或极端环境,高成本、高消耗、不可逆操作,以及大型综合训练等问题,同时要坚持需求导向,紧密结合经济社会发展对高校人才培养的需求,紧密结合专业特色和行业产业发展最新成果;国家虚拟仿真实验教学项目的教学方法:始终关注信息化时代背景下学生需求,重点实行基于问题、基于案例的互动式、研讨式教学,倡导自主式、合作式、探究式学习。虚拟仿真实验教学项目的建设,旨在推动高校积极探索线上线下教学相结合、个性化、智能化、泛在化的实验教学新模式,形成专业布局合理、教学效果优良、开放共享有效的高等教育信息化实验教学项目示范新体系,支撑高等教育教学质量的全面提高。

国家虚拟仿真实验教学项目是教育部推出的 5 类"金课"之一,其建设水平坚持"高阶性、创新性、挑战度",即"两性一度"标准。

(1) 提升"高阶性"。即课程目标坚持知识、能力、素质有机融合,培养学生解决复杂问题的综合能力和高级思维。课程内容强调广度和深度,突破习惯性认知模式,培养学生深度分析、大胆质疑、勇于创新的精神和能力。

(2) 突出"创新性"。即教学内容体现前沿性与时代性,及时将学术研究、科技发展前沿成果引入课程。教学方法体现先进性与互动性,大力推进现代信息技术与教学深度融合,积极引导学生进行探究式与个性化学习。

(3) 增加"挑战度"。即课程设计增加研究性、创新性、综合性内容,加大学生学习投入,科学"增负",让学生体验"跳一跳才能够得着"的学习挑战。严格考核考试评价,增强学生经过刻苦学习收获能力和素质提高的成就感。

---

① 教育部.关于 2017—2020 年开展示范性虚拟仿真实验教学项目建设的通知:教高厅〔2017〕4 号[Z].2017.
② 教育部.关于开展国家虚拟仿真实验教学项目建设工作的通知:教高函〔2018〕5 号[Z].2018.

三、虚拟仿真实验教学推动传统实验教学升级重构

1. 传统实验教学的特征

传统实验教学的主要特征是实验室提供固定的条件,学生可以便捷地从教材和教师那里得到思考问题所必需的信息,一般都有确定的实验方法和步骤,有已知的确定答案。

传统实验教学优点是学生集中学习、便于管理,实验课程系统、严密,实验技能训练比较规范,对学生的评价标准比较统一。缺点是教学内容比较固定,实验过程基本上是按图索骥。由于前沿科技内容与工程实践成果转化为教学实验仪器的时间相对滞后,学生自我探索的空间较小,这在一定程度上抑制了学生主动学习的积极性。

传统实验教学比较适合以基础性、综合性实验项目教学为主,进行基本技能训练的实验课程。学生通过课程的实验训练,养成科学、规范的研究习惯,掌握实验设计、装置准备、数据采集和处理、结果分析和撰写报告等基本方法和基本过程。

2. 虚拟仿真实验教学的特征依据

教育部出台的关于虚拟仿真实验教学项目建设的相关文件精神,虚拟仿真实验教学项目具有实验内容精彩、实验构思巧妙、实验技术先进、实验做法灵活、形象展现抽象等显著特征,并且拓展了传统实验教学的深度与广度[1][2][3]。因此,虚拟仿真实验教学的优点可以总结为以下4个方面:

(1) 实验内容多源化。虚拟仿真实验教学的实验内容可以是基础验证性的问题,也可以是来自科研前沿、社会生活和先进生产实践需要解决的问题。这就需要打破实验内容一成不变、局限于教材的封闭状态,建立实验内容的更新机制和实验内容来源的多样性机制。

(2) 实验过程自主化。虚拟仿真实验教学在不断加强基础训练的同时,更注重拓宽学生的知识覆盖面,注重学科专业知识的交叉融合。学生进行从基础规范→综合设计→研究探索这样难度递增的实验项目训练,有利于培养其主动建构知识体系和提升实践的能力。不同层次的学生通过自主选择合适的实验方法和实验步骤,有利于实施因材施教[4][5][6]。

(3) 能力评价科学化。虚拟仿真实验教学通过对学生实验过程的数据采集与数据分

---

[1] 熊宏齐.国家虚拟仿真实验教学项目的新时代教学特征[J].实验技术与管理,2019,36(9):1-4.
[2] 祖强,魏永军,熊宏齐.省级在线开放虚拟仿真实验教学项目建设探讨[J].实验技术与管理,2017,34(10):153-157.
[3] 祖强,魏永军.国家级示范性虚拟仿真实验教学项目申报策略探讨[J].实验技术与管理,2018,35(9):247-249.
[4] 熊宏齐.论高校实验教学如何适应学生的自主选择要求[J].实验技术与管理,2013,30(1):1-4,7.
[5] 易红,熊宏齐,郑家茂.构建整体优化的实验教学与创新实践平台[J].中国高等教育,2005(18):29-30.
[6] 郑家茂,熊宏齐,潘晓卉.构建开放创新实验教学体系推动学生自主学习[J].中国高等教育,2009(5):39-41.

析,实现对学生学习与实验基本情况的辨识,基于大数据的量化评价能够减少单一教师评价的主观性偏差,为学生提供更多元、更全面的评价,辅助学生更好地提升实践能力。这种评价考核更突出实验过程,体现了对实验过程的规范性、实验步骤的有效性,以及对知识学习达成度的客观评价,具有对学生能力结构考核的功能。

(4) 教学辅助智能化。虚拟仿真实验教学需要配备丰富的实验教学信息资源[①],包括慕课、专属在线课程(SPOC)或其他在线课程、案例库、专题讲座库、素材资源库,以及配备学科专业知识检索系统、演示/虚拟/仿真实验实训(实习)辅助系统、试题库系统、作业系统、在线自测/考试系统等。这些资源具有教学兼备和互动交流等功能,教育教学与信息技术融合、课程应用与课程服务相融通,适合在线学习、翻转课堂以及线上线下混合式拓展性学习。教师按照教学计划和教学要求为学习者提供参考资料、活动作业,及时开展在线指导、答疑、讨论、测验等教学活动。实验者在线学习响应度高,师生互动活跃有效,充分满足学生在线学习的个性化需求。

3. 虚拟仿真实验教学导向及平衡关系

虚拟仿真实验教学内容的选择应坚持两个导向:第一是问题导向,重点解决不具备真实实验项目条件或实际运行困难,涉及高危或极端环境、高成本、高消耗、不可逆操作,以及大型综合训练等问题;第二是需求导向,紧密结合经济社会发展对高校人才培养的需求,紧密结合专业特色和行业产业发展的最新成果。因此虚拟仿真实验教学项目是先进教学内容的载体,引入虚拟仿真实验教学是实验教学内容现代化建设的改革方向。

实验教学体系发展与创新需要处理好6对平衡关系,即基础与前沿、经典与现代、单项原理与综合设计创新、个体为主操作与群体合作协调、科学原理与工程技术综合应用、循序渐进习得与研究探索创新。每对平衡关系的前者,以传统的实验室实体实验教学项目资源为主要载体,侧重为学生构建专业基本理论、基本方法、基本技能提供实验教学。每对平衡关系的后者,以虚拟仿真实验教学与学生科研训练项目为主要载体,侧重为学生进一步巩固专业技能、了解专业前沿、提升学科交叉能力提供实验教学。

实验教学体系占专业人才培养体系的比重(或比例)应遵循教育部颁布的相关专业类人才培养质量标准。具体到某个专业,这个比例一般是固定的,即使有变化,也是比较小的变化,以满足人才培养质量标准中理论教学与实验实践教学的平衡。但是,在实验教学体系发展与创新的6对平衡关系中,每对平衡关系的前者和后者的比重应该随着高校人才培养要求的不断提高而发生变化,需要将行业产业发展最新成果引入实验教学。因此,我们需要不断梳理传统的实体实验教学内容,剔除陈旧的实体实验教学项目,优化包含专业基本原理、基本方法与基本技能的综合设计性实验项目,引入由科研前沿成果和重大工程实践转化的虚拟仿真实验教学项目,通过实验项目的取舍与引进,实现实验教学体系与教学内容的重构与创新。

---

① 杨选瑾,熊宏齐.研究型大学实验教学信息化实证研究[J].中国大学教学,2018(3):75-78.

4. 线上线下混合式与线上实验教学一流课程建设的思路

根据教育部《关于一流本科课程建设的实施意见》(教高〔2019〕8号)[①],结合上述虚拟仿真实验教学推进传统实验教学体系升级重构的分析,对线上线下混合式实验教学、线上实验教学一流课程的建设提出以下参考思路:

(1) 线上实验课程。基本实验教学单元全部由虚拟仿真实验教学项目组成。建议线上实验课程分两类进行建设:第一类是线上专业实验课程,其基本实验教学单元涵盖一个专业基础实验、专业课程实验、专业方向或涉及这个专业的前沿学科领域实验;第二类是线上学科前沿实验课程,其基本实验教学单元涵盖一个专业或相关专业的前沿学科领域实验,实验课程设计切合经济社会产业发展对人才培养目标的要求。

(2) 线上线下混合式实验课程。基本实验教学单元由实体实验项目和虚拟仿真实验教学项目组成。以专业课程实验为主,通过引入符合学校人才培养目标、切合经济社会产业发展的虚拟仿真实验教学项目,重构现有专业实验课程体系。在实体实验项目的选择方面,应主要淘汰简单验证性、陈旧性项目,保留内容优质、综合性强的实体实验教学项目,通过优化实体实验项目的内容,减少实体实验项目的学时,为引入先进的虚拟仿真实验项目腾出空间。线上线下混合式实验课程的虚拟仿真实验教学项目学时不应少于课程总学时的20%。

四、虚拟仿真实验教学推进理论教学的整体优化改革与创新

1. 遴选传统的简单验证性实验将其融入基础理论课程教学

上述实验教学体系中因升级重构而淘汰的基本理论、原理、方法的验证性实验,部分可以通过遴选、再设计,成为简单的虚拟仿真实验。虽然这些虚拟仿真实验不能作为升级重构的实验教学体系基本实验教学单元,但可以作为理论教学线上辅助教学内容。在信息技术的教学环境中,学生在理论教学课堂上同步在线完成验证性实验,学生的在线实验结果可以纳入理论课堂考核的内容,从而实现传统的简单验证性实验有机融入理论课堂教学中。

2. 以信息资源为媒介,通过综合设计性实验的教学,提升学生自主探索专业理论知识的能力

部分被淘汰的验证性实验可以通过遴选融入升级重构的实验教学体系的综合设计性实验的部分环节中,培养学生融会贯通应用多门课程的原理、方法和技术解决实际问题的能力[②]。学生自主完成综合设计性实验,在传统实验教材和相关参考书的基础上,还需要建立丰富的辅助教学信息资源,实现实验教学辅助的自主化与智能化,以满足学生在线学

---

① 教育部.关于一流本科课程建设的实施意见:教高〔2019〕8号[Z].2019.
② 熊宏齐,戴玉蓉,郑家茂.教学实验项目类型及其"开放内禀性"[J].实验技术与管理,2008,25(1):5-6,63.

习的个性化诉求。这种实验教学辅助的自主化与智能化,有效提高了学生以问题作为切入点,以实验作为突破口,自主探索专业理论知识的能力,促进教师优化传统理论教学,缩减理论课程教学的课堂讲授学时,为理论教学引入前沿科技与工程技术内容增加了必要的学时空间。

3. 推进培养方案增加前沿科技与工程技术课程的比重,培养学生学科交叉和结合各专业领域的能力

优化、合理地减少专业理论课程的教授学时,增加专业方向课程和跨专业选修课程的比重,推动专业课程体系和教学内容与经济社会发展对高校人才培养等需求相适应。专业方向课程涉及学科前沿方向、先进科技、工程技术等内容,其目的是培养学生融会应用专业知识的能力和学科交叉能力。这些课程的理论知识、研究方法和前沿技术,与大学生创新实践项目以及具有前沿学科属性的虚拟仿真实验教学相辅相成。增加跨专业选修课程的比重,可进一步培养学生结合各专业领域的能力,为将来创新奠定坚实的基础。专业方向课程可以小型化,建议以1学分为宜,学生可以在有限的学分空间内,涉足更多专业方向的课程,进入更多的学科前沿窗口,开拓学术视野。小而精的专业方向课程,教学周期短、教学安排灵活,对于有深厚科研造诣的教授,不仅好教,而且教得好,为更多高水平教授更好地投入本科教学提供了新思路。

五、虚拟仿真实验教学推进创新创业教育融入专业教育全程

教育部发布的《关于大力推进高等学校创新创业教育和大学生自主创业工作的意见》(教办〔2010〕3号)[①]强调,高校要加强创新创业教育课程体系建设。但多数高校的工作重点集中在突出创新创业类课程设置与专业课程体系有机融合,以及创新创业实践活动与专业实践教学有效衔接方面。在积极推进人才培养模式、专业教学内容和课程体系改革方面,很多高校所做的改革还远远达不到创新创业教育融入专业教育全程的要求。

将高校创新创业教育融入专业教育全过程,其创新教育是基础。创新型人才不仅需要具备合理的专业知识结构,具有创新意识和创新能力,还要有结合各专业领域的能力,最终才能取得创造性成果。因此,适应学生创新能力培养的专业课程体系与教学内容改革是创新创业教育融入专业教育全程关键的改革内容。

虚拟仿真实验教学的实施,不仅优化了专业实验课程体系与教学内容,减少了简单原理验证的陈旧实体实验,也优化了实体实验教学的主要载体综合设计性实验,引入了体现前沿科研领域与工程技术、具有学科交叉属性的虚拟仿真实验,实现了实验课程体系与教学内容和创新人才培养要求相适应的目的。

虚拟仿真实验教学的实施,不仅推进了传统的验证性实验融入基础理论课程教学,也推进了以实验教学为突破口,以问题为切入点,带动学生提升自主探索专业理论知识的能力,更可以推进理论教学增加前沿科技与工程技术等方向课程的比重,培养学生学科交叉

---

① 教育部.关于大力推进高等学校创新创业教育和大学生自主创业工作的意见:教办〔2010〕3号[Z].2010.

和结合各专业领域的综合能力。

  当然,虚拟仿真实验教学的引入,传统的陈旧实验及传统理论教学课堂讲授学时的减少,也为专业基础和专业主干课程的整合优化创造了条件。近30年的教学改革与发展,为增加学生自主学习的空间,多数高校的人才培养方案中教学计划学分减少了30%左右。但这些学分的减少是以减少每门课程的学分数为代价,课程数量并没有减少,导致每门课程各自为政,在减少教学内容与课程学时的同时,也导致课程产生了新的割裂,甚至不同课程内容之间存在教学内容重复的情况,不利于学生创新思维和创新能力的培养。高校通过引入虚拟仿真实验教学,以综合改革创造的学时空间为契机,推动专业基础课程和专业主干课程的整合优化,减少重复性教学内容,从而达到适当减少课程门数,整合优化教学内容,构建新的专业基础课程和专业主干课程体系,培养学生融会贯通两类课程的知识、方法、技能的目的,满足创新人才培养的基本要求。

新时代深化高校实验技术队伍改革的探索与实践

吴祝武　于　泽　辛　良　孙志华　赵　华[①]

摘　要：建设符合新时代要求的实验技术队伍是提升高校竞争力的重要方面，也是高校"双一流"师资队伍建设的重要内容。针对实验技术队伍学校重视程度不够、岗位管理不够完善和职业发展机制不够健全等三个方面问题，该文从加强队伍顶层设计、科学优化岗位管理、构建职业发展长效机制三个层面，探讨新时代高校实验技术队伍改革的建设路径，并以中国矿业大学为例介绍了实验技术队伍的岗位定编、定责、定岗以及聘任考核、职称评价、教育培训、荣誉体系等方面的改革实践。

关键词：岗位管理；考核聘任；职称评价；职业发展

一、引　言

实验技术人才队伍是学校和科研机构人才队伍的重要组成部分，是推动教学和科学技术研究工作、加强科技实践与创新的重要力量[②]。建设符合新时代要求的实验技术人才队伍是深入推进实施高校新一轮"双一流"建设和学校办学事业高质量发展的迫切需要。

近年来，国家先后出台《深化新时代教育评价改革总体方案》《关于全面深化新时代教师队伍建设改革的意见》《关于深化职称制度改革的意见》等系列文件[③]，明确把全面深化新时代教师队伍建设改革作为一项重大政治任务和根本性民生工程，要求坚持问题导向、优化制度设计、破解发展瓶颈，加快构建人才发展的良好生态。2021年，人力资源社会保障部等部门出台了《关于深化实验技术人才职称制度改革的指导意见》，要求学校遵循实

[①] 作者简介：吴祝武，博士，副教授，中国矿业大学实验室与设备管理处处长，研究方向：实验室管理。
　　于泽，博士，高级实验师，中国矿业大学经济管理学院实验中心副主任、机关党支部书记，研究方向：实验室管理、文化科技融合。
　　辛良，硕士，助理研究员，中国矿业大学实验室与设备管理处实验室建设与管理办公室主任，研究方向：实验室管理。
　　孙志华，博士，助理研究员，中国矿业大学实验室与设备管理处副处长，研究方向：实验室安全管理。
　　赵华，硕士，实验师，中国矿业大学环境与测绘学院实验中心主任，研究方向：土地复垦与生态修复、矿区生态监测与评价、实验室管理。

[②] 黄开胜,江永亨,刘宇宏,等.高校实验技术队伍规模的影响因素分析[J].实验技术与管理,2018,35(12):1-5.

[③] 王春艳,任佳,梁勇,等.高校实验技术队伍编制分析与探讨[J].实验技术与管理,2022,39(1):228-231.

验技术发展和人才成长规律,建立符合实验技术人才职业特点的职称制度,充分调动广大实验技术人才的积极性、主动性和创造性,为全面推动教学科研创新发展提供制度保障和人才支持[1]。随着高等教育发展进入新阶段,实验技术队伍在支撑保障学校人才培养、科学研究和社会服务等方面的重要性更加凸显,对实验技术队伍改革速度显著加快、建设力度明显加大。众多学者对实验技术队伍建设与管理进行了深入研究,部分高校围绕实验技术队伍的编制管理、岗位管理、职称评价等方面进行改革探索,为其他高校实验技术队伍的改革实践提供了思路和借鉴[2][3][4][5]。

二、主要问题

受传统重理论轻实践、重课堂轻实验的观念影响,实验技术队伍的改革力度、发展速度相比专任教师队伍明显滞后。准确理解新时代高校实验技术队伍建设要求以及当前存在的问题,有助于厘清队伍建设发展中的主要矛盾以及矛盾的主要方面,找准问题的改革切入点,从而做到系统推进、精准施策。

1. 学校重视程度不够

随着高等教育发展进入新阶段,实验技术队伍在高校办学中的重要性日益显现,但在过去相当长一段时期内实验室在大学办学中的重要性尚未被充分认可,实验技术队伍建设与发展始终未得到应有的重视[6][7][8]。主要体现在以下几个方面:① 学校对实验技术队伍建设缺乏顶层设计,队伍规模与办学体量不相适应[9]。研究表明,近年来实验技术队伍人数占学校教职工的比例数呈现下降趋势。② 学校实验技术队伍管理部门的分工不够清晰、职责边界不够明确,未形成队伍建设的整体工作合力。事实上,人事管理部门对实验技术队伍岗位工作性质认识不深刻,主动推进改革的意愿不强,实验室管理部门尽管认识到队伍建设与发展中存在薄弱环节和短板弱项,但囿于人事管理权限不够却无力推动。③ 学校对实验技术人员发展缺乏深入研究,管理部门出台的政策制度"各管各线",特别涉及考核聘任、职称评价等管理办法中的有关条款内容与岗位工作的契合度体现不充分。

---

[1][4] 张美旭,栗兴,高峰,等.高校实验队伍职称评定指标体系的探索[J].实验室研究与探索,2021,40(4):252-254.
[2] 黄开胜,江永亨,刘宇宏,等.高校实验技术队伍规模的影响因素分析[J].实验技术与管理,2018,35(12):1-5.
[3] 王春艳,任佳,梁勇,等.高校实验技术队伍编制分析与探讨[J].实验技术与管理,2022,39(1):228-231.
[5] 熊宏齐."双一流"建设中高校实验技术队伍持续发展之思考[J].实验技术与管理,2018(9):7-10.
[6] 徐慧平,尹仕,王贞炎.高校教学实验技术人员绩效考核体系的构建[J].实验技术与管理,2021(2):246-250.
[7] 李臣亮,刘艳,滕利荣,等.高校教学岗位实验技术人员绩效考核体系的构建与探索[J].实验研究与探索,2021(1):135-138.
[8] 陆文宣,洪珂一."双一流"建设背景下地方特色大学实验技术队伍建设[J].实验室研究与探索,2018,37(5):274-277.
[9] 荆晶,王宁,李晓,等.基于提高岗位胜任力的实验技术队伍建设探索[J].实验室研究与探索,2021,40(8):259-262.

2. 队伍岗位管理不到位

高校实验技术队伍岗位工作内容涉及实验教学、教学科研辅助、技术测试、综合管理、安全管理、资产管理等,二级单位实验室基层组织通常设置有实验中心主任、实验中心秘书、资产管理员、大仪共享管理员、实验室安全管理员、实验教学人员、实验教学辅助人员、实验技术测试人员等角色。由于实验技术人员岗位工作的复杂性、人员角色的多重性,对构建科学化、精细化的岗位管理体系带来了极大困难和挑战。

(1) 定编定责定岗精准性不够。① 编制核定精确性不够,实验室性质决定了岗位工作既有"计时"又有"计件"的特点,难以进行全面科学定量分析。② 岗位职责统一性不够,学校管理部门对岗位职责缺乏深入研究,未明确岗位基本职责要求,往往由二级单位自行确定。③ 岗位设置合理性不够,由于各二级单位体量不同,岗位设置受编制数限制难以做到岗位与角色一一对应,造成各岗位的工作量不平衡,影响了实验技术人员工作积极性。

(2) 聘任考核的导向性不足。聘任考核内容要求与实际岗位工作的契合度不够,聘任与考核有效衔接性不足,普遍存在指标体系全面性不够、指标内容针对性不足、指标层次差异性不明显等问题。

(3) 队伍管理的统筹性不够。学校职能部门、二级单位对实验技术人员的管理与使用普遍存在着"人权与事权"相分离、"管人与管事"相脱节,未形成部门协同、校院联动的队伍管理长效机制。

3. 职业发展机制不健全

实验技术队伍的职业发展受个体内在因素和外部环境共同作用影响。从现阶段来看,实验技术队伍职业发展机制存在短板和不足。① 职称评价不科学。[1][2] 现有职称评价内容与岗位职责要求的契合度不够,过分强调了论文、项目和奖项,专业技能评价相对弱化,学科特点的差异化不明显。② 岗位结构不合理。尽管绝大部分高校解决了实验技术系列正高层级的职业发展瓶颈,但是与教师序列相比,实验技术人员的高级职称比例相对偏少、高级岗位比例明显偏低。③ 发展机制不健全。学校对实验技术人员的职业发展缺乏制度设计,为构建长效化的教育培训体系,支持队伍可持续发展的项目资源极其有限,荣誉体系与专任教师区别对待,实验技术队伍对职业认同感、归属感不强,干事创业的内生动力不足,"躺平"现象普遍存在。据中国高等教育学会"十三五"规划课题"高校实验技术队伍建设状况调研和政策建议"报告统计,60%的实验技术人员具有转岗意愿。

三、改革举措

深化实验技术队伍改革不仅是贯彻落实国家政策文件要求,也是高校自身加快构建

---

[1] 郑志远,李传涛,黄昊翀,等.高校实验技术队伍的现状调查及思考[J].实验技术与管理,2019,36(9):244-246.

[2] 张宽朝.从职称评审看高校实验技术队伍建设[J].实验技术与管理,2018,35(6):249-252.

善治体系以及提升支撑事业发展能力的迫切需要。2019年,我校全面启动实施了实验技术队伍全方位深融合、全链条一体化的改革,紧扣队伍规划、岗位管理、职称评价和职业发展等重点领域和关键环节,经过3年改革探索实践,基本理顺了队伍的管理体制,初步构建了队伍发展的长效机制,有效激发了队伍干事创业的内生动力,实验技术队伍改革实施路径和主要举措如图1所示。

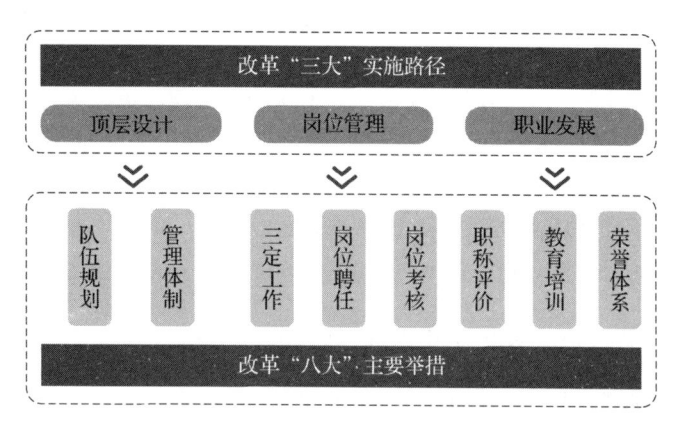

图1 实验技术队伍改革实施导图

1. 加强顶层设计,统筹推进队伍建设

学校将实验技术队伍统筹纳入师资队伍整体建设范畴,着力解决队伍的管理体制机制不顺畅、岗位人员配备不足问题。① 将实验技术队伍纳入"十四五"师资队伍建设规划。按照学校改革事业发展对实验技术队伍的任务要求,结合二级单位实验教学、设备管理、安全管理等方面因素,重新核定了队伍编制数,队伍人数占全校教职工7%、专任教师10%。② 学校明确职能部门和二级单位对实验技术队伍管理的权责。人事部门统筹指导实验技术队伍建设与发展,实验室管理部门牵头负责实验技术队伍建设与管理,二级单位具体负责实验技术人员日常管理。③ 学校强化了实验技术队伍建设的整体设计,新制定或重新修订了编制核定、聘任考核、职称评价等一系列办法,细化了岗位职责,量化了岗位设置,强化了聘任考核,优化了职称评价。

2. 强化岗位管理,促进队伍履职尽责

学校构建了按量定编、按需设岗、按岗定责、按岗聘任和按岗考核的"五位一体"岗位管理体系,确保实验技术人员在岗位上各司其职、各尽其责、各显其才。

(1) 重新开展了定编、定岗和定责的"三定"工作。① 按量定编,以实验教学人时数、仪器设备台套数、实验室安全管理等工作量为依据,核定各单位实验技术岗位的编制数。② 按需设岗,实行岗位分类管理,设置了实验室管理、实验教学、实验教学辅助、技术测试、安全管理等岗位。③ 按岗定责,进一步明确并细化了实验中心主任、实验教学人员、实验中心秘书、资产管理人员、大仪共享管理人员、实验室安全管理人员、实验教学辅助人员和技术测试人员等8类人员的岗位职责。

（2）实施了新一轮岗位聘任与考核。新修订了《实验技术人员岗位聘任与考核实施细则》，岗位聘任以品德、能力、业绩为导向，综合评价思想品德、职业道德、专业技能和实际贡献。建立了基本条件与绩效业绩相结合的聘任体系，其中，绩效业绩包括学术研究、应用实践和荣誉奖项三个类别14个条目项，每项从高到低分别为A档、B档和C档三个层级。岗位考核包括年度考核与聘期考核，年度考核考查履职情况和年度工作量。年度工作量分为基本工作量、公共事务工作量，其中基本工作量包括实验室管理、实验教学、实验教学辅助、技术测试、其他工作等方面。新制定了《实验技术人员工作量计算办法》，采用了量化方式计算工作量，并明确正高级实验师为280当量、高级实验师为250当量、中级实验师为220当量和初级实验师为200当量。聘期考核考查聘期内履职情况和基本业绩、绩效业绩，其中，履职情况侧重于岗位职责完成情况，基本业绩聚焦聘期内的年度考核结果、教育培训情况以及校内的项目或荣誉获奖情况，绩效业绩要求与聘任的业绩条件完全一致。改革后，聘任与考核体系实现了一体化深度融合和全链条有机衔接。

3. 构建长效机制，推动队伍职业发展

学校加快推进职称评定改革、加强教育培训、打造荣誉体系等工作，着力构建队伍专业发展、可持续发展长效机制。① 改革职称评价办法。一是建立以岗位贡献为核心的职称评价体系。综合考察思想政治和职业道德、学历学位及资历条件、专业技能条件的基础上，重点考察与岗位相契合的业绩评价条件，其中，业绩评价条件包括必备条件和可选条件两个部分。可选条件的业绩评价与聘任考核绩效业绩条款完全一致，但职称评定要求数量更多、质量要高。② 加强队伍教育培训，构建立体式常态化的教育培训机制。校内培训以实验室建设发展论坛为依托，邀请国内外专家就实验室建设发展、仪器设备管理及实验室安全管理等方面作专题辅导报告；此外，定期举办专题沙龙活动，研讨工作难点、改革热点问题、工作创新举措等。校外以成建制派出综合研修为主，就高等教育发展形势、本科教育教学改革、科学技术服务和实验室创新发展等内容进行专题培训。③ 打造职业荣誉体系。建立了实验室工作集体与个人的荣誉评价机制，设置了实验室工作3类先进集体、7类先进个人的荣誉项目。先进集体评选以年度二级单位实验室工作综合考核评定结果为主要依据，先进个人突出岗位履职情况、岗位互动的相关成果。

四、改革成效

经过3年改革实践，学校理顺了队伍管理体制机制，从岗位设置、岗位职责、聘任考核、职称评聘、能力培训等方面进行了全方位一体化综合改革，量化了岗位设置，细化了岗位职责，强化了聘任考核，优化了职称评价，打造了岗位荣誉体系，为实验技术队伍可持续发展构建了长效机制、搭建了职业发展平台与通道，有效激发了队伍干事创业的热情活力、追求卓越的工作态度，极大增强了实验技术人员的归属感、认同感和成就感。

1. 履职尽责意识显著增强

通过岗位管理全方位改革，进一步明确细化了实验技术人员岗位工作职责，探索构建了年度工作量量化考核机制,基本建立了岗位设置、岗位聘任与岗位考核有机衔接的岗位管理体系。改革后,实验技术人员在岗位上做到了各司其职、各负其责、各显其才,责任心明显增强,执行力明显提高,服务师生意识明显提升。

2. 职业发展目标更加清晰

通过深化职业发展机制改革,畅通了实验技术队伍职称晋升通道,设置了正高3级岗位。极大提高了高级岗位的设置比例,新一轮聘期的副高级及以上岗位比例达到41.35%,并形成了能上能下聘任机制。搭建了常态化教育培训平台,成建制组织校外专题研修3期,做到了全员覆盖。实施了队伍荣誉项目评选2次,评选先进集体6个、先进个人86人。改革后,实验技术人员干事创业的内生动力明显增强,职业发展目标方向更加明确,实验室各项工作成效取得显著提升。2021年,学校首次获科技部大型科研仪器开放共享考核评价优秀,8门虚拟仿真实验教学课程入选江苏省首批一流本科课程。近三年,我校实验技术人员获得省级及以上课题10余项,省部级以上荣誉奖项20余项,在核心及以上期刊发表实验室相关论文80余篇。

五、结　语

随着国家创新驱动战略和人才强国战略的深入实施,建设符合新时代要求的实验技术人才成为推动高校事业发展的必然要求。高校实验室作为科技创新主阵地,建设高水平实验技术人才队伍不可或缺。当前,实验技术队伍整体水平与学校事业发展要求存在较大差距,与高校高质量内涵发展不相适应。高校应加快推进实验技术队伍重点领域和关键环节改革,着力构建与打造高水平实验技术人才队伍相适应的体制机制,不断激发队伍干事创业内生动力,着力提升支撑服务学校事业发展水平。

校院两级大型仪器设备开放共享体系建设与实践

吴智丹　马洪雨[①]

摘　要：大型仪器设备为高校教学科研及人才培养提供重要的物质基础。促进大型仪器设备开放共享，提高使用效益，是大型仪器设备管理的工作重点。从工作实际和校内外调研出发，分析了制约大型仪器设备使用效益的现状及影响因素，构建了大型仪器设备开放共享体系，从管理机制、制度建设、平台建设、创新研究、共享激励、监督管理、绩效考核等7个方面进行了实践探索，并以植物保护A+学科为例，对仪器设备分类管理，搭建了仪器设备专业技术平台，有效提高大型仪器设备使用效率和管理水平，促进高水平科学研究，加快一流学科建设。

关键词：大型仪器设备；开放共享；体系建设与实践

大型仪器设备为高校教学科研正常运行及人才培养提供重要的物质条件。近年来，我国教学科研仪器设备总值逐年增加，增幅逐年加大。2018年普通高等学校教学科研仪器设备总值5 533.06亿元[②]，2019年普通高等学校教学科研仪器设备总值6 095.08亿元，2020年普通高等学校教学科研仪器设备总值6 911.30亿元。2018—2020年平均增幅达到11.77%。随着国家"双一流"建设的持续投入，新农科建设的需要，大型仪器设备规模持续增长。

自《国务院关于国家重大科研基础设施和大型科研仪器向社会开放的意见》（国发〔2014〕70号）发布至今，国家陆续出台了近二十个大型仪器开放共享相关文件，文件明确要求加强大型仪器设备管理，促进开放共享，优化配置大型仪器设备资源，释放科技资源，服务学校和社会[③][④][⑤][⑥]。2018年起，科技部考核中央级高校原值50万元以上的大型仪器设备开放共享情况并将结果向社会公示。考核结果分为优秀、良好、合格和较差。对考核结果优秀和良好的单位予以表扬，并给予后补助经费奖励。对考核结果较差的单位进行通报批评，要求限期一年整改，一年后整改不到位的，将核减相应仪器设备购置经费。如何提高仪器设备使用利用率，促进大型仪器设备开放共享是当前大型仪器设备管理亟须

[①] 作者简介：吴智丹，南京农业大学植物保护学院党委副书记，研究方向为高等教育管理。
马洪雨，博士，南京农业大学植物保护学院教授，研究方向为仪器设备管理。
[②] 教育部.2018年全国教育事业发展统计公报[EB/OL].(2019-07-24)[2024-10-24].http://www.moe.gov.cn/jyb_sjzl/sjzl_fztjgb/201907/t20190724_392041.html.
[③] 辛良,厉伟,王震威,等.大型科研仪器面向社会开放共享实践与探索[J].实验技术与管理,2019,36(9):2972-275.
[④] 国务院.关于国家重大科研基础设施和大型科研仪器向社会开放的意见:国发〔2014〕70号[Z].2014.
[⑤] 韩凤芹.科研设施与仪器开放共享重在疏通体制[J].中国科技论坛,2018,5;145-150.
[⑥] 刘贺,胡颖,王冬梅.国家大型科研仪器现状及其开放共享分析研究[J].科研管理,2019,40(9):282-288.

解决的问题。本研究以某高校为例,此高校是特色鲜明的具有行业优势的高校,已形成以农业和生命科学为优势和特色的综合型大型仪器设备组群,介绍其当前的开放共享使用现状,展示开放共享实践与经验,并以植物保护学院植物保护A+学科为例,对仪器设备分类管理,搭建了仪器设备专业技术平台,有效提高大型仪器设备使用效率和管理水平,为其他高校提供参考。

一、大型仪器设备开放共享使用效益现状及影响因素分析

调研大型仪器设备管理现状发现,当前普遍存在论证规划不足、采购重过程轻结果、维修费用高、验收不规范和培训力度弱等问题,造成这些问题的原因有统一规划不足、管理体制落后、共享意识薄弱、采购人员较少及实验技术队伍不"专业"[①]。调研武汉大学、华中科技大学、武汉理工大学、北京理工大学、中国农业大学、华中农业大学等国内高校大型仪器开放共享情况后发现,各高校重视大型仪器设备开放共享管理工作,建立校级共享平台,加强共享信息化平台建设。校级实体平台扩大了大型仪器开放共享的范围,提高仪器设备使用效率。仪器设备使用率不高,有部分原因是专业技术平台搭建不合理。专业仪器设备配制不合理,当前的仪器设备更新换代较快,仪器设备向更高精度、高准确度、高灵敏度方向发展,高校通过校内外专家论证确定的拟购仪器清单是全校范围内统一的,对于不同学科,有不同的仪器设备采购需求,尚未成立具有学科特色的大型仪器设备购置论证小组,事先进行仪器设备论证,根据学科发展急需确定将要购买的仪器,再提交采购需求。

2018—2020年某高校仪器设备总值平均增幅超过11.00%,调研某高校与仪器设备管理相关的396名教师发现,在制约大型仪器使用效益方面还存在实验技术人员短缺(36.36%),仪器专业性强、开放共享使用人数少(24.24%),设备重复购置严重(15.15%),激励措施不足(12.12%)、尚未进行绩效考核(7.58%)、教师共享意识薄弱,不愿意共享(4.55%)等问题(见图1)。

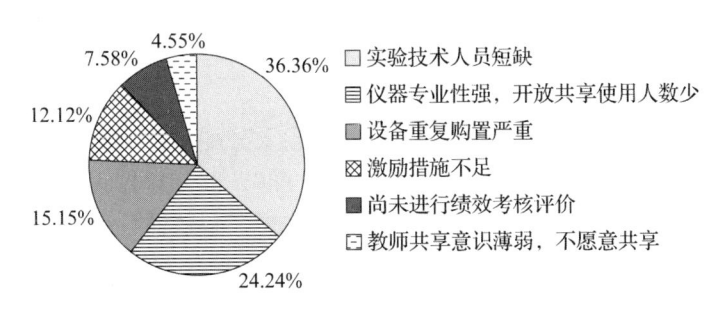

图1 教师认为制约大型仪器使用效益最重要的因素

1. 实验技术人员短缺

某高校仅有67名实验技术人员,人数偏少,人均管理共享平台仪器值总体偏高,有的

---

① 吴智丹,陈礼柱,陈雅莉,等.高校仪器设备管理现状与对策研究[J].高校实验室科学技术,2019(1):79-82.

学院人均管理仪器值达到 1 075 万元,远远超过人均管理 600 万元仪器设备的标准。有些实验技术人员还承担全院乃至全校公共专业的教学任务,实际工作中,有很多仪器设备由科研教师兼职管理,尚未有专职实验技术人员。同时,实验技术人员中具有高级职称、博士学历人员较少,主要以中级(46.27%),硕士学历为主(65.67%)。实验技术人员主要年龄在 30~40 岁(47.76%),工作年限在 10 年以下居多(65.67%)。实验技术人员的素质和水平影响仪器设备的使用,当前大型仪器设备多是从国外进口,大型仪器设备的功能开发和利用仍处在初级阶段。

2. 仪器专业性强使用人数少

教育部《关于印发〈高等学校贵重仪器设备年度效益评价表〉的通知》(教高司条函〔2000〕010 号)中规定:仪器仪表类定额机时为通用设备 1 400 小时/年,专用设备 800 小时/年;机械类 800 小时/年。高校普遍存在通用设备使用人数较多,专用设备使用人数较少的现象。某高校具有一批农业行业特色鲜明的优势学科和专业,有一批代表优势学科专业水平的大型仪器设备,以植物保护学科为例,这些仪器设备专业性强、应用面窄,使用人数少,仅个别学科领域有使用需求,无法提高利用率。比如昆虫雷达、昆虫触角电位记录仪、生物反应器、微生物发酵罐等,仅相关实验室可以使用,使用机时远低于 800 小时/年。

3. 设备重复购置明显

2022 年,江苏省科技厅发布了《江苏省省级新购大型科学仪器设备预警目录清单》,有 13 台仪器设备使用率较低,其中包含荧光定量 PCR 仪、超速离心机、DNA 测序仪、流式细胞仪、荧光显微镜等常见的生物学仪器。江苏省有荧光显微镜 142 台,其中南京 106 台,全省有流式细胞仪 154 台,其中南京 90 台。调研某高校已有 13 台荧光显微镜和 10 台流式细胞仪。此外,该高校还有 31 台质谱、18 台光合作用测量仪、13 台超速离心机,这些仪器设备整体使用率不高,有的使用率甚至低于 400 小时/年。

4. 共享激励措施不足

调研发现,教师普遍反映激励措施不足,共享收入分配机制有待调整,仪器设备相关管理人员积极性不高,认为"干不干,干多干少一个样"。部分仪器设备实验耗材贵,实验成本高,运行维护成本高,专业教师虽有科研经费购置大型仪器设备,但难以承担维护仪器设备的费用。此外,实验技术人员缺乏专业的培训,高校仪器设备专业培训力度弱。实验技术人员缺乏职称上升渠道。学校对开放共享较好的单位缺乏激励,如开放共享较好的单位给予补贴,作为学科经费购置仪器或划拨绩效的依据。

5. 绩效考核评价缺乏

2020 年前,某高校尚未进行绩效考核评价,大型仪器设备开放共享缺少有效的监督管理,对仪器设备开放共享不好的单位和个人也没有问责机制,大型仪器设备使用效率整体不高。开展绩效考核有助于促进大型仪器设备开放共享。从 2018—2020 年科技部考核中央级高校大型仪器设备开放共享情况结果来看,高校仪器设备利用率逐年提高,支撑科技创新的成效显著增加。参评的科研仪器平均有效工作机时从1 340小时增加到1 450小时,平均对外服务机时从226小时增加到240小时,纳入国家网络平台统一管理的仪器入网比例从79%提高到97%。

6. 教师共享意识薄弱

教师使用自己的科研项目经费购置仪器设备,管理相对封闭,教师责任意识不强,缺少开放共享动力。部分教师认为开不开放共享都可以,一方面缺少专人管理,管理仪器设备也没有工作量计算,实验仪器如果损坏,不能及时维修,且维修费用较高,课题组难以单独承担;另一方面仪器设备仅限本课题组人员使用,使用人数少,影响了仪器设备的使用效率。

二、大型仪器设备开放共享体系构建与实践

针对当前影响大型仪器使用效益的原因和影响因素进行分析,建立高校大型仪器设备开放共享体系。建立管理机制是构建大型仪器设备开放共享体系的基础,是开展开放共享工作的人才保障;规范制度建设是开放共享的依据,科学管理的保障,按规章制度办事,做到有据可查、有章可循;加强平台建设包括加强实体平台和虚拟平台的建设,是明确开放共享的运行方式,通过共享平台进行大型仪器开放共享;创新研究、共享激励、监督管理、绩效考核是促进大型仪器开放共享的重要措施。以上相互协作,构建开放共享体系,共同促进大型仪器设备开放共享(见图2)。

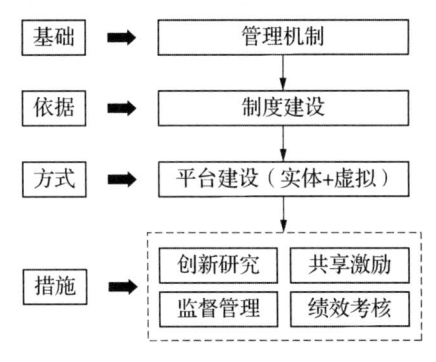

图 2　大型仪器设备开放共享体系

1. 构建校院两级、多部门协调的管理机制

学校构建了校、院两级管理机制,明确各级管理职责,成立了教学科研仪器设备开放共享工作领导小组,领导小组由分管校领导牵头,相关职能部门负责人参与。领导小组成员包括实验室基地处、人事处、教务处、计财与国资处、发展规划处、校长办公室、科学研究院等单位。领导小组办公室设在实验室基地处。实验室基地处是大型仪器设备开放共享的校级组织管理机构,负责全校大型仪器设备开放共享、组织协调、考核评估等工作;各学院及

相关单位是大型仪器设备开放共享的院级组织管理机构,负责本单位大型仪器设备开放共享、考核评估等工作,同时明确本单位仪器设备管理人员,做好日常管理工作(见图3)。

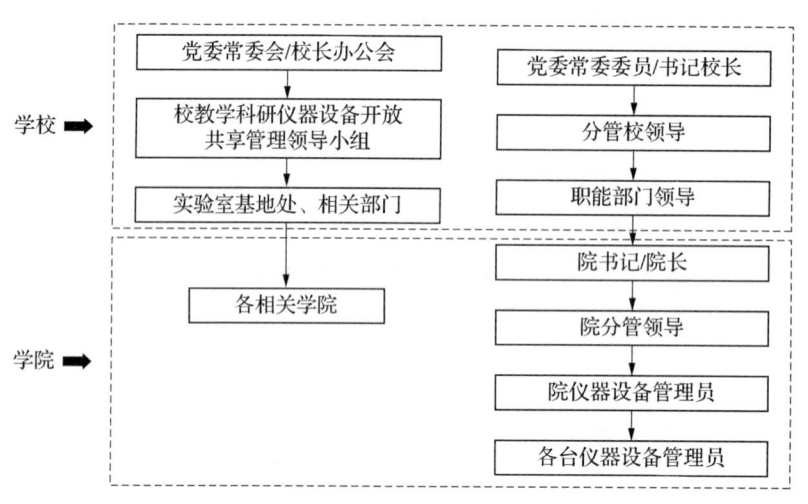

图3 大型仪器设备开放共享管理机构及人员

2. 加强仪器管理和绩效考核制度建设

促进大型仪器设备开放共享,规章制度必不可少。打造高水平仪器设备管理,合理规划、完善相关规章制度是首要任务。学校制定并发布了《大型仪器设备开放共享管理办法》《大型仪器设备开放共享年度绩效考核实施细则》和《教学科研仪器设备单位管理工作年度考核实施细则》等相关文件。《大型仪器设备开放共享管理办法》内容涵盖了大型仪器设备运行管理、预约管理、收费管理、维修管理及评价激励等内容。文件中明确开放共享管理范围,除涉密仪器设备外,其他用于教学科研、单台(件、套)价格在40万元(含)以上的仪器设备均应纳入开放共享管理范围。大型仪器设备开放共享绩效考核从设备管理、使用机时、人才培养、科研成果、开放服务、设备研发等6个方面进行考核。教学科研仪器设备单位管理工作从组织领导、运行管理、设备绩效、特色工作4个方面进行考核。制定仪器设备收费标准。在各学院、单位提出的建议收费标准基础上,结合学校以往收费情况,参照同城或同类高校和研究院所的收费标准,制定了大型仪器设备共享服务收费标准,将收费标准进行公示并报批[①]。收费标准包括实验材料费、水电消耗费、人工服务费、仪器设备折旧、维护维修费及管理费等,按照院内、校内院外、校外分别制定收费标准。规范大型仪器设备验收,明确验收工作由采购单位负责,采购单位提交《南京农业大学科研设备验收报告》。单台(件、套)价格在40万元(含)以上的仪器设备,实验室基地处派员参与开箱验收。

3. 建立统一的平台

平台建设包括仪器设备开放共享实体平台和虚拟平台。实体平台建设是仪器设备集

---

① 刘乔,刘慧宇.高校大型仪器设备开放共享体系建设与实践[J].实验室研究与探索,2019,38(9):286-288.

约化管理的表现,对大型仪器设备开放共享至关重要,某高校已有 11 个学院(单位)建立了院级或学科级的实体共享平台。虚拟平台是指利用物联网手段建立全校的仪器设备开放共享平台,所有入网仪器均可实现网上预约、使用和管理等。某高校虚拟平台有 666 台仪器设备,总值 3.5 亿元。40 万元(含)以上的大型仪器设备基本纳入学校虚拟平台中入网共享。为进一步提高信息化管理水平,促进仪器设备开放共享,经多次调研、专题讨论,提出学校虚拟平台升级方案,内容涵盖平台门户升级与扩展、实时运行数据监测与分析、仪器设备绩效考核、多样智能报表、移动端预约等功能,同时与资产、计财等系统对接,与国家、省级平台对接,以满足教学科研需要。建立完善基于物联网技术的大型仪器设备智能管理平台,解决仪器设备管理过程中"谁在使用""如何使用"和"在哪里"等问题。只有建立完善共享设备机组的运行管理信息化平台和集中开放实体化平台,才能从源头上控制设备的重复购置,提高其运行效率[①]。

4. 完善仪器设备开放共享措施

(1) 加强创新研究

设立仪器设备研究项目,每年投入 50 万元以上鼓励实验技术人员对大型仪器设备进行功能开发与研究应用。调研发现,大多数大型仪器设备是从国外进口,常用的科学实验仅仅使用大型仪器设备少部分功能,实验技术人员在掌握仪器设备的功能的基础上,对仪器设备功能进行研究或对科学实验技术方法进行优化等,提高科研实验效率;组织教师及实验技术人员参加全国、省级相关管理与学术会议、仪器设备展览会,提供学习借鉴最新的仪器设备开放共享经验和使用管理情况以及专业技能培训机会;调研学习在科技部考核高校仪器设备开放共享中考核优秀同行的仪器设备管理与共享经验,提高仪器设备管理水平。

(2) 强化共享激励

提高实验技术队伍积极性,重视实验技术人员的培养[②]。配齐配强实验技术人员,打通实验技术人员职称上升通道,设立教授级高级实验师;调整开放共享服务收入分配比例,提高人员劳务、加班补贴或奖励、培训及差旅补助比例,其余用于仪器设备日常维护、耗材支出等;评选仪器设备管理先进个人,加强对仪器设备管理工作的重视与认可。加强仪器设备入网与维护。设立大型仪器设备接入费,确保新购置 40 万元(含)以上的大型仪器设备及时入网共享;设立仪器设备维修经费,明确维修补贴范围,对纳入学校仪器设备开放共享平台,对校内外共享,使用机时超过 800 小时/年的大型仪器设备给予一定的补贴;邀请部分仪器设备生产厂家对销售的仪器设备进行集中免费维保、年检等,提高仪器设备使用率以及延长使用寿命。

(3) 严格监督管理

根据《中华人民共和国海关进出口货物减免税管理办法》(海关总署令第 179 号)、《海

---

① 蓝蔚青,谢晶,陆文宣,等.借鉴国外管理经验提升设备共享水平[J].实验室研究与探索,2019,38(12):293-296.
② 刘泖颖,董诚,韩旭.国外科研基础设施开放共享机制探索[J].科学管理研究,2021,39(1):148-154.

关总署关于修改部分规章的决定》(海关总署令第 235 号)文件精神,在海关监管年限内,减免税货物应当在主管海关核准的地点使用。需要变更使用地点的,减免税申请人应当向主管海关提出申请,说明理由,经海关批准后方可变更使用地点。为督促学院提高重视,每年不定期抽查大型仪器设备的存放地、操作规程和使用记录等。2019 年财政部颁发了《中央级新购大型科研仪器设备查重评议管理办法》要求对利用中央财政资金购置的单台(套)价格在 200 万元人民币及以上,用于科学研究、技术开发及其他科技活动的科研仪器设备购买时进行查重评议,从源头上避免仪器设备重复购置,提高利用效率。购置的大型仪器设备,凡属应纳入开放共享范围的,采购申请时须同时提交开放共享承诺书,承诺入网后及时共享,同时明确存放场地及管理人员。在每年开放共享考核结束后,对于开放共享情况较差的仪器予以评估并提出限期整改要求,如到期整改未到位单位给予通报,开放共享情况较差的仪器将给予调剂等使用,从而加强仪器设备开放共享监督力度。

(4) 仪器绩效考核

2019 年我校首次启动了仪器设备开放共享绩效考核工作,对全校符合考核条件的 40 万元(含)以上的近 200 台仪器设备和教学科研设备单位管理工作进行考核。大型仪器设备开放共享从设备管理、使用机时、人才培养、科研成果、开放服务、设备研发等方面进行考核,教学科研仪器设备单位管理工作从组织领导、运行管理、设备绩效、特色工作等方面进行考核。绩效考核结果用于学院年度考核以及今后学科等经费投入的重要依据,对于考核不合格的仪器设备及时予以公开调剂。经过三年的考核,学校大型仪器设备开放共享情况整体明显提高。通过绩效考核使领导加强重视,增加教师共享意识;树立了优秀典型,提供互相学习借鉴的平台;全方面地了解我校大型仪器设备开放共享情况和教学科研仪器设备管理工作情况。

5. 搭建专业技术平台

以学校具有农业特色的植物保护学科为例,搭建了仪器设备专业技术平台,包括细胞生物学观察平台、基因表达分析平台、蛋白质组学分析平台、代谢组检测平台、分子互作分析平台以及样品分离与制备平台等 6 大平台。每一个平台以若干台大型仪器为核心形成不同功能的科学研究方向平台。

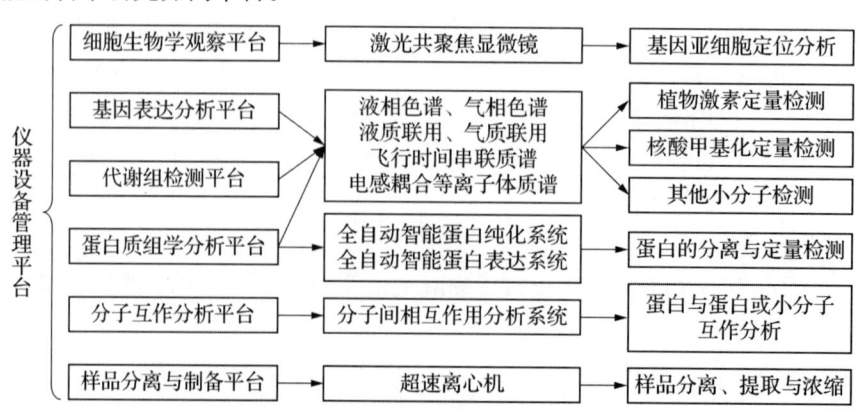

图 4　植物保护学院仪器设备管理平台管理模式

学院根据不同的科研平台方向,科学配置了专业大型仪器设备。学院成立大型仪器设备购置论证小组,组长由学院主管科研副院长担任,成员由各系年轻专任教师组成,各成员及时了解技术发展前沿,定期开展讨论会议,更新完善学院科研工作急需的设备。大型仪器设备采购论证与开放共享论证同时进行,采购仪器设备时,先征集购置需求,仪器设备查重评议后入库为拟购仪器,调研走访校内知名专家、青年才俊、学术骨干等学者,将拟购仪器进一步精简,通过校内外专家论证确定最终的拟购仪器清单。组建专业技术及管理团队。学院遴选了一批热爱仪器设备管理,富于技术摸索精神的技术人员。目前,学院仪器设备资产超 8 000 万元,有 8 名专职实验技术人员,划分一层实验室楼(约 1 500 平方米)专用于共享平台建设空间,为平台实验技术人员创造稳定的工作条件。

三、开放共享成效

1. 提高开放共享水平

通过构建大型仪器设备开放共享体系,有力促进了大型仪器设备开放共享。大型仪器设备的年平均使用机时逐年提高,学校 2019 年平均机时较上一年增加 200 多小时;开放共享收入稳步增加,较上一年增加近 400 万元;实验技术人员工作积极性大大增强,大型仪器设备"停人不停机"。学校在科技部的仪器设备考核中,开放共享考核名次逐年提高。植物保护学院仪器设备管理平台在学校仪器设备绩效考核中连续获得优秀,2021 年年使用总机时 7.9 万小时,共享服务创收 240 万余元,支撑服务效率提升 15%。在 2021 年仪器设备绩效考核中 7 台仪器设备进入学校优秀机组前 10 名。

2. 破解学科技术难题

实验技术人员依托专业技术平台充分发挥设备、人才、技术支持的优势,着力攻克科研难题,支撑师生全员科学研究。以植物保护学科为例,实验技术人员破解了学科共性的、瓶颈的技术难题,开发了新的实验技术方法,优化了磷酸化修饰等蛋白质组学技术体系,建立 DNA 乙酰化、茄碱、四环素、花生四烯酸等新检测方法 30 余种,建立非靶向代谢组分析方法,大大减少实验研究时间,提供可靠的实验数据,提高实验效率与准确度。发挥仪器设备使用功能促进科学研究,如利用 LMD7 激光显微切割系统在显微镜下从样本中高度选择性地分离、纯化单一类型细胞群或单个细胞,可以消除非目的细胞产生的高背景噪声,从而使分析结果更加真实可靠。利用激光显微切割技术选择性地从被侵染的水稻叶片中切割、分离纹枯病菌,从而更加精确地研究纹枯病菌在侵染水稻过程中小 RNA 表达的情况,为从细胞和亚细胞水平上对宿主—病原菌的相互作用的分子基础研究提供了有力的支持。

3. 促进一流学科发展

提高大型仪器设备使用效益,有利于培养拔尖创新型和复合应用型的人才。高校实验室仪器设备管理平台是培养学生的重要实践场所,发挥其对学生实践创新能力培养的重要作用,提高学生的学习兴趣和实际操作能力,学生学会使用高水平的仪器设备,提高学生就业竞争力。在调研学生对实验室设施条件的满意度时,学生整体满意度高,70.10%选择满意及很满意,21.01%选择一般,很不满意及不满意仅为3.89%。高水平的专业技术平台促进了专业教师仪器设备管理使用水平,支撑优秀的科研论著产生,科研成果数量、质量显著提升,科研创新氛围明显增强[1]。近5年,植物保护学院仪器设备管理平台支撑师生发表于Science、Nature等IF大于9.0的国际高水平期刊论文50余篇;助力培养国家杰青等特聘人才7人次,其他国家级人才30余人;举办仪器设备相关主题的钟山学术讲坛18期。依托学院仪器设备管理平台,植物保护学院获得国家级、省部级平台十余个,对校外开放共享越来越多,社会服务功能逐年增强,植物保护学科在第四轮学科评估中获得A+学科。

针对当前大型仪器设备共享中出现的问题,提出了校院两级大型仪器设备开放共享体系,经过实践证明,有效提高大型仪器设备使用效益,助力学科发展。促进大型仪器开放共享,提高大型仪器运行效率,也是响应国家科技兴国要求。大型仪器设备开放共享对人才培养、科学研究以及社会服务具有重要作用。未来工作中,建立仪器设备全生命周期的综合资源管理及共享的管理模式,提高仪器设备的精细化管理水平,更好地为科研管理及社会服务[2]。充分发挥科学基础资源的重大作用,是实现"双一流"建设高校科研功能的必由之路。

---

[1] 王刻铭,刘浩源,刘仲华.新农科背景下大型仪器开放共享平台的建设与实践[J].实验室研究与探索,2022,41(3):287-291.

[2] Dong An, Zhengping Gao, Xiaohui Yang, et al. Construction of Intelligent Management Platform for Scientific Research Instruments and Equipment Based on the Internet of Thing[C]. Big Data Analytics for Cyber-Physical System in Smart City,2021,1686-1690.

高校实验室安全"双体系"预防体系的探索与实践

魏永前　陈洪霞　姜享旭[①]

摘　要: 近年来频发的高校实验室安全事故引发了社会极大的关注,如何建立有效的风险管控措施,是保障高等学校人才培养和科学研究的重要课题。苏州大学作为首批入列"双一流"建设的高校,发展和改革的步伐日趋加快,学科水平不断提升,相应的实验室安全风险也在逐年加大,鉴于此,学校在构建实验室安全"双体系"预防体系方面进行了不断探索,从实验室风险分级管控和隐患排查治理着手,系统构建了一整套行之有效的实验室安全预防体系,有效降低了实验室安全风险,减少了安全事故隐患,为学校教学科研工作正常开展提供了保障,为高校实验室安全管理建设提供了理论依据。

关键词: 实验室安全管理;双体系;分级管理

高校实验室是进行高质量人才培养、实现立德树人根本任务的重要场所,是"双一流"建设的重要载体,是推动融合创新和协同发展的重要平台,随之而来的是各高校对实验室的投入越来越大,各个高校实验室数量、仪器设备和从事实验室相关工作的人员等都在逐渐增加,由此带来的问题就是实验室管理难度加大,尤其是实验室的安全管理。近年来频发的高校实验室安全事故引发了社会极大的关注,如何建立有效的风险管控措施,是保障高等学校人才培养和科学研究的重要课题[②③④⑤⑥]。

苏州大学在构建实以风险分类分级管控与隐患排查治理为核心的实验室安全"双体系"预防体系方面进行了实践探索,系统构建了一整套行之有效的实验室安全预防与治理管理体系,卓有成效降低了实验室安全风险,减少了事故隐患。

安全"双体系"预防体系是"基于风险"的过程安全管理理念的重要实践。安全风险分级管控和隐患排查治理是安全"双体系"预防体系的两个核心环节。安全风险分级管控体系是隐患排查治理体系的"基础",根据安全风险分级管控体系的要求,组织实施风险点识

[①] 作者简介:魏永前,苏州大学实验室与设备管理处处长,长期从事实验室管理工作。
陈洪霞,博士,苏州大学实验室与设备管理处副研究员,从事资产管理及仪器设备管理研究。
姜享旭,苏州大学实验室与设备管理处技术安全科副科长,从事实验室技术安全管理和研究工作。
[②] 李志刚,何一萍,宋强.贵州大学实验室安全管理体系建设探索与实践[J].实验技术与管理,2018,12(35):9-12.
[③] 孙杰,尹云锋,李守中,等.构建生态学实验室安全管理体系的探索[J].实验室研究与探索,2019,6(38):273-276.
[④] 柏玲,黄镇东.高校实验室安全教育重要意义及安全教育体系[J].实验室科学,2019,1(22):218-220.
[⑤] 张恭孝,崔萌.高校实验室安全监督管理机制的构建[J].实验室研究与探索,2019,3(38):277-280.
[⑥] 闫旭宇,李摇玲,陈国梁,等.高校实验室安全管理现状与对策研究[J].广州化工,2019,12(47):171-172.

别、危险源辨识、风险评价、典型措施制定和风险分级,确定风险点、危险源为隐患排查的对象,即"排查点",并对各个过程制定规则、原则,进行过程控制并做到持续改进[①②];隐患排查治理体系是风险分级管控体系的"补充",通过隐患排查,发现新的风险点、危险源,进而对风险点和危险源信息进行补充完善。实施安全"双体系"预防体系,目的是实现把安全风险管控挺在隐患前面,把隐患排查治理挺在事故前面。

一、实验室危险源辨识与风险评估,"画"出实验室"风险图"

实验室安全管理主要包含人、机、料、法、环、测6大要素,而实验室的危险源管理则是基于此6大要素进行的辨识和分析。在企业中,引入以风险分析为基础的安全管理体系,对6大要素通过风险辨识与评价、系统化管理,有效地控制了在生产作业中事故的发生。

高校实验室与企业有着本质的区别,高校实验室的危险交叉性强,分布广,危险有害因素辨识难度大。针对高校的实验室的特点,苏州大学对6大要素的辨识与风险评估采取"二步走"策略:

第一步是对学校所有实验室开展以房间为单位的实验室信息统计,统计信息包括实验室基础信息(校区、所属学院、面积、使用性质、责任人等)、人员信息(教育培训、准入、持证上岗、劳动防护、职业卫生等)、实验室危险有害信息(危险化学品、气体钢瓶、实验动物、病原微生物、放射源与放射性同位素等危险物资,高温、冷冻、高压、高电压、高速、射线装置、特种设备等危险性仪器设备,危险性工艺和危险性操作信息)、安全设施设备及安全防护信息。

第二步是根据GB/T13861—2009《生产过程危险和有害因素分类代码》的规定,对危险源进行辨识与风险评估,再根据风险分析结果确定危险源(点)登记建档,建立台账,实行分级管理,对各类危险源(点)制定和实施相应的监视与控制措施,并编制各级危险源(点)应急救援预案,根据实验室危险源辨

识与风险评估结果"画"出实验室"风险图",哪些实验室有危险源、哪些实验室有较大隐患等。

二、建设"双体系"预防体系——风险分类分级管控措施

参考GB/T28001《职业健康安全管理体系要求》,结合安全检查表法和专家评议法,使用数学模型量化计算方法对危险有害因素进行分类分级。

从技术安全和管理学上对风险进行管控,其中技术安全是从防止事故发生的安全技术和减少事故损失的安全技术两个方面考虑。管理学上包括建立完善的组织体系、健全的制度保障、建立严格实验人员的教育培训与准入机制、科学的检查检查体系、完善的应急保障体、形象生动的文化宣讲等。

---

① 张奇峰.多元共治视角下的高校实验室安全管理路径探索[J].2019,3(36):1853-186.
② 王羽,李兆阳,宋阳,等."双一流"建设视野下高校实验室安全管理主动防御模式探讨[J].2019,2(36):8-10,17.

1. 技术安全上的风险管控

消除危险源、控制能量、采用隔离等是技术安全常采用的安全措施,通过选择合适的工艺、设备设施、物料等,从技术上对风险进行管控。苏州大学采取了一系列技术安全措施来消除危险隐患,减少事故的发生。如在生物实验中用无毒的GelRed等替代传统的、具有强致癌性的溴化乙锭,消除物料对实验室人员的伤害;在有机合成实验室为了控制大剂量石油醚、乙酸乙酯等危险化学品的使用,购买微量柱层析设备替代传统的柱层析工艺,极大减少了危险化学品的使用量;推行"绿色实验室"理念,危险废弃物购买"第三方服务",由具有资质的第三方公司制定回收手册,实施分类收集,不经过合并、暂存等环节,直接清运出校园加以综合利用,极大地减少了危险废弃物合并回收过程的各种危险等。

2. 管理学上的风险管控

苏州大学在组织机构、制度、师生能力建设等方面,建立一套完整的、符合现阶段的、操作性强的安全管理体系。

(1) 管理学上的控制基础——组织机构建设

构建职责分明、合理的实验室安全管理体系是管理学控制的基础。苏州大学自上而下建立了学校层面实验室安全管理委员会和二级单位层面的实验室安全管理分委员会。实验室安全管理委员会由学校分管实验室安全的校领导及学校各职能部门组成,"地位"等同于学术委员会,决策学校实验室安全工作;各二级单位成立实验室安全管理分委员会,包含单位党政主要负责人、安全管理人员、教授、学生代表;同时学校成立专业技术安全委员会,如防火防爆安全管理委员会,辐射安全与防护安全管理委员会,实验动物管理委员会,机械、电子与特种设备安全管理委员会等。通过组织建设解决"谁来管""管什么""怎么管"的问题,贯彻"以人为本、安全第一、预防为主、综合治理"的方针,遵循"谁使用、谁负责,业务谁主管、安全谁负责"的原则,真正实现全要素各环节的实验室安全保障[①]。

(2) 管理学上的控制前提——制度建设

安全工作能否做好,安全管理制度建设是前提、方向。制定一套完善的安全管理制度,可以确保实验室安全管理工作规范化、制度化,使得实验室安全管理工作有法可依、有章可循。

苏州大学在实验室安全管理制度上自上而下建立了四级管理制度:一级是"龙头"文件即实验室安全管理工作条例,是所有实验室安全工作制度的依据和保障;二级是基于"方法论"的实验室安全管理办法,针对实验室安全管理的各要素,建立相应的管理办法,如教育培训、考核与准入,安全监督检查与隐患治理,事故应急、处置与责任追究等;三级是基于"实践论"的各二级单位层面的实验室安全管理实施细则;四级是基于技术标准和规范支撑的实验室安全规范。四级制度体系的建立,确保实验室安全管理工作规范化、制度化,做到任何管理都有章可循。

---

① 赵艳娥,贺锦,乐远.构建信息化管理平台加强实验室安全教育[J].实验室研究与探索,2015,34(6):290-293.

（3）管理学上的控制根本——师生能力建设

加强实验室安全管理工作的根本在于从安全教育、培训方面入手,强化师生的安全意识,切实落实"以人为本,安全第一,预防为主"的指导思想,使保障安全成为一种发自内心的自觉行为。

首先,安全教育培训的形式多种多样,如开设实验室安全课程、组织安全培训讲座、安全管理培训班、安全活动月、安全交流论坛、安全宣传海报等。其次,安全教育培训的覆盖面要广,不仅要对从事实验室工作的人员开展教育培训,管理人员也要纳入培训中来;再者,安全教育培训应具有针对性,对于不同类型的人员培训内容和培训形式应区别对待,哪些人员必须接受哪些安全培训项目、是否强制培训、是否必须通过考试、培训学习时间都应明确。对于新入校的新教工、研究生、本科生等不同类型的人员,根据其不同专业,给予明确的培训和考试要求,并将教育培训作为实验室安全准入条件的重要参考,未经安全培训、未通过考试,不得进入实验室。

在强化师生的安全意识的同时建设实验室应急能力保障体系,提前制定完善的、可行的、科学的应急预案,尤其是在面对常见的火灾、中毒等安全事故,沉着冷静的对待。学习相关逃生和急救理论知识和技能操作,遇到紧急情况,能够不慌不乱,有效地应对突发事故。

三、建设"双体系"预防体系——隐患排查治理措施

1. 专项行动

苏州大学定期开展实验室安全隐患治理专项行动,针对存在大剂量使用危险化学品、不规范使用特种设备、过量储存危险废液等安全隐患,以及安全隐患易发、多发的实验室开展了专项治理工作,以防范重大风险,较少重大隐患,杜绝重大事故的发生。

（1）大剂量使用危险化学品专项行动

学校定期对使用大剂量危险化学品的实验室开展全面的隐患排查专项行动,从化学品的MSDS、设备设施风险、人员风险、工艺风险、操作风险、环境风险以及废弃物风险等方面进行隐患排查,根据排查结果,建立包括危险品数量、种类、用途、安全责任人、使用人等完整、科学、清晰的台账信息。并要求使用人员必须经过相应的教育培训考核且签订学校—学院—实验室三级安全责任状。

从事大剂量使用危险化学品的实验必须在学校相关职能部门登记备案。对于实验室无备案,人员无培训,安全条件无评估的"三无"实验室采取关停整顿。

（2）防火、防爆专项整治

对能够引起实验室火灾、爆炸等危险的人的不安全行为、物的不安全状态和制度的缺失开展专项整治工作,主要包括危险化学品、气体钢瓶使用、废物处置以及不规范使用高温、高压、高电流、高速、冷冻等仪器设备、制度是否缺失。通过防火、防爆专项整治进一步规范实验室对危险品及仪器设备的使用和管理。

（3）特种设备和射线装置专项整治

建立全校特种设备和射线装置台账，整治无登记证投入使用、设备及安全附件未定期检验、人员未持证上岗、安全管理规章制度不健全、应急措施及警示标识张贴不到位、使用台账不规范、未履行环评手续、设备及环境未按规定进行监测等不规范行为。通过特种设备和射线装置专项整治，确保特种设备和射线装置设备使用的合法合规性。

2. 开展实验室安全月活动

为进一步提升实验室安全管理水平，苏州大学在隐患排查治理中围绕实验室安全，开展了一系列的实验室安全月活动："医学生物实验室安全月""辐射安全与防护安全活动月""实验室防火防爆安全月"，并举办安全专题讲座、安全论坛、海报展等。这些活动的开展，有助于推动苏州大学实验室技术安全管理工作，提高实验室人员的安全意识，也提升整个学校实验室管理水平。

3. 开展实验室提升诊断，购买第三方安全服务

在社会治理转型背景下，第三方社会力量参与社会治理，已经或正在成为社会有效管理的重要机制。第三方的安全专业技术团队，在政府监管部门和用户之间构建起沟通的桥梁。既有效满足公众对公共服务多元化和精细化的需求，又符合政府监管的要求，实现管理效率与公正的最大化。

苏州大学通过政府主管部门，邀请苏州工业园区 EHS 技术专家对学校重要实验室展开"安全提升工程"，使实验室安全管理更加科学、规范，实验室安全管理得以持续改进，同时购买第三方评估公司实验室安全专业服务，从建立实验室安全模型、重大危险源辨识到符合性稽查等。

四、"双体系"预防体系的支撑手段：安全体系全信息化——云中实验室的建设

利用信息化建设云中实验室，是整个安全"双体系"预防体系的支撑手段。

苏州大学云中实验室建设分为实验室安全信息数据治理、实验室安全管理业务功能和实验室安全信息统计及应用三大部分组成。

实验室各业务子系统（考试系统、人员管理系统、安全检查系统等）处理实验室相关各项业务，其处理数据包含与实验室相关的人员、物料、设备、环境等方面数据，此类数据通过物联网平台、视频分析平台或其他数据中台已有数据源获取；实验室安全信息数据治理工作大致分为两步，首先上述数据经数据平台的采集工具进入数据库，其次入库数据经过清洗与治理构建相关主题库与专题库；根据实验室安全信息统计子系统的需求构建相应专题库，供相关应用生成实验室统计报表。

实验室安全综合信息管理平台将所有的实验室安全相关的数据统一整合到数据平台中，通过数据平台实现业务之间、业务与其他职能管理部门使用的信息系统之间进行信息数据开放、交互、共享，极大的提高数据的共享水平，师生对实验室所有相关的工作只需通

过一台电脑或一部手机一次登录就能实现,减少无效的、重复的劳动量,极大提高了师生的参与度,给师生实验室使用及管理提供了极大的便利。

实验室安全综合信息管理平台,将实验室各要素(人、财、物)通过实验室安全综合信息管理平台有机的联系在一起,对实验室动态信息(危险物品信息、仪器设备信息、人员信息等)的获取更加及时,提高了应对实验室安全突发应急处置能力和服务水平;通过实验室安全综合信息管理平台,及时精准获取实验室安全动态信息,使得获取的信息量更加丰富,准确性更高,对各级各类管理者参与实验室安全管理决策提供强力的依据和数据支持,实现实验室安全管理工作精准施策[①②]。

五、实验室安全"双体系"预防体系实践结果运用

苏州大学在构建实验室安全"双体系"预防体系时,从实验室风险分级管控和隐患排查治理着手,对实验室危险源进行评估和排查治理,根据危害性大小,将实验室分为"红牌""黄牌"和"绿牌"实验室。"红牌"实验室是指危害极大,隐患一时难以整改且防控措施不力的实验室;"黄牌"实验室是指存在危害,隐患可控和措施得力的实验室;"绿牌"实验室是指安全可控的实验室。

学校专门制定了"红牌"实验室标准,并结合《苏州大学实验室安全标准化检查表》,对列为"红牌"的实验室,首先立即停止实验,并指定专人负责整改落实,每天报告整改进度,直至"红"转"黄"至"绿",做到隐患闭环整改;对一段时间,一间实验室,连续两次被列为"红牌"的实验室,相关责任人作出查处,并坚决关停;采取各种"回头看",坚决杜绝"红黄牌"实验室治理过程中的"形式主义",坚决杜绝"绿转黄、黄转红"。

六、结　语

实验室安全管理对各大高校来说是一个非常重要的工作。苏州大学"双体系"预防体系经过一年多的实践,从实验室风险分级管控和隐患排查治理着手,系统构建了一整套行之有效的实验室安全预防体系,有效降低了实验室安全风险,减少了安全事故隐患,为学校教学科研工作的正常开展提供了保障,使实验室安全管理工作走向科学化、规范化、制度化、信息化。

---

① 孟兆磊,林林,牛犁,等.构建高校实验室安全管理体系的思考与实践[J].实验技术与管理,2015,32(7):404-407.
② 潘蕾.高校实验室安全风险分级管理机制的构建与实践[J].实验技术与管理,2017,34(3):549-552.

云降水物理学虚拟仿真实验资源设计与实现

吕晶晶　朱　彬　何都良　安俊琳　刘晓莉　王　静　项　磊[①]

摘　要：云是大气圈乃至地球系统的重要组成部分，云降水物理学主要研究云中水成物粒子宏微观演变过程，是大气科学重要的分支学科，具有很强的实践性教学要求。为了有效解决传统云物理实践教学中自然云雾过程不可及、不可逆和多因素影响等难点。围绕云雾降水的宏微观过程，以外场仪器观测、数据分析和数值模拟为基础，借助先进的虚拟仿真技术，递进式开发了涵盖基础操作、设计验证和综合探索三层次的虚拟仿真实验，并采用"自主探究式"等多种教学方法，有效地加深了学生对云降水过程知识点的掌握，切实提升了学生实践创新能力。

关键词：云降水物理实验；云雾降水过程；虚拟仿真技术；人工影响天气

一、引言

我国高等教育已进入全面振兴本科教育的攻坚阶段。实验实践教学作为人才培养的重要组成，对提高高等学校本科教育质量至关重要[②]。随着信息化技术与教育教学深度融合，教育信息化受到了国家的高度重视，教育部提出开展建设虚拟仿真实验教学建设具有重大意义[③]。教育部高等教育司吴岩司长在《建设中国金课》的报告中指出，虚拟仿真是一种新的教育生产力，是推进"智能+教育"的创新一招，使原来"做不到""做不好""做不了""做不上"的实验实训教学成为可能[④]。信息技术的应用是提高实验教学质量的重要手段[⑤]，虚拟仿真实验教学作为教育部着力打造的五大"金课"之一，已成为高等教育研究的热点问题[⑥][⑦]。

---

① 作者简介：吕晶晶，博士，南京信息工程大学高级实验师，副主任，主要研究方向：实验教学、云雾降水物理。
朱彬，博士，教授，国家级实验教学示范中心主任，主要研究方向：大气环境。
何都良，南京信息工程大学教授，实验室与设备处处长。
安俊琳、刘晓莉、王静、项磊，南京信息工程大学教师。
② 黄凯.高校本科实验教学比较研究[J].实验室研究与探索,2020,39(2):220-223.
③ 李平,毛昌杰,徐进.开展国家级虚拟仿真实验教学中心建设提高高校实验教学信息化水平[J].实验室研究与探索,2013,32(11):5-8.
④ 吴岩.建设中国"金课"[J].中国大学教学,2018(12):4-9.
⑤ 李平.推进虚拟现实技术应用提高高校教育教学质量[J].实验室研究与探索,2018,37(1):1-4.
⑥ 教育部.关于开展国家虚拟仿真实验教学项目建设工作的通知:教高函〔2018〕5号[Z].2018.
⑦ 熊宏齐.国家虚拟仿真实验教学项目的新时代教学特征[J].实验技术与管理,2019,36(9):1-4.

南京信息工程大学享有"气象人才摇篮"之美誉,其前身南京气象学院始建于1960年,2017年入选国家"双一流"建设高校和江苏高水平大学建设重点支持高校。大气科学是国家重点学科,并在教育部一级学科评估中蝉联全国第一、获评A+等级。我校作为一所典型的行业特色型高校素来重视实践教学[1][2],在气象行业全面现代化背景下[3],发挥共建体制和多学科优势,已然成为协同人才培养模式改革的先行者[4]。2013年我校获得两个国家级实验教学示范中心称号[5],即:"大气科学与环境气象实验教学中心"和"大气科学与气象信息虚拟仿真实验教学中心",随后陆续建设了短期气候[6]、农业气象[7]、气象云计算[8]、大气环境[9]等一批虚拟仿真实验资源;2016年"地球科学虚拟仿真实验教学共享平台"获批为江苏省唯一的地学类省级共享平台[10];2019年获批中国气象局"国家综合气象观测专项试验外场"基地[11]。

云雾降水过程是全球水分循环中的重要环节,大气中绝大多数天气现象都与其关系密切[12]。由于受季风气候的影响,我国降水资源时空分布十分不均,云降水物理学作为一门具有实际意义的理论学科,人工影响天气就是直接建立在其理论基础上的应用科学技术。随着社会经济发展,人们对人工影响天气提出了更为迫切的需求,经过60多年发展,人工影响天气早已成为我国防灾减灾、生态文明建设的有力手段,在服务农业建设、保障水资源安全等方面将会发挥越来越重要的作用[13][14]。

二、云降水物理学虚仿实验资源建设背景

云降水物理过程是大气水循环的核心组成部分,是地球大气的热量、水分和动量平衡的关键因素,它不仅影响局地的和短期的天气过程,而且影响大气环流和全球气候的变化[15]。云降水物理学是大气科学本科专业的核心课程,主要研究自然界气溶胶、云雾和降

---

[1] 王骥,李北群,张永宏,等.共建体制下行业特色高校实践教学基地建设[J].实验技术与管理,2016,33(6):213-215.
[2] 吴立保,刘捷,徐中兵.大气科学与环境气象实验教学改革思路及方案[J].淮阴工学院学报,2014(6):87-91.
[3] 刘毅.四月一日起,我国地面气象观测全面自动化[N].人民日报,2020-04-03(12).
[4] 李北群,华玉珠.行业特色高校协同人才培养模式改革:转型与路径[J].江苏高教,2018(4):22-25.
[5] 姚菊香,华兴夏,吴立保,等.大气科学与环境气象实验教学中心的改革实践[J].实验技术与管理,2015,32(2):163-166.
[6] 彭丽霞,倪东鸿,周顺武,等.短期气候预测虚拟仿真实验教学平台建设思路[J].实验技术与管理,2017,34(1):141-144.
[7] 方巍,刘琦.气象云计算虚拟仿真实验教学研究与探索[J].实验技术与管理,2017,34(1):124-128.
[8] 杨沈斌,江晓东,赵小艳.水稻作物模型虚拟仿真教学系统的构建[J].实验技术与管理,2018,35(2):112-116.
[9] 安俊琳,项磊,吕晶晶,等.高危环境事件中大气污染探测虚拟仿真系统设计与实现[J].实验技术与管理,2019,36(10):123-126.
[10] 祖强,魏永军,熊宏齐.省级在线开放虚拟仿真实验教学项目建设探讨[J].实验技术与管理,2017,34(10):153-157.
[11] 中国气象局.中国气象局关于公布国家综合气象观测试验基地名单的通知:中气函〔2019〕51号[Z].2019.
[12] 杨军,陈宝君,银燕,等.云降水物理学[M].北京:气象出版社,2011.
[13] 郑国光,郭学良.人工影响天气科学技术现状及发展趋势[J].中国工程科学,2012,14(9):1-112.
[14] 郭学良,方春刚,卢广献,等.2008—2018年我国人工影响天气技术及应用进展[J].应用气象学报,2019,30(6):641-650.
[15] 陆春松,程穆宁,刘晓莉,等.《云降水物理学》双语教学方案的思考[J].考试周刊,2013(51):19-170.

水的形成、发展和消散的宏微观过程，同时还包括雷暴电学、云雾光学、云的辐射气候效应、云降水化学等广泛内容[①]，具有很强的实践性教学要求。涉及云降水发展过程中的研究对象，从纳米级的气溶胶，到上千千米的云降水系统（如台风降水等），在时间和空间尺度变化范围极大，使得测量难度大为增加。常见的云雾降水实验测量平台包括高山地面站、火箭、探空仪以及搭载高精度光电探测设备的飞机。但是受制于时空、仪器和实验成本等因素，传统的云降水物理学实验教学只能在室内（比如云室）开展，不具备对真实云雾环境进行直接测量的条件，这无疑限制了学生对云雾—降水整体过程的深切感悟和深刻理解。为了有效解决云降水物理学实践教学中自然云雾过程不可及、不可逆和多因素影响等问题，借助先进的信息化手段，构建云雾—降水虚拟仿真实验，将为实践教学提供全新的交互式教学手段，加深学生对云降水宏微观过程的理性认识，极大提高其实践创新能力和防灾减灾意识。

三、云降水物理虚仿实验资源设计

1. 课程实验内容和目的

云降水物理学实验内容主要以气溶胶—云雾—降水的形成过程作为脉络，可分为三个部分：(1) 气溶胶云凝结核观测；(2) 云雾粒子探测；(3) 降水粒子测量。近年来，本课程教学团队依托南京信息工程大学国家级实验教学示范平台，以1995年陈金荣等自编教材《云降水物理实验》为基础，在"做中学"理念指导下，针对云降水物理学理论课程中讲述的内容，并结合已配备的国际先进气溶胶、云雾降水探测设备［包括宽范围气溶胶粒径谱仪（WPS‐1000XP）、光学雾滴谱仪（FM‐100）、云凝结核计数器（CCN‐100）、光学雨滴谱仪（PARSIVEL2）、单颗粒气溶胶飞行时间质谱仪（ATOFMS）、湿控串联差分电迁移率分析仪（HTDMA）和现在天气现象仪（VPF‐730）等］，已陆续开展了气溶胶谱、巨盐核凝结增长、云凝结核、雾滴谱和雨滴谱等十多个实体实验项目，并取得良好的实践教学成效[②]。

但是云降水粒子形成、增长的云微物理过程和云降水发展宏观过程仍然是实践教学重难点。由于不具备对自然云雾环境进行直接测量的条件（尤其是飞机穿云观测），学生仍然缺乏对自然云雾降水过程中不可及、不可逆和多因素影响等问题的理性认识。因此，采用"虚实结合"方式构建了云降水物理学实验课程体系（见图1），以外场观测和分档雨滴数值模拟数据为基础，借助 Unity3D 等信息技术，设计了涵盖基础操作、设计验证和综合探索三层次的云雾降水虚拟仿真实验，包括雾滴谱观测、云雾微物理量分析和人工增雨飞机观测。

实验环境以干旱半干旱区气候为背景，所有探测仪器均根据实物 3D 建模而成，以上

[①] 杨军,陈宝君,银燕,等.云降水物理学[M].北京:气象出版社,2011.
[②] 王静,朱彬,华兴夏,等.基于"做中学"理念的云降水物理学实践教学改革研究[J].实验技术与管理,2014,31(7):145‐148.

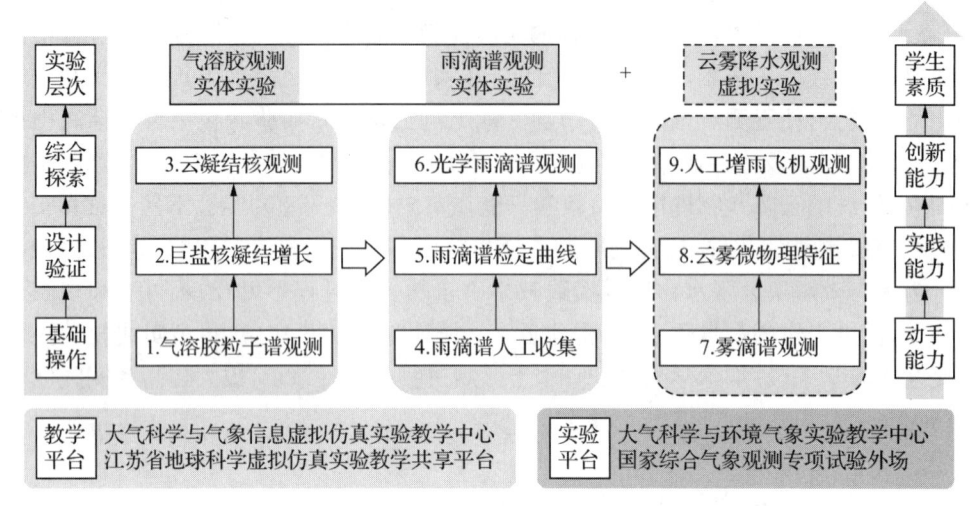

图1 "虚实结合"的云降水物理学实验课程体系图

升气流、催化温度、催化开始时间和催化持续时间为输入参数,通过人工降水和自然降水的统计效果检验,获得不同上升气流环境中的最优人工催化方案。学生首先完成地面雾滴谱仪操作—云雾微物理量分析(见图2),然后再进行空中飞机探测仪器加载—人工催化作业设置—增雨效果检验(见图3)等虚拟实验环节,将使得学生动手实践和自主创新能力得到极大提升,以期达到以下教学目的。

① 加深学生对云降水宏微观过程的深入理解。包括掌握暖云降水原理、冷云降水原理,以及不同物理过程(如核化、凝结、碰并等)对云中水成物粒子生消的影响。

② 掌握气溶胶—云—降水粒子的探测原理、仪器和处理方法。包括气溶胶粒子谱、云凝结核、云雾粒子谱、水成物粒子谱的探测原理,仪器数据处理方法。

③ 掌握人工影响天气的科学基础。熟悉层状云、积状云、暖云人工增雨作业技术;掌握主要的人工影响天气催化剂;掌握人工影响天气效果评价的基本方法。

④ 培养学生解决实际问题的能力,提高防灾减灾意识。通过对比分析、参数控制、归纳分析等实验方法探究影响人工增雨作业的因子(如上升气流、催化剂、作业时间、催化温度等),并获得不同上升气流环境中的最优人工催化方案,提高学生自主学习效率和设计创新能力。

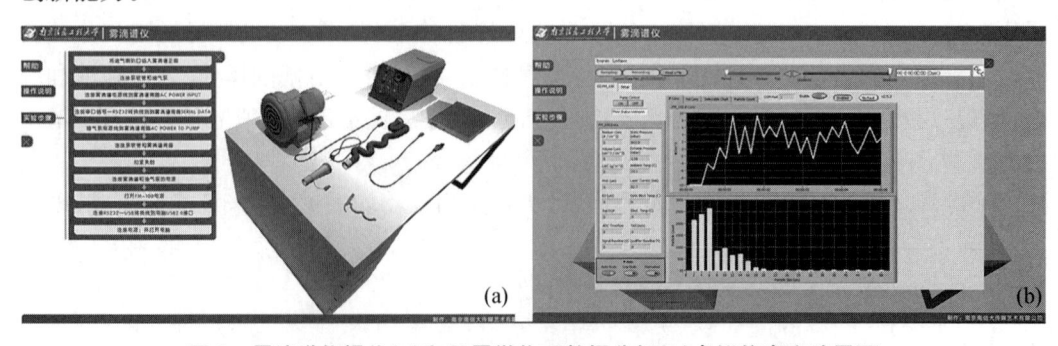

图2 雾滴谱仪操作(a)和云雾微物理数据分析(b)虚拟仿真实验界面

图 3 人工增雨飞机催化作业(a)和效果检验(b)虚拟仿真实验界面

2. 教学方法和实施过程

（1）情景体验式教学，激发学生学习兴趣

基于大气科学类专业特点，传统的实验教学只能让学生在一定程度上对气溶胶—云雾—降水过程形成、演变等具有感性认识，但对于其整体宏微观过程的理解仍然抽象晦涩。本虚拟实验通过让学生在虚拟仿真的干旱半干旱区气候背景中开展认知实习，掌握雾滴谱探测原理（前向散射），分析云雾微物理特征，并开展人工增雨催化作业和效果检验等。这使得实验教学不受时间、空间、成本的制约，提升了学生的体验获得感，激发学生浓厚学习兴趣。

（2）问题启发式教学，拓展学生科学思维

在完成虚拟仿真实验认知过程中，设计一些启发性问题，以拓展学生的科学思维能力。比如：学生在进行地面雾滴谱仪操作和微物理数据分析（见图2）时，因为雾本质上就是贴地的暖云，两者微物理过程近似，而且地基雾滴谱仪和机载云粒子探测仪的原理相同，都假设云雾粒子为球形。但是如果环境气温低于零度，在测量范围内被测水成物粒子为冰晶（非球形），会对雾滴谱仪测量结果造成怎样的影响？机载探测系统是怎么解决这个问题？

（3）自主探究式教学，提升学生自主创新

从开源节流的角度，人工增雨作为一种有效缓解水资源紧缺状况的科学手段被引入。那么针对半干旱区的气候条件，人工增雨可以增加多少降水量、不同降水强度对不同被覆坡面土壤入渗过程有多少影响等问题都值得探究。因此，本实验设计了人工增雨试验模块，以帮助学生在同一次的天气过程中，探究最佳人工催化方案；同时设计了坡面土壤入渗对比模块，对比分析降水强度、植被覆盖度等因子对土壤入渗过程的影响，以帮助同学自主探究不同降水强度中，植被作用下坡面产流产沙的降雨临界效应。

（4）互动研讨式教学，巩固学生理论知识和实验技能

在线交流环节，学生可在线提出虚拟仿真实验操作和课后拓展作业中遇到的问题，师生在线上互动研讨的过程中，逐渐加深学生对理论知识和实验技能的理解和运用。

四、虚拟仿真实验教学项目特色

（1）以培养学生创新能力为核心，采用"虚实结合"方式构建云降水物理学实验课程体系，同时按照基础操作、设计验证和综合探索三层次设计实验内容。学生在完成实体实验的基础上，再开展雾滴谱观测、云雾微物理量分析和人工增雨飞机观测等虚拟仿真实验。作为实体实验的延伸和拓展，实现了学生从"被动听讲"到"自主探究"的学习方法转变，提高了学生对云降水粒子形成、增长的云微物理过程和云降水发展宏观过程的深入理解。

（2）采用了"体验认知式""问题启发式""自主探究式"和"互动研讨式"等教学方法。在专业培养方案与课程教学大纲指导下，应用信息化技术开发本实验的虚拟仿真资源。采用线上线下立体化教学方法，通过本虚拟实验资源达到传授知识、拓宽视野、提高能力的目的，既可完成传统云降水物理学实体实验中开展的认知性和验证性的教学内容，还可以完成实体实验无法完成的"云雾降水粒子宏微观演变过程"中的设计性和综合性的教学内容，大大提高了学生发现问题、分析问题和解决问题的能力。

（3）在虚拟仿真实验评价体系中，除教学过程中所涉及的雾滴谱观测、云雾微物理量分析和人工增雨飞机观测设计为考点，同时还辅以课后作业，作为实体实验数据建模、计算和分析的教学内容，按照各模块在本实验中的比例，形成"虚实结合"的考核评价指标体系，采用过程性实验报告考核和课后问答题相结合形式对学生学习情况进行多指标权重考核评价，实现对本实验学习、练习、数据计算的全覆盖。

五、结语

云降水物理学是大气科学本科专业的核心课程，具有很强的实践性教学要求，其中云降水粒子形成、增长的云微物理过程和云降水发展宏观过程一直是实践教学的重难点，但是传统实体实验不具备对自然云雾环境进行直接测量的条件。因此，基于野外观测和数值模式数据，充分利用虚拟仿真技术，递进式构建云雾—降水过程虚拟仿真实验，让实践教学突破时间、空间、成本限制，将野外耗时长、耗资高、不可逆、不可及的云雾—降水实验，集中在高仿真度的虚拟实验环境中完成，为云降水物理学实践教学提供了有力帮助，实现了信息技术与大气科学专业实践教学融合，切实提高了实践育人水平。

高校实验技术人员岗位考核的探索与实践

郭 盛 高 翔 尹婵娟[①]

摘 要:该文在调研多所南京本地高校实验技术人员岗位考核现状的基础上,结合学校实际,论述了现有实验技术岗位考核存在的问题,提出了实验技术岗位考核应遵循的原则和具体方式,即定性考核与定量考核相结合的方式,并在实践的基础上初步制定了定量考核的模块化内容。实验技术人员岗位考核能够提高实验技术人员的工作积极性,并提升实验室的管理水平。

关键词:实验技术人员;岗位考核;评价体系

实验技术人员是学校师资队伍的重要组成部分,其主要承担实验教学、科研辅助,大型仪器设备的运行管理、功能开发与利用,实验仪器设备的保管、维护及维修,自制实验仪器设备及实验室建设与日常管理等工作,是实践教学环节的执行者,也是高校实验室建设、发展和改革的重要推动者[②③④]。实验技术人员的理论知识、实验业务能力、管理水平及工作热情对培养学生的专业技能、激发学生的创新意识起着重要的作用。作为"双一流"、高水平大学,必须培养、建设一支结构合理、相对稳定、整体素质高、技术能力强、适应新形势要求的实验技术队伍[⑤]。

一、实验技术岗位考核的概念

实验技术人员岗位考核是指高校对实验技术人员日常工作的考核,包含实验教学辅导、仪器设备管理、大型仪器设备的运行服务以及实验室开放、实验室安全、实验室档案等管理工作。不包含实验技术人员完成的教材、论文、著作及科研等内容。岗位考核的内容区别于实验技术人员职称评定,它可以和职称评定的内容共同纳入实验技术系列聘期考核,形成完整的实验技术人员评价体系。

---

① 作者简介:郭盛,南京邮电大学助理研究员,科长,主要从事高校实验室管理、项目管理工作。
② 张羽,李鸿儒,梁雪.高校实验队伍量化考核评价体系的探索与实践[J].实验技术与管理,2017,34(6):228-231,259.
③ 石中军,王健.高校实验技术人员MAAA量化评价体系构建[J].实验室研究与探索,2014,33(6):247-251.
④ 涂真珍,王韦刚,张倩,等.高校实验技术人员绩效考核评价机制研究[J].高教学刊,2016(23):57-58,60.
⑤ 赵艳娥,乐远.基于岗位管理的实验技术队伍建设[J].实验技术与管理,2013,30(4):190-192.

二、现有实验技术岗位考核的方式及其弊端

很多高校现有实验技术人员岗位考核只有定性考核的内容,包含实验技术人员的德、能、勤、绩、廉等方面,主要考核实验技术人员的行为规范是否符合各项规章制度以及个人的思想品德、职业道德等方面[1],完全套用行政管理人员的考核内容。

定性考核的方式缺乏详细、可操作、可量化的考核内容,无法体现每一位实验技术人员的工作量,导致实验技术人员长期缺乏工作的积极性,严重影响实验技术人员综合素质的提高和实验技术队伍的稳定性。实验技术人员之间存在"做多做少一个样,干好干坏都一样"的现象,导致实验技术人员只重视论文的发表及科研成果的产出,而忽略实验室日常管理工作,实验技术人员往往不会花精力深入钻研仪器设备操作绩效,设备功能往往只被开发了一小部分[2],造成高校仪器设备的使用率普遍较低[3]。在实验技术人员职称评定时,考核结果无法给决策者提供评价依据,导致人员评聘过于主观,学校管理部门对实验技术队伍的发展缺乏主导作用,进一步阻碍了实验技术队伍的发展,从而阻碍高校创新型人才的培养,制约高校教学、科研和社会服务水平的提高[4][5]。定性考核方式的种种弊端体现出当下急需新的考核方式以适应新时期高校发展的新要求。

三、建立科学的实验技术岗位考核的必要性

1. 提升实验技术人员综合素质

通过考核结果能够使学校实验室主管部门及时发现实验技术队伍建设上存在的问题,结合实验技术人员评聘、职称评定等方式充分调动实验技术人员的工作积极性、创造性,使实验技术人员具备较高的专业理论水平、过硬的实际操作技能以及高度负责的敬业精神,为"双一流"、高水平大学的发展提供高技能、高素质的实验技术队伍保障。而学校实验室主管部门有责任帮助实验技术人员完善其职业生涯规划,促使实验技术人员在完成岗位任务的基础上潜心于研究实验设计,改进实验方法及开发高精尖实验设备等[6]。科学的实验技术人员岗位考核体系将实验技术人员的个人发展目标与学校发展目标相结

---

[1] 刘宗莉,朱世江,程玉瑾,等.浅谈实验技术人员的绩效考核[J].实验室研究与探索,2012,31(8):411-413.
[2] 高禄梅,孙宇.推动仪器设备院级共享平台建设 提升高校存量设备资源使用效益[J].实验技术与管理,2019,36(5):5-8.
[3] 蒋卉,张娜,卢亚玲,等.提高高校大型仪器设备使用效益的探讨[J].实验室科学,2016,19(4):200-204.
[4] 张羽,李鸿儒,梁雪.高校实验队伍量化考核评价体系的探索与实践[J].实验技术与管理,2017,34(6):228-231,259.
[5] 周学兵,徐蕾,陈嵘徐.普通高校实验室技术队伍建设与管理[J].实验室研究与探索,2015,34(2):243-245,260.
[6] 王为,王春潮,李小昱,等.高等学校实验技术人员绩效考核改革的初探[J].实验室科学,2008(6):165-167.

合,实现双赢共赢①。

2. 提高国有资产利用率

高校已经逐步向技术密集、知识密集和设备密集的综合型教学科研基地发展。近几年,高校投入大量经费购置了一批大型精密贵重仪器,仪器设备的安装调试、使用管理、功能开发与挖掘、维护保养,对实验室技术人员提出了更高的要求。将实验设备维修及大型仪器设备使用纳入考核中,有利于实验技术人员发挥主观能动性,积极参与科研工作,开展大型仪器设备的使用与维护工作。

3. 为领导者提供决策依据

实验技术人员岗位考核进一步明确了实验技术人员的岗位职责,从而实现实验技术人才资源的合理应用,优化实验技术队伍。学校主管部门可以以岗位考核结果为依据,结合实验技术人员的岗位晋级和职务晋升,实现择优评聘的目标②。实验技术岗位考核结果一定程度上反映学校实验技术队伍的建设水平。随着高校的不断发展,学校主管部门可以对考核内容进行调整,使实验技术队伍的建设符合学校的发展需求。因此,实验技术岗位考核一方面可以为管理者提供人才发掘和人事调整的重要决策依据③④,另一方面,管理者可以根据学校的发展需要及实验技术人员的绩效反馈对管理行为和措施进行改进和完善。

四、实验技术岗位考核的建立原则

1. 以人为本的原则

以人为本是考核体系建立的根本原则。考核的目的是促进实验技术人员发展,肯定其工作,建立思想上稳定、工作上积极进取的实验技术队伍,在公平公正的基础上,采用压力和激励相结合方式。

2. 模块化原则

实验技术人员岗位大致分为实验教学辅助岗位、科研实验辅助岗位、仪器设备维护维修岗位、实验室建设与管理岗位⑤。其结构复杂,岗位分工不同,工作性质存在较大差异。考核体系可使用模块化的方式包含所有不同类型的实验技术岗的工作内容,模块的具体分值根据其重要程度分别设定。

---

① 蓝蔚青,陈江华,殷曦敏,等.高校实验教师队伍发展现状及激励机制探析[J].高校实验室工作研究,2014(4):68-70.
② 王为,王春潮,李小昱,等.高等学校实验技术人员绩效考核改革的初探[J].实验室科学,2008(6):165-167.
③ 涂真珍,王韦刚,张倩,等.高校实验技术人员绩效考核评价机制研究[J].高教学刊,2016(23):57-58,60.
④ 李艳红,王春梅.实验技术人员岗位考核体系及标准建立的研究[J].中国教育技术装备,2013(33):27-29.
⑤ 张惠芹,周骥平,周俊.高校实验室管理机制改革的思考与对策[J].实验技术与管理,2015,32(9):236-238.

3. 可比性原则

在模块化原则的基础上,考核体系的结果要有可比性。可比性的前提是数据量化具有依据,并且可操作①。考核的目的是调动实验技术人员的工作积极性,要评选先进、树立标杆。

五、实验技术岗位考核的方式及其内容

科学的实验技术岗位考核方式必定是定性与定量考核相结合的方式,即在原有定性考核内容的基础上增加定量考核的内容,以定量考核的内容弥补只有定性考核内容所产生的弊端。同时,建立以学校为主导、以学院为主体的实验技术人员岗位考核模式②。

1. 定性考核的内容

定性考核是对实验技术人员的岗位职责履行情况、工作态度和工作业绩等方面的考核,其包含职业道德、实验教学管理、实验室管理、实验室安全与环境、廉洁自律等内容。

2. 定量考核的内容

定量考核是对实验技术人员所有日常工作的考核,其包含实验技术人员的实验教学保障、实验室固定资产管理、大型仪器设备运行服务、实验室建设与开放管理、实验室安全管理及实验室档案管理等工作。

定量考核体系的构建是一个动态的过程,在实践的基础上,需要随着高校实验室建设水平的不断发展对其内容进行调整、完善。

(1) 实验教学保障积分

实验教学保障指在考核期内协助实验主讲教师完成教学计划规定的本(专)科生及研究生实验教学任务。包括实验仪器设备及实验材料准备、实验仪器设备的安装调试和一般性维护、实验教学助教、实验教学信息统计与整理等。

① 实验教学辅导积分 A

$$A = (W_A \times K_A \div M_A) \times X_A \times T_A$$

式中:W_A 为考核期内完成实验教学辅导工作量,即实验课前后的准备及整理工作时间,以 h 为单位;K_A 为实验性质系数,如公共基础实验、专业实验等;M_A 为满时实验教学工作量,以 h 为单位;X_A 为满时工作实验教学保障总积分;T_A 为根据定性考核统计中"实验准备情况"计算出的实验教学保障他评调节系数。

---

① 张建功.实验技术人员考核的实践与探索[J].实验室研究与探索,2006,25(3):400-402,407.
② 赵丽华,侯永平,戴朝卿.依托顶层设计建设高素质实验技术队伍[J].实验室研究与探索,2014,33(6):239-242.

② 实验仪器设备维修积分 B

根据仪器设备的自修、他修 2 种维修情况计算积分。

$$B = \sum_{i=1}^{2}(W_{B_i} \div M_{B_i}) \times X_B \times K_B$$

式中：W_{B_i} 为自修或他修中履行报修、维修厂家沟通与询价、维修过程中配合等相关工作的耗时所用时间，以 h 为单位；M_{B_i} 为满时自修或他修工作量，以 h 为单位；X_B 为满时维护维修的总积分；K_B 为根据保修率所修正的系数，当保修率越大，调节系数越小。

③ 大型仪器设备教学积分 C

大型仪器设备为单价 10 万元以上（含 10 万元）的仪器设备。根据大型设备中的通用设备、专用设备计算积分。

$$C = \sum_{i=1}^{2} W_{C_i} \div M_{C_i} \times X_C$$

式中：W_{C_i} 为大型设备中通用或专用设备用于教学的机时数，以 h 为单位；M_{C_i} 为大型设备中通用或专用设备对应的满时工作量；X_C 为满时大型仪器设备教学总积分。

(2) 设备(固定资产)管理积分 D

用于核算固定资产管理的工作积分，根据仪器设备单台套原值分四种情况计算积分。

$$D = \sum_{i=1}^{4}(W_{D_i} \div K_{D_i}) \times K_{D_1} \times K_{D_2} \times X_D$$

式中：W_{D_i} 为仪器设备固定资产单台套原值小于 2 万元、2 万元到 10 万元、10 万元到 40 万元、40 万元及以上的资产的台套数；K_{D_i} 为不同原值段的调节系数，仪器设备台套原值越大，调节系数越小；K_{D_1} 为账物相符系数，K_{D_2} 为设备完好系数，账物相符率及设备完好率越大，系数取值越大；X_D 为满时设备(固定资产)管理的总积分。

(3) 大型仪器设备运行服务积分 E

区别于大型仪器设备用于教学的运行服务，同样根据大型设备中的通用设备、专用设备计算积分。

$$E = \sum_{i=1}^{2}(W_{E_i} \div M_{E_i}) \times X_E \times K_E$$

式中：W_{E_i} 为大型通用设备或专用设备用于服务的机时数，以小时为单位；M_{E_i} 为大型通用设备、专用设备用于服务对应的总工作量；X_E 为满时工作大仪运行操作总积分；K_E 为实验技术人员在大型设备运行时参与程度的修正系数，参与度越高，修正系数取值越大。

(4) 实验室建设与开放管理积分

① 实验室建设积分 F

$$F = N_F \times K_{F_1} \times K_{F_2}$$

式中:F 为校级实验室建设项目所计积分;N_F 为项目经费,以万元为单位;K_{F_1} 为参与的实验室建设项目完成比例;K_{F_2} 为折算系数。

② 实验室开放运行管理积分 G

$$G = \sum_{i=1}^{2} W_{G_i} \times M_G \div X_{G_i} \times K_{G_1} + \sum_{i=1}^{2} W_{G_i} \times M_G \div X_{G_i} \times K_{G_2}$$

式中:W_{G_i} 为各类学科竞赛或其他开放运行的实际开放实验时间,以 h 为单位;M_G 为学科竞赛或其他开放运行对应的满时工作量,以 h 为单位;X_{G_i} 为实验室开放运行满时总积分,以 h 为单位,学科竞赛的满时总积分高于其他开放运行的满时总积分;K_{G_1}、K_{G_2} 为是否在工作时间的折算系数,非工作时间的系数取值大于工作时间的系数取值①。

(5) 实验室安全管理积分 H

实验室安全是实验室日常管理中的重中之重,实验技术人员对实验室安全进行检查并记录备案。

$$H = X_H \times R_H \times K_{H_1} \times K_{H_2}$$

式中:X_H 为一个实验室安全管理总积分;R_H 为分管实验室的数量;K_{H_1} 为对所负责实验室进行安全检查、记录、报送的完成率;K_{H_2} 为实验室类型系数,如材料、化学类实验室、工程训练类实验室、语音室、机房等,危险系数越高,取值越大。

(6) 实验室档案管理积分 I

包括实验室使用记录、实验室开放运行记录、学生实验登记、大型仪器设备使用记录、设备维修记录、耗材购置与领用记录、培训记录、安全检查记录等②。

$$I = X_I \times R_I \times K_I$$

式中:X_I 为一个实验室档案管理总积分;R_I 为分管实验室的数量;K_I 为按要求对所负责实验室的记录完成率。

(7) 实验中心动态补贴积分 J

按实验中心工作职责,综合实验中心申报国家级、省级实验室建设项目,学校重大考核活动支撑等方面工作完成情况,学校主管部门给予实验中心动态补贴积分。

(8) 调节积分 K

学院评议小组根据实验人员实际工作情况有权对参与平台或项目建设、维护的实验技术人员的积分结果进行二次调节。平台或项目类型有省级实验教学平台、省虚拟仿真实验教学共享平台、省部级重点实验室和工程中心、国家级实验教学平台、国家级虚拟仿真实验教学项目、国家级重点实验室和工程中心等。

六、实践效果

学校主管部门对全校实验技术人员及其工作内容进行了细致的梳理,并将其工作内

---

① 杨旭峰.浅谈计算机实验室人员定量考核的研究与探索[J].电脑知识与技术,2008,4(36):2973-2974.
② 石冰,邹津海.高校实验技术人员年度考核办法的探索与实践[J].实验技术与管理,2012,29(4):357-359.

容全部转化为定量考核的模块化内容,保证了岗位考核的完整性。经过不断的调研和测算,对定量考核的模型进行了反复的讨论和修改。

虽然,目前岗位考核尚在试运行阶段,但已达到了部分预期的效果。如实验技术人员从以往的推脱变为主动承担实验室的日常管理工作,以及在申报国家、省级项目时,实验技术人员较以往更加积极,在不断的实践中实验技术人员的综合素质明显有所提升;原本实验室日常管理工作中出现的没人管、不愿管的现象在逐步消失,实验室管理工作较以往更加科学和规范,实验室建设水平明显有所提高;领导者可以通过岗位考核结果掌握每一位实验技术人员的日常工作内容及工作状况,在实验技术人员评聘时能够做到有据可依,保证公平和公正。

由于学校的发展面临新时期新的要求,实验技术人员的工作复杂多样,考核内容还需在具体的实践中不断完善。后续如何将实验技术人员岗位考核及职称评定纳入实验技术人员系列聘期考核形成完整的实验技术人员评价体系,以及建立相对应的奖惩制度等是需要进一步研究的问题。

"双一流"行业高校建设虚拟仿真实验教学项目的探究

农春仕　孟国忠　周德群　潘　越　张远兰[①]

摘　要: 在分析国家虚拟仿真实验教学项目建设现状的基础上,着重从信息化与教育深度融合,创新高校实验教学改革,提升师资队伍建设水平,提高学生创新创业意识来研究虚实结合、科教融合、产教联合的实验实践教育教学体系建设。以南京林业大学的"三衔接,一提升"虚拟仿真链式实验教学体系为例,探索虚实结合、科教融合、产教联合的实验实践教育教学体系建设,以期为大家提供项目建设模式、构架及路径经验。

关键词: 虚拟仿真;实验教学;项目建设

　　高校实验教学在人才培养、科学研究、学科建设和产学研合作方面具有不可替代的作用。实验教学可以将抽象深奥的理论知识变得具体、直观、形象,更好地培养学生将理论知识转化为综合思考、实践动手和创新思维的能力,从而提升人才培养的质量和科技创新的水平。随着高等教育教学改革和信息技术创新发展,国家持续推动实验教学改革和实验室建设,2012年起相继出台《教育信息化十年发展规划(2011—2020年)》(教技〔2012〕5号)《关于开展国家级虚拟仿真实验教学中心建设工作的通知》(教高司函〔2013〕94号)和《中国教育现代化2035》(2019年中共中央、国务院印发)等文件,拉动了各省市自治区和高校对实验教学建设持续加大投入,不断完善国家级、省级、校级三级实验教学体系建设,提高高校实践育人体系、实践教学体系和实践平台体系水平[②]。

　　2020年春节期间,新冠疫情突如其来,教育行政主管部门和学校迅速启动"停课不停学",积极组织数字化线上学习资源,老师进行网上授课,指导学生专业学习、学科竞赛、考研、居家防护等。国家虚拟仿真实验教学项目共享平台(实验空间 ilab-x.com)向社会免费开放,共享公共卫生与预防医学、护理学、新闻传播学等2 079门虚拟仿真实验课程,向在校大学生提供线上虚拟真实验学习资源,向广大医疗战线、社区管理从业人员提供在线实训演练的途径,向社会学习者提供虚拟现实科普知识学习的渠道;同时教育行政主管部

[①] 作者简介:农春仕,博士,南京林业大学实验室与基地建设管理处处长,主要研究方向为实验室建设与设备管理、高校教育管理。
孟国忠,博士,教授,南京林业大学材料科学与工程学院党委书记,研究方向为高校党建、实验室管理。
周德群,教授,博士生导师,南京航空航天大学经济与管理学院院长,主要研究方向为管理科学理论、方法与应用。
潘越,博士,南京林业大学实验室管理科科长,研究方向为高校教育管理。
张远兰,南京林业大学生命科学学院实验室主任,研究方向为实验教学和实验室建设研究、植物生理生化研究。
[②] 农春仕,孟国忠,尹佟明,等.植物组培再生虚拟仿真实验的设计与应用[J].实验技术与管理,2020,37(6):5-9.

门和学校宣传疫情防控一线的感人故事;要求项目负责人组织做好网上咨询,与学习者即时互动交流。"防控疫情思政大课"和在线实验教学的成效,给全国人民尤其大学生开展了一次爱国主义教育,诠释了虚拟仿真实验教学资源在国民教育体系中发挥出的实用、好用和建设的价值。梳理期刊论文发表与相关调查发现,目前虚拟仿真教学项目建设的研究成果较少、建设内容较多,笔者结合南京林业大学建设经验,不断探索项目设计理念和建设路径,以期进一步提高虚拟仿真实验教学项目建设水平。

一、国家虚拟仿真实验教学项目建设现状分析

2017年《教育部办公厅关于2017—2020年开展示范性虚拟仿真实验教学项目建设的通知》(教高厅〔2017〕4号),计划2017年认定100项,2018年250项,2019年300项,2020年350项,到2020年认定1 000项左右示范性虚拟仿真实验教学项目。高校积极探索信息技术与实验教学的深度融合,遵循国家"金课"的"高阶性、创新性、挑战度",即"两性一度"的标准建设国家虚拟仿真实验教学项目,项目申报增长迅猛,2017年、2018年、2019年分别申报303项、766项和1 010项[1][2]。

经过形式审查、用户使用评价和专家委员会认定等环节,评定项目的教学内容、教学方法、教学效果、教学资源和共享服务等方面。截至2019年3月,教育部已认定401个国家级虚拟仿真实验教学项目,分布在216所普通本科院校,认定率为34%,涵盖24个专业类、89个专业、345门课程。

据2019年教育统计数据,我国本科院校1 265所,其中"双一流"高校137所,仅占10.8%。虽然普通院校获得认定有所增长,2017年为52.7%,2018年为54.3%,但获得认定占比依然很低,不到2%,远低于"双一流"高校58.4%(80/137)。认定学校情况如表1所示。

表1 国家虚拟仿真实验教学项目获得认定学校情况(所)

学校属性	2017年度	2018年度	2017—2018年度
"双一流"高校	41	80	80
普通院校	48	100	130
军队院校	2	2	4
民办院校	0	2	2
合计	91	184	216

虚拟仿真实验教学项目是由教师自主设计和开发,具有自主知识产权,这对教师的科研水平和实验项目设计能力提出了很高的要求。"双一流"高校的教育资源优势明显,实验教学改革力度大,对虚拟实验教学项目的投入大,教师更准确把握和理解项目建设的精

---

[1] 熊宏齐.国家虚拟仿真实验教学项目的新时代教学特征[J].实验技术与管理,2019,36(9):1-4.
[2] 教育部.关于2017—2020年开展示范性虚拟仿真实验教学项目建设的通知:(教高厅〔2017〕4号)[Z].2017.

髓，虚拟仿真实验教学项目建设的整体实力较强，获得认定的项目数量高于普通院校，2017 年为 46.7%（49/105），2018 年为 53.3%（158/296），认定项目情况如表 2 所示。

表 2　国家虚拟仿真实验教学项目获得认定项目情况（个）

学校获批项目	2017 年度	2018 年度	2017—2018 年度
双一流高校项目	49	158	207
普通院校项目	54	133	187
军队院校项目	2	3	5
民办院校项目	0	2	2
共计（项目数）	105	296	401

全国 29 个省、直辖市、自治区和军队兵团的高校获得国家虚拟仿真实验教学项目认定数量中，排名前 3 位：江苏省 46 个、广东省 30 个、北京市 29 个，可以看出经济发达地区的高等教育资源更先进，师资实力更雄厚，实验教学理念更超前，对实验教学和虚拟实验教学项目建设投入更多，产出优质虚拟仿真实验教学资源相对更加丰富[①]（见图 1）。

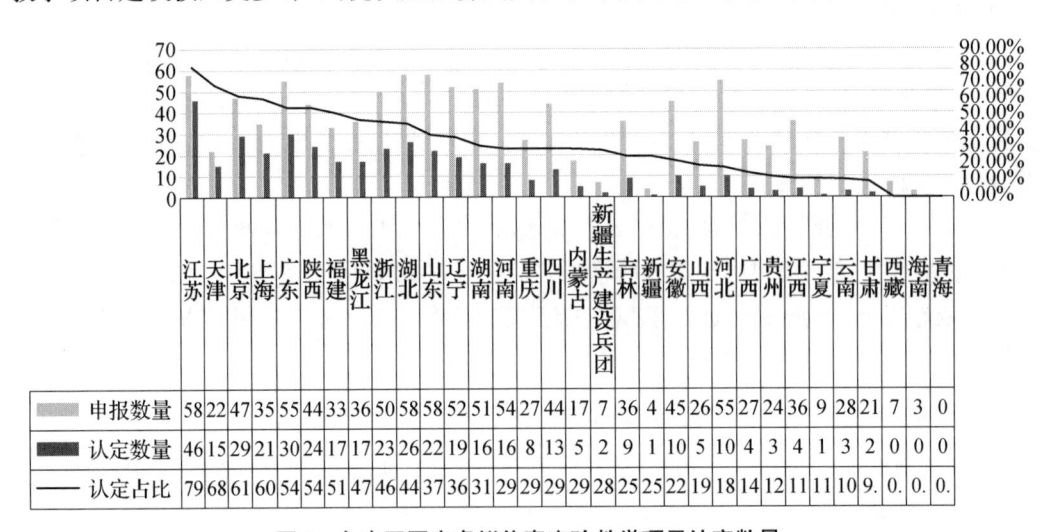

图 1　各省区国家虚拟仿真实验教学项目认定数量

二、国家虚拟仿真实验教学项目对新时代高等教育"质量革命"的意义

1. 信息化与教育深度融合，创新高校实验教学改革

随着全球化进程加快，新一轮科技和产业革命的快速发展和转移，世界处于百年未有之大变局，中国发展、中国教育遇上百年未有之大机遇。教育部响应党中央、国务院的"双一流"大学建设重大决策部署，推出高等教育人才培养的中国方案，提振本科教育质量、

---

① 祖强，魏永军．国家级虚拟仿真实验教学中心建设现状探析［J］．实验技术与管理，2015，32（11）：156-158．

"六卓越一拔尖"计划2.0和"双万计划"等工程全面实施开工,重构了本科教育生态,加强立德树人和实践育人,平衡理论教学与实验教学的发展。教育部为推进信息技术与高校实验教学的深度有效融合,不断推进优质实验教学资源建设与应用,在改革和建设虚拟仿真教学示范中心建设的基础上,2017—2020年在高校开展示范性虚拟仿真实验教学项目建设。坚持以问题为导向,重点解决实体实验项目条件无法实现或实际运行困难,涉及高危或极端环境,高成本、高消耗、不可逆操作,以及大型综合训练等问题;坚持以需求为导向,围绕经济社会发展对高校人才培养的需求,紧密结合专业特色和行业产业前沿最新成果,推动教师探索线上与线下人才培养相结合的个性化、智能化、泛在化、融合化实验教学新模式①。

高校顺应信息化时代人才培养需求的变化,为扩充优质实验教学资源,鼓励教师探索"智能+教育"在实验教学领域的运用,鼓励教师将科学研究或国家重大工程建设取得的成果反哺本科教学,用积累的基础科研数据和工程数据设计开发出目标清晰、载体明确、考核科学、符合本学科专业人才培养方案的实验教学项目,破解实验教学、实训实践难题,让不能做、做不上、做不好的实验通过虚与实的契合、时间与空间的耦合、信息技术与实验教学体系融合的共享实验得以实现。学生可以通过线上自主探究专业知识,学习专业领域内科研大师的教育观和科研经验,掌握科技、产业和专业发展的前沿,启发创造性思维,提高学习构想能力,提升综合运用知识解决问题的实际能力。建设虚拟仿真实验教学项目,拓宽了实验教学内容的广度与深度,推进实验教学成为拔尖创新人才培养体系的关键一环。高校可培育出专业布局合理、教学效果明显、开放共享程度高的省级、国家级实验教学一流课程,成为高等教育内生变革的力量,推动人才培养质量提升,助推高等教育教学质量变轨超车,助力高等教育强国建设②③。

2. 信息手段应用于教学,提升师资队伍建设水平

实验教学"金课"是一流课程建设的重要内容,是高校实验教学水平及特色发展的重要标志,是提高拔尖创新人才培养质量的重要手段。以满足学生学习需求为中心,组建虚拟仿真教学项目课题团队,研究本学科专业本科人才培养方案、理论教学和实验教学体系,结合专业前沿知识内核,凝练项目技术路线,借助互联网、大数据和人工智能技术设计规划和建设项目,不断解决实验教学实施过程中遇到的问题。把项目的理念、设计和建设项目实践凝练总结,上升到理论高度和层面,反过来创造性地用理论成果指导设计、建设虚拟仿真实验教学项目,助推师资队伍提高自身的业务和科研能力④。

截至2019年12月,在中国知网上检索主题为"虚拟仿真"的期刊论文有13 936篇,主题为"虚拟仿真实验"的有1 501篇。研究表明,1982—2000年期间,"虚拟仿真"主题的文章数量处于低水平状态,年发表论文数量不到100篇,"虚拟仿真实验"主题的文章为0,

---

① 吕新颖,余文胜.国家级虚拟仿真实验教学项目建设与思考[J].教育教学论坛,2020(10):389-390.
② 祖强,魏永军,熊宏齐.江苏省高校虚拟仿真实验教学共享平台建设与实践[J].实验技术与管理,2019,36(5):1-4.
③ 李平.推进虚拟现实技术应用提高高校教育教学质量[J].实验室研究与探索,2018,37(1):1-4.
④ 熊宏齐.国家虚拟仿真实验教学项目的新时代教学特征[J].实验技术与管理,2019,36(9):1-4.

说明互联网普及前,虚拟仿真技术没有广泛进入高校,没有进入科研人员研究的视野。从图 2 发现,2000 年开始出现主题为"虚拟仿真实验"的期刊文章,但 2013 年以前文章还是很少,相关研究局限于虚拟仪器和仿真实验等新设备和新手段对实验教学应用产生的影响,"互联网+实验教学"技术没有有效融合,处于探索实践阶段,是虚拟仿真实验教学的"缓苗期"。2013 年教育部倡导建设国家级虚拟仿真实验教学中心,经过 2 年时间的实践、总结,虚拟仿真技术和实验教学融合度越来越高,学术理论成果快速突破,理论成果数量快速增长,2015 年发表文章数量达 113 篇,2019 年增长到 418 篇,出现频次较高的术语为虚拟仿真、虚拟仿真技术、实验教学、实验教学中心建设、实验教学体系、教学中的应用和实验教学改革等,它们所表达的要素相互影响、相互促进,促进了实验教学手段的变革,虚拟仿真技术在高校得到广泛应用,虚拟仿真实验教学项目在实验教学环节发挥了越来越重要的作用。

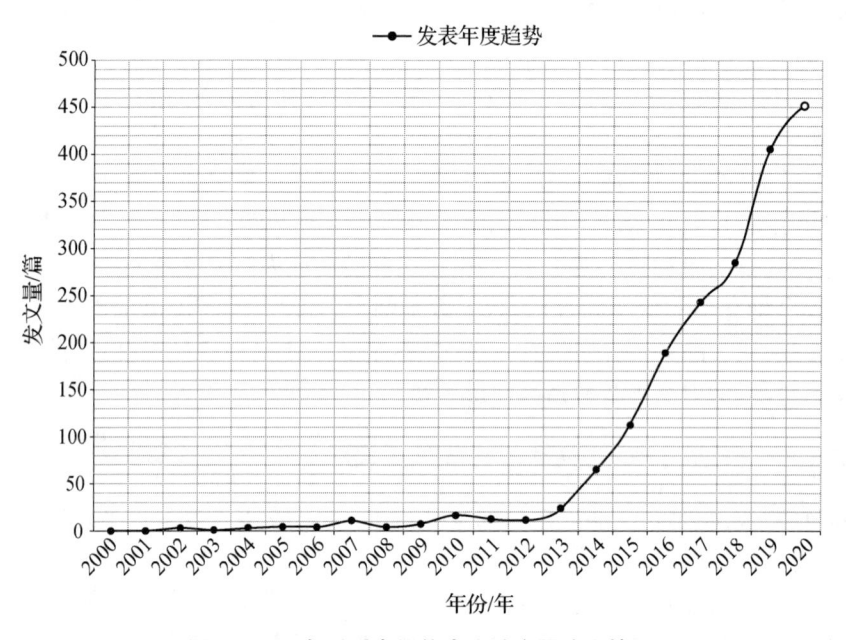

图 2　2000 年以后虚拟仿真实验主题论文情况

研究省、直辖市、自治区高校教师发表期刊论文与国家虚拟仿真实验教学项目认定、论文和科研课题资助的关联性,论文发表量与国家虚拟仿真实验教学项目认定数、科研课题项目资助与国家虚拟仿真实验教学项目认定数的比例呈完全线性关系,科研课题资助论文发表数快速增长,由此可得出结论,建设虚拟仿真实验教学项目实践越多,科研理论成果产生也越多,科研成果可以指导项目建设质量的提升,项目建设促进科研课题申报成功,继而有更丰硕的科研理论、数据投入项目建设,课题研究取得更好的科研和项目建设成果,最终促使项目认定获得高通过率。以江苏省高校为例,发表论文数量最多,其项目认定数量、通过率和占比也最高,2017—2018 年送到教育部认定国家级虚拟仿真实验教学项目共 58 项,获得认定 46 项,通过率为 79%,国家认定占比:2017 年 8.57%,2018 年 12.5%;即论文促进项目质量,项目建设训练教师掌握科研方法,科研方法提高教师科研能力,科研能力提升教师论文写作与表达能力,进而提高教师的科研能力和学术水平。

3. 教育教学信息化,提高学生创新创业意识

以培养具有创新理念、创新能力、创业意识的学生为中心的虚拟仿真实验实训教学,是在"互联网+教育"之后,信息技术催生出"智能+教育"的教学新方法,信息技术、智能技术与实验教学的深度融合破解了高等学校实验、实习、实训中的难点和痛点问题。教师高度凝练科研成果、产业发展、成果或危险的、不可逆的实验项目,依托先进的实验研发技术,用数据、图表、动画、视频和交互手段来设计适宜的实验教学内容,用通俗易懂、简洁多元的形式表达实验知识点、方法和步骤,增强实验操作的趣味性。学生从被动接受知识灌输,转变为主动建构知识和情感体验,浅入深出自主探究完成验证性、设计性实验。这让创新创意的欲望源源不止,持续性地把发现"新"的可贵品质变成行为习惯,学生的学术素养和实践素养得以培养,创造性和综合性动手能力得到提高[1]。

申报国家认定的项目在实验空间(ilab-x.com)上向社会免费开放,用户可根据学习使用体验,对项目进行评分或评论,课题团队根据评价反馈结果,持续完善修改项目。用户浏览、收藏和点赞项目数量逐年提高。数据显示,虚拟仿真实验教学项目有效促进了实验教学项目的继续改进和开放共享,提高了实验教学项目的社会受益面。因此,虚拟仿真实验教学项目促使实验教学内容广度和深度得以拓展、实验教学时间和空间得到延伸,开启了实验教学未来的新手段,也成了实验教学改革的内生变量和高等教育新的生产力,在实践教学和创新创业教育中发挥出重要作用。

表3 国家虚拟仿真实验教学项目互动情况

内容	2017年	2018年	备注
浏览量	1 562 570	2 677 161	实验项目所在页面被查看次数的统计
点赞数	67 314	429 538	用户对实验项目的感性认可,体现大众共鸣度
收藏数	21 873	291 777	用户对实验项目感兴趣的表现,体现项目关注度
五星评分	67 207	765 687	用户对实验项目一个综合的量化评价
评论	67 165	349 581	用户对关注的实验项目认真了解或体验后的行为

三、建设虚拟仿真实践教学项目的实践思考

南京林业大学作为农林高校,行业特色明显,近年来,依托学科优势,创新协同联盟,结合卓越农林人才培养,摸索出一套富有特色的建设方法,构建了"三衔接,一提升"的虚拟仿真链式实验教学体系,建成具有示范作用和辐射效应的国家虚拟仿真实验体系示范链式群,实现虚拟仿真实验链与实体实验教学链、人才培养专业链、林业产业链三衔接,将思政教育融入实验教学,将创新创业教育贯穿人才培养全过程,建成虚实结合、科教融合、

---

[1] 吴岩.建设中国"金课"[J].中国大学教学,2018(12):4-9.

产教联合的实验实践教育教学体系,提升一流本科人才培养质量。

1. 理解核心要素,设计实验内容

为提高和完善虚拟仿真教学资源,教育部在国家级虚拟仿真实验教学中心的基础上,提出了国家级虚拟仿真实验教学项目建设计划。虚拟仿真"金课"建设以"两性一度"为标准,结合提升学业挑战度、增加课程难度、拓展课程深度,切实提高课程教学质量,提高学生融会贯通知识和动手解决问题的能力。由于大家对项目建设标准的核心要素理解把握不够,目前尚存在低水平重复建设,各专业实验项目没有形成体系等问题,还需要不断探索建设内容,不断提高建设质量。

大学是培养和造就具有创新理念、创新能力和创业意识高级人才的主阵地,产学研融合推进实验教学方法创新,虚拟仿真实验教学项目应用,弥补了传统实验难以实现的教学功能,补充了人才培养的知识体系和能力体系。依据教育部实验教学"金课"的"两性一度"标准,作者结合参与江苏省十几个高校的数十个虚拟仿真实践教学项目建设和评审工作及校级、省级、国家级遴选评定工作的经验,总结归纳建设虚拟仿真实验教学项目四个核心要素,即项目特色、实验内容、研发技术和开放共享与可持续能力(如表4所示),内容涉及教学内容、教学方法、教学效果、教学资源和开放共享、示范引领服务,供大家一起探讨。

表4 虚拟仿真实验教学项目的核心要素

一级	二级	解决实验教学内容
项目特色	思想性高阶性	将时代和前沿科研成果、思政教育融入实验教学,达到立德树人、提升培养拔尖人才质量、提高学生解决复杂问题的综合能力和高级思维的目标。
	创新性	深度融合信息技术与实验教学,虚实结合,以虚促实,引导学生主动探究、自主实验实践,拓展与延伸实验教学的内容与宽度,教学形式呈现先进性和互动性。
	引领性挑战度	以学生学习需求为中心,紧密结合学科与专业的发展和人才培养,在课堂上难以实际操作有一定难度的教学内容,提高学生的构想能力,加深学生的认识水平,启发学生的创造性思维,提升学生综合运用知识解决问题的实际能力。
实验内容	目的原理	实验设计清晰描述想要验证的各种假设、设想、理论的正确性、可行性,以及能精准地表述实验所涉及的原理和知识点。
	仿真度	在虚拟仿真系统里通过数学建模,呈现真实实验的教学要求、实验原理、知识点或知识体系、实际的实验教学过程。学生根据不同的实验条件和参数,通过虚拟仿真推演来展现各种理论和实验过程,快速通过虚拟仿真学习到相关知识点,并同时可以高效地进行反复虚拟实验和论证,帮助验证课堂上所学的理论知识或探究理论知识。
	交互性	提供线上学习、答疑互动、测试等服务,明确合理的考核方式与要求。
研发技术	好用性开放性	响应速度快、用户体验良好、兼容性强、PC端和移动端应用、进程还原加载等特点。项目场景还原画面品质高,能使学生产生"身临其境"的感觉,包括实验空间、实验装置、实验过程、实验现象等,视、听、触等多感觉的拟真呈现。系统应对每一步的实验步骤有数据验证和结果反馈,对非标准化路径操作提供基于大数据智能算法的反馈机制。

续　表

一级	二级	解决实验教学内容
开放共享	团队	具备教学经验的学科专业教师和信息化专业技术人员,获得相关的教学研究项目支持和成果。项目团队组成结构合理、人员稳定,能够保障线上线下教学应用正常有序运行。
	创新	项目的教学应用要推进以"学生为中心"的教与学方式方法变革,在原有传统课堂教学基础上,鼓励应用翻转课堂、项目制教学、多学科交叉教学等新形式教学方法。
	持续性	有完善的持续建设与更新机制

2. 依托学科优势,凝练项目方向

在长期办学过程中,学校已在林业工程、林学学科领域形成自己独有的优质文化风貌,依据本校办学特色、学科优势、专业发展和在行业领先领域完成的科研项目,以提高学生实践能力和创新精神为核心,结合本科人才培养方案和理论教学内容,优化学科本科人才培养的实验教学体系,延伸与拓展传统实验教学方法,弥补当下实体实验教学功能不能实现的需要,坚持"两性一度"的标准建设虚拟仿真实验教学金课[1]。

传统实验教学的知识体系和能力体系已经不能满足当下社会发展需要,部分教科书的理论知识和实用技术已经落后于物联网、人工智能等新技术的快速发展。为了解决问题,建设符合学生成长成才规律的高等教育实验教学,需要凝练项目切入点,按照认定计划类型、细化设计脚本、编写设计说明书、实施设计与开发四个环节进行设计架构。一方面以解决教学问题为导向,组织教师设计解决实体实验不具备或难以实现、极端条件或危险性较大的实验,高成本、高消耗、不可逆操作,以及受空间、场所限制难以进行的实验,或实验周期过长或者难以复现的实验等。另一方面以学生成长需求为导向,鼓励教师科研反哺本科教学,结合前沿性和时代性的国家产业行业重大工程建设最新成果、高校科研成果及获得科研成果的方法,设计符合本科教学培养体系的虚拟仿真实验教学项目,缩短科技成果反哺到教学的时间;及时扩充实验教学内容,拉近本科实验教学与实际科技创新和重大工程实践成果之间的距离,让学生掌握探索科学前沿的方法,学习科学大师的工匠精神和科学研究手段;自主设计不同实验条件和方法,研究不同实验条件和方法与实验结果的关系,提高学生实验的积极性和主动性,以适应经济社会快速发展对人才培养的新要求,达到立德树人的教学效果,实现产学研一体化。因此,虚拟仿真实验教学项目的建设更具有示范性,内容的广度和深度得到扩展,可以吸引更多学习者学习,培养出更多实践、创新和跨界整合能力强,具有国际竞争力的新工科、农科、文科和医科的交叉复合型高级人才[2][3][4]。

---

[1] 王浩.行业特色型大学建设"双一流"的实践与思考[J].中国高等教育,2019(1):27-29.
[2] 熊宏齐.国家虚拟仿真实验教学项目的新时代教学特征[J].实验技术与管理,2019,36(9):1-4.
[3] 吴岩.建设中国"金课"[J].中国大学教学,2018(12):4-9
[4] 蒋建清.克服"短板"制约推动产学研合作深入长效开展[J].中国高校教育,2009(24):31-33.

3. 创新协同联盟,提高项目质量

学校"双一流"建设的使命担当和职责使然让学校在"十三五规划"和"双一流建设方案"中瞄准世界一流特色高校,高度重视信息技术与实验教学的深度融合,把其作为"立德树人"和人才培养结构性改革的重要内容;将信息化与教育教学融合,信息化和拔尖创新人才培养列为重要战略,拓展协同创新联盟和合作平台,挖掘校内外优质教育资源,着力推进学术信息化,全面提升学校拔尖一流人才培养与创新能力。搭建校内外联动,全方位支撑建设虚拟仿真实验教学开放式协同创新联盟机制,不断提高项目建设质量[①②③]。

(1) 校内协同:职能部门和学院联动,学校层面发挥实验室建设管理委员会作用,研究剖析教育部、江苏省教育厅建设虚拟仿真实验项目的核心要素,根据学科专业方向,划出专门经费对项目建设进行早启动、重立项、强培育。学院层面引导老师积极参与建设、研发和教学实践,鼓励和支持大师级教授、科学家们将科研成果反哺本科教学,组建科研能力强、教学经验丰富、结构合理的科研创新课题团队,以学生学习需求为导向,根据实验目的和必要性,设计出清晰的实验教学技术路线、实验步骤和实验内容,组织学生交流、使用,收集他们反馈的体验信息,组织专家和课题团队不定期开展项目建设改进研讨会,全面把控项目立项评审、过程质量控制、考核绩效评价。

(2) 校际协同:依托江苏省高校实验室研究会,加强校际的联系与交流,组建虚拟仿真实践教学项目建设专家团队,研究申报与建设的政策和要求,专家根据教育厅安排有针对性地给学校老师开展项目建设教育培训,入校与项目建设团队交流与咨询,共同探讨建设项目存在的问题,根据行业走向及未来发展热点,优化实验教学课程内容、实验原理,设计实验教学脚本,给出具体指导和修改意见,持续不断完善修改。探索校际虚拟仿真实验教学项目开放共享的绩效奖励机制,鼓励相关实验教学项目成绩互认、学分转换机制,有效合理使用优质教学资源,避免重复建设[④⑤]。

(3) 校企协同:与制作虚拟仿真实践教学项目行业领军企业合作,课题团队与企业技术人员充分交流,吸纳企业优质虚拟仿真教育资源,建立虚实结合、物人结合、能技结合、校企结合的多元交互式实验教学模式,研发出高质量的虚拟仿真实验项目,体验接近真实实验的虚拟仿真实验环境,提升学生专业研发能力和兴趣。探索校企共建共管、开放共享的新模式和新途径,通过实验空间(ilab-x.com)和学校搭建的虚拟仿真实验教学平台提供在线智能实验室服务,开放共享和高效利用项目资源,拓展实验时间和空间,为校内外学生提供在线实验学习资源,师生互动交流,培养学生自主学习、自主实验、自我探索创新能

---

① 张应强,王平祥."双一流"建设背景下我国本科教育人才培养目标的思考[J].湖南科技大学学报(社会科学版),2019,22(6):148-154.
② 黄刚,高丽华.面向创新人才培养的实验技术队伍建设机制研究[J].实验技术与管理,2014,31(7):17-20.
③ 刘英,马晨波,赵茂程.现代林业技术装备虚拟仿真实验教学中心的建设实践[J].实验技术与管理,2019,36(7):210-213.
④ 华子春,陈晖.创新服务、增强凝聚、贡献社会、发展自我—江苏省高校实验室研究委员会作用的研究与探索[J].实验技术与管理,2019,36(12):9-15.
⑤ 明仲,蔡茂国,朱安民.虚实结合建设高水平虚拟仿真实验教学中心[J].实验室研究与探索,2017,36(11):146-150.

力,网络用户可以线上学习虚拟现实科普知识学习,有效提升虚拟仿真实验教学项目开放共享的效果。

四、结语

目前国内可供借鉴的项目建设模式、构架、路径还有待进一步深入研究与探索。笔者认为项目研发的特征需符合新时代实验教学规律要求,以"学生学习"为中心,具有吸引学生自主学习、思考探究、设计实验的特质,做到"雅俗共赏"。学校应整合资源,创新管理机制,通过互联网技术,建设开放共享平台,将建成的国家级、省级、校级实验项目开放给全国高校师生乃至国际学生共享应用,有效提升中国高校的国际影响力和竞争力,为世界提供中国实验教学方案。

大型仪器平台科研服务效率与质量的并行提升

严丽娟　徐凌云　舒　婕[①]

摘　要：高校大型仪器平台设备存在共享率与使用率低、功能开发不足、有效测试数据量低等问题,限制了平台科研服务效率与质量的提升。苏州大学分析测试中心核磁中心实施多维度平台建设管理模式,经过8年实践,中心仪器使用率大幅提高,2018—2020年,年均校内测试样品量9.3万件,发表相关论文数呈逐年增加的趋势,且高水平论文占比由2012年的58.0%增至2020年的92%。多维度平台建设举措提升了平台的校内科研服务效率和质量,为大型仪器共享平台的建设与运行提供了参考方案。

关键词：大型仪器平台;服务效率;服务质量;开放共享

大型仪器设备是高等学校开展科研创新、人才培养和社会服务的重要保障[②③④]。近年来,随着国家对教育投入的增加,高校大型仪器设备的购置量持续增长。为充分发挥大型仪器设备在教学、科研、人才培养中的作用,提高设备的使用效率,通过设立大型仪器公共平台,推进大型仪器设备的开放共享[⑤]。虽然高校大型仪器设备的质量、数量以及平台的建设不断更新与发展,但是对于科研工作的服务效率和服务质量等方面仍存在较大的提升空间,主要体现以下三方面：① 仪器平台所属单位的共享范围较小或仪器的开放时间段受限等,造成部分大型仪器设备的共享率与使用率低；② 管理人员技术水平有限、综合科研能力薄弱,造成仪器设备功能的深度开发不足,无法满足科研团队对复杂样品或先进测试技术的需求；③ 课题组对仪器技术知识的需求与平台技术输出不一致,造成测试目的与实验方案不匹配[⑥⑦⑧],虽然科研测试量高,但有效测试数据量低。因此,如何实现

[①] 作者简介：严丽娟,苏州大学分析测试中心副主任,副研究员,主要从事教育与管理研究工作。
徐凌云,苏州大学分析测试中心实验师,主要从事核磁共振波谱仪管理与维护。
舒婕,苏州大学分析测试中心主任,副研究员,主要从事实验室大型仪器设备管理工作、核磁共振方法及应用的科研工作。
[②] 闫旭宇,李国伟,李玲.高校大型仪器设备开放共享管理的探索[J].实验室科学,2020,23(5):218-221.
[③] 徐三强,汪盛科,沈斌表,等.宁波大学大型仪器开放共享建设探究[J].实验室研究与探索,2020,39(5):284-287,301.
[④] 高红梅,董艳云,王世海.高校大型仪器设备开放共享研究与思考[J].实验室研究与探索,2020,39(6):289-292.
[⑤] 徐振国.大型科研仪器设备集约化管理研究[J].实验技术与管理,2019,36(8):1-3,8.
[⑥] 黄开胜,江永亨,杨树国,等.高校仪器设备开放共享的动力、粘滞力及对策分析[J].实验技术与管理,2019,36(4):1-4.
[⑦] 刘薇.地方高校分析测试中心建设管理存在的问题[J].实验室科学,2017,20(2):192-194.
[⑧] 谭桂珍,陈相,余坚,等.高校大型仪器设备的管理现状及应对措施[J].广州化工,2020,48(4):155-157.

大型仪器共享平台对科研工作的高效率和高质量的支撑,是确保高校科研工作顺利开展的重要前提和保证。苏州大学分析测试中心核磁中心实施的多维度平台建设与管理模式,针对性地解决上述问题,为高校大型仪器平台管理提供借鉴参考。

一、中心的构建

苏州大学分析测试中心是一个独立建制的校级分析测试共享平台。核磁中心(以下简称中心)是分析测试中心的一个子平台,实验室占地面积约 200 m²。

中心目前共管理 9 台核磁共振波谱仪,总值约 5 000 万元。仪器来源主要包括中心自购、学部(院)托管以及与学校研究所共建等。核磁中心配置的核磁共振波谱仪如表 1 所示。

表1 苏州大学分析测试中心核磁中心核磁共振波谱仪概况

仪器名称	型号	性能	主要应用领域	归属单位
300M 液体核磁共振波谱仪	VNMRS-300	300 MHz	化学、药学、材料学	分析测试中心
400M 液体核磁共振波谱仪	INOVA-400	400 MHz	化学、药学、材料学	分析测试中心
400M 液体核磁共振波谱仪	AVANCEIII HD-400	400 MHz	化学、药学、材料学	材料与化学化工学部
400M 液体核磁共振波谱仪	AVANCE NEO 400 MHz	400 MHz	化学、药学、材料学	材料与化学化工学部
400M 固体核磁共振谱仪	AVANCEIII/WB-400	400 MHz、宽腔	化学、药学、材料学、生物学	材料与化学化工学部
600M 液体核磁共振波谱仪	DD2-600	600 MHz	化学、药学、材料学、生物学	材料与化学化工学部
400M 液体核磁共振波谱仪	AVANCE NEO 400MHz	400 MHz、配超低温探头	药学、医学、生物学、化学	分子酶学研究所
600M 液体核磁共振波谱仪	AVANCE NEO 600MHz	600 MHz、配超低温探头	药学、医学、生物学、化学	分子酶学研究所
800M 液体核磁共振波谱仪	AVANCE NEO 800MHz	800 MHz、配超低温探头	药学、医学、生物学、化学	分子酶学研究所

二、中心开放共享管理运行实践

通过平台进行集中管理与开放使用,一方面可以有效避免仪器设备的重复购置和资源浪费,充分发挥大型仪器设备的使用效率和投资效益;另一方面可依据不同配置核磁谱仪的特点,对仪器测试项目及应用领域进行统筹安排,最大限度地发挥每台仪器的检测优势。

1. 平台仪器的集中管理

(1)仪器机时的划分与统筹。中心依据课题组的需求、实验的种类以及测试仪器的操作特点等多个方面对中心仪器的测试机时进行统筹安排。中心开设了预约送样和预约机时两种仪器共享模式。预约送样由教师检测,主要针对复杂实验或操作程序烦琐的仪器;预约机时由学生检测,主要针对常规测试实验及自动化程度较高的仪器。对于校内托管的仪器设备,中心优先满足购置单位的测试需求,并将空余时段分配给有测试需求的其他课题组。这样既保证了购置单位的测试需求,又提高了仪器共享率和使用率。

(2)仪器设备的整体维护、维修及保养。核磁共振谱仪需定期进行液氮、液氦的充灌。中心依据各台仪器液氮、液氦维护的周期,对9台仪器的维护进行统一安排,降低了液氮、液氦的运输成本,并提高了人员工作的效率。同时,中心人员会定期进行实验参数的校准、谱仪机柜的除尘等维护工作,并对校准后的参数进行不同仪器间的互查,确保仪器参数的准确性和仪器使用的安全性。核磁中心技术人员在多年的工作中积累了丰富的经验,不仅可以做好仪器的维护、保养等工作,还可以及时诊断或处理多发的仪器故障,并与技术工程师保持畅通的联系,确保仪器故障的及时解决,降低仪器维修的时间成本。

(3)专职专员,合作共进。核磁中心目前有6名(博士2名,硕士4名)专职技术人员,其中副研究员2名,高级实验师3名,实验师1名。中心根据仪器特点和实验技术人员的专业水平,将仪器分配给中心技术人员进行专职管理,并分配实验室职责,主要包括培训管理、学术研究、测试业务、安全管理、物料管理和网络信息等方面。核磁中心的专职管理、分工明确和相互协作保障了大型仪器设备的高效开放运转,确保了校内科研工作顺利开展。另外,中心还定期安排技术人员进行专业培训、技术交流等,提升仪器管理人员的技术水平。

2. 平台仪器的高效运行

为了满足课题组在实验过程中需实时获取核磁数据,以便制定后续的实验方案的需求,核磁中心将实验室的3台核磁共振波谱仪开放给校内师生自主上机使用,样品及数据随测随取。同时,为了增加课题组的使用机时,中心技术人员采取多时段工作模式,延长实验室开放时间,中心在寒暑假及周末全程开放,还会依据科研团队的需求继续延长开放时间。在非上班时段,中心技术人员会依据实验的种类统筹安排夜间测试的样品,使中心的仪器在非上班时段继续运行。

3. 平台科研服务支撑与自主科研工作

中心坚持以高质量的科研支撑服务为目的。中心技术人员针对科研团队遇到的学术问题制定相应的实验解决方案,并帮助其完成后续相关的数据处理、分析、绘图及英文论文撰写等工作。在科研支撑工作的同时,对现有核磁共振技术的不足或技术应用的空白区,中心开展相应的新技术研发及核磁共振技术应用性的自主研究工作,并将最终的研究成果回馈到科研团队中,进一步提升中心的科研服务质量,促进中心科研服务支撑工作与自主科研工作的交互发展。如中心研发的耗时短、普适性高的固体核磁共振定量技术,可将实验时间缩减十几到几十倍[①]。该方法已应用于校内外多个课题组的学术研究中,大大提高了仪器的使

---

① 顾佳丽,张田田,赵辉鹏,等.耗时短、通用性强的固体核磁共振交叉极化定量方法[J].高等学校化学学报,2018,39(3):463-469.

用效率。中心成立至今,实验室自主开发了4种核磁共振新方法[①②③④],3项发明专利已授权,并围绕核磁共振方法及应用研究发表了SCI学术论文共12篇。

4. 共享平台的人才培养

作为高校的分析测试平台,中心在不断自我提升的同时,也将人才培养作为工作的重点,中心每年培训的学生约480～660人。

为了满足科研团队对于核磁知识及操作技能的不同层次的需求,中心开展两大类共三种培训工作(见图1)。第一类是具有强制性、整体性和基础性的培训工作,主要针对有自主上机测试需求的师生,培训课程分为实验室安全与理论培训、仪器上机操作培训;第二类培训是具有选择性、针对性和专业性的培训工作,该课程开设的目的是满足部分课题组对于更高级核磁共振技术与理论知识的需求。各类课程的具体安排如下:

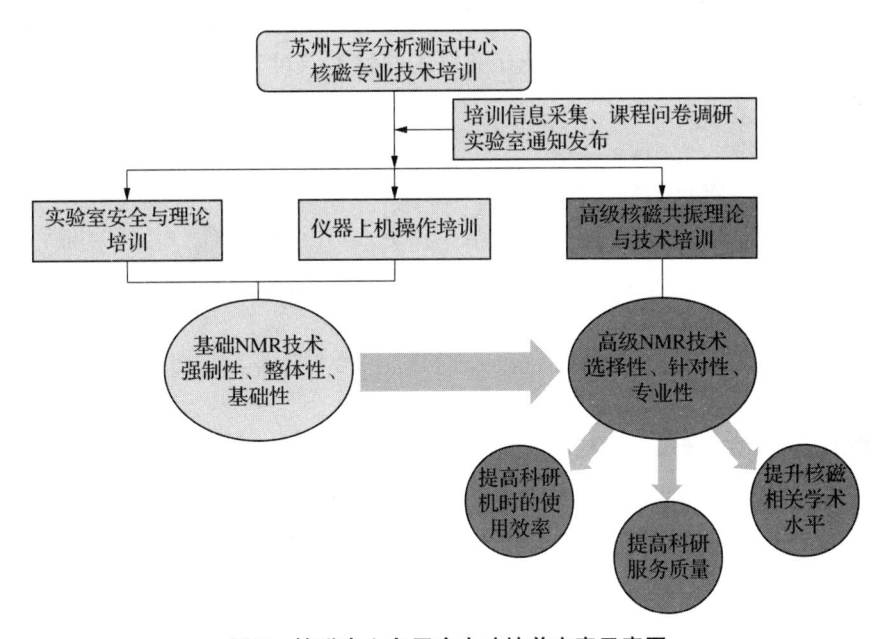

图1 核磁中心多层次人才培养方案示意图

(1) 实验室安全与理论培训。每年安排4～6期,每期30～50人,面向全体即将进入核磁中心测试的师生进行的授课式培训。培训内容包括实验室安全规则、仪器安全操作规则、测试样品的要求、测试流程介绍、软件操作方法以及核磁共振基本理论等,每次授课

---

① 顾佳丽,张田田,赵辉鹏,等.耗时短、通用性强的固体核磁共振交叉极化定量方法[J].高等学校化学学报,2018,39(3):463-469.

② TANG D D, QIAN J Y, WANG N, et al. Determining the degree of acetylation of chitin/chitosan using a SSNMR 13C method on the basis of cross polarization reciprocity relation[J]. Carbohydrate Research, 2020, 498, 108168.

③ WANG N, TANG D D, SHU J. An improved scheme for measuring 13C spin-lattice relaxation time: Targeting ssterns with marked difference in phase mobility or proton density[J]. Polymer Testing, 2019, 77, 105920.

④ GU J L, ZHANG T T, LI X H, et al. Measurement of component content by a quantitative solid-state NMR method: Targeting systems with coexistence of 13C-19F and 13C-1H polymers[J]. Polymer Testing, 2018, 71, 192-199.

约3个课时。

（2）仪器上机操作培训。在实验室安全与理论培训合格后进行,实施一对三的现场实验培训,每位学生经过4次培训后进行考核,对于考核通过的师生,中心将授予上机许可证。该培训工作主要涉及的内容有实验操作规则、谱图处理及绘图方法和机时预约测试流程。

（3）高级核磁共振理论与技术培训。中心于2019年启动了高级核磁共振理论与技术培训工作,目的是提高科研机时的使用效率,提升科研团队核磁相关学术水平。在培训工作启动初期,中心对校内课题组学生开展了课程问卷调研。对高级核磁培训有需求的比例达到93%,且分布于不同院系的各个年级(见图2、图3),因此中心将相应的人才培养工作设定为不限师生、不限年级、不限专业的特色课程。中心对核磁共振相关的多个知识点进行了调研(见图4),根据调研结果,中心采取针对不同知识点开设讲座式培训,每个知识点为一期培训,设4～8个课时,并依据需求量调控不同知识点的授课频率,既满足校内师生不同的需求,也提高了教师培训的效率。目前,高级核磁共振理论与技术培训已完成7期,师生们对于该培训课程表现出了积极的热情和认可。

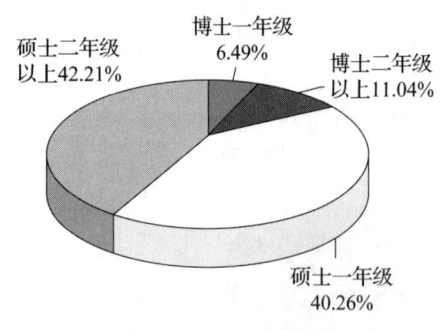

图2 培训需求研究生的年级分布情况

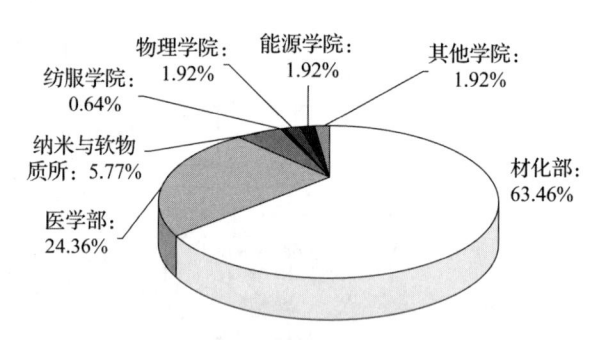

图3 培训需求学生院系分布情况

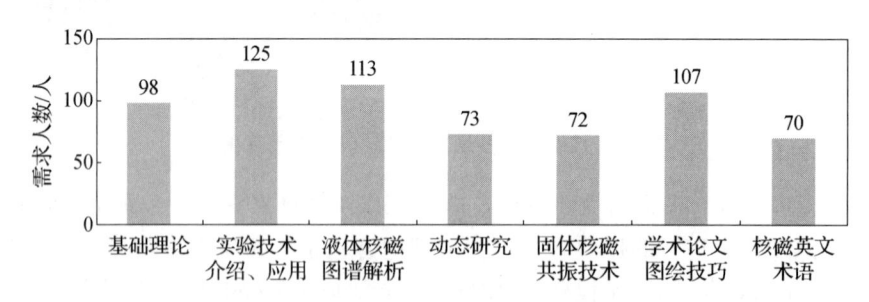

图4 核磁共振技术相关知识点需求分布情况

三、中心建设成效

1. 科研服务效率

2013—2018年,核磁中心测试的样品数量逐年稳步上升(见图5)。2013年中心测试样品数共计 3.8 万个,2018 年,样品总数已增至 9.9 万个。根据学校对测试平台的统一部署,中心自 2019 年 4 月 15 日实施校内样品收费,因而抑制了样品测试量的增长速率,但 2019 年收费后的样品测试数量与 2018 年依旧持平,反映出校内科研团队对于核磁测试的刚性需求。2020 年,因受新型冠状病毒肺炎疫情影响,我校研究生于 5、6 月陆续分批开学,因此样品测试量有明显的影响。目前,核磁中心年送样、测样约 15 000 人次,涉及研究生约 800 名,课题组约 200 个。

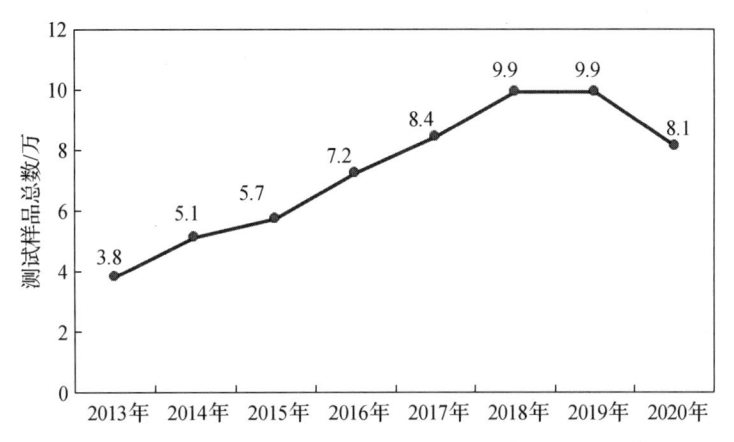

图 5　2013—2020 年苏州大学分析测试中心核磁中心校内测试样品数

2. 科研服务质量

通过搜索 ACS、RSC、Wiley 和 Elsevier 等相关数据库,2012—2020 年苏州大学所发表的与核磁共振相关的 SCI 学术论文如图 6 所示。2012—2013 年,校内所发表的核磁相关文章总数表现出较明显的增长趋势,这与核磁中心成立的时间相吻合。随后校内核磁相关的论文数总体呈逐年增长的趋势,该趋势与核磁中心每年的测试量呈正相关。为进一步分析发表论文的影响力,对核磁相关的 SCI 学术论文分区进行了统计,统计结果如图 7 所示。校内课题组发表的高质量论文数量也呈现逐年增加的趋势。2012 年二区及以上文章数占总发表数的 58%,2020 年该占比已增至 92%。

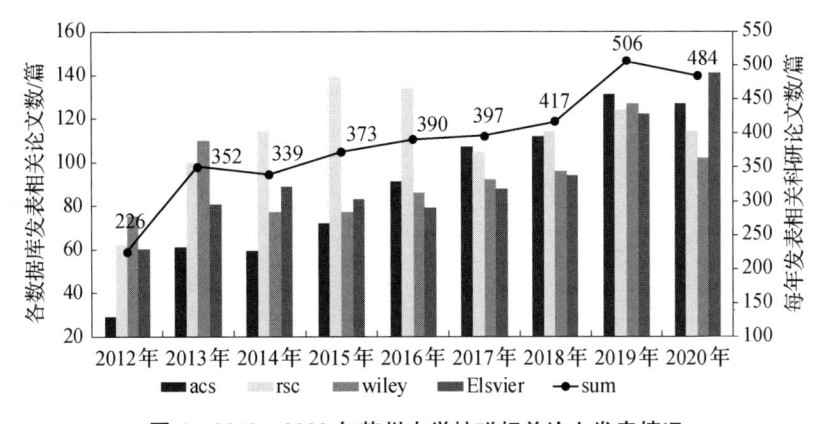

图 6　2012—2020 年苏州大学核磁相关论文发表情况

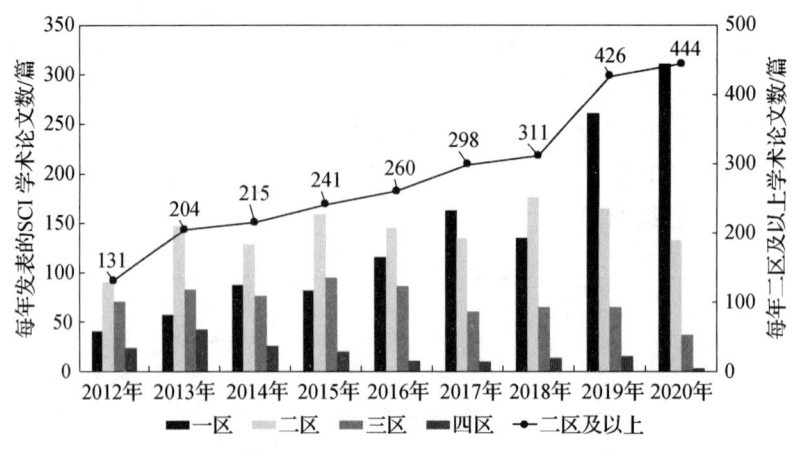

图 7　2012—2020 年苏州大学核磁相关论文收录情况

四、结语

中心自 2013 年成立以来,技术人员积极做好校内核磁共振波谱仪集中管理和高效开放,发挥科研支撑作用,并在测试需求的牵引下,开展核磁共振相关的自主科研工作,进一步提升中心的科研服务质量。中心致力于教学工作,实施多层次人才培养方案,满足课题组师生对于核磁共振技术不同方面、不同深度的需求。以上举措使中心在校内科研服务效率和科研服务质量两个方面实现稳步提升。在后续的工作中,中心将继续完善仪器集中管理制度,优化校内课题组收费方案,对于核磁相关科研成果突出的课题组实施激励政策,发挥分析测试平台的学术价值。中心将继续完善高级核磁共振理论与技术的课程体系,不断满足课题组对仪器技术的多方面需求。2019 年,核磁中心被江苏省科学仪器设备协会指定为"江苏省核磁共振仪检测培训基地",中心将在做好校内人才培养工作的基础上,积极启动江苏省的核磁共振培训工作,充分发挥高校分析测试平台的社会价值。

基于虚拟仿真的线上线下融合专业实验教学体系构建

熊宏齐[①]

摘 要：该文阐述了通过引入虚拟仿真完善专业实验教学课程体系、提升实验教学支撑专业人才培养目标的改革路径。文章以土木工程专业为例，探讨了专业实验教学资源配置图的构建、线上线下混合式实验课程和线上实验课程的建设方式及建设案例，最后简要介绍了专业线上线下融合实验室的建设和实验教学课程西部行活动。

关键词：虚拟仿真实验；专业实验教学体系；线上线下融合；土木工程专业

一、实验教学须引领经济社会发展对高校人才培养变革的需求

科学要解决的问题，是发现自然界中确凿的事实与现象之间的关系，并建立理论把事实与现象联系起来。技术的任务则是把科学成果应用到实际问题中，推动经济社会的发展。推动经济社会发展的、成熟的技术是不断地在科学实验的过程中凝练出来的。真正能够支撑国家持续发展的力量，是拥有自主创新能力的高级人才。高校实验教学以实验活动为载体，联系理论，探索技术，引领技术创新推动经济社会发展，这赋予了高校实验教学在创新人才培养中具有极其重要的地位[②][③]。我国高等教育通过不断调整专业结构，来适应经济社会发展对人才的新需求，因此专业实验课程体系和教学内容也应及时进行调整与重构，推动实验教学引领经济社会发展对高校人才培养变革的需求。

二、引入虚拟仿真是专业实验课程体系重塑的重要突破口

虚拟仿真实验教学项目拓展了传统实验教学的深度与广度，其内容大部分来自前沿科研和技术成果，对高校专业实验教学引领经济社会发展具有重要作用。虚拟仿真实验教学项目建设难度较大、经费投入较多，需要突破前沿科研工程过渡到教学实验设计的瓶颈，跨越前沿科研工程实践项目与实验教学项目之间的鸿沟，实现形象展现抽象，达到在虚拟环境中做真实验的境界。这样的虚拟仿真实验教学项目不但教师好教、学生好学，而

---

① 作者简介：熊宏齐，东南大学教授，实验室与设备管理处处长。
② 教育部.关于 2017—2020 年开展示范性虚拟仿真实验教学项目建设的通知:教高厅〔2017〕4 号[Z].2017.
③ 教育部.关于开展国家虚拟仿真实验教学项目建设工作的通知:教高函〔2018〕5 号[Z].2018.

且更具有高阶性、创新性和挑战度。虽然虚拟仿真实验教学项目只是实验课程的一个基本组成单元,但教育部文件《教育部关于一流本科课程建设的实施意见》(教高〔2019〕8号)将其升格为"虚拟仿真实验教学课程",这从侧面体现出虚拟仿真实验教学项目的重要性[①]。通过虚拟仿真实验教学项目的引入,剔除陈旧的基本练习型实验,优化综合设计型实验,融入前沿科研工程实践转化的研究探索型实体实验,重塑现有专业实验课程体系;积极建设线上(虚拟仿真实验教学)线下(实体实验教学)混合式实验教学课程、线上实验教学课程等新型实验课程,逐步构建由"实体实验教学项目+虚拟仿真实验教学项目"组合构成、对专业人才培养目标支撑度进一步提升的实验课程体系,这将是专业实验课程体系建设突破的重要方向。

三、打造"目标—资源"适配的专业实验教学体系建设路径

2018年,教育部发布了《普通高等学校本科专业类教学质量国家标准》(以下简称《标准》),涵盖普通高校本科专业目录中全部92个本科专业类、587个专业[②]。《标准》明确了各本科专业类的培养目标,对各高校制定相应本科专业培养目标提出了原则要求,规范了本科专业类课程模块及实践教学的一般要求,但具体专业的实验教学需要各高校根据文件精神及自身实际情况进一步细化确定[③④]。因此每个专业应构建相对完善的、支撑学生能力培养目标的实验教学体系。专业实验教学体系建设的参考路径:

(1) 紧扣《标准》所规范的专业类培养目标原则要求,进一步细化专业学生的知识、能力、素质等培养目标的具体要求。

(2) 认真梳理专业现有的实验课程体系和实验内容,重构实验课程体系的结构[⑤],包括实验课程模块及层次、实验课程名称及学分或学时等。

(3) 通过剔除陈旧的基本练习型实验、优化综合设计型实验、引入前沿科研工程实践转化的研究探索型实验[⑥],以最大限度提升实验内容对专业培养目标的支撑度为基本遵循,精心遴选、改造现有的实验教学项目,前瞻性规划、配置需要新建设的实验教学项目[⑦⑧]。

(4) 建立实验教学资源如实验课程、实验项目、主讲教师和辅助人员配备、每组实验人数等支撑专业学生知识、能力、素质培养目标要求的关联矩阵(即专业实验教学资源配置图),该矩阵横坐标为具体专业的学生知识、能力、素质等培养目标要素,纵坐标为实验

---

① 教育部.关于一流本科课程建设的实施意见:教高〔2019〕8号[Z].2019.
② 高等学校教学指导委员会.普通高等学校本科专业类教学质量国家标准[M].北京:高等教育出版社,2018.
③ 熊宏齐.国家虚拟仿真实验教学项目的新时代教学特征[J].实验技术与管理,2019,36(9):1-4.
④ 熊宏齐.虚拟仿真实验教学助推理论教学与实验教学的融合改革与创新[J].实验技术与管理,2020,37(5):1-4,16.
⑤ 郑家茂,熊宏齐.开放·创新:实验教学新模式[M].北京:高等教育出版社,2010.
⑥ 杨选瑾,熊宏齐.研究型大学实验教学信息化实证研究[J].中国大学教学,2018(3):75-78.
⑦ 熊宏齐,戴玉蓉,郑家茂.教学实验项目类型及其"开放内禀性"[J].实验技术与管理,2008;25(1):5-6,63.
⑧ 熊宏齐.论高校实验教学如何适应学生的自主选择要求[J].实验技术与管理,2013,30(1):1-4,7.

课程、实验项目、主讲教师和辅助人员配备①、每组实验人数等资源配置要素。

（5）制定新的课程教学大纲及相关教学要求，按照专业实验教学资源配置图开展实验教学。

四、专业实验教学资源配置图案例及内涵解析

专业实验教学资源配置图具有两个主要功能。首先，专业实验教学资源配置图是专业实验教学日常运行的基本标准，是学生实验能力实现的导航图，是教师开展教学的坐标系，是学校实验教学资源的配置图。其次，专业实验教学资源配置图是专业实验教学项目资源未来建设发展的根本出发点。因此，专业实验教学资源配置图的构建要具有时代性与前瞻性，实验教学内容不仅要适应当前经济社会发展对人才培养的最新需求，还要将未来需要建设的实验教学项目内容纳入资源配置体系中，专业实验教学资源配置图既是未来几年实验教学项目资源建设的规划图，也是年度实验教学项目资源建设的作战图。

专业实验教学资源配置图需经过专家组审核通过后方可实施。专家组成员可由教育部相关专业类教学指导委员会成员、实验教学和实验室建设研究与管理专家、实验教学改革成效突出的教师等组成。

以东南大学土木工程专业本科人才培养为例②③④，对专业实验教学资源配置图作详细解析。东南大学土木工程专业人才培养目标细化为具体的知识、能力、素质要求，包括工程知识、问题分析、设计（开发）解决方案、研究创新、现代工具运用、工程与社会、环境和可持续发展、职业规范、个人和团队、沟通、项目管理、终身学习等12项。鉴于篇幅，此处省略每一项的具体内容。东南大学土木工程学院根据上述要求构建了"东南大学土木工程专业实验教学资源配置图"（表1），其资源配置特点主要体现在以下4个方面。

1. 本科专业实验课程体系结构实现了升级重构

新的课程体系结构分为专业基础课程实验、专业主干课程实验和专业方向课程实验3个层次。新的实验内容减少了成熟原理与技术验证型实验，大大加强了面向工程应用的专业方向课程研究探索型实验。

专业实验教学资源配置图中，增加了大量的通过前沿科研工程实践转化的虚拟仿真实验教学项目，如大跨空间结构课程中增加了大跨预应力空间索结构性能分析虚拟仿真实验，建筑结构抗震与防灾课程中增加了钢筋混凝土墩柱抗爆虚拟仿真实验等，极大丰富了专业前沿方向实验的教学内容。

---

① 熊宏齐."双一流"建设中高校实验技术队伍持续发展之思考[J].实验技术与管理，2018，35（9）：7-10，39.
② 徐明，熊宏齐，吴刚，等.土木工程虚拟仿真实验教学中心建设[J].实验室研究与探索，2016，35（2）：139-142，216.
③ 徐伟杰，徐明，郭彤，等.一流学科建设背景下土木工程实验室教学改革对策研究[J].实验技术与管理，2019，36（4）：197-199.
④ 徐明，刘艳，陆金钰，等.土木工程虚拟仿真实验教学资源的建设[J].实验技术与管理，2015，32（12）：116-119.

表1 东南大学土木工程专业实验教学内容及相关资源支持人才培养目标的关联矩阵（专业实验资源配置图）

课程模块	实验课程属性		实验项目属性						教师配备 师：生	助教配备 师：生	毕业生须具备的实验能力要求（知识、能力、素质）								
	实验载体属性及资源配置										工程意识	问题分析	设计/开发解决方案	研究	使用现代工具	工程与社会	环境和可持续发展	职业规范	个人和团队	沟通	项目管理	终身学习
	名称	学时	名称	实/虚	学时	类型	每组人数	修读要求														
专业基础课程实验	材料力学实验	16	金属材料拉伸实验	实	2	综合	3～4	必做	1：30	1：30	**	**	*	*	*	*		*	**	**		*
			金属材料扭转实验	实	2	综合	3～4	必做	1：30	1：30	**	**		*				*	**	**		*
			电阻应变片粘贴实验	实	2	验证	3～4	选做	1：30	1：30	**	**			*			*	**	**		*
			电阻应变计热输出粘贴比实验	实	2	综合	3～4	必做	1：30	1：30	**	**			*			*	**	**		*
			弹性模量和泊松比实验	实	2	验证	2～3	必做	1：30	1：30	**	**		*				*	**	**		*
			弯曲正应力分布测定实验	实	2	验证	2～3	必做	1：30	1：30	**	**		*				*	**	**		*
			弯组合应力测定实验	实	2	探究	3～4	选做	1：30	1：30	**	**	*	*				*	**	**		*
			偏心压杆稳定实验	实	4	综合	3～4	必做	1：30	1：30	**	**		*	*	*		*	**	**	*	*
			动荷系数测量实验	实	4	综合	3～4	选做	1：30	1：30	**	**		*	*			*	**	**		*
			力传感器的设计与标定	实	4	探究	3～4	选做	1：30	1：30	**	**	*	*	*			*	*	**		*
			复合材料力学性能测试	实	2	探究	3～4	选做	1：30	1：30	**	**	*	*	*	*		*	**	**		**
			贴片位置对测试的影响	实	2	探究	3～4	选做	1：30	1：30	**	**		*	*			*	**	**		**
			开口薄壁弯曲中心测试	实	2	综合	3～4	选做	1：30	1：30	*	*		*	*			*	*	*		*
			规定塑性延伸强度测定	虚	4	综合	3～4	选做	1：30	1：30	*		*	**	**			*		*		**
			数字散斑干涉实验	虚	4	综合		选做			*	*		**	**			*	**	**		**
			数字散斑剪切干涉实验	虚	4	综合		选做			*	*		**	**			*	**			**
			数字图像相关实验	虚	4	综合		选做			**	*		**	**				**			**
			数字光弹实验	虚	4	综合		选做			*			**	**			*	*	*		**
	流体力学实验	16	12个实体实验+1个虚拟仿真实验																*	*		**
	土木工程材料实验	16	6个实体实验+4个虚拟仿真实验															*	*	*		**
	土力学与工程地质实验	16	12个实体实验+8个虚拟仿真实验															*	**	*		**

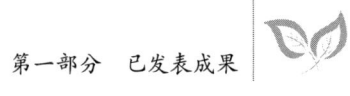

续 表

实验培养载体属性及资源配置

课程模块	实验课程属性		实验项目属性							毕业生须具备的实验能力要求（知识、能力、素质）								
	名称	学时	名称	实/虚	学时	类型	每组人数	修读要求	教师配备 师:生	助教配备 师:生	工程意识	问题分析	设计/开发解决方案	研究	使用现代工具	工程与社会	环境和可持续发展	职业规范	个人和团队	沟通	项目管理	终身学习
专业主干课程实验	工程结构设计原理实验	16	钢筋混凝土梁正截面承载力实验	实	2	综合	5~6	必做	1:30	1:30	**	*		**	*					**		**
			钢筋混凝土梁斜截面承载力实验	实	2	综合	5~6	必做	1:30	1:30	**	*		**	*					**		**
			钢筋混凝土偏心受压短柱受力性能实验	实	2	综合	5~6	必做	1:30	1:30	**	*		**	*					**		**
			轴心受压钢柱整体稳定性实验	实	2	综合	5~6	必件	1:30	1:30	**	*		**	*					**		**
			砖砌体抗压强度实验	实	2	综合	5~6	选做	1:30	1:30	**	*		**	*					**		**
			钢筋混凝土构件受扭性能实验	虚	2	探究	5~6	选做	1:30	1:30	**	*		**	*					**		**
			预应力混凝土梁受弯性能实验	虚	2	探究	5~6	选做	1:30	1:30	**	*		**	*					**		**
			金属构件轴心受压耐久性能实验	虚	2	探究	5~6	选做	1:30	1:30	**	*		**	*					**		**
			金属构件受弯整体稳定性能及局部实验	虚	2	综合	5~6	选做	1:30	1:30	**	*		**	*					**		**
			钢结构螺栓连接受力性能实验	虚	2	探究	5~6	选做	1:30	1:30	*	*		*	*					**		**
	土木工程施工+施工技术	8	3个实体实验+3个虚拟仿真实验									**	*	**	*		*	*	**	*		*
	土木工程测试技术	16	7个实体实验+7个虚拟仿真实验									**	*	**	***		**	*	***	*		**

71

续 表

课程模块	实验培养载体属性及资源配置										毕业生须具备的实验能力要求（知识，能力，素质）								
^	实验课程属性			实验项目属性							工程意识	问题分析	设计/开发解决方案	研究	使用现代工具	工程与社会	环境和可持续发展	职业规范	个人和团队	沟通	项目管理	终身学习
^	名称	学时	名称	实/虚	学时	类型	每组人数	修读要求	教师配备师:生	助教配备师:生	^	^	^	^	^	^	^	^	^	^	^	^
专业方向课程实验	建筑结构设计	8	装配式钢筋混凝土结构设计实验	虚	2	探究	5~6	必做	1:30	1:30	**	*	*		**	**			***	*	**	*
^	^	^	装配式钢结构设计实验	虚	2	探究	5~6	必做	1:30	1:30	**	*	*		**	**		*	***	*	**	*
^	^	^	装配式木结构设计实验	虚	2	探究	5~6	选做	1:30	1:30	**	*	*		**	**		*	***	*	**	*
^	^	^	组合结构设计实验	虚	2	探究	5~6	选做	1:30	1:30	**	*	*	*	**	**	*	*	***	*	**	*
^	^	^	多层框架结构设计实验	虚	2	探究	5~6	必做	1:30	1:30	**	*	*		**	**		*	***	*	**	*
^	^	^	高层剪力墙结构设计实验	虚	2	探究	5~6	选做	1:30	1:30	**	*	*	*	**	**	*	*	***	*	**	*
^	^	^	高层框架-剪力墙结构设计实验	虚	2	探究	5~6	选做	1:30	1:30	**	*	*		**	**			***	*	**	*
^	^	^	高层简体结构设计实验								**	*	*		**					*		*
^	大跨空间结构	4	5个虚拟仿真实验								**	*	*		**	**			***			*
^	土木工程施工	8	5个虚拟仿真实验								**	*	*		**				***	*		
^	特种结构	2	4个虚拟仿真实验								*	*	*		*	*			**			
^	建筑结构抗震与防灾	8	14个虚拟仿真实验								**	*	*		**				**	*		

注：实验教学项目与毕业生知识、能力、素质的关联度：空白代表基本无关联，*代表低度关联，**代表中度关联，***代表高度关联。因篇幅受限，流体力学等9门课程实验只列出课程名称、学时，实验项目总数以及对培养目标的综合支撑度。

2. 不同层次专业课程虚实实验比例各有侧重

专业基础课程实验层次以实体实验为主，虚拟仿真实验为辅。该层次的实验注重专业基础课程的相关原理和技术的验证与应用。专业主干课程实验层次实体实验与虚拟仿真实验并重。该层次的部分实验对实验条件要求不够苛刻，实体实验得到了较好的开展。但有些实验或因有关加载/边界条件复杂，如钢筋混凝土构件受扭性能实验；或因实验耗时长或成本高，如钢筋混凝土构件耐久性能实验；或因实验需要大批量参数化，如金属构件轴心受压整体及局部稳定性能实验等，限制了实体实验的开展，本科教学只能通过虚拟仿真实验来实现。该层次的实体实验以综合设计型实验为主，虚拟仿真实验需要强化研究探索性环节的教学设计，引导学生针对复杂问题开展自主探究。

专业方向课程实验层次以虚拟仿真实验为主，辅以实际工程实践加以验证。土木工程专业的相关大型前沿工程都是前期通过科研优化后开展实施的，长耗时、高成本、高危险等因素，决定了该层次的实验只能通过虚拟仿真手段来开展，而虚拟仿真实验的结果，即优化答案，为对应现实工程的相关工程参数。因此，该层次的虚拟仿真实验一般为研究探索型实验，引导学生开展前沿科研或工程探究实验。如大跨预应力空间索结构性能分析虚拟仿真实验，以苏州奥体中心游泳馆空间索网结构的实际预应力拉索设计及风致效应的工程设计为基础，建立以实际工程数据支撑的实验探究数学模型，让学生在虚拟的场景中还原预应力拉索工程设计，并递进开展风致效应的研究，直至突破极限实施破坏性实验，较好地弥补了本科生不能参与实施长周期、高成本、高危险工程实践的不足。

上述虚实融合的比例，对土木工程专业，或者工程类相关专业是合适的。对于其他类型的专业，特别是人文社会科学相关专业，则要根据其本科实验教学建设情况具体分析和设计。

3. 虚实融合的实验课程体系对专业培养目标支撑度显著提升

仔细分析表1中配置的实验教学项目不难发现，土木工程专业实验室中已有的实体实验教学项目，多为基础课程实验和专业主干课程实验，其对学生的知识、能力、素质中的工程知识、问题分析、研究创新、职业规范、个人和团队、沟通、终身学习有很好的支持作用，但对设计（开发）解决方案、现代工具运用、工程与社会、环境和可持续发展、项目管理等5项的支持度明显不足。虚拟仿真实验教学项目大多来自前沿科研工程实践成果的转化，强化了实验教学与前沿科研工程实践的结合，对学生必须具备的设计（开发）解决方案、现代工具运用、工程与社会、环境和可持续发展、项目管理等相关知识、能力、素质的建构有较好的支撑度。因此，土木工程专业虚实融合的专业实验课程体系对专业培养目标的支撑度显著提升。

4. 柔性构建线上线下混合式实验课程和线上实验课程

线上线下混合式实验教学课程的基本实验教学单元由实体实验教学项目（线下开展教学）和虚拟仿真实验教学项目（线上开展教学）组成，其中虚拟仿真实验教学项目学时不少于课程总学时的20%。这里需强调一点，学生学习线下实体实验教学项目时，对应的线上辅助资源学习时间,不能统计为线上学时。线上实验教学课程的基本实验教学单元全部由虚拟仿真实验教学项目组成。

根据前述解析,土木工程专业的专业基础实验课程建议以线下实验课程为主,也可以建设成线上线下混合式实验课程;专业主干实验课程适合建设线上线下混合式实验课程;专业方向实验课程可单独建设成线上实验课程。

通过土木工程专业实验教学资源配置图,我们还可以看出,具体实验课程的建设可以打破实验层次之间的壁垒柔性构建,线上线下混合式实验课程的实验项目还可以是专业主干实验和专业方向实验的组合,甚至是专业基础实验、专业主干实验和专业方向实验的组合;线上实验课程的实验项目也可以是专业主干实验和专业方向实验的组合,甚至是专业基础实验、专业主干实验和专业方向实验的组合。

五、线上线下混合实验课程建设案例

东南大学土木工程专业通过实验教学资源配置图的构建,重构了实验课程体系的结构,重塑了实验教学内容,重建和新建了一批实验课程,其中包括"工程结构抗震与防灾实验课程"。该实验课程通过虚拟仿真实验和实体实验融合的方式,让学生掌握基本的结构试验方法、试验数据处理方法、量测仪器设备原理,了解抗震、抗风、抗火和抗爆实验设计方法和实验步骤,共0.5学分,16学时。学生在本课程中共需完成8个实验,包括从5个实体实验教学项目中选做4个实验,从6个虚拟仿真实验教学项目中选做4个实验,如表2所示。

表2 "工程结构抗震与防灾实验课程"实验教学项目配置

项目名称	实体/虚拟	学时	级别	必修/选修	项目所属学校
钢桁架静载实验	实体	2		必修	东南大学
结构振动测试实验	实体	2		必修	东南大学
混凝土结构无损检测实验	实体	2		必修	东南大学
大型地震振动台观摩实验	实体	2		选修	东南大学
火灾观摩实验	实体	2		选修	东南大学
大跨预应力空间索结构性能分析与监测	虚拟仿真	2	国家级	必修	东南大学
钢筋混凝土墩柱抗爆设计	虚拟仿真	2	国家级	必修	东南大学
近海腐蚀环境下高层建筑剪力墙抗震性能评估	虚拟仿真	2	国家级	选修	福建工程学院
大型建筑结构风洞	虚拟仿真	2	国家级	选修	南京航空航天大学
混凝土框架抗震	虚拟仿真	2	国家级	选修	扬州大学
岩石隧道防火体系	虚拟仿真	2	国家级	选修	同济大学

从实验课程的项目组成中可以看出,东南大学土木工程专业目前拥有的实体实验教

学项目和虚拟仿真实验教学项目资源,不足以支撑开设一门独立设置的实验课程,只能将实验项目附属于相关理论课程开设相关课程实验。但我们遵循东南大学土木工程专业人才培养目标和课程教学目标,通过慎重遴选,将同济大学、福建工程学院、扬州大学、南京航空航天大学已经建成的国家虚拟仿真实验教学项目(国家级虚拟仿真实验教学一流课程)引入教学,成功开设"工程结构抗震与防灾实验课程",优化了实验教学项目资源,增加了科研工程前沿内容,丰富了实验教学内容,提升了实验教学效果。该课程在建设时引入全国高校国家虚拟仿真实验教学项目资源,是一种提升实验课程教学目标、推进国家虚拟仿真实验教学项目共享应用的有效模式,也是推进国家虚拟仿真实验教学项目体系化、课程化的重要渠道。目前该课程正在汇聚国家虚拟仿真实验教学课程共享平台—"实验空间"(www.ilab-x.com)作为线上线下混合式示范课程进行示范展示,供全国高校参考借鉴。

六、虚拟仿真对高校实验室建设的推进

1. 推进线上线下融合实验室的建设

目前,东南大学土木工程专业已牵头汇聚包括青海大学、贵州大学、广西大学、内蒙古科技大学等一批西部高校,以各自建设匹配专业培养目标的专业实验教学资源配置图为基础,以国家虚拟仿真实验教学课程共享平台("实验空间")为平台支撑,通过相互研讨、相互借鉴,引入国家虚拟仿真实验教学项目,各自建设适应本校专业实验教学目标的线上线下混合实验课程和线上实验课程[1][2],成功组建了土木工程专业线上线下融合实验室,并正在全力推进线上线下融合实验室的相关工作。经济管理类专业线上线下融合实验室的组建正在由山东大学和广东财经大学稳步推进,近期教育部高等学校实验室建设与实验教学指导委员会和高等教育出版社还将致力推进其他专业类线上线下融合实验室的建设。

2. 推进"实验教学课程西部行计划"

为落实中共中央办公厅、国务院办公厅印发的《关于新时代振兴中西部高等教育的意见》(中办发〔2021〕52号)精神,深入推进"慕课西部行计划",支持各高校建设优质课程资源,推进在线优质教育教学资源共享,在教育部高等教育司的指导下,教育部高等学校实验室建设与实验教学指导委员会和高等教育出版社针对西部高校优质实验教学资源不充分、东西部高校优质实验教学资源不平衡的问题,当前正在共同推进"实验教学课程西部行计划"。该计划的目的是,以提升2017年以来全国高校获得认定的国家级虚拟仿真实验教学一流课程(国家虚拟仿真实验教学项目)的共享应用为切入点,以汇聚这些课程的

---

[1] 王燕华,陆金钰,吴刚,等.面向卓越工程师培养的创新教学实践[J].实验室研究与探索,2019,38(7):151-154.
[2] 陆金钰,李贵锋,谢鹏飞,等.基于CDIO理念的特种结构课程教学改革与实践[J].高等建筑教育,2014,23(4):96-99.

国家虚拟仿真实验教学课程共享平台"实验空间"为平台支撑,通过举办研讨会、建设专业线上线下融合实验室、组建新型实验教学课程虚拟教研室、建设虚拟仿真实验教学资源应用共同体等方式,推动优质实验教学资源匮乏高校利用全国优质虚拟仿真实验教学课程资源,建设线上线下混合实验课程和线上实验课程,优化专业实验教学体系、完善实验课程内容、改革实验教学模式与实验教学方法、提升实验教学的水平与人才培养的质量,为将中西部高等教育置于国家重大战略和区域发展框架下统筹谋划、协同发展、整体推进作出贡献。2021年9月,在青海西宁举办了"实验教学课程西部行计划"的启动仪式暨实验类教学一流课程建设与应用研讨会,拉开了"实验教学课程西部行计划"的序幕,中国教育报、中国教育新闻网、学习强国、新华网、CETV(中国教育电视台)等多家媒体进行了报道。

矿业工程多专业融合数字场景体验式教学方法

徐剑坤　王恩元　习丹阳　周　蕊[①]

摘　要：新一代信息技术的突破与应用,变革了资源开发行业技术发展趋势与人才需求,传统的教学方法急需改变。文章基于建构主义学习理论,设计了应用于矿业工程学科的数字场景体验式教学方法,梳理并融合专业知识体系,运用虚拟现实与系统仿真技术,以真实世界与真实任务为依据,开发数字场景教学资源库,建设数字教学云平台;形成以学习者为主体、以核心素养发展为中心,采用信息化教育手段、在数字空间完成学习的教学模式。教学实践表明,该方法提高了学习效率与效果,利于适应当前时代特征的多专业复合型人才的培养。

关键词：虚拟现实;"互联网+";数字学习空间;建构主义;自主学习

数字场景是一种学习情境,是综合运用虚拟现实、系统仿真、"互联网+"等实现技术,依据现实世界物理实体,创建的存在于数字空间的虚拟模型,可借助数据模拟与推演物理实体在现实环境中的行为,也可借助虚实交互反馈、数据融合分析、决策迭代优化等手段,实现现实世界与数字空间的双向映射,达到数字孪生效果[②③④]。建构主义学习理论认为知识是学习者主动建构的结果[⑤],具身认知观强调人体在认知活动中的作用[⑥],这两者共同构成了数字场景体验式教学的理论基础。数字场景与教育教学结合应用极具潜力,主要体现在激发学习动机、增强学习体验、创设心理沉浸感、实现情境学习和知识迁移等方面[⑦]。国家《教育信息化2.0行动计划》(教技〔2018〕6号)的落地实施,加快了新一代信息

[①] 作者简介:徐剑坤,中国矿业大学安全工程实验中心主任。
王恩元,博士,教授,中国矿业大学安全工程学院党委书记,研究方向为安全科学与工程。
习丹阳,中国矿业大学资源与地球科学学院博士。
周蕊,中国矿业大学现代分析与计算中心高级实验师。
[②] 高媛,刘德建,黄真真,等.虚拟现实技术促进学习的核心要素及其挑战[J].电化教育研究,2016(10):77-87.
[③] 陶飞,刘蔚然,刘检华,等.数字孪生及其应用探索[J].计算机集成制造系统,2018,24(1):1-18.
[④] 丁楠,汪亚珉.虚拟现实在教育中的应用:优势与挑战[J].现代教育技术,2017,27(2):19-25.
[⑤] 罗英豪.建构主义理论研究综述[J].上海行政学院学报,2006,7(5):86-90.
[⑥] 陈波,陈巍,丁峻.具身认知观:认知科学研究的身体主题回归[J].心理研究,2010,3(4):3-12.
[⑦] 刘德建,刘晓琳,张琰,等.虚拟现实技术教育应用的潜力、进展与挑战[J].开放教育研究,2016,22(4):25-31.

技术与教育的深度融合,众多教育工作者开展了相关研究与探索,促进了教育教学改革与创新[1][2][3]。但着重指出的是虚拟现实、系统仿真、"互联网+"等信息技术在教育领域的应用远远落后于其自身的发展,需要扩展应用范围,创新教育教学应用方法与模式[4][5][6]。

一、矿业工程传统教学方法不适应新时代需求

以网络物理系统出现为标志的第四次工业革命正在发生,人类社会正在由后工业时代向信息时代迈进,新一代信息技术的突破与应用,正在深刻地影响着人类社会的各行各业。一方面,计算机、互联网、人工智能等技术已经能够代替人类完成大量任务,极大地改变了知识的存储方式、获取方式及应用方式,教育的目的正在由知识记忆与操作训练转向知识应用与创新创造;另一方面,物联网、大数据、人工智能、机器人、5G通信等新技术的突破与应用,正在推动资源开发由机械化向智能化迈进,行业对人才知识结构与能力素养的需求发生了重大改变,具备多专业知识结构、实践与创新能力兼备的复合型人才成为时代宠儿。

矿业工程旨在培养适应及引领资源开发技术发展趋势的工程师,强调工程实践与创新,但传统的教学方法与模式滞后于时代发展。传统教学中教授者将资源开发依据流水线环节划分为细致的专业方向,在各专业方向下将真实情境中非良构的、复杂的工程问题,通过去情境化的抽象与概括,加工为概念与知识,再通过直接、单向的方式灌输给学习者。在这一过程中,学习者始终处于被动接收的地位,更多的精力投到对抽象知识的记忆。应用考核也多是基于去情景化的、人为设计的问题,这些问题多是缺乏深度、复杂性与持续时间的良构问题,与工程实际差异较大。教学组织多采用固定时间、固定地点、固定内容的集中式组织方式,在教学过程中学习者角色单一,兴趣引领与主观能动性调动不足。这种教学方法及其模式直接导致学习者知识结构单一,能力欠缺,工程实践不足,创新精神不强,与企业需求脱节。因此,急需探索适应于新时代特征的教学方法与模式。

二、数字场景体验式教学方法研究与设计

数字场景是一种存在于数字空间的可视、可交互的体验式学习情境,其教育理论基础是建构主义学习理论[7]。建构主义认为知识不是通过教师传授得到的,而是学习者在一定的情境下,借助他人的帮助,利用必要的学习资料,通过意义建构的方式而获得的,强调

---

[1] 曹晓明.“智能+”校园:教育信息化2.0视域下的学校发展新样态[J].远程教育杂志,2018(4):57-68.
[2] 李丽红.虚拟现实技术在教育领域中的应用及其效果评价研究——以旅游教学为例[M].北京:旅游教育出版社,2015.
[3] 张志祯.虚拟现实教育应用:追求身心一体的教育——从北京师范大学"智慧学习与VR教育应用学术周"说起[J].中国远程教育,2016(6):5-15.
[4] 蔡苏,王沛文,杨阳,等.增强现实(AR)技术的教育应用综述[J].远程教育杂志,2016(5):27-40.
[5] 邵雪."互联网+"时代我国高等教育发展研究[D].济南:山东师范大学,2016.
[6] 黄奕宇.虚拟现实(VR)教育应用研究综述[J].中国教育信息化,2018(1):11-16.
[7] 杨维东,贾楠.建构主义学习理论述评[J].理论导刊,2011(5):77-80.

学习者的主体作用[1]。建构主义学习理论改变了师生角色,由传统的教师主动、学生被动的"教—学"单向线性灌输模式,转变为以学生为主体、教师为引导的往复建构模式;学生知识的建构与迁移需要借助学习环境——任务情境,任务情境是由教师根据真实世界任务设计的,蕴含知识和智力操作,强调真实性[2]。建构主义学习理论较好地说明了人类学习过程的认知规律。基于此,本文以真实世界与真实任务为蓝本,设计并开发数字场景,作为学生学习的任务情境。在学习情境中学生将通过人体体验互动,完成知识的建构与迁移,如图1所示。

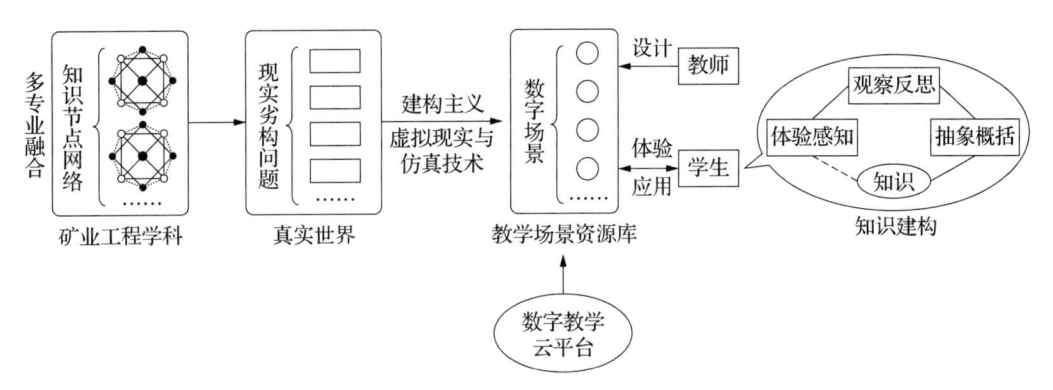

图1 矿业工程多专业融合数字场景体验式方法及模式

(1) 采用知识图谱[3]梳理矿业工程学科下资源、采矿、安全、机械、信息等专业知识体系,将知识节点化,以节点为单元建立多向联通关系,形成知识网络。根据任务目标,规划任务解决途径,建立知识网络中从始点到终点的知识线索与脉络,对同一问题可以有多条解决途径即形成多条知识线索与脉络;

(2) 根据真实工程与真实任务,运用虚拟现实、系统仿真等技术,设计并构建数字场景,将知识网络通过多种具现形式融入数字场景中;

(3) 针对不同真实场景与真实任务,在统一架构下开发数字场景,形成矿业工程数字场景教学资源库,运用"互联网+"技术开发数字教学云平台,构筑数字场景学习空间;

(4) 教师是数字场景的设计者,也是学习过程的引导与监督者。教师通过发布具体任务引导学生以问题解决者的身份在数字场景中寻找解决策略与路径,并付诸实施;

(5) 学生是知识的发现与应用者。在不断地与数字场景互动过程中,学习与应用知识,通过体验、研究、反思、推理,生成新的知识理解与发现,并在多种视角与场景中检验验证,从而实现知识与技能的建构与训练。

三、数字场景设计与教学资源开发

任务情境是建构主义学习的根基,包括任务和情境两个核心要素。这里的任务是指

---

[1] 陈威.建构主义学习理论综述[J].学术交流,2007(3):175-177.
[2] 杨开城.建构主义学习环境的设计原则[J].中国电化教育,2000(4):14-18.
[3] 陈悦,刘则渊.悄然兴起的科学知识图谱[J].科学学研究,2005,23(2):149-154.

由教师发布的、镶嵌有学习目标与学习内容的活动要求,通常是找寻、发现、揭示、解决特定的事物、方法、规律、困难等,多是依据工程实践的具有多种解决方法、解决途径和少量确定性条件的劣构问题。情境是蕴含知识和智力操作的真实性环境,钟志贤[①]指出真实的情境设计应具备以下要点:最大限度反映知识/技能在实际中的运用方式;要镶嵌相关领域知识与认知策略;要保持现实情境的复杂度,保证学习结果的跨情境迁移力;要考虑学习内容的多样性和迁移性。

基于这些原则,本文设计与开发了数字场景。以现实世界的实验研究场景与矿山生产场景为蓝本,设计制作对象的外观数字模型、行为数学模型与操控界面,依据场景中多对象运行耦合规律建立场景运行机制,采用 3Dmax 软件数字建模、采用 Unity3D 引擎开发数字场景、采用 MySQL 数据库管理数据、采用 Visual Studio 环境开发程序,将知识以语音文字提示、设备构造拆解、行为过程再现、系统设计与实现、系统操控模拟与实施效果推演等具现形式融入数字场景[②]。开发了包括理论学习、实验室实验、生产系统认知、生产实践与安全培训 5 个部分的系列数字场景教学资源,形成矿业工程数字场景教学资源库,如图 2 所示。

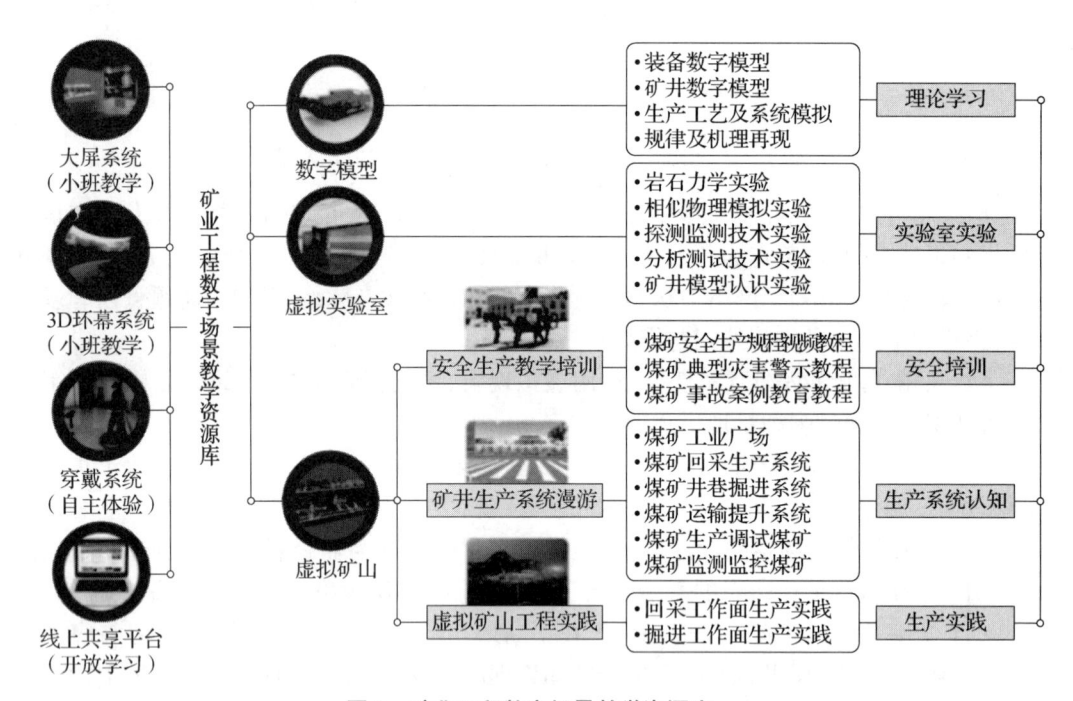

图 2 矿业工程数字场景教学资源库

在数字场景中,学生可以打破时间与空间的限制,拓展认知空间,从不同视角直观体验事物特征、结构及过程,完成观察性学习;可以通过反复操作与组合实验训练技能、修正原有理解与认知,可以开展现实条件不具备的实验,学习新的知识技能,完成操作性学习;可以灵活地改变研究条件与环境,以较低的成本与风险,在高度仿真的数字空间中进行科

---

① 钟志贤,刘春燕.论学习环境设计中的任务、情境与问题概念[J].电化教育研究,2006(3):16 - 21.
② 徐剑坤,习丹阳,马文顶,等.采矿工程专业虚拟仿真教学资源库建设[J].教育现代化,2017(13):67 - 68.

学探索与工程实践,完成研究性学习;可以打破空间限制,通过网络实现多人协作探索与交流,完成合作性学习。

四、数字教学云平台与教学模式

互联网促进了教育变革及发展趋势,当前正在由工业时代教育向信息时代教育过渡,信息时代教育的典型特征是以数字公民的培养为核心、以个性化学习方式为导向、以信息化互联环境为支撑[1]。为适应这一时代特征,有必要将数字场景架构于互联网,云计算与云服务提供了有效的解决途径[2]。云计算、云服务与教育行业融合派生出了教育云,它将虚拟化硬件资源、海量教育资源、教育应用系统整合起来,通过互联网向学习者提供应用服务,可分为基础设施即服务(IaaS)、平台即服务(PaaS)、软件即服务(SaaS)三个层次[3]。本文在学校数据中心私有云平台上部署矿业工程数字场景教学资源库及其学习系统。数字场景可通过互联网在多种终端(如3D环幕、VR穿戴装备、全息投影、移动设备等)上呈现,供学习者交互体验。如此整合软硬件和教育云服务,构建了矿业工程多专业融合数字场景教学空间——数字教学云平台。该平台提供了泛在化的数字学习环境,打破了时空限制;教学内容可个性化选择,实现差异化与定制化学习;其教学组织不再是封闭式的集中学习,而是开放式的以学生为中心的自主学习,因此其教学模式较之传统发生了根本性变化[4][5]。

五、实践应用

以《采矿学》为例讲述本文研究成果在教学中的应用。《采矿学》是专业主干课程,其教学目标:了解以煤炭为代表的固体矿产资源开采的基本方法和基本原理,掌握现代矿山开采的基本概念、基本方法和主要技术,较全面和系统地理解煤矿井下生产系统、生产环节和开采技术和装备,具备应用所学知识解决矿山开采复杂问题的能力,具备从事矿山采掘设计、工程施工、生产组织的能力[6][7]。作为工程类课程,培养学生学习能力和灵活运用知识解决实际工程问题的能力是重中之重。传统教学多采用绘制工程设计图纸、现场实习等方式,但存在设计实施验证困难、工程实践困难、评价困难等问题。为此,在教学过程中引入矿井三维可视化设计与仿真运行模块,该模块是矿业工程数字场景教学资源库中生产实践部分的一组数字场景,其场景内容如图3所示,部分场景显示效果如图4所示。

---

[1] 黄荣怀,刘德建,刘晓琳,等.互联网促进教育变革的基本格局[J].中国电化教育,2017(1):7-16.
[2] 张进宝,黄荣怀,张连刚.智慧教育云服务:教育信息化服务新模式[J].开放教育研究,2012,18(3):20-26.
[3] 吴砥,彭娴,张家琼,等.教育云服务标准体系研究[J].开放教育研究,2015,21(5):92-100.
[4] 刘勉,张际平.虚拟现实视域下的未来课堂教学模式研究[J].中国电化教育,2018(5):30-37.
[5] 张金磊,王颖,张宝辉.翻转课堂教学模式研究[J].远程教育杂志,2012(4):46-51.
[6] 张东升,范钢伟,万志军.立足工程认证标准建设一流专业课程——"采矿学"课程教学改革实践[J].煤炭高等教育,2019,37(2):111-117.
[7] 杜计平,孟宪锐.采矿学[M].徐州:中国矿业大学出版社,2014.

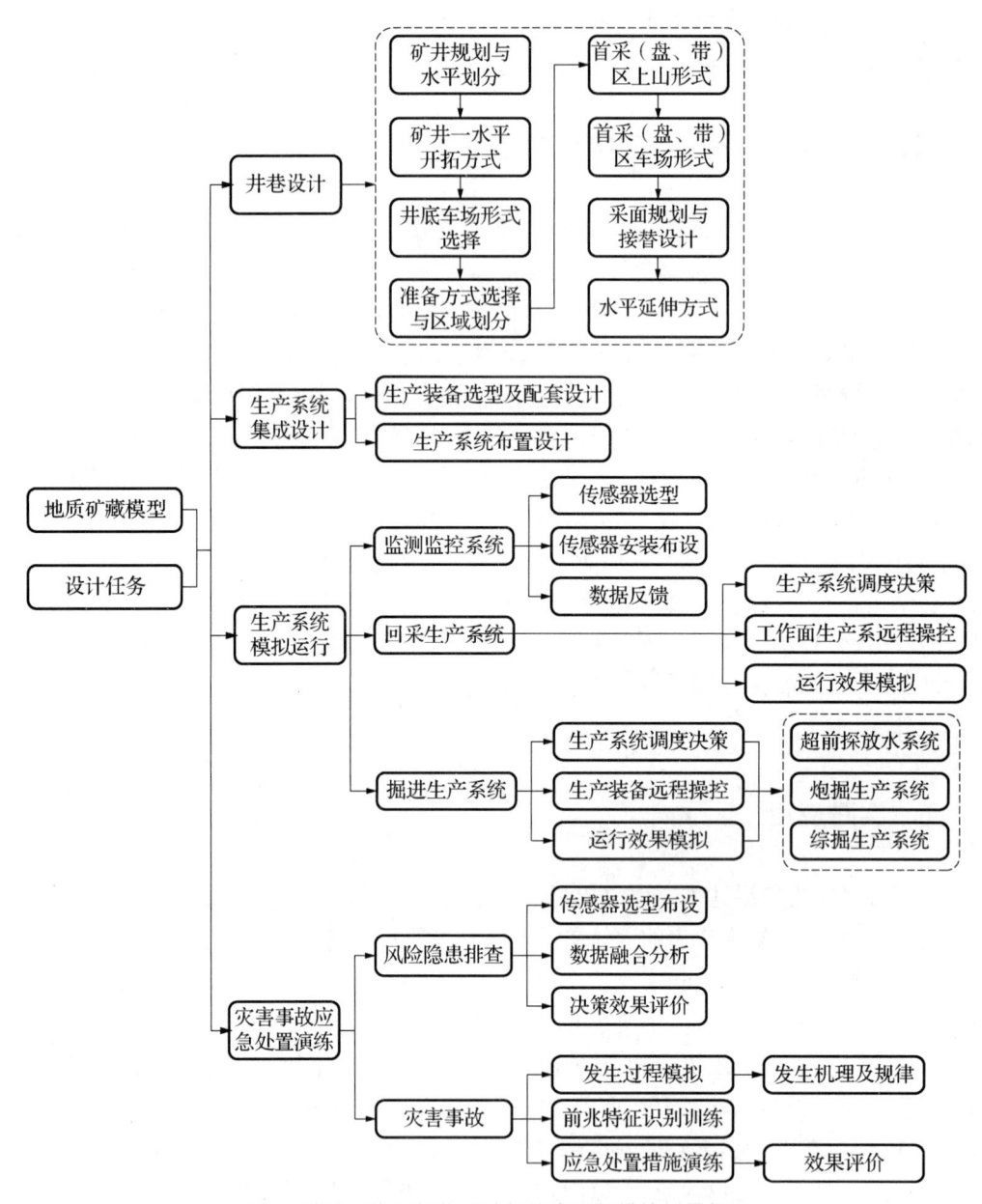

图 3　矿井三维可视化设计与仿真运行模块场景框架

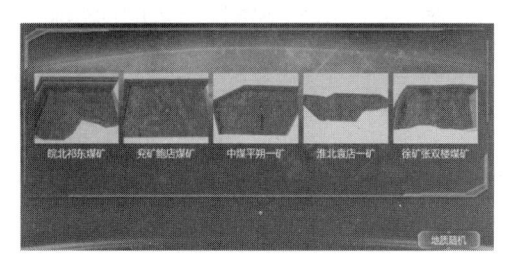

(a) 地质矿藏模型

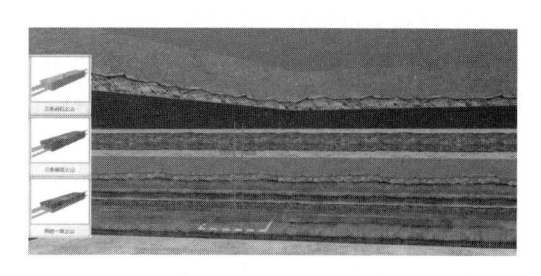

(b) 矿井井巷设计

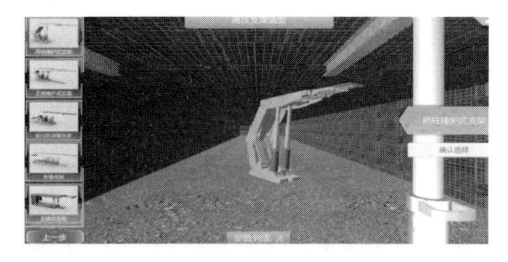

(c) 生产装备选型及配套设计

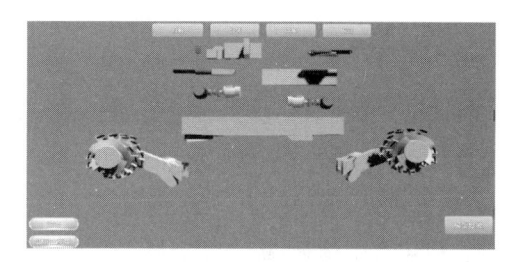

(d) 生产装备结构解析

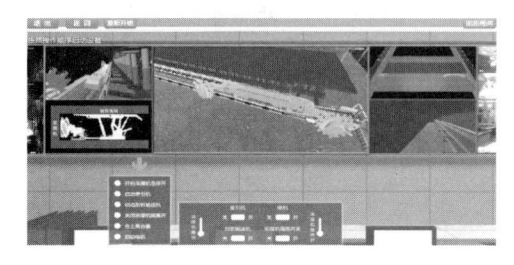

(e) 回采生产系统远程操控模拟

(f) 矿井火灾过程模拟

图 4　矿井三维可视化设计及运行仿真模块

矿井三维可视化设计与仿真运行模块数字场景融合了资源地质(地质矿藏模型)、采矿(井巷与生产系统设计)、安全(灾害事故应急处置)、机械(生产装备结构分析及选型设计)等专业知识。教师提供真实矿井的地质矿藏模型,发布设计任务,学生在任务引导下,经历矿井规划与水平划分、矿井一水平开拓方式、井底车场形式选择、准备方式选择与区域划分、首采(盘、带)区上山形式、首采(盘、带)区车场形式、采面规划与接替设计、水平延伸方式等 8 个步骤完成井巷设计,经历生产装备选型及配套设计与生产系统布置设计 2 个步骤完成生产系统集成设计。完成后可通过模拟运行验证设计的合理性,对设计缺陷进行补足后再模拟运行验证,如此反复直到设计合理。完成井巷设计与生产系统集成设计场景后,可进入生产系统模拟运行场景,布设各种监测监控系统,与实际 1∶1 模拟操控回采与掘进生产系统,并根据监测监控系统反馈数据,调整生产调度决策与生产系统控制,通过运行模拟对调度决策与生产系统运行效果进行评价。在灾害事故应急处置演练场景中,对生产常见事故、灾害进行模拟,学生通过数据分析辨识风险隐患、识别前兆特征并进行应急处置,对处置效果进行评价。

在《采矿学》教学实践中,采用数字场景体验式教学方法,依托数字教学云平台,使用矿业工程数字场景教学资源库,构筑数字学习空间,使学生在由真实情境营造的问题解决环境中,以任务为导向,自主学习,思考问题,寻求解决途径,并付诸实施,在不断地体验与试错过程中建构知识,理解知识并创造知识,训练工程实践能力,最终达到课程目标。教学实践表明,在数字化环境中,学生专注度与主动性大幅提高,能够根据自身知识背景与薄弱环节进行定制化与差异化学习,能够熟练使用云平台进行协作学习与问题探讨,学习效率与效果大幅提升。在课程设计答辩环节,可看出学生对多专业知识的认知程度与综合实践应用能力较以往大幅提高。

六、结论

针对矿业工程传统教学方法不适应新时代需求这一问题,本文基于建构主义学习理论,设计应用于矿业工程学科的数字场景体验式教学方法,梳理并融合矿业工程学科下多专业知识体系,形成知识网络,运用虚拟现实与系统仿真技术,以真实世界与真实任务为依据,构建数字场景,融入知识网络,开发数字场景教学资源库,根据"互联网+"技术最新进展,建设数字教学云平台,形成以学习者为主体、以核心素养发展为中心、采用信息化教育手段、在数字空间完成学习的教学模式,构筑矿业工程多专业融合数字场景体验式教学体系。该教学方法及模式在教学实践中表现出以下特点:

(1) 由矿业工程数字场景教学资源库与数字教学云平台共同构筑的数字学习空间,能够有效剥离外界干扰,提高学习者专注度,学习者可根据自身知识结构进行差异化学习,通过自主学习、合作学习、探究学习等方式,充分发挥主观能动性,利于培养学生自主学习能力,并提高学习效率与效果。

(2) 将矿业工程学科下多专业知识纳入统一数字场景框架,实现了知识的可视化表达与融合,学习者通过与数字场景的直观体验互动,实现知识迁移与技能训练,提高认知效率与效果,利于适应当前时代特征的多专业复合型人才的培养。

(3) 以解决工程问题为导向,在由多种实际工程场景营造的任务情境中,学习、体验、试错并建构知识,实现理论学习与工程实践的有机融合,活化知识与思维,实现知识的深化与扩展,利于工程实践能力、批判性思维能力和创造性思维能力的发展。

基于"智慧实验室"的高校实验室信息化探究与实践

石 磊 庄志洪 李 博[①]

摘 要:"智慧实验室"建设已成为当前高校实验室信息化建设的研究热点,对提升高校实验室管理效能具有重要意义。针对国内外高校实验室信息化建设现状,分析了当前高校"智慧实验室"建设存在的问题,结合我校的建设实际,介绍业务集成型"智慧实验室"建设的思路与成效,能为高校深入推进"智慧实验室"建设提供有益思考。

关键词:智慧实验室;信息化建设;管理效能;业务集成

一、引言

高校实验室是承担实践教学、科学研究、社会服务等多重任务的重要场所,是展现高校办学实力的重要窗口,更是高校推进"三全育人"的重要平台。实验室汇集了学校重要的教学科研仪器设备等资源,与单纯提升学生理论知识储备的课堂教学相比,实验室在实践育人方面具有天然优势,对全面提升学生的综合素质与创新能力具有关键作用,因此,实验室被称之为"现代化大学的心脏"[②③]。

作为实践创新人才培养的主阵地,实验室涉及资产、人员、安全、开放共享等众多管理要素,历来是高校监管的重点场所。近年来,高校实验室规模、数量快速发展,学科交叉、国际交流不断深入,同时随着国内科研水平的快速提升,部分高校的实验室研究方向已经从"跟跑""并跑"步入"领跑"阶段,实验室内的大型设备不断增多,人员构成日趋复杂,科研风险不断升高,给实验室管理工作带来严峻的挑战,监管部门所面临的管理压力不断增大。高校传统的实验室管理模式,条块分割较为明显,资产管理、安全管理、开放共享管理等各自成块,监管方面不能有效联通,造成实验室管理效能低下,这既不利于实验室的高

[①] 作者简介:石磊,博士,副研究员,南京理工大学国有资产与实验室管理处副处长,主要研究方向为高等学校实验室的建设与管理等。
庄志洪,博士,研究员,南京理工大学国有资产与实验室管理处处长,主要研究方向为高等学校实验室的建设与管理等。
李博,硕士,助理研究员,南京理工大学国有资产与实验室管理处科员,主要研究方向为高等学校实验室的建设与管理等。

[②] 夏临华.创新人才培养的摇篮——浅谈高校实验室在人才培养中的作用[J].实验室研究与探索,2006,25(8):889-892.

[③] 冯端.实验室是现代化大学的心脏[J].实验室研究与探索,2000,19(5):1-4.

效安全运行,也不利于实践创新人才的培养①②。因此,深度推进信息化技术与实验室管理融合,通过综合集成建设智慧实验室,已成为高校实验室管理工作的重要任务和迫切需求。

二、国内外高校实验室信息化建设现状

欧美等发达国家对高校实验室管理研究较为深入,已完成由"各自为政式"管理模式向"以师生用户为本、部门协同服务"的转变,部分高校依托先进的管理模式配套建设了实验室信息化管理手段③④。

美国高校通常采用 CIO(首席信息官)管理体制对全校信息化系统建设及发展规划进行统筹管理,并设立 EHS(环保、健康、安全)总部负责全校实验室规划设计、管理政策制定、监管协调等工作,信息化建设与实验室管理融合程度较深,如麻省理工学院建设了集设备、气体监测、消防报警、危废管理等功能于一体的实验室信息化管理系统,实验室管理效能较高。

英国高校实验室管理体系层级较为分明,以基础设施和资源建设为重点,深入促进信息化技术与实验室管理融合,如利兹大学建设了涵盖包括实验室准入培训、仪器设备管理、实验室人员登记授权、监控监测及事故通报等功能的实验室信息化管理系统,用于保证实验室正常运行及高效管理。

德国高校实验室管理机制较为灵活,一般未设立专门的实验室管理机构,实验室独立运行、资源共享。实验室在建设时注重规划论证,其配套设备不追求先进、一流,一切以实际教学科研需求为基础,不以实验室开放、仪器设备利用率等具体指标为运行原则。

新加坡南洋理工大学继承英国高校实验室管理模式,结合学校自身情况,增加了实验室管理的灵活性,并以校内网为依托,建立了具备可视化分级培训考试、危险品全流程管理等功能的实验室管理系统。

国内部分高校已建立了各类实验室信息化管理系统,但与发达国家高校相比,国内高校实验室信息化系统存在整体性不强、条块化明显等缺点,系统间难以进行协调联动,导致"信息孤岛"的情况时有出现⑤⑥。

基于实验室开放共享,北京大学通过建设实验室与设备共享查询系统,实现了实验室与设备共享查询信息的访问控制功能和实验室三维图景展示等功能,为有仪器设备使用需求的师生员工提供仪器设备服务的对接窗口,建立了实验室与共享仪器设备对外开放

---

① 廖庆敏.高校实验室安全管理之思考[J].实验室研究与探索,2010,29(1):168-170.
② 冯建跃,金海萍,阮俊,等.高校实验室安全检查指标体系的研究[J].实验技术与管理,2015,32(2):1-10.
③ 韩方珍,曹咏,冯蜀著,等.中外高校实验室安全管理现状分析启示与对策[J].实验室研究与探索,2012(8):452-455.
④ 吴英娟.我国高校信息化建设问题探讨[J].东北师范大学报(哲学社会科学版),2018(4):195-200.
⑤ 卫飞飞,石琦,钟冲,等.高校实验室安全信息化建设探究[J].实验室研究与探索,2020,39(10):300-303.
⑥ 赵建新,钱婷婷,高珂,等.基于"GIS"的高校实验室安全管理信息化平台设计与构建[J].实验技术与管理,2019,36(12):5-8.

使用的桥梁[1]。西南交通大学通过建立大型设备预约管理系统,提升了实验设备的共享程度和使用效率,减少了师生对实验设备的使用障碍[2]。

基于实验室资产管理,天津大学以实验室仪器设备的全生命周期管理为基本设计理念,建立了资产与设备综合管理平台,保障了实验室仪器设备及实验耗材的规范化、精细化管理[3]。广州大学基于RFID技术,建立了资产管理系统,通过RFID电子标签的智能识别性以及无线网络的传输技术,提升了实验设备及资产的管理效率和利用率,为优化实验室资源配置提供了智慧支撑[4]。

基于实验室安全管理,清华大学在实验室安全教育与考试、危化品全生命周期管理、安全监控与报警等方面应用信息化手段较为广泛,由其自主开发的实验室安全系统,能够实现检查计划、检查审核、隐患记录、报告生成、整改下达、完成回复的闭环全流程管理[5]。浙江大学建立了实验室安全管理系统,构建了涵盖实验室人员、设备和地理位置等信息的数据池,实现了对实验室人员、化学品和仪器设备的动态管理[6]。南开大学构建了包含实验室信息管理、教育与考试、试剂商城、安全监测预警、安全文化等模块的实验室安全信息化管理体系,有效提升了实验室安全管理水平[7]。

三、"智慧实验室"建设的重要作用

在当前各类实验室信息化技术中,"智慧实验室"正在成为各大高校及科研院所研究的热点。"智慧实验室"是以"智慧化综合管理"为理念,以"互联网+"为基础,利用5G技术、物联网、人工智能、无线传感、图像识别等信息化手段,实现对实验室的精细化、智能化管理[8][9][10]。

"智慧实验室"建设对提升高校实验室管理效能、推进实践育人具有重要作用[11]。① 实现管理流程再造。"智慧实验室"将现有实验室信息化资源进行了充分整合与重构,大幅提升管理效能。② 提升学生创新力。利用新型信息化技术及设备,在"智慧实验室"

---

[1] 王洋洋,张黎伟,黄凯,等.高校实验室与设备共享查询系统的实践与探索[J].实验室研究与探索,2017,36(11):259-261.
[2] 任金妮,高禄梅,孙宇.基于信息化视角的高校大型仪器设备开放共享机制研究[J].实验技术与管理,2014(3):224-227.
[3] 侯德俊,孙晓志,张社荣,等.天津大学实验室运行管理保障体系信息化建设[J].实验技术与管理,2016,33(8):4-8.
[4] 胡莹,唐文枝.基于RFID的高校资产管理系统应用分析[J].实验技术与管理,2013(11):126-129.
[5] 郭英姿,黄开胜,艾德生,等.实验室安全检查研究与系统开发[J].实验室研究与探索,2019,38(10):303-306.
[6] 俞欢军,章薇,章兴棋,等.建立信息化平台 加强高校实验室安全管理[J].实验技术与管理,2017,34(7):4-6.
[7] 张楠,马雪明,唐路扬.南开大学实验室安全信息化管理的探索与效果[J].实验技术与管理,2017,34(12):164-167.
[8] 张丽华.大数据背景下高校智慧实验室的建构[J].华北水利水电大学学报(社会科学版),2021,37(2):44-49.
[9] 林鲁春,邵根富,姜周曙,等.智慧实验室系统的研究与构建[J].实验科学与技术,2020,18(1):151-154.
[10] 王虹,王军.基于"智慧校园"的高校实验室安全管理平台建设[J].实验技术与管理,2019,36(2):49-52.
[11] 方东红,王羽,李兆阳.育人视野下的高校实验室安全工作思考与探索[J].实验技术与管理,2020,37(1):10-12.

管理人员指导下,让学生在线上线下结合、虚拟现实结合的实验室环境中充分发挥其主观能动性,全面提升学生创新实践能力。③ 推进管理体系健全。通过"智慧实验室"赋予不同管理层级权限,进一步明确各职能部门、各学院的实验室管理任务,推进校院两级协调联动、齐抓共管的实验室管理体系建设①②。

四、"智慧实验室"建设的探索与实践

1. 实验室信息化管理系统建设情况

我校作为一所军工特色鲜明的综合性大学,通过多年实践,在实验室信息化方面打造了一系列具有学校特色的管理信息系统,基本实现了实验室、资产、安全等方面管理信息化的全覆盖(见图1)。

图 1　南京理工大学实验室相关信息化系统

(1) 实验室开放预约与综合管理系统。该系统作为实验室开放的统一窗口,实现实验室开放信息发布、网上预约、网上审批、数据统计等功能,学生可结合自己的专业特点、兴趣爱好、学习状况等自主选择实验内容,通过系统预约空闲时段的实验室,在教师参与指导下自主开展相应的实验活动。

(2) 大型仪器设备共享管理平台。该平台涵盖了电镜、光谱、质谱、电波暗室等多学科的400余台套大型设备,实现查询、预约、审批、结算、核销的全流程管理,并与国家网络管理平台实现互联互通。为方便师生实时使用,平台还与学校公众号对接开发了手机端应用,有效搭建起设备管理者与用户沟通的桥梁。

(3) 国有资产管理平台。该平台涵盖资产的配置申请、验收、调拨、处置、盘点、数据上报等环节,实现资产的全寿命周期线上管理。同时,充分利用资产存量以及使用年限等

---

① 李珂,马腾跃.教育信息化2.0时代高校实验室综合管理系统研究[J].科学与信息化,2021(2):155-156.
② 殷社萍,王皎月.移动互联网时代高校实验室智能化管理与实践[J].实验技术与管理,2018,35(10):256-258.

数据,为资产配置、处置提供重要依据,加强资产内控建设,牢牢把住"入口关"与"出口关"。

(4) 公房管理信息系统。该系统以房间为基本单位,通过实施分类管理,合理区分教学实验、科研、办公等用房,明确了房屋定位、面积、使用人等相关信息,实现公房信息全覆盖,做到信息动态查询、灵活调配,通过"房-人-物"关联,为其他系统提供数据支撑。

(5) 实验室安全管理信息系统。该系统通过构建实验室人员、设备、化学品等危险源、实验类型等基础信息数据库,实现实验室安全信息管理的动态化、可视化,并为实验室安全管理标准化建设提供了数据支撑。

(6) 化学品管理系统。该系统从化学品的购买、库存、使用、回收等全流程环节对化学品实施在线监管,对进入校园的所有化学品张贴二维码,实行"一瓶一码"管理,在全国高校率先实现对所有化学品的全流程、全寿命管理,形成了具有学校特色的管理模式。

2. "智慧实验室"建设思路

在前期调研国内高校的基础上,学校以材料科学研究中心为试点,以实现实验室管理的智能化、集成化、数据化、扁平化和共享化为重点,通过利用互联网、物联网、云计算及大数据等信息化技术,整合子系统,搭建大平台,扎实推进业务集成型"智慧实验室"建设,初步实现了对实验室的场所环境、大型设备、实验人员、化学品与高压气瓶等各实验室要素的集成系统化管理(见图2)。

图 2 "智慧实验室"建设思路

3. "智慧实验室"建设

学校"智慧实验室"构建了"数据采集层—网络传输层—技术支撑层—智能应用层—信息展示层"的系统架构,依托物联网技术、与现有系统对接进行数据实时采集,通过中控系统进行数据分析和挖掘,推送给各个业务平台,最后通过PC端、手机端、可视化中控大屏、电子门牌等渠道直观地将业务数据呈现给师生,构建出一套既互通互联又相对独立的"智慧实验室"综合管理系统(见图3)。

(1) 数据采集层。数据采集层是整个系统的数据资源保障,以人员、房间、危险源数据等为支撑,配合实验室内的监控、门禁、气体传感器、大仪终端等硬件信息,同时通过标

信息展示层	PC端		电子门牌		显示屏	
智能应用层	实验人员与基础信息 房间资源 人员信息 组织机构 权限管理 角色管理 考勤信息	实验资源共享 共享系统 门禁联动 电子门牌展示		实验室安全与环境 多级预警 报警推送 报警事件定义 警级分析 处置建议 移动端		业务集成展示 信息门户 可视化管理 多屏投射 数据统计
技术支撑层	业务中控 公共信息 应用管理 个人工作台 BPM	⇔	现有系统对接	⇔	数据中控 数据存储 数据挖掘 数据清洗 用户画像	
网络传输层	物联网网关	4G、5G		校园网		专网
数据采集层						

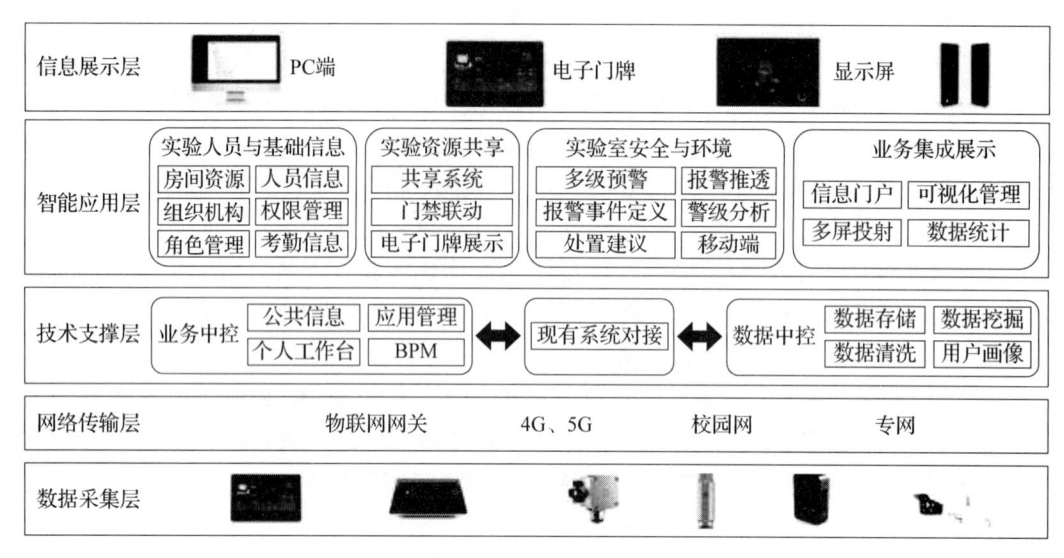

图3 "智慧实验室"体系架构

准接口从现有实验室管理信息系统中获得基础信息,为智能应用层和信息展示层提供真实的信息资源,是整个系统的数据基础。

(2)网络传输层。采用通信网、4G/5G技术、校园网等高效安全的网络传输手段,为信息及时、准确、可靠地收集、处理、存储和传输等提供安全可靠的网络环境。

(3)技术支撑层。中控系统将人员、房间、设备、危险源、环境参数等基础信息进行全面整合,形成一套标准数据池,供智能应用层按需取用;同时,提供标准化的数据接口,将独立的业务系统进行连接,沉淀有价值的数据进行共享复用,打破了数据孤岛和业务系统壁垒,为智能应用层提供稳健支撑。

(4)智能应用层。智能应用层是整个系统的核心部分,包括实验人员与基础信息模块、实验资源共享模块、实验室安全与环境模块、业务集成展示模块等。智能应用层与信息展示层进行信息交互,对系统运行数据进行信息处理与推送,为信息展示层提供支撑。

作为"智慧实验室"架构中最核心的智能应用层,实现集人员、设备、地理信息、环境监测、门禁准入、安全防护等管理功能于一体的业务集成型管理系统,实时对每间实验室各类数据信息的远程智能管控。智能应用层主要由实验人员与基础信息模块、实验资源共享模块、实验室安全与环境模块、业务集成展示模块等构成,分别承担不同业务功能(见图4)。

① 实验人员与基础信息模块。该模块是搭建"智慧实验室"综合管理平台的基础模块,承载着所有业务系统的基础数据信息,通过与学校"一卡通"系统、公房管理信息系统、校园3D地图、实验室安全管理信息系统对接,获取基于GIS地理信息标识的实验室人员、房间、地理位置、安全等级等基础信息,对实验室进行分类分级管理。通过角色授权,给予不同层级人员不同的管理权限,同时,还涵盖考勤打卡等个性化功能需求。

② 实验资源共享模块。该模块与学校大型仪器设备共享管理平台、国有资产管理平

```
外端对接                            并行模块
国有资产管理平台                     考勤打卡
大型仪器设备管理平台                 大仪智能监控
         对                   并
公库管理信息系统   接          行   电子门牌与门禁管理
化学品管理系统                       气体安全及环境监测
实验室安全管理系统    业务集成展示    视频监控与人流管理
      信息整合及共享              信息整合及共享
```

图 4 "智慧实验室"智能应用层功能设计

台对接,对实验室和设备的共享预约信息进行实时获取,通过建设带有门禁系统的电子门牌,对有共享权限的人员进行人脸识别与房间准入。同时,该模块定制化开发了大仪智能监控终端,采用"室内蓝牙标签+室外 GPS"定位的方式,对实验室的大型设备进行实时定位和移动报警,终端内置 4G 模块,可通过手机端微信小程序实现大型设备的一键上下机,并将监控的大型设备使用机时及异常情况及时推送至业务集成展示终端,实现大型仪器设备智能化管理。

③ 实验室安全与环境模块。该模块与学校化学品管理系统对接,实时监控危险化学品等危险源信息,同时,建设气体安全及环境监测系统,利用物联网技术与工业传感器相结合的方式,基于地理信息和监控显示界面实时查看实验室内的气体种类、浓度等状况,如出现突发状况系统,可在第一时间进行报警并通过手机端通报系统管理员,大大缩短处理时间,降低处理风险。该模块还涵盖实验室视频监控、人流监控等功能,实现实时监控、录像回放、图片查询及人流统计等,便于实验室的安全管理。

④ 业务集成展示模块。该模块将上述模块产生的数据信息进行分类整理与深入分析,并通过管理人员的个性化设置,将最终的可视化数据推送至 PC 端、中控大屏等终端予以展示,从而实现实验室信息的整合、搜索、共享和展示功能,并可以根据师生需求进行弹性扩充,避免系统间因信息不同步而造成的紊乱情况,实现实验室信息的综合管理。

(5) 信息展示层。信息展示层用来与用户交互,为用户提供交互式界面,把来自智能应用层的信息显示给用户。信息展示层能实时监控所有实验室和房间的运行状况,管理员可直接查看相关实验室人员、设备、安全与环境信息等,实现管理的可视化。

4."智慧实验室"建设成效

近年来,随着高等教育信息化建设的加速推进,以智慧实验室为代表的信息化与教学、科研、管理深度融合的整体解决方案成为高校信息化建设热点,极大提升了管理的效能。通过"智慧实验室"建设,完成对接化学品管理系统、大型仪器设备共享管理平台等现有业务系统,同时,新建实验人员与基础信息模块、实验资源共享模块、实验室安全与环境模块、业务集成展示模块等,构建了基于 GIS 地理信息标识的业务集成展示平台,初步实现了人员与房间管理、大型仪器设备管理、化学品安全管理、高压气体管理、视频与人流管理等业务的综合集成与实时动态管理。

后期，学校将持续推进"智慧实验室"建设，在建设过程中及时针对建设情况，解决相关问题，总结经验，吸取教训，并进一步优化完善学校现有各类实验室信息化系统，加快与"智慧实验室"的对接，实现"智慧实验室"的全要素智能化管理。同时，在材料科学研究中心"智慧实验室"建设完成并运行良好的基础上，形成具有学校特色的"智慧实验室"建设标准，逐步推进"智慧实验室"在全校的建设。

五、结语

随着全球信息技术的跨越式发展，加强信息化技术支撑、推进实验室信息化建设将成为高校提升实验室管理水平的必由之路。"智慧实验室"建设实现实验室管理的动态化、智能化和可视化，打通师生、实验室、信息资源之间的桥梁，为师生打造更加智能安全、绿色环保的实验环境，实验室管理将更为科学规范，实验室安全隐患及事故将显著减少，高校育人根本任务将得到有效推进。后续，需进一步完善和丰富"智慧实验室"内涵：

（1）智慧房屋管理模块。基于学校 3D 地图，准确显示实验室分布状况及地理信息，实现房屋定位精准化管理。在此基础上，通过对接实验室开放预约与综合管理系统，增加实验室开放共享信息，最大程度优化资源配置。

（2）智慧资产管理模块。快速整合并及时更新实验室内各类设备资产的相关信息及状态，进一步扩大设备定位、终端管控和移动盘点的范围，在做到资产智能化管理的同时，显著提升资产的开放共享、在线盘点、维修维保等管理效率。

（3）智慧人员管理模块。通过打造实验室人员基础数据库，赋予实验室人员准入及使用权限，通过安装人脸识别、电子门牌等设备，实现人员准入的智能化管理，避免因非实验室人员进出造成的各类隐患及事故。

（4）智慧安全管理模块。通过进一步完善化学品全流程监管、气体浓度监测、实验室视频监控等，对实验室环境及安全状况进行实时把控，对突发事件进行第一时间预警，提升应急处置效率。

（5）定制化管理模块。除常规管理模块外，依据各学院实验室承担的学科特色与实验工艺，建立定制化管理模块，对实验室特有环节进行智能化管理。

促进国产科研仪器发展的策略研究

孙占久 王 超 吕晶淼[①]

摘 要:分析了科学研究仪器设备对于科学研究、技术进步、产业发展和人才培养的重要性。结合数据介绍了我国科研仪器设备发展的现状,即国产仪器尚不能满足开展高水平研究的需要,高端科学仪器基本被国外厂商垄断,存在卡脖子风险,面临技术基础薄弱、重视和支持不足、科研评价体系内卷化带来负面影响等历史困境。结合高校研发科研仪器案例,从提升创新意识、改革评价机制、加大投入扶持培育优质企业、打造创新联合体等方面提出了发展国产仪器设备的策略。

关键词:国产科研仪器;行业现状;发展策略

一、引言

党中央提出坚持创新在我国现代化建设全局中的核心地位,把科技自立自强作为国家发展的战略支撑。2021年全国"两会",重大科研仪器行业再获重点关注,提案建议要对重大科研仪器行业进行重点支持,提高对"国家重大科研仪器研制项目"的经费投入,加大资助力度;鼓励科研仪器行业、企业参与创新,探索产学研融合发展[②]。今年3月11日,《中华人民共和国国民经济和社会发展第十四个五年规划和2035年远景目标纲要》正式发布,其中明确指出,要加强高端科研仪器设备研发制造。顶层聚焦,既体现了国家对科研仪器创新的重视,又从宏观层面为科学仪器行业发展提供了新理念、新思路、新方向。关键核心技术是国之重器,为此完善国家创新体系,加快建设科技强国,必须实现科研仪器设备领域关键核心技术突破,实现高端科研仪器设备自主可控,从而实现我国高水平科技自立自强。

二、发展科研仪器的重要意义

科研仪器发展与科学研究同根同源,国外科学仪器的发展可以追溯到文艺复兴时期,

---

① 作者简介:孙占久,博士,南京航空航天大学航天学院党委书记,研究方向为仪器设备管理、国有资产管理、高等教育管理。
王超,南京航空航天大学纪委办公室副处级纪检监察员,研究方向为高等教育管理。
吕晶淼,南京航空航天大学国有资产管理处科员,研究方向为仪器设备管理、高等教育管理。
② 2021年全国两会台盟中央提案摘选.[EB/OL].(2021-03-03)[2021-09-10].http://www.chinanews.com/gn/2021/03-03/9423317.shtml.

当时科学家既擅长科学仪器的使用,同时也是先进科学仪器的发明人,科学仪器和科学研究形成了明显的伴生关系。例如牛顿、开普勒等人的很多科学设想都通过特制的科学仪器得到验证。仪器设备是科学研究和技术创新的重要基础和条件,科学发现不仅仅需要理论创新,还需要依靠科学仪器进行实验观察和测量[1]。没有自己创新出来的仪器设备,很难获得世界一流的突破性、变革性的成果[2]。高端科研仪器的创新、制造和应用水平,也是一个国家科技实力和工业实力的重要标志,对于支撑创新活动乃至经济社会发展都有较大的作用[3]。

科研仪器设备是开展科学研究的必要条件,是推进技术创新的强劲动力,是工业进步的助推器,是推动经济社会发展的物质保障,也是人才培养的重要平台,在服务国家战略需求和国民经济主战场中居于重要地位。一是在科学研究领域。科学需要借助科研仪器来发现,科研仪器研发水平在很大程度上决定了基础科学研究的广度和深度[4]。纵观百年科学发展史,科学进步离不开科研仪器的技术进步和发展。能在科研仪器上取得突破,同样能在科学研究上占据优势。历届诺贝尔科学奖中,72%的物理学奖、81%的化学奖、95%的生理学奖都是借助尖端科学仪器完成[5],科研仪器对于科学发现和科学研究至关重要。二是在技术进步领域。技术突破离不开科研仪器技术的发展,尤其当代科技的重大突破越来越依赖于先进科研仪器。科学仪器研发水平是技术能力的重要表征。这一点也充分体现在诺贝尔科学奖获奖项目中。有资料显示,在诺贝尔科学奖获奖项目中,因发明科学仪器而获奖的项目占11%;2017诺贝尔化学奖被授予来自英国、美国、瑞士的三位科学家,正是由于他们"在发展冷冻电镜成像技术用于解析溶液中生物大分子高分辨率结构所做的开创性工作"[6]。三是在产业发展领域。仪器设备是产业发展的重要支撑。科研仪器设备是各类关键核心技术中不可或缺的一环,无论是长远的芯片等高科技产业,还是最急迫的医疗行业,都离不开科学仪器的支持。有报告指出:仪器仪表工业总产现代值只占工业总产值的4%,但它对国民经济的影响达到66%[7]。四是在人才培养领域。科研仪器是人才培养的重要平台,尤其是高科技仪器设备,是培养科技工作者创新意识、创新能力、提高综合素质的重要基础。现代科研仪器结构精密复杂、科技含量高,其研制更是技术密集、管理复杂的科技活动,需要多学科交叉融合,其有助于培养兼具技术创新、工程实践和管理能力的复合型人才。

三、我国科研仪器行业现状

近年来,伴随我国各领域科学研究和技术创新飞速发展,科学仪器的需求也有了质与

---

[1] 陈代谢,张红松,牟乾辉,等.中国科学院科学仪器自主研制概述[J].中国科学院院刊,2018(A1):7-13.
[2] 夏有为.科学仪器是科技进步之利器(一)——访中国科学院院士南京大学陈洪渊教授[J].实验室研究与探索,2019(8):1-3.
[3] 吴月辉,刘诗瑶,喻思南,等.高端科研仪器国产化值得期待[N].人民日报,2019-04-15(19).
[4] 喻思南,谷业凯,蒋建科,等.提升国产科研仪器研发水平[N].人民日报,2019-04-22(19).
[5] 许欢.科研仪器设备是实现科学创新的必要条件[J].中国纤检,2021(6):54-56.
[6] 郭振玺,王晋,张丽娜,等.我国冷冻电镜平台建设现状及其发展[J].中国科技资源导刊,2020,52(6):52-62.
[7] 张盖伦,刘莉.近九成科学仪器依赖进口,"国货"如何突围[N].科技日报,2021-07-06(5).

量的提升。然而,国产仪器尚不能满足开展高水平研究的需要,高端科学仪器更是基本被美国、日本、欧盟等国外厂商垄断。当前,美欧日等发达国家产品充斥着中国的实验室。在各高校和科研院所中,越先进的实验室,越难看到国产科研仪器。以某"双一流"建设高校为例,全校仪器类固定资产中,单价20万元以上的国产产品数量占比约42%,单价50万元以上的国产产品数量占比约35%,而单价200万元以上的国产产品数量则占比不到20%。近年,国家科技基础条件资源调查工作显示,在单价超过50万元的大型仪器中,国产品占有率仅为13.4%左右。随着中国尖端科技研发的"井喷式"发展,基础科学仪器进口需求反而越来越高,据海关统计,在2019年,我国仪器仪表进出口总额分别为519.93亿美元和338.38亿美元,逆差额高达181.55亿美元。[①]美国化学会旗下期刊《化学与工程新闻(C&EN)》评选的国际排名前20名科学仪器公司中,美国上榜8家顶尖科研仪器厂商,日本上榜5家,德国和瑞士各上榜3家,英国上榜1家,中国没有一家上榜[②]。在销售业绩方面,这些上榜公司也多提到了在中国销售额的增长。尽管近年来我国已逐渐重视科研仪器设备自主研发,但当前成果还是主要集中于中低端领域,高端科研仪器与国际先进水平仪器仍有较大差距,部分重要基础科研仪器研发和制造还处于起步阶段。中美贸易战后,我国的基础研究和先进制造行业成为重点限制目标,高端科研仪器被禁运和封锁,对当前的科研领域工作也产生了不可忽视的影响。受制于国产高端仪器设备发展的滞后,我国科研体系存在依赖高端设备进口而被卡脖子的风险。

四、我国发展科研仪器面临的困境

习近平总书记在2021年"科技三会"上指出,我国原始创新能力还不强,创新体系整体效能还不高,科技创新资源整合还不够,科技创新力量布局有待优化。这些现象或不足在科研仪器行业体现得尤为突出。

1. 研发科研仪器的创新基础薄弱

19世纪中叶西方科学技术才大规模传入我国,中国开始追赶世界科技发展的潮流。新中国成立以来我国科技实业取得长足进步,但总体上与世界先进水平仍有较大差距,尤其是科技积累明显不够。科研仪器领域的创新发展同样面临上述问题,由于起步晚、基础弱,技术积累明显不足。科研仪器、特别是高端科研仪器研发是一个研发周期长、技术壁垒极高的创新活动。一个国家的科研仪器研发水平,不仅是科研实力的体现,更在很大程度上决定基础研究的广度和深度。发达国家科研仪器发展到今天,也是在过去已有基础上不断前进,一步一步迭代发展起来的。没有科技积累,就难有原始创新。这是由于科研仪器设备产品性能对材料和工匠技艺水平要求较高,制造工艺需要长期钻研和沉淀积累,而我国科研仪器设备研制以产品开发为主,长期处于跟踪的状态,缺少仪器设备制造工艺

---

① 吴斯旻,金叶子,马晨晨.超七成高端科学仪器依赖进口 国产科学仪器如何突围[N].第一财经日报,2021-07-23(9).
② Marc S. Reisch. Top Instrument Firms[J]. C&EN, 2019, 97(9): 16-20.

研究,尤其是高端科研仪器设备的设计和生产技术储备不足,缺乏能有效带动和引领科研仪器产业发展的核心技术,仪器制造的"木桶效应"特别明显。比如某个电子元件、透镜或者真空泵等参数达不到要求,那么该仪器整体也就难以交付或者达到先进性指标。国产通用件和基础件的质量一般,只能满足中低端仪器设备的技术需求,这就导致我们自主开发的科研仪器设备无论是性能指标还是可靠性等方面都与国外先进产品有较大差距。

2. 传统上对科研仪器缺乏足够的重视和支持

我国科研文化存在重研究轻支撑的倾向,科研仪器的研制是科研活动的重要组成部分,但科学仪器在我国早期仅被简单地看作是科技发展的"支撑条件"。同时,面对市场经济的冲击和国外仪器的涌入,我国科学仪器产业在改革开放初期经历了低潮期,并未按国际惯例将科学仪器产业归入"高技术产业",甚至国家"863"计划和"973"计划,仅将科学仪器研究作为该类研究计划的辅助工作,分散于各个项目中。"十二五"期间,科技部立项启动 208 个国家重大科学仪器设备开发专项,在该行业的投入达 70 亿元,但"十三五"期间,科学仪器专项共 142 个,且整体投入仅为原来的三分之一。此外,高水平科学仪器创新人才培养体系处在初级建设阶段,高级技术人才培养乏力。在开发研制方面,科研仪器设备产业上下游脱节,科研仪器体系"碎片化",企业缺乏相应的发展环境[①]。虽然高校、科研院所在自制科研仪器研制方面曾做过努力,例如清华大学、中科院力学所等多个科研单位和院校联合研制成功中国第一台激光多普勒测速仪,性能先进,并有小批量生产,但由于缺乏持续发展的经济土壤,最后还是以失败告终[②]。

3. 现行科研评价体系不利于科研仪器自制研发

近年来,我国科研经费投入多年激增,由于科研离不开仪器,我国亦成为全球科研仪器行业增长最快的市场。前些年,在唯论文评价体系下,科研人员为了申请到经费或人才头衔,必须在行业顶刊上发表论文,这些顶级刊物中的实验数据往往来源于国际知名品牌科研仪器,通过国产仪器得到的数据在投稿 SCI、EI 等期刊时候往往备受质疑。国产仪器在性能指标和稳定性、可靠性上确实还存在着差距,市场认可度不高,科研人员倾向于直接采购高端进口科研仪器也就不难理解。由于高端科研仪器市场被跨国企业垄断,国产仪器品牌只能流入低端市场,且份额较少。没有市场,就没有反馈和数据,也无从改进升级产品,最后愈加落后,甚至陷入低端产品的恶性竞争中。此外,研发一台仪器需要投入大量的时间与精力,与仪器相关的文章影响因子普遍也不高,在以论文和 SCI 影响因子为主的评价机制阶段,很少有人愿意长期潜心开展科研仪器研发[③]。这种内卷化的科研评价氛围在助推国外厂商技术进步的同时,阻遏了国产科学仪器行业的健康发展。

---

① 谭久彬.建设世界仪器强国的使命与任务[J].科学中国人,2019(8):48-52.
② 刘年凯.从科学仪器发现历史:以中国首台自制激光多普勒测速仪为中心[J].中国科技史杂志,2021,42(1):1-11.
③ 欧阳劲松,杜晓辉,方毅芳.锚定新基建 协同发力 精准施策推动我国仪器仪表行业高质量发展[J].中国计量,2020(9):10-15.

五、发展国产科研仪器设备的策略

当前,国外垄断控制高端科研仪器的问题,严重阻碍了原始科研创新,但也可借此在危机中育新机,将压力有效转化成为我国创造新仪器的动力。近年来,国家对于科研仪器设备研发工作的重视程度不断提高,科技部和基金委设立若干重大仪器专项,旨在引导和鼓励广大科技人员自主创新。以南京航空航天大学为例,学校积极参与国家重大科研仪器项目。本文列举两个项目,并结合项目研发过程中积累的经验提出发展国产科研仪器的建议。项目一是已故核科学家陈达院士申请、由贾文宝教授团队牵头完成的"基于PGNAA 的工业物料成分实时在线检测系统",旨在面向我国资源密集消耗型工业(例如煤炭、冶金、水泥等领域)企业节能降耗的重大需求背景,基于瞬发 γ 射线中子活化分析(PGNAA)技术,研发具有自主知识产权、达到国际先进水平的物料成分实时在线检测仪器。这对提高我国工业物料成分检测设备产业化自主创新能力和核心竞争力,突破制约我国工业物料成分高端检测设备的技术瓶颈,加速工业物料成分高端检测设备国产化进程及我国科学仪器设备产业具有巨大的推动作用。该项目的实施,使国外同类产品在国内的售价由立项前的 400 多万/套,降低到结题后的 200 多万/套,有效推动了该产品在国内水泥市场的广泛使用。项目二是潘时龙教授团队研制的、被国家级学会组织的技术鉴定专家组认为国际首创的超高分辨率光矢量分析仪。基于该技术研制的仪器关键技术指标达到了国际领先水平,被评价为"完全取代了进口产品,实现国产化"。依托该系统,首次提出了微波光子双边带矢量分析方法,突破了现有光矢量分析技术方案对测量分辨率和相位精确度的限制,入选 2020 年度中国光学十大进展。项目团队认为,自研仪器设备是真正实现自立自强的必由之路。自主创造一台套先进科研设备,需要具备高水平科学研究的需求牵引、一流的群体智力支撑、长期充实的经费投入三方面要素,因此提高国产科研仪器设备水平是一项系统工程,需要国家、地方、企业、高校和科研院所以及科研人员的共同努力[①]。在我国,也已不乏自研科研仪器设备的成功案例,为使自研仪器形成星火燎原之势,提出如下策略建议。

1. 提升创新意识,营造全社会的创新氛围

习近平总书记指出,创新是第一动力,人才是第一资源,把对创新和人才的重视放在了前所未有的高度。要在全社会营造真正鼓励创新的文化,进一步增强创新观念,建立健全激励创新的管理体制和运行机制。要尊重自由的探索和首创精神,转变思维定式,倡导批判性思维,鼓励怀疑精神和批判精神,鼓励探索,宽容失败[②]。切实做到坚持用创新文化激发创新精神、推动创新实践、激励创新事业,"让创新在全社会蔚然成风"。要在继承

---

① 王大洲,何江波,毕勋磊.我国大型科学仪器设备研制状况及政策建议[J].工程研究——跨学科视野中的工程,2016,8(4):401-410.

② 夏有为.科学仪器是科技进步之利器(二)——访中国科学院院士南京大学陈洪渊教授[J].实验室研究与探索,2019(9):1-4.

和发扬中华优秀传统文化的基础上,吸纳新的先进文化元素,兼容并包、融汇中西,进而在思想文化层面推动科研仪器研制和发展进程。

2. 转变评价方式,创建鼓励潜心钻研的科研激励机制

进一步破除四唯,要"破四唯"和"立新标"并举,改革考核评价制度。从评价机制上鼓励有条件的科学家和学术团队开展包含自研仪器在内的全链条科学研究。要改变长期以来我国的科研文化存在的"重研究、轻支撑"的倾向,要让大众充分认识到科研仪器研制的重要支撑作用,提升科研机构和人员对科研仪器研制的重视程度。为此,首先要建立以创新价值、能力、贡献为导向的科技人才评价体系,鼓励科研工作者潜心钻研,沉淀仪器设备研制技术,鼓励培养科研仪器研发的学者和工程技术人才。第二,国家和地方要充分利用好评估的杠杆作用,在国家重点实验室及各类省部级重点实验室的评选指标中,把自研仪器设备情况和使用国产仪器设备情况纳入考核范围或指标体系。第三,科研仪器研发是系统工程,需要结合物理、化学、材料、电子、机械等多个学科的知识,需要以"科学与工程控制论"的整体观推进学科交叉[①]。

3. 加大投入力度,全力扶持科研仪器的研发

首先,是要继续加大投入力度,保障对科研仪器设备研制的连续性支持。国家提高对"国家重大科研仪器研制项目"和"重大科学仪器设备开发专项"经费投入,并在原有支持项目的基础上加大支持范围。除了支持高校科研院所的仪器设备开发项目之外,进一步支持企业与高校和科研院所的合作开发。在资助主体方面,除了国家支持外,各地方政府也应根据地方的产业特点立足自身优势,合理布局支持有地方特色的仪器设备开发项目,并支持有条件的地方建设科研仪器设备创新中心。同时,政府要给科学仪器研发者给予更多的自由度,要让核心研发者把主要精力投到研发工作中,而不是陷入财务、协调和应付检查的繁杂事务中。

其次,要多措扶持,培育优质科研仪器设备企业。企业是创新的主体,要实现仪器研发的创新,还需要更好地发挥这个主体的作用。实验室做出技术指标达标的仪器,只是实现了零到一的突破,要让实验室的创新力变成国家的竞争力,扶持企业实现从一到万的产业化更加重要和关键。一是提供财税支持,完善激励企业加大研发投入的普惠性政策。二是提供人才支持,鼓励科研仪器设备企业通过建立院士、博士后工作站、研究生实习基地、挂职兼职等载体和方式来汇聚人才。三是提供金融帮扶,发挥各类资本市场作用,培育科研仪器设备类中小企业[②]。带动社会资本聚集到科研仪器设备行业上来,鼓励深耕在科研仪器行业的企业积极创新,同时鼓励我国企业并购国外同行[③]。四是提供服务支持,进一步推动大型科研仪器设备共享,推进"以仪制仪",加强共性技术研发平台建设和

---

① 夏有为.科学仪器是科技进步之利器(三)——访中国科学院院士南京大学陈洪渊教授[J].实验室研究与探索,2019(10):1-4.
② 梁志峰.切实提升企业自主创新能力[J].红旗文稿,2021(6):29-32.
③ 李天柱,高皓天,王亚东.高端科学仪器的创新特性与产业发展思路[J].科技和产业,2020,21(2):109-114.

信息共享平台建设,促进科技成果转让与交易。

4. 推进产研融合,打造科研仪器设备创新联合体

习近平总书记强调,要加快构建龙头企业牵头、高校院所支撑、各创新主体相互协同的创新联合体,发展高效强大的共性技术供给体系,提高科技成果转移转化成效。在科研仪器设备研制领域更需要这种创新联合体,要打通企业和高校、科研院所的合作链条。首先,企业研发仪器要以科学需求引领,尤其高端科研仪器设备的研发要由逆向工程的思维到发展正向设计能力、加快技术追赶速度,从技术追赶到自主创新。在创新时要善于发现现象,再把现象研发成仪器设备,自主研制出具有国际领先水平的高端科研仪器装备。其次,高校院所科研团队要与仪器设备企业深度合作,企业研发的仪器也要先进入科研实验室,先试先行,一方面以科学研究的需求牵引企业的仪器设备研制,另一方面用科学理论指导仪器设备研制,同时通过应用验证推进技术迭代,形成各方良性循环与互动[①]。如前文提及的基于 PGNAA 的工业物料成分实时在线检测项目就是由南京航空航天大学牵头实施,联合兰州大学、苏州大学、中国科学技术大学、东北师范大学、武汉科技大学及多家企业共同攻关,经过实验室与企业的密切配合,反复迭代逐步完善而成。

六、结语

党的十九届五中全会提出了坚持创新在我国现代化建设全局中的核心地位,把科技自立自强作为国家发展的战略支撑。发展高端科研仪器设备对于我国建设创新型国家,科技实现自立自强,提高核心竞争力至关重要。经过多年的探索和时间,国产科研仪器产业已取得了一定成效,但我国科学仪器相关技术基础和产业还存在不少基础薄弱环节,只有进一步加大投入、聚焦重点,实施科技政策、产业政策、人才政策等系统规划、整体联动,才能扭转进口仪器设备占据市场主流的不利局面。

---

① 邱烨,刘凌,李惟庚,等.国产科学仪器发展现状研究[J].分析仪器,2021(3):185-189.

高校实验室安全管理体系建设探索与实践

陈洪霞　魏永前[①]

摘　要：实验室是高等学校人才培养和科学研究的重要场所，是"双一流"建设的重要支撑。近年来，苏州大学发展和改革的步伐日趋加快，办学规模不断扩大，实验室建设的投入逐年增加。学校在实验室安全管理制度、实验室分类分级管理、安全教育培训、组织机构构架、第三方实验室安全检查、云中实验室建设等方面不断探索实践，从"压倒性态势"到"压倒性胜利"，有效降低了实验室安全风险，减少了安全事故隐患，为学校教学科研工作的正常开展提供了保障，为高校实验室安全管理建设提供理论依据。

关键词：实验室安全；双体系；安全隐患

一、引言

高校实验室是进行高质量人才培养的重要场所，是"双一流"建设的重要载体。近些年国家对高等教育和科学研究的投入加大，各个高校实验室的数量、实验设备和相关人员等的规模都在逐渐增加，由此带来的问题就是实验室管理难度加大，尤其是实验室的安全管理。高水平实验室建设更是"双一流"建设不可或缺的重要组成部分，实验室正常运行是学校财产安全和师生人身健康的重要保障，更是关系到学校乃至社会稳定，这已经成为一个不可忽视的课题[②③④⑤⑥⑦]。

近年来，随着高校实验室事故的频发，高校实验室安全越来越受到社会广泛的关注，各级管理部门及学校也加强了对实验室安全管理力度，对实验室安全管理部门的管理水平提出了更高的要求，我校对实验室管理从"压倒性态势"到"压倒性胜利"，围绕"问题导向"，从管理制度、实验室分类分级管理、安全教育、组织机构构架、云中实验室建设等方

[①] 作者简介：陈洪霞，博士，苏州大学实验材料与设备管理中心副研究员，从事仪器设备管理及实验室安全管理研究。
魏永前，高级实验师，苏州大学实验材料与设备管理中心主任，长期从事实验室管理工作。
[②] 陆文宣.地方特色高校实验室安全管理工作分析[J].实验技术与管理，2018,8(35):263-266.
[③] 孙杰,尹云锋,李守中,等.构建生态学实验室安全管理体系的探索[J].实验室研究与探索，2019,38(6):273-276.
[④] 赵明,宋秀庆,祝永卫,等.新形势下高校实验室安全管理现状与策略研究[J].实验技术与管理，2018,35(11):6-8.
[⑤] 孙杰,彭园珍,林燕语,等.实验室安全管理体系的建设与实践[J].实验技术与管理，2018,35(7):251-258.
[⑥] 肖乐乐,牛超,张慧婷.浅谈高校实验室安全管理所面临的问题及对策[J].科技视界，2018,(21):266-267.
[⑦] 张奇峰.多元共治视角下的高校实验室安全管理路径探索[J].实验技术与管理，2019,36(3):1853-186.

面,做了一些探索和实践。

二、建设实验室双体系,推进实验室安全双保险

安全双预防体系是"基于风险"的过程安全管理理念的重要实践,是实验室安全管理自我约束、自我管理、自我提高预防事故发生的根本途径。苏州大学构建以风险分类分级管控与隐患排查治理为核心的实验室安全"双体系"构建双体系,全面推进实验室安全双保险。安全"双体系"是"基于风险"过程安全管理理念的重要实践。安全风险管控和隐患排查治理是安全"双体系"的两个核心环节。安全风险管控是隐患排查治理的前提,隐患排查治理是风险管控的补充。二者是上下承接关系。根据安全风险管控体系的要求,组织实施风险点识别、危险源辨识、风险评价、典型措施制定和风险分级,确定风险点、危险源为隐患排查的对象。通过隐患排查,发现新的风险点、危险源,进而对风险点和危险源进行补充[①]。

三、建设实验室安全管理体系

1. 安全管理制度建设

安全工作能否做好,安全管理制度建设是前提。目前,很多高校使用的有关实验室安全的规章制度还是十几年前制定的,规章制度很多空白区域已经不能适应新的安全问题,因此制定一套完善的安全管理制度,可以确保实验室安全管理工作规范化、制度化,使得实验室安全管理工作有法可依、有章可循[②③④]。

为了加强实验室安全管理制度建设,苏州大学出台了一系列实验室安全管理工作条例、实验室安全管理办法、实验室安全细则、实验室安全规范,如《实验室安全管理工作条例》《实验室安全教育培训与考核管理办法》《检查与隐患整改管理办法》等文件制度,确保实验室安全管理工作规范化、制度化,做到任何管理都有章可循。

2. 组织机构建设

当前高校实验室安全管理存在着分工不明确、责任不到具体人,管理交叉等问题。而构建权责分明、合理的组织机构是实验室安全管理的基础。为确保实验室安全运行,苏州大学加强组织机构建设,成立实验室安全检查领导小组:学校党委书记、校长担任组长,各职能部门分管领导担任组员,实验室安全检查领导小组负责实验室安全工作领导、决策;成立实验室安全管理委员,二级单位在学校实验室安全管理委员会的指导下成立专门的

---

① 王羽,李兆阳,宋阳,等."双一流"建设视野下高校实验室安全管理主动防御模式探讨[J].实验技术与管理,2019,36(2):8-10,17.
② 果雅静,马姝婷,杜龙龙,等.加强高校实验室安全管理体制[J].实验技术与管理,2019,8(36):238-241.
③ 潘蕾.高校实验室安全风险分级管理机制的构建与实践[J].实验技术与管理,2017,34(3):549-552.
④ 任萌,段自超.高校实验室安全管理体系建设[J].教育教学论坛,2019(4):14-16.

实验室安全管理委员会。由专业人员、教师专家、二级单位分管负责人组织"朋友圈"成立"防火防爆委员会工作微信群",随时暴露问题、交流经验、总结教训。通过组织建设解决"谁来管""管什么""怎么管"的问题,贯彻"以人为本、安全第一、预防为主、综合治理"的方针,遵循"谁使用、谁负责,业务谁主管、安全谁负责"的原则[①]。

3."绿牌""黄牌"和"红牌"实验室分类分级管理

对全校实验室安全风险进行分级管控,"双体系"隐患排查治理,实验室安全隐患治理专项行动工作小组定期对全校实验室检查,根据检查结果,对实验室分类分级管理,根据危害性大小,将实验室设置"绿牌""黄牌"和"红牌"实验室。"红牌"实验室是指危害极大,隐患一时难以整改且防控措施不力的实验室;"黄牌"实验室是指存在危害,隐患可控和措施得力的实验室;"绿牌"实验室是指安全实验室。对"红牌"实验室进行"关停",制定科学防控措施,直至"红"转"黄",做到隐患闭环整改,坚决杜绝"绿转黄、黄转红"。

4.第三方实验室安全检查实践

在社会治理转型背景下,第三方社会力量参与社会治理,已经或正在成为社会有效管理的重要机制。第三方的专业技术,有效满足公众对公共服务多元化和精细化的要求,实现管理效率与公正的最大化。

苏州大学邀请政府主管部门、技术专家以及园区 EHS 协会,对学校重要实验室使用的二级单位展开"安全提升工程",使实验室安全管理工作得以持续改进。

2019 年苏州大学遴选入围的第三方专业公司共进行了 4 单元次的检查,检查实验室 21 间次。第三方专业公司根据学校实验室规模、学校工作要求和经费预算情况,分为日常常规检查和特殊时间节点检查。

学校管理部门对第三方提供的安全违章清单、整改通知进行核对,在校内网和实验室安全检查信息公开平台进行发布,供学院和校内师生查阅。

第三方实验室安全检查大大加强了实验室安全监管能力,为安全考核提供有效依据,真实体现安全变化趋势,体现各学院实验室安全管理现状。

5.安全教育和培训

加强实验室安全管理工作的根本在于从安全教育、培训方面入手,强化师生的安全理念,切实落实"以人为本,安全第一,预防为主"的指导思想,使保障安全成为一种发自内心的自觉行为,具备安全素质的人才对于保障社会的可持续发展具有重要意义[②③④]。

苏州大学通过具体的事故案例对实验室各类人员开展事故警示,尤其是近期发生在高校实验室或社会上典型的、重大的事故案例,通过分析事故发生的原因、后果、造成的影

---

① 张恭孝,崔萌.高校实验室安全监督管理机制的构建[J].实验室研究与探索,2019,38(3):277-280.
② 韩玉德.新时期高校化学实验室安全管理探析[J].实验研究与探索,2018,5(37):302-306.
③ 柏玲,黄镇东.高校实验室安全教育重要意义及安全教育体系[J].实验室科学,2019,1(22):218-220.
④ 马荔,张卫,陈虹锦,等.以人为本的化学实验室安全教育模式建设[J].实验室研究与探索,2019,7(38):285-289.

响、付出的代价进行事故警示教育。

实验室安全教育培训课程不仅是学生必修的课程,而且对于新到实验室的老师、科研人员也同样要求必须经过严格的安全教育、培训后方可上岗。苏州大学实行实验室安全准入制度,未经安全培训、未通过考试,任何人都不得进入实验室。对于什么样人员必须接受那些安全培训项目、是否强制培训、是否必须通过考试,都有严格规定。对于新入校的新教工、研究生、即将进入实验室的本科生等不同类型的人员,学校会根据其不同专业,给予明确的培训和考试要求。

6. 云中实验室建设

苏州大学云中实验室建设分为实验室安全信息数据治理、实验室安全管理业务功能和实验室安全信息统计及应用三大部分组成。

实验室各业务子系统(考试系统、人员管理系统、安全检查系统等)处理实验室相关各项业务,其处理数据包含与实验室相关的人员、物料、设备、环境等方面数据,此类数据通过物联网平台、视频分析平台或其他数据中台已有数据源获取;实验室安全信息数据治理工作大致分为两步,首先上述数据经数据中台的采集工具进入数据湖,其次入湖数据经过清洗与治理构建相关主题库与专题库;根据实验室安全信息统计子系统的需求构建相应专题库,供相关应用生成实验室统计报表。

实验室安全综合信息管理平台将所有的实验室安全相关的数据统一整合到数据中台中,通过数据中台实现业务之间及与其他职能管理部门使用的信息系统之间进行信息数据开放、交互、共享,极大的提高数据的共享水平,师生对实验室所有相关的工作只需通过一台电脑或一部手机一次登录就能实现,减少无效的、重复的劳动量,极大提高了师生的参与度,给师生实验室使用及管理提供了极大的便利。

实验室安全综合信息管理平台,将实验室各要素(人、财、物)通过实验室安全综合信息管理平台有机的联系在一起,对实验室动态信息(危险物品信息、仪器设备信息、人员信息等)的获取更加及时,提高了应对实验室安全突发应急处置能力和服务水平;通过实验室安全综合信息管理平台,及时精准获取实验室安全动态信息,使得获取的信息量更加丰富,准确性更高,对各级各类管理者参与实验室安全管理决策提供强力的依据和数据支持,实现实验室安全管理工作精准施策①。

四、结语

实验室安全管理对各大高校来说是一个非常重要的工作。苏州大学经过一年的实践,从"压倒性态势"到"压倒性胜利",有效降低了实验室安全风险,减少了安全事故隐患,为学校教学科研工作的正常开展提供了保障,实验室安全管理工作走向科学化、规范化、制度化。

---

① 张卫明.物联网视域下高校实验室安全智能化管理研究[J].微型电脑应用,2018(8):54-56,77.

学科交融的生命科学基础实验教学平台建设

杜 坤 郭宾会 傅媛媛 骆 乐 陈一兵 周 俊 魏万红[①]

摘 要：为了提升实验室建设的投资效益和实验教学质量，扬州大学打破原有的实验室建设模式，将原来隶属于5个生命科学相关个学院的实验教学中心进行了整合重组，组建了学科交融、资源共享的生命科学基础实验教学平台。并通过开展集约化、信息化和开放式的实验室管理，进一步深化实验教学改革等建设举措，有效提升了实验室的建设与管理水平，提高了实验教学质量。

关键词：生命科学；集约化管理；交叉融合；实验教学中心

随着高等学校教育综合改革的不断深入和素质教育的全面推进，实验教学工作越来越受到重视，其在培养大学生实践和创新创业能力等方面具有不可替代的作用[②③④]。因此，加强实验教学中心的建设，不断整合优质实验教学资源，提高实验教学质量，是全国各高校实验室建设和实验教学改革的重要工作之一[⑤⑥⑦⑧⑨]。2016年初，我校将生命科学相关的实验教学中心的部分实验室进行进一步整合优化（涉及生物科学与技术、动物医学、园艺与植物保护、动物科学、作物学等5个实验教学中心），成立了扬州大学生命科学基础实验教学平台，实现了资源的共享，形成了一个"以生为本、驱动创新、共建共享、提升实效"，多学科交融的专业基础实验教学平台。

[①] 作者简介：杜坤，扬州大学实验室与设备管理处，学科基础实验教学平台主任，高级实验师，研究方向为实验室建设管理。
郭宾会，扬州大学实验室与设备管理处，实验师，研究方向为生物化学实验教学和实验室建设管理。
傅媛媛，扬州大学实验室与设备管理处，实验师，研究方向为遗传学实验教学和实验室建设管理。
骆乐，扬州大学实验室与设备管理处，实验师，研究方向为植物学实验教学和实验室建设管理。
陈一兵，扬州大学实验室与设备管理处，高级畜牧师，研究方向为实验室安全管理和实验动物。
周俊，扬州大学实验室与设备管理处，测试中心主任，高级实验师，研究方向为大型仪器设备共享管理。
魏万红，扬州大学生物科学与技术学院，教授，研究方向为生态学和实验室建设管理。

[②] 王芳,郭兴启,李滨.理工农交叉融合的生物技术与工程实验教学中心建设[J].实验技术与管理,2018,35(5):222-224,232.
[③] 丛蕾,蒋家慧,郭恩棉,等.实验教学平台运行机制与管理模式研究[J].实验技术与管理,2014,31(2):117-119,125.
[④] 陈启愉,张凌,吴若斌,等.重点实验室精细化管理实践与探索[J].实验技术与管理,2006,23(8):133-135.
[⑤] 王竹林,刘曙东.整合资源,促进实验教学中心的发展[J].实验科学与技术,2007,5(4):126-128.
[⑥] 陈永军,刘进,汪国高.基于量化考核的实验技术人员管理模式探索与实践[J].实验技术与管理,2013,30(9):202-205.
[⑦] 刘静,严军林.基础有机化学实验室精细化管理及实施细则[J].大学化学,2016,31(9):51-55.
[⑧] 夏金鑫,丁启龙,柯学.高校实验室人员量化考核体系建立的研究与探讨[J].药学研究,2017,36(7):426-428.
[⑨] 郑玉才,唐善虎,邱翔,等.生物资源跨学科实验教学中心的建设[J].实验科学与技术,2008(增刊1):217-218.

一、我校实验室建设历程和平台建设的必要性

学校通过多年的建设,实验室建设水平有了较大的提升,但这种传统的实验室建设模式仍然存在不足之处:(1)各中心实验室利用效率不高。由于大部分课程的实验教学内容均在一个学期内完成,致使很多实验室存在半年左右的闲置。即便那些通用型的实验室,因为承担教学任务的覆盖面有限,导致实验室利用率也不高[①]。(2)相近学科实验教学中心的仪器设备重复性投资比例大。通过比对发现,以生命科学相关实验教学中心为例,某2个中心同类型仪器设备的重复购置率最高达到61.7%,而5个中心所有设备的重复率也达到38.4%,这种重复投资造成了一定程度的资源浪费。(3)各中心之间建设水平差异较大。同样是在生命科学类中,既有建设多年的国家级实验教学示范中心,也有校级的中心,在当前中心辐射面没有发生本质提升的情况下,国家级、省级实验教学示范中心的优秀的建设成果、管理经验、示范辐射效应难以得到充分的扩展。(4)不利于学科交融。各实验教学中心相对独立,实质性的交流较少,不利于跨学科、跨专业实践教学体系的探索。

基于我校办学规模较大、多校区办学成本高的现状,我们必须利用好有限的教学实验室建设经费,提高实验室的建设投资效益,实现实验室建设的跨越式发展。

二、建立功能集约、开放共享、运行高效的生命科学基础实验教学平台

1. 整合方案

我校生命科学类相关专业实验室目前均集中在文汇路校区,涉及5个学院的5个实验教学中心,其中国家级实验教学示范中心和国家级虚拟仿真实验教学示范中心各1个,省级实验教学中心和虚拟仿真实验教学共享平台共3个。通过调研,结合学校实际工作,我们认为在文汇路校区建立跨学科、共享共用的专业基础实验教学平台具有一定潜力。整合方案和原则如下。

(1)总体原则

将涉及的5个相关实验教学中心的专业基础实验室按功能或所承担课程性质进行统筹规划、重新整合(见图1),从而提升实验室利用效率。同时,利用现有的国家级实验教学示范中心、虚拟仿真实验教学示范中心的建设模式、管理经验和实验教学资源,不断扩大示范中心的示范辐射效应,提升实验室建设水平,最终让更多学生受益。

(2)具体整合方案

首先,将覆盖面广,承担同一课程实验教学任务较重(春秋季学期均有教学任务)的实验室,如生物化学实验、植物学实验、动物学实验、植物生理学实验等全部纳入平台,主要进行功能和布局优化调整,如设立分光光度室、称量室、离心室等。其次,将5个中心开设

---

① 刘春利,贾宏福.生物科学教学实验中心可持续发展模式探讨[J].高校实验室工作研究,2008,96(2):50-52.

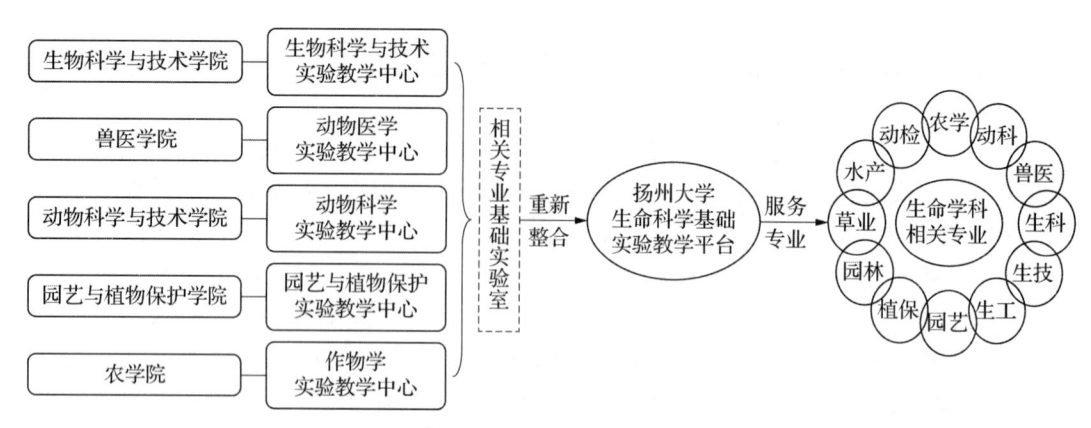

图 1　扬州大学生命科学基础实验教学中心整合方案

课程性质相近的实验室合并,如 5 个中心中有 3 个独立的遗传学实验室(分别开设普通遗传学实验、动物遗传学实验、作物遗传学实验等),3 个独立的微生物学实验室(分别开设微生物生物学实验、植物微生物学实验、兽医微生物学实验),2 个独立的动物生理学实验室(分别开设动物生理学实验、人体与动物生理学实验等)。这部分实验室实验方法、实验内容等大致相同,只是实验材料上存在差异,因此可以进行整合优化后纳入平台。再者,有一些课程即便课程性质、开设对象、实验材料、实验方法、实验内容等均不相同,但对实验室的配置要求或所使用的仪器设备基本相同,可在平台中按功能设立这类通用实验室,服务于上述课程。如昆虫学实验、植物病理学实验、兽医病理学实验、组织胚胎学实验、寄生虫病学实验等均需要且一般只需要使用生物显微镜或体视显微镜,可将这些课程全部纳入显微镜室。5 个中心参与整合、重组的实验室共 20 余个,合计 2 500 m²(见表 1)。

表 1　参与整合、重组的实验室一览表

中心名称	实验室名称	面积/m²
生物科学与技术实验教学中心	生物化学、微生物、细胞生物学、动物学、植物学、遗传学、生理及药理学、植物生理学实验室	1 460
动物医学实验教学中心	动物生理学、动物药理学、寄生虫学、组织胚胎学、兽医病理学实验室	350
园艺与植物保护实验教学中心	植物病理学、农业病理学、昆虫学、农业昆虫学实验室	300
动物科学实验教学中心	遗传学、微生物学实验室	230
作物学实验教学中心	遗传学实验室	160

2. 平台架构

为了满足生命科学相关专业基础课程的实验教学、大学生创新实践活动、国际合作和社会服务的实际需求,按照上述整合方案,科学规划,组建了扬州大学生命科学检测实验教学平台。平台为独立建制,配备正、副主任各 1 名,挂靠学校实验室与设备管理处,由学校直接拨款建设,撤销涉及整合的相关实验教学中心的实验室编制,原则上不再对这部分实验室进行拨款建设。平台选址位于扬州大学文汇路校区国际合作楼1~2层,空间位置相对独立。学校抽调各相关实验中心专职实验技术人员全职到平台工作,同时加大引进力度,平台现有专职实验技术人员7名,其中具有博士学位的4名,有高级实验师职称的3名。

平台下设形态与结构、结构与功能、遗传与生态共3个子平台(见表2),1个大学生自主创新实验室和部分实验辅助用房(实验准备室、药品库房、易耗品库房、危险化学品库房等),共计25间,1 810 m²。

表2 平台实验室设置一览表

子平台名称	实验室名称	面积/m²	开设课程	实验室房间数及所含主要仪器设备
形态与结构子平台	显微互动实验室	260	植物学、动物学、动物病理学、植物病理学等实验	2间,数码显微镜、计算机、投影机,LED拼接屏幕,虚拟仿真系统
	体视显微互动实验室	130	植物分类学、昆虫学等实验	1间,体视数码显微镜、计算机
	荧光显微镜室	25	细胞生物学等实验	1间,荧光(倒置)显微镜
	无菌操作室	50	植物组织培养技术、微生物学实验等	1间,无菌操作台、紫外灯、高压灭菌锅、恒温干燥箱
	动物解剖实验室	130	动物学实验等	1间,解剖台、数码成像系统、无影灯
	微生物学实验室	100	微生物学实验等	1间,显微镜、生化培养箱
结构与功能子平台	生物化学实验室	260	生物化学类实验	1间,加热器、摇床、烘箱、防酸碱通风橱、水浴锅、移液器
	电泳实验室	25	生物化学、基因工程、分子生物学实验等	1间,电泳仪、凝胶数码成像系统、微波炉、核酸蛋白检测仪
	动物生理实验室	100	人体及动物生理学、动物生理学、鱼类生理学实验等	1间,生理信号采集与处理系统、计算机、动物手术台、手术无影灯、小鼠气体麻醉机
	动物药理学	100	动物药理学等实验	1间,动物手术台、HPLC、血糖仪
	离心室	25	需要使用离心机分离生物活性物质的实验教学项目	1间,(高速)离心机、冷冻离心机
	分光光度测试室	25	生物化学、植物生理学、食品理化分析等实验	1间,可见光、紫外、荧光分光光度计、酶标仪
	组织培养室	25	植物组织培养技术、植物生理学实验等	1间,植物光照生长架、植物培养箱
	植物生理学实验室	130	植物生理学实验	1间,光合仪、叶绿素计、叶绿素荧光测定系统、渗透势仪、电导率仪、水势测定仪
遗传与生态子平台	遗传学实验室	100	遗传学实验等	1间,显微镜、PCR仪、水浴锅
	生态学实验室	100	生态学实验等	1间,凯氏定氮仪、消化炉、恒温干燥箱

续表

子平台名称	实验室名称	面积/m²	开设课程	实验室房间数及所含主要仪器设备
实验辅助用房	易耗品库房和药品库	50	易耗品库房、药品库房、危险品库房	3间,药品柜、货架、防爆风机等
	实验准备室	100	试剂配制、材料准备	4间,电子天平、恒温搅拌器
创新实验室	自主创新实验室	75	大学生自主创新项目	1间,综合实验室,主要包含一些精良度较高的仪器设备

三、加强平台条件建设

加强对平台建设的顶层设计,统筹规划、分步实施。两年来,共计调拨仪器设备2 200台(套),新购1 000余台(套),投入建设经费约600万元,主要用于平台基础设施的建设和仪器设备的更新。目前,平台所有实验室均已覆盖校园无线网络、智能监控系统和智能门禁系统,实验室环境舒适,安全设施到位,为实验教学的有序开展提供了良好的支撑。

同时,我们加强实验室管理信息化建设,自主研发了"生物学实验课程群在线教学平台"(已获得计算机软件著作权证书),能够实现线上排课、实验室管理、学生线上选课,相关资源在线学习、在线考核、在线提交(批复)实验报告等功能,为扩大服务面、提高实验教学效果和实验室管理水平提供了有力保障①。

四、进一步深化实验教学改革

1. 加强虚拟仿真实验教学

我们依托国家级虚拟仿真实验教学示范中心和江苏省虚拟仿真实验教学共享平台的建设,重点围绕生物学实体实验教学中存在的部分实验内容难以开展、体内反应过程难以观察、实验耗时长等问题,投入经费150万元,自主研制了"双子叶植物营养器官建成虚拟仿真实验(VR)""兔的形态结构与功能3D虚拟仿真实验""数字切片系统"等一批优质虚拟仿真实验教学项目(PC和智能移动终端设备均可访问),丰富了实验教学内容,拓展了实验教学时空,也提升了学生的学习兴趣。为了充分利用好这些虚拟仿真资源,我们围绕预习、实验过程、复习等教学环节,对每个实验项目制定了个性化的、虚实结合的实验教学方案。同时,我们突破了传统实验考核方式的限制,分别以"虚拟实验室、教学实体实验室、自主创新实验室"为考场,以实验预习、实验过程、实验结果、知识整合和应用拓展等为

---

① 张宽朝,蔡永萍,江海洋,等.农业生物技术实验教学中心管理信息化的研究与实践[J].实验科学与技术,2017,15(3):143-146.

主要考核内容,构建了"结果与过程"并重的实验考核体系,有效提升了实验教学效果[①②]。

2. 加强大学生实践技能和创新能力的训练

我们坚持"基本实践技能培养是培养学生创新意识和能力的基础"的指导思想,制定一系列加强大学生动手实践能力培养的机制。一是定期举办各种类型的实验技能大赛,以比赛的形式促进学生对基本实验技能和仪器设备规范化操作的掌握;二是鼓励教师开展研究性实验教学活动,以解决一个相关的科学问题为抓手,突出学生综合实践能力的锻炼,以单人或团队(2~4人)的形式来实施具体的试验方案;三是以我校创新实验班为试点,在制定培养方案中规定每个学生在四年级之前必须完成一次自主创新实验项目(单独设置必修学分),此项目由学生自主设计、自主实施、自己撰写结题报告,平台为项目配备指导教师,并提供资金支持。通过上述举措的实施,学生的实践技能和创新能力得到了一定的提高。

3. 发挥好平台作为生命科学知识科普宣传阵地的作用

平台除了将提升相关专业学生实践创新能力作为主要工作重心以外,我们还充分发挥其在生命科学知识科普宣传教育中的积极作用。平台每年暑期均举办面向全市青少年的生命科学相关的夏令营活动,让他们了解生命个体、生命活动规律,了解我们所生活的这个生机勃勃的家园。此外,平台还开设了一门面向全校非生物类专业的通识教育实验课程——"生命科学奥秘探索",以及一些跨学科的公共选修课程,如"生命科学与艺术"等。

五、建设成效

平台的成立,为上述5个相关学院腾出实验用房约 2 500 m² (共计节约 700 m²),原实验用房可用于学院的人才引进、科研实验室建设、专业综合实训场所的建设等,较大的为学院缓解了用房压力。平台通过集约化、开放式的管理手段,使得相关实验室仪器设备利用率提高了近87%,大大提升了实验室建设的投资效益。

目前,平台实验室及仪器设备配置合理,可适应多专业、多学科的应用实践,在满足实验实践教学需求的同时,实行全天候网络预约开放制度,为学生自主开放、创新实验的开设提供了先进的实训平台。平台成立以来,实验技术人员获得省级教研教改课题1项,江苏省教学成果二等奖1项,全国高校生命科学类微课比赛二等奖1项,全国虚拟仿真实验教学资源建设成果二等奖1项,计算机软件著作权证书2项;2017年,平台研制的"兔的形态结构与功能3D虚拟仿真实验"入选为国家级虚拟仿真示范性实验教学项目。

---

① 杜坤,张彪,魏万红,等.生物学虚拟实验室的构建及应用[J].实验技术与管理,2015,32(9):132-136.
② 张彪,淮虎银,杜坤,等.网络条件下的形成性实验教学考核体系的构建[J].高等理科教育,2007,74(4):112-115.

高校实验室废液处理工作规范的构建

徐 文 张 键 李 江 陈一兵 张惠芹[①]

摘 要:构建了高校实验室废液处理工作规范,包括校内和校外实验室废液处理工作规范;探索了以校内处理为主、校外处理为辅、依托实训平台自建废液处理系统的废液处理模式,包括预处理、分类收集、存放、运输、处理等环节,有效解决了高校实验室废液的处理难题,节约了实验室废液处理经费,并为环境工程专业人才培养提供实验实训平台。该废液处理模式具有十分显著的经济效益、社会效益和环境效益。

关键词:废液处理;环境污染;工作规范

高校实验室废液指在高校教学科研实验过程中产生的实验废弃溶液,包括失效的标准试液、样品残液、分析后残液等。部分实验室废液含有有毒有害物质,具有量少、质杂、毒性较强等特点,属于《国家危险废物名录》中 HW49 类废物[②],对师生有一定的安全风险,对社会有可能造成环境污染。随着我国环保法的日益完善及环境污染问责机制的落实,构建标准化的高校实验室废液处理工作规范显得尤为迫切。

自 2009 年建设校内废液处理系统以来,我校参照国内外高校的先进经验,经过 11 年的管理运行,逐步构建了实验室废液处理工作规范,包括校内和校外实验室废液处理工作规范,并探索以校内处理为主、校外处理为辅、依托实训平台自建废液处理系统的废液处理模式。实践证明,依托实训平台自建校内废液处理系统可能成为今后的发展方向之一,能较好地解决高校实验室废液的出路问题。

一、自建校内实验室废液处理系统的优势

高校实验室废液的处理方式主要有两种:一是委托外包服务,二是自建校内处理系统。我校是国内最早一批选择自建校内废液处理中心的高校,在此基础上,校内无法处理的废液才外包给有资质的专业公司处理。目前,国内有兰州大学、延边大学、中国矿业大

[①] 作者简介:徐文,扬州大学实验室与设备管理处助理研究员,研究方向为实验室安全。
张键,扬州大学环境科学与工程学院教授,研究方向为环境科学工程。
李江,扬州大学实验室与设备管理处助理研究员,研究方向为实验室安全。
陈一兵,扬州大学实验室与设备管理处高级畜牧师,研究方向为实验室安全管理和实验动物。
张惠芹,扬州大学实验室与设备管理处副研究员,研究方向为实验室建设和管理。
[②] 环境保护部,国家发改委,公安部.国家危险废物名录:环保部令第 39 号[Z].2016.

学、浙江工业大学等高校采用校内自建实训平台处理废液的模式,安徽阜阳师范大学、南通大学、云南大学等高校也在准备建设中。依托实训平台自建校内实验室废液处理系统的优势或必要性主要有以下几点。

第一,环保与法制的要求。我国与实验室废液管理相关的法规主要有《固体废物污染环境防治法》《危险废物经营许可证管理办法》《有毒化学品管理条例》《危险化学品安全管理条例》《废弃危险化学品污染环境防治办法》等。针对实验室废液管理,2004年,环保部发文,要求各级环保部门将实验室污染纳入环境监管范围①;2005年,国家环保总局和教育部联合发文,规定实验室科教活动中产生的废液等污染物,应按环保部门要求进行申报登记、收集、运输和处置②;2013年,最高人民法院和最高人民检察院发布司法解释,明确界定"非法排放、倾倒、处置危险废物三吨以上的"应认定为"严重污染环境",为严惩非法处置实验室废物提供了法律依据③;2019年,教育部出台意见,要求实验后产生的废弃物要统一收储并依法依规科学处置④。自建校内实验室废液处理系统能实现实验室废液处理达到国家环保规定标准,能满足国家日益提高的环保法要求。

第二,便捷与成本的诉求。委托外包处理废液的方式基本是分类收集实验室废液,收集后暂存在实验室,每年几个固定时间由有资质的处理公司集中将废液运走处理。这样的方式较普遍,采用的高校较多,但是审批等相关手续较复杂、处理周期长、处理成本也较高。首先,高校需要购置废液暂存柜,加上配套设施,1台套大约需要80万元;其次,校外第三方处废液处理的价格平均为2.5万元/吨(见表1),而我校校内处理的成本核算约为0.44万元/吨(见表2),仅为校外第三方处理费用的15%～20%。

表1 国内部分城市实验室废液第三方处理费用(单位:万元/吨)

南京	杭州	西安	天津	合肥	广州
1.6	2～3	3	2	2	2

表2 扬州大学实验室废液校内处理成本核算(2009—2018年数据)

年处理量	运行费	维保费	年折旧费	运输费	平均处理费
70吨	8万元	7.2万元	6.5万元	8.8万元	0.44万元/吨

第三,安全与发展的需求。由于校外处理的运转周期长,废液在实验室暂存时间也较久,存在安全隐患;如处置公司在外地,还存在远距离运输的风险。根据调查,目前校外企业的处理方法大多为焚烧法,只能处理有机废液,没有处理重金属废液,尤其没有处理含汞废液的资质,所以对这类废液只能暂存⑤,具有环境污染的潜在风险。随着"双一流"战略在全国推行,高校越来越重视实验室建设和实验教学工作,由此产生的实验室废液数量

---

① 国家环保总局.关于加强实验室类污染环境监管的通知:环办〔2004〕15号[Z].2004.
② 国家环保总局,教育部.关于加强高等学校实验室排污管理的通知:教技〔2005〕3号[Z].2005.
③ 最高人民法院,最高人民检察院.关于办理环境污染刑事案件适用法律若干问题的解释:法释〔2016〕29号[Z].2016.
④ 教育部.关于加强高校实验室安全工作的意见:教技函〔2019〕36号[Z].2019.
⑤ 彭实.关于一些高校实验室废液管理现状的调研报告[J].实验技术与管理,2010,27(2):153-157.

将越来越大。依托实训平台自建校内实验室废液处理系统能处理有机废液和无机废液,尤其是校外难处理的重金属废液,将有效解决学校实验室废液的处理难题。

二、校内实验室废液处理工作规范的构建

自2009年起,我校依托环境科学与工程学院(以下简称"环工学院")水污染控制与治理实践中心开始建设实验室废液处理系统,2013年在实验室与设备管理处(以下简称"设备处")、保卫处、教务处等多部门支持下完善了《实验室废液处置与管理暂行规定》等规章制度。此外,学校建立实验室废液处理的专项经费,由设备处统筹全校的实验室废液规范化管理工作,各学院负责本学院实验室废液的管理,建立各层级的事故预防、应急体系和报告机制,并指定专人负责废液处理工作;校资产经营有限公司运输服务中心受设备处委托,负责实验室废液运输工作;环工学院受设备处委托,负责实验室废液处理工作。在此基础上,我校构建了一套完整的校内实验室废液处理工作规范,包括预处理、分类收集、存放、运输、处理等环节,具体体现为废液的分类标准、暂存的地点、时间和容量要求、怎样转运、转运路线的规定、废液收集和转运人员操作规范、废液处理工作流程等[①]。

1. 预处理

学校规定在进行实验室废液分类收集前,在保证安全的前提下,应对实验废液进行预处理再倒入废液桶,提高废液进一步暂存、转运和处置的安全性。

(1) 酸碱废液。对少量酸碱废液,可以中和的方式产生无毒性盐类溶液,再加入适量清水稀释[②]。

(2) 低浓度低毒性废液。无机废液多采用絮凝沉淀法、硫化物沉淀法、氧化还原中和沉淀法、活性炭吸附法;有机废液,多采用燃烧法、溶剂萃取法、氧化分解法、水解法及生物化学处理方法;微生物废液,基本通过高压灭菌进行消毒处理[③]。

(3) 剧毒品废液。必须由"双人"在实验现场进行初步无害化预处理。

(4) 油脂类等校内无法处理的废液。根据"谁污染,谁治理"的原则,使用单位应联系专业资质公司进行处置。

2. 分类收集

适当的分类标准是学校废液管理的关键环节,直接关系到废液的收集和处理能否顺利进行。制定分类标准遵循以下原则:(1) 安全性原则。符合废液特性和物性相容,禁止将不相容(相互反应)的废液混装。(2) 方便性原则。方便收集、贮存、清运和处理。(3) 经济性原则。资金投入和资源消耗尽可能小[④]。根据以上原则,学校规定实验人员必

---

① 张惠芹,周骥平,张键,等.高校实验室环境安全与污染防治体系构建[J].实验技术与管理,2018,35(2):256-259.
② 刘靖,刘恒明.实验室废液及其减少污染措施初探[J].实验室研究与探索,2006,25(11):1372-1375.
③ 张蕾,鲁雪,刘晓旭.实验室废液处理方式分析[J].东北水利水电,2019(8):53-54.
④ 张键,周骥平,周俊,等.高校实验室废液处置体系的初步建构[J].实验技术与管理,2014,31(8):232-235.

须按有机和无机废液的分类要求进行收集,剧毒化学品使用后产生的废液必须单独收集,学校将有机废液分为非含氯有机废液、含氯有机废液、油脂类废液,将无机废液分为汞系废液、一般重金属废液、六价铬废液、酸系废液、一般无机废液。废液存储桶材质为白色高密度聚乙烯(HDPE)桶,具有较稳定的物理化学性质,不易破损并抗腐蚀,内外双层盖,密封性更好,并留有放气孔,容积为 25 L 和 50 L 两种,两种容量既保证废液处理量需求,又方便储存和运输。废液桶表面张贴编号、安全标识以及"黄橙褐黑红蓝"不同颜色的废液类型标签,实验室废液分类如表 3 所示。

表 3 实验室废液分类表

废液类型	主要成分	容器	容积/L	标签颜色
非含氯有机废液	脂肪族碳氢化合物、脂肪族氧化物、脂肪族含氮化合物、芳香族化合物、芳香族氮化物、含硫碳氢化合物	白色HDPE桶	25 50	黄
含氯有机废液	脂肪族卤素类化合物、芳香族卤素类化合物	白色HDPE桶	25 50	黄
油脂类废液	乳化剂、切削油、润滑油、机械清洗液、动植物油(脂)等	白色HDPE桶	25 50	黄
汞系废液	无机汞、有机汞	白色HDPE桶	25 50	橙
一般重金属废液	含有金属元素的混合废液、高浓度金属化合物废液等	白色HDPE桶	25 50	褐
六价铬废液	含六价铬化合物	白色HDPE桶	25 50	黑
酸系废液	硫酸、硝酸、盐酸等	白色HDPE桶	25 50	红
一般无机废液	碳氢类溶剂、福尔马林、醋酸水溶液、碘液、蛋白质、糖类、指示剂、磷酸二氢甲、氯化镁、一般无机盐类、含氟废液等	白色HDPE桶	25 50	蓝

3. 存放

校内实验室废液存放地参照国家《危险废物贮存污染控制标准》建设①。分类收集的实验废液一般先暂存在实验室内的临时废液收集点,临时收集点应位于角落并张贴警示标识。收集人须如实填写《实验废液倾倒记录表》,主要记录学院、实验室、废液桶编号、倾倒日期、废液主要成分、数量毫升、倾倒者和指导老师签名。分类收集到一定容量后(不超过废液桶 75% 容积,为气体挥发预留空间),收集人应将废液送至本学院(单位)废液暂存库集中储存,并和单位专管人员履行交接手续。各学院(单位)的废液暂存库应选择通风、避免高温日晒雨淋、远离危险品仓库、高压电路、火源和生活垃圾的场所,有明显区域界限且配套设施齐全,包括遮阳棚、地基、围栏、监控装置等,并张贴安全警示标识、危险废物管

---

① 国家环保总局.危险废物贮存污染控制标准:GB 18597—2001[Z].2013.

理制度、危险废物意外事故防范措施和应急预案。实验室废液的暂存时间不宜太长,须定期处理[1],学校规定原则上实验室临时收集点的废液每2天清运一次至暂存库,学院(单位)暂存库的废液每2周清运一次至校废液处理中心集中处置。

4. 运输

交运废液时,各学院(单位)的专管人员须填写《实验室废液转运交接单》,记录学院、废液产出校区、废液化学成分、废液桶编号、废液量、运送日期,校运输中心的工作人员核对无误后进行转运。校运输中心设有专门的废液转运车队,废液转运车辆全部为厢式货车,参照危险品运输专用车辆资质和标准建设,技术性能须达到行业标准的一级技术等级[2],配备通信工具、安全防护、环境保护和消防设施设备,安装行驶记录仪和定位系统,并定期进行安全检验和日常维护。每辆转运车配备1名司机和2名转运工人,有关人员均经过专门培训上岗,作业全程须穿戴防护服、护目镜、防腐手套、胶鞋等防护用具。转运路线提前规划设置好,遵循错高峰、路程短、人流少的原则,以最优路线通过各校区废液暂存库,并最终送达环工学院废液处理中心。

5. 处理

环工学院废液处理中心的设计标准是必须能处理有机、无机不同类型多种成分的实验室废液,废液处理系统设计开发了全程由计算机控制的多种处理单元,包括废液收集模块、废液处理模块、废水收集模块、加药自控模块、生化处理模块、实验装置模块、污泥脱水模块、深度处理模块和废气净化模块,这些单元既可独立运行,也可组合运行,形成了较为成熟的废液废水处理工艺流程(见图1)。

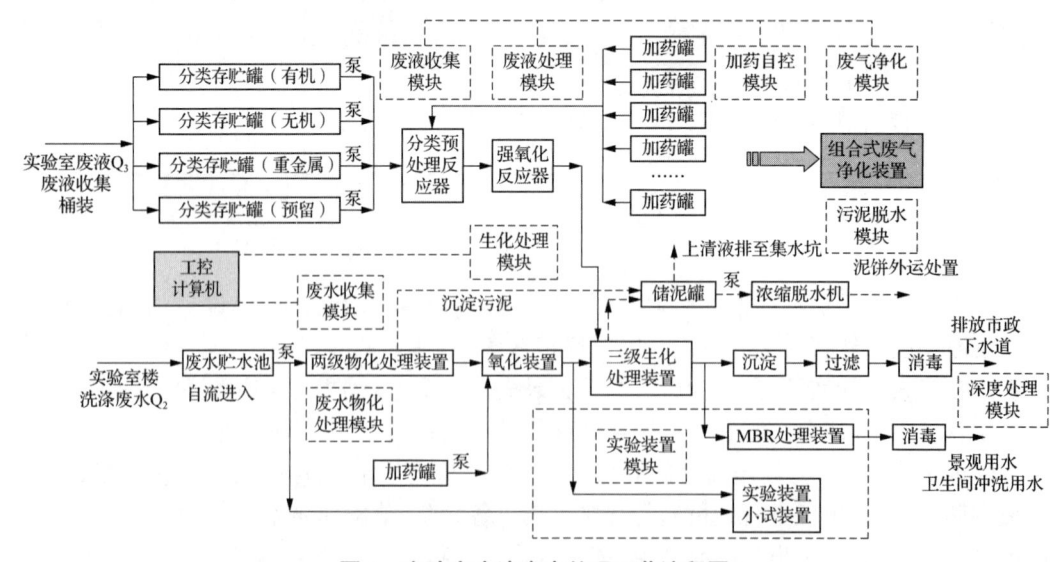

图1 实验室废液废水处理工艺流程图

[1] 张显球,杜明霞,吴薇.实验室废液污染控制[J].实验技术与管理,2007,24(2):154-156.
[2] 交通部.营运车辆技术等级划分和评定要求:JT/T 198—2004[Z].2004.

(1) 废液分类存储。根据历年运行数据统计,全校每 2 周分类收集处理的废液总量大约为 6 m³,浓液转运至处理中心后,人工分类泵入有机、无机和重金属废液分类存储罐,存储罐每只容积 2 m³,防腐材质并密闭。

(2) 分类氧化还原处理。存储罐内的废液再分别泵入氧化还原装置间歇性地进行分类氧化或还原预处理和强处理,根据废液类别、废液浓度和废液量由实验室废液处理装置 PLC 可编程控制系统控制氧化还原过程,通过全自动加药设备自动计量加药;处理后的废液在满足充分去除有毒物质的前提下,排入混合池。

(3) 与处理后的废水混合。同时,相关实验室废水经管道收集后排入室外地下废水贮水池,经物化与氧化处理后,也排入混合池。

(4) 物化生化处理。废液和废水的混合液经过物化和生化处理,包括微电解、电化学、混凝沉淀、生化等组合工艺,进一步去除水中的重金属、磷、氨氮、有机质等污染物;并设 pH 计、温度计及在线水质分析仪,对水质进行检测,生化反应器内设溶解氧仪,检测反应过程的溶解氧值,PLC 可编程控制器则对相关数据进行采集来实现物化生化过程的自动控制。

(5) 污泥脱水处理。处理过程中的沉淀物存储在储泥罐内,再通过高压泵送入浓缩脱水机内进行脱水,形成泥饼后作为固体废弃物送有资质单位进行处置。

(6) 过滤消毒处理。最后废液废水混合液再经过反复沉淀、过滤、消毒处理,为实现学生实训实习需要,还增加了超滤膜深度处理工艺;最终净化达标后的废液废水排入城市下水道或校园景观河道,还可循环利用作为卫生间冲洗用水。

(7) 废气净化处理。废液处理封闭空间产生的废气则通过集风罩抽送至废气净化装置处理后由排放管高空排放,经检测,废液处理间内及废液处理中心周边的空气质量符合国家标准①。

根据扬州大学历年运行实验室废液检测数据(每两周 1 次),校内实验室废液处理系统能有效处理重金属废液、有机废液和无机废液,处理后的出水水质均能达到国家城镇下水道排污的 B 级标准②。实验室废液主要污染特征检测指标见表 4,实验室废液处理后出水水质检测指标见表 5。

表 4 实验室废液主要污染特征检测指标(单位:mg/L)

废液类别	重金属废液	有机废液	无机废液
主要水质污染指标(平均值)	pH:2~6 Zn^{2+}:<90 Pb^{2+}:<30 Cu^{2+}:<70	pH:2~7 COD_{Cr}:<25 000 NH_3-N:50~125 TP:20~69 SS:500~1 100	pH:2~12 COD_{Cr}:800~5 000 SS:600~1 000

---

① 国家环保总局.大气污染物综合排放标准:GB 16297—1996[Z].1996.
② 国家质检总局,国家标准化管理委员会.污水排入城镇下水道水质标准:GB/T 31962—2015[Z].2015.

表 5　实验室废液处理后出水水质检测指标(单位:mg/L)

项目	pH	CODcr	BOD$_5$	SS	NH$_3$-N
检测值	6.5～9.5	≤500	≤350	≤400	≤45

校废液处理中心作为学生实训平台交由环工学院管理与维护,设备处负责安全监管,每年列支专项预算用于中心日常运行。废液处理系统主机为工控计算机,设置壁挂式显示器用于废液废水废气处理自控系统的控制显示,处理区域设置 6 套高清视频监控装置,由于高度自动化,只需一位指导教师和 4～5 名经培训上岗的本科生和研究生负责管理,操作全程穿戴防护用具;废液处理系统的维护维修外包给专业环保公司,负责维护保养设备和仪器仪表;系统日常运行费包括电费、药剂费、操作人员劳务费、维护维修费等,每年支出约 35 万元,可为学校节省废液外送费约 150 万元。目前,我校废液处理系统的整体工艺流程、单元工艺技术及关键设备产品已实现工程化,在全国近 10 所高校推广应用。

三、校外实验室废液处理工作规范的构建

校外废液处理一般是委托第三方有资质的公司处理,工作规范包含:废液怎样分类、暂存的地点、时间和容量要求、第三方处理公司的资质要求、申办流程、废液收集规范、运输路线规范、废液交接规范等[①]。

与校内处理工作规范重复的地方将不再赘述,重点讨论公司资质和可处理的废液类型。根据《危险废物经营许可证管理办法》,实验室废液处理专业资质公司须具备县级以上环保部门核发的"危险废物收集、贮存、处置综合经营许可证",许可证上明确记载了危险废物经营方式、危险废物类别。高校要仔细检查第三方公司的危废许可证信息,尤其是可处置哪些类别的危险废物,《国家危险废物名录》共规定了 46 大类 479 种危险废物类别,一般须包括但不限于名录中"HW49 其他废物"中的"研究、开发和教学活动中,化学和生物实验室产生的废物(代码 900-047-49)"。同时,高校在选择实验室废液处置公司时要注意符合本地和接收地环保部门的具体要求,选择同省市公司,不要跨省转运。

四、结语

通过构建高校实验室废液处理工作规范,能确保实验室废液处理工作的长期稳定和安全运行,减少对教学和管理工作的影响。以校内处理为主、校外处理为辅、依托实训平台自建废液处理系统的废液处理模式,可以作为未来高校实验室废液处理的发展方向之一,能有效解决高校实验室废液的处理难题,为高校节约实验室废液处理经费,为实验室安全保驾护航,并为环境工程专业人才培养提供实验实训平台,具有十分显著的经济效益、社会效益和环境效益。

---

① 张惠芹,周骥平,何朝龙,等.高校实验室环境污染防治工作规范体系的研究[J].实验技术与管理,2020,37(1):272-280.

高危环境事件中大气污染探测虚拟仿真系统设计与实现

安俊琳　项　磊　吕晶晶　朱　彬[①]

摘　要：根据学科特点，定位实验教学目标，综合设计了高危环境事件中大气污染探测虚拟仿真实验课程结构，通过互动式、自主式和探究式学习方式的尝试，形成了覆盖预习、设计、实施、考核全过程的虚拟实验教学体系。该系统包括18个知识点，分为实验原理及技术规范、环境污染事件发生特征、环境探测方法选择要点、大气环境探测操作和环境事件中获得污染物、气象数据计算分析及预测预警响应服务等5个模块。

关键词：大气污染探测；大气科学；虚拟仿真；实验教学

高校实验室是高校促进教学、科研及学生素质发展的一个重要基地[②③④⑤]。虚拟仿真实验教学是我国高等教育实验教学的重要发展方向，该教学方式为学生开展探究式自主实验、合作式学习和创新性实践提供了先进的手段和开放的平台[⑥⑦]。虚拟仿真实验综合运用虚拟现实、多媒体、人机交互、数据库、网络通信等多种技术，通过逼真的可视化实验环境和实验对象，使学生在开放、自主、交互的虚拟环境中进行高效、安全、经济的实验活动，达到真实实验不具备或难以实验的教学效果[⑧⑨⑩⑪]。

为了推动虚拟仿真实验教学的开展，教育部于2017年启动国家级示范性虚拟仿真实

[①] 作者简介：安俊琳，博士，南京信息工程大学副教授，主要从事大气科学实验教学工作。
项磊，南京信息工程大学助理研究员，主要从事大气科学实验教学工作。
吕晶晶，博士，南京信息工程大学正高级实验师，主要研究方向为云降水物理。
朱彬，博士，南京信息工程大学教授，国家级实验教学示范中心主任，主要研究方向为大气环境。
[②] 高东锋,李泰峰.国家级实验教学示范中心建设回顾、总结与展望[J].实验技术与管理,2017,34(12):1-5.
[③] 华维,周筠珺.气象预报实验教学中心实验教学体系改革探索[J].实验技术与管理,2018,35(5):225-228.
[④] 教育部高等教育司.关于开展国家级虚拟仿真实验教学中心建设工作的通知[EB/OL].(2013-08-21)[2019-03-19].http://www.moe.gov.cn/s78/A08/A08_gggs/A08_sjhj/201308/t20130821_156121.html.
[⑤] 王卫国,胡今鸿,刘宏.国外高校虚拟仿真实验教学现状与发展[J].实验室研究与探索,2015,34(5):214-219.
[⑥] 祖强,魏永军,熊宏齐.省级在线开放虚拟仿真实验教学项目建设探讨[J].实验技术与管理,2017,34(10):153-157.
[⑦] 胡今鸿,李鸿飞,黄涛.高校虚拟仿真实验教学资源开放共享机制探究[J].实验室研究与探索,2015,34(2):140-144,201.
[⑧] 王卫国.虚拟仿真实验教学中心建设思考与建议[J].实验室研究与探索,2013,32(12):5-8.
[⑨] 罗昊,张晓东.虚拟仿真实验教学中心开放共享模式的探索[J].实验技术与管理,2016,33(10):232-236.
[⑩] 陈国辉,刘有才,刘士军,等.虚拟仿真实验教学中心实验教学体系建设[J].实验室研究与探索,2015,34(8):169-172,185.
[⑪] 祖强,魏永军.国家级虚拟仿真实验教学中心建设现状探析[J].实验技术与管理,2015,32(11):156-158.

验教学项目的认定工作。南京信息工程大学大气科学与气象信息虚拟仿真实验教学中心2013年获批国家级虚拟仿真实验教学中心,是江苏省唯一的国家级大气科学类虚拟仿真实验教学中心,该中心的建设和发展对于大气科学和环境气象创新型专业人才培养具有重要意义[1]。

高危环境事件中的大气污染监测实习课程教学具有高污染、高危险的特征,受设备台套数的限制,常常无法满足每个学生都动手操作的需求,而虚拟仿真实验可以有效弥补这些不足[2][3]。借助虚拟仿真实验,较好地帮助学生完成学习训练,提升了实验教学质量。

一、虚拟仿真教学目标

高危环境事件是指由于污染物排放或自然灾害、生产安全事故等原因,导致污染物(包括放射性污染物)等进入大气、水体、土壤等环境介质,造成环境质量下降、危及公众身体健康和财产安全,需要采取紧急措施应对的事件[4][5]。大气环境探测是控制环境污染事件的重要工作之一,是制定应对措施(污染研判、人员疏散等)和灾情评估的重要依据。社会对于大气环境探测类人才具有迫切、持续的需求。

大气环境探测是一门实践性极强的课程,动手实践能力和创新创造精神是环境类专业学生必备的基本素质。环境科学类专业本科生教育的定位是培养高素质环境科学技术人才,环境监测、环保技术研发及应用单位,对环境类专业毕业生的动手实践能力和创新精神也有较高要求。与多数环境类专业课程相比,大气环境类专业课程比较特殊,其专业实践教学平台往往需要外场大型大气环境探测和实验材料消耗,建设和运行成本非常高,而且具有一定危险性,操作失误甚至对人身安全和空域航空安全具有严重影响。开发环境事件中大气污染和气象条件探测虚拟仿真实验项目可在很大程度上解决大气环境类实验实践教学中高危环境事件难以重复、探测器飞行空域管制等难题,并且避免了使用易燃易爆气体,保证了实验教学的安全。

本虚拟仿真实验课程内容是大气环境监测及实验课程的重要组成,课程建设的目标:

(1)以5种典型大气环境观测方法为例,了解并初步掌握大气环境观测仪器的结构和操作方法,理解环境事件中污染物浓度分布特征和大气扩散能力的关系;

(2)通过对几种大气污染物和气象条件观测流程在线学习与操作,掌握大气环境探测的操作流程,增加学生对大气环境实验操作流程的感性认识;

(3)通过几种大气环境和气象要素观测仪器的操作及资料分析,掌握环境事件下如

---

[1] 姚菊香,华兴夏,吴立保,等.大气科学与环境气象实验教学中心的改革实践[J].实验技术与管理,2015,32(2):163-166.

[2] 焦洪超,杨萍萍,崔言顺.国家级实验教学示范中心建设经验浅谈[J].中国现代教育装备,2013,(3):20-22.

[3] 王志华,张继红,曹广胜.优质实验资源共享环境下的虚拟仿真教学实践[J].实验科学与技术,2017,15(5):73-76.

[4] 张志娇,刘仁志,杜茜.区域突发性大气污染事件风险评价方法及其应用[J].应用基础与工程科学学报,2015,23(S1):50-58.

[5] 尹腾辉,张德安,梁伟棠.突发性大气污染事件的环境风险评估与管理[J].化工设计通讯,2016,42(2):164+167.

何综合利用观测资料进行大气污染程度和持续时间的计算;

（4）通过设置不同天气背景类型和大气扩散系数中污染物传输过程的对比分析,提升学生对环境事件中大气污染监测和趋势研判协同工作流程的能力。

二、虚拟仿真教学设计思路

高危环境事件中大气污染探测虚拟仿真实验内容包括排放源强度对环境事件中污染物浓度分布的影响、天气条件对环境事件中浓度扩散的作用、边界层结构对环境事件中污染物传输的作用、不同环境事件中选取大气环境监测方法的原则、几种典型大气环境和气象条件观测方法、环境事件中污染物扩散浓度和持续时间计算、预测预警决策服务制定等内容。如图1所示,实验项目包含18个知识点,按照功能分为5个模块。

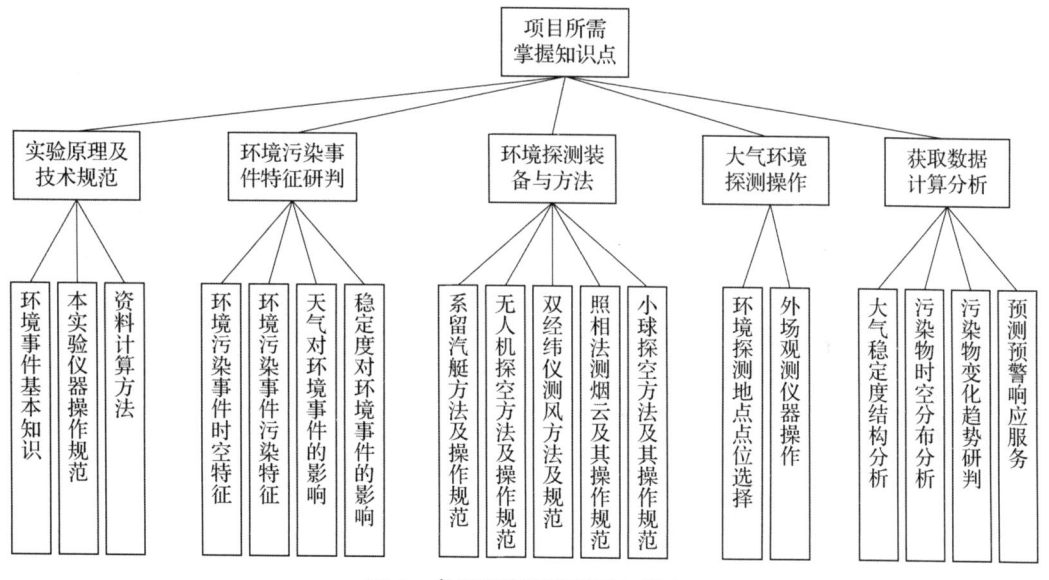

图1 虚拟仿真实验项目知识点

（1）实验原理及技术规范介绍模块:预习并掌握环境事件基本知识、本实验仪器操作规范和资料计算方法等3个实验内容;

（2）环境污染事件特征研判模块:掌握污染物排放源类型和气象稳定度条件对污染物扩散的影响特征,掌握环境事件时空特征、环境事件污染排放特征、天气形势对环境事件的影响和稳定度对环境事件的影响;

（3）环境探测装备和方法模块:掌握大气环境和气象条件探测常用系留汽艇操作、无人机探空操作、双经纬仪测风、照相法测烟云和小球探空操作等5种规范化实验操作流程;

（4）大气环境探测操作模块:掌握不同观测手段所获取资料的差异、不同方法的优势互补,协同观测的实验设计思路,包括观测点位选取和外场仪器操作;

（5）获取数据计算分析模块:掌握大气环境探测中5种基本探测方法和大气稳定度

特征对污染物浓度和浓度超标持续时间的关系,掌握大气环境和气象探空资料的分析方法。

通过知识预习、探测方式设计、大气环境探测实施、实验报告及问答题,实现在线学习、设计实施和考核过程。

三、虚拟仿真教学特色

本虚拟仿真实验教学系统采用案例互动式、学生自主式和探究式学习,搭建覆盖实验预习、设计、实施、考核全过程的虚拟实验教学流程,既可强化学生在开展实体实验前对操作流程和仪器使用的感性认识,还可很好地解决环境污染事件重复难、实体观测实验成本高、危险系数大、示教效果差的问题,实现完整、低成本、安全的实验过程全覆盖。实施中注重文字、图片、动画、视频等各种媒介的教学准备,开展线上讨论、线下交流,例如开通网站讨论区和网络讨论群,使实验教学效果得到提升。

以实验系统教学过程中所涉及的环境事件设计、探测仪器设计和获取数据计算分析为考点,按照各模块在本实验中的比例,形成虚实结合的考核评价指标体系,实现对实验学习、练习、数据计算的全覆盖。通过学生在虚仿实验操作过程中反映出自主性、探究性以及合作精神,综合考量学生对实验课程内容掌握程度、对实验仪器结构和性能的熟悉程度、仪器组合搭配的协调能力、实验报告的完整性。

学生通过网络和终端设备,在线预习、操作、进行数据计算、答题,在线完成大气环境探测实习中涉及的教学内容,既解决了以往学生在进入实体实验室前对实验规范化操作流程认识不足的缺点,还为环境事件重复设计、比较各参数相应变化提供了条件,大大提高了学生对大气环境探测的深入理解。虚拟仿真实验教学相比于传统实体实验教学具有学生主动参与度高,学习时间空间灵活等优势,这些扩展了原有实体实验的局限性。实验内容深度和广度得以加强,减少了实体实验教学中的高成本、高周期、危险系数大的弊端。此外,线上讨论区和线下讨论群的交流形式,极大地延伸了学生实验学习的空间、时间和交流途径。

本虚拟仿真教学系统具有案例互动、学生进行自主和探究式学习的特色。

(1) 案例互动式教学。通过准备大量实际样本资料作为虚拟仿真系统环境事件个例,学生可以在虚拟实验教学系统中进行案例虚拟仿真练习,借助线上讨论区和线下讨论群开展交流互动,在交流中加深对虚拟实验环节的理解。诸如在环境事件设计中提供不同类型的环境事件,提供学生开展大气环境探测和预警预测服务,在指导教师的组织引导下,就爆炸点高度、污染物释放强度和天气条件等因素开展讨论交流。

(2) 学生自主式教学。通过设置大气污染物、仪器选型、环境气象条件等丰富多样的参数设置选择,培养学生进行虚拟仿真实验的兴趣,主动进行自主式学习,引导学生养成自己主动获取知识的习惯,重点培养学生的自主学习、自主实验和自主创新能力。在实验教学内容和考核方式体现学生的自主地位,开展多层次、多元化教学。诸如在实验项目预习阶段,通过系统网站文字、图片和视频材料介绍本项目所用到的基本实验原理、仪器操作方法和操作过程等,使学生时间灵活、空间方便地进行自主式学习,拓展了传统教学的深度和广度。

（3）探究式学习教学。在虚拟仿真系统教学实施中，让学生自己通过阅读、观察、实验、思考、讨论等途径，主动探究、自行发现并掌握相应的原理和得到实验结论。以学生为主体，让学生自觉地、主动地探索，从中找出规律，形成概念，建立自己认知模型和学习方法架构。例如，在环境事件设计中，针对不同的排放源高度进行单一参数敏感性实验，检验排放源高度对污染物扩散的影响。在进行天气类型和边界层参数设置时，在指导教师的引导下，开展熏烟型、扇型、环链型、锥型和屋脊型 5 种典型结构的讨论，增强学生对这方面的认识。

四、结语

将虚拟仿真技术及信息化教学引入高等教育教学，使教学方法多样化，解决了教学中的瓶颈问题，在更大范围内实现了教学资源的共享和教学质量的提升。南京信息工程大学建设的高危环境事件中大气污染探测虚拟仿真系统是对信息化教学的初步尝试与探索，在教学过程中还要逐步完善，以建成全方位、立体式的虚拟仿真系统为目标，推动实习教学模式的创新与改革，促进创新型人才培养。

江苏省高校虚拟仿真实验教学共享平台建设与实践

祖 强　魏永军　熊宏齐[①]

摘　要:虚拟仿真实验教学共享平台建设是国家级虚拟仿真实验教学中心内涵提升发展、经济社会发展的迫切需要,遵循实践育人的规律。江苏省于2016年率先在全国开展了虚拟仿真实验教学共享平台遴选建设工作。该文从省级虚拟仿真实验教学共享平台建设思想、建设内容、平台开发与运行团队建设、共建共享机制建设等方面,进行了有益的实践与探索并取得了一定成效。

关键词:虚拟仿真;共享平台;实践探索

一、引言

教育信息化已成为教育现代化建设的一项重大战略性举措,而优质虚拟仿真实验教学资源建设和共享是国家教育信息化的迫切要求和重要内容。2013年以来,我省国家级虚拟仿真实验中心(以下简称"中心")立项数量已经位居全国第二,但中心在一定程度上存在资源分散、重复建设、共享程度低、示范辐射效应不足、缺乏统一的共享支撑平台等问题,没有真正实现"共建共享"的建设初衷。如何综合利用现有的信息化技术和网络通信等技术,开发出具有良好自主性、交互性、可扩展性、开放性和安全性的虚拟仿真实验教学资源共享平台,如何加强虚拟仿真资源共享管理都是应该研究的课题。为此,2016年以来我省教育主管部门、不同高校职能部门率先在全国进行了有益的尝试与探索。

二、拟仿真实验教学共享平台建设

1. 平台建设思想

建设虚拟仿真实验教学共享平台是一个十分浩大的工程,技术的复杂性、资源的专业性、内容的科学性、教学的稳定性等要求很高,应遵循"一次规划,分步实施,软硬兼顾,方

[①] 作者简介:祖强,博士,南京中医药大学副研究员,主要从事实验教学管理、实验室建设与管理工作。
魏永军,江苏省教育厅高教处。
熊宏齐,东南大学实验室与设备管理处处长。

便扩充"的原则,突出重点,提升内涵[①],从而实现依托各相关高校建设的学科专业门类虚拟仿真实验教学共享平台与全省虚拟仿真实验教学共享大平台(以下简称"共享平台")的技术对接和数据共享,建设"互联网+"虚拟仿真实验教学共享平台,促进虚拟仿真实验教学资源在线开放共享和高效集约应用。

2. 平台建设内容

(1) 共享平台架构

在全省共享大平台框架下(见图1),以现有的国家级虚拟仿真实验教学中心为依托,对现有的异构信息平台和虚拟仿真实验教学项目加以整合和数据接入,建设专业门类虚拟仿真实验教学共享平台,实现优质虚拟仿真实验教学资源的校际开放乃至对社会开放,实现大规模在线虚拟仿真实验项目的开放共享。

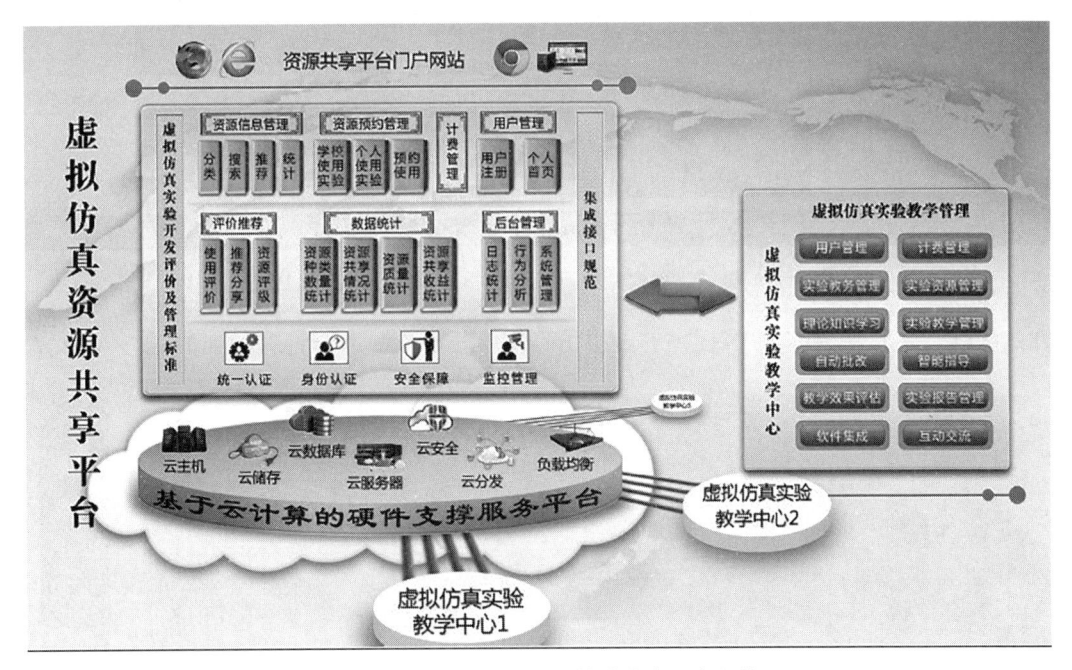

图1 省级虚拟仿真实验教学共享平台架构

① 门户网站。门户网站美观大方,布局合理,具有资源展示、数据采集、互动交流等主要功能版块,并可通过后台设置自定义信息栏目和呈现方式(见图2)。

② 学科专业门类平台。本着统筹兼顾、分步实施、集中管理、共建共享的原则,按学科门类和实验模式分类制定统一的虚拟仿真实验教学共享平台建设技术要求(见图3),建立相应的虚拟仿真实验教学共享平台。在平台的基础上以创新人才培养为主线,建立统一的接口规范和标准,便于不同用户的数据接入,实现管理平台和数据资源的有效连接与互相支撑。同时,专业门类平台应具有高度的开放性,提供资源的单位通过身份认证的

---

① 季林丹,朱剑琼,徐进.国家级实验教学示范中心十年建设工作总结[J].实验室研究与探索,2014,33(12):143-146.

图 2　机械工程虚拟仿真实验教学共享平台门户网站

方式可以登录后台,对本单位提供的虚拟仿真实验教学资源进行管理和维护。

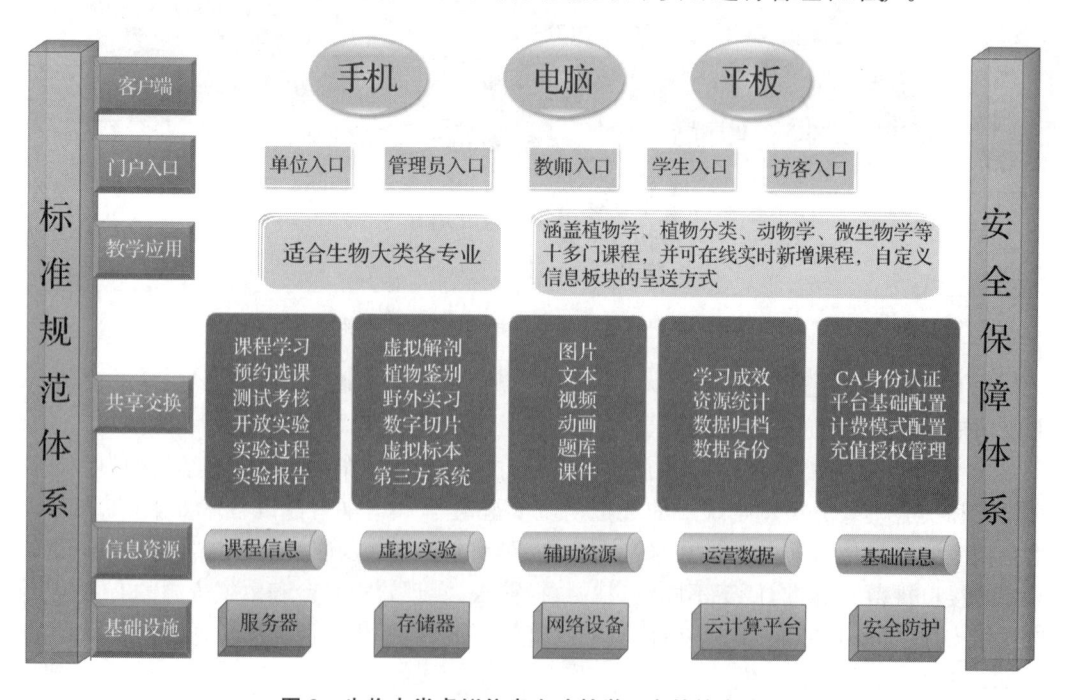

图 3　生物大类虚拟仿真实验教学平台的技术体系

③ 智能教学管理系统。针对实验教学管理需要及虚拟仿真实验教学过程中涉及的关键问题,开发实验智能指导与管理系统,提供全方位的虚拟仿真实验教学辅助功能(见图4)①。

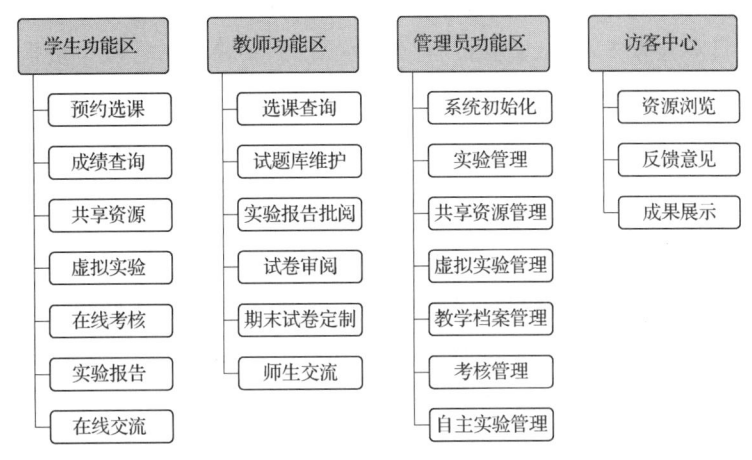

图 4 平台智能教学系统功能架构

④ 服务保障系统。为促进优质资源开放共享,各学科专业门类平台需构建包括统一身份认证系统、资源服务系统、大数据收集分析系统等管理服务保障系统(见表1和图5)。

表 1 平台性能指标

平台规模（用户数）	在线用户数	并发用户数	响应时间		
^	^	^	业务访问	文档资源	视频资源
10万	1万	5 000	3 秒以内	5 秒以内	10 秒以内

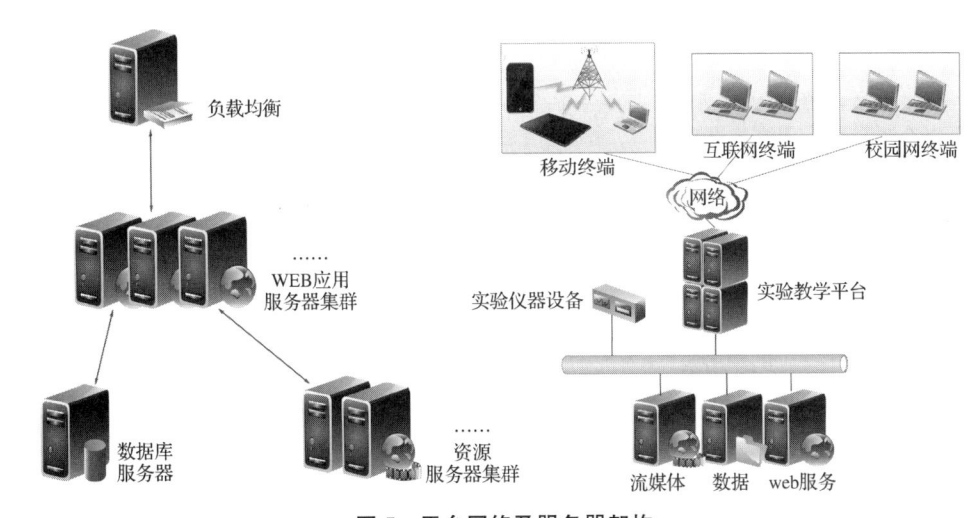

图 5 平台网络及服务器架构

---

① 刘芸,张文辉.基于内容分析法的虚拟实验教学应用研究[J].中国教育技术装备,2014(12):3-6.

（2）虚拟仿真实验教学资源建设

融合现代教育理念，按学科专业门类制定统一的大规模在线开放共享虚拟仿真实验技术标准和管理规定、虚拟仿真实验仪器设备配置规范、虚拟仿真实验队伍及技术开发人员配备要求、虚拟仿真实验开发要求、虚拟仿真实验教学管理信息标准与编码规范等，统一开发虚拟仿真实验教学软件、实验课程、实验项目和实验教材等教学资源，确保虚拟仿真实验教学资源、软硬件资源、管理信息资源等各方面内容的标准化和规范化。围绕人才培养目标探索确立"虚实结合"的资源建设模式与教学运行模式，最大限度发挥资源的开放共享水平①②③④⑤⑥⑦。

（3）平台开发与运行团队建设

依托虚拟仿真实验教学共享平台建设，打造教学、科研、技术、管理人员搭配合理，高校教师与行业专家、企业技术专家共同参与的平台建设团队。该团队教育理念先进，教学科研水平高，信息技术开发应用能力强，能准确把握产业发展、技术发展方向和专业建设方向，并具有丰富的项目开发与管理实践经验⑧⑨⑩⑪⑫。

三、虚拟仿真实验教学共享平台建设成效

1. 全省共享大平台建设

全省共享大平台（网址：http://jsxngx.seu.edu.cn/Index.aspx，见图6）已完成了总体构架建设及相关功能制作，并投入使用。作为通用的网络共享门户网站和大平台系统架构，可接纳各学科门类共享子平台的开放对接。行政主管部门依托大平台进行网上评审、验收等工作，学科组依托大平台可对中心（平台）进行绩效评价和有偿服务等动态管理，大

---

① 沈建华,李飞,程崇虎,等.通信与信息网络国家级虚拟仿真实验教学中心建设与实践[J].实验室研究与探索,2015,34(1):161-164.
② 李平,高东锋,徐进,等.推动大学实验教学资源的开放共享[J].实验技术与管理,2014,31(7):1-5.
③ 胡今鸿,李鸿飞,黄涛.高校虚拟仿真实验教学资源开放共享机制探究[J].实验室研究与探索,2015,34(2):140-144.
④ 崔贯勋,熊建萍.基于虚拟仿真技术的MOOE实践教学平台开发[J].实验技术与管理,2016,33(4):103-107.
⑤ 黄章俊,田红,李录平.现代教育技术环境下开放实验教学模式研究[J].中国电力教育,2014(17):82-83.
⑥ 张正健,赵秀萍,陈蕴智,等.构建虚拟仿真实验教学平台培养创新应用型人才（下）[J].印刷杂志,2014(4):61-64.
⑦ 张智焕,张惠娣.机械工程控制的虚拟仿真实验教学实践[J].实验技术与管理,2014,31(7):102-103.
⑧ 刘亚丰,苏莉,吴元喜,等.虚拟仿真教学资源开放共享策略探索[J].实验技术与管理,2016,33(12):137-141.
⑨ 刘亚丰,余龙江.虚拟仿真实验教学中心建设理念及发展模式探索[J].实验技术与管理,2016,33(4):108-110.
⑩ 杜玉宝,孙淑强,亓文涛.虚拟仿真实验教学信息化平台的建设与思考[J].中国现代教育装备,2016(17):26-28.
⑪ 易高峰,赵文华.关于国家实验室管理体制与运行机制若干问题的思考[J].高等工程教育研究,2009(2):107-110.
⑫ 李安,周南润,王玉皞.通信工程国家级特色专业虚拟实验室建设与实践[J].实验室研究与探索,2013,32(1):150-154.

平台支持学生申请大规模在线实验的预约及操作等自主学习行为①。

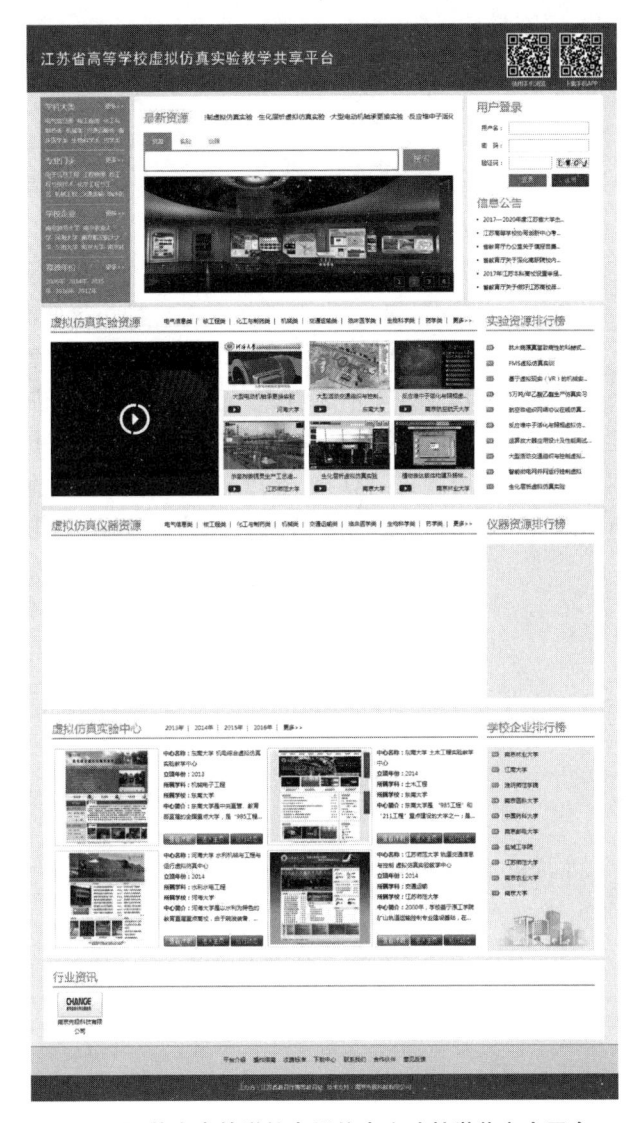

图6　江苏省高等学校虚拟仿真实验教学共享大平台

2. 省级学科门类共享平台建设

结合共享大平台建设需要,2016年经各高校自主申报,我省按学科专业门类共遴选出东南大学土木建筑虚拟仿真实验教学共享平台等16个省级虚拟仿真实验教学共享平台建设点(建设期为3年)。其中8个共享平台由省财政专项经费资助,另外8个由学校自筹,目前均已正常上线运行。这些平台重点建设内容是学科专业门类的优质虚拟仿真

---

① 胡凯,郑兴福,陈如松,等.江苏高校实验教学示范中心共享平台建设与实践[J].实验室研究与探索,2014,33(8):144-147.

教学资源库,此外还具备某一学科内的虚拟仿真实验教学管理、支持服务等功能,为各类院校虚拟实验教学环境提供服务。

四、结语

虚拟仿真实验教学共享平台建设是我省国家级虚拟仿真实验教学中心内涵提升与发展,也是经济社会发展的迫切需要,并遵循了实践育人的规律。建设江苏省虚拟仿真实验教学共享平台,通过体制机制创新,促进虚拟仿真优质资源的共建共享;加强顶层设计,开发系统接口标准规范,整合各高校、科研院所、行业企业等虚拟仿真资源,根据各学科创新型人才培养特点,分类指导、分类建设,通过个性化定制满足不同层次高校人才培养需求,形成大平台+学科专业门类平台、共性+个性资源共建共享体系,促进平台优质资源的示范辐射效应。通过营造共建共享环境氛围,根据建设"人人皆学,处处能学、时时可学"的学习型社会需求,加大资源推广力度,在满足全省乃至全国高校相关学科创新型人才培养需求的基本上进一步拓宽资源服务对象,提升优质资源的共享度和影响力[①]。

---

① 陈萍,周会超,周虚.构建虚拟仿真实验平台,探索创新人才培养模式[J].实验技术与管理,2011,28(3):277-280.

地方本科高校实践教学体系改革的研究

刘振海 祖 强 张长森 董云芝[①]

摘 要：为主动应对新一轮科技革命和产业变革的到来，教育部启动"新工科"建设，对如何培养工程实践能力强的综合型工程创新人才提出了高质量发展要求。以地方本科高校材料科学与工程专业为例，紧密围绕提升学生的工程实践能力，从革新人才培养模式、构建完整实践教学体系、形成产教深度融合长效机制、组建双师型教师队伍和完善考评制度等方面，探索构建能力本位的实践教学人才培养体系，不断提升人才培养的契合度，以更好地服务行业企业需求和地方经济社会发展需要。

关键词：实践教学；人才培养；产教深度融合；创新人才

一、引言

新一轮的科技革命和产业变革，既为高等工程教育带来了新的发展机遇，同时，也提出了新的更高质量发展要求。面对新形势新机遇，如何培养工程实践能力强的综合型工程创新人才，成为我国当前高等教育面临的主要任务。2017年，北京大学、清华大学等三十多位专家、学者齐聚复旦大学，深入研讨新工业革命带来的时代发展机遇，紧扣国家发展需求，共同谋划工程教育发展方向，提出新工科建设指导意见，推动高质量人才培养[②]。全国高校积极响应支持，并结合自身学科优势和特色，扎实推进新工科理论和实践研究，并提出"培养德学兼修、德才兼备的高素质人才，完善工科人才'创意—创新—创业'培养体系，提升工科学生的创新创业能力"[③]。

基于此，以我校材料科学与工程专业为例，结合国家"一带一路"和沿海开发战略，地方经济发展以及行业、企业对工程技术人才的需求，对接城市产业链、创新链，提出基于新工科视域下的地方本科高校实践教学体系的改革与实践研究，努力培养理论基础实、工程

[①] 作者简介：刘振海，盐城工学院副研究员，学生处副处长，主要从事高等教育管理、创新创业教育和实践教学改革等方面的研究。
祖强，博士，南京中医药大学副研究员，教务处副处长，主要从事实验教学管理、实验室建设与管理等方面的研究。
张长森，盐城工学院材料科学与工程学院教师。
董云芝，盐城工学院财务处。
[②] 吴爱华，侯永峰，杨秋波，等.加快发展和建设新工科主动造就和引领新经济[J].高等工程教育研究，2017,7:1-9.
[③] 张安富，刘超."中国制造2025"背景下的新工科构建[J].中国大学教学，2017,9:21-23.

实践能力强的高素质应用型高级工程技术人才,更好地服务行业企业需求和地方经济社会发展需要。

二、目前实践教学存在的主要问题

1. 实践教学内容亟待更新

(1) 实践教学内容陈旧、落后。实践教学与目前行业企业生产、科研相脱节,不能紧跟企业生产和科学研究中的最新发展动向及产出成果。例如,混凝土材料的发展日新月异,装配式混凝土、3D打印混凝土的应用日益普遍,而专业实验课的开设未能紧跟产业发展,实验项目设计的先进性有待加强。为不断适应新工科建设对人才培养的更高要求,紧跟行业技术发展前沿,并适当增加实践教学课时量,满足学生开展综合性、设计性、研究创新性实验的需要。

(2) 实践教学方式方法单一。主要采用传统的分组开展实验,以演示和验证性实验为主,受时空约束大,严重影响实验教学效果。地方工科院校缺少完善的实践设备、实验环境和实践仿真软件等实践教学资源,极大限制学生自主创新能力的培养[①]。学生进入企业实践的机会较少,时间较短,综合性、设计性、创新性研究实验偏少,导致学生所学专业理论与企业生产实际严重脱节,学生的动手实践能力、解决问题的能力较差,毕业后不能较快适应企业的实际需要。

2. 实践教学条件亟待改善

实践教学条件不足主要体现在缺乏高水平工程型师资队伍和教学设备投入两个方面。师资方面,大多数教师都是从高校到高校,专业理论较为扎实,但缺乏企业实践锻炼,教师自身的企业一线实际分析和解决问题能力不强,即"双师型"教师偏少,不能较好地满足高级工程创新人才培养的需要。近年来,随着新工科建设和"中国制造2025"加速推进,国家沿海新材料产业和建材产业正在积极转型升级,绿色环保是主要发展趋势。我校本学科教师队伍对比同层次学校,队伍的学历、年龄、职称和学缘结构都具有较强的竞争力,但与国内外标杆学校相比,缺乏有影响力的学科领军人才带领整个队伍进一步发展。教学设备方面,学生能够自主进行创新性实验的仪器、设备有限。企业在抓好安全生产的同时,更加注重经济效益的提升,多数企业不愿主动承担人才培养的社会责任,接收高校实习生的积极性不高,尚未建立良性的工程实践模式[②]。

3. 实践管理体系亟待完善

学生积极主动开展工程实践活动的意识不强,缺乏明确的目标性、成就感和价值感,没有充分调动学生开展工程实践的持久性,缺少一定的长效激励机制,多数情况下,学生

---

① 高原.创新创业教育背景下电子信息类计算机基础实验改革[J].实验技术与管理,2017,5:19-21.
② 林健.面向未来的中国新工科建设[J].清华大学教育研究,2017,38(2):26-35.

参加工程实践存在盲目性和被动性等。同时,高校教师主动开展学生工程实践的意愿不强,在培养学生工程实践能力方面积极性不高①。许多教师把更多精力放在科学研究和学术活动中,缺乏大学生工程实践能力培养的评价与激励机制。

三、实践教学体系改革的主要思路

1. 调整和革新实践教学内容

围绕材料的生产工艺、质量控制、热工过程、检测检验、制备技术等材料生产过程,构建"4321"的"项目绑定式"工程能力训练实践课程,其中"4"培养为4次实习,即材料生产工艺实习、材料制备技术实习、材料产品质量控制实习和材料化验与控制实习;"3"为3个项目训练与设计,即热工工程设计、粉体工程设计和工程测试技术;"2"为2个计算机应用,AutoCAD应用设计、程序设计在材料工厂中的应用;"1"为毕业设计(论文)②。

2. 组建校内四大实践教学平台

在省实验示范中心——"新材料与江苏沿海工程建设实验室教学中心"的基础上,按照基本实验—技能培训—综合应用—工程创新的实践教学活动体系,整合重组专业各实验室的实验资源,优化资源配置,完善和建立校内专业基础、综合实训、工程训练和科技创新等四大实践教学平台③。

3. 共建稳定校外工程实践基地

以在中国玻璃有限公司联合建成"国家级工程实践教育基地"为重点,在现有校外"协作型""合作型""人才培养基地型"等三大类型的伙伴关系基础上,加强与中国玻璃、中国联合水泥等知名企业紧密合作,建设长期稳定的校外实践基地。

4. 打造高水平双师型教师队伍

主动搭建平台,安排新引进教师进入企业进行短期训练,快速提升新教师的工程实践能力;充分利用地方政府资源、企业资源、校友资源等,聘请具有丰富实践经验的一线企业工程师到学校担任产业教授,指导材料科学与工程专业本科生的实践教学任务,以便能取得良好的教学效果④。

---

① 钱骏.高校创新创业教育与专业教育的互动融合模式研究[J].教育探索,2016,11:84-87.
② 张勤芳,王凯英.生态建材虚拟仿真金课建设——以盐城工学院材料类专业为例[J].中国教育技术装备,2020,10:45-46.
③ 朱瑞富,曹利华,刘新,等."实践实训+创新创业"一体化训练平台建设及应用[J].实验室技术与管理,2018,3:11-14.
④ 杨文红,朱申敏.新工科建设背景下实验实践教学体系的构建[J].高等工程教育研究,2021,1:7-9.

5. 完善实践教学考评方式

改革传统的实践教学评价方式,探索建立面向生产、管理、服务等一线的高素质应用型高级工程技术人才实践教学评价考核体系。通过评价体系,并运用现代科学管理手段和方式构建教学管理决策系统、教学状态信息反馈系统、教学质量监控系统,实现实践教学全过程的动态化管理,提升管理成效。

四、实践教学体系改革的探索与实践

1. 以强化工程能力为主线,构建柔性"3+1"应用型高级工程技术人才培养模式

人才培养紧紧围绕建材行业发展对材料科学与工程专业人才的要求,从建材制备的生态化和新型建材的功能化出发,强化对学生工程应用能力和创新精神的培养,做到理论知识传授与工程能力培养相结合,实现培养体系与企业深度融合、专业方向课程与行业转型升级紧密对接,培养规格凸显"重基础理论、重创新精神、强实践技能、强综合素质"的应用型高级工程技术人才特征[①]。形成了具有鲜明建材行业特点,体现知识、能力、素质协调发展,注重实践工程能力和创新精神培养的柔性"3+1"应用型高级工程技术人才培养模式,以及与之相适应的人才培养方案。

柔性"3+1"应用型高级工程技术人才培养模式:即在4年时间内,穿插进行不少于1年时间的工程实践教学,工程实践教学做到4年不断线。3年时间的理论教学主要有通识及人文课程、学科基础课程、专业知识课程和专业拓展课程;1年时间的实践教学,第1学年进行工程基础实验和认识实习,第2学年进行学科基础实验和专业基本技能训练,第3、4学年开展项目绑定式工程实践训练和毕业设计(论文)。

2. 以"建材四化"为专业特色方向,构建"层次递进、平台支撑、综合交叉"的实践教学体系

(1) 确立前沿的专业特色方向。如图1所示,以建筑材料的生态化、功能化、节能化和高性能化(简称"建材四化")为专业特色方向,重点从高性能建筑材料、节能建筑材料、固体废弃物资源化利用和功能建筑材料等四个方面,按照"基础实验—工程训练—企业实训—科技创新"人才培养规律,渐进式地开展实践教学。材料科学工程专业经过多年发展,逐步构建了完整的以实验和技能训练为基础,以专业实训为主线,以科技创新为延伸的"层次递进、平台支撑、综合交叉"的实践教学人才培养体系[②]。同时,建立了完善的从基础实验、工程训练、企业实训到科技创新的实践教学平台。

(2) 建立完善的实践教学平台。依托省实验示范中心——盐城工学院基础化学实验教

---

① 许亚敏.工程热力学实践教学改革与探索[J].实验室研究与探索,2021,10:232-235.
② 孙振锋,方长青,杨慧萍,等.新工科视域下包装工程专业的产学研协同创新育人模式探索与实践[J].包装工程,2021,42(S01):31-34.

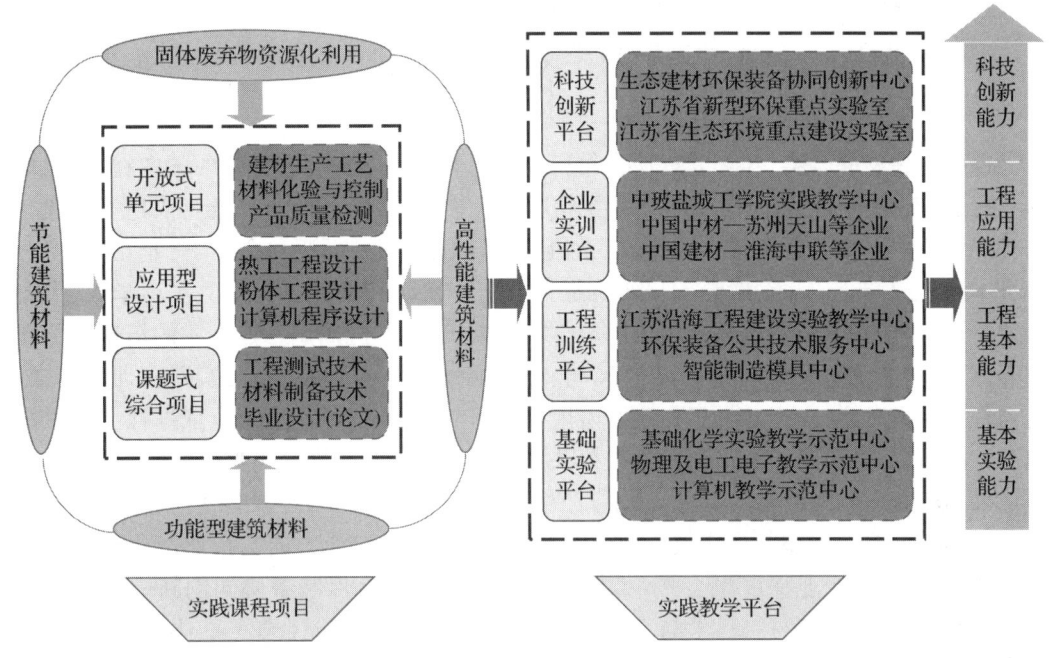

图 1　材料科学与工程专业实践教学体系

学示范中心等实验中心,开展工程基础性实验,培养学生基础实验能力。工程训练平台主要依托省实验示范中心——新材料与江苏沿海工程建设实验教学中心、江苏省盐城环保装备公共技术服务中心等,进行专业实验等工程实践基本能力的培养。企业实训平台主要依托"国家级工程实践教育中心"及校企共建的"实践教学中心""创新创业中心"和"准就业与毕业设计基地"等 3 类实践基地,主要进行职业实训、创业实训、毕业实习等。科技创新平台主要依托生态建材与环保装备协同创新中心、江苏省新型环保重点实验室和江苏省生态环境重点建设实验室等,开展大学生创新计划、学科竞赛、科研项目与能力培养型等 4 个层次的科研训练。

(3) 开展完备的针对性实训项目。围绕材料的生产工艺、质量控制、热工过程、检测检验、制备技术等材料生产过程,构建"4321"的"项目绑定式"实践体系,其中"4"培养为 4 次实验与实习环节,即认识实习、材料制备技术实验、材料微结构与性能测试技术实验和毕业实习;"3"为 3 个项目训练与设计,即热工工程设计、粉体工程设计和工程测试技术实验;"2"为 2 个计算机应用,材料工厂 CAD 设计、计算机在无机材料工厂中的应用;"1"为毕业设计(论文)。工程实践能力培养以"333 项目"共 9 个实训项目为载体,"333 项目"为 3 个开放式单元项目(建材生产工艺、材料化验与控制、产品质量检测)、3 个课题式设计项目(热工工程设计、粉体工程设计和程序设计在材料工厂中应用)和 3 个开发式综合项目[材料制备技术、工程测试技术和毕业设计(论文)][1]。学生的工程实践应用能力明显提

---

① 郭名静,熊鑫,曾立庆."实践+"为核心的理工类本科人才培养模式的研究[J].实验室研究与探索,2021,8:203-207.

升,实践动手能力增强,创新能力和综合素质得到有效提升。

3. 以行业协会为纽带,形成专业(学校)、行业和企业"三业互动"的产教深度融合长效机制

以中国建材联合会、江苏建材协会等行业组织为纽带,与中国建材、中国中材、中国玻璃等行业骨干企业建立了密切的战略合作关系。专业(学校)、行业和企业依托生态建材与环保装备协同中心开展校企合作、产学协同,形成了专业、行业和企业"三业互动"切合地方本科高校与企业深度融合的长效机制[①]。"三业互动"表现在:① 成立了由学校、大型企业、行业协会专家及资深教授组成的教学指导委员会,共同商定专业人才的培养目标和培养方案;② 开展"双导师制"教学模式,学校导师和企业导师联合编写实践实训教材、制定课程授课方案,共同指导学生在实践阶段的学习与实践;③ 行业、企业依据社会需求提出研究课题,通过协同中心平台由学校牵头组织攻关,作为开放课题吸引学生参与,其研究成果由行业、企业和学校(专业)共享。依托江苏省生态建材与环保装备协同创新中心,把面向建材行业发展作为深化教育教学改革的重要举措,专业方向与行业产业结构紧密对接,培养体系与企业深度融合[②]。以江苏省生态建材与环保装备协同创新中心建设为载体,进一步加强我校材料科学与工程专业人才培养与行业骨干企业——中国建材、中国中材、中国玻璃深度融合,建立了以协同中心为载体,中国科学院过程工程研究所、中建材研究院、江苏省新型环保重点实验室等研究院所共同培养人才的体制机制。

4. 优化教师结构,组建高水平、高素质的实践教学双师型教师队伍

坚持引进和培养相结合,提高教师队伍的数量和水平,提升专业教师的综合实力,柔性引进院士、"千人计划""长江学者""国家杰出青年获得者"等学科领军人才,引进具有绿色建材学术背景的优秀博士,建设一支专兼职结合的双师型教师队伍[③]。制定促进青年教师参与工程实践、参与国内外各类学术交流活动制度,通过组织青年教师参加教改实践、进企业挂职锻炼、加强科研工作等途径,提高青年教师的工程实践能力和科研开发能力。同时,积极争取省市支持,打造一批胜任应用型本科专业建设的产业教授,聘用一批具有在专业从事至少五年以上的专业实际工作经历的兼职教师,尤其是大国工匠等高素质技术人才,能把企业生产中最先进的技术成果引入到课堂教学中[④]。此外,这些产业教授和企业工程师可在高校与企业合作中作为桥梁和纽带,帮助学生联系、安排企业实践,推荐学生实习就业。

5. 建立新型的实践教学管理制度和实践教学考评方式

按照"以生为本、目标导向、持续改进"的人才培养理念,以工程教育专业认证标准为

---

① 耿玉,张东平.应用型本科院校专业实践教学体系探索与实践[J].实验室研究与探索,2021,8:216-220.
② 陈金强,赵丽平.产教研融合的轨道交通电气工程专业实践教学体系研究与构建[J].高等工程教育研究,2022,1:75-79.
③ 乐伶俐.制约大学生创新能力培养的学习因素及对策[J].教育探索,2010,5:32-33.
④ 费翔.新工科建设背景下高校工程人才培养刍论[J].教育评论,2017,12:17-22.

导向,紧密围绕能够充分体现学生专业理论水平和学生实践创新技能的目标,对传统的学生评价方法要进行更新和完善,建立新型的学生评价指标体系①。专业建设将与专业认证、卓越计划的推进有机结合,不断完善综合培养方案,优化课程体系,持续开展教学方式方法改革,继续巩固由本专业专任教师和企业特聘导师联合组成的教学团队,积极探索"教学和科研与生产实际相结合,学生培养和工程实践培训相结合,学校资源与企业资源相结合"的有效模式,制定卓越工程创新人才培养质量标准与监控反馈体系。同时,改进和优化实践教学考核方式,实验实训考核按实验项目进行,对学生的学习效果进行全面客观地评估。实践项目由企业指导教师和校内指导教师共同评定②。

五、结语

以培养学生的工程实践能力和创新精神为主线,以行业企业为纽带,形成专业(学校)、行业和企业"三业互动"的校企深度合作长效机制。按照行业企业对人才培养的定向需求,强化学生工程能力实践培训,培养具有高度社会责任心、具备扎实的专业知识和基本技能、能够综合运用现有知识和技术创造性地解决本专业领域内较为复杂的实际问题的应用型高级工程技术人才③。这为推动国家建材行业的转型升级、江苏省沿海新材料产业的发展提供智力支撑和人才保障,对地方本科高校专业教育的实践教学具有重要的推广意义。

---

① 何庆江,雷祺,吴学兰.基于政策梳理的高校创新创业教育问题研究[J].黑龙江高教研究,2022(3):133-138.
② 张玲,常晓明,陈伟.地方高校创新创业教育实施策略研究与实践[J].教育理论与实践,2018(12):9-11.
③ 董慧.大学生创新能力培养路径探索——基于"两链对接 四链融合"的实践思考[J].中国高校科技,2022(3):62-67.

高校化学类科研实验室安全管理的探索与实践

李育佳　徐　铮　章福平　唐廒庚[①]

摘　要：高校化学科研实验室由于存在较多的不安全因素，管理难度较大。通过对化学类科研实验室的特点和存在问题的分析，从完善制度建设、理清安全责任、强化安全培训、提升硬件配备、规范环保处置等方面入手，对实验室安全管理进行了探索和实践，使实验室安全状况取得了明显成效。

关键词：化学科研实验室；实验室安全；安全管理

随着我国高等教育事业的快速发展，高校科学研究的水平不断提高，研究型高校的科研任务日益加重，实验室的规模迅速扩大，实验室安全问题日显突出。近年来不断发生的高校实验室安全事故引发了社会各界的广泛关注，也给高校实验室安全管理工作敲响了警钟，加强实验室安全管理刻不容缓。

一、高校化学类科研实验室的特点及存在问题

1. 化学类科研实验室的特点

实验室是高校进行教学实践和开展科学研究的重要场所，高校化学类科研实验室具有不安全因素多、涉及的安全问题面广、管理难度大的特点[②]：

（1）化学是一门实验性的学科，学科自身性质决定了在实验过程中需要使用和存储易燃、易爆、具有毒害性的化学品，同时还需使用各种气体钢瓶，从而给实验室带来了各种不安全的因素。

（2）化学实验同时需要使用各种仪器设备，实验室内水电共存，因此存在着用电安全、用水安全、设备安全、消防安全等各类安全问题。长期以来，化学实验室的安全防范一直是各高校安全工作的重要内容。

（3）科研实验室的主体工作人员是研究生，每年有大量新进和毕业的学生，人员流动性较大，同时科研课题具有变化性、多样性等特点，因此实验室内化学品品种繁多、仪器设

[①] 作者简介：李育佳，南京大学化学化工学院副院长、副研究员。
徐铮，南京大学化学化工学院党政办主任、工程师。
章福平，南京大学化学化工学院安全环境管理员、高级工程师。
唐廒庚，南京大学化学化工学院安全环境管理员、高级技师。
[②] 李广艳.高校化学实验室的安全管理探索[J].实验室研究与探索，2014，33(3)：278-282.

备种类复杂,安全管理和事故防范工作更是难上加难。近期报道的实验室安全事故,多发生在科研实验室。

2. 化学类科研实验室存在的问题

纵观国内研究型高校科研实验室,普遍存在的问题:

(1) 安全意识较为薄弱[1]。师生普遍认为实验室首要任务是出科研成果,把实验室安全置于次要的地位。在科研工作中,停留在以往的经验,满足于已有的状态,对不断更新的安全要求和规定并不充分了解。

(2) 缺乏有效的安全培训[2]。化学实验室的安全培训涉及消防安全、化学品使用安全、用电安全等方面的内容,同时,化学实验的规范操作,也应是安全培训的重要组成部分,违规操作是导致事故发生的重要原因。目前很多学生并没有经过系统、完整的安全教育和培训,就进入实验室开展工作,导致高校实验室事故不断发生。

(3) 监督和检查机制不健全。安全制度和规定仅仅停留在墙上和纸上,贯彻执行不到位,没有强有力的手段进行检查监督,奖惩不明确[3]。教育部新近出台的《高等学校实验室安全检查项目表(2017)》提出了明确的实验室安全标准,但如何执行到位、检查到位成为管理工作的重点。

(4) 硬件配备不到位。实验室消防设施陈旧,即使是新建实验室,消防设施配备也不到位。紧急冲淋等安全防护的措施极少,缺乏必要的安全警示和提示[4]。

(5) 危险化学品缺乏细节管理。化学实验室中存有多种化学品,特别是其中的剧毒品,易制爆、易制毒化学品都是公安部门严格管控的,如何进行购买、储存、使用,如何在使用中避免伤害,一旦发生事故如何应急处理等,缺乏详细的指导和严格细致的管理。大多实验室不知道、也不会使用化学品 MSDS 来指导和规范化学品的使用和管理[5]。

二、化学类科研实验室安全管理的探索与实践

南京大学(以下简称:学校)化学化工学院(以下简称:学院)拥有配位及生命分析 2 个国家重点实验室,省部级重点实验室和工程中心 4 个,在建筑面积 5.8 万平方米的化学楼里,有 200 余间化学实验室用于各类科研课题的研究,容纳 170 余名教师、1 000 名左右的硕士、博士研究生,100 名左右的专职科研人员及博士后。面对如此繁多的实验室以及数目庞大的实验室工作人员,经过不断的摸索和调整,借鉴国外高校实验室管理经验[6][7],总

---

[1] 李昊,刘思静,黄耀,等.国内高校化学实验室安全管理问题及对策[J].化工管理,2013(11):30-32.
[2] 韩玉德.新时期高校化学实验室安全管理探析[J].实验室研究与探索,2018,37(5):302-306.
[3] 冯建跃,张新祥.开展实验室安全督查提升高校安全管理水平[J].实验技术与管理,2016,33(9):1-4.
[4] 刘玉玉.高校化学实验室安全管理初探[J].实验室科学,2015,18(4):203-205.
[5] 何蕾,叶欣欣,李羽让,等.MSDS对高校化学实验室管理的意义及作用[J].实验室研究与探索,2010,29(3):181-185.
[6] 余阳.密歇根州立大学实验室安全管理调研及借鉴[J].实验室研究与探索,2016,35(6):147-151.
[7] 程敬丽,毛黎娟.美国大学化学实验室的管理与启示[J].实验技术与管理,2012,29(7):176-178.

结了以下具体做法。

1. 加强制度建设,完善各项安全规定

(1) 建立健全各项安全制度

安全制度是安全工作的先决条件和有力保障,化学化工学院根据学科特点,制定了一系列的规章制度,有普适性的《南京大学化学化工学院实验室安全守则》《化学楼门卫管理制度》。有针对消防安全的《南京大学化学化工学院消防应急预案》;有针对剧毒品管理的《南京大学化学化工学院剧毒品申领、使用和管理办法》;化学实验有些反应过程较长,需要做过夜实验,因此出台了《南京大学化学楼实验室过夜实验管理暂行办法》等。

(2) 实验室安全准入制度

对于进入化学实验室工作的人员,包括本科生、研究生以及其他科研合作人员,必须经过网上的安全知识测试方可开通门禁,进入实验室进行实验。

(3) 实验室安全检查制度

为了促进各项安全规定的执行,学院每学期进行2~3次安全检查,并将检查结果公布,对于存在问题较多的实验室,通过邮件发通知书并限期整改,绝不放过任何安全隐患。对于任何发生的事故,都要分析事故原因、总结经验教训、全院通报、提醒所有师生注意。

2. 落实安全责任制,理清安全责任,增加人员和经费投入

(1) 明确安全责任,实行三级负责制

学院和学校签订安全责任书,学院党政一把手是安全的第一责任人,分管安全工作的副院长具体落实和负责各项安全工作。学院与课题组负责人、学生(课题组成员)签订三方安全责任书,明确各自应当承担的责任:① 学院负有实验室安全全面的保障责任,制定及实施实验室安全管理制度,负责人员培训、安全宣传,配备必要的安全设施,进行安全检查和安全管理;② 课题组负责人是各实验室的主要安全责任人,有责任向学生介绍所从事实验工作的特殊危险因素,提供相关的安全参考资料;负责指导正确的实验操作规程,监督学生按照操作规程进行实验,及时纠正违规实验的行为;为学生提供必要的防护器具;③ 学生是安全的具体负责人,必须遵守学院的有关安全规定,必须接受安全教育及操作培训,知晓本课题组和本人的实验工作可能存在的危险因素及相应防范措施;负责按照正确操作规程进行实验。

(2) 设立实验室安全环保办公室

配备固定专职人员,具体落实实验室安全环保的各项工作,组织定期的安全检查,推进各项安全工作的实施。

(3) 建立课题组安全员制度

每间实验室由课题组导师指定一名安全员(大多为研究生或研究助理),负责传达学院的各项安全要求并协助导师落实,将实验室无法处理的安全隐患问题上报实验室安全办公室。在实验室安全办公室的组织和指导下,开展实验室安全检查,对照检查表进行评比打分。

建立安全员制度,使安全工作形成网格化管理、安全员作为学院与课题组之间的沟通

桥梁和具体工作的执行者,提高了安全工作的执行力、有效性和及时性。研究生作为安全员既监督自己所在实验室的安全工作,又帮助其他实验室共同进步,还提高了自身的安全意识和素养[①]。

(4) 加大经费投入

每年在学院的经费预算中留出一定的专用资金,用于实验室安全、消防设施的配备和维护。为了促进安全检查长期、有效地开展,对参加安全检查的安全员,学院也给予一定的补贴,提高了他们的工作积极性。

3. 强化安全培训,广泛开展安全教育宣传

对于进入化学实验室工作的学生和其他人员,安全教育和培训极为重要,为此广泛地开展了各种形式的教育培训。

(1) 开设安全教育课程

学院为本科生开设了1个学分的选修课,为研究生开设了1个学分的必修课,对学生进行实验室安全、环保、自我防护等方面的知识以及管理规定的讲授,并进行灭火器、灭火毯等消防器材的实操训练,让学生既了解安全知识、也初步具备实际应对事故的能力。

(2) 网上安全测试

凡是申请进入实验室的学生和合作科研的工作人员,必须通过网上的安全测试,通过者方可开通实验室门禁。

(3) 定期组织消防演练和紧急疏散

与保卫处、地方消防大队联合组织化学楼的紧急疏散演练,进行消防器材的使用和灭火演练实操训练。

(4) 利用各种渠道和方式进行安全宣传

在学院网页开设安全园地专栏,介绍有关安全知识和规定;利用海报栏、电梯间等人员流动量大的场所,进行安全提示和宣传;联合研究生会组织和开展学生喜闻乐见的安全教育活动;邀请消防大队、环保部门、专家学者进行实验安全讲座等。

4. 提升硬件配备水平,做好安全防护保障

2015年启用的新校区化学楼建筑面积5.8万平方米,为科研工作的开展提供了良好的空间,各课题组实验面积有了很大的提高,实验室内部的条件配备也有很大的改善,安全设施更加齐备。

(1) 良好的通风设施

各实验室配有足够多VAV(variable air volume)控制的变频、变风量通风柜,合成实验基本在通风橱里完成,有毒有害气体物质不外逸。

(2) 抽气式的药品柜

防止储存的药品气味在室内扩散,保持良好的工作环境。

---

① 吴遵义,谈国凤,谢湖均,等.研究生参与高校科研实验室安全管理的思考[J].实验室研究与探索,2018,37(5):299-301.

（3）集中供应氮气、压缩空气

减少了室内钢瓶存有量。

（4）配备钢瓶柜存放钢瓶

室内放置钢瓶必须进行固定,对于易燃、有毒有害的气体钢瓶,如确需放室内,加装气体泄漏报警器。

（5）消防系统和消防配备

实验室配有烟感火警探头,与火警系统相连,配有声光报警,一旦有火情可以及时发现施救。化学实验室、仪器室内一般不设自动水喷淋的装置。同时各实验室均配备灭火器、灭火毯、沙箱等可处理小火情的应急设施。

（6）配备防护设施

在卫生间附近位置设有紧急喷淋设备,实验人员一旦被药品污染或发生其他突发状况时,能及时进行喷淋救护;每间实验室配有应急洗眼器,一旦有液体飞溅进眼睛,可以进行冲洗;每间实验室均配备急救箱,有烫伤药膏、创可贴、碘酊、酒精、棉签、纱布等常用急救用品。

（7）安全警示

化学实验室张贴有安全警示,比如毒物和腐蚀的警告,紧急救助电话,以及"必须佩带防护眼镜、不得进食"等的提示。同时,每间实验室均张贴有紧急逃生图,以备不时之需。

5. 遵守环保要求,规范进行"三废"处理

根据中华人民共和国环境保护法（2014年4月）的规定,"排放污染物的企业事业单位和其他生产经营者,应当采取措施,防治在生产建设或者其他活动中产生的废气、废水、废渣等对环境的污染和危害"。教育部、国家环境保护总局关于《加强高等学校实验室排污管理的通知》中明确指出"严禁把废气、废液、废渣和废弃化学品等污染物直接向外界排放"。

（1）废气的净化

由于化学实验室通风橱抽排的气体中含有有毒有害物质,需要进行处理（如活性炭、光催化分解、水喷淋等）以达到排放标准。化学楼采用酸雾净化塔将废气中的酸性物质用碱液中和,用吸附装置中的多孔材料如活性炭等将废气中的有机物质吸附。

（2）废水的处理

实验室排放的废水需要进入废水处理池进行预处理后尚可排放。废水进入处理池后,通过静置沉降去除悬浮物,通过酸碱中和调节pH,加入絮凝剂沉淀部分金属离子和胶体物质,生物法去除其中的有机物质使化学需氧量（Chemical Oxygen Demand,COD）指标达标。环保规定严禁向下水道倾倒化学品,因此目前下水道的废水主要指洗涤盛装化学物质器皿时的洗涤水。排放的废水经过预处理池的处理基本可以达到排放的标准。

（3）实验室废液和固体废弃物

根据环保要求,实验室产生的固体废弃物（实验垃圾）不得与生活垃圾混合,因此实验室应配有专门的实验垃圾箱。学校目前采用暂存柜的方式用于临时存放化学废弃物,定期交由专业公司处理。

三、结语

通过不断的摸索和实践,从制度建设、责任制落实、专职人员配备、安全培训、硬件建设等几方面入手,在安全管理和环境保护工作中取得明显成效,师生安全意识普遍提高,实验室面貌有了很大改观,安全事故发生率明显下降。实验室安全管理的具体措施和办法,对化学类科研实验室具有普适意义。

多校区运行模式下高校大型仪器设备共享优化策略研究

刘宇雷 王 超[①]

摘 要:多校区运行在高校办学过程中已成为常见现象,因而推动多校区大型仪器设备开放共享,充分发挥其使用效益,是高校面临的新课题,也是提升办学能力的重要标志。该文尝试以高校多校区运行为背景,厘清高校大型仪器设备共享的基本内涵,深入研究多校区运行模式下高校大型仪器设备共享的现状,分析其存在的不足及原因,进而提出多校区运行模式下高校大型仪器设备共享的优化策略。

关键词:多校区运行模式;大型仪器设备共享;使用效益

自20世纪90年代至今,我国高等教育遵循"规模、结构、质量、效益"协调发展的原则,通过共建共管、合并重组、联合办学、异地办学等形式进行综合改革和结构调整,形成了多校区并行的办学新格局。目前,大多数高校已经度过了"圈地围建"的历史时期,开始进入规划落地的实践阶段。

在一定意义上,高校办学是一个获取资源和配置资源的过程,而多校区办学的复杂性和系统性,使得高校资源配置从过去的单区域调节方式逐步转变为多区域共享模式。而作为高校办学资源的核心组成部分,大型仪器设备的原有使用方式和共享机制已经不能很好地适应多校区运行的形势要求,并由此衍生了各种困难和问题,必须引起高校的高度重视。

一、高校大型仪器设备共享基本内涵与意义

高校大型仪器设备共享的基本内涵包括大型仪器设备认知和共享实践两个层面。

根据国务院和有关部委最新发布的大型仪器设备管理办法,以及国内各高校的实践,大型仪器设备主要是指政府预算资金投入建设和购置的、用于科学研究和技术开发活动的各类重大科研基础设施和单台套价值在50万元及以上的科学仪器设备[②]。

大型仪器设备共享的核心在于共享理念,即运用现代科学技术手段,通过政策调控和法规体系以及有效的管理体制和运行机制,实现科研设施与仪器的共建、开放、共用,最大限度地利用有限的科研设施与仪器资源,提高利用效率[③]。其共享范围可分为高校内部

[①] 作者简介:刘宇雷、王超,南京航空航天大学党政办公室人员。
[②] 科学技术部.国家重大科研基础设施和大型科研仪器开放共享管理办法:国科发基[2017]289号[Z].2017.
[③] 国家科技基础条件平台建设战略研究组.国家科技基础条件平台建设战略研究报告[R].北京:科学技术文献出版社,2006.

层面的开放共享和社会层面的开放共享,前者指整合校内资源,促进资源集约化利用,后者指在满足校内资源使用的基础上对整个社会进行开放,这是一种更高层次的开放与共享。

从微观层面看,高校大型仪器设备开放共享提高了资源的完好率和使用率,在一定程度上缓解了高校办学和社会发展面临的资源紧张问题,实现了仪器设备自给自足的良好成效,同时调动了科研人员、实验技术人员等群体的积极性和能动性,将实验室共享服务推向了开放、透明的良性循环[①]。从宏观层面看,高校是大型仪器设备集聚的创新高地,随着国家创新驱动发展战略的实施,积极推进高校大型仪器设备共享工作,对于探索未知世界,突破科学前沿,服务国家科技创新体系建设,解决经济社会发展和国家安全重大科技问题具有重要意义。

二、多校区运行模式下高校大型仪器设备共享若干问题

多校区大学是指具有一个独立法人地位,至少拥有两个地理位置不相连或建造时间不相同的校区的大学[②]。多校区的建立有效拓宽了高校办学空间,促进了学科发展,成为各高校的普遍选择。

1. 多校区运行模式与基本问题

目前,国内多校区运行模式主要包括"条式管理模式""块式管理模式"和"条块结合管理模式"3种类型。其中,"条"是指学校的纵向领导,"块"是指校区或院(系)的横向领导[③]。多校区办学具有多重优势效应,但其在运行和发展过程中产生的相关问题也是客观存在的。在校区规划方面,受限于主客观因素影响,多校区发展规划存在模糊无序的情况,导致管理界线不够清晰,人、财、物等办学资源分配不够合理,协调任务加重。在校园建设方面,信息化建设滞后,导致网上办公效率较低、沟通反馈渠道不畅,师生疲于在多校区之间奔波,不断挤压正常工作时间等。这些问题制约了多校区办学优势的发挥,并对多校区大型仪器设备共享工作产生了关联性影响。

2. 多校区运行模式下高校大型仪器设备共享存在的具体问题

自20世纪80年代起,国内一批高校已经就大型仪器设备共享工作进行探索并积累了一定经验,但面对多校区运行的新形势,一些过去成熟的做法亟须改进,一些不曾突出的问题正在凸显。

(1) 设备资源配置缺乏统一规划

与单一校区相比,多校区之间在办学定位、学科布局、教学科研任务等方面存在诸多

---

① 刘恩岐,张建萍,唐仕荣,等.大型仪器设备开放共享管理模式的实践与探索[J].实验室研究与探索,2016,35(5):285-287.
② 林健荣,王春,施文凯,等."双一流"背景下高校新校区规划与建设研究[J].中国人民大学教育学刊,2018(4):68-80.
③ 钱勤元.多校区大学管理的实践与思考[J].东南大学学报(哲学社会科学版),2002(6):126-129.

差异。因此,不同校区对于大型仪器设备的需求不尽相同,但在诸多影响要素之中,多校区学科布局始终是决定设备资源配置的主因,在此基础上,科学合理的学院设置与规划直接关系着多校区大型仪器设备共享成效。多校区大型仪器设备难以共享的关键原因之一正在于学校对学科建设的总体规划和顶层设计不够,对各院系学科发展需求的整合与协调力度不大,对大型仪器的共享缺乏推动力和强有力措施,推进过程中遇到很大阻力①。特别是在校区或院(系)横向管理模式下,所有权、使用权概念模糊,设备独享观念突出,制约了大型仪器设备开放共享的进程。

(2) 经费管理模式不够清晰规范

高校大型仪器设备购置和使用的经费来源广泛,尽管国家对大型仪器设备开放共享工作提出了宏观性指导性意见,但无论在高校主管部门或属地省市均缺乏具体的建设运行标准,加之空间距离等客观原因,导致多校区大型仪器设备经费多头管理,设备的所有权和使用权不够清晰,设备购置、测试、维修、人员等相关经费收支管理的盲点和风险点较为突出,进而影响了设备的共享度和使用效益,以及实验人员工作的积极性和创造性。其主要原因在于学校管理层对多校区大型仪器设备的经费管理统筹协调不够,校内相关职能部门的作用发挥得还不充分,未能通过政策制度和技术手段推动多校区大型仪器设备开放共享工作进入良性循环。

(3) 设备购置论证不充分,重复购置现象时有发生

由于采购前缺乏统一规划及必要论证,主要以院系、实验室等为单位制定购置计划,形成仪器设备在不同校区、不同教学科研主体之间条块分割的局面,造成财力分散、重复购置、仪器性能与实际应用需求不匹配等问题,导致想用的没有,已有的利用不足。在单校区设备重复购置解决方案尚未成熟的情况下,同样的问题在多校区运行过程中更加突出。

(4) 信息化建设滞后于大型仪器设备共享的要求

分割的地域因素对高校多校区大型仪器设备共享造成了物理空间的阻隔,仪器设备无法实现动态化实时监督管理,无法准确地共享设备的增减、变动、实验数据等实时情况,传统的手工记账式人工管理方式还不同程度地存在,进一步造成仪器设备无法均衡配置或闲置浪费。其症结在于信息化建设水平滞后于多校区大型仪器设备共享工作的新要求,未能真正以问题为导向统筹设计多校区资产管理信息系统。

(5) 专职实验技术队伍配置不能适应形势发展的需要

校区自身的扩大和不同校区实验室的重复建设,以及地域、交通限制等诸多因素叠加,导致专职实验技术人员数量短缺,队伍建设困难。同时,实验技术队伍体制不健全、机制不灵活,特别是在业务素质方面,中级职称占比高,部分高校尚无专职大型仪器设备管理人员,而设备管理和操作人员大部分由博士生或博士后等流动人员负责,少部分由在职中级职称实验技术人员兼任。他们均缺少精力或能力具体研究大型仪器设备的测试分析效果,直接制约了设备的使用效益与共享成效。

---

① 李春梅,何洪,程南璞,等.高校大型仪器设备共享管理模式和运行机制探讨[J].西南师范大学学报(自然科学版),2018,43(2):83-88.

(6) 绩效考核机制不健全,利益相关者的诉求没有充分满足

目前,各高校主要按照国家要求对大型科学仪器设备总体情况进行考核,重点考核每台大型仪器设备的机时利用和开放情况,并没有明确参与共享各方的责、权、利。同时,考核指标不够具体、权重设计缺乏依据、考核内容难以量化、评价结果利用不充分,导致无法充分发挥共享服务提供者、实验技术人员、使用需求方、学校管理职能部门等大型仪器设备开放共享工作中各方利益相关者的主动性和积极性。

三、多校区运行模式下高校大型仪器设备共享优化策略

由于多校区的形成历史不同,办学形式多元,多校区大型仪器设备开放共享工作并没有固定的模式可循。但通过近些年的持续探索和改进,高校大型仪器设备共享基本框架应遵循以下思路,即以集约式平台建设解决资源配置不均和重复的问题;以优化管理模式提升使用效益;以查重评议论证解决重复购置问题;以优化收益分配机制解决设备共享的可持续问题;以创新队伍建设机制解决人力资源紧缺问题;以完善考核评价机制解决共享激励和动力问题。在这一思路框架下,多校区运行模式下的高校大型仪器设备共享主要做好以下几个方面的工作。

1. 按照学科布局加强资源配置总体规划,提升大型仪器设备使用效率

多校区大学一旦建立,大学决策层必须考虑大学的整体学科和专业结构问题,对各校区的教育资源,包括教师队伍、仪器设备、经费投入等进行统一协调配置,从而提高整体效益[1]。特别是在"双一流"建设背景下,突破传统的条块分割模式,强化对不同校区学科建设的顶层规划是确保大型仪器设备共享成效的基础和前提。如西南大学采用"3+X"共享模式,确立了理学、农学、工学等3个相对集中的分析测试平台[2];东南大学分别构建了分析测试类、机电综合类、电子信息类、土木交通类、生命科学类等5个公共硬件平台[3],创新性地提高了多校区之间大型仪器设备的共享度和利用率,同时有利于推动学科交叉融合,避免设备重复购置。

2. 严格大型仪器设备购置论证,建立减少重复购置的监督机制

高校大型科学仪器设备购置经费来源较多,包括学科、教学、科研、实验室建设等多个方面。因此,应结合学科布局,严格购置论证,按照仪器设备原值标准和"把关前移,归口服务"的原则,从申购论证环节切入,强化查重评议论证,将仪器设备从计划到采购入库全过程与开放共享相结合,从源头解决仪器设备重复购置问题。从仪器设备使用范围和学科特点来看,通用类仪器设备使用频繁,校内教师了解仪器设备特性及前沿发展需求,可

---

① 刘海波,谢仁业.多校区大学管理的若干理论问题及分析框架[J].教育发展研究,2001(8):23-26.
② 李春梅,何洪,程南璞,等.高校大型仪器设备共享管理模式和运行机制探讨[J].西南师范大学学报(自然科学版),2018,43(2):83-88.
③ 刘加彬,熊宏齐,孙岳明,等.大型仪器设备共享管理体系的构建与实践[J].实验技术与管理,2015,32(5):8-15.

由校学术委员会或专家组论证;专用类仪器设备一般用于特定学科,可聘请或函询具有仪器设备使用经验的专家组论证。从服务对象来看,公共平台仪器设备使用率较高,服务对象较广,并能创造一定收益,可由校内相关学科专家组或学术委员会论证等①。

3. 制定科学的经费管理模式,不断完善大型仪器设备共享体系

在管理层面,坚持政策授权和学校集体决策原则,加强统筹协调,建立清晰的经费管理模式,明确设备所有权和使用权。为多校区建立统一的大型仪器设备共享专用账号,实行设备有偿使用,纳入学校财务统一管理,接受财务、纪检部门审核监督;在经费来源层面,打造学科建设规划与设备经费投入联动机制,通过学科建设专项经费引导支持共享平台建设;在收费开支层面,按一定比例交由学校统筹管理和平台自留使用,为设备的基础保障托底,同时反哺学科建设,激发基层单位共享积极性;在基础保障层面,设置专项"维修基金"和"共享基金",用于设备维修补贴,提升平台共享水平。

4. 以现代物联网技术为手段,搭建大型仪器设备共享的信息化平台

构建跨校区的、统一化的管理信息系统已经成为高校管理工作中的重要基本建设项目②。因此,可运用现代物联网技术,建设"大型仪器设备物联网"信息共享平台,实现校区与校区、校区与基层单位之间联网,通过系统的感知、网络、应用与业务等三层技术架构③,集成设备总览、在线预约、实时测试分析、培训授权、费用结算、数据转移及集中存储、效益统计分析等多种功能。同时,在相关条件具备时,还可与业务主管部门、所属区域、其他院校以至国家大型科研仪器网络平台实现对接,从而提升多校区大型仪器设备管理水平,有利于解决设备重复购置和使用效益偏低、设备资源与教学科研需求脱钩、区域交通限制等问题。

5. 完善多层次实验技术队伍建设,为大型仪器设备共享提供有效保障

多校区大型仪器设备管理、运行、保障的专业性和复杂性决定了队伍建设需要具有一定的综合性。在管理层面,需建立一支由科研管理、财务管理、资产管理等部门代表联合组建的共享管理团队,做大做强共享平台;在运行层面,需建立一支由教学科研业务代表组成的实验专家团队,通过信息平台预约功能提供在线测试分析和培训服务;在保障层面,可在多校区之间建立实验技术人员适时轮岗制度,缓解基础人力资源不足的困境,在此基础上,建设一支专兼结合、相对稳定的实验技术队伍,为多校区大型仪器设备共享工作提供有效的人力资源保障。

6. 强化各利益相关者的激励机制,优化绩效考核评价机制

科学制定多校区大型仪器设备开放共享工作的激励机制,明确激励主体、激励因素、

---

① 赵会武,党高潮.论高等学校申购贵重仪器设备可行性论证模式思考[J].实验室研究与探索,2014,33(1):271-274.
② 刘海波,谢仁业.多校区大学管理的若干理论问题及分析框架[J].教育发展研究,2001(8):23-26.
③ 朱洪波,杨龙祥,于全.物联网的技术思想与应用策略研究[J].通信学报,2010(11):1-8.

实施对象、激励目标,通过合理的绩效评价体系,全面调动大型仪器设备共享利益相关者的积极性和主动性。通过大型仪器设备物联网信息管理系统,统一对仪器设备进行效益统计分析,包括机时利用、使用频率、人才培养、科研成果、对外开放和功能开发等多角度、全方位测评和年度评审。同时,将大型仪器使用率与设备购置费、维护费与测试费直接挂钩,与实验技术人员的绩效考核与职称晋升关联,有效调动设备服务单位和个人的积极性。在晋升机制方面,对专职实验技术人员单独考核,打通职业发展上升渠道,将开放共享及测试承担工作任务的量化考核结果作为职称晋升重要参考依据。在惩戒机制方面,考核不合格或有条件而未认真开展大型仪器设备共享工作,造成使用率低下的,在规定时间内停止新购大型仪器设备,在申报科研计划项目时不予购置大型仪器设备等。对于通用性强但共享效果较差的大型仪器设备应跨校区、跨部门进行调剂或调拨。

四、结语

多校区高校大型仪器设备开放共享是一项复杂的系统工程,随着经济社会快速发展和"双一流"战略深入推进,大型仪器设备共享在高校办学和对外服务中的重要地位愈加凸显,提高设备共享度和使用率是高校多校区办学必然面对的重要课题,仍须通过系统性的校内综合改革统筹推进,实现资源优化配置与高效利用,助推学校"双一流"建设。

高质量发展背景下高校实验教学育人能力的建设

刘 虎 王 勤[①]

摘 要:我国高等教育进入了高质量发展阶段,实验教学应该主动适应新的形势和要求,围绕立德树人根本任务,加强自身建设,有机融入课程思政元素,促进育德与育才相统一,发挥实验教学的独特优势,创新育人理念,重塑教学目标,改革教学体系,完善体制机制,推动实验教学高质量内涵式发展。

关键词:高质量发展;高校实验教学;育人能力;课程思政

一、引言

我国高等教育始终服务于国家发展建设需要,随着两个百年奋斗目标的有序推进,目前又面临着新的历史任务。党的十九届五中全会通过的《中共中央关于制定国民经济和社会发展第十四个五年规划和二〇三五年远景目标的建议》提出要建设高质量教育体系,建成文化强国、教育强国和人才强国。在新发展理念下要把高质量摆在更加突出位置,作为教育发展行动自觉和内在追求,以高质量为统领,推动整体性流程再造、机制塑造和文化打造[②]。高等教育的高质量发展已经成为今后一段时期高校各项工作新的时代命题。

高校的根本任务是立德树人,要适应新形势实现人才培养的高质量跨越,必须落实教育各环节的高质量建设。人才培养是育德和育才目标有机统一的科学过程,人才培养的主渠道是课程教育,主要包括理论教育和实验实践训练。其中实验实践教学非常重要[③]。实验教学是培养学生全面发展、创新精神、实践能力过程中不可替代的重要环节[④]。实验教学由于其直观性、体验性、探索性、趣味性、科学性,在新时代育人工作中具有不可替代的作用。因此加强实验实践类教学的内涵建设、推动实验教学的提质升级、充分挖掘和发挥实验教学的育人功能,是促进实践育人、三全育人的重要途径,是实现教育高质量发展的应有之义和内在要求,具有很大的现实意义。

[①] 作者简介:刘虎,南京航空航天大学机电学院党委书记。
王勤,博士,南京航空航天大学教授,通用航空与飞行学院院长。
[②] 陈宝生.建设高质量教育体系加快建成教育强国[J].旗帜,2020(12):8-10.
[③] 夏有为.创"双一流"实验室工作举足轻重——访北京大学副校长、中国科学院院士高松教授[J].实验室研究与探索,2017,36(1):1-4.
[④] 夏有为.创新机制教科融合为培养高质量创新人才建设高水平实验平台——访北京建筑大学校长张爱林教授[J].实验室研究与探索,2018,37(11):1-4.

二、实验教学高质量发展的时代意蕴

1. 实验教学的新定位新指向

五中全会通过的《建议》指出,在坚持立德树人,"五育"全面发展基础上,要"加强创新型、应用型、技能型人才培养"。教育部等部门印发的《关于高等学校加快"双一流"建设的指导意见》指出"把立德树人成效作为检验学校一切工作根本标准,一体化构建课程、科研、实践、文化等育人体系,把思政工作贯穿教育教学全过程、贯通人才培养全体系"。2017年教育部党组印发《高校思想政治工作质量提升工程实施纲要》对构建"三全育人"一体化育人格局提出了新要求。2020年教育部出台的《高等学校课程思政建设指导纲要》,要求围绕构建高水平人才培养体系,统筹做好各学科专业、各类课程的思政建设。所有高校、所有学科专业都要全面推进课程思政建设工作,围绕政治认同、家国情怀、社会责任、文化素养、宪法意识、职业操守、科学精神、工程伦理等优化内容供给,将大学生思想政治教育全面有机融入教学科研各个环节。这是对新形势下高校人才培养工作的新指向,是对"三全育人"要求的进一步深化落实,是回归教育初心提升人才培养质量的有效路径。这些都为新形势下实验教学科学发展提供了明确的依据和指导。

2. 实验教学体系的新理念新变革

高等教育在知识实用主义和"有效教学"价值取向中走向了技术化,而这种技术化倾向与落实立德树人根本任务间存在明显落差[1]。高等教育应该紧紧把握为党育人、为国育才原则。人才培养在加强智育的同时要更加注重德育,高校的所有要素都应该有机融入其中,应该突出针对性和实效性,要满足社会发展、国家存续、人民幸福生活的需要,既要提升学生的专业知识和技能,又要加强学生的思想综合素质。新时代中国高校内涵式发展及"双一流"建设,离不开高质量实验实践教学[2]。实验教学作为日常教育的重要组成部分,在新型创新人才培养中发挥着基础性和全局性的作用,是支撑这一发展要求的重要保障和关键环节,必须按照这一要求进行新的定位,主动跳出传统思维惯性和思维定式的窠臼,站在更高的高度来推动和加强质量建设,不断完善实验教学的新育人理念,创新实验教学实践体系。摆脱实验教学就是辅助性、从属性的思想[3][4];克服只重视实验技能培养,忽视实验实践育人功能的观念[5]。摆脱实验教学与学生思政教育相互独立、关联不大的片面认知。实验教学体系应该将价值追求、文化熏陶、奋斗精神等与日常学习、实验实训、创新创业等深度融合,迭代更新,不断改革创新。

---

[1] 徐蓉.深刻认识全面推进高校课程思政建设的价值目标[J].马克思主义与现实,2020(5):176-182.
[2] 赵新生,聂新明,韦露.高校青年实验技术人员多层次、多元型培养体系的探索[J].高教学刊,2020(27):5-8.
[3] 潘柏松,王亚良,胡珏.机械工程CDIO实验室建设与研究[J].实验室研究与探索,2012,31(4):368-374.
[4] 邹广平,夏兴有,张学义.深化实验室内涵建设促进实验室可持续发展[J].实验室研究与探索,2012,31(10):161-163.
[5] 陈亚杰.充分发挥高校实验教学的德育功能[J].思想教育研究,2014(4):65-68.

3. 实验平台建设的新要求新内涵

实验室是培养创新人才的重要载体和物质基础,是提高教育教学质量和科研水平的重要支撑平台[1]。以提升实践育人质量为核心的内涵建设已成为高校实践教学改革新常态[2]。随着"双一流"和"一流本科"的推进,高校实验室建设已经取得了巨大进步,不少高校的硬件设施已处于国际先进水平,但是实验室的软件建设却相对滞后,造成实验平台的综合效益不能充分发挥,对学科发展、人才培养的支撑力度不够。实验室平台建设不仅仅包括先进的设施、高端的实验器材,还包括配套的理念、管理、规范、制度、环境、氛围等在内的文化建设。实验室文化是大学文化重要组成部分,具有引领、凝聚、激励、塑造等重要功能[3][4]。可以使全体人员接受共同价值观念与行为规范[5]。最终目标是实现实验室文化育人[6]。因此,实验室建设除了紧跟科技前沿的步伐,持续加强实验设备、实验场地等硬件建设,更加需要大力提升文化软实力,更好发挥在人才培养中传承科学精神、激发原始创新志趣、开拓国际视野、培育家国情怀、关注生态文明、坚持绿色环保等方面的作用,不仅将实验教学平台作为知识技能传授的载体,还要作为德育培养的孵化所。

4. 实验教学综合保障体系的新提升新进阶

实验教学与理论教学相比,重视程度显得不够,教学质量堪忧。教师参与实验室建设也不积极[7]。实验教学高质量发展需要建立新的制度体系和配套政策,要通过制度创新推动科学的实验室管理运行体系和高素质实验教师队伍建设,真正调动广大教师和实验室管理、技术人员的积极性和主动性。需要完善实验平台建设和开放、共享式运转的有效机制,激发广大专业教师自觉参与实验项目设计和指导学生。增强实验技术人员安心工作,不断提升自我综合素质和服务育人的意识。需要全体教职工重视实验教学,在工作中积极利用实验平台优势推动学科发展、专业建设、人才培养、思想教育的有机融合协调发展。从而推动实验教学成为高等教育新格局下的实践育人新引擎和新载体。

三、实验教学在新时代育人工作中的独特价值和优势

1. 深化课程思政,增强育人实效的多元融合

课程思政是高校实现高质量发展的必然要求[8]。实验教学具有很强的实践性、灵活

---

① 张海峰.“双一流”背景下的一流实验室建设研究[J].实验技术与管理,2017,34(12):6-10.
② 刘艳,孟令军,邵妍,等.打造一支持续发展的实践育人团队[J].实验室研究与探索,2017,36(2):162-164.
③ 郭鑫,马同涛,韩建新,等.高校实验室文化体系建设研究[J].实验技术与管理,2018,35(7):233-235.
④ 王青峰,袁文才,姜峰.浅谈高等学校的重点实验室文化建设[J].实验室科学,2015,18(1):168-170.
⑤ 周玉宇,张龙钊,王睿,等.贵重仪器设备共享的柔性激励机制设计[J].实验技术与管理,2015,32(4):7-10.
⑥ 高峰.高校实验室文化建设问题的探讨[J].实验室科学,2012,15(2):128-129,133.
⑦ 陈浪城,吴福根,邱伟青.面向"新工科"的高校实验室建设与管理模式创新和实践[J].实验技术与管理,2019,36(10):273-276.
⑧ 张大良.课程思政:新时期立德树人的根本遵循[J].中国高教研究,2021(1):5-8.

性、综合性特点,是感性与理性、科学与艺术、个人与团队、传承与创新、个性与共性的多元统一,可以发挥理论教学难以达到的教育效果。实验教学的内在特质与课程思政的教育需求具有天然的契合性,可以相辅相成、相互促进。相较于集中化、高强度的思政理论灌输,更能激发学生学习兴趣[1]。实验教学把"教学"和"育人"有机结合,既传授知识,又进行思政教育,既培养学生科学思维和创新意识,又提高学生思想道德修养[2]。可以有效改变思想政治教育单纯通过课堂理论"灌输式"教学效果不够理想的情况,改变德育和智育"两张皮"的情况,可以有效利用体验式教学的隐性教育优势,将价值培育、素质拓展和知识传授有机融合,发挥实验类课程思政特有的优势,激发学生的家国情怀意识和建功立业的热情,培养学生敢于挑战艰难险阻和立志勇攀科学高峰的精神,增强学生努力奋进和刻苦钻研的动力,能够充分发挥实验教学在人才培养体系中具有的特殊、不可或缺的作用。

2. 激发大学生创新创业意识,积极开展实习实训

2020年国务院出台了关于全面加强新时代大中小学劳动教育的意见,指出"劳动教育是学生成长必要途径,具有树德、增智、强体、育美的综合育人价值""高校要注重围绕创新创业,结合学科和专业积极开展实习实训等,使学生增强诚实劳动意识"。在信息技术快速发展的当下,网络无处不在,人们的生产生活方式发生了很大变化,虚拟生存对大学生的影响日益扩大。劳动教育不但能改变大学生对劳动的理解和态度,加强在劳动过程中应用新知识、新技术、新工艺、新方法创造性地解决实际问题的能力,而且还可以有效改进大学生思想状况和对现实世界的认知能力。高校开展劳动教育应立足校内,立足育人主渠道,实验实践类课程无疑是最有效的途径,是最贴近学生的教育载体。通过挖掘实验实践课程中的劳动环节,有机设计实验教学内容和过程,加强学生在实验准备、实施、完成各阶段的直接参与,通过整理实验设施、打扫实验环境、制作实验仪器和器材等方式,提升学生的劳动意识和劳动技能,增强学生吃苦耐劳和踏实勤勉的精神,强化学生实干兴邦和崇尚劳动的观念。

3. 加强大学生科学精神,提升职业素养

实验教学是科技创新的土壤,很多原创性的思想是在实验实践过程中得到了启发,实验的过程本身应遵循各自学科的内在规律,符合科学原理,遵守科学规范,是培养学生科学精神最好的训练途径,通过开展各种不同层次的实验可以逐渐建构起学生的科学思维和科研技能。公共基础性的实验主要加强学生对一般性实验技术的理解和掌握,促进学生对科学现象和科学原理的感性认知,有利于培养学生的思辨能力、探索兴趣和逻辑思维。专业性实验往往都紧密结合学科和专业人才的培养目标,具有很强的行业特点,可以使学生在走入社会、步入职场前,接受专业性模拟训练和素质拓展,有利于促进学生自觉实践各行业的职业精神、职业规范和职业技能。创新实践类的实验教学,一般都具有很大开放自主性、尝试探索性、跨界融合性和复杂挑战性,可以有效激发学生的内生驱动力和

---

[1] 刘少楠,梁健,李梅梅,等.高校实验教学结合课程思政的优势与现状[J].教育观察,2019,8(31):126-127.
[2] 盛英卓,兰伟,张振兴,等.高校实验教学中的思想政治教育[J].实验室科学,2020,23(6):225-227.

创新创业意识、培养学生脚踏实地和团结协作能力。

四、推动高质量实验教学育人的路径和方法

1. 创新和完善实验教学育人理念

在教育发展高质量的新目标下,实验教学应该在创新人才培养、综合素质能力提升中发挥更大的作用。围绕新时代高等教育工作新方位,不断提升对实验教学功能地位的认识,明确理论教学和实验教学并重的理念[①]。跳出单纯技术性的思维模式,有机引入价值引领、人格塑造、意志品质锤炼等德育内容,将育人放在更加重要的位置。高校实验教学德育功能,是指实验教学对大学生思政品德形成发展所具有的功效与能力[②]。正确认识高校实验教学对学生德育的重要性,深入探索和挖掘实验教学中的课程思政元素,对于充分发挥实验教学价值和作用,提升实验教学质量和人才培养工作具有重要意义。实验教学应该建立系统的、多样的、递进的、个性化的育人体系,对于验证性、综合性和演示性的实验教学,应该在提升其程序性、严谨性、逻辑性、科学性上下功夫;对于创新性、开放性、专业性的实验教学,应该在激发学生兴趣、创新动力、社会责任、科学伦理等方面进行拓展;对于实践实训性的实验教学,应该从科学发展史、科学家精神、现实社会关照、人生价值体验等方面进行发力。真正发挥实验教学在人才培养中的综合性、拓展性、协同性等功能。

2. 重塑和完善实验教学体系

实验教学要实现新突破,关键和抓手是科学推进实验教学体系建设。树立以学生为本,以培养具有家国情怀、科学精神、志存高远、复合型、创新型高素质人才为目的,切实提高学生思想道德品质、创新实践能力的综合素养培养目标。构建实验教学新体系,取代传统过多依附于理论教学、内容固化的实验教学模式[③],有力支撑一流人才培养。加大对实验教学体系改革和研究,丰富实验教学内涵、完善传统实验教育方案、提升实验教学质量。进一步围绕人才培养目标优化实验教学内容,推进现代信息技术与实验教学深度融合,加强虚拟仿真实验教学项目设计以及实验金课建设,将人工智能、物联网、虚拟现实、区块链等新兴技术引入实验教学体系,推进深度融合创新,重塑实验教学新形态,构建实验教学新场景。调整基础实验、专业实验、前沿探究实验各阶段实体实验与虚拟仿真实验比重,减少基础实验中陈旧的验证性实体实验教学内容,建设科研前沿成果反哺本科教学的虚拟仿真实验教学项目,进一步构建虚实结合、结构合理、高度支撑毕业生知识、能力、素质要求,完整健全的实验教学课程体系。构建层次化、线上线下结合的多样化、个性化、智能化实践教学新模式。要在实验教学体系设计中引入和完善科技伦理、法律法规、科学发展

---

① 冯晓云.实践育人是大学的根本[J].实验室研究与探索,2013,32(1):1-4.
② 张海峰."双一流"背景下的一流实验室建设研究[J].实验技术与管理,2017,34(12):6-10.
③ 王洪德,傅贵.理工类高校适应性实验教学体系内涵挖掘[J].实验室研究与研究,2013,32(8):139-141.

史等实验相关课程。要积极开展实验课程思政建设,围绕国家重大项目、重大工程建设、国产自主重大实验装备设施研制等,深入挖掘实验教学中的思政元素和开展德育的切入点,提升实验育人意识,有机融入人格完善、精神塑造、价值追求等相关教学内容,发挥好实验实践类教学在培育学生科学精神、科学伦理、环境保护、法治观念、家国情怀等方面的隐性教育功能。

3.丰富和挖掘实验教学平台内涵建设

实验平台建设要围绕新的教育理念和目标,在持续增强硬件建设同时,还要不断加强软件建设。应高度重视实验室文化建设,将素质、专业、创新、团队协作和安全等文化融入其中①。更加精准建设新型的、复合式实验平台,推动设立更多开放性、自主性、创新性实验室,使实验教学与理论教学有机协调。加强虚拟仿真、交叉融合型实验室建设,与最新技术发展和需要相适应,紧跟国家战略、学科行业产业发展最新成果,科研和工程最新技术,始终走在时代和科技发展前沿。要发挥好校院两级建设主体的主动性和灵活性,谋划好多层级、立体式、全覆盖、优势互补的实验教学平台,一体化推进。大力加强实验平台的文化建设,充分发挥实验室的制度、历史、环境、教师和硬件的"无声"影响,不断提升对学科文化、实验文化的感知,充分发挥实验准备、实验过程、实验总结的规范性、系统性特质,培育优良的实验室育人文化软环境。关注实验教学帮助学生成就伟大的创新,但更可贵的是使学生体验到创新的快乐和自信,激发学生创新欲望,明确创新目的和意义,并创造条件,鼓励学生持续将发现的"新"探究下去,培养他们创新的能力。

4.加强和促进实验教学相关制度建设

实现实验教学在新时期的高质量发展,就必须建立有效的体制机制形成持续动力。要以更高的定位、更新的思想指导建立健全相关规章制度,加大对实验教学的重视和支持力度,提升对实验教学重要性的认识,增强对实验教学的运行保障,运用系统思维加强顶层设计,立足长远,谋划全局。学校成立实验教学专家委员会,积极培育实验教学育人团队,建立实验教学校院两级专家论证决策、学科专业带头人牵头建设、首席负责人主持实验课程等相关制度。要贯彻《深化新时代教育评价改革总体方案》精神,强化人才培养中心地位,大胆破除"五唯",加大政策激励和引导力度,不断推动专业教师将最新科研成果引入实验教学,主动投入精力直接参与实验教学和育人工作,鼓励更多高水平教师开展实验实践类课程思政的研究探索实践。要不断加强实验教师队伍建设,充实和优化结构,提升工作地位和待遇,完善培养交流和考核评价机制,加强思想和业务培训,畅通职业发展路径,破除理论教学教师和实验教学教师的流动障碍,推进实验教师队伍育人能力和素质的整体性改善。

---

① 段书凯.提升实验室文化建设助推实践育人实效[J].实验室研究与探索,2016,35(4):174-178.

五、结语

教育的高质量发展需要高质量的实验教学,高质量的实验教学促进教育的高质量发展,两者相互作用、辩证统一。高质量高等教育的含义不仅仅在于技术和管理的高层次、高水平,也在于育人理念和价值培育的高站位、高成效,新时代背景下实验实践教学应该从高等教育发展的全局和自身特点出发,充分发挥实验教学在培养学生精神品质、价值追求、综合素养、职业规范、创新实践等方面的特殊优势,深入推进改革创新,一体化推进教学理念、目标、平台、文化、制度建设,不断丰富实验教学内涵,提升实验教学育人功能,实现实验教学高质量发展。

关联案例平台的实现及在 MIS 教学中的应用研究

申 彦　樊茗玥　刘春华[①]

摘　要：在总结了管理信息系统课程特点的基础之上，分析了传统教学方法在管理信息系统课程教学中的不足之处，引入了一种新颖的关联案例教学方法。对关联案例教学方法的核心思想进行了诠释与分析，总结了关联案例教学方法相比较传统教学方法的优点。利用 Web2.0 技术研发了基于 B/S 结构的关联案例教学平台，在管理信息系统课程教学过程中应用该关联案例教学平台，取得了良好的教学效果。教学实践证明利用现代信息技术进行关联案例教学是一种切实可行且有效的新型教学方法，可有效提高教学效率以及教学质量。

关键词：关联案例；MIS 教学；教学平台；Web2.0；Ajax 技术

一、引言

管理信息系统（Management Information System，简称 MIS）是一门综合性和实践性都非常强的课程，涉及系统管理与维护、企业管理、运筹学等相关知识。在课程学习过程中需要学生具有较强的信息系统研发能力、企业管理以及财会知识的综合运用能力[②③④]。一般 MIS 课程的教学是通过教师板书或讲解幻灯片进行，往往会存在学生缺少项目研发实践经验，只是单纯被动接受理论知识等问题，以致容易造成学生认为 MIS 课程内容枯燥、抽象、难以理解[⑤]。最近几年兴起的案例教学方法解决了部分问题，但仍然存在各个案例之间相对分散，零散的案例没有与课程知识体系融会、贯通等问题，造成了课程知识体系与案例系统成为两条平行的直线，缺乏关联性。以上这些因素使得教师在平时的教学过程中不能有效激发学生的学习热情，教学效果有待进一步的提高。因此如何将案例系统与课程知识体系两者之间有机结合起来并将案例与案例有效地联系起来成为重要的

[①] 作者简介：申彦，工学博士，江苏大学管理学院副教授，研究方向为信息系统开发、数据挖掘、计算机网络。
樊茗玥，博士，江苏大学管理学院副教授，研究方向为智能信息系统。
刘春华，江苏大学计算机科学与通信工程学院硕士，研究方向为智能信息系统、数据挖掘。
[②] 薛华成.管理信息系统[M].北京：清华大学出版社，2012.
[③] 刘仲英.管理信息系统（第 2 版）[M].北京：高等教育出版社，2012.
[④] 孟庆果.信息管理与信息系统专业的 MIS 课程教学方法研究[J].电子科技大学学报（社科版），2006，8(5)：100－103.
[⑤] 刘刚.管理学科案例教学的准备与组织工作[J].中国高教研究，2010，5：86－88.

教学研究内容。

二、MIS 课程的特点及传统教学方法在 MIS 教学中的不足

1. MIS 课程的特点

一般来说,MIS 课程的教学主要分为课堂理论教学和课外实践教学两个部分。课堂理论教学的目的是让学生理解和掌握管理信息系统的概念以及管理信息系统的核心基础知识,让学生通过理论知识的学习,全方位了解 MIS 系统在现代企业管理中的重要性并熟练掌握 MIS 系统的开发方法。实践教学的目的是让学生通过实际的 MIS 系统开发与应用,在实践中充分消化、理解和领会理论知识。通过实践培养学生信息处理的能力、信息建模和系统开发的动手能力,做到理论联系实际。

高校 MIS 课程有如下特点:(1) 现阶段大部分 MIS 理论是由国外传入国内的,这些理论往往最符合国外的发展情况,但并不能很好的贴合国内的实际情形[1][2]。如不能结合国内具体案例,因地制宜的进行调整,则显得突兀,较难消化、吸收相关知识点。(2) 在 MIS 课程的理论教学过程中不仅涉及大量的图表,如组织结构图、业务流程图、数据流程图、程序流程图、功能结构图等,而且还涉及系统研发和研发案例以及具体应用系统的演示等。在教学过程中需要一个良好的案例展示平台,否则学生容易感觉抽象、空洞、枯燥无味。(3) 课程知识整体性很强,前后关联紧密。在对大量知识点进行讲解的过程中,如不注意体现关联性,容易让学生觉得知识点太杂、零散,较难掌握。

2. 传统教学方法在 MIS 课程教学中的应用现状及其不足之处

过去 MIS 的教学主要是以教师课上讲述为主。在教学过程中针对重点和难点,通过教师口述或者板书的形式呈现给学生。这种形式的 MIS 教学难以在短时间内结合有关知识点进行生动的讲解,学生学习起来容易感到抽象和枯燥,不利于激发学生的学习热情。

案例教学采用通过案例来辅助说明问题的方法进行教学,成了老的教学方法的重要补充。教师在教学中依据自己的教学经验,收集与课程相关的生动案例以投影或者幻灯片的方式进行展示、讲解,可有效提高学生对课程内容的学习兴趣。但投影或者幻灯片受制于展示方式,往往只局限于展示某一个重点知识,对于讲解前后知识点之间的关联关系常常需要多次前后翻页,非常不便。因此,此种方式并不能系统地呈现全部知识点,且案例之间不能很好地呈现出渐进性关系,不能循序渐进地引导学生主动学习。仅通过零散的案例学习,学生并不能有效掌握知识脉络、更不易将各章节的知识联系起来,形成知识体系,没有完全将案例教学的作用发挥出来。这不利于学生掌握 MIS 相关知识,难以达到良好的教学效果。

---

[1] 李莉.国内外 MIS 课程内容比较分析[J].鞍山师范学院学报,2008,10(3):91-93.
[2] 王冰洁,袁林三.管理信息系统课程设计的教学实践[J].教育教学论坛,2013,12:236-237.

三、关联案例教学

1. 关联案例教学的含义

关联案例教学是以传统案例教学作为基础,以构建主义学习理论为指导,突出"以学生为中心,主动学习"的思想,强调学生系统化的学习整个知识体系的一种新型教学方法。它的特色在于案例的选择不仅与课程内容相关联,而且案例与案例之间彼此关联、层层递进,构成一个完整的知识体系,循序渐进地引导学生完成整个课程知识的学习。强调在案例选择过程中注意案例与课程的关联性以及案例之间的关联性,利用前后关联的案例,形成一体的案例库引导学生学习,充分激发学生主动学习课程知识的热情[①②③]。

2. 关联案例的关联模式

关联案例的关联模式一般可分为顺序关联模式、星型关联模式和混合型关联模式3种。分别如图1、2、3所示。

顺序关联模式主要适用于对课程连贯性知识的介绍,用于由浅入深的引导学生进行相关知识点的学习。

星型关联模式呈发散形式,主要适用于对某一重点知识的讲解和补充介绍,进行知识点的扩展分析,使得学生能够加深印象,重点掌握该知识点,同时能够激发学生的发散性思维,使其在以后的工作过程中能够举一反三,结合具体情况灵活运用相关知识。

混合型关联模式是上述顺序关联模式和星型关联模式的结合,不仅可运用于对知识体系进行递进的讲解,而且可以对知识体系中的重点、难点知识进行补充说明,激发发散性思维,让学生主动地学习并掌握完整的知识体系。

3. 关联案例教学方法的作用

(1) 有助于学生理解课程知识

关联案例教学是一种渐进式的教学方法,在选择案例时注意案例之间的关联关系,最终以案例库的形式整体呈现给学生。教师在教学过程中带领学生从课程的基础知识入手,结合案例库中的精选案例,层层递进的学习各章节的重点和难点,由浅入深、由简入繁,避免学生在猛然接触难点时产生畏难情绪,不想继续学习。实践证明,该教学方法通过生动案例逐步引导学生进行学习,有助于学生接受、理解课程相关知识,激发学生主动学习的积极性。

(2) 有助于培养学生系统思维和发散思维的能力

关联案例教学是一种系统式的教学方法,案例呈现整体性,学生通过关联案例的学

---

① 吴海珍,蒋加伏.关联案例教学法在"VB程序设计"教学中的应用[J].计算机教育,2009,12:52-54.
② 李战春.关联案例循序渐进法在程序设计教学中的运用[J].教育教学论坛,2013,49:70-71.
③ 吴海珍.可视化编程技术课程中关联案例教学法的运用[J].企业家天地,2007,10:185-186.

习,有效地将案例与案例之间以及案例与课程理论知识之间联系起来,形成知识体系,摈弃原来课程学习中的简单背诵、机械记忆等学习方式。这种教学方法不仅有利于正确引导学生举一反三、主动探索学习和创新,而且培养和锻炼了学生进行系统性思维以及发散性思维的能力,提升了学生的认知能力和解决实际问题的能力。

(3) 有助于学生掌握课程重点

关联案例教学的特点在于案例与课程知识相融合,且案例之间存在联系、形成体系,便于学生系统地掌握各重点知识。在整个教学过程中,教师可针对各个环节的知识点选择对应且相互关联的案例素材,对课程内容逐步进行解析,使得学生能深入地理解和掌握课程中的重点理论知识。除此之外,在对重点知识的讲解过程中,教师可通过星型模型增加补充案例,以强化学生对难点、重点知识的理解。这种教学方法有助于学生掌握课程的重点知识。

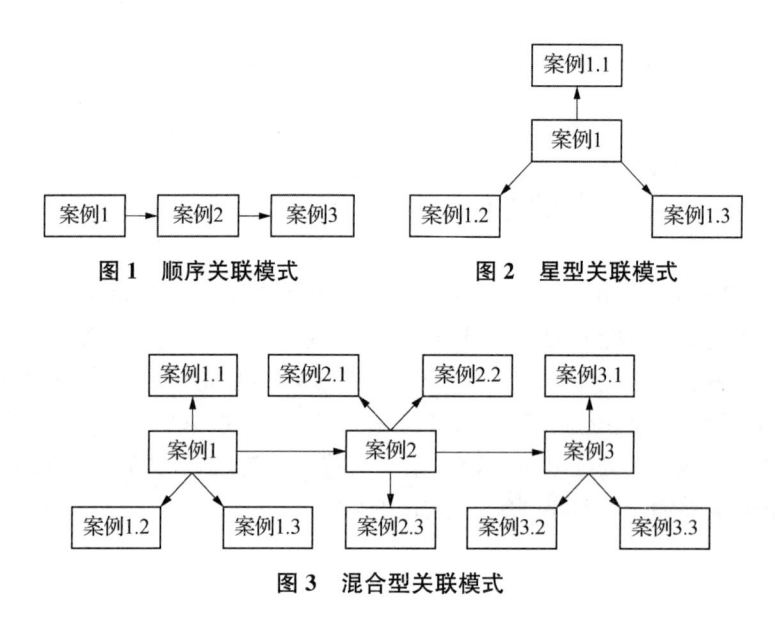

图 1　顺序关联模式

图 2　星型关联模式

图 3　混合型关联模式

四、基于 Web2.0 的关联案例教学平台的实现及其在 MIS 教学中的应用

1. 基于 Web2.0 的关联案例教学平台的研发

先进的教学思想需要先进的技术加以支持,为了更好地将关联案例教学方法应用于 MIS 的教学过程中,利用动态网页 JSP、JavaScript 以及 Ajax 技术研发了基于 Web2.0 的关联案例教学平台。该平台采用 B/S 结构,客户端只需要通过浏览器即可在线使用该平台,避免了繁杂的安装、配置工作。平台包含了系统管理、案例后台管理、关联案例展示和学习园地 4 个模块,充分体现了 Web2.0 技术的个性化、共享性、开放性等特点[1][2]。平台

---

[1] 杨琳.基于 Web2.0 的高校教学案例:评析与应用[J].电化教育研究,2013,7:71-81.
[2] 严冰,吴国祥.Web2.0 与远程教育人才培养模式改革[J].中国远程教育,2010:12-19.

基本结构如图4所示。

该平台基于Web2.0技术研发,更加注重用户的参与性。用户既是网站内容的浏览者,也是网站内容的制造者。学生既可以通过该平台进行有关案例的阅读学习,也可以针对课程的重点、难点进行发帖询问以及通过即时通信软件和教师在线、离线交流。除此之外,也可以回答其他同学提出的有关问题,充分利用网络的开放性与便捷性。

平台主要依托Ajax技术实现Web2.0强调用户之间的交流,重视用户的参与等主要思想。Ajax技术实际上并不是一种新出现的技术,而是一种已有技术的组合实现模式,是由Javascript、XHTML、CSS、DOM、XML、XMLHttpRequest等组合构造而成的。在Ajax提出之前,系统研发时对上述技术往往都是单独使用。随着Web2.0思想的提出,Ajax得到了广泛的重视与应用。Ajax技术采用异步交互技术,可在无需刷新整个网页的情况下对网页局部内容进行重构,加强用户与网页的交互性,减少用户心理和实际的等待时间,提高用户的系统体验。

在关联案例教学平台各组成模块当中,系统管理模块用于管理员对整个系统进行日常维护,如数据导入、导出、权限分配等,以确保整个平台能够安全、稳定地运行。案例后台管理模块是该平台的重要组成部分,拥有权限的教师可通过案例后台管理模块设计、编写关联案例库。案例内容的设计可采用超文本或超媒体的形式以吸引学生主动学习关联案例。学生根据课程进度及自身的情况,通过关联案例展示模块选择相应的案例库进行渐进、系统的学习。学习园地模块引入论坛模式并利用腾讯API加入了在线QQ功能,打破时空限制,为师生打造了一个协同教学的平台。教师可通过学习园地了解学生反馈的信息并及时与学生交流。

在平台的界面设计过程中,该平台充分考虑到用户与系统的互动性问题,利用Ajax技术实现了交互式的弹出窗口,便于用户进行快捷操作以及快速获取概要知识。除此之外,为了让用户能够快速了解、使用该平台,我们还将使用步骤汇编成册并导入系统帮助菜单,建立了索引,让用户可通过系统帮助菜单进行平台使用方法的快速学习。

2. MIS课程关联案例的设计

案例的正确选择是关联案例库设计的第一步。首先应该充分考虑到MIS课程本身的特点,时刻考虑关联性,将所选的案例作为一个整体进行规划,使其形成一个关联案例体系,构造案例库。案例库内的案例不仅要与MIS课程的知识体系相融合,而且还要考虑到各个案例之间的承接和过渡。其次,案例要真实,避免假设和虚构。可以根据教学需要,有针对性地剔除某些无效信息或者隐瞒某些要素,以便有利于实现教学目标[1][2][3]。最后,案例难易程度应该适中。案例既不能过于繁杂也不能过于浅露和直白,要针对学生的可接受程度,根据知识的特点由浅入深的选择案例,避免案例过于简单使学生产生思维惰性或者太难使学生产生畏难情绪。

---

[1] 褚艳宁.高职院校管理类课程"探究式"案例教学模式的构建[J].教育理论与实践,2014,34(9):20-21.
[2] 何璘.案例教学在高校马克思主义基本原理概论中的运用[J].教育探索,2014,7:120-121.
[3] 安晓洁.案例教学法在计算机基础教学中的运用[J].教育理论与实践,2014,34(6):50-51.

例如,可选择知名企业的 MIS 系统在开发过程中各阶段的具体事例,组成顺序型案例库,由浅入深的引导学生掌握开发的基本技能并形成完整的 MIS 系统开发知识体系。在每个案例的结尾,可引出下一个阶段需要解决的实际问题,促使学生进行主动的思考,激发其继续学习下一个案例和下一个阶段知识点的热情。对于需要重点强调的知识点,可通过设计混合型案例库,对重点知识进行强化解析,加深学生对有关知识点的印象。

所实现的关联案例教学平台的部分功能,如图 5、图 6 所示。

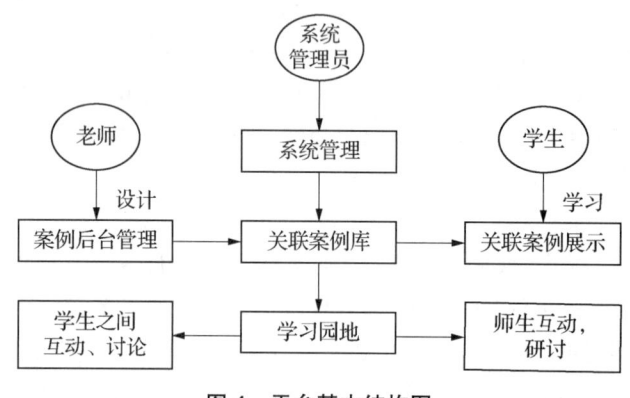

图 4　平台基本结构图

图 5　顺序型案例库

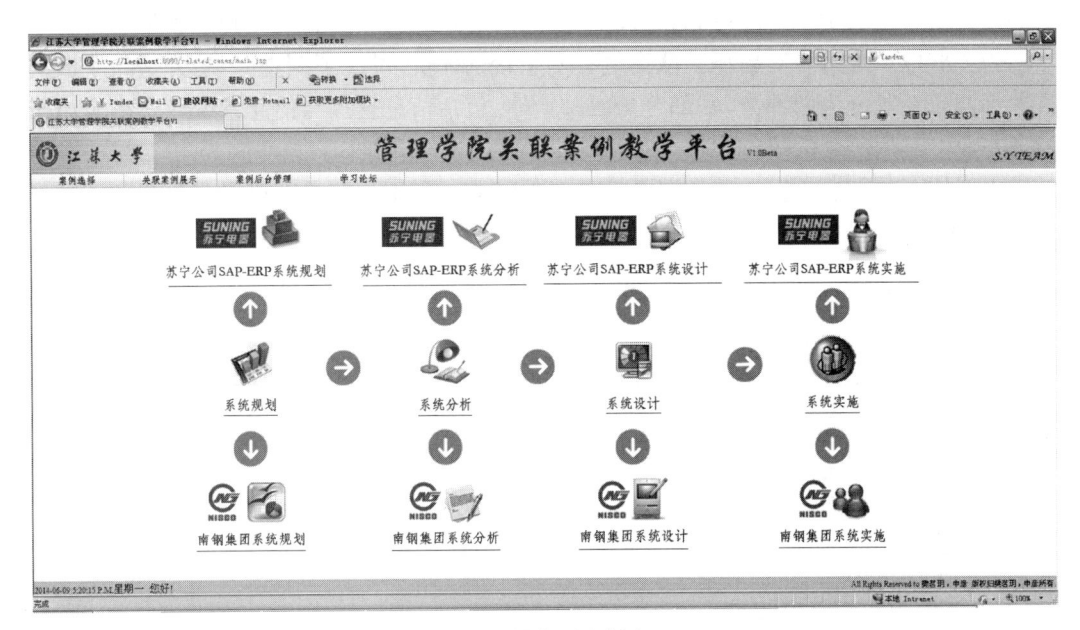

图 6 混合型案例库

经教学实践观察,在 MIS 课程的教学中应用该关联案例教学平台,充分激发了学生的学习热情,帮助学生形成了完整的系统研发知识体系。现将该平台的主要优点总结如下:

(1) 课程学习不受时空因素限制

传统课堂的教学方式须学生、教师在同一时空下进行,而实际情况中有些学生希望在课后也能继续学习并能够与教师进行交流,但是因为受到时空的限制,课后教学活动的开展往往比较困难。基于 Web2.0 技术的关联案例教学平台利用便捷的互联网有效地解决了这一问题。教师和学生可以通过关联案例平台根据自己的实际情况选择不同的时间段、在不同的地点针对课程内容进行在线以及离线交流,方便快捷。

(2) 案例展示形式多样化。

关联案例教学平台利用多媒体技术,采用多样化的案例展示手段,以文本、图形、视频、音频等多种媒体的形式进行案例的展示。这种图文声像并茂的多种感官综合刺激,使得学生更容易被吸引,学习的热情高涨,对有关知识的印象也越发深刻。

(3) 增强了教学互动性与便捷性

关联案例教学平台中的学习园地模块以论坛的形式让教师和学生之间、学生与学生之间保持同步或异步交流,加速了信息的反馈、加强了互动性的思想交流。平台建立在一个多样化的网络环境中,学生既可以通过校园网进行案例的学习和交流,也可以通过校外网络利用 VPN 访问该平台进行学习和交流。

(4) 减轻了教师的工作负担

该平台操作便捷,教师在使用之前无需经过复杂的培训,只需简单学习系统内嵌的操作手册即可掌握系统使用的主要方法,进行关联案例库的设计与案例内容的编辑。在教学过程中教师也无需反复板书案例内容,重复进行课件幻灯片的编写,只需要通过互联网访问该关联案例教学平台即可,大幅降低了教师的教学负担,提高了教师的教学效率。

为了获取广大师生对新型关联案例教学平台的评价,设计了调查问卷,并进行了匿名投票。调研对象分为两部分,一部分为教师群体,包括信息管理与信息系统专业以及电子商务专业。利用例会的研讨时间共发放调查问卷48份,回收有效问卷45份。另一部分为学生群体,包括电子商务、营销以及公共医保专业。利用学期末上机课余时间共发放调查问卷110份,回收有效问卷108份。调查问卷以及统计分析结果如图7(a)~(g)所示。

关联案例教学平台 V1.0 使用意愿调查表—(学生)

		A	B	C	D
1	您认为在 MIS 教学过程中,应该引入案例教学吗?	应该(83.33%)	不应该(9.26%)	无所谓(4.63%)	不知道(2.78%)
2	您认为介绍的案例之间,应该前后具备一致性、连贯性吗?	应该(84.26%)	不应该(0.00%)	无所谓(12.96%)	不知道(2.78%)
3	除了课堂教学,您最主要的接受专业知识的有关途径是?	书籍(55.56%)	广播(5.56%)	网络(27.78%)	电视(11.10%)
4	您愿意通过网络咨询老师吗?	愿意(85.19%)	不愿意(5.56%)	无所谓(4.63%)	不知道(4.62%)
5	您愿意使用新型的网络教学平台吗?	愿意(87.96%)	不愿意(2.78%)	无所谓(9.26%)	不知道(0.00%)

(a) 关联案例教学平台使用意愿调查表—学生

关联案例教学平台 V1.0 使用意愿调查表—(教师)

		A	B	C	D
1	您认为在 MIS 教学过程中,应该引入案例教学吗?	应该(93.33%)	不应该(6.67%)	无所谓(0.00%)	不知道(0.00%)
2	您认为介绍的案例之间,应该前后具备一致性、连贯性吗?	应该(100.00%)	不应该(0.00%)	无所谓(0.00%)	不知道(0.00%)
3	除了课堂教学,您最主要的传授专业知识的有关途径是?	书籍(66.67%)	广播(0.00%)	网络(31.11%)	电视(2.22%)
4	您愿意通过网络回答学生的提问吗?	愿意(86.67%)	不愿意(2.22%)	无所谓(11.11%)	不知道(0.00%)
5	您愿意使用新型的网络教学平台吗?	愿意(84.44%)	不愿意(6.67%)	无所谓(8.89%)	不知道(0.00%)

(b) 关联案例教学平台使用意愿调查表—教师

	关联案例教学平台 V1.0 评价调查表—（学生）			
		A	B	C
1	该平台使用便捷	是的(75.93%)	不是(24.07%)	不清楚(0.00%)
2	给案例讲解提供了多样的展示方式	是的(87.96%)	不是(4.63%)	不清楚(7.41%)
3	增强了教学过程的互动性	是的(80.56%)	不是(11.11%)	不清楚(8.33%)
4	减轻了课业负担	是的(63.89%)	不是(18.52%)	不清楚(17.59%)
5	加强了案例之前的关联性，有助于加深理解	是的(82.41%)	不是(8.33%)	不清楚(9.26%)

(c) 关联案例教学平台评价调查表—学生

	关联案例教学平台 V1.0 评价调查表—（教师）			
		A	B	C
1	该平台使用便捷	是的(71.11%)	不是(28.89%)	不清楚(0.00%)
2	给案例讲解提供了多样的展示方式	是的(82.22%)	不是(17.78%)	不清楚(0.00%)
3	增强了教学过程的互动性	是的(84.44%)	不是(15.56%)	不清楚(0.00%)
4	减轻了教学负担	是的(80.00%)	不是(20.00%)	不清楚(0.00%)
5	加强了案例之前的关联性，有助于知识的理解	是的(88.89%)	不是(2.22%)	不清楚(8.89%)

(d) 关联案例教学平台评价调查表—教师

	本关联案例教学平台最有待改进的地方—学生/教师（多选，必须选3个）
1	应加强系统安全性
2	应加强系统信息的访问控制权限
3	应加强系统的浏览器兼容性(IE8/9/10，Chrome，Safari)
4	应针对多种智能终端做显示优化(IOS/Android/Windows Phone smart phone or tablet PC)
5	应开拓新社交媒体如微博、微信等有关应用
6	应加强平台的宣传
7	应扩展平台的使用专业
8	应优化案例的编辑方式
9	应加强现有系统的并发处理能力
10	应加强案例信息的搜索功能

(e) 关联案例教学平台需改进调查表

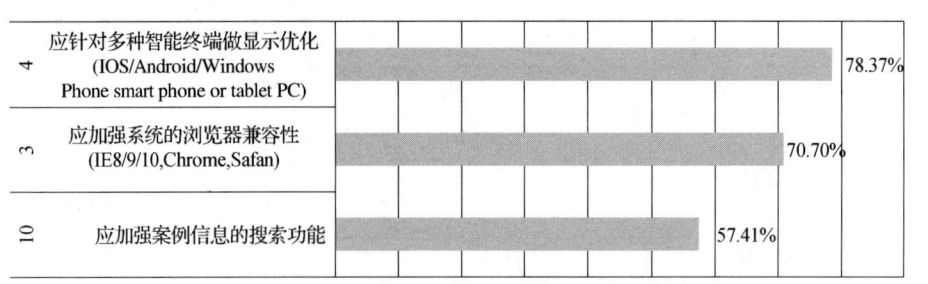

4	应针对多种智能终端做显示优化 (IOS/Android/Windows Phone smart phone or tablet PC)	78.37%
3	应加强系统的浏览器兼容性 (IE8/9/10,Chrome,Safari)	70.70%
10	应加强案例信息的搜索功能	57.41%

（f）需改进处调查结果—学生

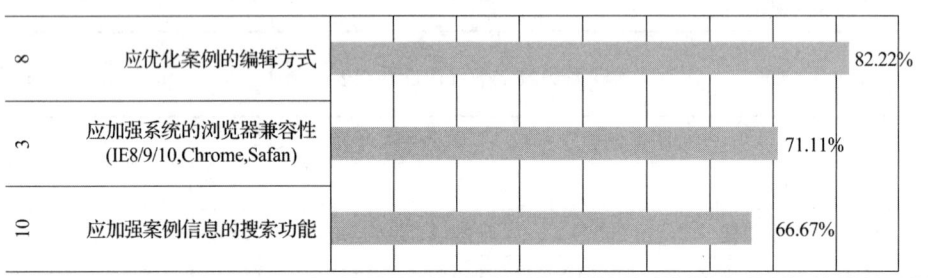

8	应优化案例的编辑方式	82.22%
3	应加强系统的浏览器兼容性 (IE8/9/10,Chrome,Safari)	71.11%
10	应加强案例信息的搜索功能	66.67%

（g）需改进处调查结果—教师

图 7　调查问卷及分析

从调研结果可以看出,师生对该关联案例教学平台总体还是较为认同的,也比较愿意在教学过程中使用该平台。师生普遍认为该教学平台加强了案例教学案例之间的关联性,有助于加深有关知识点的理解。除此之外,该关联案例教学平台仍然有待进一步的改进。师生普遍认为在目前多种浏览器并存的环境下,应加强对浏览器的兼容性并增强案例相关信息的搜索功能。不同的是,教师比较关注案例在编辑过程中的便捷性而学生更加关注该平台在多智能终端使用的便捷性。

五、结语

在针对管理信息系统关联案例教学的实践过程中,教师将关联案例教学与 MIS 课程的知识体系有效的融合,不仅激发了学生的学习热情,而且让学生在学习案例的过程中牢固掌握管理信息系统的研发知识并且能够融会贯通,灵活运用。通过 Web2.0 技术研发的关联案例教学平台,将关联案例教学方法利用信息化的手段呈现给学生,不仅减轻了教师的教学负担而且方便了学生的课程学习,大大提高了教学的效率。该关联案例教学平台也可作为通用平台,扩展到其他课程的教学过程中。为了在教学过程中更好地发挥该平台的作用,平台本身也需要继续优化,在案例编辑、案例搜索的便捷性、多浏览器的兼容性以及对新社交媒体[1][2]、多智能终端的利用等方面不断改进,以期能够更好地为师生提供服务。

---

[1] 洪国康,孟林伟.利用"博客"辅助高校体育教学的探究[J].宁波大学学报(教育科学版),2014,36(2):90-93.
[2] 王晓玲.微信与QQ支持下基于任务驱动的协作学习之比较研究[J].电化教育研究,2013,11:98-102.

虚实结合 PBL 双创课程教学研究

申 彦　杜建国　童金根　窦 倩　张亚菲[①]

摘　要：通过分析双创教育的现状，发现目前高校在教学中存在着教学方式单一、实践教学环节不足等问题。为完善课程教学体系，提出了基于虚实结合 PBL 的教学方法，并将其应用于双创课程教学的设计中，具体包括 PBL 问题情景设计、教学资源设计、教学活动设计和双向教学评价设计，实现了课堂理论教学与虚拟实践教学的有效融合。教学实践表明基于虚实结合 PBL 的虚拟仿真教学能够激发学生的学习兴趣、培养学生的自主学习能力，提高学生的课堂参与度，有利于增强学生对创新创业实践过程的认知，全面提升学生创新创业的综合素质和能力。

关键词：PBL；虚实结合；虚拟仿真；创新创业

随着科学技术的迅猛发展，人类社会进入了以创新为主要驱动力的知识经济时代。为了培养现代社会所需要的人才，高校必须注意培养学生的创造力和创新精神。创新创业教育是在新的时代背景下，国家、社会对高校教育提出的新要求。在国家加快推动实施创新驱动发展战略、供给侧改革和"大众创业、万众创新"等政策背景下，各地区积极整合各方面社会资源，搭建产学研融合平台、众创空间等平台组织，大力扶持高校的创新创业教育[②③]。

各高校全面加强双创教育师资建设、课程体系建设以及实验平台建设。双创教育迅速发展，但其中也浮现出一些问题。在高校双创教育中，存在课程体系不完善、教学方式急需革新、实践型师资缺乏、实践环节不足等问题。本文提出的虚实结合 PBL 教学方法，进一步发挥虚拟仿真技术在双创课程教学中的作用，让学生在课堂教学中学习创业基础理论，在虚拟仿真实验室的虚拟情景中体验创业实践环节，弥补了缺乏实践条件所造成的不足，使双创教学从单纯的理论教学走向理论与实践相结合的综合教学，进一步完善了双创教学体系。

[①] 作者简介：申彦，工学博士，江苏大学管理学院副教授，实验中心副主任，研究方向为智能信息系统、大数据分析与挖掘、实验室管理。
杜建国，博士，教授，江苏大学管理学院院长，研究方向为绿色发展、信息系统。
童金根，中国重型汽车集团副总经理，经济分析师，研究方向为管理科学、商业智能和经济管理。
窦倩，江苏大学管理学院本科生，研究方向为绿色发展、智能信息系统。
张亚菲，江苏大学管理学院硕士研究生，研究方向为信息资源管理、智能信息系统。
[②] 柯进.创新创业教育实践的中国样本——党的十八大以来创新创业教育改革综述[N].中国教育报,2017-9-16(01).
[③] 李燕萍,秦书凝,陈武.众创平台管理者创业服务能力结构及其生成逻辑——基于创业需求—资源分析视角[J].江苏大学学报(社会科学版),2017,19(6):62-72.

一、理论基础

1. 基于问题的学习

基于问题的学习(problem-based learning,PBL)是基于问题的、以学生为中心的教学模式[1]。PBL教学模式强调学生的主动学习,通过真实的任务设计,把学习的过程设置在复杂而有意义的问题情景中,通过学生自主探究和小组合作来解决问题,培养学生解决问题、自主学习的能力。PBL的精髓在于发挥"问题"对学习过程的指导作用,充分调动学生的主动性和积极性[2]。

近年来,不少国内学者开始研究PBL教学方法在多个学科领域的应用。陈春干进行了基于iSTEM的PBL市场营销课程设计研究[3]。刘晓娟等将PBL/CDIO教学理念引入《功能食品学》课程教改中[4]。战双鹍通过实证研究验证了PBL在高校通识教育中的可行性[5]。还有学者将PBL教学方法引入会计教学、Moodle平台等教学实践中,PBL的应用领域越来越广泛[6][7]。国外的学者也进行了大量的深入研究,如有学者对PBL教学方法进行改造应用,Santos提出了一种用于软件工程教育的评估模型PBL-SEE[8],Hussain等进行了将LMS系统应用于PBL环境的探索[9]。

本文将所提出的虚实结合PBL教学方法应用于双创课程教学,以问题为导向,以学生为中心,发挥"问题"的指导作用,将创业教学中的理论性问题与实践性问题衔接起来,理论性问题进行现实课堂的PBL教学,而对于不充分具备实践教学条件的实践、实验等,可通过虚拟仿真综合实验平台进行虚拟的PBL教学。教学实践表明该方法针对双创课程的教学具有较强的适用性。

2. 虚拟仿真技术

虚拟仿真(virtual reality,VR)是借助仿真手段实现人与虚拟环境中的事物进行交互,增强对真实环境感受的一种技术手段[10]。创新创业虚拟仿真实验教学整合各类双创

---

[1] 范方宇,阚欢.PBL教学法在食品营养学中的应用[J].食品工业,2017,38(7):242-244.
[2] 陈丽虹,周莉,吴清泉,等.PBL教学模式效果评价及思考[J].中国远程教育,2013(1):70-73.
[3] 陈春干.基于iSTEM的PBL市场营销课程设计[J].教育理论与实践,2018,38(27):29-30.
[4] 刘晓娟,赵力超,周爱梅.基于PBL/CDIO理念的《功能食品学》课程教学改革与实践[J].食品工业,2018,39(2):255-257.
[5] 战双鹍.PBL模式在高校通识课程中的应用[J].高教探索,2018(5):50-55.
[6] 程平,王立宇.基于PBL的"互联网+会计"MPAcc大数据分析能力培养[J].财会月刊,2018(16):29-34.
[7] 马霞歌.基于Moodle开源系统的PBL教学模式[J].职教论坛,2011(23):49-50.
[8] Santos S C D. PBL-SEE: An authentic assessment model for PBL-based software engineering education[J]. IEEE Transactions on Education, 2017, 60(2): 120-126.
[9] Hussain Y A, Jaeger M. LMS-supported PBL assessment in an undergraduate engineering program-Case study[J]. Computer Applications in Engineering Education, 2018, 26(5): 1915-1929.
[10] 尹龙,张莉,赵莉,等.虚拟仿真技术与创新创业教育深度融合研究[J].实验技术与管理,2018,35(4):118-120+125.

实验教学资源,构建了一个虚拟的双创课程实验教学环境。学生可以在虚拟的环境中模拟真实企业的竞争环境,分组进行商业经营对抗,实现人机实时交互。游戏式、互动式的虚拟情景教学为学生带来直观的感受,给学生留下深刻的印象,提高学生的学习效率,虚拟情景中的实践体验可以增强学生对创业过程的认知。

目前,各高校加快建设了许多虚拟仿真综合实验教学平台。然而,现有的多数虚拟学习平台从根本上来说还是传统的课堂教学形式的搬家,偏重学习的结果,以学生为中心的主体地位没有得到较好体现,忽视了学生网络学习中的过程性学习行为[①],虚拟仿真实验平台并没有得到很好的应用。因此,本文提出了一种虚实结合 PBL 的教学方法,借助虚拟仿真平台将理论与实践教学有效衔接,有助于双创课程及其他实践性较强的课程的教学。

二、虚实结合 PBL 的双创课程教学设计

1. 虚实结合 PBL 双创课程教学中的问题情景设计

在虚实结合 PBL 学习中,知识的获得来源于对问题的认知和解决过程,问题是 PBL 的核心。在创业课程的教学中设置问题情景,对于理论性比较强的问题,如"什么是创业""怎么制定创业计划""如何鉴别创业机会"等,主要采用基于原有 PBL 模式的理论教学,让学生通过课堂上的小组合作、自主探究、案例研讨等方式来思考和探究问题,这样的自主学习会使学生的独立思考能力、解决问题能力以及综合素质得到提高。对于实践性比较强的问题,如"银行验资需要哪些手续和流程""如何进行工商注册""税务登记的流程"等,可以采用基于虚拟仿真技术的 PBL 教学,使学生可以在真正创业之前进行模拟实战,帮助学生更好地适应从学校到社会创业的转变,极大程度上降低了大学生创业的风险。虚实结合 PBL 教学会给学生带来更生动形象的直观感受,使学生全面了解与体验创业的具体过程。

2. 虚实结合 PBL 双创课程教学中的教学资源设计

问题的探究和解决是虚实结合 PBL 教学的核心过程,在这个过程中,老师发挥着引领指导的作用,真正问题的解决是以学生为中心的自主探索学习。教学资源在这里起到了非常重要的作用,教学资源贯穿了虚实结合 PBL 教学的整个过程,需要设计丰富的教学资源类型,以供学生自主探索学习。教师团队需要提前规划教学目标与进度,并准备各阶段双创课程教学所需的电子文档、音视频、图片、虚拟实验场景设计等资源,供学生在进行课堂理论学习和虚拟仿真实验时使用。此外,老师应当鼓励学生通过互联网查询、数据库检索资源,积极阅读新文献并关注研究热点动向,培养学生的创新思维。

---

① 卢志米,陈丽婷.基于 CSCL 虚实结合的高等职业教育虚拟学习社区构成要素研究[J].远程教育杂志,2013,31(1):93-98.

3. 虚实结合 PBL 双创课程教学中的教学活动设计

基于虚实结合 PBL 的双创课程的实际教学中,以老师为指导,以学生为中心的教学活动划分为问题认知、小组交流协作、总结汇报三个阶段。

问题认知是最基本的环节,也是提出的虚实结合 PBL 所重点强调的,它决定着整个教学活动的导向和结果。学生需要通过老师给定的问题情景,认真浏览课程资料,从多个角度感知问题,分析解决核心问题的方法,为下一阶段的深入分析打好基础。老师的引导在这一阶段发挥着重要的作用,在学生对问题的理解出现偏差时,老师要及时进行指导纠正,但同时也要注意指导过程的灵活性,注意对学生创造意识和创新思维的培养。

在基于虚实结合 PBL 的双创课程教学中,小组合作是一种相对理想的教学组织方式。老师在征求学生意见的基础上,根据学生的知识能力水平、团队合作能力、虚拟实验情景要求等因素进行合理分组,指定小组长,以组长监督形式分配任务、组织协调。在小组交流协作中,要注意发挥组长的协调带头作用,保证组内每个人都能参与到问题的解决过程中。在小组共同探索学习的过程中,能培养学生的思维能力、团队合作能力以及协调能力,这也是双创人才所需要的基础能力。

问题解决的最终方法需要同学们进一步总结汇报。小组总结汇报的形式是多种多样的,可以是 PPT 幻灯片展示、实验过程虚拟展示等,形象直接地呈现学生的学习成果。小组成员将各自搜集到的资料以及实验过程的体验感悟,进行加工整合并形成探究成果,由各组商定的汇报人向全班汇报小组学习探究过程、研究成果、经验感悟等。各小组之间分享、借鉴,进一步修改完善自己组的成果报告并提交,作为课程的考核依据。

4. 虚实结合 PBL 双创课程教学中的双向教学评价设计

教学评价是对教学效果进行价值判断,对教师的教学活动和学生的学习行为都具有重要的导向和调节作用[①]。教师与学生之间双向的反馈评价,不仅让学生更清楚地认识到自己对知识技能的掌握情况以及自身的不足,也让教师可以了解课程的教学效果,据此调整课程安排以更好地适应教学需要。

教师对学生学习成果的总结与评价。教师要引导学生总结在整个问题解决过程中的体会与收获。此外,也要对学生的探究成果进行总结和点评,指出存在的不足,引导学生思考如何做出改进。在虚实结合 PBL 教学中,可能会出现组内合作不到位,个人得到的评价不全面等现象,这十分需要有效的教学评价来调控。因此,教师应该采用多角度的评价方式。虚拟仿真实验系统应自动记录学生的操作步骤,自动记分并提供多种评价方式供教师选择使用。教师可借助虚拟仿真教学系统达到上述教学目标。

学生对教师的教学评价。虚实结合 PBL 教学方法将课堂学习与网络虚拟仿真学习结合起来,创新创业的理论教学与实践教学得以融合。新的教学方法需要长期教学实践的检验,不断调整完善。因此,需要学生对教师的教学进行评价,反映出学生对当前阶段虚实结

---

① 王云,崔彩霞,王丽琴.基于 Moodle 平台的 PBL 教学模式研究——以山西师范大学"现代教育技术"公共课为例[J].电化教育研究,2014,35(9):98-101.

合 PBL 教学方法的适应情况以及体验感受,可以将学生的反馈信息直接通过虚拟实验平台系统记录并呈现,以便教师据此调整完善教学计划,以更好地进行下一阶段的教学。

三、虚实结合 PBL 双创课程教学实践

基于已有的双创教学基础,融入虚实结合 PBL 的教学模式,开展了创业教学体验课,进行新体系下的教学实践,以期反馈完善双创教学体系。以本校的特色课程《创业人生》为例,选取大三年级信息专业的学生进行了双创课程教学体验。在未告知学生改变授课方式的情况下,按照创设问题情境、问题认知、小组交流协作、总结汇报、教学评价反馈环节为具体实施步骤,让学生体验基于虚实结合 PBL 的虚拟仿真教学模式。

在授课过程中,教师提出了事先准备好的一系列问题,并引导学生对问题有一个初步的认知,让学生了解问题对于现实企业的意义,以及需要在哪个阶段进行。根据学生的意愿进行分组,为各小组分配任务、指定问题。学生以小组协作形式,以问题的解决为目标,进行自主探索学习。对于理论性较强的问题如"什么是创业企划""创业理论的学派有哪些"等,适合引导学生通过资料查找、理论学习等方式进行解决,而对于实践性较强的问题如"如何进行工商注册""如何进行营业场地租赁"等,这些问题的步骤性、流程性较强,适合引导学生使用虚拟仿真实验平台进行实践探究。最后,各小组进行总结汇报,教师给出点评。体验课上学生的学习情况反馈良好,学生的积极性明显提升,学生普遍表示该教学方法可利用虚拟仿真技术,进一步发挥 PBL 教学优势。

为了解"创业人生"课程中应用 PBL 与虚拟仿真融合的教学效果,同时了解学生对开展虚实结合 PBL 教学模式的态度,在课程结束后进行了问卷调查和个别访谈,详细了解学生对教学过程中各个环节的感受。利用课余时间发放调查问卷 51 份,有效回收 48 份,调查问卷及统计分析结果如表 1 所示。

表 1 学生对虚实结合 PBL 双创课程教学的评价

	题项	A	B	C	D
1	愿意使用虚拟仿真平台?	非常愿意(27.08%)	愿意(64.58%)	无所谓(8.33%)	不愿意(0.00%)
2	愿意接受虚实结合 PBL 教学方法?	非常愿意(29.17%)	愿意(56.25%)	无所谓(12.50%)	不愿意(2.08%)
3	提高了学习兴趣和积极性?	明显提高(31.25%)	提高(50.00%)	一般(16.67%)	差(2.08%)
4	有利于加深对知识的理解?	明显有利(27.08%)	有利(66.67%)	效果一般(6.25%)	差(0.00%)
5	提高了学习效率?	明显提高(14.58%)	提高(62.50%)	一般(20.83%)	差(2.08%)
6	对该课程的总体评价?	很满意(20.83%)	满意(64.58%)	一般(12.50%)	不满意(2.08%)

注:由于四舍五入,个别行数据百分比之和为 99.99%。

结果表明,学生的自主学习兴趣和课堂参与度显著提高。虚拟仿真实验所带来的视觉冲击和直观感受,不仅有利于加深学生对创新创业实践的认知,也让学生通过虚拟的方式切身体验了创新创业实践过程,使学生能更加全面地掌握双创课程的理论与实践环节,形成系统性的创新创业认知与实践能力。大部分学生认可虚实结合 PBL 的教学模式,并表示愿意继续接受这种新模式下的双创课程学习。其中,也有少部分学生反馈小组分配不太合理、组内分工不明确等问题,需要教师在后续课程教学中加强引导与管理。总体上,学生对问题导向的、融合 PBL 和虚拟仿真的双创课程教学形式反馈良好,表明该教学模式有较强的可操作性和实践意义。

四、总结与展望

在双创课程教学中,应用虚实结合 PBL 教学方法,在原有课堂理论教学的基础上引入创新创业中的虚拟仿真情景,将抽象的内容实例化、形象化。教师可以在教学中以问题为导向,对于创新创业理论认知,引导学生思考问题、自主探索,而针对一些创新创业实践问题的教学,在不具备充分现实实践的条件下可以引入虚拟仿真实验,让学生通过在问题所对应的虚拟情景系统中进行学习,系统直观地感受和体验问题的解决过程,进而更好地把握创新创业学习的整体框架。通过问题情境激发学生的学习兴趣,通过小组合作加强学生的团队合作能力,通过总结、交流以及反馈,培养学生的批判思维和创新思维,引导学生主动进行迁移应用,达到课程的教学目标。虚拟仿真实验系统可在问题情境构建,流程场景形象化、生动化、小组对抗、交流以及师生双向评价等方面提供全方位的支持。本文提出的虚实结合 PBL 教学方法,已初步应用于双创课程的教学,取得了良好的教学效果。教学实践证明,利用虚实结合 PBL 进行双创课程教学是一种切实可行的教学方法,有效提升了教学效果。当然,基于虚实结合 PBL 的虚拟仿真双创课程教学还需要更广泛的实践探索,不断完善教学体系,形成可推广、可复制的双创课程教学工作成果,与其他高校分享教学经验。

"双一流"目标下的高校实验室建设与管理

崔国印 黄 刚 聂小鹏 郭 盛 尹婵娟[①]

摘 要:在国家推进世界一流大学和一流学科建设的宏观背景下,实验室建设与管理是高校面对当前机遇与挑战、争创"双一流"工程的重要支撑之一。本文重点探讨了高等院校实验室建设与管理在高校争创"双一流"过程中的重要作用,从顶层设计、实验室建设与管理等方面探讨了"双一流"背景下高等院校实验室建设与管理的内容。

关键词:双一流;高校实验室;建设与管理

为了进一步推动一批高水平大学和学科进入世界一流行列或前列,加快高等教育治理体系和治理能力现代化,提高高等学校人才培养、科学研究、社会服务和文化传承创新水平[②],国务院于2015年10月颁布《统筹推进世界一流大学和一流学科建设总体方案》,提出了到2020年,若干所大学和一批学科进入世界一流行列,若干学科进入世界一流学科前列的总体目标[③]。验室建设与管理是高校面对当前机遇与挑战、争创"双一流"工程的重要支撑之一。在此背景下,高校如何加强实验室建设,并以此作为有力的平台支撑来进一步推动"双一流"创建工作显得尤为重要。

一、实验室建设在高校争创"双一流"工作中的重要地位

创新人才培养、建设一流学科是高校实现一流大学建设的根本,也是衡量一流大学办学水平的重要指标。具有较强专业特色、一流科研成果和创新人才培养的一流学科是高校创建一流大学的重要基础。实验室的建设和一流学科建设密不可分,实验室尤其是国家重点实验室的发展对学校重点、优势学科具有较强的依赖性。同时,重点、优势学科的良好发展对实验室的高水平持续性发展具有良好的促进作用。实验室是高校实现"双一流"目标的重要载体。作为高校教学资源和以高端、精密大型贵重仪器为代表的教学科研设备的主要集中地,实验室承担着高校开展实验实践教学、科学技术研究和实现服务社会

---

① 作者简介:崔国印,南京邮电大学副研究员,实验室建设与管理处(分析测试中心)从事大型仪器设备管理工作,主要研究方向为实验室建设与设备管理、高等教育管理。
黄刚,南京邮电大学资产管理与实验室建设处处长。
聂小鹏、郭盛、尹婵娟,南京邮电大学资产管理与实验室建设人员。
② 金升菊.以一流实验室建设推动"双一流"发展[J].科技文汇,2016(8):51-52.
③ 戴克林.高校实验室建设与创新人才培养研究[J].实验技术与管理,2014,31(7):32-35.

功能的重要职能，同时也是培养创新人才和推进学科建设进入高水平行列的重要条件。

二、"双一流"背景下的高校实验室建设

近年来，随着经济社会的发展，国家对高等教育的投入不断加大，高等教育水平取得了长足的发展，高等院校实验室建设水平取得了较大的提高，但很多高校实验室建设水平与一流大学和一流学科发展的要求仍存在较大的差距。根据《统筹推进世界一流大学和一流学科建设总体方案》的决策和部署，高等院校要对照学科建设以及人才培养目标的总体要求，科学规划设计实验室建设，制定一流的管理机制，完善一流的实验条件，建设一流的实验管理队伍，为学校学科建设和人才培养工作提供强大的支持，为学校"双一流"争创工作提供重要的载体。

1. 科学规划、顶层设计，建设一流的实验室

作为优质教学、科研成果以及高端仪器设备和高水平人才的重要载体，一流实验室的建设应当具有科学性、前瞻性、系统性，并具有可持续性发展的基础[①]。实验室顶层设计在科学规划精准定位的基础上，结合高校教学科研的需求以及学科专业特色和发展趋势，以创建一流实验室为目标，要有大的视野和格局，定位要高，起点要高，标准要高。高校要成立实验室建设领导小组，由专业的实验室设计公司、科研专家、校发展规划部门、相关实验室职能部门、实验室使用单位相关负责人，借鉴国内外一流实验室建设经验，在充分探讨、科学论证的基础上，根据学校的定位、学科的特点和发展的需要以及社会的需求，把实验室的建设当作一项系统性工程，来科学规划设计，合理布局，构建开放型的实验空间和可以灵活组合的模块化布局，鼓励不同领域的整合、交叉，突出学校优势学科的地位，使实验室的成为一流大学和一流学科发展的重要载体。

2. 科学的管理机制是一流实验室建设的重要保障

实验室建设在高校争创"双一流"工作中具有重要的地位，因此高校应积极探索科学有效的管理机制，科学配置人力、财力、物力资源，充分发挥实验室为学校的教学工作、科学研究工作保驾护航的职能，积极推进学校创新人才培养以及一流学科建设工作。

（1）积极推进实验室规章制度科学化、规范化建设

建立科学、规范的规章制度，是实验室工作得以正常、有序开展的重要前提，是实验室开展实验实践教学、科学技术研究和实现服务社会功能的重要保障，是学校培养创新人才和一流学科创建的重要保障。为了推进实验室规章制度科学化、规范化建设，学校结合实际情况，先后出台了《南京邮电大学实验室建设管理办法》《南京邮电大学实验教学与实践教育中心建设管理办法》等规章制度，在此基础上，各学院结合自身教学条件以及学科特点也完善了相关规章制度建设，确保学校实验室管理工作有章可循、促进了学校实验室规章制度科学化、规范化建设，为学校一流学科创建提供了有力的支撑。在各方共同努力

---

① 陈华东，任耀军，刘永泉，等.实验室管理机制及运行模式研究[J].实验技术与管理，2016，33(1)：232-235.

下,实现了学校发展和学科建设的历史性突破。教育部、财政部和国家发展改革委于 2017 年 9 月 21 日公布了包括 42 所一流大学建设高校和 95 所一流学科建设高校在内的世界一流大学和一流学科建设高校及建设学科名单,我校"电子科学与技术"成功入选世界一流学科建设高校和江苏高水平大学建设高校,标志着学校事业发展实现重大历史性跨越。

(2) 推进实验室管理领导体系完整化、规范化建设

现行的学校、学院二级管理模式,存在管理缺乏协同机制、集约化的缺陷,现实中普遍存在职责不清、沟通不畅、效率低下等问题,严重制约了实验室的建设的进步以及学科发展水平的提升。为了进一步推进学校实验室建设与管理水平的提升,适应一流学科建设的需要,我校建立了由分管实验室建设工作的副校长参加的学校实验室建设工作例会制度,进一步理顺实验室管理部门和学院以及学院之间的关系,打破学院、学科之间的壁垒和各自分割的藩篱,统筹协调各方资源,使学校资源实现有效整合,推进学校实验室的整合与共享,积极打造开放性公共教学实验平台建设,促进了学校与学院的联动,实现了实验室管理工作的创新。学校依托《江苏省大型科学仪器设备共享服务平台管理办法》出台了《南京邮电大学大型贵重仪器设备共享管理办法(试行)》。通过该办法,将价值较高的(单价≥10 万元)大型、精密的教学、科研仪器设备(如光谱、色谱、波谱仪等)加入共享平台,积极推进大型仪器设备平台的建设,实现资源共享,最大限度地提高大型贵重仪器设备的使用效益,从制度层面为大型贵重仪器设备服务学校日常实验实践教学、服务学校科学研究工作以及进一步服务社会提供了重要保障。

3. 完善实验条件,助推"双一流"建设

在"双一流"建设中,国家以及地方政府对高校经费的投入不断加大。高校应以此为契机,完善实验室设施建设,改善实验环境,提升实验室服务教学、科研的水平,助推"双一流"建设。根据教学、科研的需求和学科发展的需要,尤其是满足重点优势学科发展的要求,既要夯实基础又要放眼未来,高校应加大基础性仪器设备以及提升科研水平的高端精密仪器设备购置力度,提升实验教学水平和科研创新能力。对于国家级重点实验室打造和教学实验平台建设要科学规划、优先满足,积极推进相关仪器设备的更新,进一步完善实验条件,助力"双一流"建设工作顺利推进。同时,要在传统管理的模式的基础上运用利用大数据、云平台、虚拟仿真技术、智能终端技术等现代信息技术手段创新实验室管理模式,推进实验室管理水平的现代化、信息化、智能化,构建以"互联网+实验教学、实验室管理"为导向的智慧型实验室管理体系,提升实验室为教学、科研服务的能力[①]。

4. 加强实验室技术队伍建设,提升实验室服务教学、科研的水平

培养创新人才是高校实现一流大学建设的根本。习近平总书记在谈到"中国特色、世界一流"大学时说:"高校立身之本在于立德树人。只有培养一流人才的高校,才能够成为

---

① 孙文静,崔玉军.法国国立路桥学校实验室管理运行模式及启示[J].实验室研究与探索,2017,36(2):145-148.

世界一流大学[①]。"实验室技术人员和管理人员是高校开展实验教学、推动实验技术研发、实验流程创新的重要人才,是学校实验室建设与日常管理的重要参与者,是实验室科技成果培育、创新人才培养的守护者。为了充分发挥实验室的功能,保障学校教学科研工作顺利开展,这就对服务于实验室建设与管理的人才队伍建设提出了更为严格的要求。为充分调动实验室技术人员工作的积极主动性和创造性,激励他们在履行工作职责的同时提升自身业务水平及能力,打造一支素质优良、结构合理、相对稳定具有科学管理实验室能力同时又具有较高专业素养、扎实理论功底同时可以熟练运用现代实验技术的高水平实验技术队伍,我校出台了《南京邮电大学实验技术队伍建设办法》,促进了学校实验室建设与管理的质量与水平的提升、高水平实验技术平台的构建和"双一流"创建工作的推进。

(1) 重视实验室技术人员和管理人员的专业化建设,提升服务水平

《统筹推进世界一流大学和一流学科建设总体方案》从教学活动开展、科学研究实施与社会实现即"培养拔尖创新人才""提升科学研究水平""着力推进成果转化"三个方面对高校的定位与发展提出了要求,这些目标的实现都与实验室技术人员和管理人员有着密切的关系[②]。要培养创新人才必然要重要教学方式的改革,把科学研究和教学活动融合到人才培养的各个环节。在实施科教融合过程中,实验室技术队伍和管理队伍是教师和学生之间、科研与应用结合的重要桥梁和纽带。因此,提高实验室技术人员和管理人员的专业素养,提升其服务水平,对高校"双一流"建设有着重要的意义。

提升实验室技术人员和管理人员的专业素养,加强队伍的专业化建设,首先要提高这类群体的准入门槛。随着科技进步和学科水平的发展,实验室仪器设备日趋复杂、精密,操作也越来越复杂,这就需要实验技术和管理人员要具备扎实的专业素养,坚实的理论功底和丰富的实践操作经验。因此,高校要严把实验室技术人员和管理人员的入门关,既要有学历的要求,又要有学术素养理论水平的要求,更要有实践经验、操作技能的要求,要面向全国甚至国际,加大实验技术人才和管理人才的引进力度,吸收具有高水平和创新实践经验的实验技术、管理人才,提升学校实验室建设和管理水平,推进学校"双一流"建设。

提升实验室技术人员和管理人员的专业素养,加强队伍的专业化建设,高校应制定针对这个群体的培训计划,选派骨干人员参加相关技能培训和学术会议,到国内外科研院所和知名高校的实验室学习深造,或到大型精密仪器设备生产、维修企业、工程现场参观学习[③],用先进的实验室管理理念、管理经验武装他们,使他们具备创新实验技术、改进创新仪器设备使用方法以及开发新实验、设计自制新仪器的能力[④]。

(2) 创新完善评价激励机制,提升实验室技术人员和管理人员的职业认同感

实验室技术人员和管理人员直接在一线服务于学校的教学、科研工作,他们的工作积极性、创造性直接关系到学校实验教学质量的提升,关系到学校科研水平的发展,事关高校一流大学创建工作的大局。因此,高校要创建与"双一流"建设相适应的实验室技术人

---

① 施云燕,李政.简析美国国家实验室的布局和管理[J].全球科技经济瞭望,2016,31(4):69-76.
② 夏有为.重实验求创新建设世界一流大学——访天津大学校长钟登华院士[J].实验室研究与探索,2017(4).
③ 陈华东,任耀军,刘永泉,等.实验室管理机制及运行模式研究[J].实验技术与管理,2016,33(1):232-235.
④ 单立志,施汉昌,王锐.创建世界一流大学必须创建世界一流的实验室[J].清华大学教育研究,2006(增刊1):49-52.

员和管理人员管理体系,在学校、学院以及实验室三个层面建立科学、合理的面向实验室技术人员和管理人员的发展机制,完善科学的评价机制和激励机制,突出实验室技术人员和管理人员在实验实践教学和科学研究中的核心地位,提高其职业认同感[①]。

① 创新以绩效为核心的评价机制

对实验室技术人员和管理人员的考核,要联系其职业属性和岗位特征,参照科研院所以及企业科研技术人才考核体系,引入市场化、社会化的评价标准,制定科学合理的评价标准[②]。考核既要考量实验室技术人员和管理人员的业绩水平,更要看重他们在服务教学、科研中的实际贡献,不能只看学历职称,只看课题,只看论文数量,更应着眼实验室技术人员和管理人员对本职工作履行的绩效,更应适当增加他们在实验室建设与管理中创新的相关指标权,如试验方法的创新、实验方式的改进、实验技术的改造、仪器设备功能的开发等方面的贡献,提高实验室技术人员和管理人员在实际工作中创新技术、转化科研成果、推广新技术等方面的积极性[③]。我校出台了《南京邮电大学实验室绩效考评办法(试行)》,旨在构建科学合理的评价体系,突出实验室技术人员和管理人员在实验实践教学和科学研究中的核心地位,提高其职业认同感,为学校"双一流"奠定了坚实的实验技术和管理队伍基础。

② 强化激励机制

高校应强化激励机制,对实验室技术人员和管理人员的个人成长和业务发展提供更大的舞台和广阔的空间,激励他们职业的自我实现。设立关键技术岗位、管理岗位以及相关研究项目,提升实验室技术人员和管理人员更好地履行本职工作以及创新的积极性;设立不同等级的荣誉称号,如"创新技术支撑团队""首席高工""创新能手"等,通过荣誉激励,引导更多的优秀实验技术人才和管理人才走进实验室,为学校实验室建设服务,激发他们参加科学研究,创新实验新技术、试验方法、管理理念的积极性;完善分配体系改革,积极探索多层次、多样化的培训机制,通过进行、出国研修等多种方式,提高岗位从业人员的理论水平和操作技能,推动学校实验室建设与管理整体水平的提升[④][⑤]。

三、结语

高等院校实验室建设与管理是一项长期的复杂的工程。在国家积极推动、各高等院校积极争创"双一流"建设的背景下,高校应高度重视实验室建设在争创"双一流"工作中的重要地位,以此为契机,在科学规划精准定位的基础上,结合高校教学科研的需求以及学科专业特色和发展趋势,以创建一流实验室为目标做好实验室建设的顶层规划设计,进一步完善实验条件,打造一支具有科学管理实验室能力同时又具有较高专业素养、扎实理

---

① 吴兰兰.高校实验室队伍建设与实践[J].实验室研究与探索,2012(11):168-170.
② 王钱永,任丽清."双一流"建设视角下地方高校区域创新能力建设[J].中国高教研究,2016(10):38-42.
③ 夏有为.为振兴中华创建"双一流"(续)——访南开大学校长龚克教授[J].实验室研究与探索,2017,36(5):3-8.
④ 周光礼."双一流"建设的三重突破:体制、管理与技术[J].大学教育科学,2016(4):4-14,122.
⑤ 周光礼."双一流"建设中的学术突破——论大学学科、专业、课程一体化建设[J].教育研究,2016(5):72-76.

论功底同时可以熟练运用现代实验技术的高水平实验技术队伍,用科学的管理机制,探索管理与建设等方面创新管理模式,更新管理理念,把实验室真正作为高校实现"双一流"目标的重要载体,提高学校人才培养、科学研究、社会服务和文化传承创新水平,为争创"双一流"工程提供坚实的基础和可靠的保证。

基于物联网基础下的大型仪器共享平台管理模式

孙志传　王重庆　潘宜昌[①]

摘　要: 大型仪器设备是高校教学实验室的关键设备,也是进行科研活动的重要资源,如何提升大型仪器设备的共享度,实现大型仪器的高效率应用成为设备管理人员面对的重要难题,基于物联网的自主体系结构和大型仪器共享管理面临的问题,采用MVC设计思想构建包括应用层、网络层和感知层三层架构的大型仪器共享平台,通过用户中心模块、统一检索和预约模块、集中式数据统计分析模块、刷卡收费模块和虚拟实验和考核等模块完成大型仪器的有效共享,实现大型仪器的科学共享和高效管理;并通过强化预约管理模式和加强实验技术人才培养来提升大型仪器的应用价值。

关键词: 物联网;大型仪器;共享平台;模式设计;高效管理

一、引言

随着科教兴国、人才强国发展战略的不断壮大,我国一些高校的大型仪器设备数量不断增多,高校大型仪器设备平台建设速度也在不断加快,当前我国各大高校存在对大型仪器设备[②]、精密仪器管理不当的问题,常发生设备仪器长期闲置和重复购置的问题,大型仪器得不到合理的利用,影响实验室大型仪器的长远发展。如何实现大型仪器的合理共享、提升仪器的使用效率和周期,成为实验室管理者急需解决的问题。

本文利用物联网技术,构建设计一个包括大型仪器信息、仪器使用数据统计、仪器网络预约和动态监管的大型仪器共享平台[③],加强对实验室大型仪器的监管,提升大型仪器使用效率。

[①] 作者简介:孙志传,南京工业大学副研究员,国有资产管理处人员,研究方向资产管理。
王重庆,南京工业大学副教授,研究方向大型仪器管理、样品测试。
潘宜昌,南京工业大学研究员,研究方向分离膜材料的设计与开发等。
[②] 王艳,孟勤,张沐新.大型仪器设备区域共享平台建设探究[J].实验室研究与探索,2016,35(6):266-268,292.
[③] 张文瑾,唐于渝,洪梅,等.基于O2O模式的大型科学仪器资源共享平台运行机制创新——以重庆大型科学仪器资源共享平台为例[J].科技管理研究,2016,36(11):72-78.

二、大型仪器共享管理现状

1. 大型仪器设备利用率低

设备分散,难以实现统一管理。以南京工业大学为例,整个学校涉及多个部门学院及多个教学科研机构(包括课题组),各个层面的仪器设备建设规划系统性不高,随着科研经费的增加,教授购置的大型仪器设备大部分为课题组独自占用,没有形成有效的共享,设备利用率低下、效益不高。并且因为购置大型仪器设备时调研不充分,重复购置现象尤其严重,造成资源限制浪费[①]。再者由于大型仪器设备均需要工作人员监管,造成大型仪器无法全天 24 小时不间断使用,如此致使仪器使用效率降低。

2. 大型仪器共享平台建设工作进展缓慢

校级大型仪器共享平台的建设工作需要学校多个相关部门和院系科研机构的积极配合和参与下才能高效顺利开展,由于学校的实际困难,比如运行机制不完善,资金分配不合理,设备管理人员工作量增加等因素,不能有效促进大型仪器共享工作的开展。在仪器设备管理上,大部分属于院系部门内部管理或者课题组自行管理,导致仪器设备在院系之间和校际无法进行高效共享,除了学校的现代分析中心能够实现部分共享,其他部门共享工作几乎很难开展。

3. 大型仪器管理理念落后

仪器设备共享观念淡薄,普及型不强,特别是一些高精尖设备,由于害怕别人使用损坏,从心里抵制设备的共享[②]。高效的管理手段也可为大型仪器设备共享提供一定支持,随着实验室仪器设备投入资金的增加,大量的仪器设备数量陡然增加,因此对大型仪器设备管理人员的需求也增多,由于专业人员的严重短缺和传统观念的影响[③],大量大型仪器设备得不到合理利用,且一些新型的仪器设备功能复杂,对操作指导人员的要求更加严格,造成大型仪器管理落后。

三、大型仪器共享平台模式设计

1. 物联网的自主体系结构

物联网技术是一种将红外感应器、GPRS、射频识别(radio frequency identification,

[①] 方驰,武晓峰,闻星火.高校大型仪器开放共享制度的要素研究[J].实验技术与管理,2016,33(7):257-260.
[②] 刘淑云,王文君,焦丽媛,等.建设大型设备资源共享支撑平台的创新策略[J].实验室研究与探索,2015,34(2):279-281,285.
[③] 黄泽林,乔树山,袁甲.物联网节点 SoC 的功耗管理器设计[J].微电子学与计算机,2017,34(10):1-4.

RFID)和激光扫描器等其他一些信息传感设备,以某固定协议,把特定物品与互联网连接,以完成对物品的智能识别、定位、跟踪和监管。物联网结构是一种自主体系结构,该结构包括数据面、控制面、知识面和管理面四部分[①][②],其中数据面负责传递数据分组,控制面通过向数据面发送配置报文,优化数据面吞吐量和可靠性,知识面供给整个网络信息视图,使网络信息视图精简为网络系统知识,用作适应性控制控制面,通过管理面协调控制数据面、控制面和知识面实现物联网的自主能力,物联网自主体系结构如图1所示。

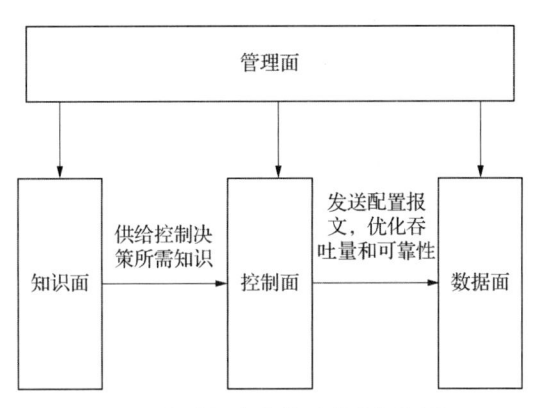

图1 物联网自主体系结构框架图

2. 共享平台模式设计思路

(1) 总体思路

基于软件学原理和面向对象的设计方法,应用模型—视图—控制器(model view controller,MVC)设计思想设计大型仪器共享平台,大型仪器共享平台物联网结构见图2,其包括应用层、网络层和感知层三层架构[③]。

应用层用于存储和管理平台数据,将即时的备份技术用于应用层确保数据的完整安全;网络层是大型仪器共享平台的中心,用于数据库操控和接收用户使用大型仪器请求的处理;感知层是大型仪器共享平台的入口[④],以网络为媒介将不需计算机控制和需要计算机控制的大型仪器运行数据传递到应用层,应用层功能分析如下:

① 大型仪器设备预约

共享平台应时刻针对用户的预约做出计划,使用户可以随时通过计算机查看待预约仪器的使用状态,通过提出预约申请[⑤],并根据自身情况合理安排仪器使用时间。

② 仪器使用记录查询

共享平台在仪器名称和用户栏下设置下拉菜单,可在选择时间段内快速查询某台仪器的使用情况,设备管理者在仪器发生故障时快速判断故障源头。

---

① 程宏杰,朱震宇,陈泽.农业物联云的设计与实现[J].江苏农业科学,2017,45(3):179-183.
② 陈海明,崔莉.面向服务的物联网软件体系结构设计与模型检测[J].计算机学报,2016,39(5):853-871.
③ 徐文,曲福辉,沈江,等.设计一个大型仪器设备在线管控系统[J].实验技术与管理,2017,34(9):257-260,264.
④ 李剑,张劲,王灿,等.变电设备物联网一体化智能监测装置研究[J].高电压技术,2015,41(12):3881-3887.
⑤ 岳恒,李健,庞为光,等.选矿工业全流程物联网实验平台的研发[J].控制工程,2017,24(4):909-916.

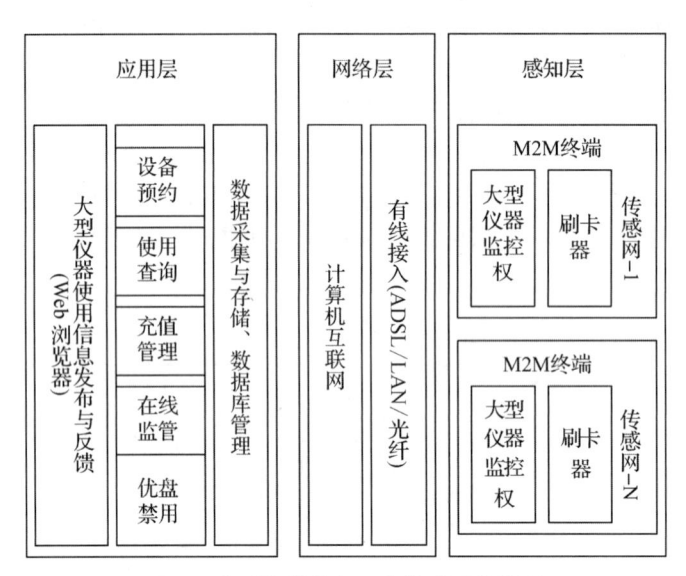

图 2　大型仪器共享平台物联网结构图

③ 充值管理

用户要想在大型仪器共享平台中使用仪器设备,需先在线注册,并预先在账户中充值,才可在平台中使用仪器设备。

④ 在线监管

平台可在用户登入首页显示仪器设备的分布位置、使用者身份信息以及登入信息,方便用户的信息查询①。

⑤ 优盘禁用

计算机客户端容易遭受病毒入侵,平台可以禁止携带病毒的优盘功能,用户刷卡使用时,平台可以有效加载该用户的网络文件夹,将自己需要的数据信息保存在该文件夹中。网络文件夹具有跟随性,即用户离开该文件夹就不存在,用户可在固定机器上导出网络文件夹内容②,该操作防止计算机的外部文件复制,降低病毒入侵的危害,提升大型仪器共享平台安全性。

(2) 大型仪器共享平台功能模块

基于物联网基础下的大型仪器共享平台包括用户登入模块、用户中心模块、检索和预约模块、集中式数据统计分析模块、刷卡收费模块、虚拟实验和考核模块和统一监管模块③,各个模块功能相互补充完善,各模块功能如下:

① 用户登入模块

根据大型仪器共享平台的信息查询权限将平台用户分为用户和管理员两种,分别对平台行使不同的职权,用户可在自身权限内修改自己的身份信息,登入模块可验证用户的

---

① 杨建栋,司农,陈道新,等.一种面向服务的物联网网关设计[J].电子技术应用,2015,41(3):35-37.
② 苟志坚,王太宏,张恩迪,等.基于物联网的通信电源监控系统的设计[J].电源技术,2016,40(8):1686-1688.
③ 陈仁安,郑新旺,庄凤彬.基于物联网的高校大型仪器设备智能管理系统研究[J].实验技术与管理,2017,34(4):268-271.

身份信息,根据用户类型进入不同的用户中心[1],用户在登入过程中,平台采用 Session 对象记录登入信息,用户对话结束后或长时间未有操作,平台则断开链接。

② 用户中心模块

用户中心模块是平台的核心,登入平台后管理员和用户进入不同的用户中心,用户中心包括个人信息管理、大型仪器预约信息、个人用户密码修改和仪器使用记录等,用户仅有预约使用仪器和查看仪器使用记录的权利。管理者可统计不同大型仪器的相关使用信息,每台设备在使用时都有专门的管理人员负责,且各个管理人员仅可在自己的职权范围内管理仪器[2]。管理员中心除包括用户中心功能外,还包括大型仪器的档案管理、预约管理、维修和检测记录表以及购置信息。点击用户的菜单项,根据菜单标识进入对应功能页面。

③ 检索和预约模块

该模块确保用户快速地在平台中检索出所需的大型仪器,并从中获取该仪器的详细信息,用户在该模块中输入大型仪器名称和使用时间,平台即可自动筛选出符合要求并可预约的大型仪器。用户通过登入大型仪器共享平台,获取自己需要的仪器信息,申请预约使用仪器,且在预约时填写申请表,注明仪器名称、使用时间等信息,填写完毕后将申请表舍弃或保存,提交申请后若处于未处理状态[3],则申请者可以修改或删除申请,但经审核后即不可取消,用户申请大型仪器预约流程如图 3 所示。

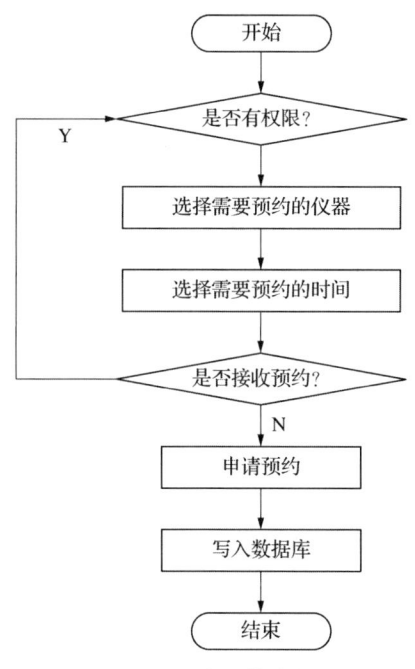

图 3 用户预约流程

---

[1] 章圣冶,罗尧治,沈雁彬.基于云计算的空间结构健康监测物联网系统设计[J].空间结构,2017,23(1):3-11.

[2] 朱鹏威,曹烨帆,董天舒."互联网+"视阈下高校信息化教学资源共享平台建设研究[J].情报科学,2016,V34(12):133-136.

[3] 王宏起,程淑娥,李玥.大数据环境下区域科技资源共享平台云服务模式研究[J].情报理论与实践,2017,40(3):42-47.

若在可预约时间段内可进行仪器预约,平台可快速提供预约,反之平台会推荐用户距该时间段最近的设备,并提供该设备的相关信息便于用户操作使用[1],采用该模块用户即可在网络环境下随时预约大型仪器共享平台中所有设备。

④ 集中式数据统计分析模块

准确的数据分析和统计为大型仪器的合理购置提供必要的决策支持,集中式数据统计分析模块可辅助仪器管理者方便、快捷管理数据,且该模块呈现数据类型多样,可自定义各种条件和组合,根据用户需求智能生成统计图或报表。

在大型仪器设备购置过程中,采用集中式数据统计分析模块,考虑不同大型仪器的真实使用时间和效率,而不是实验室的口头需求[2],即可在全校多维度角度使得购置的大型仪器在合理范围内,有效降低大型仪器的浪费和重复购置。

⑤ 刷卡收费模块

刷卡收费模块通过刷卡器识别用户身份实现用户使用大型仪器的收费管理,该模块由用户监控程序和读卡器两部分构成,该模块可针对不同类型大型仪器设置不同收费周期和收费标准;除此功能外,该模块还可根据用户对各类材料使用情况和实际成本支出,核算用户的资源消耗[3]。大型仪器共享平台要求使用设备必须刷卡,使用完毕也刷卡退出,根据软件程序自动对大型仪器使用者进行费用扣除。

通过刷卡管理模块进行费用扣除,将扣除的资金用于仪器设备的后续保养和维护,提升大型仪器设备使用年限。

⑥ 虚拟实验和考核模块

为保障实验室大型仪器设备能完全发挥其功能,在合理使用范围内规范和预约和使用,需要定期对大型仪器实施虚拟仿真考核和预约机制评价,可以通过构建实验仿真试验平台,对大型仪器共享平台的设备预约机制进行操作测试,仪器管理人员针对不同大型仪器制定不同操作规范和使用方法,且对于一些价值比较昂贵的设备还需对预约使用者进行使用测试,当预约者达到该仪器的使用标准后,才可预约成功。

虚拟实验和考核模块在用户使用前,对其进行水平测试,可大程度降低大型仪器损坏概率,且用户可在构建的实验仿真测试平台中多次学习使用方法,降低仪器专业教学人员的培训耗时,培训更多的仪器使用者。

⑦ 统一监管模块

该模块在线远程监控和管理大型仪器共享平台,实验室中心将不同设备的运行状态和使用信息等实时反馈给管理者,便于整体了解各台设备的使用情况。

共享平台统一监管包括对仪器的开机关机监管、电流监管和摄像头监管,大型仪器使用前需进行预加热,经常频繁的开机和关机对仪器的损伤较大,用户应严格依照预约时间打开仪器,共享平台会记录相关信息,便于管理人员实现对仪器的监控管理;电流监管主

---

① 贺锦,赵艳娥,何凌,等.高校大型仪器设备共享平台的设计与实现[J].实验技术与管理,2016,33(6):263-267.
② 孙傲冰,季统凯,伍小强.面向智慧城市的大数据开放共享平台的设计与实现[J].计算机应用,2017,37(a01):340-343.
③ 曲德强,缪渝斌,张欢.物联网技术在高校设备管理中应用[J].实验室研究与探索,2016,35(9):300-302.

要针对一些屏幕经常不关机的仪器,该类仪器在待机状态时的工作电流较小,工作时电流大幅度变动。因此,需要共享平台时刻监管仪器电流大小;摄像头监管对象主要为刷卡设备和门禁设施,主要用于监管用户是否按照标准使用设备,是否有人人为损伤仪器。

四、强化预约管理和人才培养

基于物联网基础的大型仪器共享平台的最终目的是充分利用资源、提高大型仪器设备的使用效率、培养更多具有创新管理能力的人才[①]。加强预约管理和人才培养可从实验技术人才培养、预约管理模式加强和卓越创新人才培养入手解决。

1. 加强预约管理模式

基于物联网基础下的大型仪器共享平台,可通过网络预约和电话预约实现对大型仪器的网上查询、预约、数据统计,动态管理大型仪器,提升大型仪器设备开放共享程度,增强设备使用效益。以下为常用的大型仪器预约方式:

(1) 网络预约

用户登入平台后,点击待预约的大型仪器,平台自动弹出该仪器的可预约时间,待用户完成相关信息的填写后,预约流程完成。通过网络平台预约大型仪器,降低仪器的重复购置,提升大型仪器的使用效益。同时也可以通过手机 APP 预约实验仪器。

(2) 电话预约

一些高精度的仪器设备需经常移动使用,不便于连接网络,因此该类设备不宜网络预约,可在共享平台中事前预约仪器,获取管理该设备的管理员信息,通过电话预约使用该仪器。

2. 实验技术人才培养

(1) 培养熟练操作手

培养该类型人才的对象主要对高校学生,特别是硕士生,培养目标是使其成为具有独立自主使用大型仪器设备的能力,提升仪器设备使用效率的能力,促进学生动手操作能力的提升。

(2) 培养不同领域专家

一个世界先进的一流高校,除具备教学大楼和大型实验仪器设备外,还需要有世界一流的专家,专家能够对一些特定大型仪器的功能进行优化提升,使研发出科研成果具有较高的价值意义。

(3) 培养技术精英

通过加强技术精英的培养,提升对大型仪器设备维护效果,便于对一些功能尚未开发的仪器实施升级改造,获取价值水平较高的测试分析报告。

---

① 陆文宣.构建校院两级共享平台 提高大型仪器设备共享水平[J].实验室研究与探索,2018,37(9):278-281.

五、结论

构建大型仪器共享平台是提升设备使用效率、降低科研成本的关键途径,也是加强协同创新的有效方法,大型仪器共享平台的设计应坚持精细化管理、聚合共享和管理创新的原则,运用科学化手段提升大型仪器的使用,实现大型仪器的科学化、现代化管理。

基于物联网技术构建的大型仪器共享平台,将实验室中所有的大型仪器放置于虚拟的平台中,其中既包括需要电脑控制和不需要电脑控制的仪器设备,还包括一些用于户外探索需要的仪器设备等,通过该共享平台共享不同仪器,平台中的用户根据自身实际需求,有效预约大型仪器设备,并在共享平台中全面获取实验室所有仪器设备的详细信息。大型仪器共享平台便于统一管理所有仪器设备,既满足了用户需求也辅助管理人员加强对大型仪器设备的管控。

大型科学仪器设备开放共享"网格化"效益评价体系的构建与实践

王洪洲　张　乐　段伦超[①]

摘　要：对我省大型科学仪器设备开放共享效益评价体系的现状进行了系统阐述，对制约效益评价的主要影响因素进行了细致分析并提出了构建"网格化"效益评价体系的观点。结合在省属高校的具体实践经验，对大型科学仪器设备按照"专用专管""通用专管""通用共享"三种属性实施分类的标准和必要性进行了说明，并提出以"信息公示""对外开放"两种方式进行开放共享管理的理念。同时，阐述了以分类评价为基本原则，对管理单位和使用机组分别进行横向效益评价和纵向效益评价，并依据考核结果进行激励调控的实施路径和方法。

关键词：大型科学仪器设备；开放共享；网格化；效益评价

大型科学仪器设备是高校人才培养、科学研究和学科建设的重要支撑，也是衡量高校综合实力的重要指标[②]。大型科学仪器设备开放共享平台是高校教学、科研和人才培养的重要基地[③]，也是高校合理配置资源、节约科研成本、提高科研效率的重要手段[④]，大型科学仪器设备开放共享平台的建立已成为高校院所和科技企业、社会民众等群体的普遍需求[⑤]。大型科学仪器设备开放共享目标是发挥其利用价值的最大化[⑥]，通过开放共享，允许其他单位、个人用于科学研究和技术开发，以达到提高其使用效益，避免闲置浪费和重复购置，提升对科技创新的服务和支撑作用的目的。国家层面出台了《国务院关于国家重大科研基础设施和大型科研仪器向社会开放的意见》（国发〔2014〕70号）以及《国家重大科研基础设施和大型科研仪器开放共享管理办法》（国科发基〔2017〕289号）相关文件，

---

① 作者简介：王洪洲，南京工业大学实验室建设与管理处设备科科长，主要从事大型科学仪器设备开放共享管理、教学科研仪器设备采购和使用管理工作，研究方向为实验室建设与管理。
张乐，江苏师范大学物理与电子工程学院副院长，江苏省大型科学仪器开放实验室副主任，教授，研究方向为实验室建设与管理。
段伦超，江苏省科技资源统筹服务中心资源管理部主任，助理研究员，研究方向为实验室建设与管理。
② 桑惠兰,唐俊峰,刘贵镇.基于平衡计分卡的大型仪器设备使用效益评价指标[J].实验技术与管理,2017,34(1):268-272.
③ 范霞,陈荣顺,辛志宏.高校大型仪器平台管理模式研究[J].设备管理与维修,2018(12):20-21.
④ 赵明,王安冬,祝永卫,等.高校大型仪器开放共享平台的安全管理研究[J].实验室研究与探索,2019,38(4):282-285.
⑤ 崔国印,黄刚,聂小鹏,等.基于共享经济视角的高校大型仪器设备管理平台构建研究[J].实验技术与管理,2018,35(12):274-276,280.
⑥ 徐大海.大型科学仪器设备共享效率评价研究[J].实验技术与管理,2017,34(1):263-267.

我省也出台了《省政府关于重大科研基础设施和大型科研仪器向社会开放的实施意见》（苏政发〔2015〕106号）等配套文件，文件中都明确要求大型科学仪器设备要向高校、科研院所、企业、社会研发组织等社会用户开放，实现资源共享，避免部门分割、单位独占，充分释放服务潜能，为科技创新和社会需求服务，为实施创新驱动发展战略提供有效支撑[①]。

近几年，在政策导向和社会需求的双重推动下，大型科学仪器设备开放共享的"热效应"在高校范围内愈发显著。各地高校纷纷结合"管好、用好大型科学仪器设备，使其为科学研究、人才培养发挥更大的效益，是仪器设备管理者需要探讨、研究的重要课题[②]"这一共性认识展开积极探索，推出了许多创新措施，其中强化对开放共享的效益评价工作尤为突出，各地高校对此积极开展相关研究工作，涌现出了多种模式的效益评价体系。南京工业大学将大型科学仪器设备开放共享效益评价工作上升至有利于学校发展的战略高度，构建了"网格化"效益评价体系，对开放共享实行分类评价，并依据评价结果实施激励调控。"网格化"效益评价体系具有一定的创新性和实用性，一方面，很好地激励了科研实验技术人员的工作积极性，使科研实验技术人员能够最大程度地发挥自身潜力和创新能力[③]；另一方面，有效地促进大型科学仪器设备的全面开放，提高仪器设备使用效率[④]。"网格化"效益评价体系不仅对学校提升开放共享管理工作具有积极的实践价值，而且对在省属高校范围内进一步深化效益评价体系的构建工作也有一定的参考价值。

一、大型科学仪器设备开放共享效益评价体系的现实状况

自2014年国务院对大型科学仪器设备开放共享工作提出具体实施意见，要求管理单位在满足科研教学需求的基础上，最大限度推进大型科学仪器设备对外开放以来，大型科学仪器设备开放共享工作得以不断深入开展。2019年《科技部办公厅 财政部办公厅关于开展中央级高等学校和科研院所等单位重大科研基础设施和大型科研仪器开放共享评价考核工作的通知》中明确要求，评价考核内容主要分为运行使用情况、共享服务成效、组织管理情况等方面，同时对一级指标又进行了细化，指导高校院所开展自评及国家考评。国家大型科学仪器开放共享政策的制定、绩效评价工作的开展，推动了国家及省大型科学仪器开放共享平台的有序运行，各类管理机制和保障措施得以进一步明确，提高了国家和地方政府大型科学仪器设备开放共享工作管理水平，激发大型科学仪器设备对科技创新服务和支持作用，提升大型科学仪器设备使用效益。

但是，开放共享工作健康发展的保障机制依然存在一定问题，不足以体现其应有的价值和作用，对于发挥"保驾护航"作用的效益评价体系，国家层面并未出台统一规范的政策

---

① 国务院.关于国家重大科研基础设施和大型科研仪器向社会开放的意见[EB/OL].(2015-01-26)[2020-3-14].http://www.most.gov.cn/kjbgz/201501/t20150126_117932.htm.
② 马旭炅,刘小花,程世红,等.新时期大型仪器设备共享平台的建设与发展[J].实验室研究与探索,2016,35(8):292-295.
③ 姜丽艳,闫国栋,张艳,等.高校仪器平台科研实验技术人员绩效考核体系的构建与探索[J].实验技术与管理,2019,36(7):257-259,269.
④ 林彩萍,陈丹.共用性仪器设备开放管理模式构建与实践[J].实验技术与管理,2018,35(2):266-267,278.

性制度,地方政府尚未发布具体明确的指导性文件。省属高校与部属高校相比,在思想认识、资金、人才队伍、管理水平、科研仪器设备开放共享绩效等方面存在着较大的差距[①]。省属高校普遍对开放共享效益评价工作缺乏理性认识,普遍对开展分类评价的重要性、全面性以及激励调控的必要性、深入性缺乏应有的理解和认识,在设计、量化效益评价指标时,存在着系统性、科学性不足以及激励调控力度不足等共性问题。开放共享效益评价体系的不足,将影响全省大型科学仪器开放共享进展整体层面的提升,不利于大型科学仪器设备开放共享工作深入、细致、务实的开展,也将对各设区市主管部门、高校院所等管理单位带来"迷障",不能清晰明确的贯彻落实正确精神,这应引起政策制定者和开放共享管理者的高度重视和深入思考,亟需弥补缺失,补齐短板,以保障大型科学仪器设备开放共享工作得以健康有序发展。

二、影响大型科学仪器设备开放共享效益评价效果作用的主要因素

开放共享效益评价体系对保障大型科学仪器设备开放共享有着举足轻重的作用。现阶段,由于参与群体对效益评价重要性的认知度,管理单位对分类评价必要性的认同感以及使用机组对激励调控合理性的认可度等方面存在一定的不足之处,效益评价应有的作用没有得以充分发挥。

1.参与群体对效益评价重要性的认知度有待提升

大型科学仪器设备开放共享是一个复杂的系统工程,科学合理的管理体系也是重要的组成部分[②]。大型科学仪器设备开放共享也是一项整体性、全局性特点比较显著的工作,离不开政策制定者和具体执行者的共同参与,如果仅仅依靠行政干预,开放共享的效果是无法保障的。效益评价对深入开展开放共享有着不可替代的保障作用,是全面提升开放共享管理工作水平,实现开放共享目标的有力保障。

参与群体要进一步提升对开放共享效益评价工作的认识高度,将大型科学仪器设备开放共享对科技创新和社会需求的服务和支撑作用与人才培养、成果产出等教学科研指标进行同等评价或考核;要重视并通过量化考核指标,认定考核等级来进一步增强参与群体的"使命感"和"责任感",要重视并通过明确激励政策,强化调控力度进一步增强参与群体的"获得感"和"存在感"。

2.管理单位对分类评价必要性的认同感有待增强

大型科学仪器设备在不同时期承担的任务有所不同,发挥的作用存在差异,对开放共享进行分类评价有一定的必要性,管理单位对此应提高重视程度。对开放共享实施分类评价,有助于提高其使用效益,避免闲置浪费,有助于提升管理单位对开放共享的认同感,

---

① 金增祥,马传峰,郭成浩.高校大型科学仪器共享平台运行瓶颈及对策分析[J].实验技术与管理,2018,35(11):272-274.
② 张楠,乔玉欢,胡宁.大型仪器共享平台和管理机制的创新和成效[J].实验室研究与探索,2018,37(8):299-302.

对于激发大型科学仪器设备对科技创新和社会需求的服务和支撑作用有着积极的推动作用。

管理单位在实施分类评价时,要依据有关规定设定额定使用机时,要及时掌握大型科学仪器设备承担及完成教学科研项目的情况。科研为主型的大型科学仪器设备,在达到额定机时的前提下,对于承担科研任务的,以信息公示的方式进行开放共享管理,重点评价其科研成果产出情况,对于已完成科研任务的,以对外开放的方式进行开放共享管理,重点评价其对外开放情况。教学为主型的大型科学仪器设备,以兼顾信息公示和对外开放的方式进行开放共享管理,重点评价其人才培养成效。

3. 使用机组对激励调控合理性的认可度有待提高

科学合理的激励调控机制是效益评价体系的重要内容,构建与使用机组切身利益相关的激励调控机制对于调动积极性,实现效益评价目的都有着至关重要的作用。

提高使用机组对激励调控机制的认可度,要通过在激励层面和调控层面的合理设计来实现。对于激励层面,主要通过增加绩效奖励、实施消耗补偿、扩大维修支付、追加共享补助、优先表彰奖励等方式予以激励;对于调控层面,主要通过暂缓申购审批、限制项目申报、缩减经费拨付、调配资源配置、延迟职称评定等方式予以约束。同时,对于瞒报、错报以及限期整改后未有明显改善的机组人员,要通过公开通报批评、年终考核降级、实施行政处罚等手段予以约束。

三、建立大型科学仪器设备开放共享效益评价的有效举措

科学、有效的效益评价体系应基于开放共享平台的实时数据,对大型科学仪器设备开放共享进行全面的分类评价和必要的激励调控。南京工业大学构建的"网格化"效益评价体系,以点带线,以线带面,环环相扣,对大型科学仪器设备按照三种属性实施分类评价管理、两种方式进行开放共享管理的做法,实现了开放共享平台对大型科学仪器设备的全面覆盖和分类评价;采用的横向、纵向效益评价指标充分保障了分类评价和激励调控的有效实施。

1. 按照"应收尽收"原则,对大型科学仪器设备实现"全覆盖"管理

实现开放共享平台对大型科学仪器设备的"全覆盖",是做好效益评价的基础。南京工业大学依据使用领域、承担任务以及服务对象的不同,对大型科学仪器设备按照"专用专管""通用专管"和"通用共享"三种属性进行分类管理(表1)的做法,有效地保障了"网格化"效益评价体系的全面性。

表1 大型科学仪器设备属性分类

属性分类	特点	内容
专用专管	高端性、保密性	用于学科前沿,服务于专业学术领域,促进最新科学技术发展的大型科学仪器设备;使用人员须经过专业技术培训

续表

属性分类	特点	内容
通用专管	特殊性、专用性	用于学科发展,服务于特定学术领域,促进相关科学技术发展的大型科学仪器设备;经系统培训后,一般科研人员或其他人员即可操作使用的大型科学仪器设备
通用共享	公共性、通用性	用于教学科研,服务于一般学术领域,提升教学科研水平及具有共性需求的大型科学仪器设备;经简单培训后即可操作使用

对大型科学仪器设备实施分类开放共享管理,是做好效益评价工作的前提。南京工业大学首次提出的"信息公示"和"对外开放"两种开放共享管理方式(表2),丰富了开放共享管理工作的内涵建设,保障了开放共享分类评价的顺利实施。

表2　大型科学仪器设备开放共享管理方式

开放共享方式	适用范围
信息公示	(1) 专用专管大型科学仪器设备 (2) 承担教学任务或科研项目,且使用机时≥1 200 小时/年的通用专管和通用共享大型科学仪器设备 (3) 经批准临时在校外存放、使用的大型科学仪器设备 (4) 压力容器、行车等属于特种设备的大型科学仪器设备
对外开放	(1) 承担教学任务或科研项目,使用机时<1 200 小时/年的通用专管和通用共享大型科学仪器设备 (2) 已完成教学任务或科研项目的通用专管类和通用共享类大型科学仪器设备 (3) 具备开放共享条件,自愿开放共享的专用专管类大型科学仪器设备

"网格化"效益评价体系实行的分类管理和分类开放模式,对于增强大型科学仪器设备开放共享的深入性,提升开放共享效益评价的覆盖面都有着积极的推动作用。

2. 按照"应评尽评"原则,对大型科学仪器设备进行"全方位"评价

在"网格化"效益评价体系中,面向管理单位开展横向效益评价,面向使用机组开展纵向效益评价,按照"应评尽评"的原则,对大型科学仪器设备开放共享实现"全方位"评价。

对管理单位进行效益评价的8项横向效益指标、权重和考核点主要包含了评价管理单位共享平台使用、组织管理能力以及大型科学仪器设备开放共享和维护水平等指标(表3)。

表3　大型科学仪器设备横向效益评价指标、权重和考核点

横向效益评价指标	权重/%	考核点
共享平台建设	20	纳入校级开放共享平台的情况。鼓励自行建立二级开放共享平台或成立分析测试中心
管理制度建设	5	执行学校管理制度的情况。鼓励结合单位实际自行制定相关管理制度并规范执行
管理队伍建设	15	从事开放共享管理队伍的稳定情况
信息公示情况	20	在校级开放共享平台公示信息的准确情况

续　表

横向效益评价指标	权重/%	考核点
预警机制执行	5	执行上级部门"预警目录清单"情况。鼓励依据单位实际自行发布预警机制
激励措施制定	10	执行学校管理制度的情况。鼓励自行制度开放共享激励措施
开放共享率	15	纳入校级开放共享平台的比例
仪器设备完好率	10	大型科学仪器设备的完好程度

对使用机组进行效益评价的8项纵向指标、权重和考核点主要包含了评价使用机组开放共享服务数量和质量以及大型科学仪器设备研究成果产出和贡献水平等指标(表4)。

表4　大型科学仪器设备纵向效益评价指标、权重和考核点

纵向效益评价指标	权重/%	考核点
运行机时	20	用于科研及社会服务的有效运行机时
人才培养成果	5	培养出能独立操作和使用大型科学仪器设备的学生、教师和其他人员数量
科学研究成果	20	承担科研、获得国家级或省部级奖项的情况以及获得专利、发表三大检索或其他代表性成果情况
共享基金收入	15	纳入开放共享基金的测试收入金额
校内开放情况	10	对校内开放的有效运行机时和样品测试的数量
校外开放情况	10	对校外开放的有效运行机时和样品测试的数量
用户满意率	5	参与用户认可程度以及对存在问题的整改情况
开放共享收益率	15	消耗补偿费用在开放共享服务总收入中的比例

3. 按照"奖罚并重"原则，对开放共享工作进行激励调控

在"网格化"效益评价体系中，考核和激励，两者相互配合，缺一不可[1]。科学、合理地制定分配方案，是平台长期、稳定、有效运行的重要环节[2]，也是效益评价的重要环节。为增加激励调控的刚性和力度，南京工业大学通过设立开放共享基金，对开放共享收入进行统一收支管理，未进行效益评价的，不得使用开放共享基金，按照学校开放共享基金使用办法规定，大型科学仪器设备测试收入的45%用于维护维修、耗材支出，25%用于服务业绩奖补。

学校对效益评价考核等级在良好及以上的管理单位和使用机组，通过工作量补贴、绩效奖补、资源调配和项目申报，经费使用、优秀评选、年终考评等方式予以激励和调控(表5)。

---

[1] 刘渝萍,周小元,张红菊,等.高校大型仪器开放共享平台的多元化建设[J].实验室研究与探索,2018,37(2):285-288.

[2] 刘加彬,熊宏齐,孙岳明,等.大型仪器设备共享管理体系的构建与实践[J].实验技术与管理,2015,32(5):8-11,15.

表5 大型科学仪器设备效益评价等次及激励调控措施

考核对象	等级	效益评价得分	激励调控措施
管理单位	优秀	总分≥85分	1. 大型科学仪器设备数量≥10台(套)的,按照1 000标时/10台(套)/年的标准,给予工作量补贴;数量<10台(套)的,按照500标时/年补贴 2. 按照600标时/人/年的标准,给予管理人员工作量补贴 3. 优化资源配置,增加学科建设经费投入 4. 人才引进政策倾斜 5. 年终考评加分,开放共享先进评选、表彰奖励
	良好	75分≤总分<85分	1. 大型科学仪器设备数量≥10台(套)的,按照500标时/10台(套)/年的标准,给予工作量补贴 2. 按照400标时/人/年的标准,给予管理人员工作量补贴
	合格	65分≤总分<75分	1. 取消单位及管理人员工作量补贴 2. 缩减学科建设经费投入
	不合格	总分<65分	1. 公开通报批评 2. 取消单位及管理人员工作量补贴 3. 缩减学科建设经费投入 4. 整改期后仍不达标的,追责且暂停使用开放共享基金,并调整资源配置
使用机组	优秀	总分≥90分	1. 按照600标时/台(套)的标准,给予机组人员工作量补贴 2. 提高公共维修经费使用比例 3. 全额拨付开放共享基金服务业绩奖补
	良好	70分≤总分<90分	1. 按照400标时/台(套)的标准,给予机组人员工作量补贴 2. 全额拨付开放共享基金服务业绩奖补
	合格	60分≤总分<70分	1. 取消机组人员工作量补贴 2. 缩减开放共享基金服务业绩奖补
	不合格	总分<60分	1. 暂停使用开放共享基金 2. 限制机组人员科技计划(专项、基金)等申报 3. 暂缓新购仪器设备审批 4. 整改期后仍不达标的,限制职称评定,对大型科学仪器设备进行无偿调配使用,并取消保管和使用的其他大型科学仪器设备参加效益评价的资格

在以上具体措施的基础上,为进一步激发使用机组的积极性,进一步提高大型科学仪器设备使用效率,增强激励的显示度,南京工业大学对效益评价考核取得良好及以上等级的使用机组,按照以下标准予以机时奖励补贴:年度有效运行机时高于1 200小时的,超出部分按照5元/小时的标准予以额外奖励补贴;高于1 600小时的,超出部分按照10元/小时的标准予以额外奖励补贴。

四、结语

"网格化"效益评价体系的构建和实践,对提升大型科学仪器设备管理单位和使用机组关于开放共享的认同感,提高大型科学仪器设备使用机时,激发使用机组的积极性,促进科研成果产出,解决社会科研创新需求,避免资源闲置浪费都有着十分重要的促进作用。"网格化"效益评价体系能更好地保障共享平台对大型科学仪器设备的全面覆盖,能更有效地实施分类评价和激励调控,对丰富开放共享效益评价体系的内涵,深入推动大型科学仪器设备开放共享工作开展都有着积极的现实意义。

第二部分

拟发论文

"三实"模式的实验室安全教育体系建设与实践

南盼盼　陈彦达　徐邦瑜　李梅映　姚李娜　陈如松[①]

摘　要：实验室是高校人才培养、科技创新、社会服务的重要载体，加强实验室安全教育是保障实验室安全的重要手段。针对内卷时代下高校师生科研压力大、学习时间紧张等问题，结合管理要求、学校实际工作需求以及师生特点，创新安全教育形式和内容表达，构建一体化准入体系、常态化培训机制和年轻态安全文化，带动师生参与安全教育活动，推动各院系结合院系特点建设安全教育课程；以实验室安全实训基地为核心，加强"实战"训练，增强实验室安全理论知识和技能锻炼；实施全员参与的风险评估和安全检查，开展以实验室现场处置能力建设为核心的应急体系建设；利用信息化手段，建设个人教育培训档案，推动实验室安全教育形成"结合实际、走到实地、达到实效"的"三实"模式。

关键词：实验室安全；安全教育；实训基地；安全文化

作为高校人才培养、科技创新、社会服务的重要载体和"双一流"建设的重要基地，各高校实验室体量日渐庞大。随着实验室体量和投入增加，化学品及仪器设备等需求量及采购量不断攀升，危险源数量和种类相应增加[②]，而随着交叉学科的建设，实验室面向的人员也日渐复杂，除本科生和研究生外，增加实验室客座学生、合同制人员等各类人员[③]，不仅流动性大，而且实验操作经验不足，实验室安全管理难度日益加大。2015年天津港爆炸以后，教育部逐步加强实验室安全管理工作，推行全国高校年度检查，实验室安全管理由无序状态逐步规范。2019年以来，教育部又先后印发《教育部关于加强高校实验室安全工作的意见》《教育部办公厅关于开展加强高校实验室安全专项行动的通知》《高等学校实验室安全规范》等多个文件，要求高校高度重视实验室安全工作，深刻认识抓好实验室安全工作的重要性，将维护校园安全作为高校的一项重大政治任务。教育部对各高校的实验室安全检查结果显示，近年来，全国的实验室安全管理工作不断加强、整体水平明显提高。然而，频繁发生的实验室安全事故不断提醒我们，实验人员的安全意识依然不容乐观，实验室安全管理工作依然存在薄弱环节。2015—2017年高校实验室安全三年督查结果显示，有45%的高校在安全教育

[①] 作者简介：南盼盼、陈彦达、徐邦瑜、李梅映、姚李娜，南京大学实验室与设备管理处人员，研究方向为高校实验室安全管理。
陈如松，南京大学实验室与设备管理处副处长，研究方向为高校实验室安全管理。
[②] 熊嘉雯,严文锋,方岩雄,等.基于"互联网＋高校实验室安全"的综合管理系统构建与实践[J].实验室研究与探索,2022,41(2):302-307.
[③] 张安胜,彭华松.高校实验室安全教育体系的构建与实践[J].实验室研究与探索,2022,41(10):307-312.

和考试准入方面还存在缺陷①,如何在新的时代背景下更好开展实验室安全教育,提升实验人员的安全意识和能力仍然是一个难题。近年来,南京大学结合内卷时代下师生状态、实验室安全管理要求、新媒体优势、南京大学学科特色等实际情况,以实训基地为核心、体系化、常态化、细致化开展实验室安全教育,推动实验室安全结合实际、走到实地、达到实效。

一、当前时代背景下,高校师生状况

随着高校扩招,我国高校学生规模不断扩大,毕业生人数持续攀升。教育部数据显示,2022年,全国高校毕业生人数已破千万,而2023年全国高校毕业生规模更是再创新高,已达1 158万人。不断扩大的毕业人群造成学生们巨大的就业压力,这就倒逼学生们一入校就需加快对有限的优质资源的竞争,学生们追求教育理想的同时,被迫进行着低效的"时间竞赛"。他们既想白天可能是教学楼里的学习标兵,下午又能化身为实验室里的科研精英,晚上或许又成为活跃在社团舞台上的文艺之星……不停地连轴转让大学生们精疲力竭②。另一方面,近几年来,国内高校实施人事改革,参照国外做法普遍实施的"非升即走"制度也让高校教师们无暇他顾③。然而,不断发生的安全事故又一而再再而三的提醒管理者必须不断加大力度开展实验室安全教育,这一点和师生们身陷"内卷"不得不将更多精力投到各类学业资源竞争中的状况形成矛盾。这也要求管理者们必须在师生有限学习精力的条件和背景下,创新教育方式和路径,针对不同学科特点,以更加有效的手段实现预期教育效果。

二、当前高校实验室安全教育状况

安全教育作为保障实验室安全的首要环节和关键措施,在近年来不断得到重视。国外发达国家由于开展时间较早、重视程度较高、法律法规相对完善、专业化教师队伍充足、安全教育培训课程种类多、教育形式多样、安全管理较为严格等特点,实验室安全教育已较为成熟,并建立了完善的EHS(Environment、Health and Safety)管理体系④。

国内高校在国外高校的先进经验基础上,也在不断创新实验室安全教育手段,积极探索安全教育体系建设,包括建设实验室安全教育课程⑤,建设实验室安全动画视频,微信公众平台⑥,安全教育考试系统⑦,制作《实验室安全口袋书》⑧,安全月期间开展实验室安

---

① 杜奕,冯建跃,张新祥.高校实验室安全三年督查总结(Ⅱ):从安全督查看高校实验室安全管理现状[J].实验技术与管理,2018,35(7):5-11.
② 林扬千.精疲力竭的突围:大学生内卷化现象的表现、危害及应对[J].当代青年研究,2021,372(3):88-93.
③ 黄文武.大学教师"非升即走"制度安排的利弊分析[J].江苏高教,2020(6):89-96.
④ 李冰洋,黄开胜,艾德生.高校实验室安全教育要素与体系构建探究[J].实验技术与管理,2019,36(11):248-253.
⑤ 邓春花,尹仕,徐慧平,等.应用反向课程矩阵设计法进行"电类实验室安全教育"课程建设[J].实验技术与管理,2020,37(2):168-173.
⑥ 陈亮,戴灵豪,关旸,等.高校实验室安全教育体系构建与实践[J].实验室研究与探索,2022,41(2):286-290.
⑦ 吕明泉,徐炬峰,李佳轶,等.建设事故案例多媒体库强化实验室安全教育[J].实验室研究与探索,2022,41(6):306-309.
⑧ 王明达,石永军,孔得朋,等.基于微信公众平台的实验室现场安全教育教学设计与实践[J].实验室研究与探索,2017,36(2):289-292.

全知识竞赛等,取得了一定的进步,如清华大学、上海交通大学等都建立了较为完善的教育体系,给其他高校带来一定的启发。江苏省高校实验室研究会组织策划的"江苏省高校实验室安全技能大赛",也由于其"立体化、沉浸式"的特点在高校内得到广泛关注①。

虽然当前各高校实验室安全教育已普遍开展,但依然存在经费投入不足、师生主动参与度低②、安全教育制度不规范、学习考试题库不符合学校实际情况、题库针对性不强、基础实验室安全手册发放不到位③、重准入轻长期、重学生轻教职工④、重常规轻应急、重理论轻实践⑤、重通识轻专业、重知识传输轻文化建设等问题⑥,安全教育不能走深走实,师生安全意识和安全技能不足问题依然严峻。

三、南京大学实验室安全教育体系建设实践

针对目前高校实验室安全教育现状与问题,南京大学结合实验室安全教育工作实际,逐渐形成了以"结合实际、走到实地、达到实效"为特点的"三实"实验室安全教育体系(见图1),全面推动师生逐步从"要我安全"转变成"我要安全",再到"我会安全",最终实现"我护安全"的全方位能力素质提升。

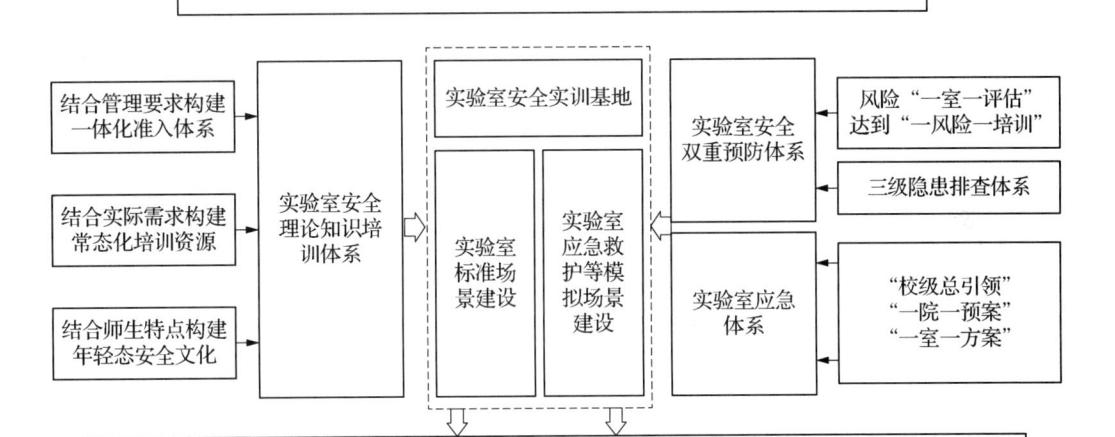

图 1 南京大学实验室安全教育体系建设

---

① 李均熙,郝越,孙雅茹.高校实验室安全技能大赛的实践研究与展望[J].实验技术与管理,2022,39(6):210-213.
② 于殿宝.高等职业院校安全专业课程与课程体系设置应用研究[J].中国安全科学学报,2010,20(2):11-16.
③ 冯建跃.高校实验室安全工作参考手册[M].北京:中国轻工业出版社,2020:27-31.
④ 尹洧,周小凡,李文洁.实验室的安全风险与应急处置[J].安全,2016,37(11):6-8.
⑤ 郑春龙,李五一.中外高校实验室安全教育教材建设的比较[J].实验室研究与探索,2011,30(11):181-184.
⑥ 邴杰,宋宏涛,李森.基于深度学习的高校实验室安全教育课程体系的建构[J].实验室研究与探索,2021,40(11):286-290.

1. 结合管理要求,构建一体化准入体系

(1) 创新形式,凝练要点,确保课程实用性

"内卷时代"下,师生学习科研压力较大,传统的填鸭式理论漫灌已不能有效吸引师生的注意力,作为实验室安全管理部门,需要创新教育方式,满足师生学习需求。南京大学主动求变,以学校实际管理要求为基础,结合新时代师生特点,以《高等学校实验室安全检查项目表》为基础,凝练总结各模块知识要点,并通过游戏闯关、知识问答、拟人呈现等方式,将实验室安全知识点制作成3~5分钟一节的12个实验室安全系列教育动画视频,涵盖各个板块核心要点,既简明扼要地讲解了知识内容,又通过生动活泼的方式吸引了师生的关注,增强了教育培训效果。创新手册编制,与艺术学院学生合作设计图文并茂的实验室安全手册,使安全手册内容严谨的同时兼具轻松性。在此基础上,主管职能部门联合本科生院、研究生院将实验室安全教育纳入学生入学教育范畴,保障全员教育到位。在校级通识教育的基础上,各院系结合学科特点均开设有实验室安全教育必修或选修课,或将安全教育纳入必修环节(见表1),充分保障教育到位。

表1 南京大学各院系实验室安全教育课程建设一览

院系名称	课程对象	课程名称	课程性质	课程学时数
化学化工学院	研究生	实验室安全与环保	必修课	32
环境学院	研究生	环境健康和安全教育	必修课	16
生命科学学院	本科生	生命科学实验伦理、安全和仪器实训	选修课	36
生命科学学院	研究生	实验室安全教育	必修课	16
现代工程与应用科学学院	本科生	新工科新安全教育实践	必修课	3
现代工程与应用科学学院	研究生	现代工学院新生入学教育	必修环节	9
电子工程与科学学院	本科生	实验室安全教育实践	选修	3
电子工程与科学学院	研究生	实验室安全教育	必修课	16
物理学院	研究生	实验室安全教育	必修环节	9
医学院	研究生	医学院新生入学教育	必修环节	8
地球科学与工程学院	本科生	本科思政教育(含实验室安全)	必修课	2
地球科学与工程学院	研究生	实验室安全教育与培训	必修环节	3
地理与海洋科学学院	本科生研究生	实验室与安全教育培训	必修环节	3
大气科学学院	研究生	实验室安全教育培训	必修环节	2
建筑与城市规划学院	研究生	实验室安全教育	必修环节	6

(2) 师生参与,共同建设,强化试题适用性

为进一步强化试题库的适用性和针对性,学校组织成立"南京大学实验室安全教育考

试试题专家库",包括化学化工学院、环境学院等10个院系的19位专家,编制了一套满足当下管理要求、符合学校实际、涵盖各类安全要点的2 000余道实验室安全教育试题,并每年结合教育部实验室安全检查表和最新要求,及时更新试题库内容,不断提升实验室安全准入水平。在此基础上,强化涉危化品、特种设备、辐射安全、生物安全等院系安全管理人员持证上岗,全面强化准入建设。

(3)制度保障,系统支撑,严格落实准入要求

为进一步落实应考尽考,严格准入,学校制定《南京大学实验室安全教育与准入管理办法》,明确职能部门管理人员、各相关院系管理人员、实验室负责人及实验师生等各级各类人员的准入及培训教育要求,并通过实验室安全教育与考试系统,跟踪各类人员准入教育情况,做到不合格不准入,降低进入实验室风险。

2. 结合实际需求,构建常态化培训机制

(1)全面覆盖,全程开展,常态化开展培训

为保持警钟长鸣,并落实"全员、全程、全面"教育培训要求,除入学教育以外,学校每年邀请校内外专家,常态化举行实验室安全教育培训,包括《高等学校实验室安全检查表》解读、化学安全、生物安全、特种设备安全等各类安全要点培训,不断强化师生安全意识和能力。此外,在常态化培训基础上,学校组织实验室安全管理经验丰富的课题组负责人开展培训交流会,进一步增强课题组层面实验室安全管理能力,从而推动各级人员安全能力提升。

(2)聚焦核心,强化专项,定制危化品SDS查询系统

邀请化学、生物等相关院系专家共同建设南京大学常用危险化学品安全技术说明书(SDS)查询系统,并将16项说明书内容简化为9项,包括品名、危险性、危险性标志、理化数据、危险特性与安全存储、防护措施、接触表现与急救措施、泄漏应急处理、消防措施信息,涵盖学校常用600余种危化品,并设计成可打印A4纸大小版式,清晰呈现信息要点的同时,方便师生学习,不断强化重点危险源日常培训。

3. 结合师生特点构建年轻态安全文化

(1)创新表达,创建"小南说安全"公众号教育平台

结合新媒体所具有的传播方式机动灵活性、信息知识包容性、呈现形式多元性、沟通交流便捷性等特点[①],南京大学积极创建"小南说安全"公众号,以图文并茂的方式形象表达实验室安全知识,目前已推送30余期,涵盖各类知识要点,包括基础安全、化学安全、气瓶安全、用电安全、应急措施、法律法规培训等,不断强化安全入脑入心,单期最高阅读量近6 000人。结合青年人朝气蓬勃的特点,设计亲和力十足的"小南说安全"logo和卡通人物形象,并设计"小南说安全"专栏标识,强化文化属性,结合轻松活泼的语言风格,起到良好的宣传效果。

---

① 李刚,王富龙,盖涛,等.基于新媒体的高校实验室安全文化建设探究[J].经济师,2022(5):196-198.

图 2 "小南说安全"卡通人物

(2) 手段多样,开展"安全文化月"系列宣传活动

举办实验室安全标语大赛,征集出朗朗上口的安全标语,并制作成实验室安全文创产品和标语标识,成为安全文化建设和传播的有效载体。以绘带讲,举办实验室安全海报设计大赛,进一步开拓安全宣传教育形式,活跃安全文化氛围。通过图文并茂的方式线上线下开展实验室安全知识展,包括实验室安全基础知识和法律法规宣传等,获得了师生的一致好评。在"6·16"安全咨询日开展实验室安全主题教育和安全政策宣传咨询活动。强化实操比武,开展沉浸式实验室安全技能比赛和实验室应急预案编制大赛,不断强化了师生红线意识和底线思维,提升了师生的危险源辨识、风险评估、现场管控等能力,营造出良好的安全文化氛围。

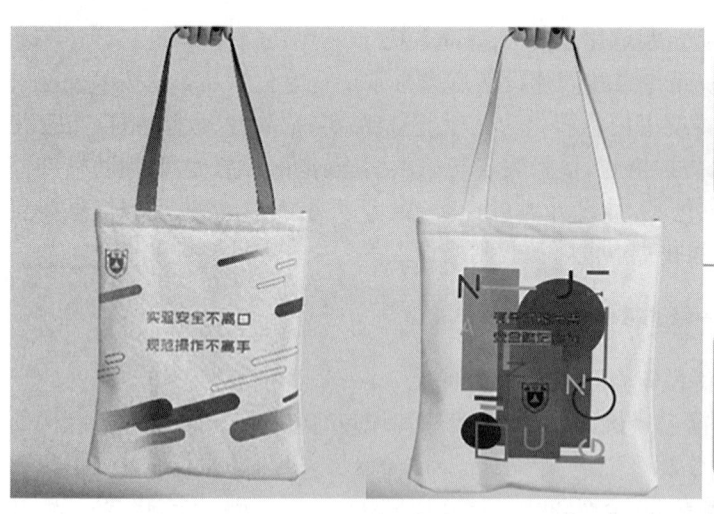

图 3 南京大学实验室安全文创产品及标语标识

(3) 深入细节,强化实验室文化环境建设

制作 50 种实验室安全警示标识,全校共计发放 35 000 余份,为实验室营造出浓郁的安全氛围。设计并发放实验室洗眼器、应急喷淋检查本,为实验教学中心统一配置安全检查日志牌,为新建实验室统一设计实验室安全信息牌,专门设置实验室安全文化墙,不断通过各类载体,强化实验室安全环境建设等,促进安全意识入眼入脑入心。

(4) 强化格局,推进管理层级安全文化建设

党的二十大报告中强调,推进国家安全体系和能力现代化,以新安全格局保障新发展格局,新安全格局的形成需要进一步强化信息互通,校院联动。2021年初,南京大学出台"每日一记录,每周一讨论、每月一简报"的工作机制,做到"今日工作有计划,当日工作有结果,明日工作有安排",及时解决安全管理隐患问题,发现安全管理亮点,总结优良经验,使相关领导、部处和院系及时了解实验室安全管理现状,确保实验室安全管理相关事宜"事事有回音、件件有着落",并在每年年末对全校实验室安全管理情况进行总结发布。连续两年半的简报举措,强化了实验室安全管理层级的文化建设。

4. 进入实际场地,增强安全教育培训效果

为解决安全教育重理论轻实战的痛点,南京大学通过建设标准化的实训场所,为全校师生提供沉浸式开展安全教育的场地,场景内容涵盖基础安全、水电安全、应急防护、化学品安全、气瓶安全、危险废物安全、压力容器安全、冷热设备安全、个人防护设备、实验室安全文化墙等,通过标准化的场景布置,明确实验室安全日常管理要求,规范师生日常行为,以实战促提升,破解"重理论轻实战"痛点,强化安全培训效果。在此基础上,推进语音讲解、实验室应急救护场景体验等方式,加强实战训练,增强实验室安全理论知识和安全技能锻炼。自2022年11月建成以来,学校面对化学、生命、环境、电子等8个院系600多位学生提供了化学品泄漏、应急抢救、安全意识、项目表解读等多方面的培训,得到参训师生的一致好评,并成为各院系的实验室安全实践基地。

5. 推动全员参与,强化风险评估和安全检查效果

南京大学学科众多,实验室体量庞大,涉及危险源类型多样,为更具针对性的强化实验安全管理,学校通过信息化系统实时掌握实验室基础数据,以危化品及气体采购量、危化品存储量、实验室危险源等作为依据,对全校2 000余个实验室开展分级,以实验项目、重点危险源、历史安全事故、培训及人员资质、应急物资、管理制度等作为重点评估项,以实验室房间号为单位开展风险评估,实验室负责人针对风险评估结果对课题组成员开展培训。同理,实验教学项目负责人针对项目涉及危险源和过程安全风险进行评估和培训,形成"一室一评估""一项目一评估""一风险一培训"的教育培训格局。在此基础上,各院系在安全教育课程中加入实验室现场检查环节,通过以查促训,进一步强化安全教育的针对性。

6. 强化应急管理,保障应急有效

天津港爆炸事件让大家深刻地认识到事后正确应急救护的重要性。如何提升事故现场人员的应急处置能力,将事故控制在最小范围是高校应急教育的一大难点。南京大学建立校—院—实验室三级联动的应急体系,在校级层面组织专家更新完善实验室各类突发事件应急预案,开展各类事故应急演练,加强应急流程和方法培训,并将每年11月设置为应急演练月,逐步强化应急意识教育。制定《南京大学实验室安全应急预案编制指南》,推进院系层面应急预案建设;开展实验室现场处置方案编制大赛,激发全员参与实验室应

急体系建设热情，最终推动院系和实验室层面结合各学科以及各实验室特色，形成"一院一预案""一室一方案"一体化布局，并在此基础上，加强应急物资建设，保障应急救护到位有效。

7. 结合信息化，全过程跟踪实验室安全教育

学校依托南京大学信息门户保障新进学生落实入校安全教育，依托实验室安全教育与考试系统开展实验室安全线上教育培训，严格落实实验室安全准入制度，并除学校集中入学教育外，通过系统跟踪记录学生参与学院课程及各类日常培训、应急演练情况，依托实验室安全检查系统记录实验师生开展和参与实验室安全检查情况，推进形成安全教育"一人一档"，确保安全教育到位有效。

四、结语

实验室安全是平安校园建设的重要内容，是保障高校"双一流建设"和学生成长成才的关键。内卷时代下，实验室安全管理者们需要根据安全教育难点痛点，转变教育理念。结合管理要求、学校实际需求和师生特点，创新教育方式。在安全管理责任体系的规范下，加强全员参与、全程跟踪、全面覆盖的安全教育，并以实训为核心，推动安全教育从理论知识到实战能力培训转变。以信息化手段，跟踪教育培训效果，保障安全知识和应急能力到位，加快推动师生从"要我安全"转变成"我要安全"，再到"我会安全"，最终实现"我护安全"的全方位能力素质提升，全力保障校园安全。

基于 GIS 的高校实验室安全管理信息化平台设计与构建

赵建新　钱婷婷　高　珂　郑　磊　周小沪[①]

摘　要: 在分析当前高校实验室安全信息化现状及存在问题的基础上,探讨了实验室安全信息化发展趋势,提出了基于从静态的安全要素到动态的信息化管理板块,建立了将基础信息、安全检查、危险源采购与辨识、培训与准入、日常事务、安全监测、风险评估等实验室安全事务融于一体的实验室安全信息平台,以期为实验室安全面临的诸多问题提供整体解决方案。

关键词: 实验室安全;安全管理;GIS;信息化平台

近年来,国家高度重视高校实验室安全工作。高标准、严要求的全国高校实验室安全督查已经成为常态化工作,"以查促改、以查促建"使得我国的高校实验室安全工作取得了阶段性的成果。在新形势下,全国高校实验室安全体制机制、服务与管理内容以及管理流程等较以往均发生了很大的变化,现有的管理手段与人员配置难以满足当前国家对高校实验室安全管理的要求。如何构建一个科学、全面、实用、易用的信息化管理平台,全面提升实验室安全管理效率,实现实验室安全管理的集中化、扁平化、数据化、流程化和共享化,已经成为高校实验室管理部门亟待研究的重要课题。

一、高校实验室安全信息化现状

随着近年来高校信息化的发展,高校实验室安全管理的职能部门基于具体工作内容在不同时期已构建了多个管理系统,如"实验室安全考试系统""化学品采购管理系统""实验室安全检查系统"等。这些单一功能的管理系统面对的服务或管理对象各不相同,虽能够实现设计的目的,但往往是分批多头建设,以管理者为中心,缺少顶层设计与统筹规划,难以实现信息互联共享,"信息孤岛"现象比较严重[②③],系统间的信息传递以及部分工作

[①] 作者简介:赵建新,博士,原江南大学实验室与设备管理处处长,研究方向为实验室建设与安全管理。
钱婷婷,原江南大学实验室与资产管理处技术安全科科长,研究方向为实验室安全管理。
高珂,江南大学实验室与资产管理处实验室安全管理中心科员,研究方向为实验室安全管理。
郑磊,江南大学实验室与资产管理处实验室安全管理中心副科长,研究方向为实验室安全管理。
周小沪,原江南大学实验室与设备管理处副处长,研究方向为实验室建设与安全管理。
[②] 俞欢军,章薇,章兴棋,等.建立信息化平台加强高校实验室安全管理[J].实验技术与管理,2017,34(7):4-6.
[③] 黄坤,李彦启.我国高校实验室安全管理现状分析与对策[J].实验室研究与探索,2015,34(1):280-283.

仍需人工传递、统计与操作，难以提供实时、全面、准确的数据，无法实现全方位、全流程的实验室安全信息化管理。

二、实验室安全信息化发展趋势

移动互联网时代信息技术的发展为实验室安全信息化建设提供了新的手段，智能、交互、便捷的实验室安全信息化平台能为实验室安全管理的改革创新提供有力支持。

1. 以实验室大数据为基础

由于实验室工作人员流动性大、危险源种类多、变化快，实验过程风险比较复杂难辨，利用人工智能、物联网等现代技术手段，通过对实验室大数据的采集，能够实现对实验室活动的智能监测、分析与诊断。充分利用这些基础信息，能够建立科学的评价标准和分析模型，优化业务流程，支撑实验室精细化管理和科学决策。通过实验室安全大数据发现新规律新趋势，将其用于指导实验室安全工作的改革创新，将是实验室信息化平台的发展方向①②。

2. 以用户服务为核心

在"管理"中融入服务是当下信息化建设的要求，实验室安全信息化由"管控"向"服务"转变，由"以管理者为核心"向"以所有参与者为轴"转变，功能设计方面加强用户体验，关注所有参与者间的双向或多向交互活动，面对个性化需求主动提供服务，依托互联网信息技术手段和人工智能构建交互式、多功能、人性化、便捷性、高效率等实验室服务体系，最终完成信息化由"业务应用与被动保障型"向"研判应用与主动服务型"的发展过渡③。

三、实验室安全信息化平台设计

1. 信息化管理目标

树立基于互联网思维的实验室安全管理理念，通过利用信息技术，改善实验室管理传统业务工作流程与方法，实现管理的高效与规范，充分了解用户的需求与使用习惯，重构实验室安全管理服务体系，全面提高实验室整体治理能力与综合服务水平④。

2. 信息化平台构建原则

实验室安全信息化平台建设是一项业务技术性强、建设周期跨度大的系统性工程，是随着实验室安全管理理论和实践逐步建立起来的，在设计建设实验室安全信息化平台的

---

① 杨龙.基于大数据和人工智能的高校信息化服务研究[J].实验技术与管理,2018,35(11):153-156.
② 周南平,贾佳.大数据背景下的高校信息化建设路径研究[J].中国电化教育,2018(9):75-80.
③ 逄红梅,邱爱莲.人本管理:高校信息化发展的新认识[J].现代教育管理,2017(10):56-61.
④ 姜丽,宋建华.高校实验室信息化体系的建设研究[J].实验技术与管理,2018,35(1):25-27.

进程中,应遵循以下原则:

(1) 统筹规划,分步实施。高校要强化顶层设计,遵循《教育信息化"十三五"规划》的部署,结合国家相关政策要求,制定匹配国家战略、符合本校实验室管理实际的详细规划。规划方案是对实验室安全信息化发展的中长期计划,从投入建设时间与建设可行性分析方面来说,试图"一步到位",直接建立一个全面、统一的信息化平台是难以实现的。因此,规划方案既要统筹全局,注重整体性和前瞻性,又要重点突出,考虑近期工作重点与急切需求,按照本校实验室工作实际分阶段建设部署。

(2) 深化技术,创新改革。要做好信息化建设的管理工作,必须创新。创新不仅是应用的创新,更是管理的创新、服务的创新和评价的创新。高校实施信息化建设必须深度改造传统管理模式和业务流程,新建管理模式和观念必须符合移动互联网时代信息技术的要求,注重业务流程和信息化技术相协调,把信息化组织架构渗透到所有的使用者,充分收集使用者的反馈需求,建立准确的需求定位,充分发挥信息系统支撑业务发展的新观念和新模式①。

(3) 技术架构的可持续发展。高校和有关政府部门在不同时期的管理要求是变化的,因而很多业务流程、协作流程和管理内容也是不断变化的,技术设计方案应避免由一处业务需求变动引起多处修改,基于面向服务为主体,在门户网站的基础上,将信息化平台分解成一系列服务,每个服务专注于单一功能,管理自己的数据,并由定义良好的接口进行通信,实现应用对接、数据共享,并能实现灵活的扩展性和替换性,便于按需增加、替换服务,实现信息化平台的可持续发展②。

3. 实验室安全信息化体系架构

地理信息系统(Geographic Information System,GIS)是用于采集、存储、处理、分析、检索和显示空间数据的计算机系统。GIS 可以分为 5 部分:人、数据、硬件、软件、过程。与传统地图相比,GIS 具备的先天优势是将数据的存储与数据的表达进行分离,因此基于相同的基础数据能够产生出各种不同的产品③。借用 GIS 的内涵,提出实验室安全 GIS 系统,实验室的安全运行离不开"人、事、物"。有关实验室安全的"人":项目负责人、研究助理、实验员、研究生、本科生、留学生、访问学者、合作研究人员等;有关实验室安全的"事":科研项目、校企合作研究项目、研究生课题、本科生科研训练、本科论文、大学生创新创业等;有关实验室安全的"物":化学品(含管制类危化品)、气瓶、特种设备、实验动物、危废物品、消防设施、个人防护等。这些与实验室安全相关的"人、事、物"在现实中是动态变化的,但在实验室安全管理信息化中,都属于固定的要素,是确定的变量,可以认为是静态的。为实现实验室的安全运行,在此基础上形成的管理内容、管理策略、管理机制等,往往随着上级要求、时代变化、认知水平等不断变化,是动态的,也就是从这些与静态的"人、事、物"有关的安全要素到动态的基于信息化的管理模式,构建基于"人、事、物"的多维度实验室安全 GIS 系统(见图 1)。

---

①② 麻志毅,李梅.高校信息化建设中的变化适应性解决方案[J].现代教育技术,2018(6):25-31.
③ 王戈飞,张佩云,梁枥文,等.地理信息系统与大数据的耦合应用[J].遥感信息,2017(4):146-151.

图 1　基于 GIS 的实验室安全管理信息化系统

基于 GIS 的可视化展示和运行，以房间为基本地理单元，对整个空间中有关实验室安全的数据进行采集、储存、管理、运算、分析、显示和描述。能够达成全面互联、广泛感知、智能分析与干预、信息汇集、资源共享及自我学习等综合功能的多维度安全管理系统，提高实验室安全管理的效率。

（1）实验室基础信息系统

基础数据库的内容包括实验室信息化平台服务、管理的全部对象，主要包括与实验室有关的人、事、物、信息、经费、管理标准等，这些信息资源一部分涉及后勤、人事、财务等多部门数据，如房间、人员、设备等信息，前期高校部门之间的业务流程、系统接口和数据格式标准不统一，难以融合和共享。另一部分如危险源清单、实验室安全检查标准、安全问题库、应急预案管理等，需建立规范并结合自身情况进行完善。一个数据全面、翔实、信息标准统一的实验室基础数据库，是整个实验室安全信息化平台顺畅运转的基本保障。

（2）实验室安全检查系统

实验室安全检查是实验室安全管理的重要内容。通过建立实验室安全检查系统，可以改造传统的实验室安全检查流程，从而实现指定检查对象、确定检查内容、完成检查任务、下发整改报告、反馈整改情况等环节，对实验室安全检查进行信息化闭环管理。

① 建立 4 层级安全检查体系。包括学校、学院、实验室、课题组 4 层级独立检查结构，各层级可独立检查也可联合检查。

② 实现安全检查移动办公。开发实验室安全检查 APP 和微信小程序，使用手机进行实验室安全检查。在检查过程中通过在线文本输入、语音识别、拍照上传等功能完成检查任务。

③ 形成实验室隐患整改闭环。对于检查中发现的实验室安全隐患，经过审核后下发整改报告，并通知相关学院、实验室安全责任人和管理人，及时对安全隐患进行整改和反馈。

（3）实验室危险源采购、管理与预警系统

危险源是实验室安全管理的关键因素，做好危险源的全流程管理是实验室安全管理工作的核心[①]。从实验室提出危险源开始,通过采购系统的审批、入库、使用、转移、处置、盘点、调剂和报废等,能够实现危险源统计、分析、查询、报警。在管理过程中还可根据有些危险源阈值要求及使用规范进行管理与预警,在实验室安全GIS系统上实时显示,实现危险源的"动态监管,全程追踪",并为实验室的分级分类管理提供依据。

(4) 实验室危险废弃物收集系统

实验室危险废弃物的处置回收是实验室安全工作闭环的重要环节,完成实验室危险废弃物处置的在线预约、分类计量、统计分析等功能,达到实验室危险废弃物全流程管理。可从房间、实验室、学院、学校与危险废弃物种类等方面进行多维度、多层级的数据统计分析,实现与危险源辨识和管理系统的实时联动。

(5) 实验室安全培训与准入系统

实验室准入制度是实验室安全的首要前提,准入形式可由在线学习、安全考试、安全演练、定点抽查等组成,安全准入内容与标准可根据各实验室实际情况的不同而单独设置,相关人员进入实验室、开展实验项目、采购使用危险源前,必须进行相应安全知识内容的学习、培训、演练和考试,高阶表现为差异化的精准性安全培训与准入。基于实验室安全GIS系统的安全培训与准入,可以做到精准定位与实时响应。

(6) 实验室事务管理系统

实验室日常事务随着教师、学生、实验人员和项目经费的增多而日趋复杂,为提高效率,目前许多实验室已在使用实验室事务管理系统进行管理,主要涉及运行经费管理、仪器设备管理与使用、实验项目管理、人员管理、对外服务管理、实验物资管理、科研成果管理等;在原有功能的基础上融入实验室安全相关内容,在满足实验室日常管理需求后,在保密的前提下,呈现或主动推送与实验室安全相关的信息,协同实验室危险源的出现与变更,实验室人员的安全准入,实验室特殊操作技能要求等子系统的管理要求,提高实验室安全的管理效率。

(7) 实验室安全人员智能管理系统

利用物联网、移动互联网、人工智能等信息技术,通过部署实验室气体检测传感器、烟感报警器和视频监控、电子门牌、人脸识别等设备,对实验室重点区域实施防入侵报警、外来人员跟踪监控、实时通知报警等,实现实验室的"硬管理"向"软管理"转变。

① 门禁管理。实验室危险源的复杂性需要门禁系统的严格准入,但当前我国高校实验室的运行模式还不能做到严格禁入。建立基于多点位人脸识别的智能管理系统,实现对未准入人员的全程追踪、详细备案,实现对实验室人员考勤统计等功能,用"软门禁+语音提示+全程溯源"的新模式,实现实验室软门禁管理。

② 物联监测。通过信息传感设备,实现对实验室人员、物品、行为的智能化识别、定位、跟踪、监控和管理,实现重点部位重点监控、危险事件通知报警等功能。

③ 电子门牌。根据各实验室的不同要求,使用实验室基础信息系统数据与实时采集数据,设计多种显示模板,通过电子屏幕动态呈现实验室信息与运行状态。结合门禁及物联设备,能显示入侵、警报详情。

[①] 周健,吴炎,朱育红,等.信息化背景下高校实验室安全管理新趋势[J].实验技术与管理,2016,33(1):226-228.

(8) 实验室安全风险评估(预警)系统

实验室安全的各子系统投入运行后将会产生类型多样的实验室安全数据,实验室风险评估系统可以对这些数据进行统计、计算、模拟分析,进而生成整个学校的实验室安全信息地图,可以包含管制类危化品的存量、特种设备、生物安全、有毒钢瓶的进出以及保留时间、危险源分布情况、标准操作流程、人员应急处理能力、防护措施等进行综合评估,有些数据经过分析后可以设定报警的阈值,进而实现实验室安全风险的预警。

(9) 实验室安全专家系统

实验室运行过程中,实验人员经常会遇到安全管理方面的问题,主要包括安全知识、整改建议、政策法规、危险源管理等。构建实验室安全专家系统,建设"人工智能专家"与"真人专家"相结合的实验室安全专家系统,能够针对性地对实验室安全问题提供专业解决方案,这些方案的逐年收集与标准化,就构成了实验室安全专家系统。专家系统可以在一定范围内共享。

① 人工智能专家。建立实验室安全问题库与相应的建议库,针对实验室日常发生的一般性问题,输入问题可智能匹配合适解决方案,进行在线实时回答。问题库与建议库可由上级部门组织行业内专家编写,形成标准库供全国高校使用,也可以形成具有本校特色的问题与建议库协同补充。

② 真人专家。聘请校内外实验室安全方面的专家组成专家库,针对实验室安全的个性问题,能推荐擅长此类问题的专家回答,可留言进行解决方案的回复探讨直至形成解决方案。也可提交专家委员会集体形成解决方案供大家使用。

四、结语

近年来,我国高校实验室安全管理工作逐渐受到重视,实验室安全工作基础相对薄弱,管理人员配置相对不足,西方发达国家高校的实验室安全管理体系成熟度及管理人员配置水平(数量、质量)要远远优于我国①。实验室安全信息化是提升实验室安全服务与管理科学化、精细化和规范化的重要途径。树立先进的信息化理念,发挥现代信息技术在高校实验室安全管理决策上的支撑作用,是我国高校克服管理人员不足,赶超国外高校实验室管理水平,实现弯道超车、后发先至的最佳途径。

---

① 李雪蕾,李恩敬,张志强,等.大学实验室环境安全健康管理信息系统设计与实践[J].实验室研究与探索,2018,37(6):297-301.

中国药科大学实验室隐患排查治理体系的建设与实践

常其沛　郑碧云　徐金星[①]

摘　要：中国药科大学借鉴"PDCA"（计划、执行、检查、处理）循环管理方法，改进传统实验室安全排查治理策略，结合自身特点，制定检查指标，实行安全隐患量化扣分、整改消分、超分停工"12分扣分制"，切实做到安全隐患排查、登记、报告、整改、教育的"循环+闭环"的管理机制，有效解决人的不安全行为和物的不安全状态。

关键词：实验室；PDCA；检查指标；12分扣分制

近年来高校实验室安全事故频繁发生，造成了较大社会影响，事故发生原因复杂多变，安全状况不容忽视，实验室安全管理已成为目前各高校关注的热点问题之一[②]。《中华人民共和国安全生产法》规定"生产经营单位要构建安全风险分级管控和隐患排查治理双重预防机制"；教育部接连印发《教育部关于加强高校实验室安全工作的意见》（教技函〔2019〕36号）、《教育部办公厅关于开展加强高校实验室安全专项行动的通知》（教科信厅函〔2021〕38号）、《高等学校实验室安全规范》（教科信厅函〔2023〕5号）、《高等学校实验室安全检查项目表（2023）》，要求高校定期开展实验室安全各类隐患检查，对隐患整改实行闭环管理[③]。

多年来，我校以"安全"和"效益"为核心，基于"PDCA"循环管理方法[④⑤]，建立从检查队伍、检查职责、检查计划、检查流程、检查标准、整改措施直至管理目标的"循环+闭环"的隐患排查治理机制，将安全检查工作重心下移，关口上移，化被动为主动，提高安全隐患整改的实效性和时效性。

一、构建实验室隐患排查组织机制

1. 明确职责、分级负责、协同联动

按照"党政同责、一岗双责、齐抓共管、失职追责"和"管行业必须管安全、管业务必须

[①] 作者简介：常其沛、郑碧云、徐金星，中国药科大学实验室与设备管理处，研究方向为实验室管理。
[②] 段书凯.提升实验室文化建设助推实践育人实效[J].实验室研究与探索，2016，35(4)：174-178.
[③] 教育部.教育部办公厅关于开展加强高校实验室安全专项行动的通知：教科信厅函〔2021〕38号[Z].2021.
[④] 刘玉芳.企业PDCA安全管理模式的应用[J].山东冶金，2011，33(5)：213-214.
[⑤] 金星龙.基于PDCA循环的实验室安全研究与实践[J].天津化工，2023，37(5)：143-146.

管安全、管生产经营必须管安全"的要求,构建形成"学校、二级单位、实验室"三级联动的实验室安全检查体系,明确实验室与设备管理处为实验室安全检查的归口管理部门,出台《中国药科大学实验室安全检查制度》,明确实验室须开展"校、院、室"三级,"周排查、月通报、季回顾"定期的安全排查机制,有效解决"谁来排查、该谁排查"的问题。

2. 组建队伍、多方参与、提升能力

学校领导高度重视实验室安全检查工作,校长、分管实验室工作的副校长、分管安全工作的副校长经常性地深入实验室视察现场、检查安全、听取汇报、解决问题。

组建校级实验室安全检查队伍和实验室安全学生协查队伍,选聘二级单位实验室安全员,聘请校外注册安全工程师、安全评价师、高校教授等专家,采用常规检查和专项检查相结合、院级自查自纠和校级全面复查相结合的方式,对标对表,落细落实检查标准和任务,确保安全检查的规范性和专业性。同时,加强检查人员队伍能力建设,组织参加教育、公安等部门及行业协会专业培训和继续教育,相关从业人员取得特种设备、危险废物、辐射等重大危险源安全管理证书,部分师生被政府主管部门聘为实验室安全管理专家,逐步形成一支专业水平高、实战经验丰富的安全检查队伍。

二、构建实验室隐患排查循环闭合机制

1. 开展风险辨识

对各实验环节存在的与人、机、环、管相关的不安全因素进行全面梳理,辨识危险源,明确责任人。借助信息化管理手段,建立危险源数据库,理清全校实验室危险化学品、气体钢瓶、特种设备、危险废物、高温加热设备风险源底数,使之处于动态受控的状态,为下一步明确管理重点,制定管理计划与措施提供依据,有效解决"哪里有风险"的问题。

表 1 中国药科大学实验室风险辨识汇总

学院(系)	校区	楼字	房间号	实验室类别(化学类、生物类、机械电子类、其他类)	危险废物(≥1吨,5分)	危化品存量(无0分;≥0 kg 5分;≥100 kg 10分)	特种设备(①高压灭菌器,②气体罐,③反应釜)(3分)	惰性气瓶(①氮气、②氧气、③氩气、④二氧化碳、⑤空气、⑥氦气、⑦液氮)(2分)	易燃易爆有毒气瓶(①乙炔、②氢气、③二氧化硫、④氨气)(5分)	高温高压设备(①烘箱、②马弗炉、③水浴、④旋转蒸发器、⑤电炉、⑥酒精灯、⑦微波炉、⑧电热套)(2分)	病原微生物(3分)	其他(辐射源及射线装置及核素材料、机械加工装置,危险强电强磁与激光设备等)(2分)
工学院	江宁	基础课实验楼A楼	111(东)	常规实验+生物类	5	5	0	④*1	0	⑥*1	0	离心机*2
工学院	江宁	基础课实验楼A楼	111(东)									
工学院	江宁	基础课实验楼A楼	111(西)	常规实验	5	5	0	③*1	0	①*1,④*2	0	0
工学院	江宁	基础课实验楼A楼	113	常规实验	5	5	0	①*1	0	①*1,③*5,④*2,②*1	0	0
工学院	江宁	基础课实验楼A楼	117(东)	常规实验	0	0	0	0	0	①*2	0	0

211

2. 制定隐患扣分标准

根据国家制度和规范,结合学校特点和学科特色,细化标准、优化权重,制定《实验室安全检查违规行为扣分标准》,共12大类,158条目,涵盖实验室人、机、环、管各环节常见隐患并分类分级,有效解决不安全状态"如何判定"的问题。

表2 中国药科大学实验室安全检查违规行为扣分标准(第二版)

序号	教育部安全检查条款	安全隐患	整改要求	隐患扣分
1	1.2	院系层面安全责任体系		
2	1.2.1	二级单位党政负责人作为实验室安全工作主要领导责任人	查院系文件	2
3	1.2.2	成立院系级实验室安全工作领导小组	由院系党政主要领导作为负责人,分管实验室安全领导及研究所、中心、教研室、实验室等负责人参加	2
4	1.2.3	建立院系实验室安全责任体系	研究所、中心、教研室、实验室等机构有安全责任人和管理人,查院系发布的文件;查资料或网络管理系统,关注有多校区分布的情况	2
5	1.2.4	有实验室安全责任书	签订责任到实验房间安全责任人,及每一位使用实验室的教师	2
6	1.4	队伍建设		
7	1.4.3	各级主管实验室安全的负责人、管理人员及技术人员到岗一年内须接受实验室安全培训	有培训证书或培训记录	2
8	1.5.2	建立实验室安全工作档案	包括责任体系、队伍建设、安全制度、奖惩、教育培训、安全检查、隐患整改、事故调查与处理、专业安全、其他相关的常规或阶段性工作归档资料等;档案分类规范合理,便于查找	2
9	2	规章制度		

3. 构建实验室安全巡检系统

学校构建"实验室安全巡检系统",检查出的安全隐患量化赋分、电子留痕,实时通过企业微信报告至实验室责任人,明确整改内容和期限并安排学院网格员督促整改。如实验室隐患累计扣满12分,实验室负责人及相关学生须停工参加继续教育课程的学习和考试,有效解决安全隐患"怎么上报、怎么整改"的问题。

图 1　实验室 EHS 风险受控管理系统界面

4. 开展监督检查

（1）加强日常排查

学校构建"周排查、月通报、季回顾"的安全检查机制，每月全覆盖开展实验室安全排查，结合学校学科特点，重点排查危险化学品、危险废物、气瓶、场所环境、高温高压设备、个人防护等管理状态。针对高校人员流动性大、实验探索性强的难点[①]，我校借助"PDCA"循环反复的排查方法，有效解决隐患排查"横向到边"的问题。

（2）深度安全排查

对科学实验较为复杂的实验室，聘请注册安全工程师、安全评价师和高校教授开展规范化、科学化、精准化的排查，并出具实验室安全体检报告，有效解决隐患排查"纵向到底"的问题。

（3）专项排查

针对危险化学品、危险废物、气瓶、特种设备、辐射等重要危险源，按照其危害特性，由传统管理转变为"辨识和评估隐患—预防和消除隐患—降低和控制风险"的现代科学管理，有效解决重点监管要素"关口前移、超前防范"的问题。

三、构建实验室风险治理体系

1. 隐患分类

隐患是指实验室在开展教学科研活动中，违反法律法规、规章制度的规定，存在可能导致事故发生的物的危险状态、人的不安全行为和管理上的缺陷。我校将隐患分为一般

---

① 贾贤龙.高等学校实验室安全现状分析与对策[J].实验室研究与探索，2011,30(12):193-195.

隐患、复杂隐患和重大隐患，并量化赋分。

（1）一般隐患是指危害和整改难度较小，发现后能够立即整改排除的隐患，如实验人员未穿实验服，标识标签脱落，实验室储存食品等。

（2）复杂隐患是指整改难度较大，或者因外部因素影响致使实验室难以独立解决的隐患，可能需要全部或者局部停工，经过一定时间整改治理方能排除的隐患，如过期试剂的处置，通风系统故障，电路改造等。

（3）重大隐患是指具有较大概率发生事故的现实危险，且后果严重，须立即停止实验，紧急整改，隐患排除后须对实验室开展整理、整顿，避免再次发生的隐患，如违规使用剧毒品，违规操作有毒气瓶，违规动火等。

2. 隐患的治理

（1）对于一般隐患治理，由实验室负责人组织整改，将整改后的材料上传学校实验室安全检查系统，经学院安全员审核通过后，即可清零隐患分值。

（2）对于复杂隐患治理，学校实验室与设备管理处、保卫处、基建后勤处、科技处、教务处等职能部门联合学院和实验室，形成齐抓共管，协同服务，一体推进的联动机制。对于实验室安全基础设施，学校持续多年有超过千万元的经费投入，用于改造实验室废气通风净化系统、废水处理系统、危险废物库房，新增实验室应急喷淋、洗眼器、急救药箱、试剂安全柜，处置实验室危险废物等，改善实验室安全条件，夯实实验室安全基础。

（3）对于重大隐患治理，学校检查人员一次性扣满 12 分，利用实验室安全检查系统将隐患实时通报至学院分管领导、保卫及实验室与设备管理处等职能部门负责人，并书面通知，要求实验室停止实验，立即整改，实验室负责人和有关学生参加继续教育学习和考试，隐患消除后，针对性制定预防管控措施，待复查合格方可重启实验。

四、实验室隐患排查治理体系的实施效果

1. 及时发现隐患

2021—2022 年，共发现安全隐患 1 331 个，完成整改 1 266 个，整改率 95.1%，主要涉及危险化学品、危险废物、气瓶、场所环境、高温高压设备。暂时未整改到位的隐患全部制定整改措施，整改效果较以往大幅度提升，16 间实验室因隐患较大被关停整改，有效解决安全隐患"如何发现"的问题。

2. 有效治理隐患

建立实验室安全重要危险源、重大隐患排查整改，实验室安全基础设施建设运维制度规范和实施办法，落实风险治理责任、措施、资金、技术、管理"五到位"，扭转"说起来确实重要，忙起来可以不要，改起来往后靠靠"的被动局面，有效解决不安全状态"如何处理"的问题。

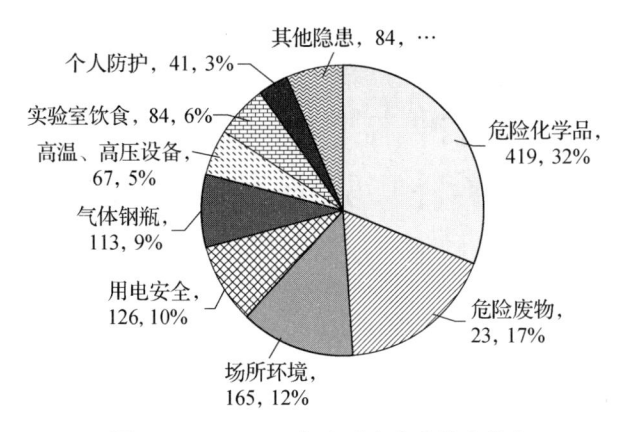

图 2　2021—2022 年实验室安全隐患分布

3. 降低控制隐患

通过对隐患参照 PDCA(计划—执行—检查—处理)循环检查治理,使实验室各相关要素达到"思想无懈怠、制度无漏洞、方法无缺陷、设备无隐患、行为无差错"的状态。同时,产生一定辐射和同化功能,规范的实验操作在实验人群中形成共识,变被动为主动,不断将安全隐患从"事后查处"到"超前预防"转变。

基于射流冲击平板实验平台培养交叉学科实验方案设计能力

吴里程　康　灿　刘海霞　李明义[①]

摘　要：将能源与动力工程专业和材料成型与控制工程专业的知识点相结合，并融入新工科理念，指导学生设计开发双狭缝喷嘴射流冲击平板实验平台。该平台集对流换热、流动、薄板材加工、数据采集等知识为一体，加深学生对交叉学科知识和复杂工程问题的理解，通过实验平台设计提高综合实验方案设计能力，拓展思维，培养创新意识。

关键词：交叉学科；综合型实验；设计能力；测控系统

一、引言

新一轮产业革命激发新技术的发展，同时对工程人才培养提出了新的要求。高等工程教育与产业发展之间存在着密切联系，产业发展呈现新特点，高等工程教育随即迎来了新的机遇与挑战。与传统工科人才相比，具备交叉学科知识基础、工程实践能力、创新意识的复合型人才更能适应经济发展的需要[②]。

能源与动力工程专业主要面向能源的开发、转化与利用等工程领域，与当前世界范围内的能源热点直接相关。近年来，信息化和数字化元素的融入为该专业的发展提供了新的动力，学科交叉融合也已经成为该专业持续发展的动力[③]。材料成型及控制工程专业则以热加工工艺和装备为主要对象，同属于传统工科专业，但控制技术在培养方案中的权重逐渐加大。两个专业在流体力学和传热学方面分享着知识基础、技术基础和工程对象。知识交叉不但使两个专业的学生认识、解决复杂工程问题提供了有效途径，也为他们参加节能减排、机械设计大赛等创新活动提供了良好的契机。

设计实验方案是综合运用专业知识、深入理解工程师的角色、培养交流与协作能力的

---

① 作者简介：吴里程、李明义，江苏大学能源与动力工程学院教师。
康灿，博士，江苏大学能源与动力工程学院党委书记。
刘海霞，江苏大学材料科学与工程学院教师。
② 叶丁丁,廖强,付乾,等.新能源交叉学科方向研究生培养方式与支撑体系改革探索[J].高等工程教育研究,2023(S1):43-45+61.
③ 徐林.交叉学科人才培养高质量发展：逻辑脉络、关键挑战与实现策略[J].高校教育管理,2023,17(1):35-46.

重要方式①。然而,目前很多支撑课程的实验模块以及单独设置的综合实验课未能发挥实验应有的效果。存在着三个方面的突出问题:(1) 实验内容比较单一,多以验证现有的定律和规律为主;实验步骤依据指导书,留给学生独立思考和发挥的空间不足;(2) 实验内容与工程发展脱节,实验项目的设计未能考虑工程现状,无法激发学生的主动性;实验项目的系统性较弱,不符合解决复杂工程问题的要求,起不到系统训练学生分析和解决问题能力的作用;(3) 实验设计的学生参与率较低,即使开展了一些创新性实验,也可能基于教师的研究成果,可能会实现创新,但对于本科生深入认识创新背后的系统性知识,并无对照。

本实验项目的设计基于能源与动力工程专业和材料成型及控制工程专业修读的传热学课程。尽管两个专业的传热学课程学时不同,但对于传热学基本理论的学习要求是一致的。本实验项目选取了当前工程中的一个热点,即气垫炉,作为两个专业学生合作的对象,以期通过学生之间的合作,设计一个综合性的实验平台,提高学生的动手能力和解决工程问题的能力。

气垫炉,又称气垫式连续退火炉,是一种利用狭缝喷嘴喷射的热气流对合金板材进行退火处理的装置。退火是热加工工艺中的关键步骤,旨在减少板材塑性变形后产生的非平衡组织,并通过使板材内部组织结构接近平衡状态以消除残余应力,从而获得良好的性能。在气垫炉中,板材悬浮在喷嘴流中,无需与任何构件接触,从而避免表面划伤,并确保表面温度均匀,处理周期也较短。对于厚度小于 1.5 mm 的带材热处理而言,气垫炉具有明显的优势②。

在射流冲击平板实验平台的设计过程中,不但涉及影响对流传热的工况参数和几何参数,还需考虑控制策略和数据处理,所以该平台的设计是一个综合性的过程。为本科生提供这样一个实践的机会,能够突出交叉学科知识的运用和工程设计的重要意义。该实验平台将能够用于研究雷诺数、温度和平板运动速度对对流换热的影响,对于实际工程中的气垫炉设计同样具有参考价值。通过该实验平台的设计,学生可以将交叉学科知识和控制技术综合运用于实物;通过处理实验数据,能够判断射流与气垫悬浮之间的安排和传热特性的理解③。

二、气垫炉工作原理

气垫炉的核心部分是炉段,其内各部件的布置如图 1 所示。炉段是由多个结构相同的热处理单元构成的系统。该系统的主要组件包括炉体、加热系统、鼓风机和机架系统、风道、导流结构、喷嘴、气封系统以及检测系统等。在气垫炉的运行过程中,带材在悬浮状态下前进,与热空气进行热交换,以完成热处理的任务。在操作中,气垫炉具备两个主要

---

① 王进卿,毛伟洋,毛佳妮,等.干燥过程传热传质实验教学综合平台研制[J].实验技术与管理,2021,38(9):105-109.

② 尹瑾,康灿,吴里程,等.铜带材气悬浮退火过程中的气体流动与气固传热特征[J].中南大学学报(自然科学版),2023,54(4):1252-1262.

③ 葛正辉,朱永伟,宋爱平,等.自制实验设备在大学生创新实践能力培养中的应用与教学探索[J].实验室研究与探索,2022,41(12):188-192+206.

功能:一方面,通过喷嘴射流冲击带材的上下表面,使其悬浮;另一方面,热射流与带材充分接触,促使带材进行热处理①。

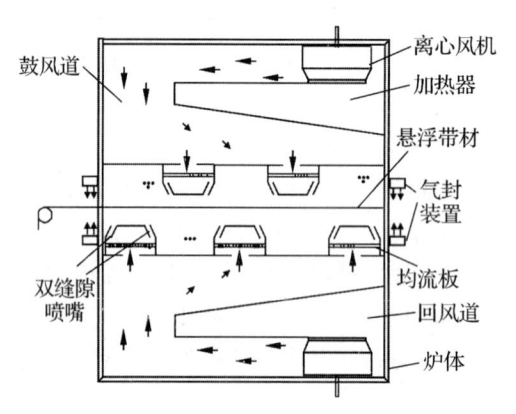

图 1　气垫炉工作原理示意图

悬浮喷嘴是气垫炉中最关键的组件之一,其通过冲击射流实现高效传热和传质的喷嘴形式。与传统的狭缝或孔口喷嘴相比,悬浮喷嘴产生气垫可使板材处于悬浮状态,提高板材的加工效率。然而,悬浮喷嘴的流场特性和对流换热性能非常复杂,目前的机理尚不清晰。悬浮喷嘴的设计大多基于经验和计算流体动力学方法,而现有的传热传质性能测试实验平台只能完成简单的测量,并无变工况和数据处理功能。

使用实验平台进行换热特性实验时,采用努塞尔数(Nu)表达射流冲击板材表面的对流换热强烈程度。测定壁面局部 Nu 分布,一般可以通过两种方式测量:(1) 控制壁面温度,测量壁面热流密度;(2) 控制壁面热流密度,测量壁面温度来实现②。权衡两种方法,壁面温度更加易于控制。另外,在不涉及蒸发等相变过程时,壁面热力学边界条件可以简化为恒温边界条件③。因此本文在悬浮喷嘴换热特性实验中壁面边界条件采用恒定温度边界条件,通过热流密度传感器测量壁面的热流密度,从而获得壁面的 Nu 分布。

板材表面的 Nu 如式(1)所示。

$$Nu = \frac{qD_h}{k(T_w - T_f)} \tag{1}$$

式中:k 为热导率;q 为壁面表面对流热流密度;T_w 与 T_f 分别为壁面表面温度与参考温度,参考温度一般可选取射流出口流体温度或绝热壁面温度。

板材表面的平均努塞尔数(Nu_{avg})由式(2)得出。

$$Nu_{avg} = \frac{1}{A}\iint Nu \, dA \tag{2}$$

式中:A 为板材下侧表面的面积。

---

① 张家元,李苹,曾祺.气垫炉内漂浮换热过程数值模拟及结构优化[J].金属热处理,2020,45(9):248-256.
② 高虹,包道日娜.传热学课程中实验与理论教学高效结合的探索[J].教育教学论坛,2020(34):205-206.
③ 杨帆,姜文全,郑平,等.以科教融合为导向的高等传热学课程教学改革[J].大学教育,2022(9):129-131.

三、实验平台设计

1. 实验平台的整体结构与功能

射流冲击平板的流动及传热特性测试实验平台由风机模块、喷嘴模块、定位模块及数据采集模块构成。通过对各模块的运行参数进行设定,实现了悬浮喷嘴冲击射流工况的自由选择。图2为实验平台整体设计方案。该实验平台为一多模块组成的系统,风机模块通过产生气流提供了冲击射流的动力;喷嘴模块用于控制射流的流量和速度,并将射流准确地引导到平板上;定位模块可调整平板与喷嘴的位置,即改变射流对平板的作用强度;数据采集模块用于收集实验过程中的流动和传热数据。

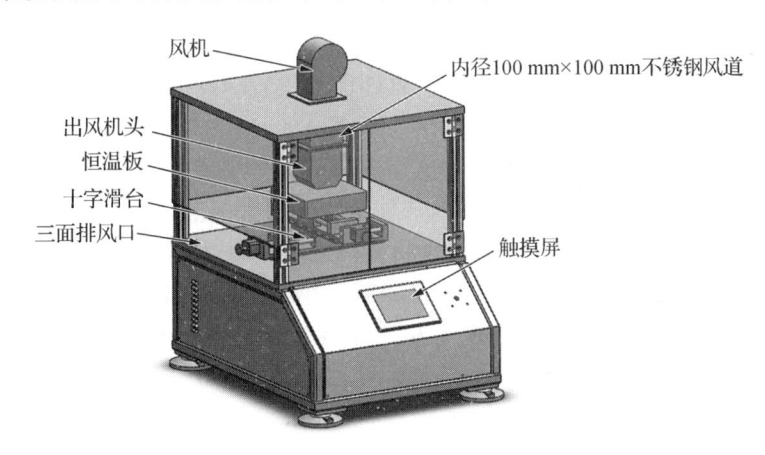

图2 实验平台整体结构示意

2. 各模块的组成与特点

风机模块主要包含一台功率240 W的变频可调速离心风机,风量为9.5 m³/min,频器变频范围为25~60 Hz,可实现Re在3 000~7 200变化;两块3 000 W功率的加热板,尺寸为160 mm×120 mm,用来提供可调热源。实验平台中的气流由离心风机驱动,气流在矩形管道内流动,管道间装有整流滤网,确保管道内气体垂直均匀流动。

喷嘴模块主要包含一段100 mm×100 mm×100 mm的立方体风道。一部双狭缝悬浮喷嘴,其截面及相关主要尺寸如图3所示,图中虚线箭头(---→)表示空气流动路径,实线箭头(→)表示尺寸界线,粗线箭头(——)表示直角坐标系,悬浮喷嘴主要结构参数及其取值如表1所示。为保证狭缝出口y方向速度的均匀性,在悬浮喷嘴内部设有两排匀风孔,每排匀风

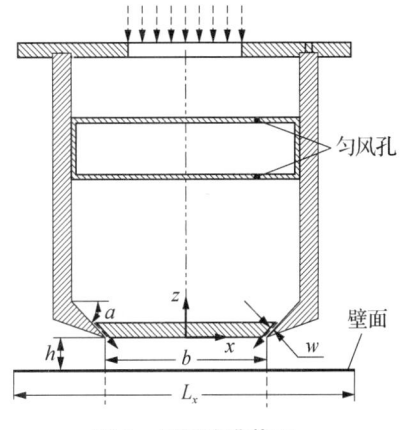

图3 悬浮喷嘴截面

孔包含 5×50＝250 个孔（x 方向与 y 方向），孔的直径为 5 mm，孔与孔的间距为 10 mm，相邻孔并排布置。

表 1　悬浮喷嘴主要尺寸

参数	名称	取值
h	分离间距	0～60 mm
w	狭缝宽度	2 mm
a	射流角度	45°
b	狭缝间距	70 mm
L_x	平板长度	200 mm

定位模块主要包括尺寸为 200 mm×200 mm 的恒温板，行程 60 mm 的伺服电机升降平台，行程为 400 mm 的横移模组。为调节壁面到悬浮喷嘴狭缝出口之间的相对位置，采用四轴线性模组对悬浮喷嘴进行 x 和 z 方向的定位，定位精度为 0.05 mm。整个定位模块的运行机构如图 4 所示。

数据采集模块包括在风道中安装的管道温度检测传感器以及风速传感器，在恒温板上安装热流量传感器及 4 只温度传感器，共计 7 组传感器。管道上段安装有热电偶用来测量不同工况下的温度。上管道还安装有测量来流速度的风速仪；下管道装有热电偶，用以测量来流温度。冲击板通过电阻温度传感器（Pt100）进行测量，并连接到由 PID 控制系统控制的恒温器。此外，在恒温板的表面安装有热流密度传感器（瑞士 gSKIN XM269C）以测量平板在悬浮喷嘴作用下的表面热流密度，其尺寸为 4.4 mm×4.4 mm×0.5 mm。经各模块协同装配后的实物如图 5 所示。

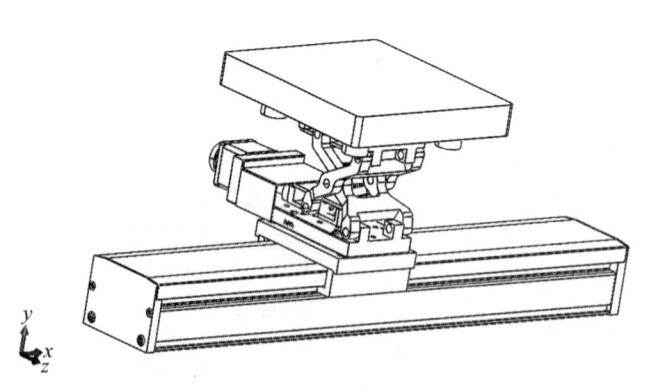

图 4　定位模块运行机构示意图　　　　图 5　实验平台实物图

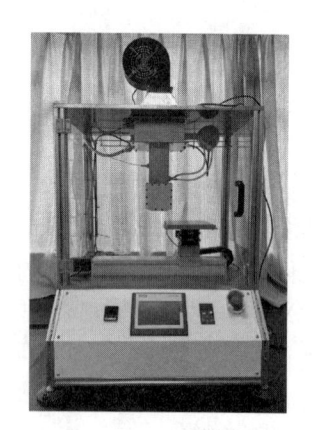

3. 系统的拓扑结构

整个实验平台的拓扑结构设计如图 6 所示，系统采用 PC 机作为上位机，与信号处理模块进行相互通信，通过编制上位机系统，将所有实验数据（包括传感器数据、机构位置及机构运行速度）存储至 PC 机数据库，同时在上位机上可实现数据报表的自动生成。

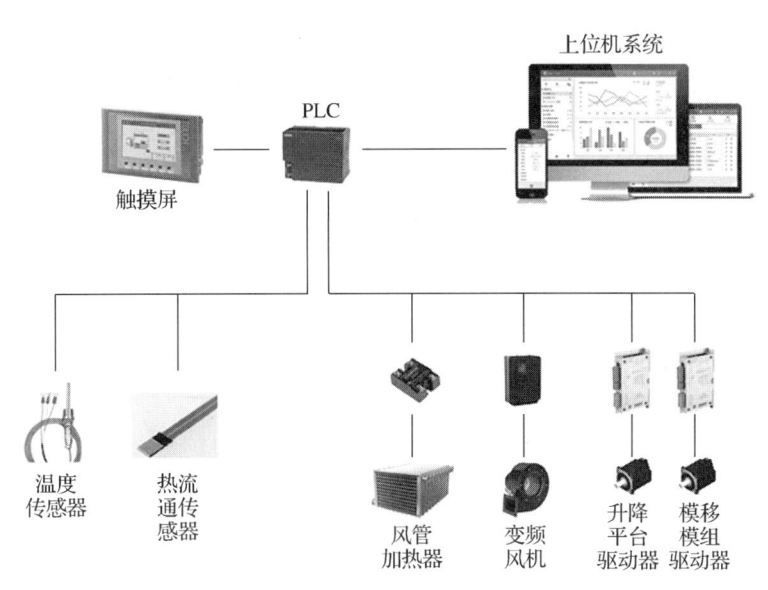

图 6 系统的拓扑结构

4. 人机交互界面程序设计

为该实验平台设计了控制面板，采用 23 cm×33 cm 触摸屏，用户可以直接通过在控制面板上操作来选择相应功能，如图 7 所示。控制界面单独开发，主控制器与控制面板之间只有命令数据交互。在触摸屏的控制终端制作好控制面板的显示素材、控件和布局，将数据烧录进触摸屏的控制器。主控制器与触摸屏通过网口通信发送命令和接收触碰数据，从而触发主控制器的功能和切换控制面板的界面。

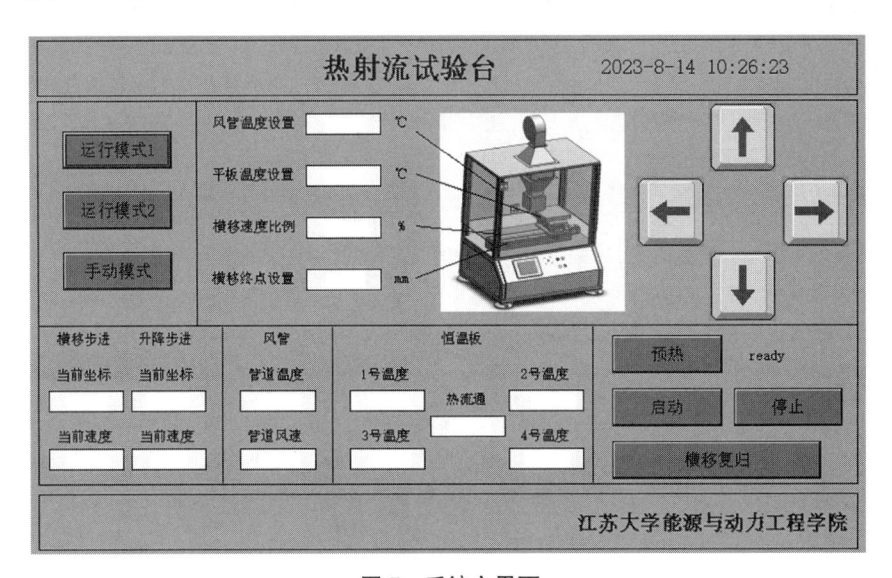

图 7 系统主界面

综合以上设计说明，可见实验平台具备很强的先进性。对气垫炉所涉及的关键问题，该平台呈现多元而全面的功能性。其搭建方案不仅具备可行性,也保障了测试的高度精确性。除此之外,该实验平台更潜藏着进一步扩展功能的潜力。

四、测试结果与分析

图 8 给出了平板固定模式下,悬浮喷嘴对流换热文献模拟结果[①]与实验结果的数据对比(工况条件:$Re=5\,200, h/w=4$)。可以看出,除了在驻点位置低估了壁面 Nu 外,整体实验结果与模拟结果趋势一致,因此实验数据的精度满足要求。

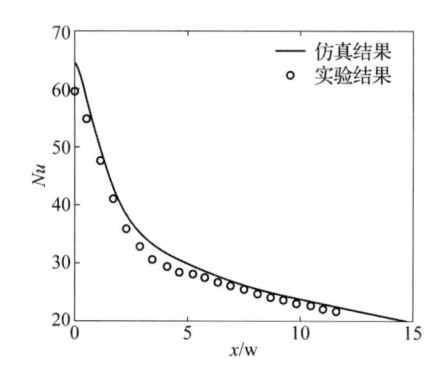

图 8　平板固定条件下实验结果与文献模拟结果对比

图 9 为平板在移动模式下,仿真和实验结果 Nu 数沿 x 方向的分布,运行工况条件:$Re=20\,000, h/w=8$。通过对比可以看出,二者局部 Nu 数分布的规律大致相同。然而模拟值在滞止区的局部 Nu 数峰值均大于实验值,并伴随有次峰的出现[②]。反观实验值的局部 Nu 数分布的峰值较小,且出现了不对称的情况,特别是喷嘴对称中心区域的次峰几乎消失。

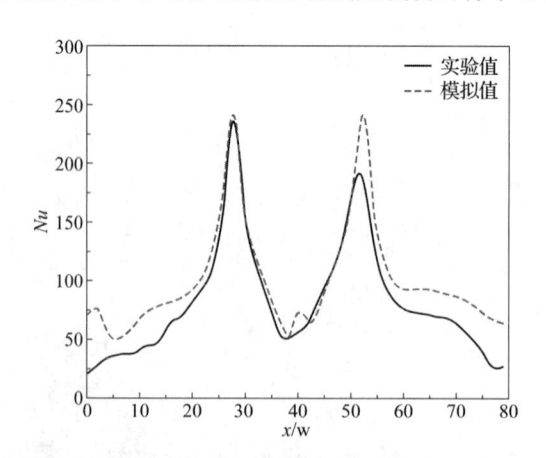

图 9　平板移动条件下实验结果与模拟结果对比

---

① 黄天仑.锂离子电池极片悬浮干燥的喷嘴流场特性分析与优化[D].武汉:华中科技大学,2020.
② 陈航,郑雷,刘同亮,等."双碳"背景下环境设计专业多学科交叉人才的培养[J].实验室研究与探索,2022,41(8):253-255+277.

五、问题与思考

在实际射流冲击平板过程中,来自相反方向和斜射流之间相互作用会形成涡流,从而在两喷嘴对称中心区域会出现局部 Nu 数的次峰值[①]。因此,测试平台在平台移动模式下存在的误差相对较大,导致该问题的原因如下。

(1) 传感器自身测量精度不足,尤其是风速传感器存在误差较大的情况。在实验台的搭建过程中,先后选用了毕托管风速仪、手持式风速仪、热线式风速仪等。在实际使用过程中,各自都存在一定的缺陷,如在渐缩型风道且狭缝很窄的喷头中,毕托管风速仪会失效;温度较高工况的气流会使热线式风速仪产生较大误差;手持式风速仪也会存在操作误差。

(2) 在平板移动模式下,热流量的测量数据更容易受到周围环境影响。

(3) 各模块的组装衔接部分本身存在一定偏差,会导致空气的泄漏损失。

虽然实验平台目前还存在一些问题,但这些为学生提供了宝贵的学习机会和实践经验。每一步试错和问题解决过程都是典型的案例,有助于学生更深入地理解仪器原理和传感器的工作原理。后续的学生将基于此实验台开展改进与优化工作。同时,结合测试技术等课程的开设,将为该实验平台添加更多功能,如利用粒子图像测速(PIV)技术研究射流的速度和涡量分布情况。

六、结语

本文设计的基于射流冲击平板的流动及传热特性测试实验平台,研究了不同雷诺数、温度和平板运动速度下的强迫对流换热过程。符合设计要求。该实验平台汇总了多个功能模块,可实现多工况的自由选择。此外,由于采用模块化设计,后期还可以针对模块进行升级,对实验平台进行完善和功能扩展。

通过上述综合性实验平台的设计、研制、运行与问题分析,将交叉学科知识、工程元素、计算机与控制技术相结合,实现知识学习与实践相互促进,加深学生对复杂工程问题的理解,提高综合素质。

---

① 卢洁莹,闻成,蔡泽凯,等.基于频域特性的伺服系统控制器设计[J].实验室研究与探索,2023,42(4):70-74.

实验室安全智能化管理:提升安全水平与效率的新策略

娄 阳[①]

摘 要:实验室安全智能化管理涉及多个方面,包括物联网技术、人工智能、大数据等的应用,以及智能化安全系统的设计和实施。本文将详细探讨实验室安全智能化管理的各个方面,包括其必要性、实现方式以及应用案例,并得出结论。

关键词:实验室安全;智能化管理

实验室是科学研究、教学和实验活动的重要场所,其安全性对于保护研究人员、环境以及实验过程的安全至关重要。随着科技的快速发展,智能化管理已成为提升实验室安全的有效手段。实验室安全智能化管理涉及多个方面,包括物联网技术、人工智能、大数据等的应用,以及智能化安全系统的设计和实施。

一、实验室安全智能化管理的必要性

智能化管理在实验室安全方面具有巨大的潜力和优势。通过引入智能系统,实验室可以实时监控环境、设备和工作流程,从而及时发现和解决潜在的安全问题,确保实验室的安全运行[②]。

首先,智能化管理系统可以监测实验室的环境参数,如温度、湿度、气体浓度等。通过实时监测和报警功能,系统可以及时发现环境异常,从而及时采取措施进行调整,确保试验室安全。

其次,智能化管理系统可以监控实验室的设备运行情况。实验室通常配备了各种各样的仪器和设备,它们的正常运行对于实验室安全至关重要。通过智能系统的监控和诊断功能,可以实时了解设备的运行状态和健康状况,及时发现设备故障或异常,避免因设备问题导致的实验失败或安全风险。

此外,智能化管理系统还可以监控实验室的工作流程。实验室工作流程的规范和标准化对于实验室安全至关重要。通过智能系统的工作流程管理功能,可以对实验过程进行实时监控和记录,确保实验按照规定的步骤和要求进行,避免操作失误和安全隐患。除了实时监控和解决安全问题,智能化管理系统还可以提供详细的数据和分析,帮助实验室

[①] 作者简介:娄阳,南通大学国有资产管理处科长,研究方向为高等教育管理、实验室管理。
[②] 陈明明.我国实验室安全管理研究的图景与启示——基于CNKI的文献计量分析[J].办公自动化,2024,29(5):78-82.

管理人员制定更有效、更科学的安保策略。通过对实验过程和数据的分析,发现实验中存在的潜在风险和问题,从而采取相应的措施进行改进和优化。同时,系统还可以提供实验室运行的统计数据和报表,帮助实验室管理人员进行绩效评估和决策制定。

综上所述,智能化管理系统在提高实验室安全性方面具有重要作用。通过实时监控和解决安全问题,提供详细的数据和分析,帮助实验室管理人员制定更有效、更科学的安保策略,智能化管理系统可以为实验室的安全运行和科研工作提供强有力的支持。

二、智能化管理所依赖的技术手段

实验室安全智能化管理的实现离不开一系列先进的技术手段。在这些技术手段中,物联网技术是至关重要的基础。通过物联网技术,实验室内的设备和系统可以实现互联互通,实时监测设备的工作状态和环境参数,为安全管理提供准确的数据支持。物联网技术的应用使得实验室的安全管理更加智能化和高效化[1][2]。

在实验室安全智能化管理中,人工智能技术也起着关键作用[3]。人工智能技术可以对实验室的异常情况进行分析和预测,并提供相应的预警和应急处理措施,从而确保实验室的安全。通过人工智能技术的应用,实验室管理人员可以更加及时地识别和解决潜在的安全风险,提高实验室的安全性和可靠性。

此外,大数据技术也为实验室安全智能化管理提供了有力的支持。通过对实验室中的大量数据进行分析,可以发现实验室中存在的潜在风险和规律,为制定安保策略提供科学依据[4][5]。大数据技术的应用帮助实验室管理人员更好地了解实验室的运行情况,及时发现并解决潜在的安全隐患,提高实验室的安全性和管理效率。

综上所述,实验室安全智能化管理的实现离不开物联网技术、人工智能技术和大数据技术的支持。这些先进的技术手段为实验室管理人员提供了更加智能化和高效化的管理方式,保障了实验室的安全和可靠性。未来,随着科技的不断进步和创新,实验室安全智能化管理将会更加完善和成熟,为实验室的安全提供更加全面和可靠的保障。

三、智能化管理的实现方式

随着科学技术的不断发展,实验室安全智能化管理已经成为实验室管理的重要组成部分。实验室安全智能化管理系统不仅可以提高实验室的安全性,还可以提高实验室的工作效率,为实验室的科研和教学工作提供有力的支持。实验室安全智能化管理的实现

---

[1] 杨玉立,严晓云.基于 RFID 技术的高校管制化学品管理[J].化工安全与环境,2024,37(4):54-56.
[2] 李雪梅,冯玮.数字化背景下高校实验室安全管理体系建设探索[J].信息与电脑(理论版),2023,35(24):253-256.
[3] 马宪敏,苍圣.人工智能技术在高校实验室管理系统中的应用研究[J].中国新通信,2019,21(6):107.
[4] 陈珊珊.大数据背景下高校食品分析实验室的安全管理[J].中国多媒体与网络教学学报(上旬刊),2023(12):101-104.
[5] 刘洁陈,畅频.大大数据技术在计算机基础实验室管理中的探索与应用[J].科技风,2023(10):67-70.

方式主要包括以下几个方面。

（1）智能监控系统：通过安装各种监控设备，实时监控实验室内的人员、设备、环境等情况，对异常情况进行预警和报警。

（2）智能环境监测：通过安装各种环境监测传感器，如温湿度传感器、气体传感器、烟雾传感器等，实时收集实验室的环境参数（如温度、湿度、气体浓度等）和设备运行状态，确保实验室环境处于安全状态。当监测到异常情况时，比如当温度超过设定阈值时，自动报警并启动相应的应急措施。

（3）人员定位与权限管理：通过人脸识别、指纹识别等技术，实现实验室人员的身份识别和权限管理。只有经过授权的人员才能进入实验室，同时根据不同人员的权限，限制其操作的设备和实验项目，确保实验室的安全。

（4）数据分析：通过对收集到的数据进行分析，可以发现实验室环境和设备运行的异常情况，为实验室管理人员提供决策依据。

（5）预警与应急处理：一旦发现异常情况，实验室安全智能化管理系统会立即启动预警机制，通知相关人员进行应急处理，以防止事故的发生。

（6）实验计划与流程管理：通过对实验计划和流程的智能化管理，可以保证实验过程的安全和效率，减少实验室事故的发生。

（7）安全培训与考核：实验室安全智能化管理系统可以为实验室人员提供在线培训和考核功能，提高实验室人员的安全意识和操作技能。也可利用人工智能技术，开发智能化的实验室安全培训系统，对实验室人员进行安全知识的培训和考核。通过虚拟现实（VR）技术，模拟实验室环境，让实验室人员在虚拟环境中进行实验操作，提高实验操作的安全性。

（8）智能设备管理：通过物联网技术，实现实验室设备的远程监控和控制。例如，可以通过手机 APP 或电脑端实时查看设备的运行状态，远程开关设备，调整设备参数等。同时，可以对设备进行故障诊断和预测性维护，提高设备的使用效率和安全性。也可以对实验室设备进行定期检查和维护，确保设备的正常运行，延长设备的使用寿命。

（9）资源共享与协同工作：实验室安全智能化管理系统可以实现实验室资源的共享，方便实验室人员之间的协同工作，提高实验室的整体工作效率。总之，实验室安全智能化管理系统在教学、科研等领域的实验室中得到广泛的应用，为实验室的安全和高效运行提供了有力保障。随着科学技术的进步和实验室安全需求的提高，实验室安全智能化管理系统将会得到更加广泛的发展。

（10）应急预案与智能救援：建立完善的实验室安全应急预案，当发生安全事故时，可以迅速启动应急预案，进行有效的应急处置。同时，通过智能化手段，如无人机、机器人等，进行实验室的智能救援，降低安全事故的损失。

（11）数据分析与决策支持：通过大数据分析技术，对实验室的安全数据进行分析，发现实验室安全隐患，为实验室安全管理提供决策支持。例如，通过对实验室设备故障数据的分析，可以发现设备的潜在问题，提前进行维修和保养，降低设备故障的风险。

实验室安全智能化管理是提升实验室安全性和效率的有效手段。通过使用智能化管理系统，可以实时监控实验室的环境、设备和工作流程，及时发现和解决潜在的安全问题，提供详细的数据和分析，帮助实验室管理人员制定更有效、更科学的安保策略。未来，随着技术的进一步发展，实验室安全智能化管理将会有更多的应用场景和更大的发展潜力。

首先，随着物联网、人工智能和大数据等技术的不断发展，实验室安全智能化管理的效率和精度将得到进一步提高。新的技术手段如云计算、区块链等也将为实验室安全智能化管理带来新的机遇和挑战。其次，实验室安全智能化管理将促进实验室的绿色环保发展。通过智能化管理，可以优化实验室的能源消耗和废物处理，降低实验室对环境的影响。最后，实验室安全智能化管理还将推动科研和教学的创新。智能化的实验室环境将为研究人员和教师提供更广阔的实验空间和更高效的实验流程，促进科研和教学的创新和发展。

综上所述，实验室安全智能化管理是未来实验室发展的必然趋势。只有不断跟进新技术的发展，加强实验室安全管理，才能确保实验室的安全和效率，为科研和教学的发展提供有力支持。

双重预防机制下危险源辨识管控在涉化类高校中的探索研究

居晨玉 黄勇 张晔 吴凌云 张琳 马江权[①]

摘 要：从高校实验室安全事故时有发生入手，通过分析涉化类高校实验室安全事故发生原因，结合安全生产行业先进经验，提出高校实验室安全管理应与"危险源分级分类管控、隐患问题排查治理"的双重预防机制相结合。重点阐述了某大学危险源辨识管控新思路，以及如何构建一套完整的、动态的高校实验室安全双重预防机制。可为其他同类高校提供借鉴，能有效改善实验室工作环境和安全管理现状。

关键词：实验室安全管理；双重预防机制；危险源分级分类管控；隐患排查治理

自 2015 年以来，我国为坚决遏制重特大事故频发势头，对易发重特大事故的行业领域采取了风险分级管控、隐患排查治理双重预防性工作机制，推动安全生产关口前移[②]。2021 年 6 月 10 日，双重预防机制被正式写入了修改后的《中华人民共和国安全生产法》[③]。这就意味着在安全生产领域已经自上而下形成了行业共识，即双重预防机制的重要性和紧迫性，并取得了明显成效。

在高校，尤其是涉化类高校，存在大量从事危险性教学科研活动的实验室，其危险程度有时不亚于化工企业。随着国家经济社会的不断进步，对科学技术要求的不断提高，对科研经费的投入不断加大，高校实验室的数量和规模也在日益扩大[④]。随之而来的是高校实验室安全事故时有发生[⑤]，通过对历年发生的实验室安全事故研究分析发现，尽管我国大部分高校已经非常重视实验室安全工作，根据国家省市的要求出台了一系列行之有

[①] 作者简介：居晨玉，常州大学助理研究员，实验室建设与管理处实验室管理科副科长，主要研究方向为实验室安全管理。
黄勇，博士，高级工程师，常州大学实验室建设与管理处副处长，主要研究方向为实验室建设与管理、安全工程。
张晔，常州大学助理工程师，实验室建设与管理处实验室管理科人员，主要研究方向为实验室建设与管理。
吴凌云，常州大学助理研究员，实验室建设与管理处技术安全科副科长，主要研究方向为实验室技术安全。
张琳，常州大学助理研究员，实验室建设与管理处综合管理科副科长，主要研究方向为实验室设备管理。
马江权，常州大学教授，实验室建设与管理处处长，长期从事实验室建设与安全管理工作，研究方向为光电催化材料、清洁生产技术、过程强化技术。

[②] 李文庆.浅谈双重预防机制与安全生产标准化[J].班组天地,2022(3):30-31.
[③] 黄守平.正确认识双重预防机制推进动态化安全管理[J].化工管理,2022,635(20):85-88.
[④] 陈卫华.实验室安全风险控制与管理[M].北京：化学工业出版社,2016.
[⑤] 安宇,郭子萌,王彪,等.高校实验室事故致因分析与安全管理研究[J].安全,2022,43(8):34-39.

效的制度和措施,但大多数都是重点关注如何排查治理安全隐患,没有更深层次的探索隐患为何出现。事实上,在高校实验室安全管理中人们常常忽视了危险源的辨识与管控,这才是预防事故发生的源头,隐患排查治理只是预防事故的最后一步[①]。

因此,为了进一步加强高校实验室安全管理工作,尤其是拥有大量涉化类实验室的高校,重点关注危险源的辨识与管控,搭建好双重预防机制,将其应用到日常实验室管理中显得尤为重要。本文以常州大学探索研究危险源辨识管控、加强构建双重预防机制为例,阐述该体系的设计流程及实施方法,期望能有效预防各类安全事故的发生,实现事故的纵深防御和关口前移,提升实验室安全管理水平。

一、涉化类高校实验室安全事故发生原因分析

1. 安全责任体系不健全

根据教育部高等学校实验室安全检查项目表要求,各高校已基本建立起"学校—二级单位—实验室"三级联动的实验室安全管理责任体系,并发文明确校级实验室安全工作责任人和领导机构。但部分高校由于各种原因,在不同程度上存在管理机构职能不清晰、院系层面安全责任体系落实不到位、未能组建一支合格有效的院系实验室安全工作队伍、有重要危险源的院系无法配备专职实验室安全管理人员、实验室层面各级责任人及其职责被忽视、无切实可行的安全工作奖惩机制等问题[②],导致出现"上热中温下冷"的现象,未能层层压实安全责任。

2. 安全宣传教育不到位

研究发现,大部分实验室安全事故归根到底都是由人的不安全行为造成的[③],因此必须高度重视实验室人员的安全宣传教育,从意识层面潜移默化安全的重要性。实验室人员是高校实验室安全管理的难点,流动性大且安全意识参差不齐[④]。并且部分高校安全教育活动匮乏且单一,无创新性、趣味性;未能根据实验项目的动态变化实时更新安全教育;安全准入制度执行不到位,未能覆盖每位进入实验室人员;无应急预案或未开展结合学科特点的应急演练等。这就导致一部分人员对所用危险源辨识不全、实验操作不当,很容易引发安全事故,且在发生实验室安全事故时处理能力不强[⑤]。

---

① 王金贵,胡超,林其彪,等.基于双重预防机制的高校实验室安全管理体系建设[J].实验技术与管理,2022,39(1):210-213.

② 聂百胜,吴若宇,柳先锋,等.高校实验室安全管理模式分析与本质安全化信息系统建设[J].实验室研究与探索,2022,41(12):309-313.

③ 吴祝武,白向玉,王冰洁,等.新时期加强高校实验室安全治理能力建设的探索与实践[J].实验技术与管理,2022,39(12):211-216.

④ 范剑明,武新岗.基于双重预防机制的高校化学化工类实验实训室安全管理实施路径[J].化学教育(中英文),2023,44(6):47-52.

⑤ 程灵.高校药学院实验室安全管理难点与痛点[J].化工管理,2021(23):122-124.

3. 安全信息化管理手段较落后

目前部分高校仍未重视使用信息化手段管理实验室,日常的实验室安全管理依然依靠人力对数据进行统计、分析、处理,数据管理难度大、效率低、效果差,管理者难以实时掌握实验室的具体情况、动态变化[①]。例如隐患排查治理时依赖传统的纸质台账,可能存在弄虚作假行为,无法实现真正的闭环管理。也有部分高校已初步实现了安全管理信息化,提升了安全管理效率,但由于涉及多个模块,采用了不同供应商,各自独立,出现"信息孤岛"现象[②],须同时维护使用多个系统,反而增加了工作量和使用难度,难以形成合力,使部分使用者产生抵触情绪。因此,亟须建立一个综合性的实验室安全管理平台,进一步提升实验室安全管理效率。

4. 危险源辨识管理难度大

危险源是实验室发生安全事故的源头,如何规范管理危险源是实验室安全管理的关键[③]。通过调查历年实验室安全事故发现,事故类型复杂多变,涉及多种危险源,一旦管理失控,容易发生危险事故,严重影响教学科研工作,并造成一定社会影响[④⑤]。在实际安全管理过程中,往往由于实验室危险源种类多、数量大、分布广、复杂多变,尤其是涉化类高校难以有效辨识各类危险源,迫切需要构建一个科学化、专业化的危险源风险分级分类管控体系,联合隐患排查治理手段,对预防实验室安全事故有一定积极意义[⑥]。

二、涉化类高校实验室双重预防机制构建流程

通过对涉化类高校实验室安全管理过程中的难点、痛点问题进行分析,不难得知危险源辨识管控的重要性,以及加强构建双重预防机制的必要性。结合相关研究[⑦]和笔者所在学校实际探索情况,将涉化类高校实验室双重预防机制的核心思想明确为以事前预防为主、事后管控为辅,主要分为三大阶段、九个步骤(见图1)。第一阶段前期筹划准备是基石,为后续两个阶段提供支撑;第二阶段危险源分级分类管控是双重预防机制的第一道防火墙,主要用来消除存在的危险源风险或将危险源风险保持在可控范围;第三阶段隐患排查治理是双重预防机制的第二道防火墙,对第一道防火墙进行查漏补缺,主要针对危险源安全风险管控失败后出现的事故安全隐患进行整改。

---

① 卫飞飞,石琦,钟冲,等.高校实验室安全信息化建设探究[J].实验室研究与探索,2020,39(10):300-303.
② 闫伟.基于信息化的高校实验室安全管理研究[J].计算机产品与流通,2019(12):174.
③ 高惠玲,董鹏,董玲玉,等.基于危险源辨识和风险评价的高校实验室安全管理[J].实验技术与管理,2018,35(8):4-9.
④ 岳伟涛,王恩元,徐剑坤,等.高校实验室危险源辨识与管控体系研究[J].实验技术与管理,2023,40(1):191-196+226.
⑤ 李志华,邱晨超,贺继高,等.化学类实验室事故风险分析及其对策[J].实验室研究与探索,2018,37(3):294-298.
⑥ 刘义,刘尚志,赵东风,等.高校化工类实验室风险辨识评价方法研究[J].实验技术与管理,2020,37(12):288-291.
⑦ 陶菁,毛亚军,阳富强.高校实验室安全管理双重预防机制构建及应用[J].实验技术与管理,2021,38(6):273-277.

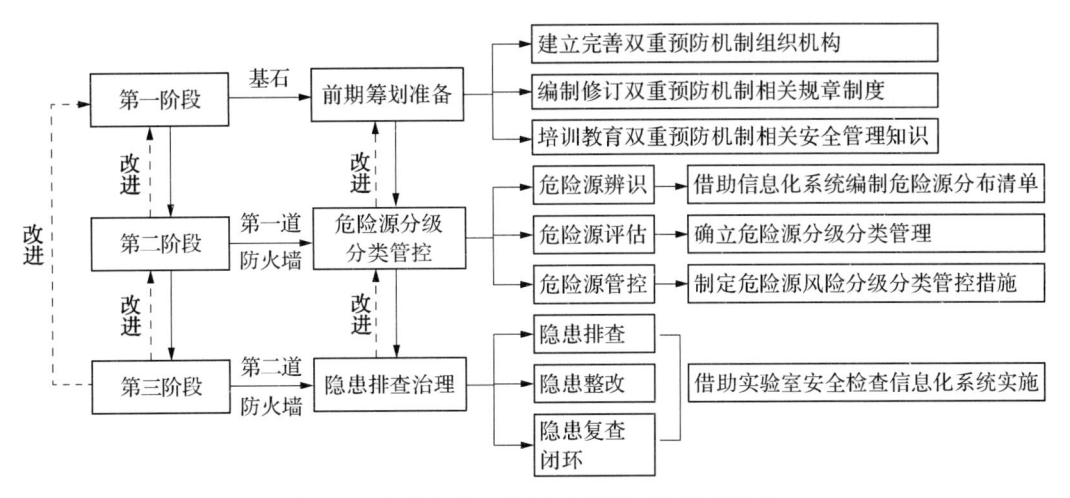

图 1　涉化类高校实验室双重预防机制构建流程

1. 前期筹划准备——基石

（1）建立完善组织机构

建立一个完善的、合理的双重预防机制组织机构是前期筹划准备阶段的基础保障，高校应按照"党政同责，一岗双责，齐抓共管，失职追责"的原则，设立校级实验室双重预防机制组织机构，并明确人员和工作职责，加强部门间协同合作。由学校党政主要负责人任组长，分管实验室工作的校领导任副组长，成员由实验室安全主管职能部门和其他相关职能部门负责人组成。同时为了层层压实安全责任，进一步建立学校、二级单位、实验室三级联动的责任体系，应督促二级单位成立院系级双重预防机制组织机构，明确工作职责，结合安全工作奖惩机制的执行，倒逼双重预防机制的各项工作落实到具体实验室工作人员。

（2）编制修订规章制度

出台相关规章制度，这是双重预防机制成功实施的重要指导。高校应建立健全双重预防机制相关管理办法和制度，出台规范性文件。同时由点及面，使规章制度成体系化、网络化，确保具有可操作性和实际管理效用，并根据实际情况变化及时修订更新。自2020年常州大学成立实验室建设与管理处以来，学校从工作实际出发，根据高等学校实验室安全检查项目表要求，将安全管理总则和二级管理办法细则进行了全方位的查漏补缺、修订完善，共新增修订实验室安全管理规章制度近20项，为双重预防机制实施提供有效制度保障，并为二级单位建章立制提供依据和指导。

（3）培训教育安全知识

为确保学校—二级单位—实验室各层级人员熟练掌握双重预防机制相关安全知识，具备双重预防机制相关安全技能，高校需自上而下开展一系列安全教育培训。校级层面应结合每月重点工作任务制定学期安全教育培训计划，组织开展形式多样、生动有趣、有学校特色的安全教育活动，如借助微信、微博、短视频等新媒体手段宣传安全知识；开展安全知识竞赛、微电影拍摄、摄影比赛、安全技能大赛、应急演练等创新形式加强安全宣传，可从实操中挖掘出安全管理人才，进一步帮助推行双重预防机制的实施管理；此外，还应结合新生入学、新教工入职等重要时间节点组织实验室安全知识考试,以考促学、以学促行。院系层面应根据学校要求,负责本单位实验室安全教育培训的管理工作,在参加校级安全培训活动的同时,结合学科特点的不同,利用各类载体创新性地开展有学院特色的安全教育活动。实验室层面是安全教育培训的最关键环节,各类培训的落地需要实验室的高度重视,主要负责所有进入实验室人员的专项教育,包括外来人员和临时人员,具体到该实验室的每个实验项目、每台仪器设备,强调过程化管理。

2. 危险源分级分类管控——第一道防火墙

危险源风险分级分类管控可借助实验室安全管理信息化系统从源头上识别风险点,建立危险源分布清单。通过制定风险分级分类标准,对实验室危险源进行风险评估,确定风险等级。根据评估结果,制定危险源分级分类管控措施,从而达到控制或消除安全风险的目的。主要过程包括危险源辨识、危险源评估、危险源管控三个步骤。以常州大学为例,学校高度重视实验室安全管理信息化建设,采购了包括实验室基础信息管理系统、实验室安全教育和考试系统、实验室安全检查系统、化学品全生命周期管理系统在内的实验室安全综合信息管理平台。利用该平台科学有效地实现实验室危险源风险分级分类管控,成功打造双重预防机制的第一道防火墙。

(1)危险源辨识——编制危险源分布清单

危险源辨识应从实验室各类基础信息收集入手,全面编制实验室危险源分布清单,明确安全责任人。常州大学利用实验室基础信息管理系统,采集了包括实验室名称、地点、面积、分类等基本信息,人员信息,实验室管理制度,实验室资质,涉及危险源,安全防护措施,仪器设备信息,化学品信息等。从而对实验室所有可能存在的危险源进行了统计,并可实现实时更新,便于动态管理。以此为基础对人员行为、试剂设备、实验环境、管理体系等方面存在的安全风险进行精准辨识,建立危险源分布清单。以常州大学某涉化实验室为例,在实验室基础信息管理系统中收集内容如表1所示。

表1 常州大学实验室危险源分布清单

危险源分布清单类别	危险源分布清单内容
基本信息	房间名称、校区、楼宇、房间号、用途、面积、分类(实现分类管理)
人员信息	姓名、用户名、系统角色、手机、电话、邮箱
实验室制度	学校、学院、实验室相关规章制度
实验室资质	对实验室实现分级管理,即选择相应实验室危险源等级
涉及危险源	危险化学品、气瓶、高温高压设备、超高速离心机、起重类设备等
安全防护措施	消防要点、安防设施
仪器设备管理	设备名称、设备类型、资产编号、责任人、下次检验时间
化学品管理	化学品名称、CAS号、存量、采购量、用量

(2)危险源评估——确立危险源分级分类管理

常见的风险评估方法可分为定性和定量两种评价方法,主要包括作业条件危险性分析法、安全检查表法、危险性预分析法、风险矩阵法等[1]。以上评价方法通常需经过一系列复杂烦琐的步骤才能对已辨识的实验室危险源进行评估。面对高校实验操作灵活多变、实验结果复杂未知的特点,为更加便捷有效地实现危险源评估,常州大学利用信息化管理系统对危险源进行分级分类管理,从而确定实验室的危险源类别和危险源等级。学校将提前制定好的危险源分级分类规则内置进系统,该规则可定期更新,把全校实验室分为化学类、生物类、机电类、辐射类、其他类(见表3),每一类别的实验室安全风险按从高到低分为Ⅰ级(高风险)、Ⅱ级(较高风险)、Ⅲ级(中风险)、Ⅳ级(一般风险)(见表2)。各实验室负责人对分级分类情况进行勾选,依据分级分类结果可由信息化系统自动生成安全信息牌,不同风险的安全信息牌颜色不同,由高到低分别对应红色、黄色、蓝色、绿色。若实验室安全风险发生改变,负责人在系统中更新信息后,安全信息牌也会实时改变,从而实现危险源的动态评估。

表2 常州大学实验室危险源分级清单

危险源等级	危险源分级内容	安全信息牌对应显示的危险源种类和级别
Ⅰ级	存放或使用第一类易制毒化学品的实验室;或60 L(或kg)≤危险化学品存量(压缩气体或液化气体除外,下同)<100 L(或kg);或30 L(或kg)≤易燃易爆性化学品存量(压缩气体或液化气体除外,下同)<50 L(或kg)。	危化品使用一级
	存放或使用氢气、甲烷、乙炔、氨气、一氧化碳、氧气等易燃、易爆、有毒、腐蚀危险气体及其混合气体的实验室,或者存放和使用二氧化碳、氮气、氩气、氦气等惰性气体总量大于或等于5瓶的实验室。	气瓶使用一级
	使用10 kW以上马弗炉、管式炉,或压力与容积的乘积大于或者等于1.0 MPa·L以上的反应压力容器,或体积30 L以上高压灭菌锅。	高温高压设备一级
	使用超高速离心机(额定最高转速大于30 000 r/min,转速分类参照GB/T 30099—2013实验室离心机通用技术条件)的实验室。	超高速离心机
	开展铸锻或热处理实验、有高空作业、产生可燃性粉尘的实验室。	有危险实验
	使用千伏以上高压电的实验室。	高压电
	存放或使用第一、二类病原微生物;哺乳类实验动物房(包括饲养室、操作室、观察室);涉及人类遗传资源与生物资源采集保藏、利用、对外提供等活动的实验室;动物生物毒素、植物有害生物、生物有害因子操作等其他类型的实验室;医学生物废弃物暂存点、实验动物尸体暂存实验室。	生物实验室一级
	存有非豁免放射源或Ⅰ类、Ⅱ类射线装置的实验室;使用密封放射源实验室;非密封放射性同位素的源库、操作间及放射性废物库(实验室)。	放射实验室一级

---

[1] 李峰.安全生产双重预防机制建设工作探讨[J].中国安全生产,2018,13(4):38-40.

续 表

危险源等级	危险源分级内容	安全信息牌对应显示的危险源种类和级别
Ⅱ级	存放或使用第二、三类易制毒化学品或易制爆危险化学品的实验室;或 20 L(或 kg)≤危险化学品存量<60 L(或 kg);或 10 L(或 kg)≤易燃易爆性化学品存量<30 L(或 kg)。	危化品使用二级
	存放和使用二氧化碳、氮气、氩气、氦气等惰性气体总量小于 5 瓶的实验室。	气瓶使用二级
	使用压力与容积的乘积小于 1.0 MPa·L 的反应压力容器;或体积小于 30 L 的高压灭菌锅。	高温高压设备二级
	存放须办理《特种设备使用登记证》的起重类设备的实验室。	起重类设备
	使用高速离心机(额定最高转速介于 10 000～30 000 r/min)的实验室。	高速离心机
	使用超低温设备(−40℃以下)的实验室。	超低温设备
	非哺乳类普通模式动物(鱼、蚕果蝇、线虫等)的饲养或培养实验室;普通微生物(非致病性微生物)实验场所;细胞培养、保存、操作的实验室。	生物实验室二级
	存放或使用除非豁免放射源和Ⅰ类、Ⅱ类外的射线装置;放射活性区除源库、操作间、废物库以外的其他实验室。	放射实验室二级
Ⅲ级	0 L(或 kg)<危险化学品存量<20 L(或 kg);或 2 L(或 kg)<易燃易爆性化学品存量<10 L(或 kg)。	危化品使用三级
	使用烘箱、干燥箱、冰箱等加热及制冷装置的实验室。	加热制冷装置
	使用高速离心机(额定最高转速小于 10 000 r/min)的实验室。	离心机
	操作普通植物、模式植物的实验室;其他无危害性的生物因子操作的实验室。	生物实验室三级
	使用豁免管理射线装置的实验室。	放射实验室三级
	全天候不断电设备和不间断电源的实验室;使用红外灯、激光器、紫外灯等设备的实验室。	不断电设备
	未涉及Ⅰ、Ⅱ级评价指标,但有其他机械伤害风险的实验室。	机械伤害风险
Ⅳ级	不涉及Ⅰ、Ⅱ、Ⅲ级评价指标,主要为用电用水和消防安全风险的实验室,一般指电子电工实验室、公共机房等。	/

安全信息牌上若仅显示安全风险等级和颜色,则无法清晰了解该实验室具体危险源的种类和级别。以常州大学某涉化类实验室为例,该实验室危险化学品使用属于Ⅰ级风险,同时存放的气体钢瓶属于Ⅱ级风险,使用的加热制冷装置属于Ⅲ级风险,根据从严从高原则,最终只在安全信息牌上显示风险等级为Ⅰ级。因此有必要在安全信息牌上将该实验室所有危险源种类和级别显示出来,便于后续危险源管控措施的实施。危险源分级清单及安全信息牌对应显示的危险源种类和级别见表 2 所示。

(3) 危险源管控——制定危险源分级分类管控措施

根据危险源分级分类评估结果,针对不同分类不同等级的危险源制定相应的管控措施(见表3、表4),通常危险源风险等级越高,管控措施要求越严;危险源类别不同,管控措施的重点也要相应调整。主要从管理方式、安全培训内容、应急防护措施等方面考虑,利用信息化管理系统可实现管控措施与分级分类的实时联动。当危险源分级分类确立后,相应的管控措施也同步显示,同时可由实验室负责人根据实际情况进一步修改增添管控内容。为确保管控措施取得实效、常抓不懈,实验场所张贴的安全信息牌上应体现相应内容,包括危险源种类级别、安防措施、消防要点、安全警示标识等基本内容。更多详细情况如应急预案、安全培训等通过手机扫描安全信息牌上的二维码即可实时了解查看。危险源分级分类管控措施的制定体现了事前预防、防患于未然的思想,从而达到控制或消除安全风险的目的。

表3 危险源分类管控措施

危险源分类	主要危险源	管控重点
化学类	具有毒害性、易燃易爆性、腐蚀性等属性的危险化学品和剧毒品、爆炸品、易制毒、易制爆、麻醉品和精神类药品等管控类化学品,以及实验产生的危险废弃物。	危险化学品和管控类化学品的申购、申领、存放、使用、回收等全生命周期的闭环管理,以及危险废弃物的规范化收集与处置。
生物类	微生物(致病性病原微生物等)、动物等危害个体、群体或环境安全的生物因子。	开展病原微生物相关研究实验必须在具备相应安全等级的实验场所进行,饲养实验动物的场所应有资质证书,实验人员应具有相应资格证书,病原微生物的采购、保管、使用、销毁等,实验动物的购买、饲养、解剖、尸体处置等。
机电类	机械加工类高速设备、高压及大电流设备、激光设备、加热设备、特种设备、粉尘场所等。	高温、高压、高速运动、电磁辐射装置等特殊设备及机械、电气、激光、粉尘等的安全管理。特种设备要审查设备供货方资质,须有《特种设备使用登记证》,定期检验,并在有效期内使用,操作人员持证上岗,制定规范的操作规程,并严格遵照执行。
辐射类	放射性物质、废弃物处置等。	辐射工作单位、人员和核材料应取得相应资质,涉源实验场所设施、放射性物质的采购、转移和运输,放射性实验和放射源及设备报废处置等。
其他类	用电用水等设施设备引发的用电用水安全风险和消防风险。	规范用电用水和消防管理。

表 4 危险源分级管控措施

危险源等级	危险源分级管控措施
Ⅰ级	1. 张贴Ⅰ级风险等级红色实验室安全信息牌,注明实验室安全责任人、联系方式等信息,并明示危险源种类级别及教学、科研实验中可能存在的风险因素。 2. 实验室针对危险源制定相应管理办法和应急管控措施,责任到人;配备完善的安全防护设施,重大风险区域内配置消防灭火器材和应急救援设施,张贴安全警示标识。 3. 实验室要结合本实验室特点和实际定期对相关实验、管理人员进行专项安全教育培训,按照事故应急预案或应急处置方案开展应急演练,做好相应记录,报二级单位备案;实验人员参加学校、二级单位、实验室三级安全教育培训和考试,合格后方可进入实验室开展实验。 4. 实验室每天进行安全自查,安排专人对所涉及的危险源进行安全自查,做好检查记录;定期进行风险排查,一旦发现问题立即整改;所属单位每周进行一次检查并有相关记录;在学校组织的实验室安全检查中列为检查重点。 5. 实验室内的实验设备应制定相应安全操作规程、安全技术说明书,加强实验室设备操作相关人员的安全操作规程、应急处置能力等教育培训。
Ⅱ级	1. 张贴Ⅱ级风险等级黄色实验室安全信息牌,注明实验室安全责任人、联系方式等信息,并明示危险源种类级别及教学、科研实验中可能存在的风险因素。 2. 实验室针对重点危险源制定相应管理办法和应急管控措施,责任到人;配备较完善的安全技防设施,张贴安全警示标识。 3. 实验室要结合本实验室特点和实际定期对相关实验、管理人员进行专项安全教育培训,按照事故应急预案或应急处置方案开展应急演练,做好相应记录,报二级单位备案;实验人员参加学校、二级单位、实验室三级安全教育培训和考试,合格后方可进入实验室开展实验。 4. 实验室每天进行安全自查,并安排专人对所涉及的危险源进行安全自查,做好检查记录;所属单位每两周至少进行一次检查并有相关记录;在学校组织的实验室安全检查中列为检查重点。
Ⅲ级	1. 张贴Ⅲ级风险等级蓝色实验室安全信息牌,注明实验室安全责任人、联系方式等信息,并明示危险源种类级别及教学、科研实验中可能存在的风险因素。 2. 实验室有选择的针对重点危险源制定相应管理办法和应急管控措施;适当配备安全技防设施,张贴安全警示标识。 3. 实验室要结合本实验室特点和实际定期对相关实验、管理人员进行专项安全教育培训,做好相应记录,报二级单位备案;实验人员参加学校、二级单位二级安全教育培训和考试,合格后方可进入实验室开展实验。 4. 实验室每天进行安全自查,做好检查记录;所属单位每月至少进行一次检查并有相关记录。
Ⅳ级	1. 张贴Ⅳ级风险等级绿色实验室安全信息牌,注明实验室安全责任人、联系方式等信息。 2. 实验室对可能存在的安全风险张贴安全警示标识,实验室有选择的针对重点危险源制定相应管理办法和应急管控措施。 3. 实验室可结合本实验室特点和实际对相关实验、管理人员进行安全教育,做好相应记录;实验人员参加学校安全教育培训和考试,合格后方可进入实验室开展实验。 4. 实验室每天进行安全自查,做好检查记录;所属单位每月进行一次检查并有相关记录。

对于涉化类高校来说,危险源管控的重点通常集中在化学类实验室,而化学类实验室最大的风险点又往往是各类危险化学品。在涉化类高校中危险化学品种类多、分布广、数

量大,是各种安全事故发生的首要原因。以常州大学为例,实验室危险源着重分布在化学类、机电类,同时根据系统中危险源等级分布提示最重要的危险源主要为危险化学品。危险化学品可分为管制类化学品和普通危险化学品,针对不同危险化学品应实行不同管控措施。例如,易制毒易制爆等管制类化学品须根据国家要求实现规范管理,常州大学借助化学品全生命周期管理系统实现严格的申购、申领、使用与回收流程(见图2)。而种类更加繁多的普通危险化学品一直是管理的漏洞,由于购买方便、使用量大、流动快,无法精准掌握其购入量、使用量、存放量等数据,为解决这一问题。常州大学借助化学品全生命周期管理系统对所有普通危险化学品实现"一瓶一码"管理,要求试剂使用者将购入的普通危险化学品绑定系统随机生成的二维码进行录入并填写使用记录(见图2)。通过此种管控措施,可以直观全面地掌握全校危险化学品使用情况。

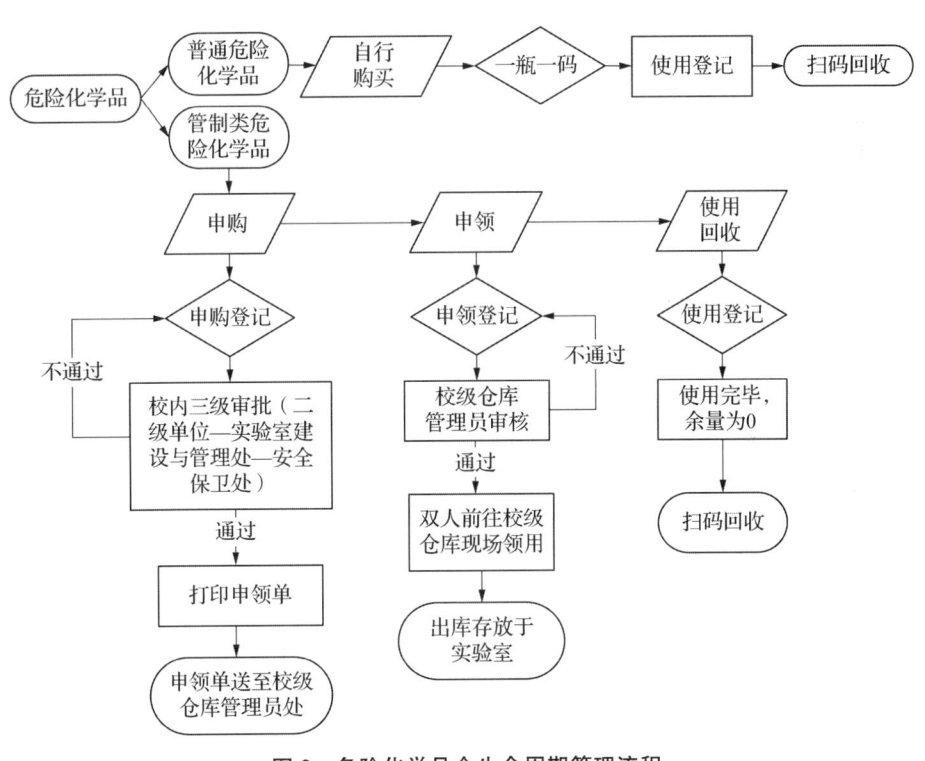

图2　危险化学品全生命周期管理流程

3. 隐患排查治理——第二道防火墙

为更好地确保安全风险可控,高校应在实施危险源分级分类管控措施的基础上进一步开展隐患排查治理工作,按照"开展隐患排查—建立隐患清单—明确整改责任—落实整改措施—组织验收复查—消除事故隐患"的原则实行闭环管理,借助实验室安全检查信息化系统从隐患排查、隐患整改、隐患复查闭环等三个方面实施。从而及时发现并整改安全风险管控措施的缺陷,使安全风险重回可控范围。

(1)隐患排查

以常州大学为例,学校聘请了经验丰富的领导、教授组成校级实验室安全督导队伍,并由学校实验室安全管理职能部门和二级单位分管安全负责人、实验室安全管理员组成了校级实验室安全督察队伍,构建了安全督导不定期检查、安全督察每月例行检查、二级单位每周检查、实验室安全责任人每日自查的四级联动实验室安全检查体系(见图3)。各类检查依据《高等学校实验室安全检查项目表》要求,利用实验室安全检查信息化系统在全校范围内开展隐患排查工作。隐患排查时还应与实验室危险源分级分类相结合,不同级别的实验室检查频次不同。结合涉化类高校特点,在加大化学类实验室检查频次的同时,重点关注Ⅰ级、Ⅱ级实验室危险源种类和级别,有针对性地开展隐患排查。Ⅲ级、Ⅳ级实验室则相应降低要求。

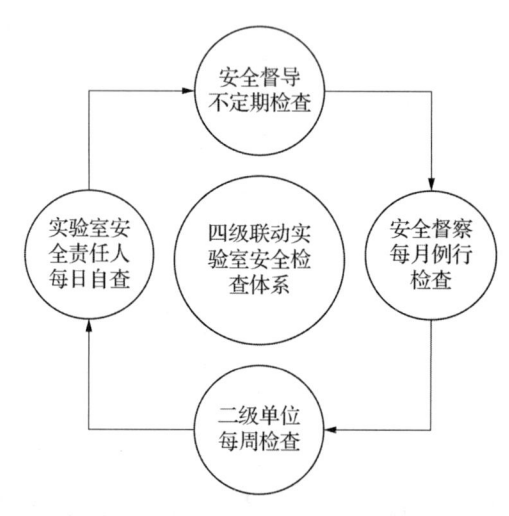

图3 常州大学四级联动实验室安全检查体系

(2) 隐患整改

学校利用实验室安全检查信息化系统要求检查人员对于发现的隐患问题用手机现场拍照上传,并选择检查依据要点,描述具体情况,限定隐患整改时间,提交后由校级管理员进行审核,审核通过后系统将会自动发送短信至实验室安全责任人,提醒其及时进入系统整改,上传隐患整改照片。校级管理员再对整改情况进行审核,如整改不到位可选择不通过,由实验室安全责任人继续整改。整改结束后,系统可自动生成隐患整改台账,便于存档查看。

(3) 隐患复查闭环

为确保安全隐患整改真实有效,安全风险切实可控,整改结束后,校级职能管理部门还应及时组织验收复查,实行闭环管理。如复查时发现仍有责任不落实、措施不到位、隐患未消除的单位和人员,应列入学校实验室安全重点检查对象,增加各类检查次数,依规依纪进行责任追究。

三、双重预防机制下危险源辨识管控在涉化类高校中探索构建的意义

1. 切实有效预防实验室安全事故的发生

目前大部分高校实验室安全管理模式仍然处于简单的隐患排查阶段,且隐患排查常

常流于形式、治标不治本，真正整改到位的事故隐患较少，导致安全隐患常查常有、层出不穷。因此，结合安全生产行业的成功经验，提出解决问题的方法是高校实验室安全管理应与"危险源分级分类管控、隐患问题排查治理"的双重预防机制相结合，将高校实验室安全管控的关口前移至危险源的辨识与分级分类管控上，从源头上找到隐患问题发生的根本原因，将其消除在萌芽中，切实有效预防安全事故的发生，把安全风险保持在可控范围内，实现真正的"预防为主，源头治理"。

2. 构建打造完整动态的高校实验室安全双重预防机制

常州大学化学类实验室数量较多，安全风险也相应较高，因此以常州大学为例探索构建的双重预防机制对其他涉化类高校也有一定借鉴意义。双重预防机制包含的三大阶段层层递进、连环相扣、相辅相成，在第一阶段前期筹划准备的基础上进行危险源分级分类管控和隐患排查治理，同时第二、第三阶段实施的结果可分别对前面的步骤进行反馈和改进。一方面可对组织机构的建立完善、规章制度的编制修订、安全管理知识的教育培训提出新的要求；另一方面可根据事故隐患排查治理的结果对危险源辨识、危险源评估方法、危险源分级分类管控措施进行补充。整个体系可不断更新升级，共同构成了一个完整的、动态的高校实验室安全双重预防机制。

四、结语

通过构建一套完整的、动态的高校实验室安全双重预防机制，将原先单一的隐患排查治理转变为"危险源分级分类管控、隐患问题排查治理"的双重预防体系，由被动化为主动，安全管控关口前移，最大限度地减少实验室安全事故发生的可能性，极大提高了实验室安全管理的有效性和可行性。通过明确高校实验室安全双重预防机制的三大阶段、九个步骤，能有效改善实验室安全管理现状，提升精细化管理水平，更好地防范遏制各类安全事故发生，并为其他涉化类高校在实验室安全管理中应用研究危险源辨识管控和双重预防机制提供借鉴。

基于数字孪生的高校实验室高温设备智能化监管体系的研究与实现

张惠芹　章小卫　杜　坤　李　江[①]

摘　要：针对目前高校实验室高温设备的智能化监控力度低和缺乏数字化模型以及事故频发等问题。在基于数字孪生技术对实验室高温设备智能化监管平台设备同步和数据同步研究的基础上,设计了包括感知层、传输层、服务层、应用层的实验室高温设备智能化动态模型监控系统,构思了实验室高温设备的数字孪生模型,并对实验室及高温设备可视化状态监控系统进行初步建模;同时对高温设备的生产线监控系统的软件功能提出了包括上位机监控和下位机实验室风险源设备运行障碍排除、运行情况预测、设备日常维护提醒及自我思考、自我维护以及设备位置、人员位置和人员行为控制等要求的设计思路。数字孪生的高校实验室高温设备智能化监管系统可以实现设备、人员操作等各环节的数据采集,后台数据模型可视度高,可实现对高温设备进行动态监控、故障报警、数据分析和故障预测等智能化管理。

关键词：数字孪生;高温设备;安全监管

实验室是高校开展教学和科研的重要场所,也是高校综合实力的重要体现。近年来,高校实验室安全事故时有发生,给学校及社会造成不良影响,实验室安全问题已成为社会关注的焦点。在教育部《高等学校实验室安全检查项目表(2022年)》中明确指出:危险性实验(如高温、高压、高速运转等)时必须有两人在场;烘箱、电阻炉等高温设备须制定安全操作规程,温度较高的实验需有人值守或有实时监控措施等。但在实际工作中,由于部分师生安全意识淡薄、违规操作、实验室线路老化等因素,常会导致实验室发生火灾类安全事故。据不完全统计,高校实验室燃烧爆炸类安全事故发生率为68%,其中80%来自科研实验室。同时,随着高校的事业发展以及疫情常态化管理等因素都给实验室安全管理工作带来挑战。得益于新一代信息技术的发展和工业信息系统的推动,数字孪生技术正逐渐向各个行业拓展应用。目前,国内外许多学者从多角度对基于数字孪生技术及应用进行了研究,但涉及高校实验室安全管理的研究还很少。本文基于数字孪生技术构建实验室高温设备安全管理的动态模型,探讨实现实验室安全风险源智能化监管的新途径。

[①] 作者简介:张惠芹,扬州大学实验室与设备管理处副处长,副研究员,研究方向为实验室安全管理等。
章小卫,扬州大学科学技术处副处长,副研究员,研究方向为实践基地建设管理等。
杜坤,扬州大学实验室与设备管理处人员,学科基础实验教学平台主任,高级实验师,研究方向为实验室建设管理。
李江,扬州大学实验室与设备管理处实验室维修与安全管理科人员,研究方向为实验室安全管理。

一、数字孪生与高校实验室高温设备智能化监管体系耦合度分析

数字孪生也称为数字镜像、映射,也可以理解为现实世界中的物理实体的数字"克隆体"或"影子",是以物理模型和数据为基础,通过多学科、多尺度、多物理量等耦合仿真方法,完成现实世界的物理实体精准映射到虚拟世界中的镜像数字体(孪生体,数字化模型),形成物理维度的实体世界与信息维度的数字世界协同共存、虚实交融的场景,简称"会思考的影子"。数字孪生技术从早期用于构建未来飞行器,在虚拟空间建立飞行器模型,并利用传感器与真实飞行器实时同步来计算飞行器的载荷和飞行能力,到城市管理、智慧医疗、工业、农业等行业,通过可视化技术便捷的认知和管理现实世界物理实体以及关联。数字孪生系统主要由实体、数据、服务和连接组成,其数字孪生结构模型如图1所示。其中,服务系统主要包含数字孪生技术应用过程中所涉及各类模型、算法、数据等封装,以工具组件、模块、微服务等呈现,支撑数字孪生技术实现功能性服务。[1][2][3]

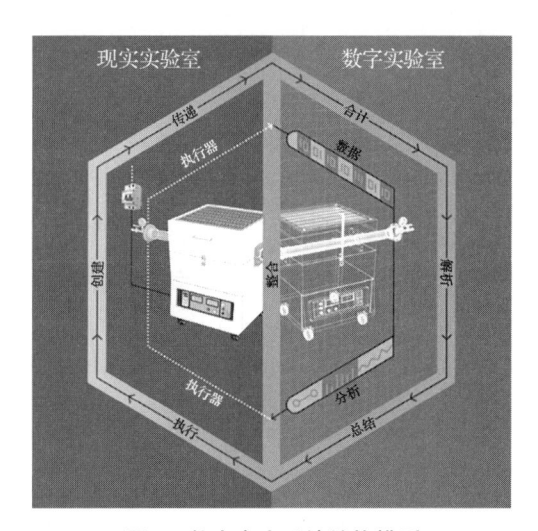

图1 数字孪生系统结构模型

如果想要整幢实验楼宇建立数字孪生系统,需要对楼宇、走廊、实验室、实验台、实验设备、人物等所有要素都进行数字化建模。高校实验室常用的高温设备主要包括烘箱、马弗炉、高温管式炉、培养箱等。需要重点监管的主要内容包括:电源负荷、设备主体、测温单元和设备周边环境,同时还需要重点监管实验过程中学生的实验行为。这些都需要在对设备及人物进行充分了解后,搭建一套基于真实场景实验室的虚拟场景,对实验室、设备及人物等进行3D建模,将3D模型放置到线上虚拟场景内,实现真实实验场景和虚拟实验场景一一对应,也是设备需要同步。

实验室里真实设备是通过智能空开、传感器和PLC等让设备实现既定的动作。通

---

[1] 闫晴.数字孪生:风险、溯源及规制[J].国家图书馆学刊.2022,31(5):104-112.
[2] 朱惠斌.国内外数字孪生技术研究进展与实践展望[J].信息通信技术.2022,16(5):75-80.
[3] 杜学元,赵斌刚.教育元宇宙:数字孪生高校的未来构想[J].教育学术月刊.2022(10):16-23.

过采集各类数据，驱动虚拟系统里的设备，进行同样的既定动作，就能够实现真实设备与虚拟设备的实时联动，从而对实验室设备、特别是高温设备进行实时监控。除了设备数据之外，还需要安装摄像头、传感器等其他数据采集设备，以实现对实验室更多数据的采集，比如设备温度、电流、电压和视频、音频等运行过程中产生的动态数据、设备位置数据、人员数据、人员位置数据、行为数据等这些数据也需要同步到系统中，也就是数据同步。

经过充分调研、研究以及实地考察，将高校实验室及其具有安全隐患的高温设备进行数字孪生其耦合度与投入成正比，是可以实现的，也是实验室智能化管理的趋势。

二、基于数字孪生的高校实验室高温设备智能化监管体系的功能需求

有了对实验室和高温设备高度仿真的三维建模，将三维建模接入了实验室的实时数据之后，教师或安全督导等人员坐在监控室、电脑或移动端，就可以看到虚拟的实验室，并能实时了解真实实验室的工作状态，通过虚拟实验室的数字空间信息，就能够达到实时监控的效果，要求主要功能包括：

1. 设备管理方面

整个实验室的运行状况可一目了然，哪几台设备处于疲劳运转状态，哪几台设备即将达到阈值，哪几台设备经常处于闲置状态，哪个烘箱的加热管温度超标了，哪个高温设备的高温油泵负载超标，哪个高温设备的温度感应器失灵了，高温设备周边是否有易燃物、是否有警示标识和安全操作规程、是否有消防设施等。这些数据要都能进行实时分析，准确预判设备的运行状态，系统将有问题的部位通过 3D 可视化手段直观表现出来，方便管理人员排查隐患。

2. 运维管理方面

实验指导老师或实验室管理人员可以直观看到实验室各种设备的工作状态报告，数字孪生后的实验室，可以清晰列出每一个设备使用情况、共享率、折旧情况，以及实验课程安排情况等，可以大大提高实验室管理效能，实现高效的运维管理。

3. 能源管理方面

系统可以整合出整个实验室的实验消耗，如试剂瓶、化学试剂等耗材消耗，水电气等能源消耗、污水废气粉尘等污染物排放、形成损耗和排放的综合数据分析报告，让实验指导老师和管理人员对实验室建设和实验耗材及能源等成本一目了然。

4. 人员管理方面

孪生的实验室可以直观定位并看到实验室里的师生是否在实验室按照既定的实验流程执行实验任务，实验效率怎么样，设备工作多长时间了，实验步骤是否合规，实验行为是否合规，是否有未经准入培训的人员非法闯入未被授权的区域等，可通过可视化监控对讲

进行实时管理。

5. 实验室资源的统筹安排方面

根据输入到系统的相关数据，数字孪生系统能提前预判实验室后阶段实验设备预约和使用情况，并能随着系统的自我学习，可以预判实验室一天产能所需的耗材清单，预判出一周、半个月或一个月的实验量，帮助实验室管理人员和指导老师进行实验室资源的统筹安排。

三、基于数字孪生的高校实验室高温设备智能化监管体系设计

鉴于以上耦合度的分析和所提出的功能需求，为实现与实验室高温设备同步和数据同步的要求，设计基于数字孪生的高校实验室高温设备智能化监管系统由感知层、传输层、服务层、应用层架构组成（如图2所示），实现高温设备数字孪生体系的数据采集/融合、传输与建模仿真、功能交互等过程。

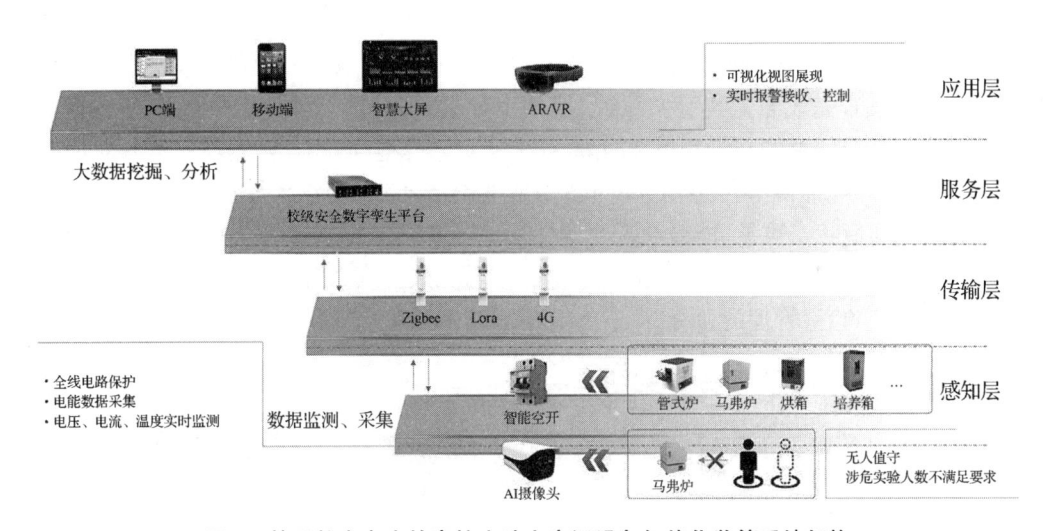

图2 基于数字孪生的高校实验室高温设备智能化监管系统架构

其中，① 感知层是系统的基础，数据的来源，主要通过对风险源部署异构传感器以获取多源实时数据，并加以预处理，包括设备信息采集、人体行为感知、设备信息感知、设备状态感知和环境感知等，感知层硬件结构主要有：各类传感器、仪器仪表、现场控制系统、移动终端、设备标签、上位机和各类执行单元。实验室开放过程中，通过高温设备附近的各类数据通信网络进行传输，将信号发送到上位机，上位机接收到参数和指令，按照既定的要求完成分析、存储、决策等功能，实现实时监控高温设备的运行状态和人员操作情况的监管，通过人机交互，实现各类监管数据的可视化和实时交互功能；② 传输层通过各种通信协议，如Zigbee、Wifi、4/5G、485、232等，将多品牌、多接口及多协议的设备状态等数据上传到服务器；③ 服务层负责对感知层数据进行虚拟映射，构建面向真实物理实体高

仿真映射的虚拟仿真环境,实现物理设备与虚拟设备同步映射,并封装各类算法、模型等[①②];④ 应用层基于实时数据驱动的虚拟设备,实现对高温设备资源的三维可视化导航以及物理动作的仿真和实时监控,在三维模型上显示、分析和管理实验室高温设备状态信息、参数、故障的管理诊断信息等,形成面向高校实验室高温设备的虚拟监控平台,实现透明化运行、故障问题重现与仿真,满足实验室管理者对高温设备的追溯分析、实时监控和故障诊断等需求[③④]。

四、基于数字孪生的实验室高温设备智能化监管的探索与实现

通过数字孪生建立的监控体系,实现其可视化仿真模型,分析设备运行状态和人员操作行为的动态数据,实现对设备运行状态动态监控、自我运算及预判提醒和人员进出及实验行为的监管等功能。也可实现高温设备报废提醒及年检提醒功能,同时能够实现对高温设备定位监管、设备周边安全警示及防护设备巡检。达到实验室状态可视,实验室安全可控,师生安全行为可管的目标。

1. 实验室状态可视

在实验室及重点监管的高温设备安装视频监控、环境监测等硬件设备,以便相关数据实时采集与传输,完成涵盖实验室概况、线路引导、当前位置、资讯发布、呼叫中心等功能的监控可见、资产可视的基于 GIS 的实验室三维实体模型(如图 3 至图 5 所示);对设备加装温度、电力、环境监测等传感器、呼叫器等硬件设备,完成设备运行状态可见、安全态势可见、实验室环境状态可见、能效状况可见的智能化数据图谱(如图 6 所示);在实验室加装红外感应装置,实现人员热力可见的智能化监管方式。通过虚拟仿真与实时的交互,以实现"数字化"实验室管理的目标。

图 3　校区三维模型图　　　　图 4　楼宇三维模型

---

① 刘娟,庄存波,刘检华,等.基于数字孪生的生产车间运行状态在线预测[J].计算机集成制造系统,2021,27(2):467-477.
② 张晓萍,窦金生,宋天麟,等.基于数字孪生的生产线监控系统研究[J].包装与食品机械,2022,40(4):73-78.
③ 曹蓉,鲍亮,崔江涛,等.数据库系统参数调优方法综述[J].计算机研究与发展,2023,60(3):635-653.
④ 柯志胜,赵巍,王太勇,等.面向数字孪生的智能虚拟生产线与调试系统设计[J].工具技术.2022,56(9):86-91.

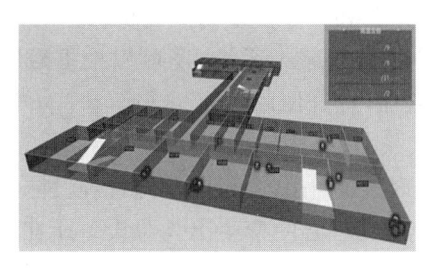

图 5　烘箱数字孪生场景　　　　图 6　烘箱运行数据

2. 实验室安全风险源可控

(1) 设备运行状态监测

设备运行状态的监测前提是要做好动态数据的孪生,这是实现实时映射的关键部分。在高温设备使用环节中,通过安装不同的数据采集和监测设备,实时监测相关的温度、压力、气体浓度等参数。

① 设备运行故障的排除。当因人、机误操动作或设备故障引起某项指标出现异常时,监测控制系统启动相应的装置工作,并自动向平台发出预警信号,实现各类监管数据的可视化。第一关:预警。暴露可能出现的事故隐患,防患于未然,如与智能空开的日常数据进行比对,发现异常即预警。第二关:达到阈值,自动断路(智能空开的应急响应,可能在事故苗头的前后时期)。第三关:红外检测,事故发生初期的应急响应,防止事故的进一步扩大(对实验室空间进行红外特征扫描,实验室内部温度超过设定阈值即报警)[1][2][3]。

② 设备运行情况的预判。对实验室及高温设备的运行情况进行可视化实时监管不只是对高温设备的单项映射,也可在不断积累实时数据的基础上,推理设备运行规律并演化实验过程,实现耗能预测、智能分析、智能诊断、安全预警和设备管理等功能。

③ 设备日常维护提醒。系统建立时将孪生的监管系统与现有的"国有资产管理系统"对接,从中抓取高温设备的名称、设备编号、投用时间、生产厂家、规格型号、功率、服役年限、检验周期等信息,程序设计思路:当高温设备的报废年限或年检时间等其中某项指标到达预设阈值或出现异常时,通过平台直接向设备安全负责人、学院分管领导和学校职能部门发送提醒信息。超期服役、逾期不检验或检查过程中发现问题整改不到位的设备,可直接通过平台控制高温设备的电源智能开关,远程关闭高温设备电源供应按钮[4][5]。

---

[1] 杨元龙,孙玲,张晓滨,等. 基于数字孪生的舰船蒸汽动力总体模型框架研究[J].中国舰船研究,2021,16(2):157-167.

[2] 王刚锋,张琪,赵东平,等.基于数字孪生的工程机械臂装配建模与仿真[J].机械设计与制造.2023,4(4):243-246.

[3] 杨德民,赵健,董瑞芳.基于数字孪生的智能配电网故障诊断方法[J].电气应用,2021,40(7):54-55.

[4] 陈珊珊,汪红志,夏天,等.基于数字孪生技术的智能医学影像实验室构建及应用[J].实验技术与管理.2022,39(10):101-107.

[5] 韩霄宇,王涛,张媛.基于数字孪生技术的智能配电网建设与规划[J].电力信息与通信技术,2020,18(12):18-20.

同时在可视化平台上用异色标注正常使用、预警和关停设备的不同状态。

④ 设备自我维护。将设备维护或体检的数据录入系统,还可以根据数字孪生的计算,提出相应的使用建议,延长设备的使用寿命,提升使用效能①②③。

(2) 运行区域监管

将高温设备贴上射频(RFID)标签以实现智能化识别和规范化管理。同时通过加装传感器等方式给高温设备在实验室划定使用区域,方便孪生出高温设备所在楼宇实验具体位置。当有师生未经审批随意将高温设备移出指定区域时,传感器感应到信号传输给系统,系统将会发出预警信号④。

(3) 实验室安全视频识别

通过加装多个视频监控,全方位记录高温设备主要利用视频监控设备智能识别高温设备附近是否按要求配备相应的防护设施,配置现场急救用品和消防设施以及操作规程等。

(4) 实验事件上报、处置和回溯及应急预案和应急指挥

实验室内产生的人员进出、设备操作、设备报错、设备运行状况等数据在孪生状态中均留痕,并主动上报和及时自主处置,均能够实现事件回溯。在实验室出现紧急情况时,孪生实验室可根据设备运行和人员热力情况出具科学有效的应急方案并能进行科学有效的现场应急指挥。

3. 师生安全行为可管

(1) 人员进出的智能管控

将实验室安全考试系统与监管平台连接,实时比对操作人员的安全基本知识的培训及考试结果,考核通过者可获取操作授权和启用设备。结合实验室资源情况和实验人数智能诊断人员进入量,决策通行权限。

(2) 实验行为的智能管理

利用智能化监控系统收集学生实验行为和设备运行数据并做好分析、研判、提醒和上报。当学生不按照操作规程,如高温设备运行时无人值守,开展危险实验时在场人员不足2人,设备运行时间过长,学生实验操作不规范等违规行为时进行智能诊断并提供语音提示,启动报警装置和暂停实验装置等决策支撑,同时做好事件上报和处置工作。

五、结语

我们可以把实验室内的烘箱、电阻炉等高温设备看成一个个"纯生命体",他们往往因

---

① 汪晓,朱兆,华周凯,等.基于数字孪生的输电线路树木距离告警方法[J].微型电脑应用.2022,38(10):101-103,107.
② 江献良,陈凌宇,郑杰基,等.基于数字孪生模型的直驱部件高精度控制方法[J].机械工程学报.2021,57(17):98-109.
③ 陶飞,刘蔚然,刘检华,等.数字孪生及其应用探索[J].计算机集成制造系统,2018,24(1):1-18.
④ 张丽岩,刘婧,马健,等.数字孪生驱动的多层建筑火灾智能应急系统研究[J].电子测试.2022,36(17):5-7,58.

操作人员、实验环境、使用年限等差异导致其在每时每刻的性能参数都是不一样的,因此数字孪生的实验室高温设备需要庞大的数据支撑方可实现精准预测、研判和智能化管控。本文基于数字孪生在实验室高温设备的智能管理提出初步研究,目前已在学校部分楼宇的一级实验室实现了通过数字孪生监控实验室内高温设备的温度、电流、功率以及通过捕捉和分析实验人员实验行为和监控实验室高温设备周边环境等数据的方式探索出智能化监控实验室安全的新途径。未来,随着数字技术迭代发展,必将对师生实验过程中"人、机、料、法、环"等多要素进行感知分析,全面实现物理世界的真实映射,从而将实验室安全风险降到最低。"数字孪生"在实验室安全领域不再仅仅局限于一个缥缈的概念,随着数字孪生技术的应用和推广,将逐步打开实验室安全管理的新局面,并将传统的管理模式逐步向高效、柔性、智能化推进。

基于雷达图的高校实验室危化品
管理评价模型研究与实践

潘 越 农春仕[①]

摘 要:以《江苏省高校实验室危险化学品安全管理指南(2022)》为依据,研究梳理了五个维度的高校实验室危化品管理评价指标,探索并创建了一种高校危化品管理量化评价体系并构建了雷达图评价模型。以南京林业大学为例,抽取3个实验室的评价结果进行模型实践与应用,验证危化品安全评价雷达图模型的评价效果及对危化品管理的促进作用。实践表明,危化品雷达图评价模型的应用成效显著,对高校实验室危化品安全管理具有积极作用。

关键词:实验室;危化品;评价;雷达图

随着科学技术的迅猛发展,危险化学品的种类和数量日益增多。危险化学品的存在和应用是一把双刃剑,在推动人类科技进步的同时,其安全和环保问题不容忽视。近年来,高校实验室与危化品有关的安全事故不断发生,造成了无法挽回的人员伤亡和财产损失[②]。即便国家制定了一系列关于危险化学品使用的法律法规,但执行过程总会存在各种问题。因此,对于高校实验室危化品施行科学、精准的安全管理措施,建立严格、规范的高校实验室危化品安全管理评价体系在当前高校实验室安全管理中显得更为重要[③]。

在高校实验室建立一套科学完善的实验危化品安全评价体系并进行可视化呈现,将有助于直观掌握实验室危化品的采购、库存、使用及处置情况的管理信息,并对其不良情况予以及时核查,从而消除潜在的安全隐患。目前较常用的评价方法有层次分析(AHP)、风险矩阵(RMA)、保护层分析(LOPA)等方法[④⑤⑥⑦]。这些方法都存在一些

[①] 作者简介:潘越,工学博士,南京林业大学助理研究员,研究方向为实验室安全管理。
农春仕,南京林业大学党委常委、宣传部长。
[②] 王岩,张志勇,张迎颖,等.100起实验室安全事故分析与建议[J].实验室科学,2021,24(6):221-226+230.
[③] 黄小勇,李霆,周玉宇,等.高校实验室安全定量管理的探索与实践[J].实验室研究与探索,2022,41(9):318-323.
[④] Ren J, Jenkinson I, Wang J, et, al. A methodology to model causal relationships on offshore safety assessment focusing on human and organizational factors [J]. Journal of Safety Research,2008,39(1):87-10.
[⑤] Tamasi G, Demichela M. Risk assessment techniques for civil viation security[J]. Reliability Engineering and System Safety,2011,96:892-899.
[⑥] Boonthum N, Mulalee U, Srinophakun T. A systematic formtion for HAZOP analysis based on structural model[J]. Reliaity Engineering & System Safety,2014,121:152-163.
[⑦] Myers P M. Layer of protection analysis-quantifying human formance in initiating events and independent protection layers[J]. Journal of Loss Prevention in the Process Industries,2013,26(3):534-546.

不足,如评估主体不明确、定性评估结论较为单一、不能综合多方面评价因素等。雷达图是一种以二维形式展示的多维数据图形,利用 origin 绘图软件结合信息化数据可得,常用于多项指标及数据的全面分析①。雷达图图形的变化情况可以反映评价对象的不同状态和不同维度,也可对评价对象进行进一步的诊断和控制②。

因此,本研究旨在以江苏省高校实验室危化品管理指南为标准,参照质量管理基本原则,结合实验室危化品管理实际,建立科学准确、定量定性相结合的危化品安全管理评价体系并进行雷达图可视化呈现。通过绘制的可视化雷达图指导相应的实验人员正确评估危化品的安全状况,从而针对性地改善实验室危化品管理,最终达到避免实验室危化品事故发生的目的。

一、高校实验室危化品安全影响因素及指标因子确定

1. 高校实验室危化品安全管理指南

《江苏省高校实验室危险化学品安全管理指南(2022)》(简称《指南》)是江苏省教育厅在现行国家有关法律法规、部门规章及标准规范的基础上,借鉴国内外先进的高校实验室危险化学品安全管理经验和相关管理体系编制而成。指南明确了江苏省高校实验室危险化学品安全管理规范,包括危险化学品采购、验收、储存、使用、处置等过程中涉及的组织架构及管理、流程管理、设备设施与环境管理、安全风险辨识、评估及管控、隐患管理、应急处置与应急管理、事故管理等内容,为高校实验室危险化学品体系化、规范化安全管理提供了标准和依据。本研究以《指南》为基本依据,进行危化品评价指标的筛选。

2. 高校实验室危险化学品指标因子确定

以《指南》为标准,结合高校实验室危化品管理实际及相关参考文献,筛选可以合理、准确评价危化品管理情况且易监测、可量化的指标因子③④。指标因子包括人员体系、危化品特性及使用管理、环境管理、隐患管理和应急管理五个因素(表1)。

表1 基于《指南》的实验室危化品管理评价指标

指标因子	《指南》包含条例项目	条例项目数
人员体系	2.1.2.4、2.1.2.5、2.1.3.3—2.1.3.5、2.3	27
危化品特性及使用管理	3.1.1、3.1.2、3.1.4、3.2.8	135
环境管理	4	54

---

① 温俊,王慧然."雷达图"在高校校内实践教学课堂质量评价中的应用——以北京城市学院为例[J].西部素质教育,2020,6(11):153-154.
② 程诚,任佳.一种基于雷达图表示的数值型数据的 CNN 分类方法[J].信息与控制,2019,48(4):429-436.
③ 战永佳,颜忠诚,蓝叶芬,等.高校实验室危险化学品安全检查表的设计[J].实验技术与管理,2020,37(7):268-271.
④ 贾进章,陈怡诺,柯丁琳.基于模糊集和改进DS证据理论的危化品道路运输体系贝叶斯网络风险分析[J].北京化工大学学报(自然科学版),2020,47(1):38-45.

续　表

指标因子	《指南》包含条例项目	条例项目数
隐患管理	6	16
应急管理	7	29

（1）人员体系

查询以往实验室危化品安全事故可知，80％以上的实验室危化品事故均与人员管理不善有关[①]，因此人员管理是高校实验室危化品管理的重点。根据《指南》要求，人员管理主要包括人员配备、人员专业知识储备、教育培训及考核、人员管理体系等四个方面。

（2）危化品特性及使用管理

化学品按其危险性分为三大类，包括物理危险、健康危害、环境危害[②]。不同性质的危化品危险性不同，这就对危化品的使用管理提出了更高的要求。实验室操作人员应熟悉所使用化学品的特性，了解实验过程中可能发生的化学反应和可能产生的实验结果，严格遵守危化品使用规定及实验操作规程，对于各种危险因素和危害后果有充分的应对和防范措施。

（3）环境管理

危化品不仅易在使用中发生安全生产事故，也存在贮存点、危废贮存点、转移处置等环境风险。因此，存放危化品及危废物的环境管理也至关重要[③]。环境管理包括现场布置情况、安全防护设施设置、通风设施设置及消防通道情况等主要内容。

（4）隐患管理

健全的事故隐患排查治理制度及完善的事故隐患自查、自改、自报管理机制对及时发现危化品管理问题、扼杀危化品安全事故具有极其重要的作用[④]。隐患管理坚持注重危化品管理的持续改进、强调过程控制和预防措施，而不是事后补救，因此其是实验室危化品管理的关键[⑤]。隐患管理主要包括隐患排查制度、隐患排查情况及隐患治理情况。

（5）应急管理

回顾以往案例，重大危化品事故发生后，安监部门往往会采用全行业大检查的方式紧急排除隐患。安全检查作为一种运动式治理模式，是治标行为，它可以为治本赢得时间，但若只治标而不治本，会成为一项形式化行为[⑥]。现代应急管理是一种全主体、全过程、全风险管理，主要包括预防与准备、响应与处置、恢复建设及应急预案等环节。

---

① 张晓华.化学实验室安全事故统计分析[J].安全、健康和环境，2022，22(8)：7－11.

② 施倚.危化品生产如何分类？[J].劳动保护，2008(9)：115.

③ 郇建萍，王玉枝，郭栋才，等.高校实验室易制爆危化品精细化管理与实践[J].实验室研究与探索，2021，40(4)：287－291.

④ 寇东涛.危化品储存场所消防隐患及监督检查要点[J].化工管理，2022(35)：97－100.

⑤ 胡宜旺，杨立兵，张艳林，等.烟草企业生产安全事故风险评估方法研究[J].安全与环境工程，2018，25(6)：152－157＋166.

⑥ 程世红.高校实验室危化品安全管理的疏与堵[J].化工管理，2022(32)：75－77.

二、雷达图安全评分体系构建

根据上文确定的五类风险指标因子构建雷达图的五个维度,设各指标因子权重系数相同,构建评价体系①并绘制实验室危化品评价标准雷达图。根据《指南》相应条例标准对指定实验室的不同指标执行情况进行打分并计算得分率,绘制该实验室危化品评价雷达图,对照标准雷达图即可直观反映该实验室危化品管理情况。

1. 评分体系构建

根据五个维度指标,结合相关参考文献及工作经验,在《指南》中选取相应维度指标涉及的条例项目作为打分项(表2),每个项目总分按2分计,评分标准见表2,建立危化品管理评分体系,条例项目得分计算公式如下:指标因子等分率$(X)=\sum$该指标条例项目得分$/2\times$(该指标条例项目总数－该指标因子不适用项目数)$\times100\%$,总得分率$(X)=\sum$条例项目得分$/2\times$(项目总数－不适用项目数)$\times100\%$。

表2 条例项目评分标准

条例项目实施情况	判定	得分
有实施证据且证据充分	符合	2
有实施证据但证据不充分	基本符合	1
无实施证据或证据存在重大缺陷	不符合	0
不适用	/	/

2. 实验室危化品管理情况评价标准

根据实验室危化品安全评价的实际情况和需求,本研究将评价标准分为4个级别,分别为优秀、良好、合格、不合格。得分率90%～100%为优秀,介于80%～90%为良好,介于70%～80%为合格,低于70%为不合格(表3)。

表3 实验室危化品管理情况评价标准

得分率	评价结果
$X \geqslant 90\%$	优秀
$80\% \leqslant X < 90\%$	良好
$70\% \leqslant X < 80\%$	合格
$X < 70\%$	不合格

---

① 张晓鹏.危化品基地安全预警评价模型构建研究与应用[D].舟山:浙江海洋大学,2017.

3. 标准雷达图的构建与绘制

设各指标因子得分率为 0%、20%、40%、60%、80%、100%,并通过 OriginPro 2022 构建标准雷达图(图1)。

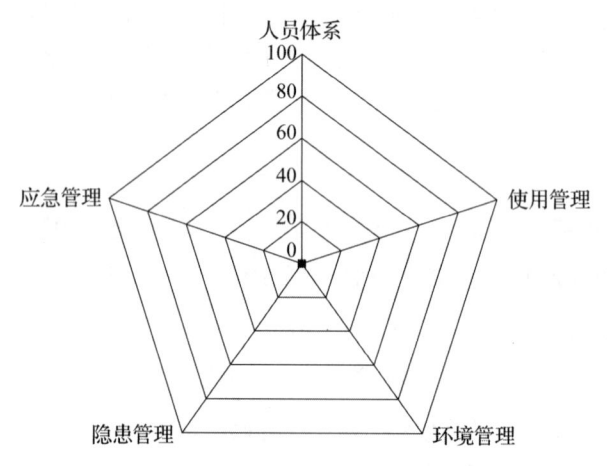

图 1　实验室危化品管理评价标准雷达图

三、实验室危化品评分结果的雷达图分析与实践

1. 实验室危化品管理情况分析

根据上文构建的实验室危化品雷达图安全评分体系,以南京林业大学为例,随机抽取 3 个储存并使用危化品的实验室(分别标记为 A、B、C)进行安全管理分析。选取 5 名专家组成评分小组,评分专家从具有五年以上工作经验的实验室管理人员、化学专业教师中抽取。评分小组分别在 2022 年 8 月、10 月、12 月对 A、B、C 实验室进行评价,并根据实验室危化品管理情况对照《指南》条例及表 2 的评分标准分别进行打分,评价结果见表 4 至表 6。

表 4　2022 年 8—12 月 A 实验室得分情况

指标因子	项目数	总分	8月得分	8月得分率	10月得分	10月得分率	12月得分	12月得分率
人员体系	27	54	29	53.7%	31	57.4%	38	70.4%
危化品特性及使用管理	135	270	203	75.2%	221	81.9%	246	91.1%
环境管理	54	108	71	65.7%	83	76.8%	93	86.1%
隐患管理	16	32	24	75%	27	84.4%	28	87.5%
应急管理	29	58	38	65.5%	42	72.4%	51	87.9%

表5 2022年8—12月B实验室得分情况

指标因子	项目数	总分	8月得分	8月得分率	10月得分	10月得分率	12月得分	12月得分率
人员体系	27	54	31	57.4%	39	72.2%	47	87.1%
危化品特性及使用管理	135	270	166	61.5%	201	74.4%	227	84.1%
环境管理	54	108	56	52.3%	72	66.6%	88	81.5%
隐患管理	16	32	17	53.1%	22	68.8%	25	78.1%
应急管理	29	58	30	51.7%	37	63.4%	52	89.6%

表6 2022年8—12月C实验室得分情况

指标因子	项目数	总分	8月得分	8月得分率	10月得分	10月得分率	12月得分	12月得分率
人员体系	27	54	47	87%	49	90.7%	50	92.6%
危化品特性及使用管理	135	270	234	86.6%	249	92.2%	252	93.3%
环境管理	54	108	91	84.3%	96	88.9%	101	93.5%
隐患管理	16	32	25	78.1%	29	90.6%	29	90.6%
应急管理	29	58	47	81%	52	89.6%	53	91.3%

雷达图不仅可以清楚、直观地反映评价对象的情况,并且可以进行动态对比,因此该图形具象易懂,对危化品不同评价指标数据的直观呈现具有很大作用。此外,通过叠加不同的雷达图,还可以直接判断危化品管理的变化差异及优势劣势,并可以呈现数据的时间特性,根据不同年度数据的纵向对比,观察管理水平的变化情况及发展趋势[①②]。根据各实验室得分结果在标准雷达图上绘制实验室危化品评价雷达图(图2～图4)。

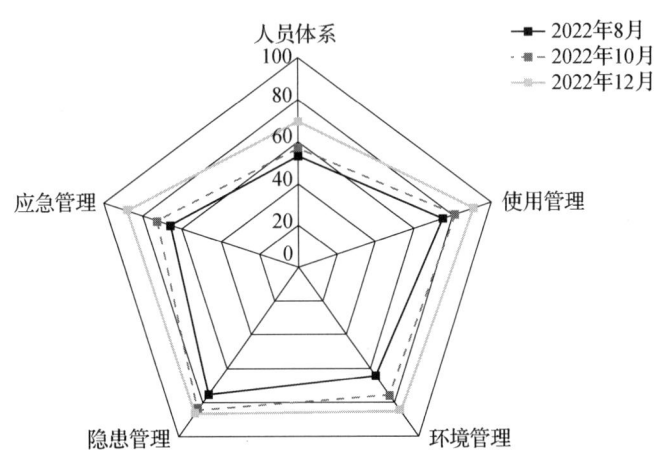

图2 A实验室2022年8月、10月、12月危化品管理评价雷达图

---

① 路远,李彦敏.基于雷达图法的在线学习状态综合评价框架设计[J].中国教育信息化,2020(11):30-34.
② 王永瑜.雷达图定量综合评价方法中存在的问题及改进措施[J].统计教育,2007(1):18-20.

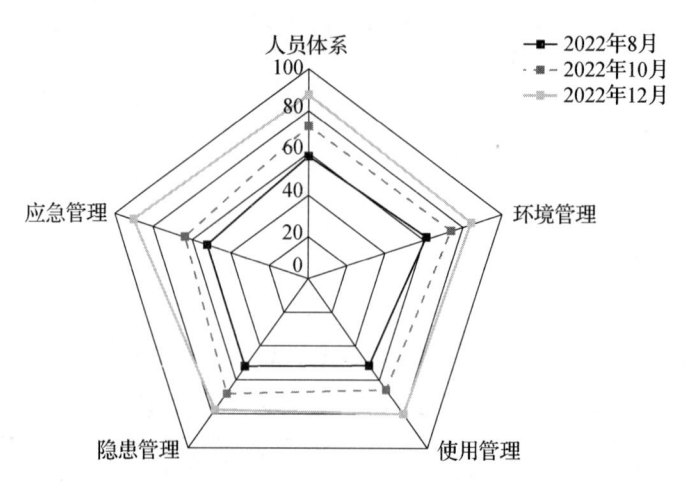

图 3 B 实验室 2022 年 8 月、10 月、12 月危化品管理评价雷达图

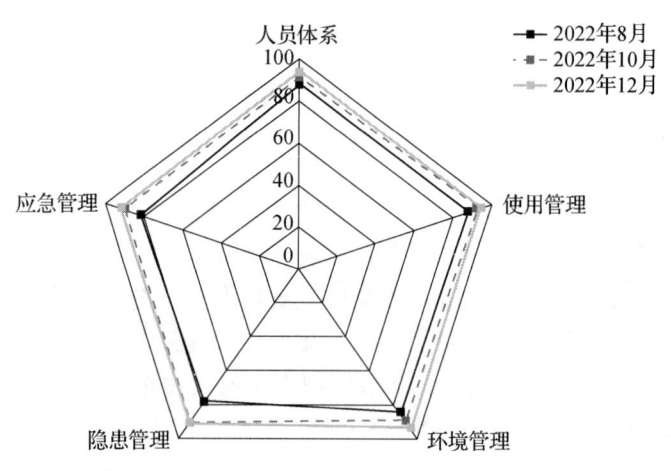

图 4 C 实验室 2022 年 8 月、10 月、12 月危化品管理评价雷达图

通过图 2～图 4 可见,雷达图直观反映了各实验室在五个方面的实际管理水平。从 A 实验室(图 2)可以看出,该实验室五个方面的管理水平均在逐步提升,在五个管理因素中,人员体系是该实验室最薄弱的环节,虽然后续有所改善,但在 12 月时得分率也不足 80％,得分水平依然明显低于其他管理因素。环境管理在 10 月时得分率提升幅度较大,而使用管理、隐患管理及应急管理在 10 月时提升不高,到 12 月时具有显著提升。

B 实验室 2022 年 8～12 月的危化品管理情况见图 3,可以看出该实验室各个指标的得分率在不同月份的变化幅度较大。8 月份该实验室各指标得分率均低于 60％,10 月时已有明显改善,12 月时得分率已基本达到 80％以上。

C 实验室(图 4)各项指标的得分率均比较高,8 月时该实验室的五个管理因素就已基本达到 80％以上,到 10 月时又有进一步提升,得分率基本达到 90％以上,12 月时各方面指标得分率提升幅度较小。

通过对实验室 A、B、C 的危化品评价雷达图的分析可知,以上三个实验室虽然不同时期的得分情况不同,得分变化也不同,但在使用雷达图评价以后实验室危化品管理水平均在不断提高,说明雷达图安全评分体系的应用对实验室危化品的管理具有明显的促进作用。

2. 不同实验室间雷达图对比分析

雷达图同样可以进行不同实验室间的对比分析。以2022年8月A、B、C实验室的评价结果为例,绘制实验室间危化品评价比较雷达图(图5)。由图可知,3个实验室中,管理情况最好的是C实验室,其五个管理因子均高于另外两个实验室;其次是实验室A,其除了人员体系管理稍弱于实验室B,其他均比实验室B强。

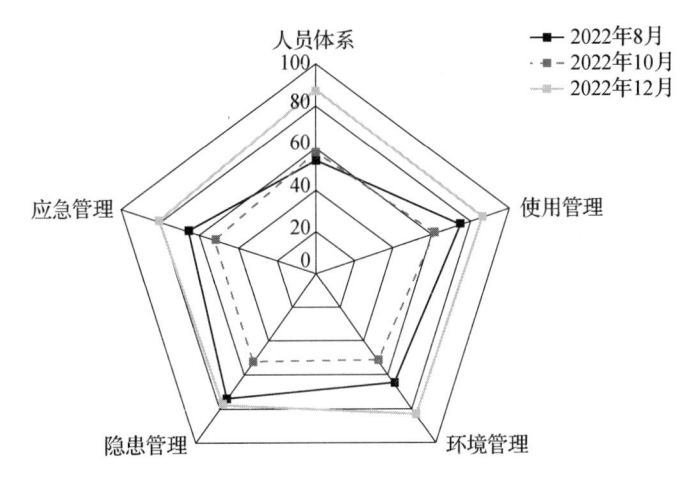

图5 3个实验室2022年8月危化品管理情况比较雷达图

实验室危化品比较雷达图可以直观反映不同实验室在不同管理因子中的优劣,因此也具有较大的应用价值[①],如可以应用在高校实验室危化品安全管理评比中,可根据雷达图直观反映各实验室危化品管理排序情况。

四、结语

基于雷达图的高校实验室危化品管理评价模型,可以对高校实验室危化品进行量化考核管理,根据构建的雷达图能够直观清晰的反映危化品各个管理指标的管理能力,可以反映实验室在不同时间对危化品管理情况的纵向变化,还可以进行不同实验室之间的横向对比。由本文分析的三个实验室可知,该评价模型的应用在高校实验室危化品管理水平提升中发挥了重要作用。

综上,本文建立了高校实验室危化品管理量化考核体系,并构建了直观反映危化品管理水平的雷达图评价模型,为推动高校实验室危化品量化管理提供了参考。后续研究可进一步完善、优化评分指标及评分方法,以更好发挥雷达图评价模型的作用。

---

① 路远,李彦敏.基于雷达图法的在线学习状态综合评价框架设计[J].中国教育信息化,2020(11):30-34.

高校实验材料成本管控对策研究

董云芝　孙爱东　高锦飚[①]

摘　要:在当前经济发展形势和财政状况下,高校应积极开展降本增效工作,对实验材料这类高耗费资源有针对性地采取成本管控措施,提高资金使用效益。基于全生命周期成本管控视角,分析了高校实验材料在预算编制、采购、库存和处置四个阶段各个环节的成本控制点,提出了将内部控制嵌入成本管控中,建立有效的监督制衡机制。具体措施包括健全管理制度,完善组织体系,加强实验材料流转过程中实物流、资金流和信息流控制机制建设。

关键词:实验材料;成本管控;成本;内部控制

在经济增长放缓、财政收入紧张的大环境下,高校要落实过紧日子的要求,积极开展降本增效工作,对高耗费资源要有针对性地采取成本管控措施,提高资金使用效益。前些年,随着"科教兴国"战略持续推进和深入实施,国家对高等教育、科学研究的投入力度不断加大,高校教学、科研经费规模持续增长,实验材料的采购和支出也不断攀升。但由于高校对实验材料成本管理的认识不足、重视程度不够,存在制度建设不健全、管理流程不规范、内部控制体系不完善等问题,造成实验材料虚列虚支、资产流失、资源浪费的现象比较严重。如何规范实验材料管理,有效控制实验材料成本,充分发挥财政资金使用效益,在当前显得尤为重要和迫切。

一、高校实验材料成本管控存在的问题

1. 成本管控意识不强

高校是非营利性事业单位,经费来源主要是财政拨款和学费收入。在实施政府会计制度之前,高校会计核算长期采用单一的收付实现制,形成了"经费有多少花多少"的惯性思维,缺乏成本管控意识。高质量考核等外部考评更重视高校的社会效益,对高校的经济效益关注相对较少,没有对高校的效益和成本之间进行比较评价,导致高校缺乏开展成本

[①] 作者简介:董云芝,盐城工学院财务处高级会计师,主要从事高校财务管理和资产管理研究。
孙爱东,盐城工学院实验室建设与设备管理处处长。
高锦飚,南京中医药大学助理研究员,主要从事高等教育管理。

管控的外部压力和内驱动力①。根据调研,我国政府隶属科研机构、高等院校以及其他相关事业单位的科研试剂材料支出约占研发经费的 20%～25%②。《2021 年全国科技经费投入统计公报》显示,2021 年高等学校研究经费 2 180.5 亿元,据此推算,我国高校科研实验材料支出规模达 436 亿～545 亿元。如此庞大的实验材料支出规模,如果还不改变管理理念、采取有效的控制措施③,那么挪用材料、套取资金以及廉政风险等必然会进一步加剧资源浪费,造成高校在实验材料经费支出上管理失控④,无法真实、准确地反映高校教育、科研成本耗费情况。

2. 管理制度不健全

实验材料作为实物资产是高校国有资产的重要组成部分,但是高校对国有资产的管理,普遍存在"重固定资产、轻低值易耗"的现象⑤。对固定资产的管理,高校都建立了相对完善的管理体系,设立了专门的归口管理部门、制定了详细的固定资产管理办法和规范的管理流程,而对办公用品、实验材料等低值易耗品管理,大多数高校没有设立专门的管理部门,没有制定具有指导性和操作性的管理制度,从预算编制、采购、入库、出库、使用到处置等环节缺乏规范的流程管理⑥,导致高校实验材料管理粗放、经费支出无节制。

3. 管理流程不规范

实验材料具有种类多、数量大、消耗快、单次采购量小、采购频率高等特点,很多高校对实验材料没有进行集中管理,而是采用分散采购、自主管理的模式⑦。分散采购虽然比较灵活,能满足科研人员对实验材料专业化的需求,但是弊端也尤为明显:不能发挥规模效应,采购价格偏高,采购成本增加,材料质量得不到保证,出现问题不容易追溯等。

自主管理存在的问题主要有重复采购,共享使用率低,验收入库形同虚设,出入库登记不全,对剩余库存材料没有定期盘点,报废处置随意性大等⑧。一些高校由于人员限制,对实验材料的管理没有按照"不相容岗位相分离"的要求设置岗位,从申请、采购、签订合同、验收入库、出库、使用到处置等整个流程是一个人完成,缺乏制衡和监督机制,给经办人徇私舞弊留下了操作空间,存在较大的廉政风险。

4. 会计核算不规范

根据《政府会计制度》,高校应将实验材料作为存货核算。财务会计购入材料时确认存货,实际领用材料时计入当期费用;预算会计执行收付实现制,购入材料时直接做支出,

---

① 曲京山,王晓园,刘菲菲.高校教育成本管控的双成本法应用研究[J].会计之友,2022,14:142-147.
② 刘海龙,卢凡.国内实验试剂供应链现状、问题与对策[J].实验技术与管理,2018,35(11):263-267.
③ 黄善斌,覃勇军,胡忠,等.高校实验室低值耗材管理模式的改革[J].实验室研究与探索,2013,32(11):229-231.
④ 张道清,李佳楠.高校实验室低值易耗品管理对策研究[J].大学物理实验,2018,31(5):136-139.
⑤ 刘琦,高培峰,张继霞,等.丰富管理手段加强材料和低值易耗品管理[J].实验室研究与探索,2016,35(2):283-285.
⑥ 张璐,刘健,张平清,等.高校实验耗材平台"一站式"管理探索[J].科技与创新,2021,19(10):51-52,56.
⑦ 王晓杰,郝伟,丛蕾.规范高校科研低值易耗品的采购与管理[J].实验技术与管理,2014,31(11):255-257.
⑧ 赖家美,高家利,黄林琳,等.高校实验耗材动态管理模式的研究与实践[J].实验室科学,2018,21(2):187-189.

实际领用材料时不做确认。实际业务中,很多高校对实验材料会计核算时仍采用零库存、以支代耗的方式,支出时按发票金额将购买的实验材料一次性全部计入费用。这与实验材料使用的实际不符,实验使用的材料数量、金额并不完全等于购买的数量、金额,往往是小于购买的数量和金额,这就造成了实验材料费用虚高,不能准确反映高校教育、科研成本中实验材料的实际耗费情况。这种核算方法下,账面上实验材料库存为零,没有如实反映高校的资产状况,对实验材料库存管理缺乏牵制作用[①]。

二、高校实验材料成本管控分析

基于全生命周期成本管控的视角,高校实验材料成本管控可划分为预算编制、采购、库存和处置四个阶段,深入分析预算编制、采购、验收、入库、领用、处置等各个环节的成本控制点。

1. 预算阶段

预算是高校各项经济业务的龙头,实验材料成本管控也应以预算为抓手,合理控制全校范围的实验材料预算规模,防止无预算采购、超预算采购、未经批准调整预算等,造成实验材料成本管理失控。实验材料预算编制应实行"二上二下"的程序,各教学院部、实验室在预算编制开始后,对下一年度实验材料支出进行测算上报("一上")。学校预算编制部门根据往年预算执行情况、下一年度预算收入情况和事业发展需要等各方面因素,合理确定实验材料采购预算的控制数,反馈给各教学院部、实验室("一下")。各教学院部、实验室根据预算控制数重新编制上报实验材料的采购预算以及采购计划("二上")。学校预算按程序审批通过后,下达实验材料预算经费,按采购计划组织实施("二下")。

为了确保预算编制的真实性、必要性、合理性和可行性,需明确相关人员预算编制的责任。任课教师、科研人员应根据实验教学安排和科研工作实际需求,如实上报实验材料采购计划;教学院部、实验室应对实验材料采购的必要性、合理性进行把控;归口管理部门应承担监督职责,审核上报的实验材料采购预算和计划的可行性,必要时应组织专家论证。

预算下达后,严格执行预算刚性约束要求,严禁无预算或超预算采购。在实际采购过程中应按预算采购,如因教学、科研实际业务需要,确需调整实验材料采购预算的,严格执行预算调整审批程序,小金额的由部门负责人审批,可在本部门采购预算中进行内部调节,超过一定金额的应由部门负责人、归口管理部门审批,财务、审计进行审核。

2. 采购阶段

高校采购业务应坚持公平公正原则,对照政府采购目录和分散采购目录,根据《政府采购法》等有关文件规定实施采购。实验材料一般都在政府采购目录之外,并且采购预算金额比较小,低于政府分散采购限额标准,由高校自行组织采购。因实验材料种类多、型

---

① 董云芝.作业成本法在高校全成本核算中的应用研究[J].中国注册会计师.2018,11:90-94.

号复杂、专业性强等特点,对自行采购的监管力度薄弱,容易出现重复采购、采购价格虚高、采购材料质量差不能满足实验要求等问题[①]。

高校可对实验材料进行分类采购,根据年初采购计划,对实验材料进行筛选分类。第一类通用性强、需求量大的实验材料,实行集中统一采购,通过公开招标的方式确定多家供应商,教师可根据实验需要在中标的供应商中选择商家适时供货。这样将竞争机制引入了实验材料采购,既能保证材料的价格和质量,也能满足教师对采购灵活性的需求。更重要的是实现了通用实验材料零库存管理,减少了因库存管理发生的材料损失和浪费,减低了成本。第二类专业性强、采购金额大的实验材料,根据采购的实验材料具体情况合理选择招标方式,按规定程序组织招标,评审专家从学校招标专家库中选择。为确保招标活动规范,防止廉政风险,应有监察、审计等部门人员参加,对招标活动进行全程监督。第三类金额小的零星材料,可由各教学院部、实验室自行采购。

3. 库存阶段

实验材料库存管理的关键是防止验收不规范造成账实不符、保管方法不当造成非正常损失等问题发生。首先,对库存管理人员岗位设置应实行"不相容岗位相分离",可在院系层面设置专人负责实验材料出入库工作。其次,加强实验材料验收入库管理,验收入库是防止虚构经济业务套取经费、确保采购材料符合合同规定的关键环节。验收人员应根据采购计划、采购合同、发票等资料,对购入材料的型号规格、数量、质量等进行核对,专业性强的实验材料还需组织专业人员验收,确保所购材料符合采购要求。验收过程中发现超预算采购、购入材料与合同不符、质量不合格等异常情况,验收人员应及时向归口管理部门反馈。第三,要完善实验材料领用审批程序,落实实验室、课题负责人的主体责任,防止实验材料被挪作非教学、科研实验使用,造成经济损失。第四,建立实验材料出入库台账,对实验材料验收入库和领用进行记录和控制。验收合格应出具验收入库单,对入库的实验材料进行归类、编号、登记种类、型号、数量、存放地点、申购部门人员等信息。领用材料应出具领用单,财务报销应将出入库单作为重要附件材料,确保领用的材料能被准确追溯。

此外,为加强实验材料库存管理,落实有关部门和相关人员实验材料库存管理的责任,建立库存盘点抽查制度。定期或不定期组织归口管理部门、财务、审计等对实验材料库存进行抽查盘点,确保账实相符,防止资产流失。盘点发现盘盈、盘亏时,应及时查明原因,提交归口管理部门,并报财务部门进行账务处理。

4. 处置阶段

高校对实验材料管理关注的重点是采购、库存控制,往往忽视了处置环节,存在擅自处理、随意报废、处置收入流失等问题[②]。实验材料是高校的资产,应按有关制度进行处置,任何个人不得自行随意处置。按照"不相容岗位相分离"的原则,实验材料处置与审批

---

① 谈国凤,汤旭翔,楼燕芬,等."放管服"改革背景下高校采购工作内控管理的思考[J].实验室研究与探索,2020,39(11):285-289.

② 王晓华,张国龙,李卫宏.规范高校实验材料管理的探索[J].实验技术与管理,2016,33(1):250-252.

权应分开,不能由同一个部门或个人办理处置全过程。高校应该参照国有资产处置来明确实验材料处置程序、审批权限。处置实验材料时,经办人提出处置申请,归口管理部门按规定报送审批,经办人不得处置未经审批的实验材料,审批人不得越权审批,要在职责范围内进行审批。处置取得的收入应及时入账,并按规定上缴。

三、实验材料成本管控对策

内部控制是高校提高内部管理水平、加强防范和管控经济活动风险的重要手段[①]。将内部控制嵌入实验材料成本管控中,通过优化整合内部控制流、实物流、资金流和信息流来实现内部流程之间相互制衡,防范廉政风险,减少无效浪费,降低实验材料全生命周期成本。

1. 健全实验材料管理制度和组织体系

在经济增长放缓、财政收入承压的大环境下,高校应树牢过紧日子的思想,增强成本控制意识,把成本管控融入各项经济业务管理中,通过广泛宣传自上而下全员参与成本管控。高校应根据有关政策文件,结合自身实际,建立层次分明、涵盖全面、操作性强的实验材料管理制度,对实验材料管理的岗位设置、审批权限、预算编制、采购、验收、领用、处置、盘点等作出明确的规定,夯实实验材料管理基础。高校应设立或指定实验材料归口管理部门,按照"不相容岗位相分离"的原则设置岗位,实验材料的预算编制与审批、申购与审批、采购与验收、处置与审批等不能由一人经办。

2. 完善实验材料实物流转过程中的控制机制

实验材料在高校内部流转可简化为四大环节:采购、验收入库、领用出库、报废处置。将内部控制嵌入各个流转环节,可以实现对实验材料整个流转过程的管理和控制,提高实验材料流转效率,降低实验材料损耗和浪费。(1)建立采购计划控制机制:教学院部、实验室要根据教学、科研准确测算实验材料需求的型号、数量,合理编制年度采购计划。实验材料归口管理部门要全面分析、合理控制全校实验材料库存数量和结构,坚持"按需采购、避免积压"的原则,对教学院部、实验室提交的采购计划进行审批。(2)建立采购控制机制:根据实验材料分类,采用集中采购与自行采购相结合的方式。归口管理部门对实验材料采购统一管理,监察、财务、审计等部门对实验材料采购要履行监督职责,对采购方式的确定、采购过程进行监督,杜绝暗箱操作,降低采购成本。(3)建立验收入库控制机制:验收与采购不能由一人兼任,对照采购计划、合同、发票等资料验收实验材料,对不符合要求的材料拒绝入库,可以有效防止虚假采购套取经费和无效采购浪费资金等问题。(4)建立领用出库控制机制:实验材料领用出库必须经过审批,结合教学、科研实际审核领用的必要性和合理性,发现领用异常应及时反映。(5)建立报废处置控制机制:包括对实验材料报废处置审批控制、转让出售控制、价格评估和残值收回控制,防止资产流失。

---

① 常青,沈友娣.高校内部控制规范的实施障碍与改进对策[J].苏州大学学报,2016,37(6):122-128.

3. 优化实验材料资金流控制机制

高校实验材料资金流控制包括预算控制和会计控制。预算是高校对经济活动实施成本管控的基础。根据年度采购计划,合理编制实验材料预算,有效防止无预算采购、超预算采购,从源头上对成本支出进行控制。会计控制就是在全面真实地记录和反映实验材料资金流动过程的基础上,对实验材料资金流动进行控制,其中最关键的就是付款控制。采购实验材料本质上是钱物交换,只有确保资产安全才能付款。由于采购与付款业务涉及不同部门、程序又多,容易产生付款漏洞。完善付款流程,明确付款审批、稽核责任,严格审核采购预算、合同、发票、招标资料、验收入库单等内容的真实性、合理性、合规性,发现异常就拒绝付款,避免损失。其次,根据政府会计制度,按照权责发生制准确核算实验材料出入库账务处理。购入实验材料验收入库后就确认存货资产,实际领用时按实计入成本或费用,账面上应准确反映实验材料购入、领用、库存结余等信息,确保账实相符。加强成本核算,确保实验材料价值耗费能被合理分配和归集到成本对象上[1]。

4. 加强实验材料信息平台建设

高校实验材料流转环节多,涉及部门和人员多,流转过程中产生大量的信息。为了加强信息管理,应建立实验材料综合管理信息平台,实现全过程信息化管理[2],提高部门间信息传递效率,实现全流程动态监管,增强部门间协作和监督。信息平台应包括采购预算编制、采购管理、库存管理、处置管理等模块,实现从采购计划编制、采购申请与审批、采购与入库、领用与出库、报废与处置等全流程信息化管理。为了打破实验材料管理与教学、科研、财务、招投标、合同等管理之间的壁垒,信息平台要与这些信息系统之间实现互联互通,提高管理效率[3]。通过信息平台,可以实现全校范围内实验材料共享共用,大大减少实验材料浪费,降低实验材料成本耗费。

四、结语

培养具有创新实践能力和科研创新型人才是高等教育的重要目标,实验教学和科研实验是教育教学、科研活动的重要组成部分,而实验材料是开展实验的重要物质基础。对实验材料实施成本管控,不仅是高校内部管理的需要,也是高校外部监管的要求。高校应在建立健全管理制度和完善组织体系的基础上,加强实验材料在采购、验收入库、领用出库、报废处置流转环节的实物控制;加强会计核算,严格把关付款审核,准确反映实验材料成本耗费,防止资产流失;加强信息平台建设,打通部门间的信息壁垒,对实验材料管理全过程实现动态监管,降低实验材料全生命周期成本。

---

① 陈爱成.绩效评价视阈下高校物力资源成本核算探究[J].财会通讯,2022,20:171-176.
② 高剑萍,陈建新,杨再从.高校实验室低值易耗材料信息化管理之探究[J].实验室研究与探索,2019,38(3):254-257.
③ 彭丽萍,熊宏齐.基于信息化平台的高校实验耗材管理与实践[J].实验室研究与探索,2022,41(4):262-266.

高等特殊教育院校实验室实施"7S"管理的探索

成诗敏 艾 蓉 王 娟[①]

摘 要:"7S"作为一种科学、高效、规范、先进的运营管理模式,已被运用到很多领域并取得良好成效。通过分析高等特殊教育院校实验室在实验者、实验场所、实验支持方面的管理难点,将"7S"管理模式引进高等特殊教育院校实验室管理改革当中。遵循顶层设计、培训实践、试点应用、全面推进的应用路径,按照区域划分、目视管理、安全机制、习惯培养四个管理区域全面推进"7S"管理,以期解决高等特殊教育院校实验室管理存在的不足,促进特殊教育应用型专业人才培养。

关键词:高等教育;特殊教育;实验室;"7S"管理

高等特殊教育的主要任务是为基础特殊教育学校(机构)培养特殊教育师资。实践教学是培养特殊教育应用型人才的重要途径,教育对象的特殊性,导致特殊教育对实验场所有着更高要求,因此实验室的建设和有效管理至关重要。高等特殊教育实验室建设事关学校战略规划和师生需求,应综合考虑创新创业、开放共享、规范化和精细化管理等方面。因此,探索一种科学、高效、规范、先进的运营管理方法,培养能够促进特殊教育学校(机构)发展的师资队伍,成为高等特殊教育院校实验室高质量内涵式发展亟须解决的问题。

一、高等特殊教育院校实验室管理的困境

1. 高等教育实验室管理的现状

通过分析近五年高等教育实验室管理的文献,发现主要集中在实验室建设管理、实验室安全管理、实验仪器设备管理、实验室标准化建设等方面。芮辰[②]认为地方应用型高校实验室建设和管理存在实验室管理落后;实验室建设、规划、招标、采购、验收环节不够严

[①] 作者简历:成诗敏,南京特殊教育师范学院国有资产管理处实验室管理科科长,研究方向为实验室建设与管理,实践教学和创新创业。
艾蓉,南京特殊教育师范学院教育科学学院实验员,研究方向为"6S"管理、实验教学、实验室管理。
王娟,南京特殊教育师范学院国有资产管理处处长,研究方向为实验室与设备管理、大学生思想政治教育。
[②] 芮辰.地方应用型高校实验室建设与管理研究[J].实验室科学,2020,23(3):176-179.

谨;固定资产管理不够规范;实验室管理队伍建设滞后等问题。邓艳美[①]等人认为高校存在实验室建设缺乏充分论证和细致规划;对危险品管理和废弃物处理流于形式;软件建设不够,师生缺乏培训,应急事故处理能力差等问题。赵阳[②]归纳梳理了高校仪器设备管理现状以及存在问题并提出相应改进措施。刘淑云[③]等从搭建仪器设备内部控制管理体系、系统对接等方面提出高校仪器设备智慧管理对策。赵耀东[④]从实验室建设的现状出发,梳理出实验室标准化建设的指导思想和工作思路。戚大光[⑤]以计算机机房实验室为例阐述了实验室标准化建设的内容、实施、问题和解决措施。总之,高等教育实验室管理存在智能化管理水平不高,仪器设备保养不良,实验后设备归置困难,实验场所环境差,存在安全隐患,实验者自我管理意识薄弱等共性问题。

2. 高等特殊教育院校实验室管理的难点

实验场所作为实践教学的依托,其管理的好坏直接影响实践教学效果。高等特殊教育作为高等教育的重要分支,其实验室管理除了存在共性问题,还有特定的融合管理难点。高等特殊教育院校需要培养能够应对多类特殊儿童不同需求,既能直接从事又能指导融合教育和管理工作,具备博爱情怀的特殊教育师资[⑥]。特殊教育师资培养从特殊儿童诊断、评估、沟通交流到康复训练,涉及有特殊教育、特殊儿童心理、学前融合、盲文手语、康复治疗、艺术治疗、智慧助残、无障碍管理等多种类型的实验场所。再加上高等特殊教育院校可能兼具高等融合教育功能,其实验室管理除了特殊场所和仪器设备之外,还要兼顾特殊大学生的个别化需求。因此,高等特殊教育院校实验室管理在制度上需关注融合教育内容,实验教师需具有特殊教育背景和康复训练技能,实验管理(技术)人员需具备与融合生沟通的能力,在借用实验室、规范使用实验仪器设备、实验室安全教育方式等方面需考虑更精细化的融合管理手段,从而为学生提供多元化支持和服务。高等特殊教育院校实验室管理的难点如表1所示。

表1 高等特殊教育院校实验室管理的难点

要 素	内 容	难 点
实验者	普通大学生、融合大学生	个别化管理
实验场所	特殊教育、特殊儿童心理、学前融合、盲文手语、康复治疗、艺术治疗、智慧助残、无障碍管理等	实验室类别多样,实验仪器设备种类广泛
实验支持	特殊仪器设备、具备特殊教育背景和康复训练技能的实验技术队伍	多元化支持和服务

[①] 邓艳美,王文强,王红妹,等.高校实验室安全管理的现状及探索[J].实验室科学,2023,26(2):190-192+196.
[②] 赵阳. 高校实验室大型仪器设备管理现状探析与思考[J].实验室科学,2020,23(1):173-179+183.
[③] 刘淑云,王文君,贾存栋,等.高校仪器设备管理模式演变与智慧管理创新[J/OL].实验技术与管理,1-11[2024-03-25].http://kns.cnki.net/kcms/detail/11.2034.T.20240223.1621.016.html.
[④] 赵耀东,荆晶,陈黎. 高校实验室标准化建设和质量管理探索[J].实验技术与管理,2019,36(2):18-20.
[⑤] 戚大光. 高校实验室质量管理体系标准化建设[J].大众标准化,2023(9):17-19.
[⑥] 赵斌,张燕,张瀚文. 我国特殊教育师资供需矛盾及改革探析[J]. 中国特殊教育,2023(6):82-88.

二、高等特殊教育院校实验室引入"7S"管理的可行性分析

"7S"是指整理(Seiri)、整顿(Seition)、清扫(Seiso)、清洁(Seiketsu)、素养(Shitsuke)、安全(Safety)、节约(Saving)七个要素,因均以"S"开头,简称"7S",它不仅适用于企业管理,只要实施恰当,也能用于实验室管理。整理是留下有用品,消除无用品,腾出空间;整顿是将有用品按规定位置摆放并标识,减少寻找物品的时间;清扫是将实验场所内打扫干净;清洁是将以上3个"S"进行到底,保持实验场所整洁美观;素养是要求实验管理(技术)人员和实验者养成遵守各项规章制度的良好实验习惯;安全指重视师生实验室安全教育,避免意外事故发生;节约是合理利用实验室,形成高效低耗的实验环境[①②]。

通过归纳整理高等教育实验室管理中应用"7S"管理模式的典型做法和显著成效,发现"7S"应用于高等教育院校实验室管理能够提高仪器设备管理效率、优化实验环境、提高实验人员素养、减少安全事故发生。比如,秦淑芳等人通过分析高校实验室推行"7S"管理的必要性,从仪器设备管理、实验场地管理和人员素养三方面总结"7S"管理实施的具体措施[③]。袁震霞等人通过建立"7S"制度化与"积分制"人性化相结合的管理机制,保障开放实验室安全有序,提高了实验室的综合服务能力[④]。

借鉴高校实验室管理中实施"7S"管理的先进经验,尝试将"7S"管理模式引进到高等特殊教育院校实验室管理改革当中。按照"7S"的实施步骤,对高等特殊教育院校多样化的实验场所进行分类管理,以盘点、盘活、开放共享实验仪器设备为抓手,摸清种类繁多的仪器设备家底,根据实践教学需求新购或更新相关实验仪器设备,通过精细化管理手段为融合大学生提供个别化管理和服务,以期取得改善实验室环境、规范实验室及仪器设备使用、提高实验教学质量、提升实验人员素养、帮助融合大学生合作交流与社交融入的成效。

三、高等特殊教育院校实验室实施"7S"管理的应用路径

以南京特殊教育师范学院(简称:南特师)为例,探索"7S"管理模式在高等特殊教育院校实验室管理的应用路径。南特师以教育学为主,设有文学、理学、工学、管理学、医学、艺术学等学科,实验场所多样,仪器设备种类广泛。因此,"7S"管理模式在南特师实验室管理的应用路径遵循顶层设计、培训实践、试点应用、全面推进的思路,将"7S"管理按照由点到面的辐射方式从实验房间、实验分室、实验室、实验中心最终扩展到学校整体,从实验者、实验场所和实验支持三个方面的难点入手,按照区域划分、目视管理、安全机制、习惯

---

① 黄克让,卢涛,崔永健,等."6S"管理模式在高校大型仪器共享平台管理中的应用探讨[J].科技资讯,2022,20(5):87-89.
② 蔡珺,曹晓玲."7S"管理在高校实验室建设中的应用[J].上海轻工业,2024(2):132-134.
③ 秦淑芳,朱瑞虎,严士常,等."7S"管理在一流实验室建设中的应用实例探析[J].实验技术与管理,2019,36(6):278-280+285.
④ 袁振霞,边亚东,张禹君,等."7S+积分制"在开放实验室管理中的探索与应用[J].实验技术与管理,2020,37(9):274-277+281.

培养四个管理区域在南特师实验室全面推进"7S"管理。实施方案如图1所示。

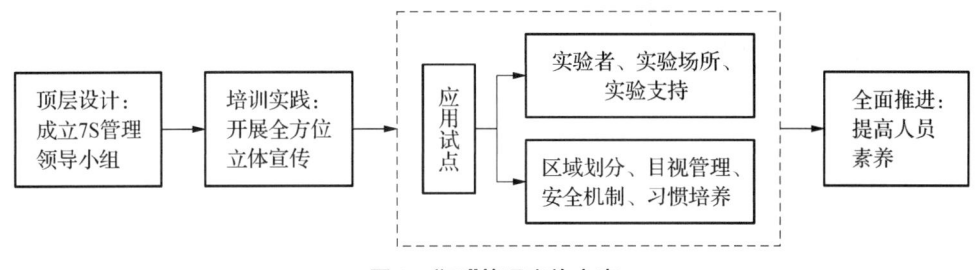

图1 "7S"管理实施方案

1. 做好顶层设计，成立领导小组

通过成立"7S"管理领导小组来推动"7S"管理模式的应用。分管实验室建设和管理的校长担任组长，实验室管理职能部门主要负责人、实验中心主任作为组员，办公室设在实验室管理部门。办公室在领导小组的指导下做好顶层设计，主要包括调研学校实验室建设和管理的基本情况、设定"7S"管理活动目标、实施方案、监督实施、效果评价、持续改进等环节，形成较为健全的"7S"管理体系，为"7S"管理模式的实体化推进提供制度保障。

2. 进行培训实践，树立"7S"管理意识

采取线上线下相结合，全方位立体宣传的方式让师生了解什么是"7S"管理模式及其在实验室推行的意义。具体包括：将"7S"管理理念融入实验室管理规定中出台实施；通过学校/部门官网、微信公众号、微博等渠道发布"7S"管理模式科普文章和应用案例；制作"7S"管理模式课程资源包并在学校大屏循环播放；制作海报、开展会议、举办讲座、组织"7S管理月"等方式让师生树立"7S"管理意识并初步掌握"7S"管理的操作方法，为"7S"管理模式的应用夯实理论基础。

3. 开展试点应用，形成典型案例

南特师含特殊教育、康复治疗、学前教育、计算机、音乐、美术、语言、管理、师范教育等多种类型的实验场所。教育科学学院的实验员曾在幼儿园从事"7S"管理多年，因此选取教育科学学院实践教学中心开展"7S"管理试点，待试点成功后再视情况在学校全面推进应用。

（1）实施"7S"管理前的情况

教育科学学院实践教学中心在实施"7S"管理前含有学前融合教育实训室、特殊儿童心理实验室和钢琴实训室三个实验室，涉及学前教育和应用心理学两个专业。学前融合教育实训室有11间分室，包括幼儿游戏情景模拟室、蒙台梭利实训室、奥尔夫音乐教育实训室、科学探究实验室、儿童绘本室、幼儿生活模拟室、幼儿活动模拟室、保育技能实训室、特殊儿童早期干预实验室、美术教育实训室和教玩具制作工作室，贯穿学前融合诊断与评估、早期干预、康复训练，用于学前教育专业核心课程的实训和模拟授课。管理的难点有三个：一是中心有低视力和全盲的学生，需要为特殊学生提供人性化的实验实训；二是实训室的各种器材种类繁多，实验课程结束后整理归位较为困难；三是中心仅有一名实验管

理(技术)人员。

(2) 实施"7S"管理后的成效

① 实验室按专业布局重新划分。通过全校范围内实验室调整,将特殊儿童心理实验室划归特殊教育教师实践教育中心,将钢琴实训室划归音乐与舞蹈实验实训中心,至此教育科学实践教学中心只保留学前融合教育实训室。

② 为融合生提供精细化的管理和服务。进入实验室前融合生与普通学生均需通过实验室安全考试,遵守实验室各项规定,进行实验操作,完成实验报告。不同的是在实验室管理上,会给低视力学生提供台灯、放大镜,对有危险源的场所进行必要保护和提醒,给盲生提供盲文图书、盲文纸、个别实验室配备盲文打印机,实验教师在实验课上允许融合生使用读屏软件等。借助人性化的管理措施,让融合生能够正常接受实践锻炼。

③ 11间室实施"7S"现场管理。第一,通过区域划分,按照"三定"原则整理和整顿每个房间的实验器材。实现每件物品都有规定的存放位置,根据课程进度和要求将实验器材按使用频次和数量分别存放在不同位置。对实验物品进行编号,登记入册,做到"实验器材在哪里,登记册上能找到"。第二,通过目视管理,实现实验器材"从哪里拿放回哪里去"。11间分室中,蒙台梭利实训室的实验器材从数量到形态,管理难度最大。室内共有6套蒙台梭利实验器材,每套达到160种,数量达近千件,器材形态差异较大。面对课后,地上、桌上和架子上布满教具的情况,通过"三定"原则确定位置后又运用目视管理,学生能做到下课后把教具放回原位。第三,通过实施检查制度和启用管理表格,形成有效的安全机制,培养实验者良好的行为习惯。中心根据各分室的危险源制定与之匹配的检查内容和频次。为更有效地督促学生爱护实验器材,安排实验室助理每周检查实验器材和清洁整理实验室,填写实验室检查表和实验室清洁登记表,对违反规定的采取一次提醒,二次警告,三次不得进入实验室的管理。

经过一年的实施,实验室的卫生和器材摆放的整洁度得到明显改善,实验者的素养大幅提升,融合教育的效率和水平得到了提高。

4. 实施全面推进,提高人员素养

南特师实验室管理的"整理"贯穿建设和使用的整个过程。建设阶段,制定科学合理的实验室建设规划,按照科学布局、统筹设置、共建共享的原则,结合专业人才培养需求,通过充分论证,建设适应特殊教育师资培养的实验室。使用阶段,将全校实验室纳入实验教学管理系统,将培养计划内的实验课程安排到相应实验室,非计划内的实践项目通过预约系统开放使用。同时结合实验室使用率,进一步梳理全校实验室的分布、使用面积、设备配置等情况,将使用效率低、设备老旧、不适应人才培养的实验室上报学校进行撤并处理。

"整顿"是经过前期整理后将保留的实验室进行归类和标记。一是根据相应实验项目将现有的仪器设备并入相应的功能实验室,按功能分类组建校级实验中心。二是给各功能实验室制作信息牌,将归属于该功能实验室的仪器设备准确调整到实际存放房间。三是给每台仪器设备贴标签,避免因搬动、借用而重复整理或设备丢失。四是推进实验室无障碍环境建设,比如盲道方便盲生出行、第三卫生间方便残疾人、电梯设语音报层和盲文选层、实验室门口设置折叠可伸缩踏板、设立视障阅览区、提供视障助视仪、读屏软件和语音同步翻译器等。

"清扫"是将各个实验室内外进行彻底清洁,包括实验室外的公共卫生、室内地面、实验台面、陈列展示柜、仪器设备表面等污渍的打扫。"清洁"是将"3S"贯穿始终,逐步形成制度,主要是对仪器设备内部的清洁、保养,如给钢琴进行调律、给缝纫机加润滑油、按需更换实验耗材等,实验结束进行清理、检查和调试,保持清洁状态。

"素养"是指实验管理(技术)人员和实验者遵守规章制度并养成良好习惯。推行"7S"管理模式会受到一定阻力,部分师生认为粗放式管理简单易操作,精细化管理增加了工作量。为全面提升师生素养,一是通过"引进来"和"走出去"的形式参加各类培训,邀请专家或企业人员开展讲座;二是开展实验理论、操作技能、实验室安全竞赛等活动并引导师生为融合生提供帮助。

"安全"指重视师生实验室安全教育。南特师不涉及危化品,实验室危险源主要是水电气等日常安全问题。人身安全方面需做好实验室安全知识培训、安全检查、应急预案和隐患整改。环境安全方面做好场所环境、卫生与日常管理、用水用电安全等基础工作,定期检查和维护各种报警设备,及时消除安全隐患。南特师实验场所紧张,通过"7S"管理统筹有限空间,整合实验室,盘点现有实验仪器设备,通过厉行节约,提高实验室建设资金使用效益,提升实验管理(技术)人员工作效率,充分利用实验室,合理使用实验耗材,形成节约型实验室。

四、实施"7S"管理的成效分析

经过在实验室实施为期一年的"7S"管理,南特师实验室管理的难点得到初步成效。在制度上,明确了实验室设置要求。在实验场所管理上,按照实验室优化整合实施方案,通过整顿将南特师原来管理分散的100多个实验房间整合成10个实验中心,33个实验室,根据空间和专业分布规整实验室。在实验者管理上,联合融合教育中心为融合大学生提供个别支持,提高其实践教学效果,增加社会融入度,保障特殊群体的平等权利。在实验支持上完善无障碍环境、提供特殊设备支持和融合管理服务。按照特殊教育各专业实践教学体系安排,有针对性地培养各科应用型专业人才。南特师实验室实施"7S"管理的成效如图2所示。

五、结语

高等特殊教育院校实验室引入"7S"管理模式,能够规范仪器设备摆放,改善场所环境,提高融合生参与实践的成效,提升人员素养,保障实验室环境安全。后期将根据实验室管理需要采用实验室综合管理系统、实验室安全智能管理系统、大型仪器设备管理平台等信息化管理手段,提高实验室的智能化管理水平。在"7S"管理模式推行过程中,由于实验者的特殊要求,实验场所的多样性,实验管理(技术)人员的素养差异,需根据实际环境和人员情况,由点到面、循序渐进、科学合理地开展实施,最大程度助力特殊教育应用型人才培养。

实验者	实验场所	实验支持
普通大学生：个人素养得到提升，实验效果得到保障	优化整合实验室：10个实验中心，33个实验室 特殊教育教师实践教育中心 特殊儿童康复实践教育中心 教育科学实践教学中心 美术与设计学科综合训练中心 音乐与舞蹈实验实训中心 计算机实验教学中心 管理科学实验中心 语言实验实训中心 教师职业技能智慧实训中心 公共计算机中心 改善实验环境，规范实验室及仪器设备使用	融合管理支持：无障碍环境和设施、视障设备、手语翻译等
融合大学生：正常参加实验课程，与普通学生进行社交融入，获得个别化支持		融合管理服务：特教师资培训、一对一安全教育

图 2　实施"7S"管理的成效

信息技术环境下电工电子实验室的探索与改革

韩 磊 任云晖[①]

摘 要:网络信息时代背景下,电工电子实验室改革与发展面临着新的机遇挑战,利用信息技术推进电工电子实验室管理机制优化建构,成为当前电工电子实验室全面发展的重要方向。电工电子实验室是开展电工电子实验活动的重要载体,其建设质量与电工电子研究成果息息相关,为此社会各界普遍关注电工电子实验室的建设和发展。基于信息技术环境带来的积极影响,电工电子实验室的改革与探索也面临着新的机遇,一方面信息技术为电工电子实验室的信息化水平提供了有力支持,另一方面则在资源整合开发方面起到重要的推动作用。本文就信息技术对电工电子实验室建设的积极作用展开分析,提出了信息技术环境下电工电子实验室的探索与改革策略。

关键词:信息技术;电工电子实验室;改革路径

一、引言

社会经济飞速发展的时代背景下,人们对物质生活水平的要求正在不断提高,当前人们生产生活离不开电工电子技术,在此背景下推动电工电子实验室建设发展显得尤为重要。目前,信息技术环境下电工电子实验室建设发展仍然面临一些问题,主要体现在基础设施配置不完善,产教融合机制不够深入,电工电子实验室管理制度有待革新,以及信息技术环境下隐藏的安全隐患。同时民办高职院校基于自身性质,一些实践教学信息化方面的经费保障并不充裕,也会让实验室建设受限。基于此,电工电子实验室建设必须充分关注信息技术的辅助作用和价值,以实际使用需求为导向,凸显信息技术的辅助功能,在全面实现电工电子实验探究相关保障的情况下,推动电工电子行业的可持续发展。

[①] 作者简介:韩磊,实验师,江苏省江海职业技术学院电子信息学院技能中心主任,主要研究方向为电工电子实践教学和实验室管理等。
任云晖,副教授,江苏省江海职业技术学院电子信息学院院长、党支部书记,主要研究方向为职业化教育创新和实验室建设与规划等。

二、信息技术对电工电子实验室建设的积极作用

1. 有利于提高电工电子实验室信息化水平

信息技术是促进电工电子实验室建设的重要推动力,在网络信息技术不断成熟的环境下,电工电子实验室的建设管理同样取得了卓越的成就,电工电子实验室建设带来积极影响,各项管理活动以及研究活动具有更高的信息化水平。信息技术的出现,打破了电工电子实验室建设时间和空间的限制,采用先进信息技术能够将相关数据进行高度整合,并且在各项管理活动中提高智能化特点,借助信息化的管理手段以及良好的管理环境,电工电子实验室的整体建设,具有更强的信息化特征,能够满足新时代的发展需求。此外信息技术为电工电子实验室建设提供了新思路,以信息化的管理理念为核心导向,电工电子实验室建设的整体效果能够得到进一步强化和提升,在基本操作以及实验室管理维护等方面,能够凸显信息化特色,从而增强电工电子实验室的影响力。

2. 有利于全面增强电工电子实验室竞争力

随着人们对电工电子技术重视程度的不断提高,各种类型的电工电子实验室层出不穷,在激烈的竞争中想要占得先机,就必须做到与时俱进,将信息技术作为电工电子实验室建设的重要推动工具,以信息技术为支持保障电工电子实验室竞争力的全面提升。实际上电工电子实验室建设离不开信息技术的支持,以信息技术为基本工具,能够有效凸显电工电子实验室本身的信息化特点,在与时俱进革新管理模式的情况下,真正突出电工电子实验室的综合竞争力。此外信息技术还能够成为电工电子实验室之间沟通和交流的桥梁,在数据传输等方面起到积极的推动作用,在研究成果共享以及相关管理机制建构中,促进电工电子实验室之间的良性竞争,以信息技术应用为基本前提,让电工电子实验室建设成为助力电工电子技术研究的动力。

3. 有利于促进电工电子实验室资源整合

网络信息技术具有信息传播速度快的特点,在信息技术环境下,电工电子实验室建设中,相关数据和资源的整合更加全面,信息技术的应用能够使得电工电子实验室的各项数据得到广泛传播和应用,在资源整合方面起到积极的推动效果。从电工电子实验室的日常管理来看,对于各电工电子实验室的使用情况以及使用项目要求,应当做好系统性的管理和规范,借助信息技术带来的便利性,对电工电子实验室的预约使用等各方面活动统一管理,在日常维护和使用中提高便利性。实际上电工电子实验室的相关资源整合利用应当与时俱进,格外重视电工电子实验室本身对实验活动的重要知识作用,在考虑到常规管理需求的同时,将资源进行高度整合,并通过这样的方式有效促进电工电子技术研究的持续深化。

三、信息技术环境下电工电子实验室建设面临的问题

1. 信息化基础设施建设投入不足

当前电工电子实验室的信息化基础设施建设相对有限，在各项活动的设计管理中缺乏系统性规划，对信息技术的相关设施投入略显不足。实际上基于信息技术的电工电子实验更加强调对实验设施的建设和发展，目前各项机制建构仍然存在一定的局限性，没有真正考虑到电工电子实验室建设的实际需求，对电工电子实验室的真实使用场景，缺乏科学判断，没有考虑到先进科学技术和电工电子实验室建设之间的关系。相关管理部门对电工电子实验室的建设，缺乏信息化理念的支持，虽然能够划拨资金用于建设，但是在实际规划中缺乏前瞻性，没有真正做好先进科学理论的全方位应用，最终导致基础设施配置不完善。

2. 产教融合机制建构缺乏深入性

产教融合是电工电子实验室建设的重要推动力，基于产业发展需求和高校人才培养工作之间的深度关联，能够有效促进电工电子实验室建设的不断优化，企业与高校之间的合作，不仅能够体现电工电子实验室建设的发展趋势，同时也能够满足企业建设的相关需求。但是目前关于厂家融合的机制建构，仍然存在一定的局限性，高校与企业之间的合作大多停留在人力资源的层面，对于相关基础设施配置以及实验室资源开发方面的整体投入仍然略显不足，由于校企双方的协同配合不够紧密，电工电子实验室在信息化建设方面仍然面临着一些阻碍，不利于电工电子实验室的信息化发展。

3. 电工电子实验室管理机制缺失

目前电工电子实验室的管理制度大多以传统的常规管理模式为主，而没有真正体现出信息技术的重要性，在相关机制建构中存在较大的局限性，导致各项活动的组织实施受到较大影响。现阶段信息与信息技术的电工电子实验室改革发展仍然面临着一些问题，由于对信息技术环境的整体适应不足，在相关管理机制建构方面的投入较为有限，电工电子实验室的实际管理流程和制度存在一定的差距，许多电工电子实验室在基础设施方面做出了一定的投入，并且尝试以信息技术为基本管理依据。但是对相应的制度化建设仍然存在一定的局限性，没有考虑到如何基于信息技术对电工电子实验室的管理规范作出调整，对信息化管理的内容缺乏有效整合。

4. 信息技术环境下存在安全隐患

信息技术为电工电子实验室建设发展提供了极大的便利，但是同时也存在一定的安全隐患，在电工电子实验室的实际建设和使用过程中，可能由于信息技术的接入部分研究数据存在缺失和入侵的风险。目前电工电子实验室建设中的信息化发展仍然处于起步阶段，因此在相应配置的安全管理模式方面也存在一定的不足，比如对实验室使用人员的权

限管理缺乏系统规划，又或者在软硬件安全管理配置方面不够齐全，导致电工电子实验室的实际使用和建设中存在数据泄漏风险，极大影响了电工电子实验室的建设成效。

5. 缺乏信息化实验室建设人才队伍

高素质人才是电工电子实验室建设的重要推动力，目前信息技术环境下，电工电子实验室的建设发展缺乏高素质人才支持，大多强调常规的实验室管理机制，在各项活动中缺乏高素质人才培养和管理，导致信息技术的实际应用受到较大影响。实际上电工电子实验室在建设发展过程中需要高素质人才的全面支持，但是目前人才引入工作的相关投入较为有限，对人才培养的知识建构不够成熟，这也导致实验室信息化建设发展受到较大影响，电工电子实验室的各项建设机制不完善。

四、信息技术环境下电工电子实验室改革的有效策略

1. 加大资金投入，做好基础设施建设

做好基础设施建设是保障电工电子实验室改革的重要推动力，加大资金投入，做好基础设施的建设规划，能够极大推动信息化建设取得预期效果。相关管理单位必须在电工电子实验室的改革与发展过程中提出更高要求，对资金建设做好相应规划，能够以信息技术为主要研究和发展方向，对电工电子实验室改革提出更高要求，真正做好资金方面的投入，划拨专项资金，用于电工电子实验室的建设，以信息化为主要发展方向做出相应的调整。关于电工电子实验室的信息化建设规划，同样需要做出相应调整，再考虑到电路电子实验室本身建设发展需求的情况下，对信息技术的应用做好创新规划，能够真正体现出电工电子实验室本身的研究价值，在信息技术环境下做好适当调整，确保基础设施配置得到持续优化，在数据存储、网络建设等各方面提出更高要求。

2. 重视产教融合，做好信息技术研发

深入推进产教融合是电工电子实验室建设发展的重要推动力，为此企业与高校之间应当达成深入协作，将产业转型升级和高效人才培养相结合，借助高校力量推动电工电子实验室的建设发展，确保信息技术相关的研发得到全面保障。企业与高校之间应当建立起长效合作机制，在考虑到电工电子实验室研发价值和作用的情况下，对信息技术的应用提出更高要求，能够真正将产业转型升级的实际需求与高校科研力量结合在一起，在保障产业转型升级效果的同时，发挥电工电子实验室建设应有的作用。此外在产业发展取得良好经济效益的基础上，企业及相关管理单位同样需要进一步加大对电工电子实验室改革的投入，在资金和能力等各方面提供充分保障，确保信息技术相关研发真正落到实处，让电工电子实验室改革发展取得预期效果。

3. 建立虚拟仿真系统，降低实验成本

虚拟仿真系统是电工电子实验室改革建设中的一个重要环节，利用虚拟仿真系统能

够做好提前预设,借助软件对电工电子实验中可能出现的现象进行模拟,通过这样的方式能够极大降低电工电子实验的成本。充分突出电工电子实验,是改革发展的信息化特色,在各项管理活动中必须重视虚拟仿真系统的建设和运用,通过虚拟仿真的形式,对于可能存在的问题做好提前预防,在考虑到实验成本的情况下,对虚拟仿真系统的整体建设和规划做好科学设计。为了进一步突出信息技术的辅助功能和作用,对虚拟仿真系统的建设规划应当做好数据分析,对于可能存在的问题以及相关电工电子实验经验进行总结,进一步保障仿真系统的科学性和全面性,确保在电工电子实验室建设和使用过程中做好成本控制。

4. 完善管理机制,提高信息化管理水平

构建科学完善的管理机制,是电工电子实验室改革发展的重要推动力,在信息技术环境下,应当考虑到如何对管理制度做出相应调整,真正体现出电工电子技术的独特魅力和作用,在管理机制建构中对常规管理流程进行规范的同时,也要提出更高要求确保管理机制建构取得预期效果,在信息化管理方面提出更高要求。实际上对于管理机制的建设必须与信息技术的整理统筹相结合,比如在电工电子实验室的预约使用方面,应当建立系统,对预约使用情况进行细致的分析,并且做好直观的展示,避免在使用过程中出现跑空等情况。此外电工电子实验室的信息化管理还应考虑到信息技术本身的数据分析功能,利用信息技术对电工电子实验室管理中的常见问题进行整合,并且针对具体问题做出具体分析,以突出管理制度的科学性。

5. 利用信息技术,做好数据资源共享

数据资源共享是信息技术的重要功能,在电工电子实验室建设管理过程中,应当考虑到基于信息技术做好数据资源的分享,能够在同类型电工电子实验室建设过程中做好相关数据的分析和传播,在体现信息技术应有价值的情况下,对相关资源整合提出更高要求,让电工电子实验室的建设使用发挥预期的作用。实际上关于电工电子实验室的数据资源共享应当具有较强的针对性和全面性,既要考虑到基本的数据分析需求,同时也要利用互联网搭建资源共享的平台,在拉近各电工电子实验室之间相互联系的情况下,实现研究效率的进一步提升,确保信息技术在电工电子实验室建设中取得应有的作用。

6. 加强安全管理,保障实验室安全防护

全面加强安全管理是保障电工电子实验室安全的关键。为此,电工电子实验室信息化建设中应当对相应的安全保障机制提出更高要求,既要体现出基本的电工电子实验室管理规范,同时也要考虑到安全防护的重要性,在软硬件配置方面提出更高要求,对安全管理机制建构做好规划。比如在电工电子实验室使用权限的设计方面,应当通过信息技术建立相应的使用权限和标准,对相应数据防护提出更高要求。此外电工电子实验室的安全管理还应考虑到实际使用过程中对云端数据存储的应用,借助网络信息技术,做好数据备份利用,提高数据传播整体效率,在定期备份的情况下避免出现数据丢失导致电工电子实验活动受到影响。

五、总结

综上所述,信息技术的发展成熟正在成为电工电子实验室探索与改革的重要推动力,以信息技术为支持能够极大满足电工电子实验室各项建设的基本要求,在考虑到信息化管理特点的情况下真正实现电工电子实验室科研价值。在信息技术环境下全面推进电工电子实验室改革创新是保障电工电子实验室整体建设水平的关键,也是全面提高电工电子实验室信息化水平的重要前提。电工电子实验室的建设管理应当做好相应机制保障,对基础设施建设、安全权限管理、信息数据传输等各方面进行科学统筹,确保电工电子实验室的信息化建设取得预期效果。

参考文献

[1] 李海凤.国家"双高"建设背景下电工电子实验室建设[J].船舶职业教育,2022,10(3):10-12.

[2] 王永圣,张家亮,王程涛.新工科背景下多层次电工电子实验室体系建设研究[J].黑龙江教育(高教研究与评估),2022(4):15-16.

[3] 吴润强,徐琦霖,陈曦,等.电工电子实验室安全长效机制探究与实践[J].大学物理实验,2021,34(1):123-127.

[4] 赵玉超.关于开放式电工电子实验室智能管理系统分析[J].电子元器件与信息技术,2020,4(7):67-69.

[5] 葛延,李海军,葛丽娟,等.新工科背景下电工电子实验室管理模式的探索与尝试[J].教育现代化,2020,7(37):162-165.

[6] 韩文颖,春兰,赵明君,等.智能管理系统下开放式电工电子实验室探索[J].现代商贸工业,2018,39(14):191-192.

高校实验室事故致因风险贝叶斯网络因果推理分析

李贤功　吴祝武　赵　建　袁　玲[①]

摘　要：为了预防实验室事故的发生，确保高校实验室师生健康安全。本文对各种可能影响高校实验室安全的因素进行了分析。首先，基于高校实验室事故案例，从人为、设备、环境、管理等四个方面选取了导致实验室事故的因素，对事故因素进行社会网络分析，并基于利用贝叶斯网络软件 GeNie 构建了高校实验室事故致因分析的贝叶斯网络模型。其次，采用交叉验证法对模型的可靠性和准确性进行了验证，并通过贝叶斯网络敏感性分析等方法对模型中的各节点因素进行分析。通过计算不同条件下相关节点的后验概率分布，以提取诱发高校实验室事故的关键因素。研究结果表明：在导致高校实验室事故发生的因素中，可能性最大的诱因是实验过程中操作不当，其次是应急处置不当；导致高校实验室事故的最关键因素是实验过程中操作不当、设备维护不及时和管理过程不当。

关键词：贝叶斯网络；实验室事故；事故致因；社会网络；敏感性分析

高校实验室的安全是师生教学、科研工作的重要保障[②]。然而，实验室事故时有发生，给师生的生命财产造成损失，甚至威胁社会安全。为预防实验室事故的发生，需要对各种可能影响实验室安全的因素进行全面的分析，建立完善的实验室健康安全管理体系，提高实验室安全水平[③]。基于已发生的高校实验室事故案例，人为、设备、环境、管理等因素都可能导致实验室事故的发生[④]。因此，在此背景下，需要采用科学的方法构建实验室事故致因分析的模型，精确识别影响实验室安全部分的各种因素。

在这样的背景下，一些相关研究开始探索如何评估高校实验室安全状况[⑤]、分析高校

[①] 作者简介：李贤功，中国矿业大学矿业工程学院工业工程系副主任，讲师，研究方向为系统安全和大数据分析。
吴祝武，中国矿业大学实验设备处处长，副教授，研究方向为实验室安全和信息化。
赵建，中国矿业大学矿业工程学院研究生，研究方向为安全系统数据挖掘与优化。
袁玲，中国矿业大学化工学院实验中心高级实验员，研究方向为风险预控。
[②] 宿志民,李军,陈静静.高职院校生物实验教学中的安全隐患与对策评《实验室生物安全事故防范和管理》[J].安全与环境学报,2023,23(3):979.
[③] 阳富强,赵家乐,刘朝晖.基于 SOP-FRAM 模型的高校实验室爆炸事故分析[J].消防科学与技术,2023,41(2):176-180.
[④] 安宇,郭子萌,王彪,等.高校实验室事故致因分析与安全管理研究[J].安全,2022,43(8):34-39+6.
[⑤] 王洋.基于模糊数学的高校生物实验室安全综合评价[J].吉林师范大学学报(自然科学版),2019,40(4):54-59.

实验室事故的成因①,以及从根本上预防高校实验室事故发生②。杨旭等③搭建锂电池检测实验室遇到的25种典型失效模型,采用失效模型和效应分析(FMEA)的方法进行原因分析,制定控制措施,完成风险等级评价。杜莉莉等④以海因里希事故致因理论为准则,对高校实验室安全管理存在的问题,从人的不安全行为和物的不安全状态两方面进行梳理。田志刚等⑤分析了高校实验室安全事故发生的内在原因及事故致因机理;结合风险传导机制对高校实验室安全事故进行演化分析,深入探究高校实验室安全事故发展过程及事故风险防控。Zhao等⑥采用问卷调查和贝叶斯网络(BN)分析方法对我国高校实验室安全进行了研究,提出了改进高校实验室安全管理和运行的对策。

Ding⑦基于物联网技术,结合高校实验室系统的实际需求,建立设备安全监控系统,实时共享数据,全面监控高校实验室的运行设备。郭海军等⑧采用行为安全"2—4"模型的分析方法,分别从个人层面和组织层面深入研究该事故发生的原因,进而建立危化品实验室事故行为分析模型。虽已有学者基于人、物、环、管4个方面对实验室事故进行了致因分析,但系统深入研究的文献较少。

贝叶斯网络作为一种概率图模型,可以表示要素之间的依赖关系,被广泛应用于风险评估、预警等领域⑨。本文通过社会网络分析、贝叶斯网络模型等方法,基于高校实验室事故案例,对影响实验室事故的因素进行了全面分析,并利用构建的贝叶斯网络模型,识别了导致实验室事故的重要因素,并计算了这些因素的后验概率分布。通过这种方式,可以为高校实验室安全提供有力的支持和参考。

一、数据来源和要素选取

以2001—2022年为研究时段,收集整理高校实验室安全事故,共获取64起高校实验室事故案例分析调查报告⑩。通过对高校实验室事故相关研究文献的回顾⑪,并对所收集的64起事故报告进行统计分析提取事故致因。采用数据驱动方法,从人为、设备、环境、

---

① 李贤功,吴祝武,张春蕾,等.基于关联规则的实验室事故分析[J].实验技术与管理,2022,39(10):218-221.
② 李倩.科研院所实验室安全管理方法[J].中国安全科学学报,2021,31(S1):62-67.
③ 杨旭,戴妙妙,徐微,等.锂电池检测实验室的风险分析与应对[J].电池,2023,53(1):83-87.
④ 杜莉莉,郑前进,姜喜迪,等.基于海因里希事故致因理论的高校实验室安全管理[J].实验技术与管理,2021,38(8):257-260+264.
⑤ 田志刚,郭子萌,佟瑞鹏.基于致因机理的高校实验室安全事故分析与危机管理探索[J].实验技术与管理,2021,38(6):265-268+286.
⑥ Zhao Jinlong, Cui Huaying, Wang Guru, et al. Risk assessment of safety level in university laboratories using questionnaire and Bayesian network[J]. Journal of Loss Prevention in the Process Industries, 2023, 83.
⑦ Ding Jing. Construction of a Safety Management System for University Laboratories Based on Artificial Intelligence and IoT Technology[J]. International Transactions on Electrical Energy Systems, 2022, 2022.
⑧ 郭海军,唐寒露,王凯,等.基于24Model的高校危化品实验室事故分析及对策[J].中国安全科学学报,2022,32(11):168-174.
⑨ 廖天颖,杨斯博,窦润亮.基于贝叶斯网络的大数据安全动态风险评估模型研究[J].网络空间安全,2023,14(1):60-68.
⑩ 王宇琴.基于FTA与FCE的高校实验室生态安全风险管理及信息化管理系统建[D].徐州:中国矿业大学,2022.
⑪ 邓静音.危险化学品实验室安全指标体系研究[D].青岛:中国石油大学(华东),2019.

管理 4 个方面考虑要素。最后,基于两种方式对比分析,共汇总得到四个类别共 20 个事故致因,为满足建模需求,将属性要素转换为虚拟要素,并对要素中的连续变量进行离散化,各要素的设置如表 1 所示。

表 1　实验室事故致因研究要素

类别	要素名称	要素符号	要素取值
事故	实验室事故	T	(0,1)
人为因素(P)	设备维护不及时	P1	(0,1)
	实验后未按规定关闭电路	P2	(0,1)
	实验过程中操作不当	P3	(0,1)
	废弃物处置不当	P4	(0,1)
	违反操作规程	P5	(0,1)
	危险化学品存储不当	P6	(0,1)
	应急处置不当	P7	(0,1)
设备因素(D)	线路老化	D1	(0,1)
	设备气体泄漏	D2	(0,1)
	设备故障	D3	(0,1)
	设备老化	D4	(0,1)
	电线短路	D5	(0,1)
环境因素(E)	室内布局不合理	E1	(0,1)
	安全通道不畅通	E2	(0,1)
	光线照明不足	E3	(0,1)
	通风设施不完善	E4	(0,1)
管理因素(M)	管理过程不当	M1	(0,1)
	规章制度不完善	M2	(0,1)
	安全教育不足	M3	(0,1)
	组织机构不完善	M4	(0,1)

注:其中 0 代表事件不发生,1 代表事件发生。

二、社会网络分析

1. 社会网络

多个不同节点及点与点间存在的交互关系(即边)组成的集合称作社会网络①,如图1所示。它是描述复杂数据的通用语言,社会网络中的点可以是任意一个个体或是社会实体,边代表连接点与点之间的方向与强度。网络数据的呈现形式大致分为表(list)和相邻矩阵(Adjacencymatrix)两种。

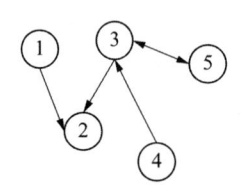

图 1　社会网络图例

将事故的每个致因因素定义为网络节点,致因因素间的关系定义为边,引入共词分析法作为定义边权的参照。共词分析法是指当两个具有代表性的致因因素共同出现在一起事故中时,则表明两因素之间存在一定的相关关系②。共现频数愈多,它们之间关系愈紧密。设共有 K 起事故,(X_i,X_j) 代表因素 i 和因素 j 共现一次,致因因素两两间的共词频数定义如下。

$$N_{ij}=\sum_{k=1}^{K}(X_i,X_j) \quad (i\neq j) \tag{1}$$

使用 Person 系数(见公式(2))获得相似度矩阵,进一步地转换成相异矩阵。

$$r=\frac{\sum_{i=1}^{n}(X_i-\bar{X})(Y_i-\bar{Y})}{\sqrt{\sum_{i=1}^{n}(X_i-\bar{X})^2}\sqrt{\sum_{i=1}^{n}(Y_i-\bar{Y})^2}} \tag{2}$$

相异矩阵中两致因因素的数值越接近于1,表明其距离(d)越大,相似度(s)越小,反之同理。即若 $d(X_i,X_j)>d(X_i,X_k)$,则 $s(X_i,X_j)<s(X_i,X_k)$。评估节点在网络中的地位和重要性一般采取点度中心度、中间中心度、接近中心度和特征向量中心度,其定义如公式(3)~(6)所示。

点度中心度(Degree)与节点 i 直接相连的其他节点总数即为节点 i 的点度中心度。总的节点数记作 n,即

---

① 刘家乐.全生命周期视角下考虑交互作用的项目组合关键风险识别与控制研究[D].西安:长安大学,2022.
② 周诗伟,黄弘,李瑞奇,等.基于文献的城市关联基础设施研究知识图谱与关联性分析[J/OL].灾害学:1-9[2023-04-09].http://kns.cnki.net/kcms/detail/61.1097.p.20230203.1928.004.html

$$C_D(i) = \sum_{j=1}^{n} X_{ij} \quad (i \neq j) \qquad (3)$$

中间中心度(Betweenness)经过节点 i 的最短路径数量与总路径数量的比值即为节点 i 的中间中心度。假设 P_{jk} 是节点 j 与节点 k 之间的捷径数,且 $P_{jk}(i)$ 是两节点间包含节点 i 的捷径数,则

$$C_B(i) = \sum_{j}^{n} \sum_{k}^{n} \frac{P_{jk}(i)}{P_{jk}} \quad (j<k, j \neq k \neq i) \qquad (4)$$

接近中心度(Closeness)与节点 i 相连的其他节点的捷径距离和即为节点 i 的接近中心度。定义 $d(i,j)$ 为 i 与 j 之间最短路径距离,则

$$C_C(i) = \sum_{j=1}^{n} d(i,j) \quad (i \neq j) \qquad (5)$$

特征向量中心度(Eigenvector Degree)一个节点周围所连接节点的数量大小影响着该节点的地位和重要性,同时也受这些相连接节点重要性的影响,表示为

$$C_E(i) = c \sum_{j=1}^{n} a_{ij} x_j \quad (i \neq j) \qquad (6)$$

式中:c 为一个比例常数;$a_{ij}=1$ 当且仅当 i 与 j 相连,否则为 0。

2. 社会网络构建

构建社会网络,分析层间及层内交互关系。共词矩阵如表 2 所示。共词数反映了因素间的关联关系。例如 P1(设备维护不及时)和 D5(电线短路)的共词数为 29,P1(设备维护不及时)与 E3(光线照明不足)的共词数为 1,说明 P1 与 D5 两个因素间的关系更为密切。

表 2 实验室致因因素共词矩阵表

	P1	P2	...	D5	E1	E2	E3	E4	M1	M2	M3	M4
P1	0	0		29	0	0	1	12	25	16	20	9
P2	0	0		16	0	0	0	0	33	0	17	0
⋮												
D5	29	16		0	0	0	0	0	17	10	27	14
E1	0	0		0	0	14	0	0	11	0	0	0
E2	0	0		0	14	0	0	0	8	0	10	0
E3	1	0		0	0	0	0	0	25	15	16	0
E4	12	0		0	0	0	0	0	20	19	7	10
M1	25	33		17	11	8	25	20	0	16	37	21

续 表

	P1	P2	⋯	D5	E1	E2	E3	E4	M1	M2	M3	M4
M2	16	0		10	0	0	15	19	16	0	20	10
M3	20	17		27	0	10	16	7	37	20	0	15
M4	9	0		14	0	0	0	10	21	10	15	0

为直观展示各节点的特征及节点间的"交互"关系,将共词矩阵导入 Ucinet6.0,由 Netdraw 基于点度中心度绘制出网络图,如图 2 所示。

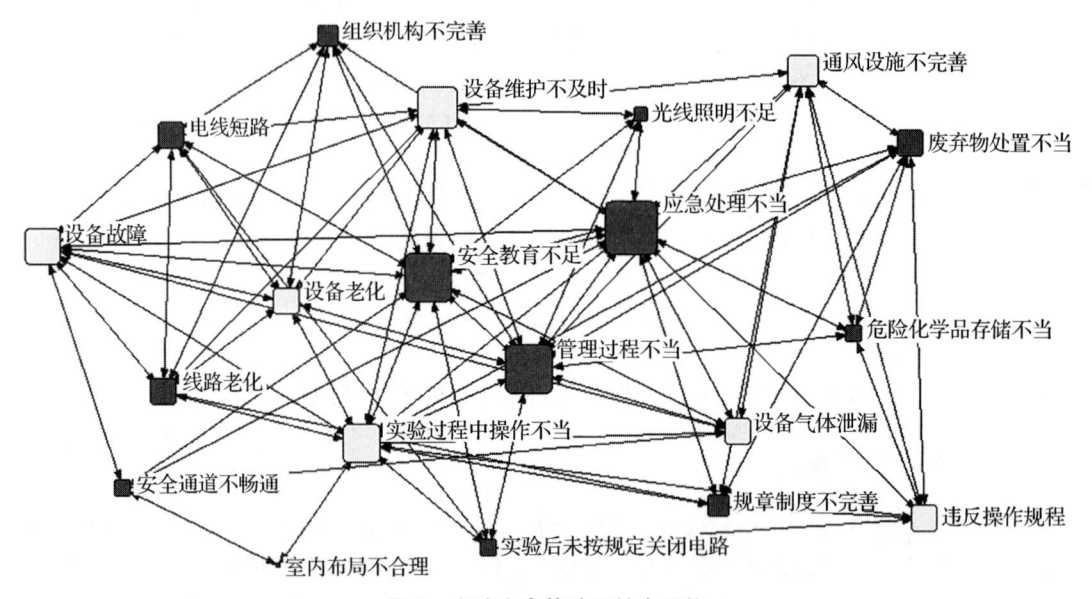

图 2 实验室事故致因社会网络

在图 2 中节点越大,代表此致因因素在网络图中的作用越大,影响其他节点的能力越强。相较于网络中其他致因因素 M1(管理过程不当)、M3(安全教育不足)和 P7(应急处置不当)中心度更大,具有更高的重要性。

3. 节点中心度

根据公式(4)~(6)计算结果,表 3 列出了各高校实验室事故致因因素节点基于中间中心度、接近中心度和特征向量中心度的计算结果及排序。

表 3 实验室事故致因因素中心度指标

要素	Closeness	要素	Betweenness	要素	Eigenvector
M1	100	M1	11.098	M1	46.404
P7	90.476	P7	7.637	M3	43.214
M3	90.476	M3	7.435	P7	42.951

续 表

要素	Closeness 要素		Betweenness 要素		Eigenvector	
P1	79.167	P3	4.375	P1	38.672
P2	57.576	P2	0.053	E3	17.042
E1	57.576	P6	0	P2	16.136
E3	57.576	E3	0	E1	15.362

由表 3 中可知，M1(管理过程不当)、P7(应急处置不当)具有较高的中间中心度，代表其处于其他节点的多条最短路径上；M1(管理过程不当)、P7(应急处置不当)具有较高的接近中心度，代表其跟所有其他成员的距离更近；同时 M1(管理过程不当)、M3(安全教育不足)具有较高的特征向量中心度，即代表与之相连节点的重要性大。这些致因因素是隐藏的潜在危险致因，同样应当受到重视，应采取相应管控措施以降低实验室事故发生的风险。

三、高校实验室事故致因贝叶斯网络

1. 构建贝叶斯网络结构

采用 GeNIe2.0 软件进行模型构建操作。采用根据共词矩阵构建的致因因素社会网络模型作为初始网络结构，并结合专家知识对其进行修正，得出初始贝叶斯网络结构如图 3 所示。

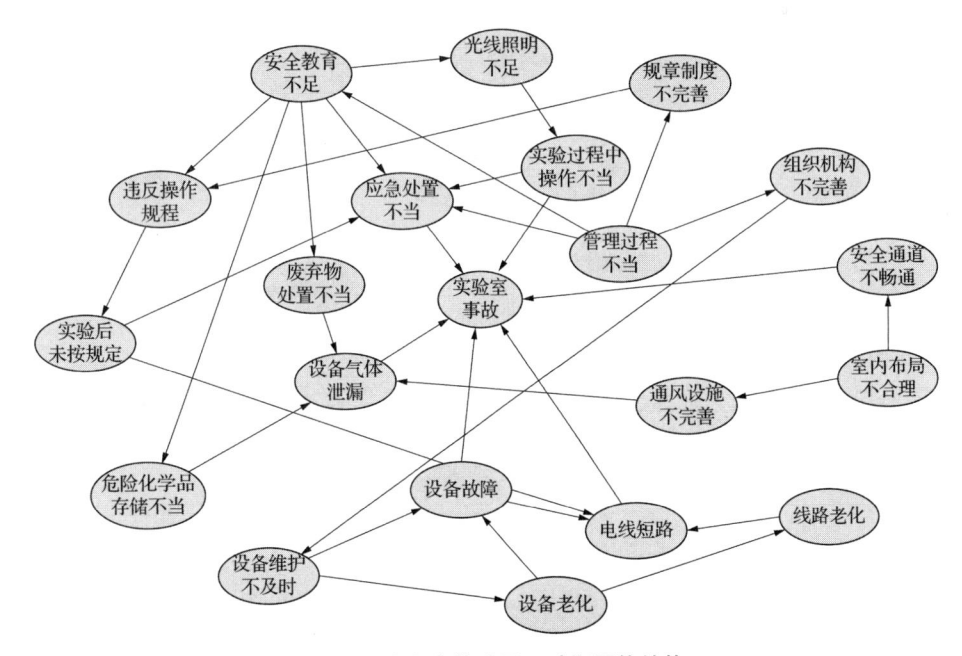

图 3 实验室事故致因贝叶斯网络结构

2. 贝叶斯网络参数学习

从本质上说,寻求贝叶斯网络中各节点的条件概率分布构成了贝叶斯网络参数学习[①]。当前,主要的贝叶斯网络参数学习算法包含最大似然估计、贝叶斯估计以及期望最大(EM)算法。考虑到事故调查报告中存在部分缺失数据的情况,本文采用可处理缺失数据的参数学习算法,即 EM 算法[②]。EM 算法的求解过程可分为两个步骤:

(1) E(期望)步骤。根据观测到的条件和当前参数值计算样本的概率分布期望:

$$Q(\theta^i \mid \theta^{i-1}) = E[\lg P(Y \mid \theta^i) \mid \theta^{i-1}, D] \tag{7}$$

式中:$P(Y \mid \theta^i)$ 为特定情况下事件发生的条件概率;Y 为要研究的事件;θ^i 为导致事件 Y 发生的各因素;D 为样本数据集。

(2) 第二步骤为 M(最大化)步骤,寻求在 E 步骤期望最大值下相应的参数值。具体地说,M 步求当 E 步的概率分布期望值达到最大点时对应的是何种值,即

$$\theta^i = \arg\max Q(\theta^i \mid \theta^{i-1}) \tag{8}$$

通过不断地将求得的 θ^i 值代入式(7),并经过反复迭代计算,得以找到最优解。

通过利用 GeNIe 2.0 软件对贝叶斯网络进行参数学习后,将参数学习结果以条形图形式表示。参数学习后的结果展现如图 4 所示。

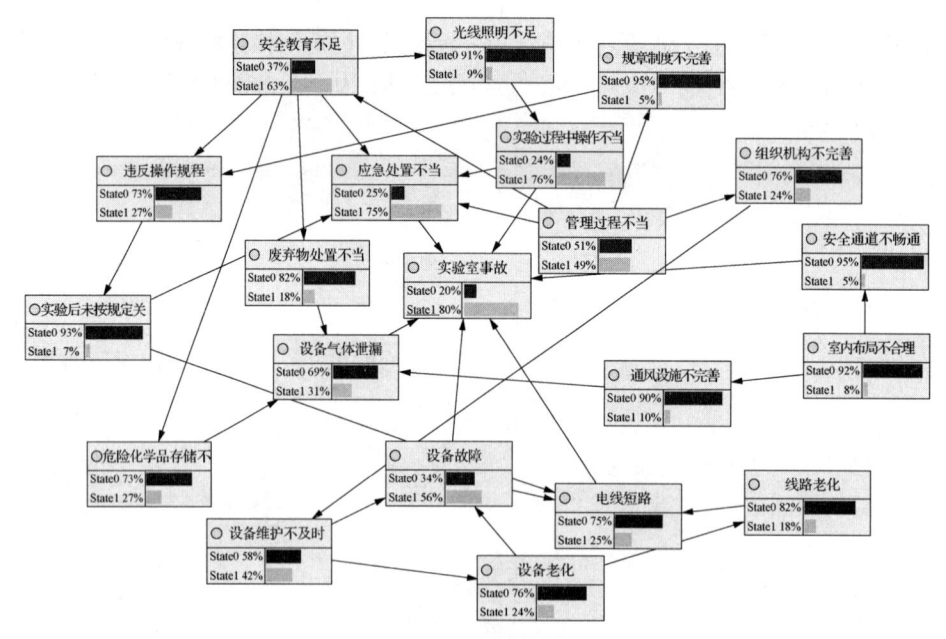

图 4　参数学习结果

[①] 张冰鉴,苏秦,刘海龙.基于 FTA-BN 的云 ERP 不安全事件的人因失误分析[J].中国安全科学学报,2023,33(2):38-47.
[②] 王俊英,蔡娜,刘惟一.结构化 EM 算法在小样本贝叶斯网络学习中的应用[J].云南大学学报(自然科学版),2007(S1):55-58+63.

3. 模型验证

为了验证贝叶斯网络模型的可靠性和预测性,对网络模型进行有效交叉验证[①]。采用 Leave One Out Cross 验证方法对模型各节点的预测精准度进行有效性计算,验证结果如表 4 所示。

表 4　模型交叉验证结果

Node(节点)	Accuracy(准确度)	Node(节点)	Accuracy(准确度)
E3	0.96	D2	0.76
P6	0.73	D5	0.81
M3	0.70	D1	0.92
E2	0.96	M2	0.96
P2	0.92	D3	0.70
M1	0.70	P1	0.76
M4	0.81	D4	0.84
P3	0.86	P7	0.70
E1	0.92	P5	0.65
P4	0.90	E4	0.94

据表中结果来看,绝大多数的节点有效性水平都超过了 0.7,有效性最高达到 0.96。效性最低值是节点 P5(违反操作规程),但也达到了 0.65 的水准。经过交叉验证法的评估验证,本文构建的实验室事故网络模型有效性强,可靠度高。

四、贝叶斯网络模型推理

1. 敏感性分析

在贝叶斯网络中,子节点的后验概率会随父节点的先验概率的变化而改变。敏感性分析将由父节点发生变化而引起的子节点参数变化程度进行量化,从而识别出贝叶斯网络模型中的关键因素。在 GeNIe 软件中将实验室事故设定为目标节点,执行敏感性分析,得出节点敏感度分布,如图 5 所示。其中,节点的颜色深度与其敏感度成正比。

对于目标事件实验室事故而言,M1(管理过程不当)、P3(实验过程中操作不当)、D3(设备故障)、P1(设备维护不及时)、D4(设备老化)等节点的敏感性均在 0.100 以上,敏感性相对其他节点更高,其中敏感度最高的五个节点排序如表 5 所示。通过敏感性分析可发现 P1(设备维护不及时)、D3(设备故障)和 P3(实验过程中操作不当)是影响高校事故

---

① 李敏,林志军,鲁义,等.基于模糊贝叶斯网络的煤矿瓦斯爆炸风险评估[J/OL].煤炭学报:1-12[2023-04-17].https://doi.org/10.13225/j.cnki.jccs.2022.1485.

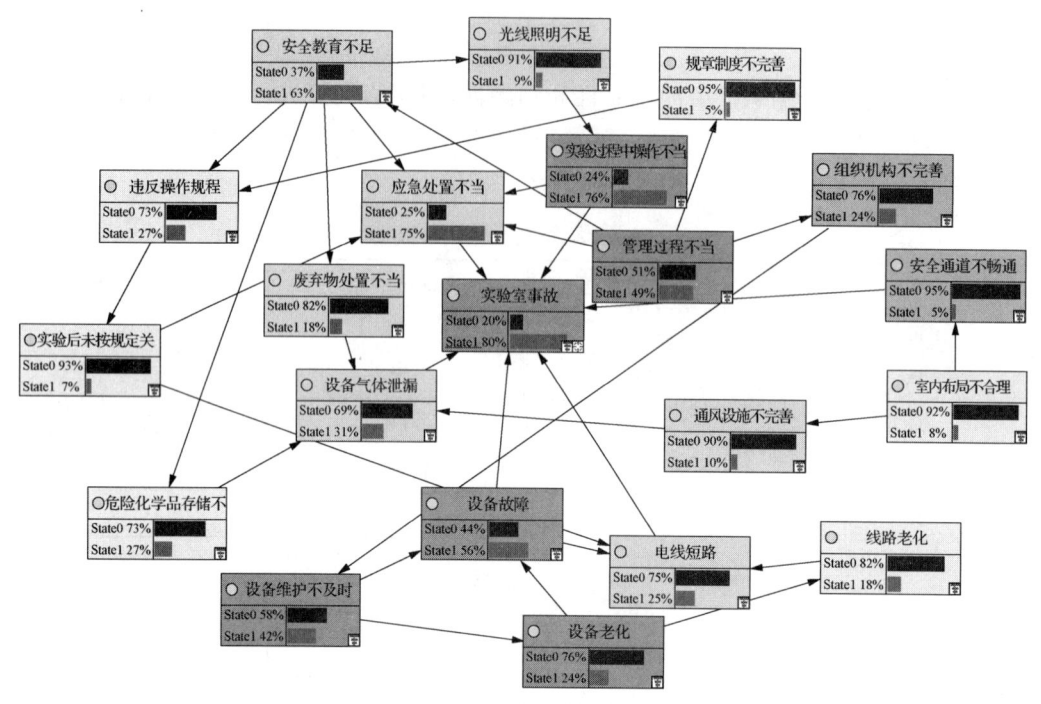

图 5　敏感性分析结果

的最主要因素。其次,D4(设备老化)和 M1(管理过程不当)对高校实验室事故也有较大影响。其中 P1(设备维护不及时)是导致 D3(设备故障)和 D4(设备老化)的主要原因,因此可以得出影响实验室事故的最关键因素有 P1(设备维护不及时)、P3(实验过程中操作不当)和 M1(管理过程不当)。

表 5　实验室事故敏感性分析结果排序

实验室事故	设备维护不及时	设备故障	实验过程中操作不当	设备老化	管理过程不当
敏感度	0.257	0.226	0.180	0.174	0.107
排序	1	2	3	4	5

2. 逆因推理

根据后验概率分析,贝叶斯网络推理主要解决两个方面的问题,一方面是在已知原因的情况下推断结果发生的概率,即称为预测推理;另一方面是在已知结果的情况下找出造成结果产生的最可能原因,即称为故障诊断。本文主要利用后验概率分析实现故障诊断功能,通过对要素进行逆向推理,找出导致目标事件产生的最有可能的因素,从而更准确地评估事件态势并做出预测。

在贝叶斯网络模型中,将 T(实验室事故)设定为证据节点(即已知实验室事故发生的概率为 100%),得出节点的后验概率分布,结果如图 6 所示。

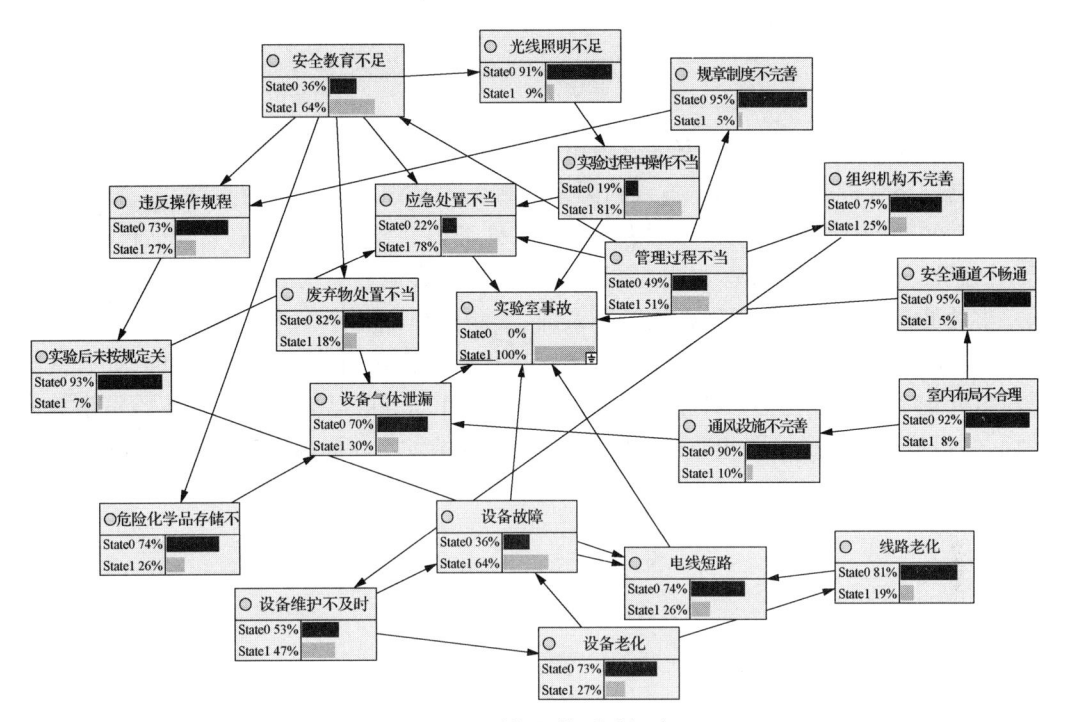

图 6 贝叶斯网络后验概率

由图 6 可知,在实验室事故已发生的情况下,P3(实验过程中操作不当)发生的概率大于 81%;其次为 P7(应急处置不当),概率大于 78%;D3(设备故障)概率大于 64%;M1(管理过程不当)概率大于 51%;P1(设备维护不及时)概率接近 47%。

由图 6,从 T(实验室事故)节点出发,其后验概率值最大的父节点为 P3(实验过程中操作不当)与 P7(应急处置不当),也就是造成实验室事故的最大直接原因是 P3(实验过程中操作不当)与 P7(应急处置不当),以此类推,可以逆推到完整的实验室事故最大致因链,如图 7 所示。

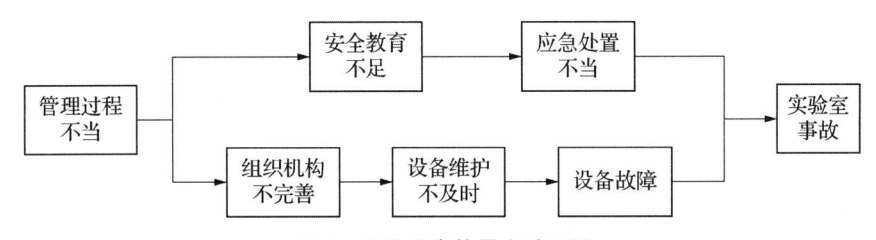

图 7 实验室事故最大致因链

因此,应针对以上关键风险因素优先加以控制,降低最大致因链中各因素的发生概率。通过加强实验室安全管理与安全教育,当实验发生意外时采取正确的处理方式,以及加强实验室教学条件保障,及时维护设备,降低设备故障发生概率,可以有效预防实验室事故的发生。

五、结语

经过整理和调查高校实验室事故的相关资料,采用数据驱动研究方法选取致因要素,采用社会网络分析方法,得到了各致因因素间相关关系强弱程度及因果路径。根据致因因素要素和初始社会网络结构,运用 GeNIe 软件进行高校实验室事故贝叶斯模型构建;运用敏感性分析和逆因推理,得出对高校实验室事故影响显著的致因要素。导致高校实验室事故的最关键因素包括设备维护不及时、实验过程中操作不当和管理过程不当。另外,在高校实验室事故已发生的情况下,实验过程中操作不当是可能性最大的诱因,其次是应急处置不当。通过这些研究结果,高校实验室管理者可以更好地了解实验室事故的致因,并根据不同情况采取相应的措施,以减少事故的发生并提高实验室的安全性。

国家级实验教学中心助力创新创业教育的探索与实践

孔令娜　曹　蕾　李刚华　吴　震[①]

摘　要：新农科建设推动高校创新创业教育改革再上新台阶，实践育人体系的进一步优化更加注重大学生创新创业能力培养。作为开展实践教学环节的主阵地，教学实验室为提升学生实践创新能力提供条件支撑。以南京农业大学植物生产国家级实验教学中心为例，在总结中心前期建设与管理经验的基础上，分析了新形势下发展中存在的问题，探索利用教学实验中心开放平台开展"双创"教育实践，以自主设置项目和专业实践竞赛等助力实践教学改革和创新创业能力训练，促进科教融汇及多学科交叉融合。实践中取得了一些成效，为推动专业实践教学和创新创业教育的有机结合，以及缓解学校"双创"实践育人资源少、实施空间有限等问题提供解决方案。

关键词：新农科；实践育人；创新创业；实验教学中心；平台

一、引言

2019年，教育部全面启动新农科建设，标志着中国高等农林教育改革进入新阶段[②]。近年来，涉农高校积极响应国家号召，围绕培养更多知农爱农新型人才为指导，进行了一系列教育教学综合改革，为服务乡村振兴和生态文明建设等国家重大战略提供人才和智力支撑[③]。实践教学是深化课堂教学，落实创新创业教育的重要环节，在培养学生实践能力、创新思维和科研素养过程中发挥关键作用，作为开展实验实践教学的主阵地、主战场，教学实验中心的建设与管理水平直接影响着实践教学质量和创新型人才培养目标[④]。

南京农业大学植物生产国家级实验教学中心（以下简称中心）成立于2005年，依托农学、植保、园艺三个学院和8个优势农科专业组建而成，中心打破学院和专业的界限，实现

[①] 作者简介：孔令娜，南京农业大学教务处人员，国家级实验教学中心办公室主任，高级实验师，研究方向为实践教学管理。
曹蕾，南京农业大学教务处科员，国家级实验教学中心助理研究员，研究方向为实践教学管理。
李刚华，南京农业大学农学院教授，研究方向为水稻栽培和教学管理。
吴震，南京农业大学园艺学院教授，研究方向为园艺作物栽培和教学管理。
[②] 孙其信，林万龙.胸怀"国之大者"高质量推进新农科建设[J].中国高等教育，2022(12):18-20.
[③] 李二斌，潘宏志，丰蓉，等.新农科建设与高等农林教育转型发展[J].中国农业教育，2022(6):1-9.
[④] 张学昌，江美芬，童森林，等.以"1345"为特色的地方高校省级实验教学示范中心建设探索与实践[J].大学教育，2022(3):1-4.

了资源的彻底整合和高效利用①。2016年，教育部办公厅印发《国家级实验教学示范中心管理办法》的通知，为高校实验教学中心尤其是国家级实验教学示范中心的建设、管理以及可持续发展提供了指导性意见②。新农科建设背景下，学校对实验教学中心建设提出了更高、更新的要求，作为国家级实验教学中心要审时度势积极应变，不断改革创新，在总结前期建设经验和不足的基础上，积极探索新时代如何加强中心内涵建设，充分发挥开放共享平台优势，并利用学科优势和专业特色，推进科教融汇及多学科交叉融合。经过近几年的具体实践，取得了一些成效，为推动专业实践教学和创新创业教育的有机结合以及缓解学校"双创"实践育人资源少、实施空间有限等问题提供解决方案。

二、国家级实验教学中心的建设经验与不足

植物生产国家级实验教学示范中心是学校首个跨学院集中建设、独立运行管理的实验教学平台，为正处级建制。中心打破学院和专业的界限，承担着全校5个相关学院15个植物生产类专业本科生和研究生的实验实践教学任务，并为大学生生产实习、毕业实习、创新创业计划项目以及专业竞赛、活动等提供平台。中心在彻底整合三个学院实验教学资源的基础上，统筹实验教学条件和环境建设，实现了资源的高效利用。中心坚持以学生为本，建立健全运行机制体制，实行校院双重管理和中心主任负责制；规范实践课程管理、资源管理、安全管理等各项管理制度，制定相关管理办法；应用实验教学管理系统、远程录播系统和门禁、物联网管控系统等管理系统加强信息化建设，为全校其他实验教学中心的建设和运行管理提供了参考，发挥了良好的实践育人功能和示范引领作用。

然而，长期运行实践表明，中心尽管承担的课内实验教学任务量饱满，开设的实验实习课程项目丰富，学生参与度高，但是教学计划规定外的基于中心开展的学生实验实践项目或活动比较少，开放共享效率总体偏低，尤其是8小时以外的开放率低，没有形成鲜明的实践创新教学氛围和特色，未能充分发挥国家级实验教学中心公共平台优势。此外，中心所承担的农科专业类实验实习课程更新速度慢，其中部分实验项目教学内容陈旧，实验技术方法落后，演示性和纯验证性实验类型仍比较多，占总实验项目的60%~70%，与现代农业技术发展和专业人才培养目标存在落差，已无法适应新形势下教育教学质量和人才培养质量提升的迫切需求。

三、依托中心的实验教学改革探索和实践成效

随着新农科建设的不断深入，面对人才培养模式转变，国家级实验教学中心应取长补短，充分挖掘资源，加强自身改革与创新。近年来，中心面向植物生产类专业实验教师，自主设立多个专项计划或项目，以人为本，以项目促建设。通过将科研成果转化为实验项

---

① 吴震，王恬，孔令娜，等.实验教学中心管理体制和运行机制的探讨[J].实验技术与管理，2014(10):168-171.
② 罗丽，李志军，张鑫，等."双一流"背景下农业水工程国家级实验教学示范中心建设与实践[J].实验室研究与探索，2022(12):168-171.

目,以及课内外实践环节的互补互动,有力推动了实验教学模式和内容创新,实践成效明显。

1. 持续设立"实验教学微课建设项目"

为鼓励和组织中心专业教师积极进行实验实践教学改革,推进信息技术与实验教学的深度融合,探索线上、线下数字化教学资源建设与共享应用,中心从2019年起持续设立了"实验教学微课建设项目",并组织植物生产类专业实验教师进行申报,项目周期为一年。经过个人申请、学院推荐以及校内专家评审等环节择优立项,截至2022年共计63个实验微课项目获得立项,项目依托中心相关功能实验室为场所,采取动态跟踪和目标考核的管理方式来保障预期效果。制作完成并通过验收的微课作品全部上传至学校视频资源公共服务平台,实现资源共享,并积极推广应用于学生实验教学中。

在建设资源库中,中心还选送优秀作品参加校级、省级和全国性各类微课教学比赛,也取得了丰硕的成果。在全国高校微课教学展示交流活动中,获一等奖1项、二等奖3项、三等奖3项、优秀制作奖2项;获得江苏省高校微课教学比赛一等奖1项、二等奖4项,三等奖8项。通过该项目的设立与实施,推动专业教师进行基于微课的实践教学模式创新应用研究,便于学生把握实践操作重点,随时随地多次地进行学习,有助于实践课程教与学的效果。

2. 首次设立中心"植物生产类本科实践教学质量提升专项项目"

为进一步推动本科实践教学环节质量提升,促进科研反哺教学,改革传统实验教学模式,有效提高大学生的学习能力、实践能力和创新能力,在前期调研的基础上,2022年中心首次面向植物生产类专业教师设立了实践类专项教改项目,即"植物生产类本科实践教学质量提升专项项目",并积极组织实验教师进行申报。

项目要求根据国家和学校对新型农科人才培养的要求,改革实践教学体系和内容,创新实验方法和手段。基于当前植物生产类本科生实验课程和实践环节的授课内容及形式,对一门实验课程或实践环节的教学体系或某个具体实验项目进行更新和完善,旨在消除内容陈旧、技术落后及单纯验证性项目,增加设计性、综合性、创新性项目,采用团队式、合作式、研讨式教学方法,全面优化和提升实践教学质量。各类实践教学质量提升项目需紧扣实验教学目的,将新的教学理念、技术、方法、手段等融入教学内容之中。项目实施以中心相关功能实验室为平台,使教师在实验教学过程中边实践边改革,通过1~2个教学周期的改革建设,探索出持续有效的教学方法和途径。项目验收完成后,取得的成果需要在实验实践教学中进行推广和示范,加强应用,后期对于实验教学效果突出、学生评价高的实验项目将持续立项建设。

四、依托中心开展"双创"育人的探索和实践成效

近年来,中心积极搭建"双创"育人平台,加强第一课堂与第二课堂的有效衔接,通过设立学生开放性创新创业训练项目,并联合相关学院举办各类课外专业活动或竞赛,多形

式、多维度为更多大学生提供参与实践的机会。中心不断探索构建开放式实践教学模式,注重学生创新创业实践能力培养,经过项目、竞赛活动的实施取得了一些成效,同时提高了中心资源的利用效率和平台的开放效率。

1. 面向植物生产类专业学生,设立中心"开放性创新创业训练项目"

为了着力培养大学生的创新精神、创业意识和创新创业能力,激发和培育其科研素养和创造力,从2018年起以中心为平台持续设立了"开放性创新创业训练项目",经个人申请、学院择优推荐以及校内专家评审等环节,截至2022年共计53个项目获得立项。该项目突出专业交叉融合的特点,特别要求以植物生产类及相关专业本科生为主体,项目成员需为跨学院、跨专业组合,并实行双导师制度,由专业教师和中心实验技术人员共同指导学生,由此促进不同专业,甚至不同学科之间的交叉融合,强化交叉创新、团结协作的重要意义。

中心全力提供条件和技术支持,搭建一个开放创新、思维碰撞的平台,使学生通过该项目的实施,在指导教师的带领下,了解学科专业发展的最前沿和当下社会的热点难点问题,并探索研究如何通过所学专业知识和技术去发现、分析和解决问题,其过程中逐渐激发学生对本专业学习的兴趣,所学即所用,增强求知欲和获得感,推动知农爱农教育。同时,学生项目的实施还可以促进以中心为平台实施开放性创新创业实践教育方式的改革,支持将部分优秀项目内容开发成设计性、综合性或开放性的课内实验项目,从而带动课内实验的革新。目前,共计39个中心开放性项目通过结题验收,78位实验教师和130多个学生参与其中,得到了训练,并取得了丰硕的研究成果,其中学生以第一作者发表论文5篇、参与发表论文20余篇,获得专利6项、研制创新创业产品6份以及多项实践创新奖励等。

2. 以中心为平台,联合学院举办各类大学生专业实践竞赛活动

实验课程是理论教学的有效衔接,学生创新创业项目、竞赛活动则是理论和实践教学的延伸、补充和发展[①]。为了建设一个开放的提升大学生专业技能与创新创业能力相结合的校级公共平台,助力第一课堂与第二课堂的有机衔接,中心利用学科优势、专业特色和教学资源,联合植物生产类专业学院举办了多种丰富多彩的专业实践竞赛或活动,积极为大学生营造"以赛促学、以赛促创"的学习氛围,提供更多参与课外实践的机会,实现专业学习与技能大赛的互促互进。

以中心为平台进行的赛事活动主要包括:和农学院联合举办的农艺操作大赛、全国高校种艺作品大赛——南京农业大学赛区比赛;和植物保护学院共同开展的昆虫标本制作大赛、昆虫摄影大赛和微观摄影比赛;和园艺学院联合举办的花艺技能比赛、茶艺展示大赛等等。这些寓教于乐的专业技能竞赛活动,是大学生拓宽知识、发展能力的新阵地,深受学生尤其是大一新生的喜爱,参与度持续升高,并且在全校范围内吸引了越来越多非农

---

① 麦宇红.新农科背景下现代农业复合型人才培养实验教学平台的建设实践[J].实验技术与管理,2020(6):254-258.

学专业学生的热情参与。通过参加赛事活动，引导大学生尽早进入实验室，积极对接专业课老师，开展科学研究，还有助于青年学子"学农、知农、爱农"的情怀教育。

另外，为了展示和交流大学生在各类创新创业训练项目中取得的实践成果，中心在校内持续开展"植物生产类大学生实践创新项目优秀论文"评选活动，至今已是第九届，除了进行团队交流和表彰外，中心还利用墙报或展板等形式进行成果展示，并择优推送项目参加全国植物生产类大学生实践创新论坛。

五、总结和思考

新农科建设的使命和举措逐渐清晰，涉农高校纷纷探索教育教学改革的新理念、新体系与新模式，人才培养提质创优进入了新阶段，其中实践推动创新发展，提升实践育人质量至关重要[1]。面对新形势，各高校十分重视各类基础或专业教学实验室的条件建设和资源供给，为高质量人才培养提供保障。实践证明，植物生产国家级实验教学中心打破学院和专业的界限，进行跨学院建设是个成功的举措，在全校范围开创了实验教学共享平台统筹建设管理的新模式，不仅实现了实验教学资源的彻底整合和高效利用，还积极建设开放、互通、共享的高水平公共实验教学平台。

但是除了优质的教学硬件条件和配套设施外，国家级实验教学中心更需要关注实践教学的内涵建设，更应充分发挥实践育人和"双创"育人功能，为学生搭建一个知行结合、发挥创造力的舞台，多维度培养大学生实践动手能力和创新创业精神。中心要发挥学科优势和专业特色，以项目带动改革，将改革成效放大推广，继续对设立的实践教学改革项目进行关注和跟踪，支持项目的深入研究和项目成果推广应用，从而改革落后实验教学内容，优化实践教学体系和创新创业教育模式，并提升专业教师的实践操作教学能力。此外，配合学校创新创业教育，进一步在学生开放性创新创业项目中挖掘资源，培育并推荐有较强竞争力的"双创"项目参加各级大学生创新创业比赛，如"互联网＋"大学生创新创业大赛、"挑战杯"大学生竞赛等。同时思考如何更好地依托实验教学中心构建创新创业实践平台，为大学生创新创业训练提供服务，以缓解学校"双创"实践育人资源和实施空间有限等问题，使创新创业教育在专业实验实践教学中得以体现。

新形势下，各高校需加强教学条件建设，提升实践教学水平，建设一批具有超前性、创新性、开放性、标杆式的一流公共实验教学平台以及综合实践基地[2]。国家级实验教学中心要巩固前期建设经验和实践成果，加强后期内涵式创新发展，以开放平台优势促进其他学科专业对大农科专业的交叉渗透，坚持科研反哺教学，利用现代生物技术、信息技术、工程技术和管理科学来提升和改造传统农科专业，为培养拔尖创新型和复合应用型现代农业人才提供条件支撑。

---

[1] 韩天琪.新农科：新在"农"，也新在"科"[N].中国科学报，2019(5)：8－13.
[2] 彭绍春，熊嫣，高培峰."双一流"背景下公共实验平台建设与实践[J].实验室研究与探索，2021(2)：285－288.

新工科导向的设计实践教育及其改革策略研究

刘 华 曾庆抒 段齐骏[①]

摘 要:本研究旨在探索新工科背景下的设计实践教育,并提出其改革策略。首先,阐明我国新工科理念的重要特征,以更好地理解其对设计实践及教育的影响。然后,提出新工科与设计实践之间协同的概念,并发现其核心作用在于推动工程和设计领域的知识进步。从该视角出发,重点分析在新工科背景下的设计实践教育并提出若干关键要素,包括学科交叉与融合、产学研结合、前沿技术和创新导向、教学模式创新以及评价体系建设等。最后,阐述新工科推动的设计教育的特色举措,并提出新工科导向的设计实践教育教学改革策略,包括提升跨学科合作水平、侧重创新能力训练、加强实践项目导向和实施多元化教学方式等。研究结果表明,新工科导向的设计实践教育及其改革策略对促进工程教育和设计教育的协同发展具有重要意义。

关键词:新工科;设计教育;设计实践;教育改革策略;学科交叉

设计作为工程教育中的基本概念,与工程设计过程共同构成一个重要线索,将不同工程学科联系在一起[②]。随着我国经济的快速发展和创新驱动战略的实施,工程设计教育的核心地位和作用日益凸显。设计教育旨在传授设计知识,并帮助学生建立对行业如何设计和开发产品的理解[③],其中实践教育通过推进设计理念、体验、知识及资源的体系化建设与实践,致力于培养创新能力、综合素质和解决实际问题的能力。当前,设计正处于知识基础产生结构性变化的历史阶段,因此需要有效的机制来积累、传递和产生知识[④]。与此同时,全球范围内的设计实践教育正朝着系统变革的策略方向发展[⑤],而引入新工科

[①] 作者简介:刘华,南京理工大学设计艺术与传媒学院实验中心实验师,研究方向为产品创新设计方法、交通工具设计等。
曾庆抒,博士,南京理工大学设计艺术与传媒学院工业设计系副教授,研究方向为用户体验与智慧。
段齐骏,博士,南京理工大学设计艺术与传媒学院教授,研究方向为设计工程与技术、国际化设计教育。

[②] Butt M, Sharunova A, Storga M, et al. Transdisciplinary engineering design education: Ontology for a generic product design process[J]. Procedia CIRP, 2018(70):338-343.

[③] Qureshi A J, Gericke K, Blessing L. Stages in product lifecycle: Trans-disciplinary design context[J]. Procedia CIRP, 2014(21):224-229.

[④] KEIICHI SATO,冯梓昱,胡飞.设计研究与设计知识[J].包装工程,2020,41(4):1-9.

[⑤] Brosens L, Raes A, Octavia J R, et al. Tackling curricula reforms as design problems: a review of design curricula perspectives[C]. 23rd International Conference on Engineering and Product Design Education (E&PDE 2021). Denmark, 2021:38-44.

理念则成为一种重要途径。有理由相信,将新工科理念融入设计实践教育,可以更好地满足国家的实际需求,并为工程教育质量提升注入积极反馈。因此,文中阐明我国新工科理念的重要特征,提出新工科与设计实践之间协同的概念及其核心作用,从该视角出发,探讨设计实践教育所需考虑的关键因素和改革策略,通过推动我国工程教育及设计教育的协同发展,培养符合国家创新驱动战略需求的人才,并促进高等教育与产业发展的紧密结合。

一、新工科理念的重要特征

新工科是由新经济、新产业需求催生的工程教育新理念。我国新工科不仅是高等工程教育对未来工程发展新态势和新需求的回应,更是工程教育领域依据国家、产业和科技领域重大需求的突破性变革[1]。教育是文化传承的重要载体,我国新工科的教育理念蕴含着中华民族优秀的传统文化底蕴和哲学内涵[2],注重实用性、创新性和交叉融合性[3],其关键特征包括:(1) 国家需求导向的人才培养。新工科教育以国家发展需求为导向,通过针对性的课程设置和培养模式,培养具备国家所需专业技能和能力的人才。这种人才培养模式强调与国家发展战略紧密结合,将工程科技教育与国家经济社会需求紧密对接,培养服务国家战略和经济社会的工程人才。(2) 综合素质与实践能力并重。新工科注重培养学生全面发展的综合素质,包括扎实的理论基础、创新思维能力、团队合作精神和跨学科综合能力等。同时,强调实践能力的培养,通过实验实训、项目实践、校企合作等方式,使学生能够将理论知识应用于实际工程问题,培养解决复杂问题的能力。(3) 传统文化与科技创新的融合发展模式。新工科倡导将传统文化与现代科技相结合,通过探索传统文化中的智慧和价值观念,寻找与科技创新相契合的路径。这种融合发展模式注重科技创新的人文关怀,培养具有创新意识和跨文化沟通能力的未来工程师。(4) 社会责任与民族情怀的人才培养要求。新工科强调工程人才的社会责任感和民族情怀,在培养学生专业能力的同时,注重培养他们对社会问题的关注和解决能力,以及对民族文化的认同和传承。新工科中的工程创新需要具备社会责任感、具有高尚品德和道德素养的工程人才,这种要求有助于促进社会的可持续发展和民族繁荣。

二、新工科与设计实践协同的教育模式及要素

1. 新工科与设计实践协同的教育模式

在新工科实践中,设计发挥重要作用。通过设计实践,工程技术人员能够深入了解用户的使用情境和偏好,将技术与人文社会因素相结合,从而打造出更符合用户期望的产品

---

[1] 姜晓坤,朱泓,李志义.新工科人才培养新模式[J].高教发展与评估,2018,34(2):17-24.
[2] 杨凡,汤书昆."新工科"的哲学阐释——中国传统哲学的视角[J].高等工程教育研究,2018(6):4-10.
[3] 王伊琳,杨旭.新形势下高校自动化专业实验教学改革探析[J].武汉理工大学学报(社会科学版),2022,35(4):141-145.

和服务。

新工科与设计实践协同是一种综合性方法论和教育模式,它将工程技术和设计思维有机结合,以提高问题解决的效率和质量。这种协同体现了系统思维、综合性问题解决和人本主义价值,推动可持续发展。具体来说,设计实践注重用户需求和创意表达,通过用户参与和原型设计等手段转化为具体产品和服务。新工科强调技术创新和应用的推动力。两者互补,促进技术创新和满足用户需求。在教育模式方面,新工科与设计实践协同强调跨学科合作、项目实践和解决现实问题。例如芬兰阿尔托大学的设计工厂项目,通过支持基于问题的跨学科学习与研究,为师生、企业以及社会团体提供了一个协同创新的平台[1]。在这个项目中,师生可以共同参与解决现实世界中的复杂问题,并通过跨学科合作和交流,产生新的理念、方法和技术。这种创新的教育模式可以促进学生的综合能力培养和创新思维的发展,其核心作用在于推动工程和设计领域的知识进步。

2. 基于协同的设计实践教育要素

在新工科与设计实践协同的基础上,设计实践教育需要更加聚焦于跨学科的融合与综合运用。设计不仅涉及美学和艺术,还包括工程、人文、社会科学等多个学科领域的知识。因此,设计实践教育应密切关注新兴科技和社会发展趋势,注重培养学生的创新思维和实践能力。为了提供更全面和深入的视角,可以通过交叉融合各学科领域的理论、方法和实践,构建一个综合性的设计实践教育体系。这个体系应涵盖用户研究、需求分析、概念创新、原型制作、测试与迭代等设计过程中的环节,并引导学生系统地开展设计活动。为了支撑这一体系,还需要构建相应的方法论[2],以指导学生在设计过程中运用正确的方法和工具。同时,为了确保设计实践教育的质量,还需要建立科学而合理的评价体系。这有助于评价学生在设计实践中的表现,并提供参考依据,以确保教育质量和学生能力的提升。此外,设计实践教育的实质在于通过实际的设计活动和项目实践,培养学生的创造力、解决问题的能力以及综合运用知识和技能的能力。它强调学生在真实场景中进行实践、实验和探索,并通过实践中的反思、总结和分享来提高自身的专业素养。基于上述提出以下设计实践教育的要素。

(1) 学科交叉与融合。在设计实践教育中,应通过系统性研究和综合性思考,将不同学科领域的理论、方法和实践进行交叉融合。这要求对相关学科的前沿研究和学术成果进行深入了解,并结合实际案例进行分析和应用。

(2) 产学研结合。设计实践教育需要与实际产业需求相结合,通过与行业合作、企业参与和科研机构的支持,将学术研究与实际应用相结合。这要求对行业趋势、市场需求和技术创新进行深入研究,并将其纳入教学计划和课程设置中。

(3) 前沿技术和创新导向。设计实践教育应紧跟前沿技术的发展趋势,并注重培养

---

① 张彦通,刘文杰.创业型大学发展模式比较研究——以阿尔托大学和奥克兰大学为例[J].大学教育管理,2017,11(5):46-52.

② McKenney S, Kali Y, Markauskaite L, et al. Teacher design knowledge for technology enhanced learning: an ecological framework for investigating assets and needs[J]. Instructional science, 2015, 43(2): 181-202.

学生的创新思维和实践能力。这要求深入研究最新的科学研究成果和技术进展,并将其应用到教学实践中,使学生在面对未来科技挑战时具备应对能力。

(4)教学模式创新。在设计实践教育中,应注重教学模式的创新和教育方法的优化。这要求结合最新的教育理论和教学技术,探索适合设计实践教育的灵活多样的教学模式,例如项目驱动、实践教学、团队合作等,使学生能够更好地应对复杂的设计问题。

(5)评价体系建设。为了保证设计实践教育的质量和规范化发展,准确反映行业需求[①],应建立科学合理的设计实践教育评价体系和机制。这要求深入研究和借鉴国内外相关的认证和评估经验,并结合本校的实际情况进行定制化设计,同时匹配国家和行业要求。

三、新工科背景下的设计教育举措及实践教育改革策略

1. 新工科推动下设计教育的特色举措

新工科引领的设计教育是当前高等教育领域的重要议题之一,越来越多的高校开始调整课程设置和教学方法,将新工科理念引入设计教育中。在新工科理念的推动下,设计教育采取了以下特色举措:

(1)注重设计综合思维和表达能力的培养。关注学生的观察力和批判性思维能力、创新思维和系统思考能力、沟通与表达能力。通过系统化的教学和实践环节,使学生能够深入理解用户需求并识别潜在的问题,运用不同的方法和工具来解决复杂的设计问题,并通过口头、视觉等媒介进行设计信息的传递。

(2)与实际应用场景结合。基于实际企业设计项目的设计实践受到重视[②],强调将学习与实际项目结合,通过与企业、研究机构等合作,让学生接触真实的设计需求和挑战,提高实践能力和适应性。

(3)重视技术创新和创业精神的培养。学生学习并应用新兴技术,如人工智能、虚拟现实等,来推动设计的技术创新。同时,通过创业思维融入设计教学、开设创新创业课程和提供创业支持,来激发学生的创业意识和能力[③]。以上系列举措是设计教育对新工科的积极回应,力图打破学科壁垒、强调实践经验和跨学科学习,为学生提供更加丰富和全面的教育体验。这有助于适应快速变化的社会需求,推动高等教育与产业发展的紧密结合。

2. 新工科导向的设计实践教育改革策略

在新工科背景下,设计实践教育的优化和改革需要基于设计思维、用户导向、项目实践等设计教育的核心理念,同时融入新工科的特点。为此,需要结合系统思维和复杂性理

---

① 耿俊浩,田锡天,马炳和.工业界视角下面向专业认证的工程实践类课程教学改革[J].高等工程教育研究,2018(2):136-141.

② Hu W, Hu Y, Lyu Y, et al. Research on integrated innovation design education for cultivating the innovative and entrepreneurial ability of industrial design professionals[J]. Frontiers in Psychology, 2021(12): 693216.

③ 于雷,陈国强,王静雅.创业思维融入大学设计教育的实践研究[J].艺术设计研究,2023(2):123-128.

论,培养学生面对复杂设计问题时的系统解决能力;利用创新理论与教育,激发并培养学生的设计创新能力;根据经验主义与学习者中心的教育理论①,采用项目实践等方式,让学生在实践中学习和成长。同时,也需要参考跨学科教育研究,构建多元化、交叉融合的学习环境②;借助教育技术和在线学习,提供丰富的学习资源和个性化的学习路径。在整个优化和改革过程中,还应听取来自学生、教师、行业及社会等各方面的反馈,通过持续的评估和改进,确保设计教育的质量和效果。

(1) 提升跨学科合作水平。可借鉴荷兰"3TU"多元跨学科知识整合路径及其融合性、系列化、项目制、模块化理念③,来创建跨学科项目学习机会、建立跨学科研究中心、设计和推广跨学科课程、建立跨学科导师制度以及创建跨学科交流平台。通过这些措施为学生创造更多的跨学科合作机会,培养他们的综合思维和解决现实问题的能力,并促进学生和教师之间的交流与合作。在此过程中,应充分考虑不同学科、专业、背景的学生的需求和特点,保证教育的公平性和包容性。

(2) 侧重创新能力训练。用跨界思维推动高校设计教育创新,形成"大设计"教育观④。可通过引入设计思维训练营、创新设计工作坊和设立创新创业挑战赛等方式,来拓展学生视域,提升学生见识,培育和训练学生的创新思维、设计能力以及解决复杂设计问题的能力,同时,需要实施创新能力训练的持续反馈和评估机制,及时发现学生在创新能力方面的不足,并给予指导和支持。

(3) 加强实践项目导向。设计教育实践教学的开展应使学生深度理解专业知识,可采用"望闻问切"的方法来激发学生的思考和质疑精神⑤,让他们亲身参与项目实践,了解理论与现实差距以及行业动态。为更好地组织学生参与实践活动,可采取产教融合和校企协同的方式。例如,高校可以与厂商、设计机构等合作,在学生进行实践项目时提供指导和支持,并为学生提供实践教育资源,以帮助他们将所学知识应用于实际项目中。

(4) 实施多元化教学方式。多元化的教学方式通过采用不同的教学方法和策略,以适应不同学生的学习风格、能力水平和兴趣爱好,从而提高教学效果。引入跨学科选修课程或项目是一种有效的途径⑥,它能够鼓励学生将不同学科的知识和技能结合起来,使学生能够在解决真实问题时应用多学科知识,培养创新能力和问题解决能力。同时,可以利用新兴工具、在线学习平台和虚拟仿真技术等创新技术手段,为学生提供丰富的学习资源和实践环境,帮助他们理解和应用设计原理,并在数字化环境中进行实际操作和实验。这有助于学生熟悉当今工作环境中常用的工具和技术,培养他们的数字素养和技术应用能力。此外,可借助远程协作和沟通工具,鼓励学生跨时空展开合作,提升团队协作和沟通能力。通过远程会议、在线合作平台等工具,学生可以与全球范围的同行合作,共同解决

---

① 王志军,严亚玲.教育领域设计思维评价:模型、工具与方法[J].开放教育研究,2021,27(5):34-43.
② 庞振超.跨学科教育的教学改革之"道"[J].大学教育科学,2019(4):53-58.
③ 董玉妹,王婷婷."新工科"建设背景下荷兰3TU跨学科工业设计人才培养的经验与启示[J].装饰,2021(12):100-104.
④ 石林,吕太峰,牟峰,等.用跨界思维推动高校设计基础教育创新[J].现代大学教育,2018(5):106-111.
⑤ 赵琳,郭惠超.高校环境设计教育中实践教学的开展[J].教育理论与实践,2016,36(6):52-53.
⑥ 黄倩.跨学科选修语境下设计美学课程探索与实践[J].美术教育研究,2022(21):128-131.

设计挑战。这种实践有助于培养学生的跨文化交流和团队合作能力,为未来的职业发展奠定坚实基础。

四、结论

　　文中研究了新工科导向的设计实践教育并提出改革策略,得出以下主要观点和结论:(1)新工科与设计实践之间协同,其核心作用在于推动工程和设计领域的知识进步。(2)基于新工科与设计实践协同的设计实践教育中,学科交叉与融合是关键因素,产学研结合是主要途径,前沿技术和创新导向是重要方向,教学模式创新以及评价体系建设是重要手段。(3)在新工科理念的推动下,设计教育采取了系列特色举措,为学生提供更加丰富和全面的设计教育体验,有助于推动高等教育与产业发展的紧密结合。(4)新工科导向的设计实践教育改革策略包括:提升跨学科合作水平、侧重创新能力训练、加强实践项目导向和实施多元化教学方式等。未来,需要进一步研究如何更好地应用新工科理念,推动设计实践教育改革的持续发展。同时,研究设计伦理和社会责任、数据引领的设计决策、跨文化设计和国际化融入设计实践教育的方式和途径,以进一步促进工程教育和设计教育的协同发展。

"互联网+"化工原理实验平台建设助力实验虚实结合教学

薛 峰 朱 珺 王 晟 李明海 居沈贵[①]

摘 要：虚实结合的"互联网+"化工原理实验教学平台整合了硬件、软件、仿真和微课等资源，有助于提高教学资源的利用率。在实验前期，学生通过访问该平台，可以系统预习实验目的、实验原理、操作流程和数据处理方法；在实验中期，教师可以通过平台给出的实验数据处理结果指导学生实验，及时纠正错误的操作；在实验后期，教师可借助平台对照批改学生的实验报告并完成数据存档。"互联网+"化工原理实验教学平台的建设和使用，为提高教学质量、保障教学效果、践行新工科人才培养理念提供了有力的支撑。

关键词：虚实结合；"互联网+"；化工原理；实验平台

建设与发展新工科是深化高校工程教育范式改革、满足国家产业经济发展需求的重要举措[②③④]。工程教育专业认证对实验课程教学提出了具体的要求，要求实验课程教学注重培养学生基于科学原理并采用科学方法对复杂工程问题进行研究的能力[⑤⑥]。通过化工原理实验课程的学习，学生应掌握化工生产中各种单元操作的基本原理、过程设备和计算方法，能够设计实验、分析与解释数据并得出合理、有效的结论。南京工业大学的化工原理课程是国家级精品课程和国家级精品资源共享课程，与之配套的化工原理实验是基础理论课的重要补充，化工原理实验仿真项目被评为江苏省实验教学一流课程。

当前的化工原理实验课程虽然取得了阶段性的建设成果，但是依然存在一些与其他工程实验课程类似的问题，主要表现为（1）教学资源比较分散，例如超星MOOC平

[①] 作者简介：薛峰，博士，南京工业大学高级实验师，主要从事实验教学和传质分离研究。
朱珺，南京师范大学讲师，主要从事化工模拟研究。
王晟，博士，南京工业大学副教授，主要从事催化及传质与分离方向的研究，化工原理的教学及研究。
李明海，南京师范大学讲师，研究方向为化学过程模拟。
居沈贵，博士，南京工业大学教授，主要化工原理教学和吸附分离传质研究。

[②] 杨东.从科学范式到工程范式：高质量新工科人才培养的逻辑向度与行动路径[J].大学科学教育,2022(1):19-27.

[③] 顾佩华.新工科与新范式：概念、框架和实施路径[J].高等工程教育研究,2017(6):1-13.

[④] 徐晓飞,沈毅,钟诗胜,等.新工科模式和创新人才培养探索与实践——哈尔滨工业大学"新工科'Ⅱ型'方案"[J].高等工程教育研究,2020(2):18-24.

[⑤] 朱正伟,储开斌,焦竹青,等.以解决复杂工程问题能力为导向的电子信息类实践育人模式[J].实验技术与管理,2019,36(7):1-4.

[⑥] 杨明娣.基于工程认证的化工原理实验教学改革探索[J].吉林工程技术师范学院学报,2019,35(4):50-52.

台、超星泛雅平台、化工原理实验3D仿真易思在线平台等,虽然这些平台集聚了众多教学资源,但存在资源有效利用率不高的问题;(2)实验教学依然采用传统模式,教师没有充分利用信息技术与数字资源,这导致教学效率不高;(3)在实验教学过程中,教师需要利用数据处理软件来处理学生的实验数据,不仅耗时较长,而且无法及时给出合理的指导意见,从而影响了实验教学效果;(4)教师未及时记录学生在实验课上的学习表现,无法为后期的成绩评定提供充分、准确的依据;(5)学生的实验报告中存在实验数据处理错误,与原始数据记录不一致等问题,造成教师批改实验报告的效率低下;(6)实验教学资料、实验数据、实验报告等分散在教师和学生手中,难以整理和保存。因此,建立"互联网+"实验教学平台,助力化工原理实验虚实结合的教学,成为实验教学数字化改革的方向[①]。

一、化工原理实验教学平台设计

南京工业大学化工原理实验课程面向全校化工(英才)、机械等26个专业开设,每年约有2 000名学生学习。因而,设计功能完善的实验教学系统,对提高实验教学效率、保障实验教学质量有着极其重要的意义。

在新工科背景下,以学生为中心的教学理念受到广泛关注,数字化技术被应用到工程实践教学中,网络资源、教学手段、教学方式也不断丰富起来。我们系统整合各类教学资源,设计了化工原理实验教学平台,充分发挥平台师生互动效果好、视觉感受强、用户体验佳等优势,开展互动教学。该平台的设计原则与对应的教学功能如表1所示。该平台的建立旨在充分利用教学资源,方便教师批改实验报告,提升教学的便捷性。

表1 化工原理实验教学平台设计原则与教学功能

序号	设计原则	教学功能
1	以整合现有独立资源为主,不增加新网站构架和新的系统构架	提升学生的预习效率和教学资源的利用率
2	增加现场打分功能,方便数据采集、自动整理绘图和数据处理,能形成规范报告	方便教师批改实验报告、评分和分析实验结果
3	方便学生报告的上传、电子档案的存档、数据查阅和整理	符合信息化管理的发展趋势,便于资料查阅,可实现无纸化办公

1. 推进实验数据平台建设,有效整合现有实验硬件资源

我校化工原理实验中心先后建成了仿真教学平台、学习通平台、化工原理拆装模型装置、塔器设备实物装置、各类实物泵模型装置等网络学习资源。但由于教学资源分散、教学知识点繁多,学生在学习过程中对资源的有效利用率不高。为此,我们希望利用信息技

---

① 贾广信,焦纬洲,李裕.基于"新工科+工程认证"的化工原理实验金课建设路径探究[J].教育理论与实践,2021,41(9):48-52.

术来改进教学设备、整合教学资源、改变教学方式、完善教学评价方法,以提高学生的自学能力,丰富教师的讲解方法,提升操作练习的效果,形成规范的数据记录,实现虚实结合的实验教学管理,保障教学效果。

2. 分阶段配置教学资源,实行在线批改实验报告

针对化工原理实验课程理论性强、对学生动手能力要求高、工程应用性强的特点,我们拟分阶段采用不同的教学方式,对学生进行学习引导[①]。在实验前,教师按照化工原理实验教学目的和要求,通过超星泛雅平台上的实验教学 PPT、操作视频、仿真软件对学生进行模拟训练。系统会完整记录训练内容、效果和学生成绩,方便教师了解学生的预习情况。在实验过程中,教师在智慧大屏上讲解实验,通过物联网系统采集数据、实时监控运行状态、查看实验结果,再通过现场评分系统记录学生的操作数据,充分利用各种方式拓展学生的思维、激发学生的学习热情、提高学生的学习兴趣。在实验结束后,系统会及时处理采集到的实验数据,并自动生成标准实验报告。对照标准实验报告,教师能够及时评价实验数据和实验结果的准确性,了解学生的错误操作,引导学生掌握正确的实验仪器操作规范。

此外,我们还将实行电子实验报告在线批改,并实现电子版实验报告和数据的在线存储,为专业认证提供支撑。

二、"互联网+"化工原理实验教学平台的功能架构

根据实验教学过程,我们将实验教学系统分为教学管理、教师教学、学生实验、现场评分和现场授课五个模块,并据此确定平台的功能架构,如图 1 所示。教学管理模块的主要功能是对学院、班级、学生、教师进行管理,同时为班级安排实验课程,对学生进行分组,给教师安排教学任务。教师教学模块的主要功能是对实验讲义、实验微课、实验课件、仿真资源及其他资源进行管理,同时支持教师在线批阅学生上传的实验报告、评定实验报告成绩、查看实验档案等。学生实验模块的主要功能包括学习实验讲义、实验微课、实验课件,查看其他资源,进行仿真实验练习,同时支持学生处理实验数据并上传实验报告。现场评分模块的主要功能是支持教师对学生的实验表现进行评分。现场授课模块的主要功能是支持教师使用大屏进行实验讲解、监控设备运行数据、确认学生实验结果、现场打印实验数据等。现场打印功能是基于 2021 年全国化工原理实验大赛的要求而开发的,采用确认数据机器打印的方式,以保证参赛选手数据的公正性。在平时的实验教学中,学生可以在实验结束后取回机器打印的数据或者 PDF 版本的数据报告,并据此进行数据处理和绘图。

---

① 薛峰,王晟,居沈贵.建立化工原理实验教学前、中、后模式研究探索[J].化工时刊,2019,33(9):53-55.

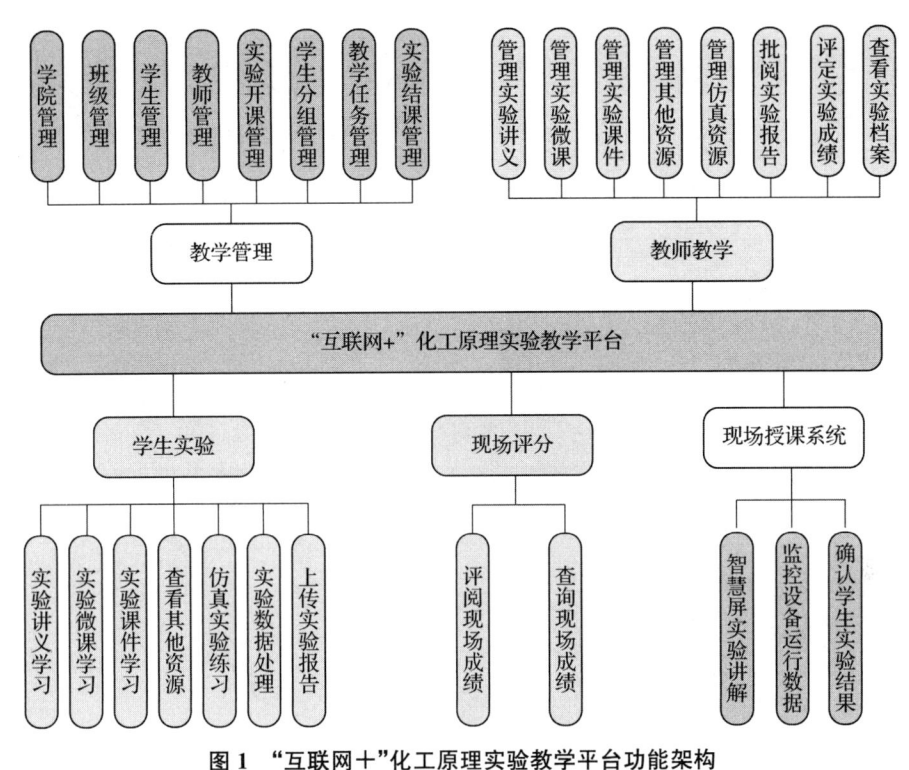

图1 "互联网+"化工原理实验教学平台功能架构

三、"互联网+"化工原理实验教学平台的网络架构

我们从建设成本、安全性、稳定性、便捷性、可扩展性等多个方面考虑,设计了"互联网+"化工原理实验教学平台的网络架构,如图2所示。平台包含的硬件设备有实验装置、用于数据采集与传输的前置机、用于实验讲解及数据监控的智慧屏、用于实验操作与表现评分的移动终端,以及存放各类数据与资源的服务器。

借助物联网系统,实验装置上的实验数据通过实验室局域网传送到前置机,前置机将采集到的数据通过局域网传输到智慧屏上,同时前置机通过实验室局域网接入校园网,再通过互联网调用平台上的应用程序,将实验数据存储到实验教学平台系统的数据库服务器中。智慧屏可通过实验室局域网接入校园网,再通过互联网调用平台系统的应用程序,获取文件服务器中的实验教学文件、仿真服务器中的仿真资源、数据库服务器中的数据、流媒体服务器中的流媒体资源等。移动终端通过实验室局域网接入校园网,再通过互联网调用平台系统的应用程序,将学生现场表现评分上传到平台的数据库服务器中。

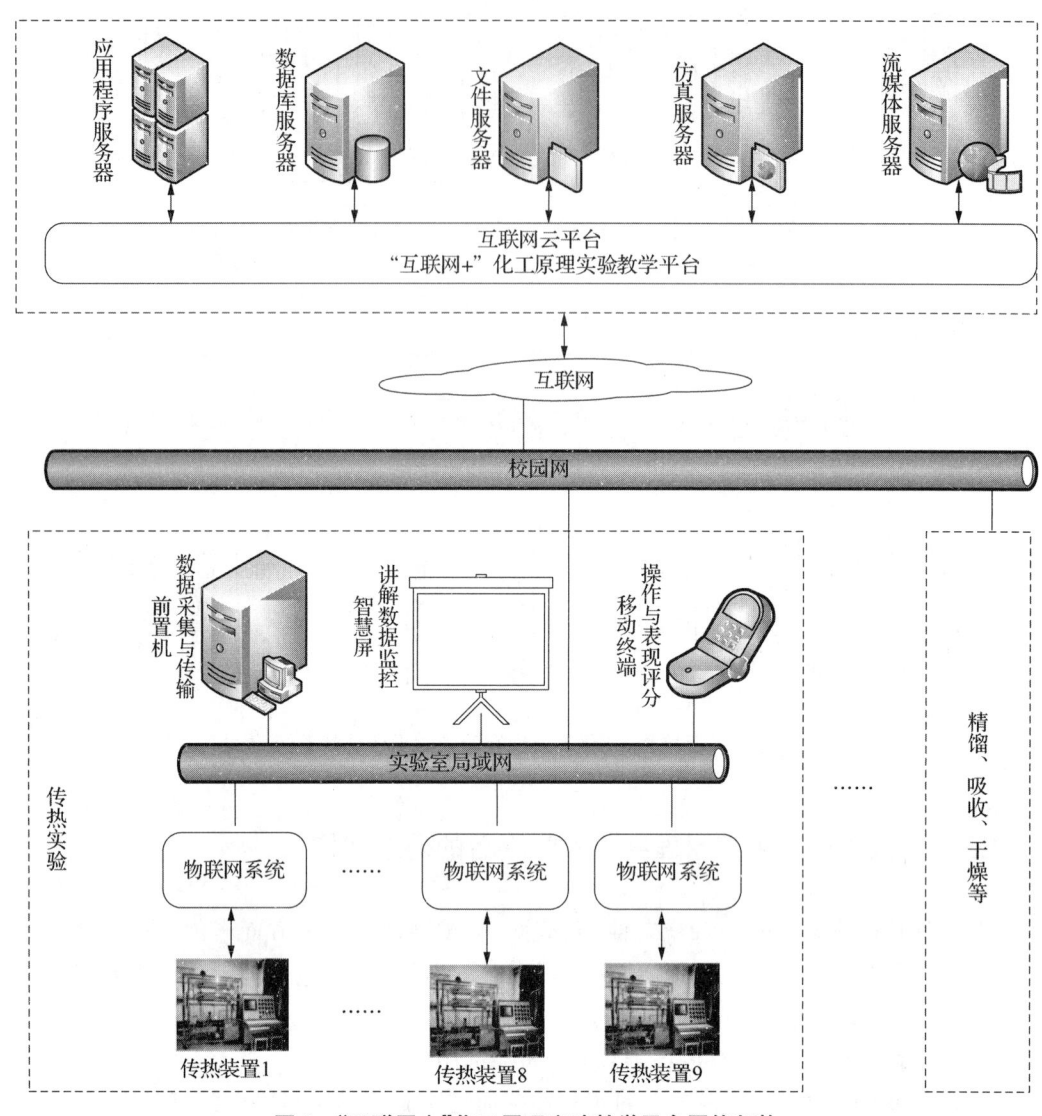

图 2 "互联网＋"化工原理实验教学平台网络架构

四、"互联网＋"化工原理实验教学平台的应用案例

下面以流体流动阻力测定实验为例,对"互联网＋"化工原理实验教学平台的应用进行简要说明。在 2023 年度的实验教学中,我们将化学工程与工艺 1901 班的 28 人平均分成 14 组,提供 9 组实验装置,让学生分两批开展实验。

1. 化工原理实验课程学生成绩构成

化工原理实验 A 类课程的教学活动形成性评价内容包括学习通在线实验评价、仿真实验评价、实验操作过程评价、实验报告评价和实验面试。课程综合评价(简称"总评")成绩由超星学习通在线实验评价成绩(占20%)、仿真实验评价成绩(占10%)、实验操作过程评价成绩(占10%)、实验报告评价成绩(占30%)和实验面试成绩(占30%)构成。我们在教师端增加了现场打分功能,教师可针对同组学生的不同表现进行现场打分,并计入学生总评成绩。

表2 学生实验成绩构成

序号	实验项目	对应考核知识点	占总评百分比/%
1	学习通在线实验	实验目标和原理	20
2	仿真实验	仿真操作	10
3	实验操作过程	实际操作熟练程度	10
4	实验报告	书面报告、数据处理	30
5	实验面试	对操作过程和实验现象的理解能力	30

2. 学生根据实验教学要求完成在线预习

流体流动阻力测定实验的教学目标是使学生掌握直管摩擦系数 λ 与雷诺数 Re 和相对粗糙度之间的关系及其变化规律;掌握局部摩擦阻力 Δp_f 和流体流经阀门和弯头时局部阻力系数 ζ 的测定方法;掌握流体层流流动时,摩擦系数 λ 与雷诺数 Re 的关系及其变化规律,并与理论计算结果进行对比。此外,学生在实验过程中还需要测定光滑管、粗糙管的摩擦系数 λ 和闸阀、弯头的局部阻力系数 ζ。学生根据实验要求进行预习,通过仿真实验平台3D仿真单元操作,了解操作流程(占10%);通过学习通平台,学习实验数据处理方法,掌握实验报告的书写规范(占20%);通过观看视频微课,掌握仪器设备的关键操作点和最佳操作参数,进一步加深对实验步骤、工艺流程图、控制点阀门等的理解,熟悉实验操作流程(占30%)。

3. 实验数据采集与处理

实验开始前,应确保物联网系统与本地服务器正常连接,且本地服务器和"互联网+"化工原理实验教学平台之间的网络保持通畅。实验时,学生在操控台调节流量参数,并在现场开启阀门,做好实验准备工作。每组成员都要各司其职,做好实验数据的记录和采集工作,并对实验过程中出现的异常情况进行分析和处理。实验数据的采集有自动采集和手动采集两种方式,上传的实验数据在云端服务器进行处理,形成拟合曲线,如图3所示。

教师可以根据学生的现场表现打分(占10%)。当学生对采集到的数据有疑惑时,教师可以现场开通系统权限,让学生根据系统自动生成的拟合曲线去判断实验误差大小,思考操作是否正确,并确定是否需要重新实验。实验报告占比为30%,我们要求学生熟练使用Excel、Matlab或Origin等软件进行实验数据拟合,并将实验报告上传至系统。实验报告能够体现学生对实验的理解程度,因此实验报告成绩在总成绩中占比较高。教师可以对照系统生成的标准实验报告来批改学生的实验报告(见图4),这样不仅直观、方便,而且能提高工作效率。

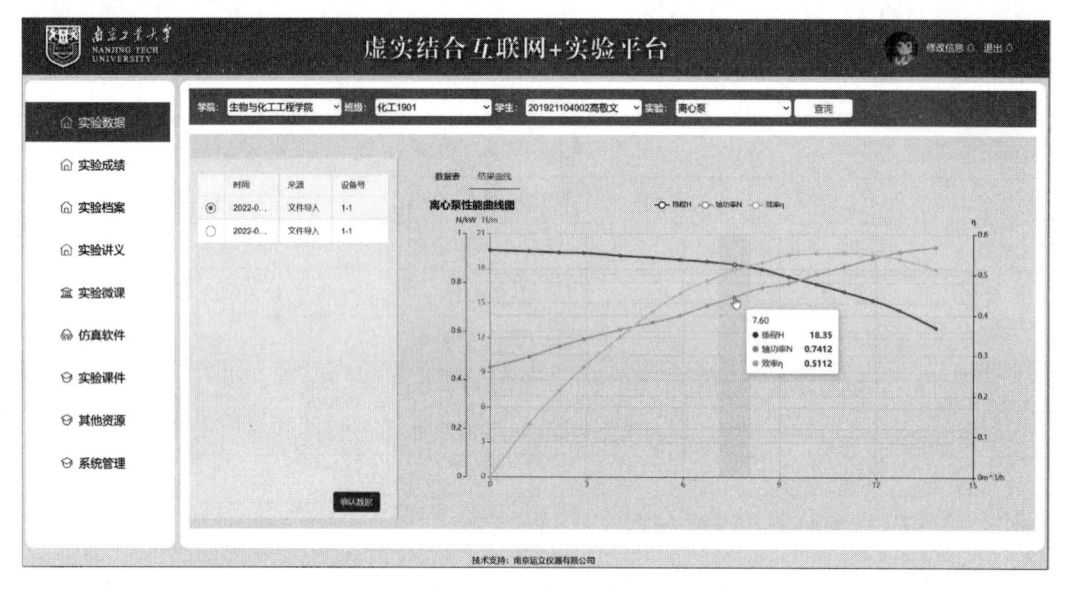

图 3　实验数据处理

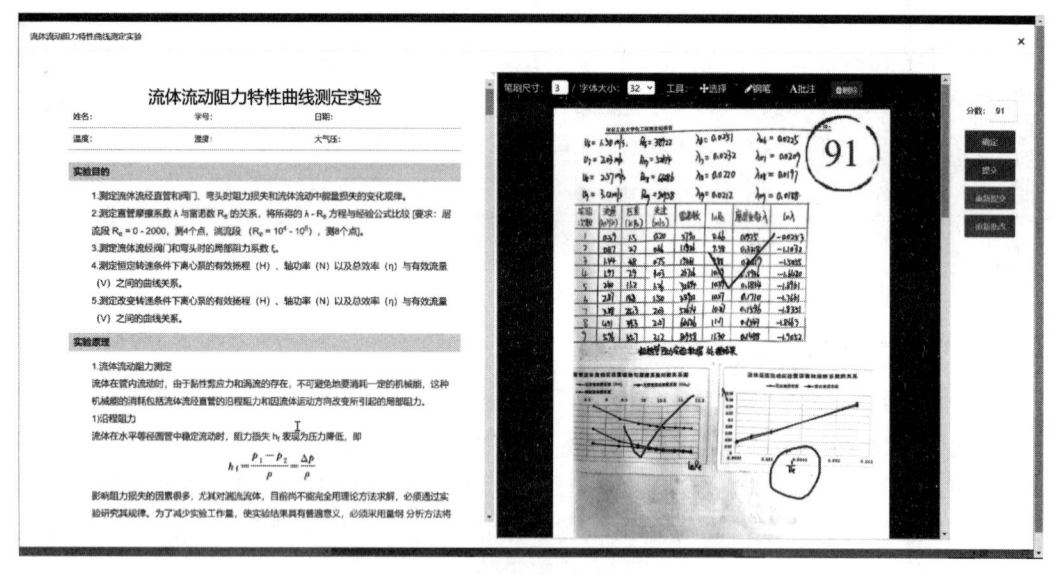

图 4　实验报告批改界面

4. 实验数据和学生实验报告归档

电子版实验报告便于保存和查阅。"互联网＋"化工原理实验教学平台具有存储功能，可实现实验数据和学生实验报告的归档、保存、调阅和分析。图 5 为数据查阅界面。

图 5　平台实验数据查阅界面

五、结语

"互联网＋"化工原理实验教学平台的建设，有助于提高师生对教学资源的利用率。对教师而言，平台的使用提高了实验过程的可控性、实验数据处理的及时性和实验报告批改的便捷性，是提高实验教学效率和效果的有力工具。对学生而言，借助该平台可以更好地了解实验目的和原理、熟悉装置和流程，从而提升学习效果。"互联网＋"化工原理实验教学平台已经成功应用于化工原理 A 类实验课程的教学，现在正逐渐推广到全校其他专业实验课程的教学中。该平台的建设和使用旨在提高学生的动手能力和灵活运用化工原理分析、解决复杂工程技术问题的能力，提升化工原理课程的理论教学效果，实现理论与实践的融合，促进新工科背景下高素质化工人才的培养。

基于"三全体系"的高校仪器可持续发展应用研究

高 杰　陶 梅　王丽华　王方田[①]

摘　要：仪器开放共享是高校在履行人才培养、科研创新和服务社会的使命过程中必不可少的环节。当前，高校仪器尤其是占比90%以上的小型仪器普遍存在着重视购置轻管理、安全监管压力大、开放共享缺少考核，以及由此带来的仪器共享率低、重复购置等问题，造成极大的资源闲置和浪费。作为高精尖仪器汇聚地的高校，在国家要求大型仪器对外开放共享的大环境下，应主动从资产管理、安全管理和开放共享三个方面探求高校仪器可持续发展之路，构建基于"三全体系"的高校仪器可持续发展体系，即"全生命周期的资产管理体系、全过程的安全管理体系和全社会参与的开放共享体系"，以期提高高校仪器管理水平和对外开放共享率，使其在有限的生命周期内效益最大化。

关键词：三全体系；高校仪器；开放共享；可持续发展

一、引言

实验室是高校进行实践教学和从事科学研究的重要场所，实验室的建设水平体现了高校教学水平、科学水平和管理水平[②]。可以说，实验室是大学的核心竞争力，是培养创新人才的摇篮和彰显高校办学水平和办学特色的重要标志[③]；而仪器作为高校实验室的具体组成部分，是高校进行教学科研的重要基础，是开展知识创新和人才培养的必要工具[④]。高校仪器的开放共享有利于实现资源充分利用以服务社会发展，集思广益突破科学前沿以解决重大科技难题。国务院2014年颁布了《关于国家重大科研基础设施和大型

[①] 作者简介：高杰，博士，中国矿业大学煤炭资源与安全开采国家重点实验室高级实验师，主要从事采矿工程及其实验技术管理工作。
陶梅，中国矿业大学马克思主义学院思政博士在读，江苏安全技术职业学院副教授，主要从事马克思主义理论及思政课教学与科研工作。
王丽华，中国矿业大学矿业工程学院讲师，主要从事智能采矿实验教学和科研工作。
王方田，博士，中国矿业大学矿业工程学院教授，主要从事智能采矿、安全高效绿色开采、采动覆岩运移规律及控制等方面的教学科研工作。

[②] 左铁镛.充分发挥实验室的作用，建设一流大学[J].中国大学教学，2007，12：4-6，67.

[③] 赵跃民.实验室是大学的核心竞争力[J].实验室研究与探索，2006，24(2)：1-4.

[④] 胡亚云.有效提高大型仪器设备利用率的探讨[J].实验室研究与探索，2013，32(1)：180-183.

科研仪器向社会开放的意见》(国发〔2014〕70号)[①]，对仪器开放共享提出了明确要求：要建立专业化、网络化的管理服务体系，科研设施与仪器开放共享制度、标准和机制更加健全，建设布局更加合理，开放水平显著提升，分散、重复、封闭、低效的问题基本解决，资源利用率进一步提高……这份意见为高校仪器的可持续发展及开放共享指明了方向。部分高校推行的高校仪器全生命周期管理[②]、全过程参与的安全管理模式[③]和全社会参与的开放共享模式[④]等，取得了较好的效果。在充分借鉴已有成功经验和做法的基础上，构建基于"三全体系"的高校仪器可持续发展体系，势必可以充分激发高校仪器开放共享的潜力和活力，使高校仪器在有限的生命周期内做出更大的贡献、取得更多的成果。

二、当前高校仪器管理问题现状及成功经验综述

1. 高校仪器管理问题综述

高校的使命是为国育才、服务社会，人才培养、科研创新和技术服务是其神圣职责所在，而高校仪器则是完成这一使命的重要载体。高校作为行业高精尖仪器的集聚地，促进高校仪器可持续发展，使其尽可能地发挥自身价值，归根结底落脚于如何尽可能地延长其生命周期(使用寿命)、并在有限的生命周期内最大限度地对外开放共享(使用效率)。近年来，各大高校大型仪器的开放共享工作均取得了卓有成效的成绩，但是传统管理模式及弊端仍旧存在，还存在很大进步空间，如队伍配置上结构不合理、人数偏少、任务偏重、年龄偏大、学历偏低等问题；日常管理上重购置轻管理、重复购置、仪器"私有"(不共享)现象；安全管理上重使用、轻安全、监管不足、管理粗放、主体不明、责任不清等现象；开放共享上共享意识不强、制度不全、奖惩不明、信息化程度低等现象。以某国家级重点实验室为例，该平台建成15年来，现有1 500余台仪器仅4名平均年龄53岁的专职实验员分别负责资产管理、安全管理、开放共享等工作，纳入学校共享平台的22台40万元以上仪器中，建成后未做任何实验的2台、平均实验不足1次/年的7台、被人垄断专用的9台，仅有4台能够正常对外开放共享；此外，占比90%以上的40万元以下仪器不对外共享，存在闲置到报废时仍完好未用现象。

当前高校仪器存在的问题严重制约了其管理效率和共享水平的提升，应从以下方面进行改善：

(1) 采取措施改变专职人员结构不合理的现状；

(2) 推行仪器全面共享和考核，避免资源浪费和重复购置，改变重购置、轻管理、缺考核、无奖惩导致的共享率偏低现象；

(3) 鼓励闲置仪器的调配、功能再开发以延长仪器使用寿命；

---

① 国务院办公厅.关于国家重大科研基础设施和大型科研仪器向社会开放的意见：国办发〔2014〕70号[Z].
② 杨柳,黄开胜,江永亨.高校设备全生命周期管理的"清华实践"[J].实验技术与管理,2019,36(10)：1-5.
③ 王兴达.高校实验室安全管理标准化体系构建及评估研究[D].北京：中国地质大学,2021.
④ 孙宇,高禄梅,张伟绒,等.新时期高校大型设备面向社会开放共享机制的探索与思考[J].实验室研究与探索,2021,40(8)：274-279.

(4) 构建仪器管理追责体系,提高到影响事关领导和分管职工的考核、晋升高度。

将高校仪器管理明确责任、统筹考虑、全盘规划,推动其可持续发展规划,有利于解决高校仪器管理中的诸多问题,进而促使其在有限的生命周期内创造出尽可能多的价值。

2. 高校现有成功做法

(1) 资产管理

越来越多的高校认识到要对高校仪器进行全生命周期的管理,并形成了逐渐完善的全生命周期管理体系,向上可溯源追到调研论证期、向下延伸到仪器报废的考核评估期,加强使用效果考核以避免资源浪费等消极现象。如吉林大学张欣等梳理了高校仪器预算、采购、资产和财务等管理关系,构建了符合新形势下固定资产管理要求的仪器全生命周期管理机制,提高了学校仪器管理水平[1];山东大学王文君等以全生命周期视角将仪器核心业务归纳为18大类,借助信息化手段构建了"一站式"仪器线上全生命周期管理平台,推动管理体制机制创新,形成"一体化"管理服务体系,全面提升了仪器数据信息精准度和仪器管理服务水平[2];新疆大学鲁振江等构建了仪器全生命周期管理平台,优化缩短了采购期、降低了采购成本,强化了管理意识、使资产管理更科学化,提高实验室管理与服务的水平与质量,推进学校实验室建设与实验教学改革[3];南京航空航天大学余明等构建了基于CIPP模型的高校仪器全生命周期管理评价机制,较好地解决了高校仪器全生命周期管理中现存的问题,既适用于单台仪器的全生命周期管理评价,也可满足学校宏观层面仪器管理评价的需要[4]。

(2) 安全管理

安全生产重于泰山,没有安全就没有一切。近年来高校实验室偶有爆出的安全事故使得各大高校领导对安全越发高度重视,也积累出一系列成功做法和经验。如厦门大学林旭基于大型仪器质量管理需求,提出通过TQM全面质量管理对实验室安全的全过程安全进行监控管理,促进了仪器使用的全过程得到安全保障控制,用户满意度得以,具有一定的参考和借鉴意义[5]。2022年4月17日举办的全国教学科研及医疗单位实验室危险化学品安全管理线上培训班上,北京大学周勇义从管理体系、风险源和参与者3个纬度入手阐述了高校实验室安全全过程管理的实现,其中管理体系包括组织体系、制度体系、责任体系、经费保障体系,风险源包括危化品、高压容器、放射源等,参与者包括师生、管理人员和短访人员等[6]。中国矿业大学吴祝武介绍了通过全过程参与的安全体系构建、可

---

[1] 张欣,岳鑫隆,方东红.高校仪器设备全生命周期管理机制探析与信息化建设[J].实验室研究与探索,2021,40(1):262-265.

[2] 王文君,胡美琴,付庆玖,等.高校大型仪器设备开放共享的探索与实践[J].实验技术与管理,2021,38(1):231-234+238.

[3] 鲁振江,阿力甫·依不拉音,伊丽君.高校仪器设备全生命周期管理平台的构建与探索[J].现代信息科技,2020,4(8):109-111.

[4] 余明,王勤,冯建刚.基于CIPP模型的高校仪器设备全生命周期管理评价机制构建[J].实验室研究与探索,2021,40(2):275-278.

[5] 林旭.M高校大型仪器设备使用的全面质量管理研究[D].厦门:厦门大学,2019.

[6] 周勇义.实验室安全全过程管理的思考与实践[Z].北京.全国教学科研及医疗单位实验室危险化学品安全管理培训班(线上).2022-04-17.

以实现实验室安全治理体系和治理能力双提升。①

（3）开放共享

高校资产管理和安全监管的最终目的是高校仪器的对内使用和对外共享,这样才能充分发挥其自身价值。近 10 年来,各大高校积极推动大型仪器的开放共享,因地制宜地出台了系列配套政策,各自形成了一些很好的经验和做法。如华中农业大学刘乔等将高校大型仪器的开放共享视为一个系统工程构建了开放共享管理体系,制定了配套文件,构建了开放共享平台,全面落实有偿使用开放共享机制,取得了较好的成果。② 华中科技大学材料学院余晓武等则是将所有仪器均纳入学院共享平台系统对外开放,建立了快捷便利的共享流程,组建了大型仪器管理团队;聘请在读研究生负责仪器使用管理以解决人手不足问题,统一了仪器购置及维保,加强了安全管理,推行了绩效考核与奖惩。③ 福建农林大学修新田基于 Probit 模型研究从理论上论证了激励政策和约束惩罚制度及其执行状况,对高校科研仪器管理者对外开放共享意愿影响较大。④ 除上述好的做法外,当前开放共享普遍存在的问题有校院级难成合力(校级积极推动、院级消极应对)、专职人力不足、缺乏考核奖惩、校企供需信息不畅、审批程序繁琐等。

三、基于"三全体系"的高校仪器可持续发展体系构建

在借鉴上述各大高校的成功做法和经验基础上,结合高校仪器的全生命周期,可以构建基于"三全体系"的高校仪器可持续发展体系,即高校仪器全生命周期的资产管理体系、全过程参与的安全管理体系和全社会参与的开放共享体系。

1. "三全体系"的内涵

"三全体系"的内涵是以钱学森系统思想⑤和以马克思资本论为基础的资本运营理论⑥为指导,将高校仪器管理作为一个整体系统进行资本运营,以在高校仪器的生命周期内取得最大限度增值为目的。这种"增值"具体而言,不仅仅指的是经济效益增值,还须考虑人才培养的增益、服务社会的增益以及科学创新所产生的未来可见的增益等。

2. "三全体系"实现路径

（1）全生命周期的资产管理体系

全生命周期的资产管理体系是指对所有购置的仪器,从其论证购置到报废这一整个

---

① 吴祝武.高校实验室安全检查项目表不符合项统计——以中国矿业大学为例[Z].徐州.全国教学科研及医疗单位实验室危险化学品安全管理/实验废弃物环保处置与应急培训班(线上).2022－04－17.
② 刘乔,刘慧宇.高校大型仪器设备开放共享体系建设与实践[J].实验室研究与探索,2019,38(9):286－288.
③ 余晓武,范淑媛.论高校实验室大型仪器设备的开放共享管理——以华中科技大学材料学院公共平台实验室为例[J].分析仪器,2019(4):94－97.
④ 修新田.高校科研仪器管理者对外开放共享意愿影响因素分析——基于 Probit 模型的实证研究[J].高等农业教育,2019(4):40－48.
⑤ 黄欣荣.钱学森系统思想及其在智能时代的意义[J].钱学森研究,2019(1):38－56.
⑥ 蔡燕婷.马克思资本运营视域下福建高校仪器设备运行研究[D].漳州:闽南师范大学,2017.

生命周期，进行全覆盖一体化动态管理。每台仪器均要建立生命周期档案，从每台仪器的采购论证、计划报批、招标采购、验收入库、有效使用、保养维修及报废处置各个环节及工作流程进行全方位的管理，大致可分为准备期、采购期、使用期和处置期。准备期主要进行仪器的规划论证、可行性分析和型号选择等；采购期主要进行招投标、合同签订、试用验收、资产建账等；使用期主要是正常使用阶段仪器的安全管理、运行维保、升级改造和开放共享管理等；处置期主要是根据需要对仪器进行调拨或报废处置。

① 准备期：首先是规划建设，树立以学科发展为导向的资源配置理念，由学校二级学院教授委员会围绕学科发展方向、人才培养需求和重大科学前沿研究等来进行规划、落实采购负责人，并由其牵头负责该仪器整个生命周期的一切事务；其次是前期调研，由采购负责人深入了解实验需求以及现有类似仪器的应用情况及存在问题，多加调研比较供货商和已购客户评价后形成招标文件，报经委员会组织专家论证、重点论证方案是否可行、适用、有效，形成最优招标方案进入采购期。

② 采购期：首先是评标，由学校组织专家对投标文件进行比较和评估，比较技术参数和指标以及报价等，选择最优方；其次是试用评价，组织专家对仪器的可行性和效用性进行评价；再者是验收，试用符合采购要求的情况下组织验收，须明确完成仪器开放共享机组及收费标准、审定安全使用规程流程、安全管理及开放共享考核评价要求等。

③ 使用期：使用期是高校仪器有限生命周期内发挥重大作用的关键期，资本运营理论指出，资本的本质是通过自身的运动来实现价值增值，资本运营的最终目标是实现利润的最大化。高校仪器的使用应秉持这一理念，开展年度考核和阶段考核，并建立一整套基于资本运营理论、考虑投入—产出的考核体系，考核时增值不仅仅局限于经济效益（收入）的增值，更应重点考核其科研和社会效益、教学效益和成果效益；考核要有奖惩，对使用效益差的开放机组限期改正，特别严重者将其分管仪器收回，调拨给需要的人，力求使仪器在有限的生命周期内创造更大的效益。

④ 处置期：现有资产处置多为直接报废，缺乏对仪器整个生命周期的考核评价，导致存在仪器闲置至报废或者为脱离管理到期以假充真恶意报废等情况，由此带来了巨大的财产损失和资源浪费。为此，在处置期，首先应在前期年度考核和阶段考核的基础上对仪器进行总体评价，重点考核其共享收益、服务项目、培养人才、成果产出（论文、专利、专著、获奖等），视考核结果对相应开放共享机组进行奖惩；其次对确认原有购置单位和个人已不再使用或更新换代没有利用价值但仍能正常使用的仪器，先进行残值评估，以此为基础在本校内或同行高校间征求对口调拨或者挂网出售，确实没有再利用价值的方可进入报废流程。

全生命周期的资产管理体系实现路线如图1所示。

全生命周期的资产管理体系可以实现仪器全程跟踪管理、信息共享，提高了仪器利用率的同时还能避免重复采购等弊端。建立全生命周期的资产管理体系，首先要明确仪器承建（采购）人，由其负责仪器整个生命周期内的一切事务；其次要加强评价考核，从准备期论证考核开始，重点考核评价使用期的资产管理、安全运行以及开放共享等，只有加强考核评价才能及时发现问题、解决问题。

（2）全过程参与的安全管理体系

人们常说，安全责任大于天，安全无小事。高校仪器安全是一个动态的过程，需要实

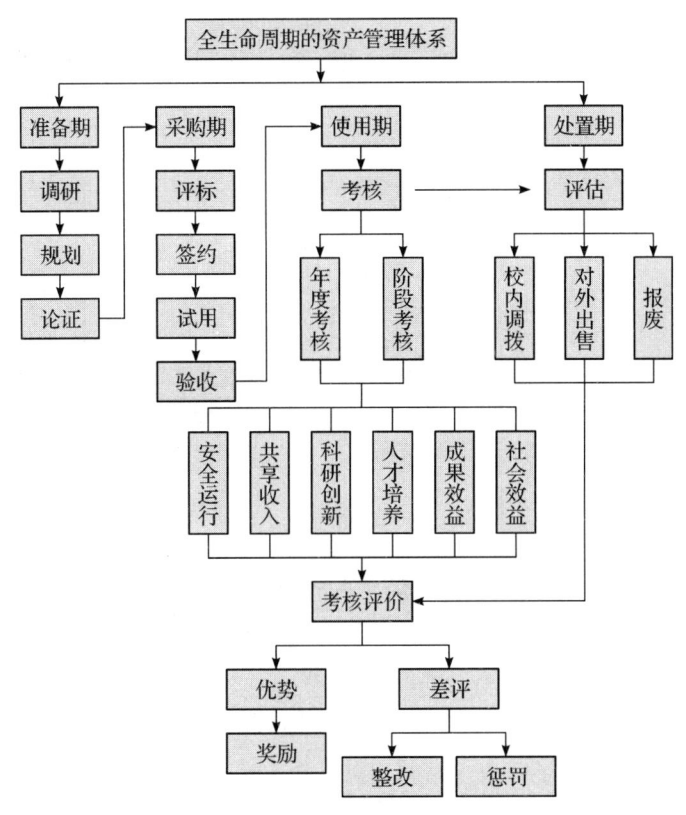

图 1　高校仪器全生命周期的资产管理体系路线图

现仪器使用前后的全过程可控。全过程参与的安全管理体系就是指以安全责任落实为统筹,通过搭建明晰有效的管理架构、制定和落实管理制度、建立专业管理团队、分解压实安全责任、组织和实施绩效管理等措施手段,实现源头把控、过程监督、结果评价、全程覆盖、全程可追溯目标的安全管理模式。

2021 年 9 月 1 日起施行的《中华人民共和国安全生产法》明确提出"安全生产工作实行管行业必须管安全、管业务必须管安全、管生产必须管安全",在此背景下全国高校越来越重视实验安全,教育部连续组织高校实验室年度安全检查。据统计,2020 年共抽查了 25 所高校,发现安全不符合项数 544 个、平均每个高校 21.76 个,其中排名靠前的 6 大类问题共占 78%,分别是化学安全 34%、安全设施 12%、实验场所 12%、责任体系 8%、特种设备 8%、基础安全 6%(图 2);2021 年共抽查了 75 所高校,发现不符合项题数 1 429 个、平均每个高校 19.05 个,排名靠前的 6 大类问题共占 81%,分别是化学安全 33%、实验场所 15%、安全设施 13%、特种设备 8%、基础安全 7%、责任体系 6%(图 3)[①]。

---

① 吴祝武.高校实验室安全检查项目表不符合项统计——以中国矿业大学为例[Z].徐州.全国教学科研及医疗单位实验室危险化学品安全管理/实验废弃物环保处置与应急培训班(线上).2022-04-17.

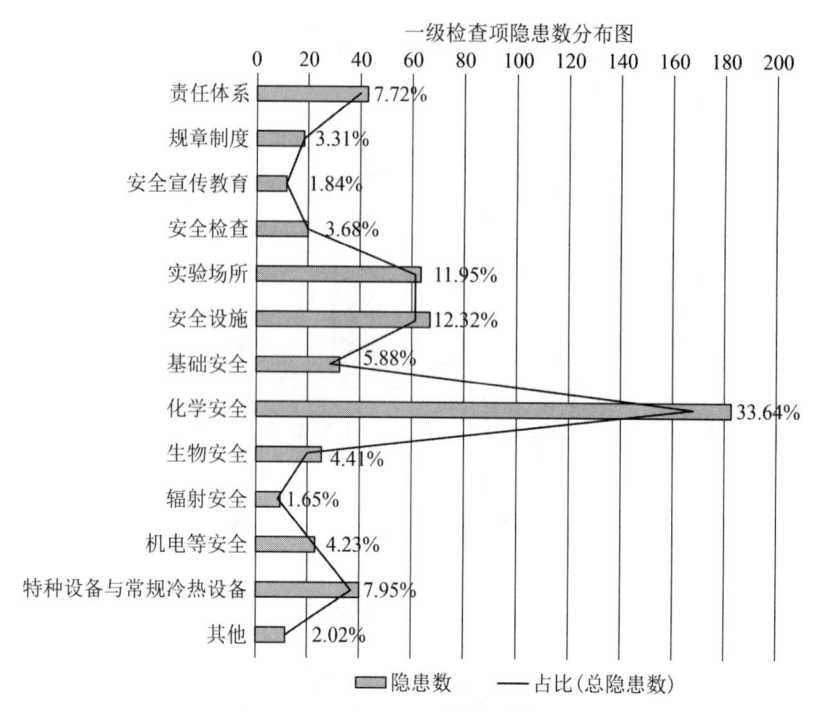

图 2 2020 年所查一级隐含分布图

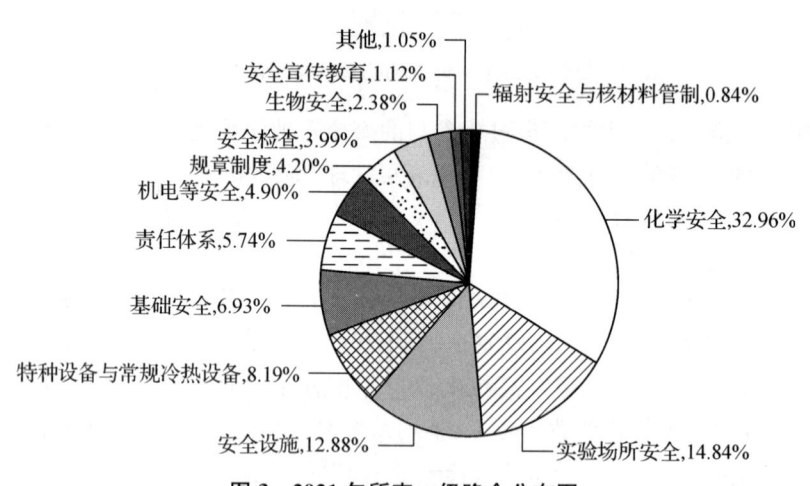

图 3 2021 年所查一级隐含分布图

由此可见,即便教育部年年抽查、高校定期不定期自查,实验安全隐患仍层出不穷,对于动态使用的高校仪器而言,安全的道路无止境,需要建立全过程参与的安全管理体系。具体而言,建立健全高校全过程参与的安全管理体系,应以相关为法律依据、以教育部《高等学校实验室安全检查项目表》为目标指导,通过现代化科技手段,合理统筹人事安排团队组建,有计划有规划地进行目标设定,完善组织管理体系和考核奖惩制度,加强过程控制,定期不定期巡查、整改与提升,以确保高校仪器安全运行。简单一句话:应以安全责任人为点,以各仪器的安全运行为线,以高校实验室为面,做到点线面结合如臂使指,灵活、高效、便捷,时刻确保高校仪器的运行在监管之下。

全过程参与的安全管理体系实现路线如图4。

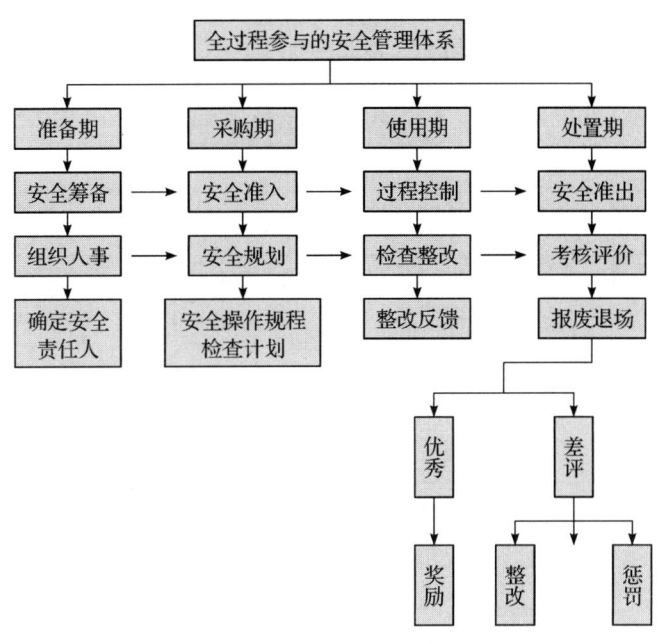

图4 高校仪器全过程参与的安全管理体系路线图

(3) 全社会参与的开放共享体系

构建全社会参与的开放共享体系,与国发〔2014〕70号文出台的背景是相呼应的。这有利于规范管理服务体系,完善开放共享制度、考核标准和机制,改变当前高校仪器由于分散、重复、封闭、低效等问题导致的资源共享利用率低、布局不合理等问题。以前述某国家级重点实验室为例,现有665台科研仪器中有高达96.7%的(643台)仪器未纳入开放共享,分别掌握在各自承购(研制)团队手中;纳入共享的40万元以上大型仪器22台、占比仅3.3%,其中2台建成验收后未做任何实验、仅作为研究方向展示,6台建成验收以来平均实验次数不足1次/年,10台建成验收后多为仪器承建人团队使用。仅有极少数公共测试仪器能够真正意义做到对外开放,且共享中存在"仪器管理惰性化""领导实验特权化"和"熟人实验人情化"等消极现象。因此,严格执行"高校仪器国有化",构建全社会参与的开放共享体系显得尤为重要。

一是要坚定"仪器国有"理念,将所有仪器均纳入开放共享。

二是要明确将仪器承建(购买)人定位第一责任人,设申购之初即签署共享责任书,促使其增强对外共享意识。

三是要运用马克思资本运营理论,合理确定共享收费标准及考核评价指标,坚持年度考核和阶段考核。除实际经济收益外,教学仪器还须考查所做实验清单及学生实验报告、科研仪器须考查所承担的科研项目并以仪器使用原始记录(项目报告中必须使用到的实验数据)为依据;对考核不合格的限期整改,整改不过关者要追责。

四是积极推行全社会参与开放共享:积极外宣扩大社会需求量;吸收社会力量参与高

校实验相关环节如供应耗材、制取试样等,以缓解高校专职人手少的窘境;推动仪器定期校准、规范实验流程以增强数据可靠性,有条件的还可积极申报相关资质(如 CMA 认证)以提高社会认可度。

全社会参与的开放共享体系相关实现路线如下图 5。

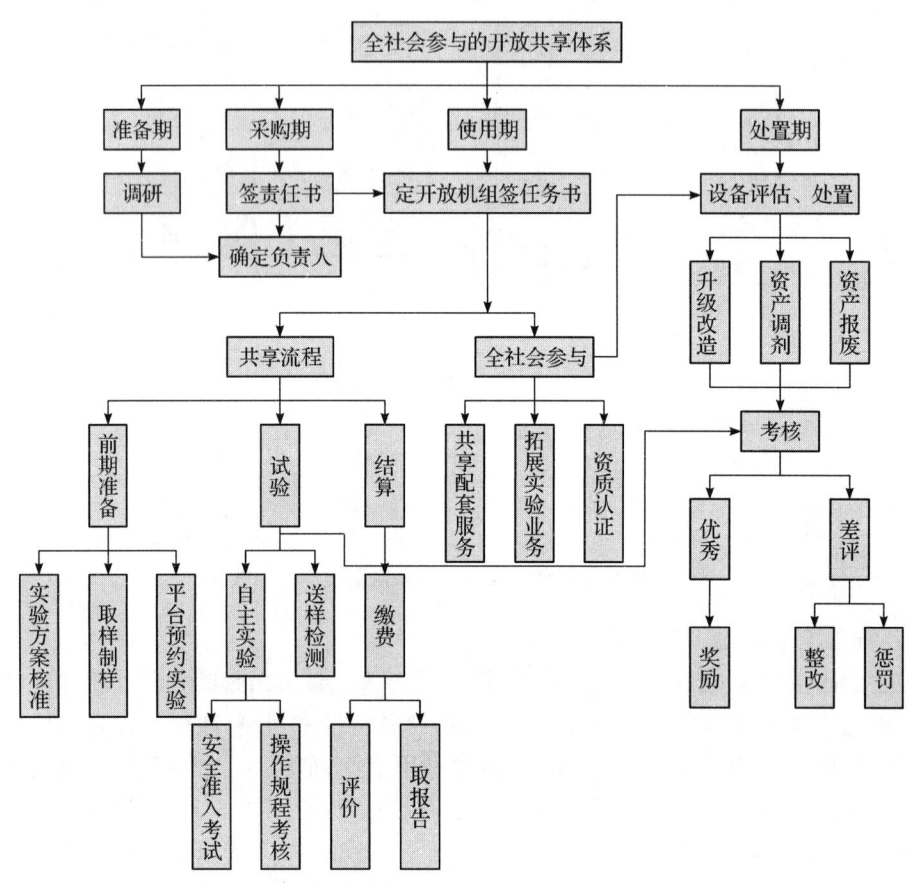

图 5　高校仪器全社会参与的开放共享体系路线图

3. 高校仪器可持续发展体系构建

在上述"三全体系"构建完成的基础上,高校仪器可持续发展体系实现路径图如图 6 所示。具体包括"三全体系"的实现和"双向评价体系"的推行两部分。

(1)"三全体系"的实现

运用系统思想和资本运营理论,将高校仪器视为一种资本进行运营,而运营收益不局限于单纯的实验费收入,还涵盖了人才培养、科学创新和服务社会等所带来的有形无形收益;同样,在计算投入时,不仅要考虑高校仪器购置成本,还要考虑运行成本及安全成本等。这就要求在制定考核评价标准时应将以上因素纳入评判研究,给予合适的权重。"三全体系"实现路线,紧紧围绕高校仪器全生命周期的四个阶段(准备期、采购期、使用期、处置期)进行,其中资产管理体系是高校仪器资本运营的主体,全过程参与的安全管理体系是资本运营的保障,而全社会参与的开放共享体系则是资本运营的关键,是实现资本最大限度增值的载体和构建高校仪器可持续发展体系的重要落脚点。

(2)"双向评价体系"的推行

围绕"全社会参与的开放共享体系"这一高校仪器可持续发展体系的重要落脚点,供方体系(共享服务提供方)和需方体系(社会需求方)互评。供方体系内主要是校级、院级和实验中心3级管理人员及开放机组成员之间的互评,需方体系则是一切使用者皆可评价的供方体系。在制定评价体系时侧重点以采取何种政策激励和考核奖惩制度为手段,能够刺激供需双方相关人员参与对外开放共享的积极性,以使高校仪器在其有限生命周期内尽可能多地创造价值;对评价较好供方予以各种奖励,对评价较差的供方则采取批评、整改和惩罚等措施;对评价较差的需方则采取黑名单制度,限制或禁止其再次使用仪器等。

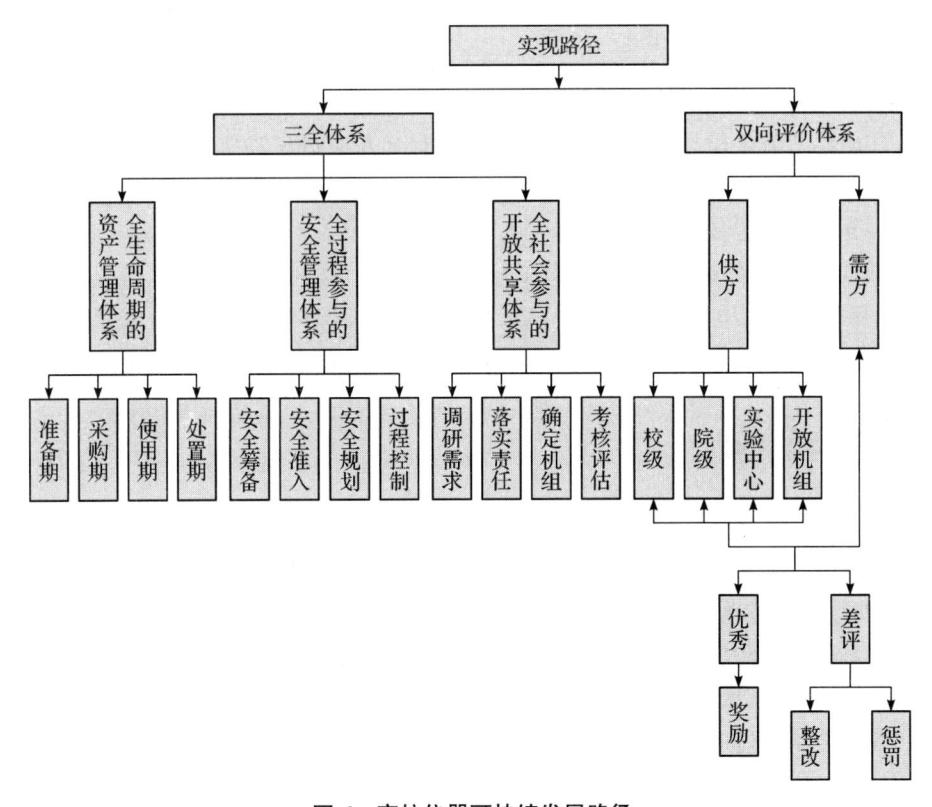

图 6 高校仪器可持续发展路径

四、应用成效

基于"三全体系"的高校仪器可持续发展体系,目的在于提升高校仪器使用率、促进开放共享。中国矿业大学多年来就进行了相关试点工作,取得了较好成绩:

(1)资产管理推行全生命周期管理体系,完善了采购、使用及报废流程,实施了仪器年度考核机制,重点对仪器在人才培养、科研创新和服务社会等方面进行考核。

(2)安全管理推行全过程参与的安全制度体系构建和治理能力提升,制度体系包括安全责任、安全保障、安全监管、风险管理、应急管理、事故管理等方面。治理能力提升则以制度体系为依托,创建办事依制度、遇事找制度、解决问题靠制度的制度思维和安全治理生态,形成"人人关心安全生产、共同守护安全发展"共治局面。通过学校与学院、学院与实验中心及开放机组逐级签署安全责任书,压实安全责任,实现了高校仪器安全治理体系和治理能力双提升。

(3)开放共享推行大型仪器预约平台及双向评价体系,并在部分院系试行"所有设备皆共享"制度,实行共享成绩月报和年度考核机制。对共享考核合格的机组拿出25%左右的共享收入予以奖励,极大地激发了相关人员的积极性。与2020年相比,2021年"大仪"平均机时1331小时,增幅15.6%,共享收入1018万元,增幅40%,在全国开放共享考核中的排名也从2020年的195名跃升为全国第31名(高校组第6名),取得"优秀"的考核成绩。

(4)拓展了职称晋升通道,设立了正高级实验师,对考核优秀表现突出的人员除物质奖励外,在职称晋升上学校优先支持。3年来已有2人通过正高级实验师评审,高级实验师突破60名,副高以上比例达到39.87%,居于全国高校前列。这些政策也吸引了一大批博士入职,充实了实验技术队伍,鼓舞了士气。

(5)提高了实验数据可靠性,扩大了社会知名度。以制度化推进了高校仪器规范使用,3年来申报获批了3家CMA资质认证检测中心。以其中1家为例,成立2年来先后服务社会企业40余家,为学校增加校外服务收入363.2万元。

五、前景及展望

试点应用表明,基于"三全体系"的高校仪器可持续发展体系能够在高校仪器的合理购置、安全运行和开放共享上做出卓越的成绩,具有良好的推广应用前景,尤其是在新购置仪器中能够发挥显著作用。对既往已有高校仪器的规范管理应加强执行力度,重点在于排查已购仪器状态及开放共享前景、有无升级改造价值,落实报废处置考核评价,杜绝虚假报废造成国有资产流失现象。务必坚持"以人为根本,以仪器为核心"的原则,通过构建"双向评价体系"来加强人主观能动性的发挥,引入奖惩机制,定期考核评估,以制度约束和激发高校仪器相关人员(点)的积极性,使其围绕仪器的全生命周期(线)的各个环节进行开创性工作,继而促使整个高校仪器管理(面)形成"点线面"结合的健康可持续发展大格局和"能开尽开、应享尽享"的对外开放共享新局面。

教育信息化背景下建筑类虚拟仿真实验平台建设研究

葛 峰 高建华 郭华瑜 李静娴 李 强[①]

摘 要：近年来，国内众多建筑类院系对实验教学体系、教学内容和教学方法进行了一系列改革，开放互动的虚拟仿真实验实验平台对建筑类高质量人才培养起到重要的作用。本文首先阐述建筑类虚拟仿真平台建设背景，以建筑与城市环境虚拟仿真实验教学中心平台为切入点展开研究，分别从仿真平台多元化共享模式、系统化实验界面、思政引领信息化和标准化平台模式四个方面展开论述，提出培养建筑类专业学生创新实践能力的新路径，为其他建筑类虚拟仿真实验实验平台的建设及应用提供参考和借鉴。

关键词：信息化；建筑类；虚拟仿真；实验平台

随着教育信息化的不断发展，高校实验教学方式也在潜移默化中蜕变，在实验教学与信息化技术深度融合的趋势下，虚拟仿真实验教学模式得到广泛应用[②]。建设虚拟仿真平台，不仅需要梳理实验教学中各个元素的关系、分析发展趋势、建设质量评价等，高校需要做好顶层设计，统筹协调各机关部门，出台虚拟仿真实验开发与教学对应的绩效奖励制度。二级学院根据学科发展特点和区域经济需求，确定重点课程的建设，鼓励实验教师积极参与虚拟仿真平台的建设，拓展实验教学的广度和深度，制定政策、组织、机制、评价、经费、人才队伍建设等保障措施。这意味着虚拟仿真实验平台的建设思路与设计构思仍需高校破旧立新，灵活运用新时代的信息技术、智能技术与实验教学的深度融合，旨在帮助破解高校实验、实习和实训中的难题。

一、建筑类虚拟仿真平台建设背景

建筑类设计专业在整个建筑行业中承担着先导的头部功能作用，在社会经济发展过

[①] 作者简介：葛峰，高级实验师，南京工业大学建筑学院实验中心副主任，研究方向为实验室建设与管理、城乡规划、虚拟仿真技术。
高建华，讲师，南京工业大学建筑学院院办主任，研究方向为云计算、智能建筑。
郭华瑜，博士，教授，南京工业大学建筑学院院长，研究方向为建筑历史与理论及遗产保护、中国传统建筑设计与实践等。
李静娴，南京工业大学助理研究员，研究方向为实验室建设与安全管理。
李强，南京工业大学助理研究员，研究方向为实验室安全管理。
[②] 张海军,闫琼,张睿,等.虚拟仿真实验项目建设质量评价研究[J].实验技术与管理,2020,37(9):174-178.

程中具有举足轻重的意义,相应的建筑教育不仅涵盖了理工科的应用性,同时涉及社会学、经济学、艺术学、生态学等多学科领域。由此可见,从传统意义上的学科分类来看,建筑类专业具有专业综合性、学科交叉性、实践应用性等特点,涉及的实验教学呈现出范围广、门类多和投入高的特征。据统计,全国目前开设建筑类专业的本科院校达300余所,自2012年教育部出台《教育部教育信息化十年发展规划(2011—2020年)》起,各个建筑类专业的高校纷纷投到虚拟仿真实验教学的建设工作中。囿于各个院校的师资力量、学科特色、教学体系、培养目标、办学条件、经费投入情况等存在差异,经过10年的发展,建筑类虚拟仿真实验项目逐渐暴露出同质化严重、水平参差不齐、开放共享不足、学分认证不畅、实验利用率偏低、沉浸体验感较弱等问题,严重制约建筑类创新人才培养以及实验教学改革的稳步推进,甚至对信息化与课程建设的融合发展产生诸多不利影响。

虚拟仿真在历经多年的快速发展后,对于过程中衍生出的各种问题,众多高校高度重视和探索新的建设模式,梳理和整合优质的线下实验课程和虚拟仿真实验项目,建立实验项目库和仿真实验平台,围绕"能实不虚、虚实结合、以虚促实"的原则改革实验教学体系,诸如同济大学依托建筑规划景观国家级虚拟仿真实验教学中心提出"三横六纵"在线虚拟实验建设计划;华南理工大学基于"数字建筑与城市虚拟仿真实验教学中心"(国家级)建立了"三模块、六平台"为架构的虚拟仿真实验教学体系;南京林业大学创建了"三层次、五化法"的实验平台教学体系;福州大学建设了"三层次""四模块"的虚拟仿真实验平台。实践表明,建筑类虚拟仿真平台体系的建设有效提高了信息化实验教学水平,对增强学生设计实践创新和科学探索研究的能力起到至关重要的作用,为推进建筑教育实验教学深化改革打下了坚实的基础。

二、平台建设内容

南京工业大学建筑学院依托三个一级学科优势,以及省级实验教学示范中心"现代建筑技术综合训练中心"和建筑与城市环境虚拟仿真实验教学中心(以下简称中心),逐步建立起了"三方向、三层次"的虚拟仿真实验教学项目体系,搭建了建筑空间环境虚拟实验平台、城市空间环境虚拟实验平台和历史建筑环境虚拟实验平台三个虚拟实验平台[①],构建建筑类多元化共享模式、系统化实验界面、智能化交互情境、标准化建设规范的"三方向、三层次"虚拟仿真实验教学项目平台体系,满足新时代高质量创新型建筑类人才培养的需要。

1. 纵横协作,构建多元化共享模式

开放、共享一直是建设虚拟仿真实验的教学中心、项目、平台的核心理念[②]。中心平台围绕"集约高效、协同创新、产教融合、虚实结合、共建共享"的原则不断拓展当前建筑类

---

① 葛峰,方遥,蒋博雅,等.基于虚拟仿真平台体系的实验教学创新与实践[J].华中建筑,2023,41(11):180-183.
② 顾黎,周明华.国家虚拟仿真实验教学项目共享服务平台对现代远程教育实验教学的启示[J].成人教育,2022,42(5):47-52.

虚拟仿真实验平台的开放共享范围,横向在保证内部项目建设质量和"三方向、三层次"体系中持续增加项目数量,按照三个专业的人才培养计划梳理和制定平台实验项目总量50项,计划在2025年之前完成实验项目的建设工作,并将建设计划总体任务工作分解到系、教研室和教学团队,明晰仿真实验建设时间节点与验收标准,在学院的建筑技术与历史建筑保护优势学科领域形成具有一定规模效应、学科特色、辐射区域的建筑类仿真共享平台。同时在一流课程建设、科学研究方面强化与土木、城建、艺术、交通、计算机等学科合作交流,尤其注重仿真平台的多学科交叉融合和校内仿真无缝链接、共建共享,为仿真平台的共享奠定坚实的专业技术基础。中心每个学年将建成项目交由合作网络安全公司统一进行信息系统安全等级保护备案,确定虚拟仿真实验系统安全的业务信息和系统服务安全保护等级,以及业务信息受到破坏时所侵害的客体和对侵害客体的侵害程度,确保系统网络安全稳定运行。纵向通过聚焦已有省级实验教学示范中心和国家虚拟仿真实验教学一流课程的亮点,依托学院建筑学、城乡规划国家级一流学科与风景园林省级一流学科的学科优势,充分利用国家级与省级仿真平台建设经验、先进技术等,按照《国家虚拟仿真实验教学项目技术接口规范(2018版)》标准统一与国家、省平台的间的数据接口,在数据库、实验场景、用户信息等方面实现共享。另一方面,在实训实践、学术研讨、联合教学、合作交流、考察学习、招生就业等外部环境中扩大影响力和共享范围,并在平台建成后3年内向其他建筑类高校、社会企业、科研单位免费开放,进一步促进院校、校校、校企之间的合作交流。再次,开通平台微信公众号,定期推送仿真实验的新政策和建设情况,以及组织师生开展相关培训、研讨、互动活动,有效收集平台的直观使用体验反馈意见,为精准优化平台提供依据。通过以上的各种共享举措,建立起内部增强与外部扩展"内生＋外延"双轮驱动的"三方向、三层次"虚拟仿真实验教学平台体系(见图1),逐步形成"多层次、多渠道、多方向"仿真实验教学平台多元化的共享模式。

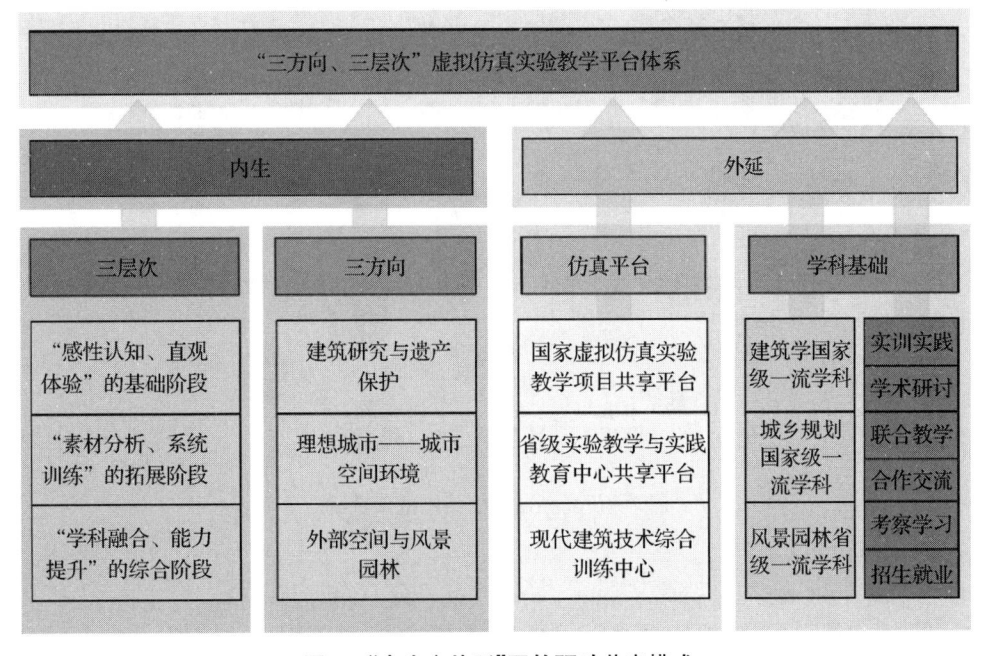

图1 "内生＋外延"双轮驱动共享模式

2. 模块互联,凸显系统化实验界面

新工科人才应该拥有及时更新知识、学习新技术的创新思维能力,更加重要的是能够运用技术解决新时代的具体工程问题综合应用能力[1]。整合教学资源是课程网站的优势之一,从形成整体教学能力出发,课程网站建设反映了教师对教学设计及方案的把握,在分析整合教学资源过程中应体现标准性、针对性、特色性和科学性[2]。实验教学作为高校创新高质量人才培养的重要内容,在注重应用型和复合型人才培养的建筑类专业实验教学与信息技术融合发展进程中,对于线上虚拟仿真实验平台的功能、内容等衍生出更高的建设标准。针对仿真平台信息化建设目标,中心按照"统筹规划、先总后分、分步实施、开放共享、虚实结合"原则,以"三方向、三层次"虚拟仿真实验教学平台体系下已建成的 26 项虚拟仿真实验项目为核心,采用个性化、模块化、可视化、智能化、泛在化的方式,对平台网站的总体框架进行构建,在传统网站的信息基础模块、资源管理模块、服务保障模块的基础上新增特色创新模块,建立具有建筑类学科特色的仿真平台界面结构框架系统(见图 2)。

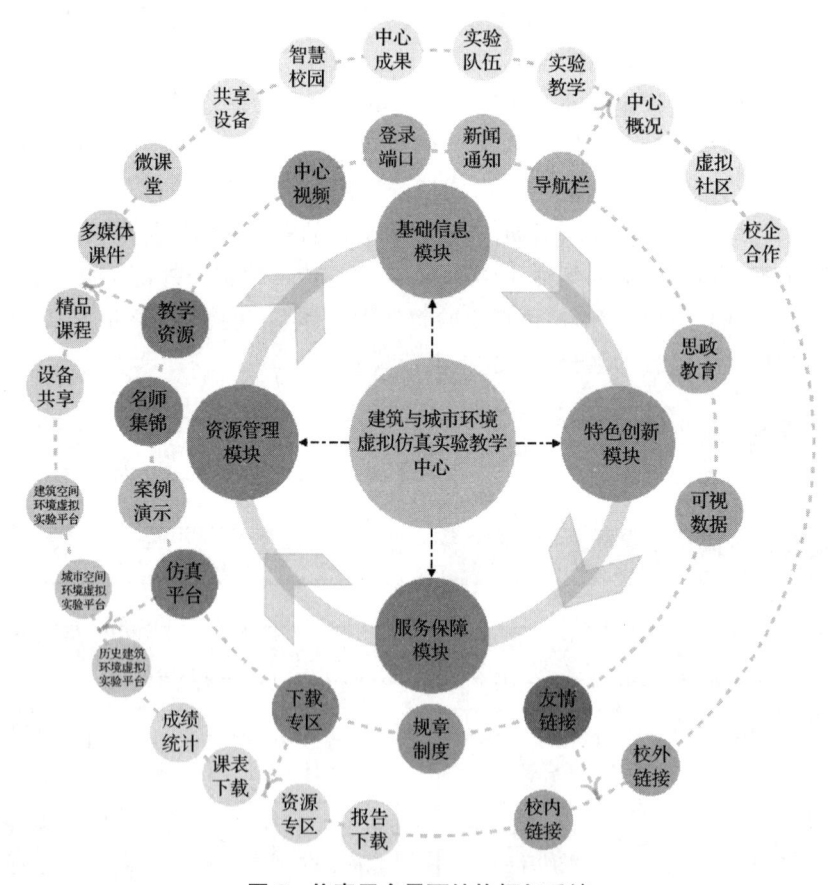

图 2 仿真平台界面结构框架系统

---

[1] 蒋正容,刘霄峰,陈新民.新工科理念下建筑学应用型人才培养模式建构[J].华中建筑,2021,39(10):133-136.
[2] 段朋云,姚胜卫,丁晓红,等.机械基础实验课程网站建设探索[J].实验室科学,2020,23(6):193-195.

（1）个性化

基于网络安全和实验便捷性,中心将网站架设在学校信息中心网站群管理平台,用户通过校内智慧校园的统一身份认证登录或校外微信、微博、手机号等方式登录,节约登录时间,提升实验效率。在个人中心可自由设置常用功能的添加、删减和保存,移动模块位置,更改平台风格与模块内容大小,增强用户的实验数字化体验感。

（2）模块化

中心页面以模块化布局的方式突显出界面科学合理的设计逻辑,帮助用户轻松获取需求的内容。信息基础模块侧重浏览与交流作用,布置了中心的概况、成果、设备登录端口等相关信息;资源管理模块重点突出学习与实验结合,布置了教学资源、名师集锦、优秀实验展示和虚拟仿真平台;特色创新模块着重强化核心思想引领与数据直观演示,布置了思政教育与可视数据;服务保障模块则延续传统网站下载、拓展、要求等功能,个人相关的成绩和学习资料均可在此下载,以及链接到校内其他部门、校外实验平台和校院规章制度。

（3）可视化

平台界面打破传统静态模式。首先,充分借鉴建筑设计的功能布局、交通流线组织及规划轴线对称等手法,并将其融入界面设计风格中。其次,在中心视频、名师集锦、思政教育、可视数据等模块内容中采用动态显示,让用户从界面到实验结束的全过程、全周期沉浸在可视化与模拟城市建筑空间的场景中,提高用户学习的积极性、感知度和专注度。

（4）智能化

登录中心网页后进入仿真平台,系统依据学号、工号等信息自动匹配用户当前学年的所有实验,包括实体实验和虚拟仿真实验。点击实体实验后页面会自动显示实验室具体信息和实验设备预约流程,开始仿真实验前可以自行选择系统链接的往届实验过程优秀、错误案例进行参考与借鉴。在实验过程中的关键步骤和核心理论知识点自行判断是否需要选择相应系统提示,以及在实验结束前,根据需求随时选择暂停、后退、前进、保存、调取等命令,保证实验连续性和阶段性,给实验用户预留充足的思考与讨论的时间,强化用户专业知识理论与实践的融合思维。实验结束后,可在平台选择最优实验成绩、实验报告等成果实时同步到教务管理系统。

（5）泛在化

应对信息技术的不断更新升级,中心突出"以学生为中心"为主体,打破传统实验教学的时空限制。为适应教学改革和学科高质量发展,中心平台可以通过互联网移动终端的电脑、手机、平板、头盔、手柄等设备随时随地的满足用户访问和实验需求。按照实验难易程度分为高、中、低三级模式全方位服务不同类型的院校或单位,以及实现中英双语一键切换功能,同时支持综合型、设计型、研究创新型实验的跨学科交叉协作需求。

3. 思政引领,塑造信息化仿真平台

高校思想政治教育工作要贯穿到教育教学的全过程,实现全员育人、全过程育人、全方位育人,努力创造中国高等教育的新发展[1]。工科实验课程承担着加强学生理论联系实际、提升创新实践能力的重要作用,课程思政融入显得尤为重要[2]。在江苏省教育厅《关于深入推进全省高等学校课程思政建设的实施意见》《南京工业大学课程思政建设实施意见》等文件指导下,近年来中心平台积极将思政融入实验教学过程中,鼓励专业教师和实验指导教师将平台仿真实验项目与专业课程相结合申报学校课程思政示范课程,其中25门课程获得立项(见表1)。在建设过程中深度挖掘建筑类专业的思政资源,建立专项思政资料库,更新实验教学大纲和实验教学计划,使仿真实验教学的思政教育达到"化云为雨、润物无声"的教学效果,培养学生家国情怀,弘扬中华民族优良的传统文化,传承大国工匠精神,增强学生勇于探索和敢于创新实践的能力,塑造学生正确的世界观、价值观和人生观。

表1 仿真平台实验项目与课程思政共建情况

序号	仿真平台	课程思政名称	仿真实验项目
1	城市空间环境虚拟实验平台	规划师业务基础、城市绿地规划设计、城市规划设计(2)——城乡复兴、城市规划原理、场地规划设计	城市微气候模拟与分析、建筑采光仿真实验、建筑日照仿真实验、建筑室内外风环境模拟与分析、建筑能耗模拟与分析、民国建筑与街区场景再现、高层建筑对周边交通影响仿真实验、城市环境认知虚拟实验、城市空间形态设计虚拟实验
2	建筑空间环境虚拟实验平台	绿色建筑、建筑设计-1、外国建筑史-1、外国建筑史-2、建筑设计基础-2、建筑设计-2、建筑构造(Ⅱ)、古建筑测绘、中国建筑史(Ⅰ)、建筑环境心理学、建筑设计-3、建筑设计基础-4、建筑美学、建筑策划与后评估、建筑力学、木结构建筑、建筑类专业写作、美术-3	西方经典建筑解析虚拟实验、宗教建筑类型虚拟实验、基于古建筑测绘数据的虚拟重建、建筑遗产保护复原虚拟实验、明清皇家经典建筑虚拟实验、藏式建筑典型构造虚拟实验、东方传统建筑虚拟实验、建筑空间与布局选型数字仿真实验、西方古典柱式的发展与比较虚拟实验、高层与大跨建筑受力性能仿真实验
3	历史建筑环境虚拟实验平台	造园史、景观生态学、社会调查方法、园林工程与管理	园林亭榭营造虚拟实验、SpeedTree园林植物三维模型库展示及应用、城市植被生长模拟实验、城市绿地生态价值评价模拟实验、城市绿地生态廊道构建模拟实验、古典园林景观虚拟实验

---

[1] 梁春晴,张峻玮."新工科"时代建筑类大学生思政教育探索和实践[J].高教学刊,2021,163(5):185-188.
[2] 谢国民,田国胜.工科实验课程思政建设的路径研究[J].学校党建与思想教育,2022,676(13):65-68.

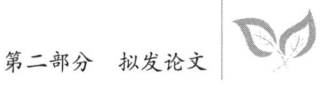

通过信息化平台的搭建与互联可以使学生有更多机会参加高水平的实验,也满足了信息技术发展对虚拟仿真实验教学创新的要求①。中心仿真平台在互联网的信息技术加持下,实现与国家级、省级、校级仿真平台(见图3)、智慧校园等系统互联互通,并且与局域网内的数字化教学档案管理系统、本科教学管理与服务平台、实验室安全智能管理平台等系统可以无缝链接(见图4)。

图3　南京工业大学虚拟仿真实验教学共享平台

4. 有章可循,架构标准化平台模式

标准化设计是指在一定时期内,面向通用产品,采用共性条件,制定统一的标准和模式,开展适用范围较广泛的设计②。从大多数虚拟仿真实验教学共享平台的建设情况来看,仿真平台主要由国家级虚拟仿真实验教学中心或省级示范教学中心衍生而来,具备良好的建设基础和技术架构。以江苏省为例,目前通过2016年通过遴选的16个省级实验教学与实践教育中心共享平台达到优质虚拟仿真实验教学资源的开放共享要求,得到社

---

① 杜玉宝,孙淑强,亓文涛.虚拟仿真实验教学信息化平台的建设与思考[J].中国现代教育装备,2016,249(17):26-28.
② 侯国栋,李媛.基于"智能+教育"的虚拟实验共享平台设计策略研究[J].科技与创新,2022,203(11):12-15.

终端展示层	台式电脑	笔记本电脑	平板电脑	VR 设备	智能手机

应用平台层	国家虚拟仿真实验教学项目共享平台	江苏省高校虚拟仿真实验教学共享平台	南京工业大学虚拟仿真实验教学共享平台	现代建筑技术综合训练中心

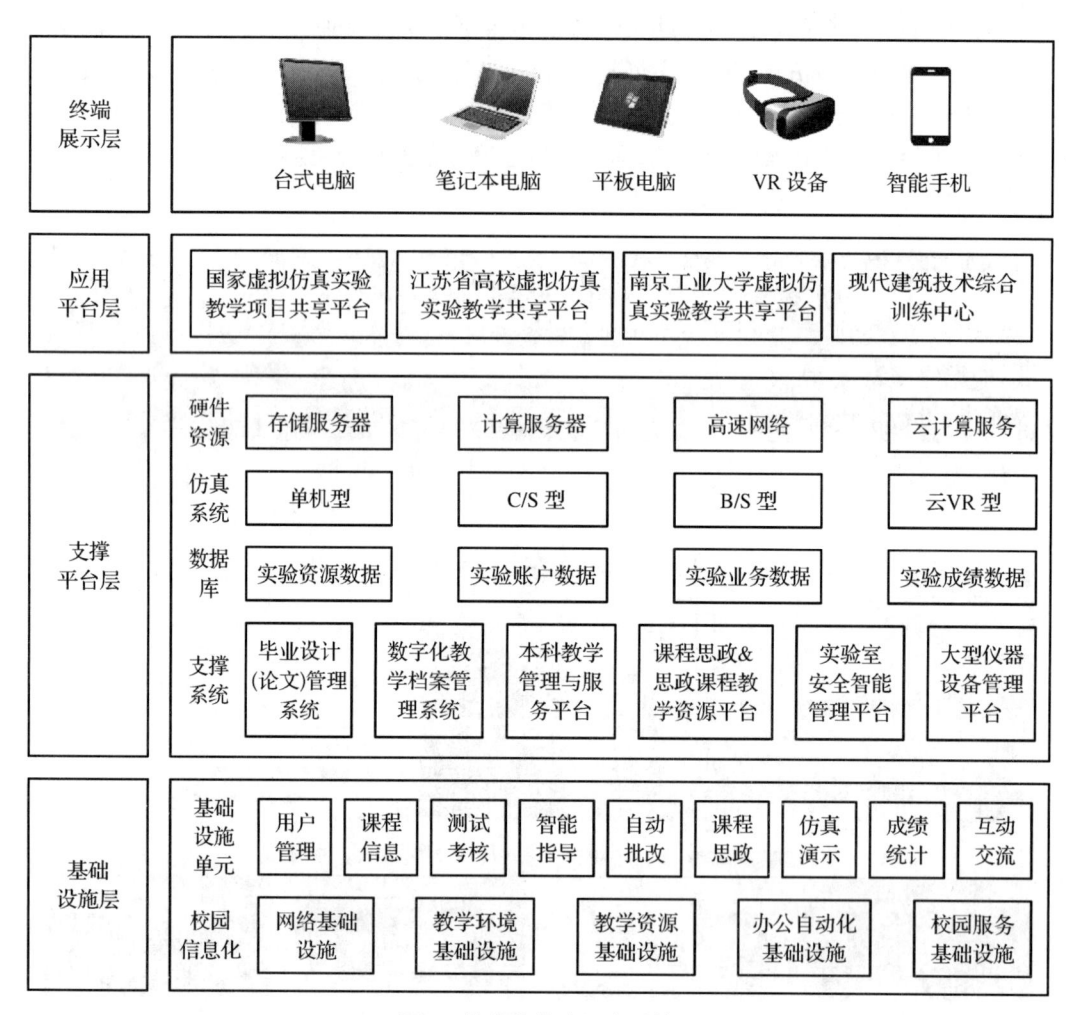

支撑平台层	硬件资源	存储服务器	计算服务器	高速网络	云计算服务
	仿真系统	单机型	C/S 型	B/S 型	云VR 型
	数据库	实验资源数据	实验账户数据	实验业务数据	实验成绩数据
	支撑系统	毕业设计(论文)管理系统	数字化教学档案管理系统	本科教学管理与服务平台	课程思政&思政课程教学资源平台	实验室安全智能管理平台	大型仪器设备管理平台

基础设施层	基础设施单元	用户管理	课程信息	测试考核	智能指导	自动批改	课程思政	仿真演示	成绩统计	互动交流
	校园信息化	网络基础设施	教学环境基础设施	教学资源基础设施	办公自动化基础设施	校园服务基础设施

图 4　信息化仿真平台系统

会企业、高校等单位的广泛运用与认可。虚拟仿真实验教学平台趋于网络化、虚拟化、智能化的特征,在疫情常态化时期的线上教学期间发挥了重要的作用,基于高效的教学模式反向激发高校教师和商业企业开发仿真软件的积极性。

统一开发虚拟仿真实验教学软件、实验课程、实验项目和实验教材等教学资源,确保虚拟仿真实验教学资源、软硬件资源、管理信息资源等各方面内容的标准化和规范化。经过多年虚拟仿真平台建设和探索,中心在虚拟仿真实验教学创新联盟技术工作委员会编制的《虚拟仿真实验教学课程建设与共享应用规范》文件指导下,依托仿真平台开发了26个虚拟仿真实验教学项目,制定了《建筑与城市环境虚拟仿真实验教学中心管理制度》。在平台的仿真项目建设过程中明晰了软硬件设施开发范式,硬件统一架设在学校信息管理中心机房进行管理和维护,仿真软件开发主要采用建筑学科相关专业化软件进行建模,合理利用学科的技术优势,对实验项目的内容、步骤、考核、报告等设定统一的脚本模板,尤其对实验框架流程图、预设参数、赋分模型等核心内容进行引导。在人才队伍和保障制度方面均做出了相应的规定,鼓励教师主动参与仿真项目的开发环节,鼓励教师将建成后的项目接入学校和省级仿真平台,在省级仿真平台运行良好的"自荐项目"免费开放共享满2年的,经验收合格的授予省级虚拟仿真项目称号。中心注重仿真平台在终端的设备配套,除了单人独占输出设备,逐步建立了满足多人协作和人机交互体验的实验空间,多方位调动学生的主观能动性和科学实验的积极性。

三、结语

虚拟仿真实验平台的设立是现代化信息技术与相关专业实验教学相融合的创新模式,应始终坚持以立德树人为根本,以学科特色为核心,以提升实验教学与科学研究水平为抓手,以数字化、智能化、多媒体等为重要手段,探索建筑教育个性化和泛在化实验的新途径。虚拟仿真实验平台的搭建助推了传统建筑教育实验教学由服务专业设计拓展到工程管理、施工现场、科学研究、房地产开发等多通道的发展,打破建筑教育中"重设计而轻实践""重表现而轻创新""重学科而轻融合"的模式,以强化跨专业协作能力为驱动,探索院院合作、校校合作、院企合作、校企合作等实验教学新模式。平台体系的建设可以更好地为建筑教育实验教学的快速高质量发展服务,提高人才培养质量,突出办学特色,为建筑院校的师生之间创造出更多的合作和交流的契机。

高校实验室安全研究知识图谱的发展趋势探讨

张慧琴　李中凯　王　鹏[①]

摘　要：针对2015年教育部开展高校实验室安全检查工作以来，总结与梳理高校实验室安全研究领域取得的一系列理论与实践创新成果，对中国知网2015—2022年459篇高校实验室安全研究的核心期刊文献进行计量分析，采用CiteSpace软件绘制高校实验室安全研究的知识图谱。使用词频分析、共现分析、聚类分析、时间线分析和突现分析法，挖掘实验室安全研究领域的高产作者、单位及其合作关系，生成关键词聚类和聚类内部的词汇演进时间线，展示高校实验室安全研究领域所面临的问题和发展特征。结合高被引文献分析和文献阅读与提炼法，总结了高校实验室安全研究方向及其典型成效，并探讨了今后在高校实验室安全管理队伍建设、安全教育与风险评估以及信息化与标准化管理方面的发展趋势。

关键词：实验室安全研究；知识图谱；发展趋势；CiteSpace

一、引言

保障实验室安全是高校开展实验室建设与管理工作的根本要求。实验室安全管理必须坚持以人为本的原则[②]，通过安全管理措施、安全教育培训、安全风险评估和信息化管理等手段，实现高校实验室的安全运行，并通过实验室工作实践，培养当今大学生的安全意识与实验技能，为我国社会主义现代化培养德智体美劳全面发展的建设者和接班人。

随着教育部在2015年开展高校实验室安全检查工作以来，各高校的实验室安全管理水平显著提升，面向高校实验室安全的科学研究快速发展，成效显著。例如，借鉴美国高校的环境、健康与安全（EHS）管理体系，上海交通大学[③]和清华大学[④]等探索采用EHS管

[①] 作者简介：张慧琴，中国矿业大学副研究员，外文学院外国语言实验中心主任，主要从事高校实验室安全、实验室建设与管理研究。

李中凯，博士，中国矿业大学副教授，机电学院教学科研型教师，主要从事数据挖掘和计算机应用研究。

王鹏，博士，山东科技大学副教授，实验室与设备处副处长，主要从事实验室安全管理与建设研究。

[②] 刘志伟，陈毓梅，王云龙.构建安全环保、以人为本的实验室安全文化[J].实验技术与管理，2011，28（11）：359－360.

[③] 彭华松，沈冰洁，丁珍菊，等.多部门联ند构建高校实验室EHS管理体系[J].实验室研究与探索，2020，39（9）：299－303.

[④] 李冰洋，黄开胜，艾德生.世界一流大学实验室安全管理理念及清华大学实践[J].实验室研究与探索，2022，41（1）：299－305.

理模式,实现高校实验室的可持续安全管理。阳富强等提出了基于事故致因模型的实验室安全管理模型[1]和基于扎根理论的实验室风险评估模型[2],对实验室安全管理进行了许多建模研究。李平等开展了文献挖掘视角的国内实验室安全综述,采用 CiteSpace 可视化分析软件研究,探讨了诸如研究文献从 2002 年起快速增长,实验室安全研究队伍和规模不断扩大,以及安全管理、生物安全和安全教育等热点话题。[3] 上述工作从模式模型、软件技术等方面,推动了我国高校实验室安全领域的科学研究。但是,自教育部 2015 年开展高校实验室安全检查工作以来,高校实验室安全领域取得了哪些理论与实践创新成果,其所蕴含的高校实验室安全研究的知识图谱与发展趋势是怎样的,还缺乏系统梳理与总结。

因此,本文面向精炼文献集合,采用基于 CiteSpace 软件的文献可视化方法[4],挖掘近 8 年来我国高校实验室安全领域的研究学者、单位、关键词和突现词等信息,展示高校实验室安全研究的知识图谱,并探讨实验室安全研究所取得的典型成效和发展趋势,为高校实验室安全管理的科学研究提供综述指导。

二、材料与方法

1. 分析的文献集合

实验目标是从中文文献集合,分析我国高校实验室安全研究的知识图谱。从中国知网(CNKI)数据库中抽取文献,在高级检索中选择"学术期刊"类别,设置主题为"高校实验室安全",出版年度的时间范围为 2015—2022 年,来源类别选择为 EI 来源期刊、北大核心和 CSSCI。一次检索共获得 460 篇文献,删除 1 篇征稿启事,剩余集合包含 459 篇文献。阅读各文献标题,发现文献与高校实验室安全研究紧密相关,即形成文献数据集进行分析。

2. 文献可视化工具

CiteSpace 是美籍华人科学家陈超美教授开发的一款文献可视化分析软件,能够在时间区间内免费使用,具有高效的文献大数据处理能力和数据可视化效果。使用 CiteSpace 6.1.R3(64 位)软件,运行于 Windows 10 操作系统,需要安装 Java 17 支持环境。把 CNKI 的文献导出为 Refworks 格式,进而在 CiteSpace 中进行文献读入与转换,并放置于数据(Data)文件夹,可开展基于文献集合的作者(Author)、机构(Institute)和关键词(Keyword)的频度与共现分析。还可以开展面向上述 3 个属性的包含两个或两个以上属

---

[1] 阳富强,毛亚军,陶菁.基于 FDA 事故致因模型的高校实验室安全管理[J].实验技术与管理,2021,38(4):307-310.

[2] 阳富强,赵家乐.基于扎根理论的高校实验室风险因子分析[J].实验技术与管理,2022,39(5):217-222.

[3] 李平,李杰,陈伟炯,等.文献挖掘视角下国内实验室安全研究[J].实验室研究与探索,2020,39(11):294-299.

[4] Chen Chaomei. Science mapping: a systematic review of the literature[J]. Journal of Data and Information Science,2017,2(2):1-36.

性的联合分析,例如,获得作者及其机构的共现关系图等。实验借助了 CNKI 系统本身提供的年度发文量、各期刊发文量占比和文献被引次数等可视化数据,结合 CiteSpace 软件和总结与提炼法,进行高校实验室安全研究文献集合的知识图谱分析。

三、知识图谱研究

1. 年度发文量与主要期刊

高校实验室安全领域的年度发文量,反映了该领域的年度研究文献增量。采用 CNKI 的数据统计功能,获得了 2015 年 1 月~2022 年 10 月的年度发文量数据趋势,如图 1 所示,每个柱状代表了年度发文数量,同时,该图的右侧纵坐标表示了年度累积发文量。可以看出,年度发文量总体呈增量趋势,但由于文献数据集合限定为核心期刊,仅占中文期刊相关文献量的近 1/5,所以年度发文总数较少。从年度累积发文量来看是快速上升的趋势,尤其是 2018、2019 和 2020 年的累积发文量快速增长,说明高校实验室安全专项检查工作促进了高校实验室安全研究的发展。

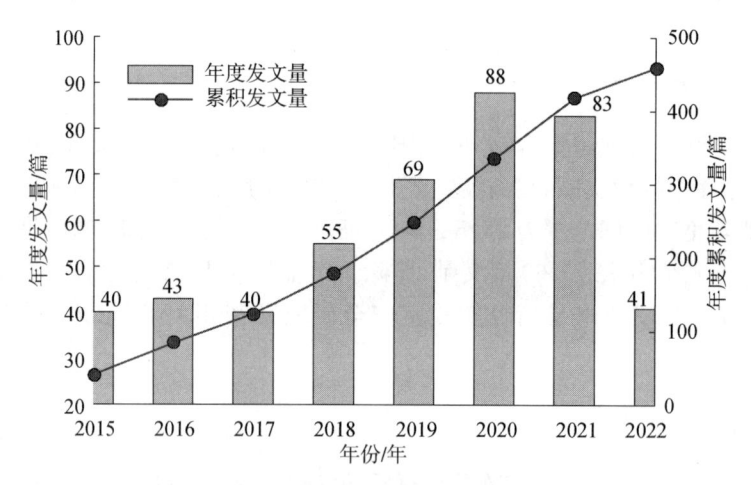

图 1　高校实验室安全研究文献的年度分布

表 1 展示了数据集合中发文量排名前 10 的核心期刊,以发文数量和复合影响因子排序。《实验技术与管理》发文量占比 56.05%,《实验室研究与探索》占比 36.55%,两刊合计发文量占 92.6%,远高于表中其他期刊,说明上述两刊是高校实验室研究领域的主要期刊,作为推动高校实验室安全科学研究的重要平台,具有广泛的阅读群体和学术影响力。

表 1　发文量排名前 10 的核心期刊

排序	期刊名称	数量	占比
1	实验技术与管理	250	56.05%
2	实验室研究与探索	163	36.55%

续　表

排序	期刊名称	数量	占比
3	化学教育（中英文）	7	1.57%
4	安全与环境工程	5	1.12%
5	中国安全科学学报	4	0.90%
6	西南师范大学学报（自然科学版）	4	0.90%
7	中国高校科技	4	0.90%
8	消防科学与技术	3	0.67%
9	安全与环境学报	3	0.67%
10	黑龙江畜牧兽医	3	0.67%

2. 作者、单位的合作关系

使用 CiteSpace 软件对文献数据集合进行可视化分析，在所建立分析项目的基础配置页面，选择数据源为 CNKI，偏好语言为中文；基础运算参数选择默认配置，即 $LRF=3$，$LBY=5$，e 值为 1.0；选择条件设置为 $TopN=30$，即在每个时间切片中选择前 30 个高被引或共现的元素，进行共现关系运算，时间切片为 1 年。

(1) 作者发文量及其共现网络

仅选择节点类型为"作者"进行共现网络分析，获得了作者的文献产量和共现关系图。表 2 展示了作者共现网络中排名前 10 的作者姓名、单位及其发文数量，需要注意的是，CiteSpace 的作者共现统计，把文献的所有作者均计入，并非仅针对第一作者。福州大学的阳富强发文量排名第一，主要从事高校实验室安全管理模型研究。浙江大学的冯建跃主要从事高校实验室安全检查研究。上海交通大学的彭华松主要从事实验室 EHS 管理系统研究，开展了高校生物实验室、化学实验室等环境安全管理研究工作。此外，清华大学的黄开胜、艾德生，南开大学的王满意、张锐、宁信等，都是实验室安全研究领域的"高产"作者。

表 2　高产作者的发文量及其所属单位

排序	作者姓名	单位	发文量
1	阳富强	福州大学	14
2	冯建跃	浙江大学	11
3	彭华松	上海交通大学	10
4	黄开胜	清华大学	9
5	艾德生	清华大学	9
6	王满意	南开大学	9
7	张锐	南开大学	9

续 表

排序	作者姓名	单位	发文量
8	宁信	南开大学	9
9	虞俊超	南开大学	8
10	刘闯	上海交通大学	7

图2的作者共现关系图谱，共获得796个作者姓名，1 478条连接边，展现了作者的发文量及其在文献中的合著关系。把作者姓名显示阈值设置为3，即在网络图中仅显示发文量在3篇及以上的作者的姓名，其他节点及其连线也表示作者与共现关系，但由于发文量过少而暂不显示其姓名。

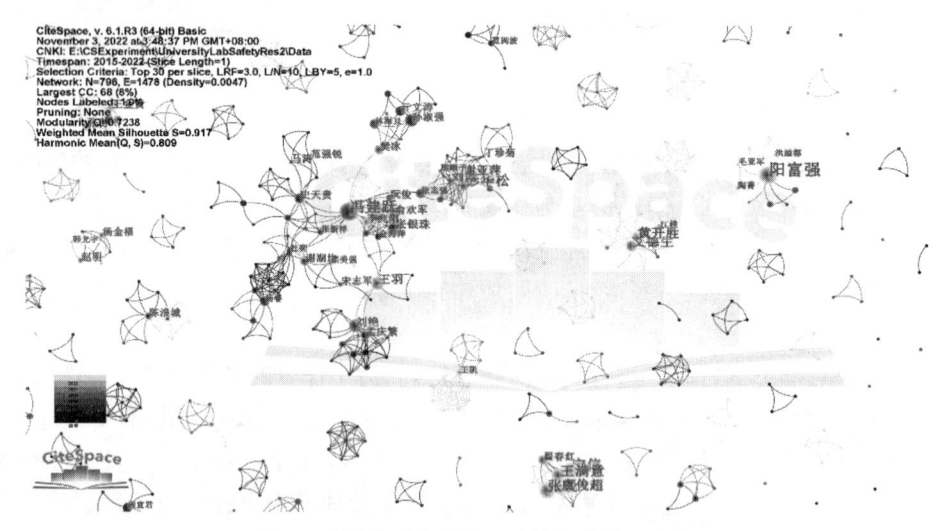

图2 高校实验室安全研究的作者共现图谱

可以看出，该领域的研究团队主要包括：① 冯建跃、阮俊、俞欢军、李兆阳和张银珠团队；② 彭华松、谢亚萍和刘闯团队；③ 黄开胜、艾德生和江轶团队；④ 阳富强、毛亚军、洪溢都团队；⑤ 王满意、宁信、虞俊超和张锐团队；等等。冯建跃、彭华松、杜奕、王羽、史天贵和张新祥等作者有共同发文联系，而阳富强、黄开胜和王满意等团队较独立，与其他研究团队的联络不多。这说明高校实验室安全研究的团队有不同侧重点，团队之间联系还不够紧密，发文合作主要发生于团队内部或依托共同的合作项目。

（2）发文单位的合作关系

仅选择节点类型为单位（Institution），进行文献可视化运算，截取了发文量在5篇以上的单位及其发文数量，如表3所示。需要注意的是，CiteSpace的单位分析是到作者标注的二级单位，即作者在文献中所标注的单位全称。可以看出，福州大学、北京大学、上海交通大学、浙江大学、南开大学、清华大学、吉林大学和北京理工大学等是实验室安全研究的高发文量高校。我们生成了发文单位的共现网络，如图3所示，图中共包括469个节点和312条边，即单位的连接数少于单位数，说明了部分共同作者属于同一单位的情况。可以看出，浙江大学、北京大学、清华大学、上海交通大学、北京理工大学、杭州电子科技大学的节点之间具有连接线,说明上述单位具有文献的合作关系,而福州大学、南开大学和吉林大学的研究相对独立。以上说明了当前高校实验室安全研究已开展了校际合作,但还局限于有限范围之内,更广泛的校际联合研究还需要被重视。

表3 发文量在5篇以上的单位名称及其发文数

排序	单位名称	发文数
1	福州大学环境与资源学院	15
2	北京大学实验室与设备管理部	14
3	上海交通大学资产管理与实验处	11
4	浙江大学实验室与设备管理处	11
5	南开大学实验室设备处	9
6	清华大学实验室管理处	8
7	福州大学环境与安全工程学院	8
8	吉林大学生命科学学院	7
9	扬州大学实验室与设备管理处	7
10	北京理工大学实验室与设备管理处	6
11	北京科技大学资产管理处	6
12	浙江工商大学食品与生物工程学院	5
13	杭州电子科技大学国有资产与实验室管理处	5
14	中国矿业大学(北京)应急管理与安全工程学院	5

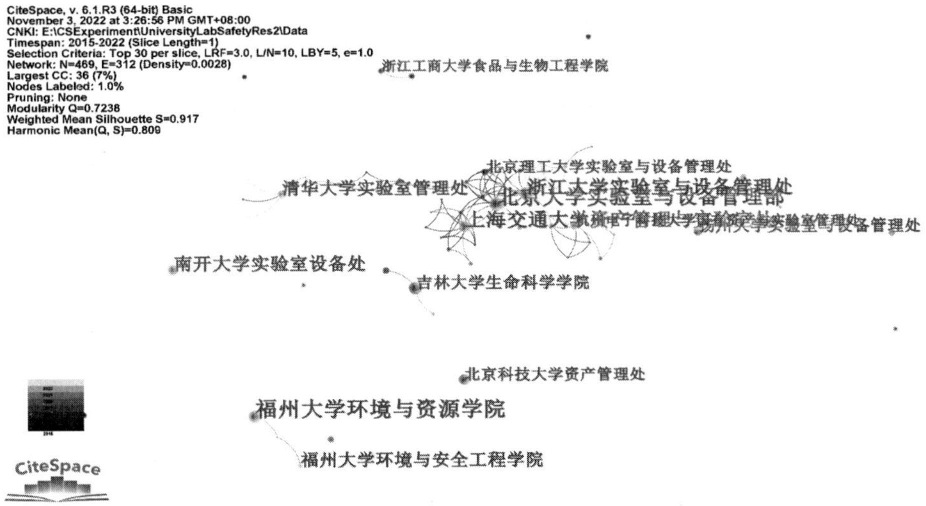

图3 主要发文单位的共现网络

3. 高被引文献分析

使用 CNKI 自带的文献被引频次数据,在实验所选的文献数据集合中,通过倒序方式,选择被引数排名前 10 的高被引文献,展示于表 4。其中,最高被引文献是天津科技大学黄坤等发表的《我国高校实验室安全管理现状分析与对策》,全面阐述了实验室安全问题的产生原因及当前高校的主要应对策略[①]。第二高频被引文献是冯建跃发表的《高校实验室安全检查指标体系的研究》,创新设计了"高校实验室安全检查项目表",建立了高校实验室安全检查的指标体系[②]。其他高被引文献分别研究了高校实验室安全事故的行为原因[③④],探讨了实验室的安全管理体系[⑤⑥⑦⑧],提出了信息化技术辅助实验室安全管理新趋势[⑨],总结了高校实验室安全检查的三年工作[⑩],为高校实验室安全管理提供了指导方向。

表 4 文献集合中排名前 10 的高被引文献

第一作者	期刊	时间	被引数
黄坤	实验室研究与探索	2015	174
冯建跃	实验技术与管理	2015	123
王杰	实验室研究与探索	2016	95
董继业	实验技术与管理	2016	93
陈玲	实验室研究与探索	2017	92
秦锋	实验室研究与探索	2017	69
周健	实验技术与管理	2016	68
周健	实验室研究与探索	2015	67
黄凯	实验技术与管理	2016	64
杜奕	实验技术与管理	2018	61

---

① 黄坤,李彦启.我国高校实验室安全管理现状分析与对策[J].实验室研究与探索,2015,34(1):280-283.
② 冯建跃,金海萍,阮俊,等.高校实验室安全检查指标体系的研究[J].实验技术与管理,2015,32(2):1-10.
③ 董继业,马参国,傅贵,等.高校实验室安全事故行为原因分析及解决对策[J].实验技术与管理,2016,33(10):258-261.
④ 秦锋,黄强,袁久洪.高校实验室安全事件的原因浅析与管理对策[J].实验室研究与探索,2017,36(3):302-306.
⑤ 王杰.高校实验室安全管理体系探索[J].实验室研究与探索,2016,35(8):148-151.
⑥ 陈玲.高校实验室安全管理面临的问题及对策[J].实验室研究与探索,2017,36(1):283-286.
⑦ 周健,吴炎,朱育红,等.高校实验室安全管理特点及发展趋势浅析[J].实验室研究与探索,2015,34(7):281-284.
⑧ 黄凯.构建高效实验室安全管理体系的思考与实践[J].实验技术与管理,2016,33(12):1-4.
⑨ 周健,吴炎,朱育红,等.信息化背景下高校实验室安全管理新趋势[J].实验技术与管理,2016,33(1):226-228.
⑩ 杜奕,冯建跃,张新祥.高校实验室安全三年督察总结(Ⅱ)——从安全督察看高校实验室安全管理现状[J].实验技术与管理,2018,35(7):5-11.

列表中的实验室安全领域研究高被引文献,均来自《实验室研究与探索》和《实验技术与管理》这两大实验室研究方面的顶刊,说明上述两刊在促进高校实验室安全科学研究,保障实验室环境、健康与安全方面,发挥了重要作用。

4. 关键词共现图谱与聚类

(1) 关键词共现分析

运算参数与前述实验相同,在 CiteSpace 软件中仅选择节点类型为"Keyword",通过运算生成词频统计数据和关键词共现网络,分别如表 5 和图 4 所示。

表 5 中列出排名前 20 位的高频关键词,展示了关键词出现的频数和首现年份,关键词以出现频数从高到低排序,节点的中心性(Centrality)表达了该关键词在共现网络中的相对连接强度。

表 5 实验室安全高频关键词

关键词	频数	中心性	年份
安全管理	137	0.78	2015
安全教育	39	0.26	2015
实验室	32	0.20	2015
高校	24	0.17	2015
安全文化	15	0.04	2015
安全检查	13	0.03	2015
生物安全	11	0.04	2017
管理体系	8	0.05	2015
体系构建	7	0.01	2016
安全	7	0.03	2018
消防安全	7	0.04	2015
信息化	7	0.02	2015
风险评估	6	0.02	2016
安全隐患	5	0.06	2018
管理模式	5	0.01	2015
管理对策	5	0.01	2017
环境安全	4	0.03	2015
新工科	4	0.02	2018
安全事故	4	0.03	2016
安全体系	4	0.01	2016

可以看出,"安全管理""安全教育""实验室"和"高校"的出现频度高,且首现年份早,说明它们是高校实验室安全研究的共性关键词;"安全文化""安全检查""生物安全""消防

安全"和"信息化"是实验室安全的重要策略与技术;同时,面向"新工科"的"风险评估""安全隐患""环境安全"和"安全体系"在近5年被逐步重视。

图4表达了高校实验室安全的关键词共现图谱,图中发现462个关键词节点,存在694条边。在图中我们仅显示出现频度大于等于2的节点的名称,关键词字号的大小表示了该词出现的频度。在该图中发现主要的关键词,如安全管理、实验室、高校、安全教育等。

图 4 实验室安全关键词共现图谱

(2)关键词聚类与时间线分析

由于共现图中节点数量太多,难以直接获得关键词的连接强度聚类,并发掘聚类内部的关键词演进关系,所以需开展关键词的聚类与时间线分析。基于图4的关键词共现图谱,在CiteSpace中使用聚类分析功能,初始共获得17个聚类。为了把握主要的聚类信息,我们选择显示前10个聚类,获得关键词聚类结果和聚类名称如图5所示。图中使用不同的节点颜色,表示了不同的关键词聚类,共显示出从♯0至♯9的共10个聚类,聚类的名称取为该聚类中隶属度最高的关键词名称。

列出聚类信息表,如表6所示,表达了聚类的名称、聚类元素数量和主要关键词。其中,S(Silhouette)值代表了聚类的紧密程度,S值越高说明聚类元素越紧密。LLR(Log-Likelihood Ratio)法获得的每个聚类中隶属度排名前4的主要关键词,是对该聚类名称和主要研究技术或面向因素的解释。例如,我们发现安全教育是高校实验室安全管理的一个重要方面,安全教育的研究包括防范措施、三位一体理念和微课方法等;实验室安全检查,面向安全生产目标,营造实验室安全文化并需具备实验风险的应急预案;信息化促进构建实验室保障体系,有助于促进实验室的隐患排查,从而进行高效的实验室运行管理。

表6 关键词共现聚类信息表

聚类代号	聚类名称	聚类成员数量	S值	主要关键词Top4(LLR法)
#0	安全管理	73	0.950	安全管理;实验室;安全教育;高校实验室
#1	安全教育	53	0.920	安全教育;防范措施;三位一体;微课
#2	高校	41	0.916	高校;海恩法则;高校实验室;风险辨识
#3	实验室	39	0.914	实验室;分析;安全培训;危化品
#4	安全检查	29	0.935	安全检查;安全文化;应急预案;安全生产
#5	管理体系	16	0.942	管理体系;闭环管理;兽医专业;安全要素
#6	管理机制	13	0.971	管理机制;安全风险;队伍素质;分级管理
#7	生物安全	12	0.973	生物安全;管理对策;环境类实验室;现状研究
#8	消防安全	11	0.999	消防安全;二元语义;防范;误区
#9	信息化	11	0.968	信息化;保障体系;隐患排查;实验室运行管理

使用CiteSpace的Timeline View功能,获得了关键词聚类及其时间线图谱如图6所示。可以看出,每个聚类中关键词组具有一定的时间演进关系,例如,在安全管理聚类中,关键词从管理制度,发展到动态管理、风险防控和绩效,又进一步发展到过程安全、监管系统和专项治理,体现了高校实验室安全管理的动态性、全面性和全程性的发展趋势。"生物安全"的出现年份较其他关键词晚,"管理对策""双一流""大数据"和"疫情防控"是生物安全聚类的演进关键词,说明随着我国高校双一流建设的开展,采用管理对策加强实验室生物安全,利用大数据[①]、韧性理论[②]等技术保障实验室生物安全,是近3年高校实验室安全研究的一个重要方向。

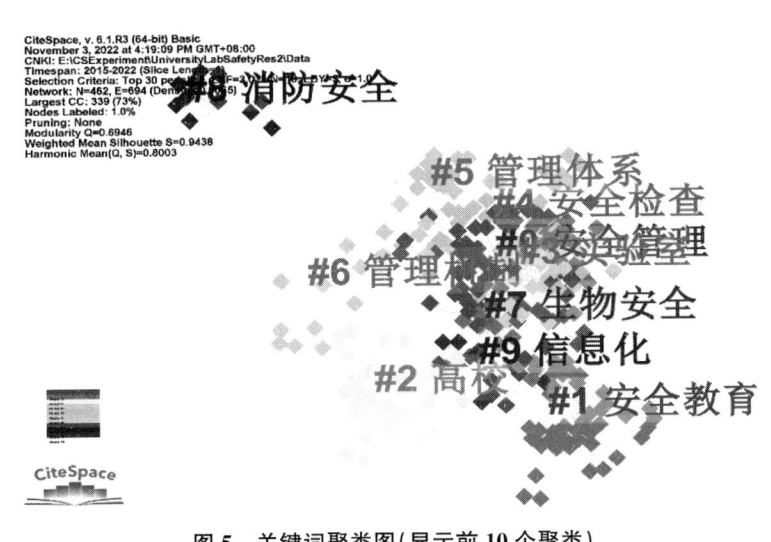

图5 关键词聚类图(显示前10个聚类)

[①] 杨呈永,肖博约,谢晓兰,等.疫情防控下基于大数据的高校实验中心管理系统[J].实验室研究与探索,2021,40(9):254-258.

[②] 王菌,卞佳丽,黄泽园.基于韧性理论的高校实验室安全管理对策研究[J].实验室研究与探索,2022,41(5):312-316.

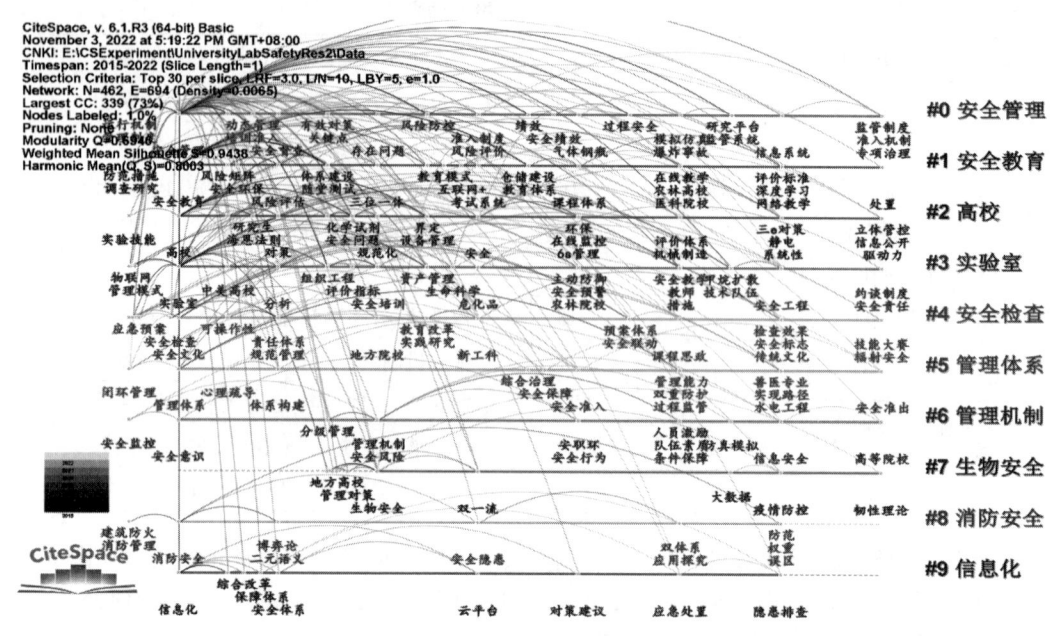

图 6 各聚类包含关键词的时间线分析

（3）突现词汇分析

突现词汇分析表达了知识图谱中关键词的突现情况，能够协助发现不同研究阶段的显著特征。在控制面板的 Burstness 页面，设置突现词阈值 $\gamma = 0.4$，获得共 13 个突现词汇，如图 7 所示。

Keywords	year	Strength	Begin	End	2015—2022
信息化	2015	2.19	**2015**	2016	
安全生产	2015	1.02	**2015**	2016	
安全督查	2015	1.12	**2015**	2018	
对策	2015	1.12	**2015**	2018	
高校	2015	2.39	**2015**	2018	
生物安全	2015	1.75	**2015**	2018	
管理对策	2015	1.68	**2015**	2018	
地方高校	2015	1.01	**2015**	2019	
安全问题	2015	0.95	**2015**	2018	
教育	2015	0.95	**2015**	2018	
规章制度	2015	0.95	**2015**	2018	
安全体系	2015	1.04	**2015**	2019	
安全检查	2015	1.35	**2015**	2020	

图 7 高校实验室安全研究突现关键词

结合研究实践，我们发现信息化在 2015 年已开始应用于高校实验室安全领域，进行了基于信息化的实验室安全检查、危化品管理、高压气瓶和重要实验设备的管理等；通过安全督查，促进高校实验室的安全生产，并把企业生产领域的"7S"标准化管理理念引入高校实验室的安全管理过程；随着我国生物学科的发展，生物安全自 2017 年开始被逐步重视，包括建设生物实验室的 EHS 管理体系、重视实验动物福利伦理和规范实验废弃物处置等；自

2017年起地方高校也逐步重视实验室安全问题、安全教育和规章制度建设,构建高校实验室安全体系,并不断开展实验室安全检查与交流工作,提高实验室安全管理水平。

5. 典型成效分析

上述基于词频及其共现关系的知识图谱,展示了高校实验室安全研究的作者与单位、高频关键词和关键词的聚类与时间线发展特征。但是,由于有些文献的核心内容并未在关键词中体现,我们采用文献阅读与分类法,总结了如表7所示的高校实验室安全研究方向及其典型成效。

表7 高校实验室安全研究的典型成效

研究方向	成效与方法
安全管理模型	普适性实验室安全架构[①]; EHS制度建设;管理制度、专业机制双重保障; 预测—决策—执行事故致因模型; 安全生产标准化;7S管理; 实验室安全责任体系
安全教育、安全文化	专业教育、网络教育;全员、全时教育[②]; 安全准入教育与考试; 安全文化融入校园文化; 制度文化与行为文化; 安全教育与模拟实训
环境安全与环境保护	化学危废物7点管理措施[③]; 动物实验安全措施;辐射防护安全保卫; 能耗监测、节能降碳
基于信息化危化品管理	信息化系统;二维码技术[④]; 智能试剂柜;生命周期管理
危险设备与危险源管理	压力容器、实验气体安全管理; 特种设备电子档案;智慧+机电实验平台

可以看出,实验室安全管理模型是从顶层视角构建实验室安全管理的定量化或定性化模型,指导实验室安全建设与风险辨识。由于人的安全意识是导致实验室安全事故发生的重要原因,安全教育与安全文化是实验室安全的重要研究方向,提出并落实了教育、培训与文化建设措施。面向可持续发展目标,实验室环境安全与环境保护受到重视,提出了对于化学危废物、动物实验废弃物、辐射防护和能耗监测等方面的技术措施。进而,采用信息化进行危化品、危险设备和特种设备管理,成为当前高校实验室安全的重要研究与

---

① 黄开胜,艾德生.高校实验室安全体系架构的研究[J].实验技术与管理,2018,35(9):11-14.
② 顾昊,曹群,孙智杰,等.实验室安全教育体系的构建及实践[J].实验室研究与探索,2016,35(4):281-283.
③ 阮俊,汤凝,张银珠,等.规范高校化学类实验废弃物处置工作的探讨[J].实验室研究与探索,2020,39(5):306-308.
④ 虞俊超,王满意,张锐,等.基于二维码的高校实验室危险化学品安全管理[J].实验室研究与探索,2021,40(2):307-310.

应用方向,具体包括二维码技术、智能试剂柜和基于物联网的管理信息系统等,实现基于互联网+的高校实验室安全管理体系。但由于团队对高校实验室安全领域研究还不够深入,所提上述典型成效分析还不够深入和细致,有待更进一步的文献阅读与梳理。

四、发展趋势探讨

结合《教育部关于加强高校实验室安全工作意见》(教技函〔2019〕36号)和《教育部办公厅关于开展加强高校实验室安全专项行动的通知》(教科信厅函〔2021〕38号)要求,我们提出以下高校实验室安全研究发展趋势判断:

(1) 加强高校实验室安全管理人员队伍建设。为满足不断发展的新工科、新文科、新农科和新医科建设需求,高校实验室不断扩展,包括新建实验大楼和已有实验室的改造与扩建等,这都需要具有相关学科知识背景和技能的实验室管理人员进行规划和管理。建议高校配备数量得当的专职安全管理人员,不得兼职,使其全身心投入实验室安全管理工作。专职安全管理人员应具备实验室安全管理的专业知识和一定的管理能力。同时鼓励高校配备有注册安全工程师资质的人员从事实验室安全管理工作。当前国内高校实验室还面临管理人员队伍不够健全、不够专业和人员流动性较大等问题,怎样建立稳健的实验室工作人员管理体系,有效提升实验室安全管理能力,是实验室管理工作需进一步研究的问题。

(2) 加强安全教育与涉及危险源实验的风险评估。高校要建设实验室安全教育体系,把实验室安全教育纳入到大学生的实践培养环节中,明确涉及各种实验室风险的具体培养要求。强化各级、各类实验室安全教育,让实验开展人员充分了解实验安全操作规程、各种应急处置和废弃物处理等基本安全知识。另外,高校要建立涉及实验相关反应的机理分析与危化品实验审核制度,强化指导教师的实验全程监控与管理,落实危化品实验安全责任制。凡涉及各类危化品、病原微生物、辐射源及射线装置、危险性机械加工和强电强磁与激光设备等危险源的教学、科研项目,必须经相关部门的风险评估之后方可进行与开展。

(3) 加强实验室安全管理的信息化、高效化和标准化工作。加强数字化、信息化建设,充分利用信息化技术,对重大危险源实施实时监控,严格全周期、可追溯管理。在已有的采用信息化系统实现设备、耗材采购管理和实验室门禁管理的基础上,强化利用信息系统提高实验室调度和利用效率的研究,采用数字系统优化大型实验仪器的使用与共享,提高大型仪器的利用效率,有助于降低高校实验室能耗和碳排放。以标准化的文件制度和成熟的安全文化作为有力支撑,提升高校实验室安全管理水平,形成系统、科学的高校实验室安全管理体系。

五、结语

教育部实验室安全检查工作从2015年启动,总结梳理教育部开展此项工作以来,在高校实验室安全领域所取得的一系列理论及实践成果,本文采用基于CNKI数据库和

CiteSpace 软件的文献集合可视化分析法，挖掘 2015—2022 年高校实验室安全研究核心期刊文献集合，获得了实验室安全研究知识图谱。我们梳理了高校实验室安全研究的主要作者团队、高水平研究单位，通过共现网络分析得出还需加强实验室安全研究的校际合作和顶层设计的结论。高被引文献分析展示了高校实验室安全研究方面还存在的主要问题、事故原因和提出的管理策略等。基于关键词的共现、聚类与突现分析，挖掘出高校实验室安全管理的 10 个类别，并展示了每个类别中关键词的时间演化序列。进一步，总结了安全管理模型、安全文化、环境保护、危化品和危险源管理等实验室安全这几个重要方面的典型成效，探讨了今后在实验室管理队伍、实验风险评估和信息化、标准化管理等方面的研究展望，以期促进高校实验室安全研究方面理论与实践的可持续发展。

第三部分

优秀管理案例

高校安全实训基地建设

刘 斌 南盼盼 李梅映 徐邦瑜 陈彦达 陈如松[①]

摘 要:针对高校化学实验室存在安全隐患多、风险源多、人员密集等特点,利用教学实验室建成化学安全实训基地,提高学生的安全意识和应急处置能力,打造化学安全防线。通过安全实训基地,定期对学生进行电、气瓶、压力容器、废弃物等的教育,使其形成相应安全概念及标准管理模式,并反馈至日常实验室安全管理中,不断修正,从而有效预防和减少同类安全事件发生。结果表明,采用该种教育模式可让学生学会有效处理不安全事件,不断完善化学实验室各类安全管理制度、责任体系及流程,预防和减少化学实验室安全事故的发生。

关键词:实验室安全;化学实验室;实训基地

一、引言

高校实验室是高校开展科研、教学的重要场所,有力支撑科学研究、社会服务等工作,其覆盖学科广、参与人数多、实验任务量大、仪器设备和器材种类多,具有一定的潜在安全隐患[②]。化学学科随着交叉融合性的不断发展,安全呈现出风险点数量剧增、种类多样化、危险和有害因素复杂的发展趋势,安全管理形势不断变化且更加严峻,安全管理从单因素向综合安全管理转变[③]。

近年来,国内高校化学实验室安全事故时有发生,教育部等多部门高度重视实验室安全管理工作,教育部从安全意识、责任体系、宣传教育、运行机制等方面提出了12大类358项指标作为实验室日常安全检查基本要求[④]。依据文件要求,各高校开展了有效的实

[①] 作者简介:刘斌,南京大学化学化工学院工程师,主要研究方向为基础化学实验、实验室安全、环境与健康管理、实验室安全政策法规。
南盼盼,主要研究方向为高校实验室安全管理。
李梅映,研究方向为高校实验室安全管理。
徐邦瑜,南京大学实验室与设备管理处技术安全科副科长,研究方向为高校实验室安全管理。
陈彦达,南京大学实验室与设备管理处,技术安全科科长,研究方向为高校实验室安全管理。
陈如松,研究方向为高校实验室安全管理。
[②] 刘雪蕾,胡今鸿.高校教学实验室安全法规汇编[M].北京:高等教育出版社,2019.
[③] 阳富强,李伟.实验室研究与探索,2020,39(10):285-290.
[④] 杨妍,赵强,柳文敏,等.化学类硕士研究生专业课"课程思政"的分析和思考[J].南阳师范学院学报,2021,20(3):67-70.

验室安全检查工作。寻找有效提升高校化学化工类实验实训室安全管理水平的工作思路和可靠方法已经成为一项重要的研究课题。为进一步提高实验室安全检查能力,落实实验室安全管理工作,南京大学依托化学国家级实验教学中心从电、气、手套箱、压力容器、废弃物等方面建设了江苏省首个化学安全实训基地,形成了一套安全教育体系,服务全校师生。自2022年11月建成以来,受众达600余人,有效提升了师生安全意识。

二、实验室及从业人员概况

南京大学共有2040间实验室,其中涉危险化学品实验室576间,涉及师生2万余人,每年采购危险化学品总量约为170吨、危险品种类600余种、气体钢瓶2700多个、加热设备超过1000台套、压力容器约110台、手套箱100多个。以2022级本科新生(共1112人)涉及化学实验的人数为样本统计了中学动手能力(图1)。

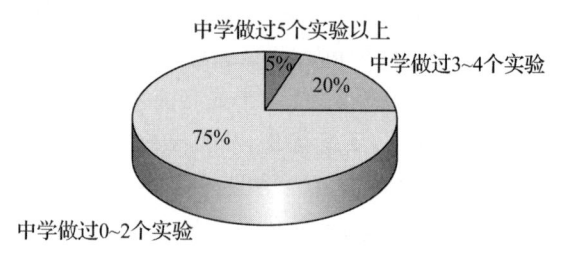

图1　2022级新生中学动手能力分析

2017年2月,《教育部办公厅关于加强高校教学实验室安全工作的通知》(教高厅〔2017〕2号)强调:"要建立教学实验室的安全准入制度,对进入实验室的师生必须进行安全技能和操作规范培训,未经相关安全教育并取得合格成绩者不得进入教学实验室。"[①]安全教学作为高校教学的基础部分,近几年教学模式重点强化了实验室准入考试和线上线下相融合的安全教育,取得了一些成绩,但仍存在一定的不足之处,如:

(1)考试学习法

学生自主学习的动力不足,为完成任务而学习的情况依然比较普遍,导致安全教学的质量和效果难以保证。

(2)视频学习法

市购或自己拍摄视频,内容大而全,缺乏重点,较为枯燥,学生容易疲惫,无法使学生切身感受到实验室安全隐患和事故的存在和威胁,未能激发学生主动学习和掌握实验室安全意识和能力的内在意愿。

(3)专项学习法

定期邀请专家或相关部门对学生进行专项培训,优点是重点突出,但学以致用、安全第一的理念还没有得到充分的体现,学生主动发现、消除实验室安全隐患和事故的意识和能力比较薄弱,实战的概念没有建立起来,教学只是增加了学生的实验室安全知识,而不是应对实验室安全隐患和事故的能力。

学生应对实验室安全隐患和事故的能力只有通过学习—动手—实训才能培养和建立起来。在安全教学过程中,须在安全知识理论学习的基础上增加动手和实训两个内容,突

---

① 教育部办公厅.教育部办公厅关于加强高校教学实验室安全工作的通知[EB/OL].(2017-02-20)[2024-10-10].http://www.moe.gov.cn/srcsite/A08/moe_736/moe_735/s5661/201703/t20170309_298727.html.

出培养学生的实验室安全实战意识和实践应对能力。因此南京大学依托化学国家级实验教学示范中心建立了化学安全实训基地。

三、安全实训基地风险源建设

1. 电风险源

（1）配电箱遮挡

科研实验室中由于用房紧张，经常会出现配电箱遮挡现象。配电箱是电力设备的集中分配点，里面有许多电线及开关，如果被遮挡住，当发生火灾或触电等情况时会无法及时拉闸。同时，不得将气瓶和易燃物品放置于配电箱附近，否则易引发火灾。

（2）接线板

接线板是一种常见的电器配件，目前国家已经出台新接线板标准，可避免误触导致的触电事故；提升了接线板所用的材料阻燃等级。基地在安全培训时从新旧国标的区别，接线板串接、超载、搁置于地面等方面对学生展开安全培训，同时着重强调通风橱、试剂柜内不得搁置接线板，尤其是在有机合成类实验室。该类实验室中通风橱外配备 2～3 个五孔插座，实际使用时可能会有 4～5 台设备同时通电，学生容易在通风橱内悬挂接线板，从而诱发火灾。

2. 气瓶

气瓶是学校安全管理的难点、痛点，在安全基地培训中，着重强调三个方面。

（1）气瓶送货

收到气瓶时应扫瓶身二维码，查看是否过期（图 2）；确认瓶身漆色是否清晰，与气体种类是否一致；表面有无缺陷；防震圈、瓶帽、瓶阀是否齐全完好。

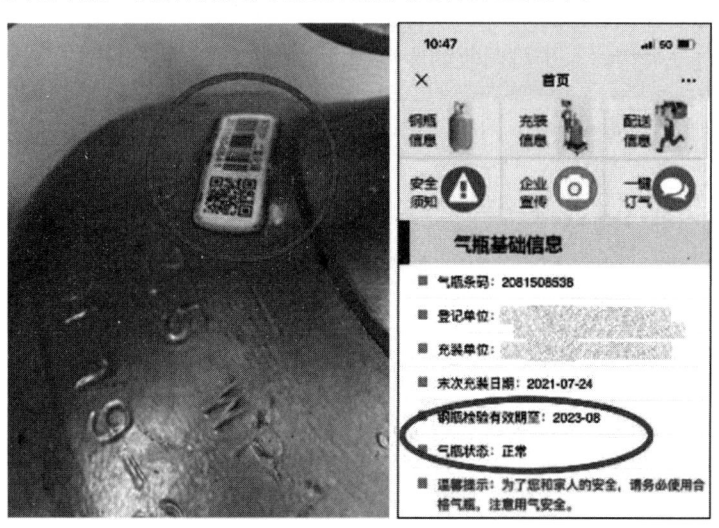

图 2　气体验收示意图

(2) 气瓶存放

气体存放点应通风、远离热源、避免暴晒；房间存量应控制在最小需求量，尽量减少气瓶贮存量；可燃气体与助燃气体钢瓶不得混放；气瓶瓶身应用钢瓶柜、架等设备固定，防止倾倒摇晃。

(3) 气瓶使用

使用前应检查整体状态是否正常；气瓶状态卡标识"满""使用""空瓶"等实时标注；窒息气体密闭空间必须安全氧含量报警器；有毒、可燃气体应配备报警器，同时提醒学生注意报警器有效期及其是否能够正常工作等问题；瓶内气体根据种类不同不得用尽，留够足够预压。

3. 压力容器

在生物类实验中，压力容器是一种必不可少的设备，按照安装方式，压力容器可分为固定式和移动式两种类型。培训时应让受众知道使用此类设备必须拥有特种设备使用登记证、特种设备作业人员证。金属压力容器一般于投用后3年内进行首次定期检验，非金属压力容器一般于投用后1年内进行首次定期检验，以后的检验周期由检验机构根据压力容器的安全状况等级确定。安全阀定期校验一般每年至少一次，爆破片装置更换周期为2~3年，用于安全防护的压力表(指示类压力表、显示类压力表、压力变送器、压力传感器)每半年至少检定一次。

4. 废弃物

实验废弃物是一个不可忽视的问题。废弃物不仅包括实验过程中产生的废物，还包括不再需要的实验用品、过期药品、破损仪器等。这些废弃物如果处理不当，可能会对环境和人体健康造成危害，因此，实验室废弃物的处理和管理至关重要。实验室废弃物通常分为三类(图3)，对于实验室废弃物的处理，一般遵循分类收集、安全运输、集中存放、专业处理的原则。实验室应设置专门的废弃物存放处，对不同类别的废弃物进行分类收集，并做好标识和记录。对于有害废弃物，应采取安全、环保的方式进行处理，例如委托专业机构进行无害化处理或进行焚烧处理等。对于可回收的废弃物，可以进行回收再利用，以节约资源。

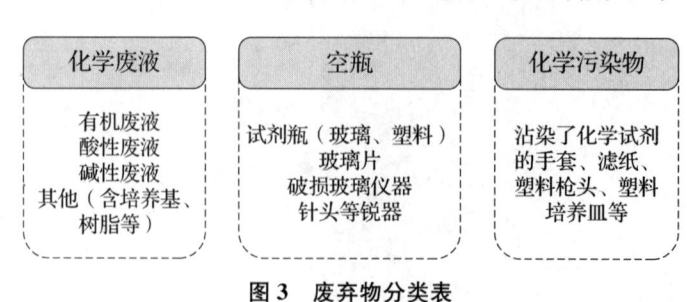

化学废液	空瓶	化学污染物
有机废液 酸性废液 碱性废液 其他(含培养基、树脂等)	试剂瓶(玻璃、塑料) 玻璃片 破损玻璃仪器 针头等锐器	沾染了化学试剂的手套、滤纸、塑料枪头、塑料培养皿等

图3　废弃物分类表

四、结语

化学安全实训基地构建了培养学生实验室安全战意识和实践能力的一种新途径。为了全面提高学生应对实验室安全隐患和事故的能力,使其成为知行合一的履行者,化学安全实训基地自 2022 年 11 月建成以来,面对学校化学、生命、环境、电子等 8 个院系 600 多名学生,提供了化学品泄漏、应急抢救、灭火等多方面的培训,取得了一定的成绩。考虑到科研实验室的用房难度,下一步的工作会进一步优化培训课件及现场,为学校提供更多的帮助。

高校实验室安全管理体系构建与改革实践

吴祝武　孙志华　郝雄飞　许婵婵　张　辉　项志前[①]

中国矿业大学坚持安全底线思维,以改革为动力,以制度为基石,以投入为保障,深入推进实验室安全建设与管理,形成了"安全管理有体系、安全条件有保障、安全教育有章法、应急处置有预案、监测预警有手段"的实验室安全工作矿大方案。

一、指导思想

贯彻落实中共中央、国务院关于安全工作的系列重要指示和部署,牢固树立安全发展理念,弘扬生命至上、安全第一的思想,围绕实验室安全薄弱环节和突出矛盾,抓源头、抓关键、抓瓶颈,切实增强高校实验室安全管理能力和水平,保障校园安全稳定和师生生命安全。

二、改革举措

1. 建立了双重预防机制实验室安全管理体系

（1）理顺体制机制

出台《实验室工作分级管理办法》,重新设置二级单位实验中心(每单位一个中心),建立了以学校为主导、二级单位为主体、实验中心为单元的分级管理机制。

（2）明确安全责任

出台《实验室安全管理办法》《实验技术人员聘任与考核实施办法》,明确了学校、二级单位、实验中心、实验技术人员在实验室安全工作中的责任清单、履职清单,特别是将所有校领导每年必须参与实验室安全现场检查纳入了《中国矿业大学一线规则》。

[①] 作者简介:吴祝武,博士,中国矿业大学实验室与设备管理处处长,研究方向为高等教育管理、管理科学与工程。
孙志华,博士,中国矿业大学实验室与设备管理处副处长,研究方向为实验室建设与安全管理、实验技术队伍建设。
郝雄飞,中国矿业大学实验室与设备管理处科长,研究方向为实验室安全管理。
许婵婵,中国矿业大学实验室与设备管理处科员,研究方向为实验室安全管理。
张辉,中国矿业大学实验室与设备管理处实验师,研究方向为实验室安全管理。
项志前,中国矿业大学实验室与设备管理处科员,研究方向为实验室安全管理。

（3）实施精准管控

出台《实验室安全分级分类管理办法》，按照危险源类别和可能引发危险的严重程度进行分类辨识、分级评估，对全校 1 420 间实验室进行了分级分类管理，逐一明确具体的责任部门、责任人，严格落实风险管控职责和管控清单，并以此为基础施行“人、机、环、管”风险的精准管控。出台《实验室和实验项目风险评估实施细则》，对新建、改建、扩建的实验室必须进行安全风险评估，并明确要求安全设施与建设项目主体工程必须同时设计、同时施工，使用前必须进行验收管理，符合条件方可投入使用。与科研、教务和研究生管理部门协同建立实验项目风险评估制度，对新增实验项目开展安全风险评估。共计对 100 余间新建或改建实验室、2 000 余项实验项目进行安全风险评估，从源头上管控实验室和实验项目安全风险。

（4）强化监督检查

出台《实验室安全检查实施细则》，构建了学校领导、职能部门、二级单位、实验室“四个层级”的安全检查常态化机制，明确各类人员的检查职责和检查次数要求，施行不同等级风险实验室差异化监管。

（5）严格责任追究

出台《实验室安全责任追究办法》，对实验室安全工作不力的三个二级单位领导班子由校领导、党政办、组织部、纪委、保卫处、设备处等联合进行了集体约谈，对实验室安全工作不作为的一个学院院长由学校党委书记进行了诫勉谈话，对三起实验室违规事件进行了严肃问责追责。

（6）开展考核评价

制定《二级单位实验室综合考核评价表》，对实验室安全工作实施年度考核，并将考核结果作为资源配置的重要依据。

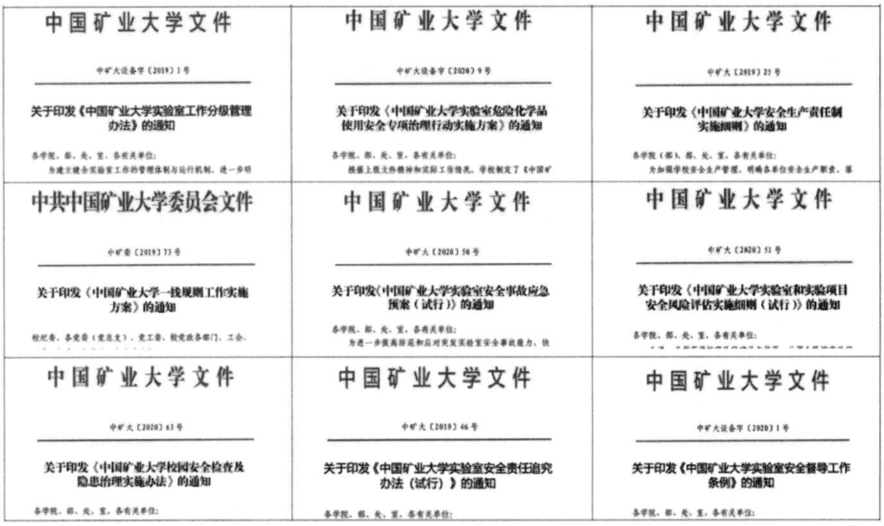
中国矿业大学文件
关于印发《中国矿业大学实验室工作分级管理办法》的通知

中国矿业大学文件
关于印发《中国矿业大学实验室危险化学品使用安全专项治理行动实施方案》的通知

中国矿业大学文件
关于印发《中国矿业大学安全生产责任制实施细则》的通知

中共中国矿业大学委员会文件
关于印发《中国矿业大学一线规则工作实施方案》的通知

中国矿业大学文件
关于印发《中国矿业大学实验室安全事故应急预案（试行）》的通知

中国矿业大学文件
关于印发《中国矿业大学实验室和实验项目安全风险评估实施细则（试行）》的通知

中国矿业大学文件
关于印发《中国矿业大学校园安全检查及隐患治理实施办法》的通知

中国矿业大学文件
关于印发《中国矿业大学实验室安全责任追究办法（试行）》的通知

中国矿业大学文件
关于印发《中国矿业大学实验室安全督导工作条例》的通知

图 1　学校实验室安全双重预防机制建设

2. 构建了实验室安全基础条件保障长效机制

（1）配齐配强安全管理人员

学校对"十四五"实验技术队伍重新进行定编，明确了 27 个实验中心安全管理人员，对 4 个重要危险源单位分别配备了 1 至 2 名专职安全管理员。

（2）加大安全专项资金投入

投入 500 余万元建成了水污染治理与控制实训中心，实现了实验室废液自行处置；投入 1 300 余万元对涉化类的 3 个二级单位实验楼进行了通风废气处置改造，实现实验室危险废气达标排放；投入 400 余万元建成了文昌校区、南湖校区的校级危化品中转库房，解决实验室危化品超量储存问题；投入 300 余万元用于实验室样板间建设，推动实验室规范化、标准化建设；投入 1 000 余万元用于实验室安全设备设施购置。推动实验大楼立项建设。投入 7 亿余元建设 7 万余平方米的涉化类教学实验楼、科研实验楼，2023 年底封顶完成基本建设。

图 2　学校实验室安全基础设备设施建设

3. 形成了层次化、精准化实验室安全教育生态

探索建立了多层次、立体化、常态化的实验室安全教育长效机制，形成了安全态度、安全知识、安全技能和安全品格"四位一体"的实验室安全育人体系。

（1）学生安全教育层面

严格开展分类分层准入，学校分类一次准入、二级单位按照学科专业二次准入，实验室施行针对性的三次准入；对涉及重要危险源的学科专业，将实验室安全教育纳入培养环节且作为必修学分；设备处牵头开设了全校实验室安全教育通识选修课程。

（2）教职工安全教育层面

对进入实验室教职工严格实施安全教育准入。组织了 4 期为期一周的校外实验室专题培训,实现实验技术人员培训全覆盖,其中,2023年举办了1期实验室安全专题培训。设置实验室建设与发展论坛,邀请了国内外实验室专家来校授课12次;举办了4期实验室安全主题沙龙、两届实验室安全技能大赛、5届实验室安全文化月,引导实验室师生由他律向自律,由"要我安全"向"我要安全、我能安全"转变。在全校上下营造"人人讲安全、人人懂安全、事事要安全"的实验室安全氛围,提升师生安全防范意识,巩固"平安校园"创建成果。

图3 学校举办实验室安全教育培训活动

4. 提升了科学有效的实验室安全应急处置能力

（1）制定预案,构建应急体系

针对实验室可能发生的安全事故特点及危害,制定《实验室安全事故应急预案》《实验室安全类突发事件专项应急预案》《实验室危险化学品事件现场处置预案》,推动构建学校—学院—实验室三级应急管理体系。各级预案或措施明确应急体系各节点的责任人及其职责,配齐配足应急人员、物资、装备和经费,确保应急功能完备、人员到位、装备齐全、响应及时。

（2）注重实战,强化应急演练

建立常态化应急演练机制,每年组织消防安全演练、洗眼器使用实操演练、实验室危化品或危险气体泄露等应急救援演练和人员避险自救训练。持续推动二级单位和实验室根据学科专业特点和自身薄弱环节开展针对性应急演练。应急演练开展促使各级各类人员熟悉应急救援预案,熟记岗位职责和应急处置要点,熟练操作各种应急救援器材,提高实战能力和水平,保障事故发生时能够及时、协调、有序开展应急救援与应急处置。

（3）加强人防,组建应急队伍

成立由43名各学院实验技术人员和专任教师组成的实验室安全应急救援队伍。组织开展院前急救技能培训,提高救援队伍现场处置能力,能够快速、有序、高效地开展实验室事故抢险及应急救援,降低实验室突发事故危害,保障学校实验室安全稳定。

(4) 文化引领,强化应急教育

按照"人人讲安全、个个会应急"要求,坚持文化引领,聚焦安全育人。组织开设安全应急教育课程,开展实验室安全展板巡展、实验室安全应急专题报告、实验室操作规程大赛,实验室安全沙龙等系列活动,多渠道开展实验室应急教育,广角度营造实验室应急氛围,全方位提升应急处置能力。

(5) 监测预警,提升应急响应

在安全、化工、环测等重要危险源分布多的学院开发应用实验室安全智能监测与控制系统,布设气体探测、温湿度检测、烟雾监测、语音广播、控制大屏等安全终端,通过实验室安全智能监控联动控制系统和安全智能指挥平台,对实验室火灾、化学品泄漏、爆炸等各类安全隐患进行实时监测、预测预警、应急处置和应急逃生指引。

(6) 加大投入,保障应急救援

建成危化品暂存库、废液处置中心、安全智能管控、通风废气处置等应急基础设施。配齐应急喷淋、洗眼装置、应急药箱、个人防护用品与装备并保证有效。配备实验室安全设备物资685台套,保障突发事件应急救援能力。

图4 学校举办提升应急处置能力活动

5. 探索了智能化、多元化实验室安全智能监测与控制

在三个涉化学院试点建设了实验室安全智能监测与控制系统,提高了实验室技防管理水平。依据双重预防、"3E"控制、动态分级等相关理论,采用人工智能、大数据、物联网感知、AR/VR等先进信息技术,将智能门禁准入、智能视频监控、安全风险防控、智能环境监测、培训检查管控、智能应急处置、智能控制决策融为一体,对实验人员、环境状况、安全风险等进行多维监测、安全预警、智能应急和智慧管控,实现了实验室安全的全要素管

理、全过程监控和全方位感知。系统软件采用模块化设计，由责任体系、安全教育与考试、安全准入、风险分级管控、安全检查、危险源管理、应急管理、信用管理、安全档案、综合管理十个模块组成，并将各模块数据以可视化形式供各级管理者查询和使用。通过实验室安全教育考试一体机、实验室安全智能管控一体机、鹰眼抓拍系统等，对实验人员进行安全教育、安全考试、安全准入和安全行为监控，实现人员的全过程管理；通过智能锁、刷脸刷卡、电子称重、FRID电子标签等手段，对危化品、气瓶、废弃物、特种设备、冷热设备等危险源实现全生命周期管理。通过系统还可进行各级安全责任书或承诺书的签订，对实验室按照红、橙、黄、蓝进行分级管控和隐患排查治理，并建立电子化、标准化实验室安全档案。

图 5　学校开发实验室安全智能监测与控制系统

三、建设成效

2019 年以来，在教育部实验室安全现场检查启动会和实验室安全培训会上作交流发言 2 次；入选中国高等教育博览会"校企合作　双百计划"典型案例 3 项；荣获江苏省高校实验室工作先进集体荣誉称号 2 次；荣获第一届实验室建设与安全"建安奖（榕德杯）"先进集体二等奖；矿大代表队荣获江苏省高校实验室安全技能大赛一等奖。团队成员获评中国高等教育学会实验室管理工作分会先进工作者 1 人次；获评江苏省高校实验室工作先进个人荣誉称号 8 人次；获批中国高等教育学会高等教育科学研究规划重大项目 1 项、重点项目 3 项；获批江苏高校实验室研究委员会重点项目 2 项，一般项目 4 项。学校实验室安全建设与管理的改革做法受到同行广泛关注，清华大学、南京大学、西北农林科技大学等 20 余所兄弟院校先后来校调研交流；矿大作为 3 所受邀高校参加江苏省电视台"苏小吉说安全"实验室安全教育节目制作。

图 6　学校实验室工作获奖、兄弟院校来校调研交流等

鸡胚孵化及蛋鸡饲养虚拟仿真实验教学项目

王　恬　张艳丽　蒋广震　时晓丽[①]

摘　要: 鸡胚孵化及蛋鸡饲养虚拟仿真实验教学项目秉持"整合资源,虚实互补,多元协同"的建设理念,充分利用信息技术,通过信息化平台整合现有教学资源,将虚拟仿真实验作为实体实验的有益补充。本项目虚拟仿真实验系统包括实验目的、基础知识、实验内容、实验报告、课后巩固等功能模块。实验内容包括:虚拟禽场选址与布局、虚拟人工采精及人工授精、精液品质检测、鸡胚21天孵化过程、虚拟蛋鸡育雏期、育成期、产蛋期的饲养管理,突破时间、空间限制,学生可以开展自主学习和移动学习,获得沉浸式实习体验,掌握蛋鸡生产的全过程,帮助学生构建更完整的知识体系,提高学生综合实践与创新能力。该虚拟仿真实验教学项目坚持以学生为本,突出动物科学的专业特色,虚实结合,提高学生认知和专业实践能力。

关键词: 鸡胚孵化;蛋鸡饲养管理;虚拟仿真;实践能力

一、实验目的

本项目依托动物科学类国家级实验教学示范中心,中心已构建了特色鲜明的虚拟仿真实验教学平台,通过虚拟仿真学习和现场实验相结合,突破家禽生产周期长、疫病传播风险高、家禽群体的应激反应等客观限制,有效提升实验教学效果。

1. 确保学生无死角全程参与整个蛋鸡生产过程实验实践

在蛋鸡生产过程中,因禽流感等人畜共患传染病的传播风险与环保限制,教师与学生常常无法参加蛋鸡生产实验实践教学(无法进入生产现场),或被迫中途终止实验实践教学。此外,由于大批量学生进入生产现场往往导致蛋鸡群体的激烈应激反应,影响与干扰正常生产在所难免。这些因素,在很大程度制约了学生实践能力、创新能力的培养。虚拟现实技术的出现,可以通过虚实结合,保证在发生人畜共患传染病传播风险时,突破时间

---

① 作者简介:王恬,南京农业大学动物科技学院教授,教学与科研方向为动物营养与饲料科学。
张艳丽,南京农业大学动物科技学院教授,副院长,教学与科研方向为"动物繁殖学""羊生产学"。
蒋广震,南京农业大学动物科技学院教授,副院长,教学与科研方向为水产动物营养与饲料学。
时晓丽,南京农业大学动物科技学院实验师,实验教学管理方向。

与空间限制，学生仍可参加蛋鸡生产全过程，特别是虚实结合、相互辅助的实验实践教学形式，可以确保学生无死角全程参与整个蛋鸡生产过程实验实践，帮助学生构建更完整的知识体系，让学生获得沉浸式实习体验，提高学生综合实践与创新能力。

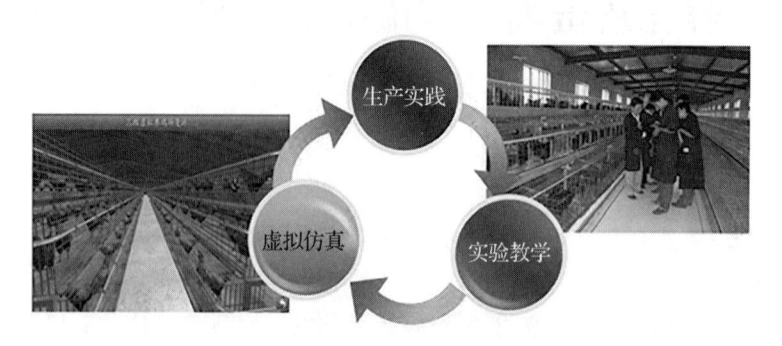

图 1　虚实结合、相互辅助的实验教学形式

2. 提高学生对于全程蛋鸡生产各环节的认知与实践能力

据统计，目前我国畜牧业产值占农业总产值的35%，我国家禽饲养量、禽蛋产量已连续多年保持世界第一。我国肉类总产量占世界总产量的1/3，鸡蛋产量占世界总产量的40%。作为发展中国家，我国人均禽蛋占有量已超过发达国家人均禽蛋占有量平均水平。我国家禽饲养业中的蛋鸡产业逐步形成了品种优良化、饲养规模化和产业化的格局，成为全国畜牧业中产业化最迅速、最典型、市场化程度最高的行业。这对农业高校动物科学类专业人才培养提出了更高的要求，对教育思想观念、人才培养模式等产生了巨大的影响。蛋鸡孵化及饲养周期长（达525天），在生产实习过程中，不能保证学生能参与家禽生产的全过程，只能短时间参与某个环节。鸡胚孵化及蛋鸡饲养虚拟仿真实验可以提供开放式生产环境，实现生产各环节一条龙，学生可以不受时空的限制，虚实结合，自主完成整个蛋鸡生产过程各生产环节的教学实验和实习，由于虚拟系统的支持，学生还可以自选实验项目，自行组织实验，摒弃传统的灌输式教学方式，让学生自主参与到教学中来，最大限度地发挥学生的主动性和创造性。

蛋鸡生产学具有很强的专业性、综合性和实践性，涉及环境卫生学、遗传育种学、营养与饲养学、家禽生产学等实践环节，本虚拟实验项目将育种、饲料、环境卫生、疾病防治等课程知识有机结合，使学习更具连贯性和系统性，提高学生对于全程蛋鸡生产认知与实践能力。

3. 提高学生自主学习和实验实践能力

本项目以学生为主体、以教师为主导，坚持"整合资源，虚实互补，多元协同"的教学理念，充分利用信息技术，通过信息化平台整合现有教学资源，突出动物科学类专业特色，本项目的虚拟仿真实验系统包括实验目的、基础知识、实验内容、实验报告、课后巩固等功能模块。实验内容包括：虚拟禽场选址与布局、虚拟鸡胚21天孵化过程、虚拟蛋鸡育雏期（3～6周）的饲养管理、虚拟蛋鸡育成期（7～17周）的饲养管理、虚拟产蛋期（18～72周）的饲养管理。学生通过对蛋鸡生产全过程中的鸡胚孵化、育雏期、育成期、产蛋期四个生长发育阶段的虚拟仿真实验操作,突破时间、空间限制,开展自主学习和移动学习,让学生获得沉浸式实习体验,掌握蛋鸡生产的全过程,帮助学生构建更完整的知识体系,提高学生综合实践与创新能力。

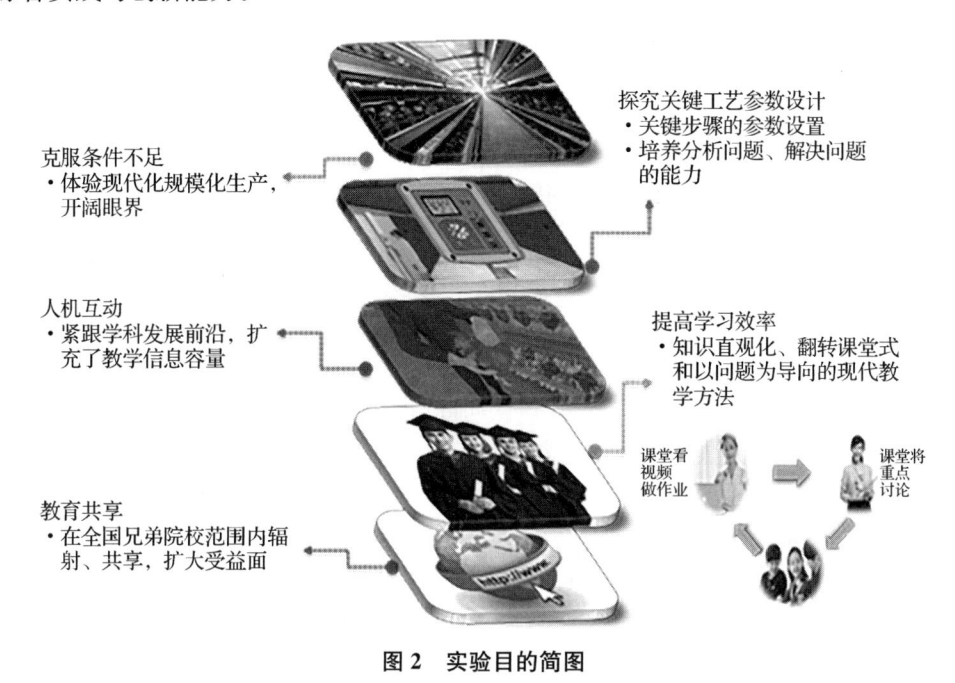

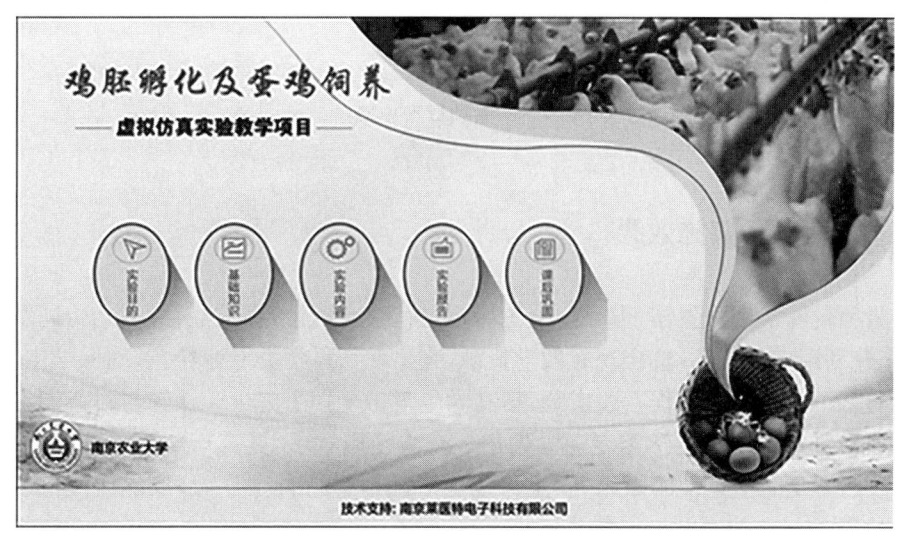

图 2　实验目的简图

图 3　鸡胚孵化及蛋鸡饲养虚拟仿真实验教学项目网页首页

二、实验项目实施流程

本项目实验实施流程如图 4 所示。

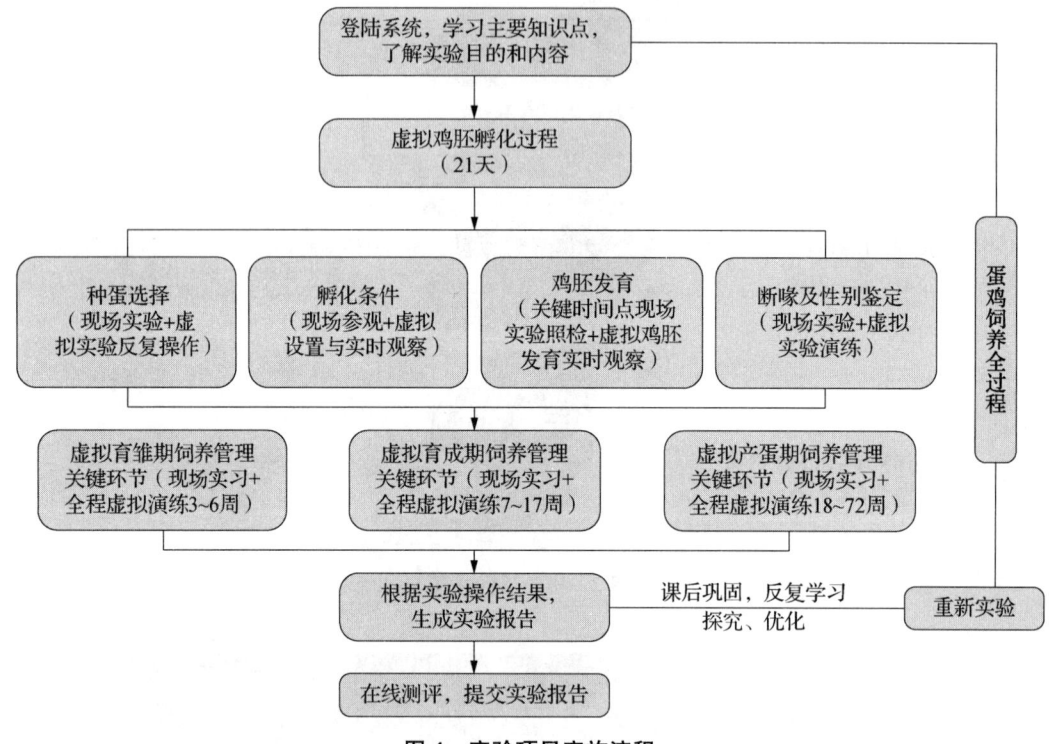

图 4　实验项目实施流程

三、实验项目实施效果

实验项目以学生为主体、以教师为主导,坚持"整合资源,虚实互补,多元协同"的教学理念,充分利用信息技术,整合现有教学资源,突出动物科学类专业特色,确保学生无死角全程参与整个蛋鸡生产过程实验实践,提高学生对于全程蛋鸡生产认知与实践能力。

本项目每年有动物科学类专业学生约 250 人使用学习,具有"开放性、交互性和易操作"等优点,不受时空条件的限制,学生可以随时随地进行自主学习,以虚促实,提高了实验教学效果。

我校动物科学专业学生通过现场实际和虚拟实验的互补式学习,获全国大学生动物科学专业技能大赛"特等奖"。

四、实验教学项目特色

1. 实验教学项目建设必要性

鸡胚孵化及蛋鸡饲养虚拟仿真实验项目秉持"整合资源,虚实互补,多元协同"的建设理念,充分利用信息技术,通过信息化平台整合现有教学资源,将虚拟仿真实验作为实体实验的有益补充,对虚拟仿真实验的开设贯彻"能实不虚,虚为实补"的原则。坚持以学生为本,突出动物科学的专业特色,虚实结合,提高学生认知和专业实践能力。

（1）突破家禽实验实践教学时空条件的限制

传统家禽实验教学受生产周期和疾病感染风险的影响。如动物生产学实习是动物科学类学生的专业必修实习环节,涉及环境卫生学和家禽生产学等,学生掌握蛋鸡各个生产环节中周期较长,特别是鸡场防疫严格,一般实行封闭式管理,学生出入受限,不能保证学生完整地参与到整个生产过程。因此通过虚拟仿真蛋鸡饲养可以提供开放式生产环境,实现生产各环节一条龙,学生可以打破时间和地域的限制完成相关的教学实验和实习,真正自主完成整个生产过程,有效地弥补在实际实习过程中不能参与体验整个养殖流程的不足。

（2）突破家禽实验实践资源消耗的限制

传统的家禽实验实践教学受生产环境控制、动物福利、教学成本等问题的困扰。如学生进行学习禽生产学断喙知识点的学习,由于学生数量多、家禽实验成本高,不能保证学生都能用实验动物进行练习,因此利用3D成像技术和计算机多媒体技术,设计虚拟仿真实验,让学生在正式实验操作前进行充分模拟、仿真,这种模式对于学生把握整个实验内容以及对整个实验的完成质量具有重要意义。

（3）突破家禽实验实践教学疫病传播风险的限制

学生进行家禽实验存在疾病感染风险,威胁师生健康。由于禽场容易爆发流行病,例如具有危害大、传播快等特点的高致病性禽流感,或者人畜共患的禽结核病等。通过虚拟仿真实验,能有效减小进入禽场进行实验实习的师生感染疾病、疫病传播的风险。

2. 实验教学项目建设先进性

（1）以点带面,依托智能的虚拟仿真实验教学管理系统,拓展学生自主学习时间与空间,增强社会辐射示范效应。根据虚拟仿真实验教学的实际运行情况,开发和优化了虚拟仿真实验教学管理系统,本系统具备学生管理、成绩管理、考试管理、学生网上实验预约和开放式交流等功能,提高了虚拟仿真实验教学管理的工作效率。

（2）以虚促实,依托实体的动物科学类国家级实验教学中心、校内外实践教学基地以及丰富的实践教学资源,构建系统的家禽生产学虚拟仿真实验教学体系。

注重与现代化农业生产紧密结合,实现高度虚拟仿真,本项目以京红1号蛋鸡配套系为模板,构建了鸡胚孵化及蛋鸡饲养虚拟仿真实验教学项目,掌握最新养殖技术,涵盖蛋鸡生产的各个环节,实现动物科学高等教育与畜牧业行业发展的有效对接。

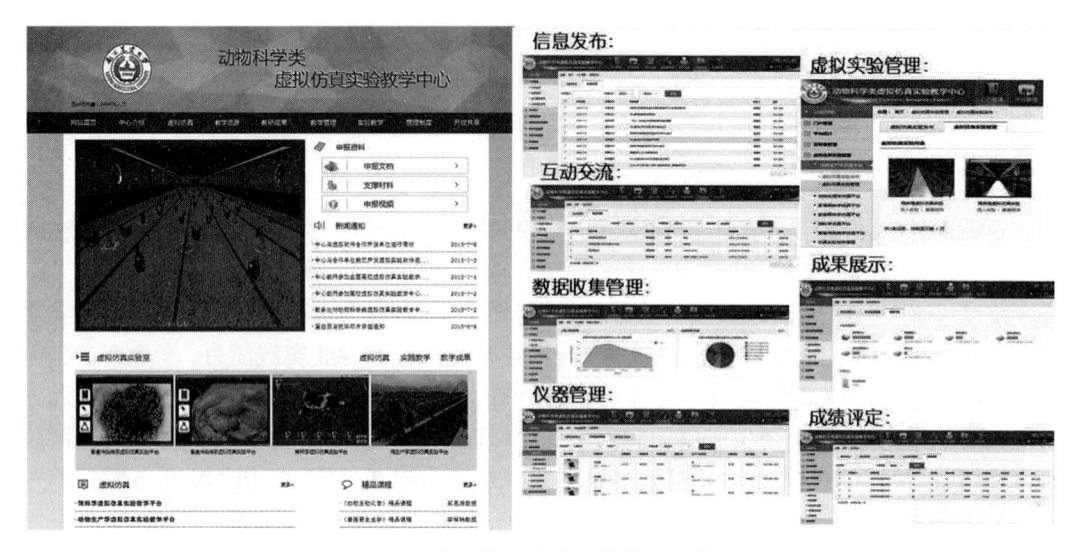

图 5　虚拟仿真实验教学管理系统

3. 实验教学项目教学方法

依托网络,借助 PC 网络终端设备,登录虚拟仿真实验系统,通过虚拟三维实习场景,学生可以在线观摩、操作、答题、互动等,在线完成对"蛋鸡饲养"教学内容的学习,解决了以往学生在进行蛋鸡养殖实习前对操作流程感性认识不足、考核内容不全面的缺陷,以学生自主学习为核心,经典实体实验和虚拟仿真实验相辅相成。

4. 实验教学项目评价体系

以"蛋鸡养殖"实习教学过程中所涉及鸡场选址、鸡胚孵化管理、育雏期管理、育成期管理和产蛋期管理操作流程、注意事项等为考点,按照各自在蛋鸡养殖中的权重,形成"虚实结合"的考核评价指标体系,实现对蛋鸡养殖实习过程的全覆盖。本虚拟仿真实验项目可以跟踪记录学生整个操作过程的学习情况,并实现在线测验与及时评价反馈。通过不断完善,突出虚拟仿真系统在教学环节中的地位,以期提高学生的动手能力,最终可以提高学生就业率,使实验教学服务于社会。

5. 传统教学的延伸与拓展

传统教学是在某一段时间内,在固定的地点,集中进行授课。这不仅受时间和空间的限制,且就某一次授课内容而言,无法重复和再现。而虚拟仿真实验项目可以提供开放式学习环境,实现生产各环节一条龙,学生可以不受时空的限制完成相关的教学实验和实习,真正自主完成整个生产过程。虚拟仿真实验项目在资源建设中,与国家农业产业化重点龙头企业以及多家信息科技企业强强联合,共同开发虚拟仿真教学软件,利用 3D 建模技术和物联网技术进行虚实结合,将农业行业企业与虚拟仿真鸡场有机结合起来,实现学生在传统教学的基础上,能时刻紧跟行业发展的动态,切实提高学生的生产实践能力。

五、实验教学项目推广及影响

1. 面向高校的教学推广应用

虚拟软件丰富的实验教学资源,不仅校内共享,校际也开放共享。中心对有交流合作关系的兄弟院校定向开放。校外学生可以通过网络注册,登录后远程共享实验教学资源,完成实验操作,提高学习效果。校际的资源共享进一步扩大了中心教学资源的传播范围和辐射途径。本项目将通过积累在线答疑、师生互动、生生互动内容,形成问题索引,充实后台数据库,通过在线课程顾问实时通知,方便学生自主学习。本实验项目是"江苏省高等学校虚拟仿真实验教学共享平台"项目,且获批国家级虚拟仿真实验教学项目。

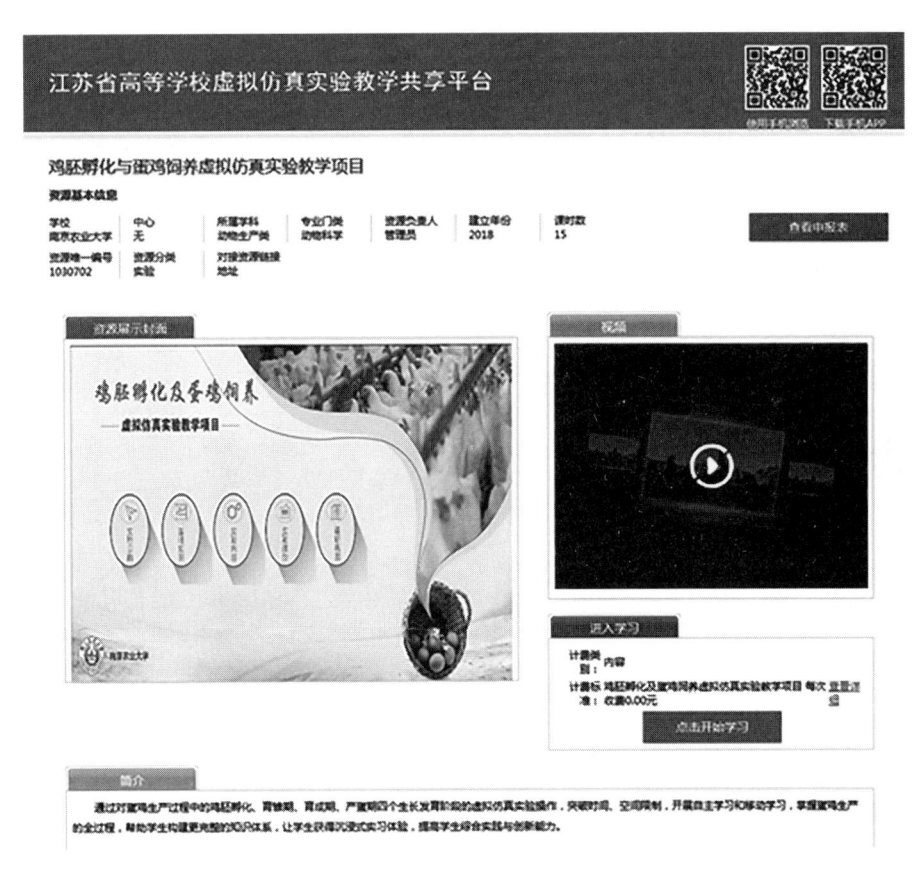

图 6　江苏省高等学校虚拟仿真实验教学共享平台

2. 面向社会的推广应用

校企合作,理论实践互动,资源共享,不断推动虚拟仿真实验项目的完善。持续不断与相关企业和基地进行合作,在企业生产基地安装摄像头,通过互联网学生可以进行远程实时观测企业的生产情况,同时学校教师也能随时解决企业在生产过程中遇到的问题。

根据企业的实际更新教学资源,企业也从学生实践训练结果中不断改进技术路线。我院已与江苏立华牧业有限公司进行了有效的产学研合作,不仅为学生进行实践训练提供基地,也可为虚拟项目的建设提供畜禽饲养各环节实践实验的资源。

高校实验室安全管理体系构建与实践

魏永前　姜享旭[①]

一、引言

高校实验室安全是建设平安校园的重要组成部分,构建科学有效的实验室安全保障体系,加强实验室安全管理是高校正常开展实验教学和科学研究,实验室建设与运行的重要基础保障,对保障师生人身安全维护校园安全稳定至关重要。本文通过对国内外高校实验室安全管理体系进行了充分的调研,介绍了国内外实验室安全管理体系现状,充分吸收了高校实验室安全管理方面成功的经验,以苏州大学为例构建了坚持以人为本、全人育人、标本兼治、防消结合、依法依规、科学精准为管理理念的实验室安全全面防控体系并进行了实践,对高校实验室安全管理具有参考作用。

二、实验室安全管理体系的构建

实验室安全管理工作是一个需要各部门相互配合、相互协调的整体工程,并不是靠着单一的管理部门就能完成的,各部门相互配合、相互协调的整体工程。构建以人为本、全人育人、标本兼治、防消结合、依法依规、科学精准的实验室安全全面防控体系,更好地培养创新型高素质人才,更好地提升高校的科研教育水平,同时为师生的人身安全以及学校实验室安全运行安全提供可靠保障和支撑。苏州大学(以下简称我校)是一所重点综合性大学,拥有数量众多的实验室,涵盖化学、生物、辐射、机械、电子、电气等专业,实验室种类多,安全管理任务重、管理难度大。近年来,我校结合在充分调研了国内外实验室安全管理体系基础上结合我校实验教学及科研特点,在前期构建了实验室安全"双体系"预防机制的基础上进一步探索出一整套实验室安全管理体系并继续充分实践,使实验室安全工作得到了极大的提升。

1. 各级实验室安全管理机制

学校充分发挥实验室安委会的领导和决策在实验室安全管理中的作用,学校实验室安委会是实验安全工作的最高领导决策机构,由学校党政一把手担任主任、分管实验室工

[①] 作者简介:魏永前,高级实验师,苏州大学实验室与设备管理处处长,主要研究方向为高校实验室管理。姜享旭,苏州大学实验室与设备管理处技术安全科副科长,研究方向为高校实验室安全管理。

作校领导担任副主任,成员由学校相关职能部门组成,下设办公室于实验室与设备管理处,负责实验室安全日常工作。

每个单位在学校安委会的领导下,成立本单位实验室安全工作分委员会,二级单位实验室安委会具有两个特点:一是学校充分吸纳一线师生参与实验室安全管理工作,人员组成全面,不仅有单位的领导、实验室主任、安全管理人员等,还有一线的师生、实验室安全员等参与实验室安全管理工作;二是学校赋予实验室安委会的地位与各单位学术委员会等具有同等的地位和话语权。

学校根据学科的专业性,针对具有较大危险源的技术安全设置专业技术委员会或领导小组,协助安委会的决策和部署,学校专业技术安全委员会有"实验室防火防爆安全委员会""生物安全工作委员会""辐射安全与防护安全工作领导小组"等,科学精准研判学校实验室的安全运行状态,审查专业安全技术文件,有力的支撑学校实验室安委会决策部署的有效实施。

学校实验室安委会始终以学校师生生命健康安全为中心,充分尊重并吸纳学校师生的建议。学校在安全文件制定和政策出台的时候,要求必须做好前期的调研工作,认真听取师生、二级单位安全管理人员、领导等建议,其目的就是保证制定的文件或政策更保证师生生命健康安全,更与学校高质量发展相适应,更符合学校的校情,更能保证有效的实施和落地,让实验室安全管理工作落到实处。每年上到学校的校领导,归口管理部门的处级领导,下到一线安全管理的科员都深入师生一线,调研帮扶多达数十次之多。一方面解决师生的实际困难;另一方面,也为听取师生的建议,为学校决策打下坚实的基础,如图1所示。

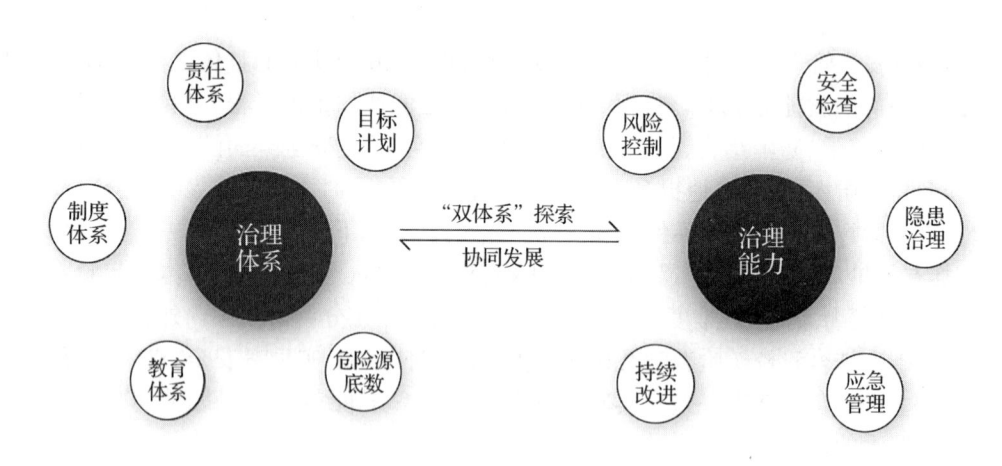

图 1 实验室安全治理体系

2. 实验室安全规章制度

实验室安全管理制度的完善是实验室安全管理强有力的支持,为实验室安全管理提供重要的依据,学校严格按照规范制定或修订实验室安全管理制度。苏州大学实验室安全制度的层级关系为:条例—办法—细则—规程或指导性说明、手册四个等级制度体系,学校实验室安全工作条例,是学校实验室安全管理工作的纲领性、指导性文件,学校在安全工作条例的指导下,制定了相应的管理办法。苏州大学实验室安全管理办法总体分两类,一类是安全管理类办法(如教育培训与准入、安全检查与隐患整改、事故应急处置与责任追究、职业健康与防护、安全责任制、"三违一冒"等);另一类是安全技术类办法(如危险化学品管理、危险废弃物管理生物安全、辐射安全与防护、特种设备安全等),学校在全校普适性的办法基础上会制定校级层面的实施细则,如学校制定危险化学废液处置实施细则、生物医疗废弃物实施细则就是在危险废物管理办法的基础进一步细化收储的步骤流程等(图2)。

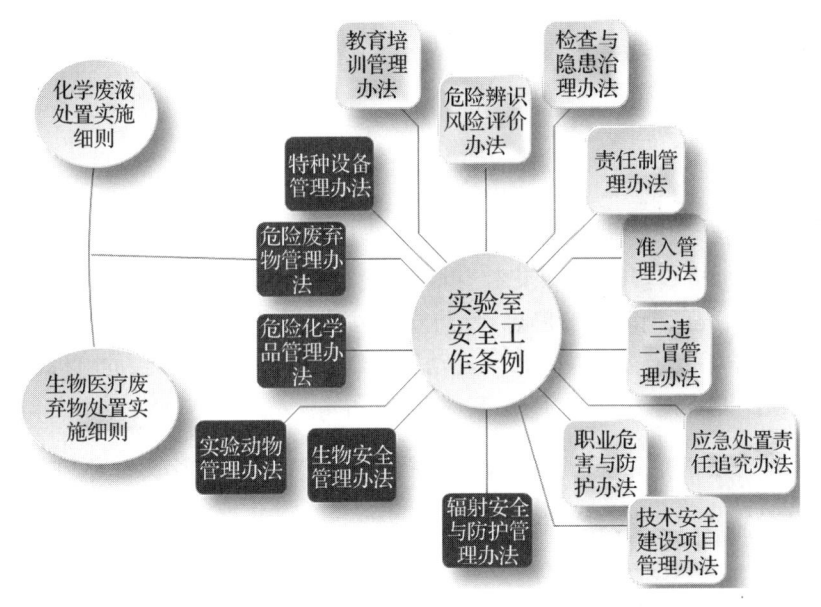

图2 苏州大学构建的"条例—办法—细则—规程或指导性说明、手册"四个实验室安全管理体系

学校二级单位规章制度的制定也遵循学校的原则:一是在学校实验室安全工作条例的指导下制定本单位实验室安全管理的办法;二是在学校实验室管理办法的指导下制定本单位的具体的实施细则或操作规程。实验室和科研团队在本单位管理制度的基础上制定具体的操作规程,比如某个工艺的工艺流程,某个设备的操作规范等。

学校率先探索实验室六级责任体系的责任制管理办法,责任追究前移的"三违一冒"管理办法、实验室全要素的准入的实验室准入管理办法,以及高校与之相适应的危险源辨识、风险评价与分级分类管理办法。学校根据高校特点研究学校划分为六类人员(如图3所示),明确了其职责,在此需要强调的是学校首次将学校其他职能部门(如保卫处、后勤管理处、财务处、研究生院、教务部等相关职能部门)的责任进行了明确,让各级各类人员的岗位职责更明确,界限更清晰,避免发生事故后相互推诿扯皮的发生。

3. 危险源辨识、风险评估与控制

在实验室安全管理方面,学校建立了危险源辨识、风险评价、分级分类管理机制,每个实验室经过危险源辨识和风险评价后,对危险源的监控与管理、应急控制措施的执行情况

	校级层面	二级单位	实验室
第一责任人	学校党政主要负责人	单位党政主要负责人	二级单位各实验室主任、团队负责人、实验室使用负责人
重要领导责任人	学校分管负责人	单位分管负责人	
职责范围内领导责任	学校其他负责人	单位其他负责人	
具体责任人			实验室安全员、管理人员其他安全负责人
直接责任人			进入实验室师生和其他人员
领导机构	实验室安委会		
扎口管理	实验室与设备管理处		
职责范围内管理	其他相关职能部门		

图3　苏州大学实验室安全管理六级责任体系

应落实到日常实验室安全检查中,形成"一室一表",实现实验室网格化的精准管理。定期对危险源措施进行检查,开展精准化教育培训,使实验人员充分了解并掌握危险有害因素和管控措施,最大程度消除安全隐患,预防安全风险,提升安全管理能力。将实验室危险源分类六类:化学品安全类、生物(含实验动物)安全类、辐射安全类、危险(高温、高压、高速、冷冻等)仪器设备类、机械电子类、其他类别(图4)。

图4　苏州大学实验室分级分类表

4. 安全教育与精准准入

教育培训是实验室安全管理的极其重要一环,苏州大学搭建了完善的线上教育学习平台,通过线上微课堂、线下授课、安全论坛、宣传海报、安全月活动、开展应急演练等形式,确保"全员、全面、全程"地开展安全教育培训。

苏州大学在实验室准入管理方面除了重点关注"人员准入"外,同时将场所准入、材料准入、设备准入、项目注入等一同纳入实验室安全准入管理,如图5所示,确保所有开展工作的实验室做到实验"底数清""状态清""材料清""设备清","项目清""人员清"(图6)。

图5 实验室全要素安全准入

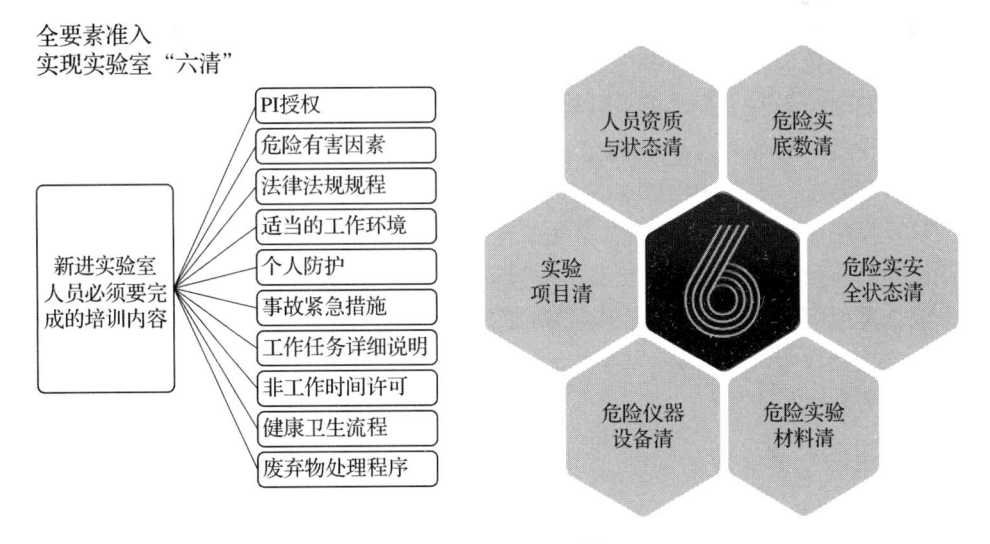

图6 实验室"六清"

5. 隐患排查与治理

苏州大学在实验室安全检查与隐患治理方面认真落实学校、二级单位、实验室三级联动管理机制。实验室开展"每日三查",二级单位进行"每周一查""全覆盖"检查,学校落实"每周巡查""专项督查""四不两直"检查等,如图7所示。学校还从各二级单位聘任了教授、管理专家、技术专家共50人,完善和壮大了学校实验室安全治理专家库,让教授、专家一起参加学校实验室安全治理工作,为平安校园和学校高质量发展保驾护航。

日常巡查	定期检查	综合检查	专项检查
安全责任人"每日三查";二级单位安委会"全覆盖""每周一查"	学校安全检查"四不两直";分管校领导每月一次带队检查;职能部门每周两次检查	政府部门监督检查实验室安委会成员单位全面检查,第三方服务机构专业检查	对危化品、辐射安全、生物安全、特种设备安全等每学期开展专项检查

图7 实验室安全检查体系

在日常安全检查和隐患排查工作中,将"立德树人"和"全人育人"理念引入实验室安全管理工作中。通过着力培养研究生骨干参与检查工作,建立了研究生兼职实验室安全监督员工作机制,学校聘任14家二级单位的22名研究生兼职安全员协助学院实验室日常安全管理并发放工作津贴,学院给每个课题组配备了课题组兼职安全监督员,工作量计入劳动课程学分。

此外,学校通过邀请苏州园区EHS协会等第三方专业的社会力量,对学校实验室安全开展提升式诊断检查,来全面提升学校安全隐患排查治理能力。通过第三方单位对学校大量使用危险化学品和存在较多其他危险源的医学院、材料与化学化工学部、纳米科学技术学院及纺织与服装工程学院等开展问诊式检查,开出了专业化、精准化的治理药方。

对安全检查出的各类隐患和问题,坚决执行整改闭环管理,学校为此制定了实验室"红黄牌"管理制度。对于中度隐患,实验室挂"黄牌",控制相关实验操作,学院督促限时整改。对于存在巨大风险的实验室,必须关停立即整改,不能继续实验,由学校监督。

在目前高质量的安全服务和更高的管理阶段等要求下,针对实验室隐患整改不力、同类隐患屡查屡犯等问题,学校制定了《苏州大学实验室安全违法、违规、违章和冒险作业责任追究实施细则》,明确了实验室发现安全隐患时(未发生事故)责任追究办法,旨在进一步落实安全管理工作责任。

6. 应急体系与应急能力

为全面推动实验室安全应急能力的提升,开展了实验室安全应急管理能力提升专项行动,在取得阶段性成果的基础上向纵深发展,提高预防和应对突发事件的能力。学校积极探索实践监管新举措,以危险源辨识、风险评价、安全检查和隐患治理为切入点,突出重点区域和高风险实验室应急能力布控,全面提升快速应急救援处置能力。

7. 危险化学品的全生命周期管理

危化品管理是实验室安全管理的重中之重,苏州大学一直致力于提升学校危化品全流程管理水平,利用信息化手段,从危化品采购、入库、储存、领用、使用、危废处置等各环节做到流向清晰、安全可控。同时,对于实验室危废,苏州大学引入第三方,依据"科学分类,应收尽收,即产即清,保障安全"的原则,未在校内建立危废中转仓库,每周通过第三方至各实验室清运危废,有效减少学校危废存放风险。我校环保管家模式的创新推动了政府部门和第三方企业对高校危废处置的重视和保障性政策的落地。该模式下大大缩短危废在校内存放周期,降低危废校内储存带来的安全隐患,第三方上门收集既保证规范也给师生们提供了便利。

8. 规范实验室建设

为进一步规范学校实验室技术安全建设管理,苏州大学制定了《实验室专业技术安全项目建设管理办法》,旨在解决实验室新建、维修、改造中未按技术安全要求执行而带来的安全隐患。对于老旧实验室,学校也在积极推进示范实验的改造和标准化建设,先建设一批具有示范效应的实验来进行积极引导,最终实现所有实验室的标准化建设和改造。

9. 大力强化实验室安全信息化建设

新的信息化和物联网技术是未来实验室安全管理的必然方向,苏州大学也根据学校实际情况积极开展探索,基于学校"云中苏大"的数据共享理念,基于"三全要素"理念,从人、物、环、管进行多维监测,对实验室进行安全预警和应急,构建智能物联、多维监测、智慧管控安全防控平台,实现全要素管理、全过程监控、全方位感知(图8)。

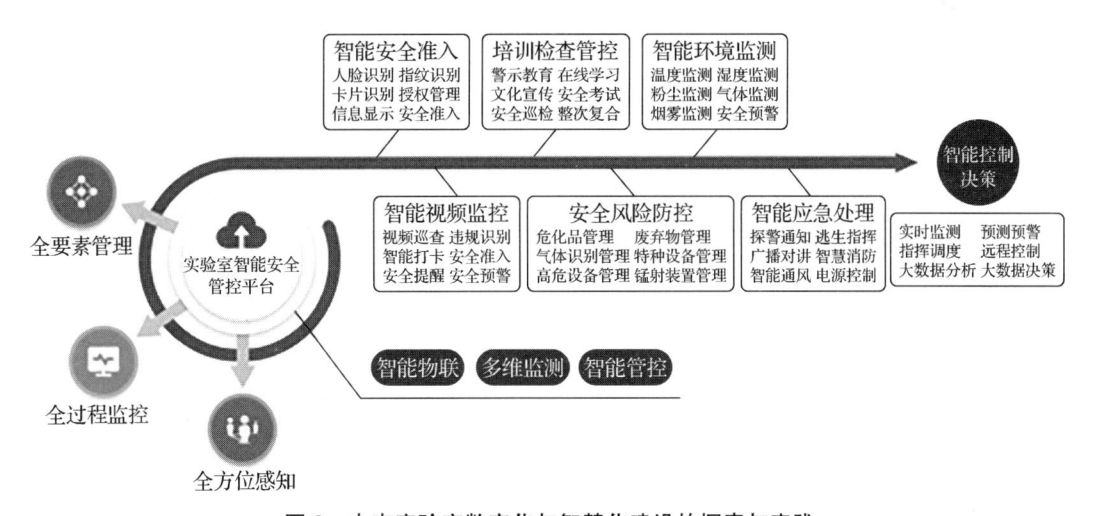

图 8 未来实验室数字化与智慧化建设的探索与实践

总之,学校构建了责任明确的六级责任体系和失责追究机制,扎牢抓紧实验室安全制度的"笼子",充分运用信息化技术手段,实现实验室危险源、数量、分布精准实时动态掌握和控制,探索出适合高校特点的实验室危险源辨识与风险分级分类管控的技术手段,创新实验室场所、人员、项目、物资等全要素的准入机制,将实验室危险源辨识、风险评价、分级分类管控,准入有机结合,进行综合统筹管理,将实验室安全管理前移,加强实验室安全源头管控和治理,通过"三违一冒"、"红黄牌"制度加大隐患和事故的责任追究力度,让实验室师生不想发生隐患,不敢发生隐患,不能发生隐患,对实验室安全心存敬畏之心,努力实现从"要我安全"到"我要安全"的心理转变。

三、实验室安全全面防控体系的具体实践

学校近年来对实验室安全全面防控体系进行了具体的实践。在管理制度方面,学校建立了1个条例,15个管理办法,内容不仅涵盖安全教育培训与准入、安全检查与隐患治理、事故应急与预防、职业健康与卫生、危险源辨识评估与实验室分级分类等管理内容,还包括危险化学品安全、危险废弃物处置、生物(含实验动物)安全、辐射安全与防护、特种设备安全等实验室技术安全。在安全教育培训方面学校通过每年定期开展校—院(部)—实验室三级培训,组织管理人员参加各级各类社会培训与实践活动,举办或承办国内重要的教育培训等一系列形式,提高管理人员和实验人员的安全技能和安全意识。在安全检查方面,学校每年通过开展全面督查巡查、专项安全检查、特定时段安全检查和危险实验室每日三查等形式,确保横向到边、纵向到底,不留死角,通过引入红黄牌隐患治理成效,避免了重大隐患的发生,预防重大安全事故。学校通过开展实验室危险辨识、评估、控制及应急处置方案编制大赛等活动,积极引导师生参与实验室安全管理,实现了"一室一表"精准管理。

四、结语

实验室安全管理工作是一项长期、复杂的系统性工程,新形势下更是面临新挑战。学校高度重视实验室安全管理工作,构建了实验室全面的安全防控体系,在具体的实践中取得了一些新进展和新成效,通过这些实验室安全管理措施,保障高校师生员工的人身财产安全以及学校教学和科研工作的顺利开展,为"双一流"建设提供坚实基础与可靠保证。对高校实验室安全管理具有一定的参考价值,但仍需不断优化和完善实验室安全管理体系。同时,利用物联网、大数据等信息技术,对实验室线路老化、违章用电等安全隐患以及环境安全进行实时监测,并能对危急情况采取应急中断处理,从而实现对实验室安全的智能监测。

大型仪器 X 射线光电子能谱仪服务典型案例

周传强 周 俊 黄学武[①]

摘 要：扬州大学测试中心是全校大型科学仪器设备共享服务平台，具有国家级检验检测机构资质（CMA）。中心拥有大型科学仪器 X 射线光电子能谱仪（XPS），能够开展材料表面成分的化学分析，并为该仪器配备管理团队。该仪器管理团队主动钻研测试技术、积极探索测试方法，帮助校内师生和科研团队解决了诸多测试难题，助力企业改进生产工艺、提高产品竞争力，产生了显著的经济效益。

关键词：大型仪器；X 射线光电子能谱仪；测试技术服务

材料的诸多性能及应用，如催化、吸附、表面改性、防腐蚀性能等，都与其表面化学成分密切相关，因此，对材料表面化学成分的检测在新材料的研发中具有十分重要的意义。X 射线光电子能谱（X-ray photoelectron spectroscopy，XPS）对材料表面化学特性具有高度的灵敏性和识别能力，是唯一一种既可用于分析材料表面元素组成，又可检测元素化学态及价态的技术手段，广泛应用于各种功能材料的表面研究。XPS 的基本原理：以一定能量的 X 射线（常用 Mg $K\alpha$ — 1 253.6 eV 或 Al $K\alpha$ — 1 486.6 eV）辐射材料表面，激发原子内层电子摆脱原子核的束缚而以一定的动能发射形成光电子，通过测量光电子的动能，即可推算其结合能。由于电子的结合能与元素的种类和化学环境息息相关，因此光电子计数率对结合能作图得到的 XPS 谱图可反映材料的表面化学信息。

作为大型科学仪器设备共享服务平台，扬州大学测试中心为学校的教学与科研提供测试技术支持。同时，中心具有国家级检验检测机构资质（CMA），还积极服务于地方企事业单位，为地方经济发展提供测试技术支撑。中心拥有大型科学仪器 XPS 系统，并为该仪器配备管理团队。三年疫情虽然对教学科研产生影响，但 XPS 测试工作量仍然有一定幅度的增加，2020 年、2021 年和 2022 年 XPS 测试服务样品数量分别为 1 741、3 015 和 3 485 个，仪器使用机时分别为 889、1 517 和 1 753 小时，实现测试收入分别为 34 万、51 万和 57 万，呈持续稳健增长趋势。这一方面得益于国内疫情有效控制大环境的改善，另一方面可归因于仪器管理团队积极主动作为，认真对待每一份样品，及时维护仪器，保证仪器的正常运行，针对测试难题努力钻研测试技术、提高测试水平。随着测试服务质量和综

[①] 作者简介：周传强，扬州大学测试中心副主任、副研究员，研究方向为材料表面分析测试技术。
周俊，扬州大学实验室与设备管理处副处长、测试中心主任，高级实验师，研究方向为大型仪器设备共享管理。
黄学武，扬州大学测试中心实验师，研究方向为材料表面分析测试技术。

合效益的持续提升,有力地推动了相关学科的科研工作,三年来支撑发表高质量论文超过300篇、申请专利60余项、国家级项目超过30项,同时帮助周边企业解决了生产中的关键问题,取得了显著的经济效益。

一、X射线光电子能谱仪器典型服务案例

XPS仪器管理团队钻研测试技术、开发仪器新功能,努力提高服务能力和水平,解决了很多测试难题,典型案例如下。

(1) 化学化工学院某课题组需要测试铜箔基底上几个纳米厚的氮化硼薄膜。薄膜表面极易吸附环境中的污染物,由于XPS仪器只能测试5~10 nm深度的表层,表面吸附污染物后,常规测试无法检测到薄膜的真实成分。由于膜太薄,也不能用氩离子刻蚀去除污染层。经分析,仪器管理团队采用原位加热(300 ℃保留30 min)脱附污染物,然后测试。从测试结果看,原位加热能够实现对污染物的脱附效果,测试数据能够反映材料的真实成分,该课题组对测试数据十分满意。

(2) 生物科学与技术学院某课题组希望测试蚕丝中的金属铜含量。由于蚕丝太细且其中金属包埋在内部,常规测试很难检测出该金属元素含量。经过分析并多次试验,仪器管理团队将蚕丝样品裁剪成长约1 mm的小段,在显微镜下将小段竖立排列粘在样品台上,测试时增大X射线辐射通量,最终检测到了金属元素的信号,证实这种方法确实有效。

(3) 机械工程学院某课题组送检一种无色透明胶质样品。由于样品透明,常规测试时难以实现测试点的X射线聚焦,无法获得理想的测试数据。仪器管理团队经分析、研讨,开展多次尝试,最终找到了可行的方法。将该样品旋涂制样,截取相对平整段,用游标卡尺测量出整体厚度,结合样品台初始测试点高度,再结合仪器X射线的自动寻高功能,准确地找到X射线地最佳检测高度,最终获得了信号强度足够的谱图,该课题组对谱图数据非常满意。

(4) 某企业送检润滑试验后的活塞环局部块体,需要检测其表面元素成分。为了延长活塞使用寿命,该企业对活塞环进行了工业化处理,在润滑试验中所用的润滑剂主要成分是石墨。如果将样品直接测试,只能测试到表面的石墨,不能检测到工业化处理的表面,导致测试结果无法与其参考的日本行业标准一致;仪器管理团队通过研判,在测试前利用氩离子刻蚀的方法对样品表面进行表面清洁,去除表面层的污染石墨,然后进行采谱,获得的化学成分数据与日本行业标准完全一致,证实了产品的质量,帮助企业提高了市场竞争力,实现了产品的出口。

(5) 某企业送检两份外表相同但性能差异很大的涂层样品,常规XPS测试后发现表面成分高度一致,无法解释性能的差异。仪器管理团队经过分析研判,尝试采取氩团簇离子刻蚀技术进行XPS深度剖析,探索样品纵向上的成分差异,最终在一超薄层上发现了成分的不同,找到了性能差异的原因。依据该检测结果,企业优化生产工艺条件,提高了产品质量,产生了很好的经济效益。

(6) 周边某公司送检铝片样品,该样品一侧泛白色,一侧灰色,希望找到铝片两侧颜

色不同的原因。常规电镜能谱、X射线衍射技术等均不能区别两侧成分的差异,无法解释颜色分层的原因。XPS仪器管理团队对铝片两侧不同颜色区域进行常规的表面测试后,也无法分辨成分的差异。经分析,尝试对泛白、灰色区域分别进行了纵向的深度剖析,惊奇地发现灰色部分的氧化铝厚度几乎是白色区域的两倍,这便是颜色差异的原因。以此为依据,企业优化该产品的加工工艺,改善产品的质量、提升了产品市场竞争力,增加了经济收益。

类似的事例不胜枚举。XPS仪器管理团队面对测试中遇到的各种问题,积极探索测试方法,主动钻研测试技术,帮助师生解决了很多科研中的各种测试难题,协助企业检验产品质量,提高产品竞争力,产生了显著的经济效益。

二、相关技术培训与人才培养工作

XPS仪器管理团队高度重视技术培训工作,近年来重点培训了3名年轻教师和7名研究生能够独立开展测试工作。为了增强培训效果,仪器管理团队不仅开展实验操作训练、传授测试技术,还带领年轻教师外出参加XPS相关的线下技术研讨会(如全国表面分析方法及新材料表征研讨会、江苏省XPS交流会等),还组织研究生参加线上技术交流会(如高校分析测试论坛、XPS实验技术培训班等),通过多种形式开展培训工作,提升培训效果。

在中心开设的研究生实验课程"现在分析测试技术与仪器"及相关培训活动上,每年培训学生超过120人次;针对XPS测试中遇到的普遍性问题(粉末样品制备、数据处理软件使用、XPS分峰拟合方法等),仪器负责团队不定期举行专题培训活动,三年来培训学生超过300人次。通过培训,更多的师生学会了使用XPS仪器,仪器的使用效益提高、共享率上升。

为了保证仪器状态良好和测试的连续性,XPS仪器管理团队制定了"XPS实验室安全卫生定期自查要求""XPS测试前仪器检测要求""水冷机定期检查记录要求"等;为了规范测试服务工作流程,根据仪器特点,仪器管理团队制定了"XPS样品信息登记要求""XPS测试人员基本工作步骤""XPS测试元素能量范围校正表"等;为了更好地开展技术培训工作,仪器管理团队组织录制了"粉末样品制样视频""XPS测试程序设置视频""XPS数据处理视频"等微视频。

三、相关技术研发和成果

为了提升测试技术、更好地做好测试服务工作,XPS仪器管理团队积极开展测试技术研发和实验教学改革。针对测试过程中遇到的深度剖析技术难题,XPS仪器管理团队积极开展相关研究。离子束刻蚀技术能够实现材料表面层的逐层可控剥离,广泛应用于功能材料的XPS深度剖析。通过探讨离子束刻蚀技术在材料XPS深度剖析中的应用,对单原子离子束与气体团簇离子束的特点与适用材料种类进行了总结和比较,分析了当前单原子离子束与气体团簇离子束刻蚀技术应用中的瓶颈,讨论了离子束刻蚀技术的发展前景和研究方向。相关研究成果整理成了技术研发论文,已发表在英国皇家学会期刊《Materials Chemistry Frontiers》(中科院 SCI 期刊分区二区,影响因子 7.0)[①]。

为了提升实验教学效果,XPS 仪器管理团队探索并实践了 X 射线光电子能谱启发式教学法。在教学准备阶段,教师要巧妙设计并创设教学情境,激发学生的好奇心,使他们主动发现并提出问题;在教学实施阶段,教师将学习任务进行分解,让学生分组完成各个学习任务,鼓励学生根据已有的知识分析问题,引导他们自主地开展探究性学习以解决问题;学习评价阶段,教师鼓励学生对自己的学习过程进行评价,让组员之间互相评价,最后教师对学生的学习行为给予肯定和积极引导,以增强他们进一步学习的信心。与传统的教学模式相比,启发式教学过程中教师的讲解和演示内容减少了,但在关键节点上起引导作用,激发并调动学生的积极主动性,学生发现问题和创新性解决问题的能力得到了锻炼。相关研究成果撰写成了教学改革论文,已在省级期刊《广州化工》上发表[②]。

---

① Li D Y, Chen Y F, Zhou C Q, et al. XPS Depth Profiling of Functional Materials: Applications of Ion Beam Etching Techniques[J]. Materials Chemistry Frontiers, 2024, 8(3): 715-731.
② 周传强,张惠芹,赵伟,等. 光电子能谱实验教学改革的探索与实践[J]. 广州化工, 2022, 50(19): 278-281.

DN25～1 000 mm 流体机械多功能试验台共享服务

陈刻强　郎　涛[①]

摘　要：DN25～1 000 mm 流体机械多功能试验台主要承担各类潜水泵、离心泵、混流泵、轴流泵、石化特种泵、螺杆泵、旋涡泵等泵类产品的质量检验，包括委托检验、生产许可证定点检验、监督检验等。近年来多次承担泵类产品国家监督抽查项目，总经费达 803 万元。

关键词：水泵性能；产品质量检测；国家监督抽查；大型仪器共享

一、设备简介

DN25～1 000 mm 流体机械多功能试验台主要承担各类潜水泵、离心泵、混流泵、轴流泵、石化特种泵、螺杆泵、旋涡泵等泵类产品的质量检验。该试验台水池容积为 1 620 m^3，水池深度为 6 m，测试管径为 DN15～1 000 mm（共 13 条），最大测试流量为 10 000 m^3/h，最大测试扬程为 2 600 m，最大测试功率为 315 kW，效率测量不确定度为 0.68%。

图 1　DN25～1000 mm 流体机械多功能试验台

[①] 作者简介：陈刻强，江苏大学实验师、泵产品检测员、实验室内审员，主要从事泵类产品质量检测工作，作为主要参与人完成多次泵产品国家监督抽查项目。
郎涛，博士，江苏大学副研究员，主要从事流体机械优化设计、流体机械性能测试及内部流场 PIV 试验研究。

二、设备主要功能及技术指标

(1) 流量:0～10 000 m³/h;

(2) 压力:−0.1 MPa～6.8 MPa;

(3) 功率:≤315 kW;

(4) 转速:转速≤8 000 r/min;

(5) 试验台效率测量的总不确定度:0.68%;

(6) 管路直径有:DN15、DN25、DN40、DN50、DN80、DN100、DN150、DN200、DN250、DN350、DN500、DN700、DN1000 mm,共13种规格;

(7) 开式台水池容积:1 620 m³;

(8) 自吸泵自吸试验的最大自吸高度:8.5 m,最大功率:37 kW,最大吸入直径:Φ150 mm。

三、实践案例

该试验台长期以来用于各种泵类产品的委托检验、生产许可证定点检验、监督检验等。该试验台近年来承担的国家级检测服务项目如表1所示。

表1　试验台近年来承担的国家级检测服务项目

序号	项目名称	任务来源	项目时间	项目经费/万元
1	2023年产品质量国家监督抽查(泵)	国家市场监督管理总局	2023年	25
2	2020年产品质量国家监督抽查(泵)	国家市场监督管理总局	2020年	452
3	2019年度产品质量国家监督抽查[水泵(地面泵)]	国家市场监督管理总局	2019年	52
4	2019年度产品质量国家监督抽查(潜水电泵)	国家市场监督管理总局	2019年	88
5	2018年第4次产品质量国家监督抽查(泵)	国家市场监督管理总局	2018年	109
6	2017年产品质量国家监督专项抽查(泵)	国家质量监督检验检疫总局	2017年	77

大型仪器共享典型案例
——南京邮电大学分析测试中心"显微电镜"机组

苏晓丹　王　锦　陈月花[①]

一、机组及仪器概况

南京邮电大学分析测试中心"显微电镜"机组仪器设备包括:"透射电子显微镜""场发射扫描电子显微镜""扫描探针显微镜"以及"高分辨透射电子显微镜",由苏晓丹、王锦、陈月花三位老师负责。根据仪器功能差异以及用户测试需求,机组内透射电子显微镜主要用于常规材料的微观结构表征及样品筛查;场发射扫描电子显微镜主要应用于材料表面形貌表征及元素组成分析;扫描探针显微镜主要用于材料表面结构及原位力、电、磁等性能表征;高分辨透射电子显微镜主要用于材料晶体结构和微区成分的定性、定量分析,以及对材料微观组织进行三维重构。显微电镜类仪器是现代材料分析的必备基础设备,广泛应用于材料、化工、生物、医学、农业、能源等领域,面向学校、科研院所、企业等各类用户的开放共享,需求巨大。

二、仪器开放共享管理

1. 信息化仪器预约使用

显微电镜机组借助学校大型仪器共享管理平台,将设备功能、仪器参数、收费价格、预约情况等信息在平台上公开,用户可以登录平台查看设备信息及预约使用情况,并根据需要选择自主上机或送样测试。用户不仅可以在电脑端操作,该系统还关联了微信小程序,方便用户在手机上随时查询和预约使用。同时,该预约系统与人脸识别门禁系统关联,既可以保障仪器测试安全,更能够有效管理仪器使用、精准记录测试时间。机组成员会定期调研系统数据,根据统计数据统筹预约设置,引导学生正确预约,不浪费预约机时,维护良好的测试秩序,提高仪器预约使用效率。

[①] 作者简介:苏晓丹,博士,南京邮电大学教师,研究方向为纳米生物材料表征与应用。
王锦,博士,南京邮电大学教师,研究方向为有机光电材料及器件。
陈月花,博士,南京邮电大学教师,研究方向为光电材料及器件、显微结构研究。

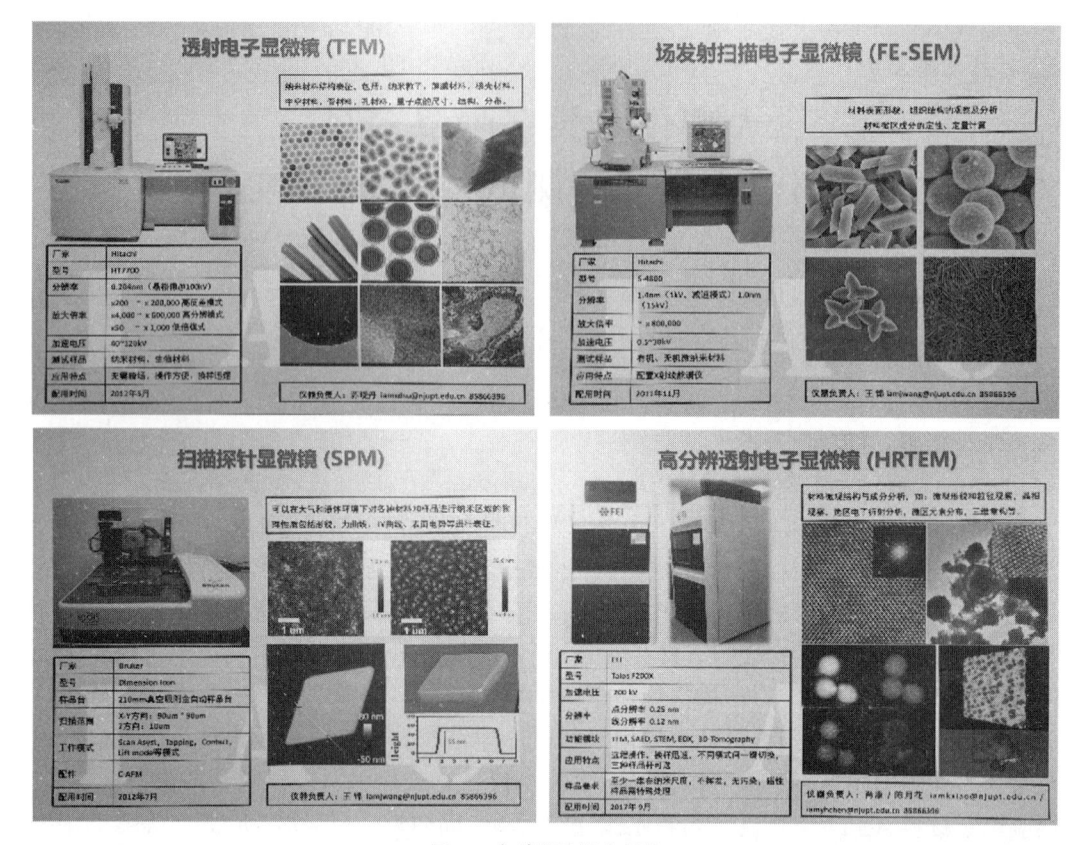

图1 各类"显微电镜"

图2 信息化仪器预约使用

2. 7×24小时全年无休开放服务

随着大型仪器开放共享的深入推广,校内及校外科研、企业用户不断增加。为满足日益提升的测试需求，机组所有仪器设备全年7×24小时开放运行，尽可能缩短预约测试周期，让用户能够最快速度得到测试结果。对于本校具备自主上机操作资格的学生和老师可以随时预约测试。对于本校及外单位送样测试，除常规工作时间正常接待安排之外，在寒暑假期间也会安排固定的开放测试时间，特别对于临时出现的加急样品，即使在国庆或春节假期也会及时调整时间安排测试，最大限度满足用户的测试需求，提升机组服务满意度。

3. 高效率培训考核机制

机组内所含设备均属精密大型仪器，为保障仪器使用安全，对于有自主上机需求的学生有较高的培训及考核要求。机组成员根据各仪器操作特点，有效制定培训计划。首先，编写培训资料，录制培训视频，并可在平台公开下载，方便学生前期学习积累。然后，设置培训初试，摸底学生对于仪器原理及操作的了解情况，选拔有一定基础的同学优先进行培训，提高培训效率，同时督促其他学生学习补足提升。接下来，对通过培训初试的学生在正式培训时采用一对一的培训方式，根据不同学生的学习特点有针对性地进行指导，细化强化培训效果。最后，培训结束采用"笔试＋上机"的考核方式，考核范围覆盖全部操作流程及操作要点，确保学生完全掌握仪器操作技能，具备独立上机能力，保证仪器使用安全。

图3 仪器使用培训与考核

4. 定期维护保障仪器运行

在日常工作中，机组人员始终将实验室环境检查和仪器运行状态监控作为首要任务。每天都会对实验室进行细致的巡查，确保实验室内温度、湿度等环境因素都控制在适宜的范围内，保障设备处于良好的工作环境。同时，机组人员还会对仪器的运行状态进行监控。每台仪器都有详细的使用记录，机组人员会定期核对记录，随时关注仪器的各项性能指标，如精度、稳定性等，以便及时发现潜在的问题并进行处理。

为了保障仪器良好运行,机组人员根据仪器的特点和使用情况,制定个性化的维护方案并严格执行,包括清洗样品杆、更换灯丝、更换循环水等,确保每台仪器都能得到恰到好处的维护。这些工作虽然繁琐,但对于延长仪器寿命、保持仪器性能稳定至关重要。

图 4　仪器定期维护

当仪器出现故障时,机组人员第一时间进行排查。小问题及时解决,大问题及时与工程师沟通,共同寻找解决方案,缩短维修周期,尽一切努力缩短仪器的停机时间。由于进口设备维修价格高昂,机组人员在设备维修维护的过程中,始终积极找寻解决办法,尽量降低维修成本。例如,机组内透射电子显微镜荧光屏摄像头曾出现故障无法使用,如果更换原厂配件需要花费高达 16 万元的费用。机组人员经过仔细的调研和积极的尝试,最终找到了可以替换的配件,仅用 1 800 元就解决了问题,为分析测试中心节约了大量维修资金。这样的例子还有很多。机组人员在设备维修维护的过程中,始终坚持创新思维,不断探索新的解决方案,不仅节约了维修成本,也提高了机组人员的维修能力和技术水平。

三、仪器开放共享成效

1. 高效开放共享

分析测试中心是面向全校以及社会的测试平台,机组成员全力保证仪器设备全天候对外开放。通过仪器共享管理措施,实际年纯测试机时超过 5 000 小时。其中,透射电子显微镜、场发射扫描电子显微镜年测试机时均超过 2 000 小时,测试样品数万余个,远远超过考核要求。除了满足校内的测试外,机组人员还积极开展对外分析测试服务,加强与兄弟院校和企业的合作,如南京大学、南京航空航天大学、南京师范大学、南方科技大学、重庆大学、太原理工大学、南京理工大学、天合光能公司等,测试数据和服务得到了委托单位的高度认可,机组人员先后获得了江苏省高校大型仪器共享服务先进个人,南京邮电大学大型仪器共享服务先进个人称号。

图 5　机组人员所获荣誉

2. 助力学术科研

显微电镜机组在学校科学研究和学科建设中发挥着举足轻重的作用，每年为众多用户提供高质量的技术支撑服务，助力他们在国际期刊上发表高质量的研究成果。据统计，机组每年支撑用户发表的论文数量超过 300 篇，在这些论文中，不乏一些发表在国际顶级期刊上的佳作。例如，Nat. Chem.、Nat. Mater.、Adv. Mater.等权威期刊都收录了有机组设备支撑的研究成果。

除了支撑用户发表高水平论文外，机组还为一系列重要的纵向科研项目提供了技术支持。这些项目包括国家重点基础研发计划、国家自然科学基金、重点实验室开放基金以及省自然科学基金等，涵盖了多个学科领域的前沿问题。不仅为国家的科研事业做出了积极贡献，也进一步提升了机组人员的专业技术水平。

此外，机组还助力学生们在各类比赛中取得优异成绩。在全国大学生技能大赛"挑战杯"等比赛中，由机组提供技术支持的学生团队屡获殊荣。这些荣誉的取得不仅展现了学生们扎实的专业知识和出色的实践能力，也充分证明了显微电镜机组在人才培养方面的突出贡献。

总的来说，机组在支撑用户发表高水平论文、参与纵向科研项目以及服务学生比赛等方面都取得了显著的成绩。这些成绩的取得不仅提升了机组的知名度和影响力，也为学校各类人才的培养提供了有力支撑。未来，显微电镜机组将继续发挥自身优势，为科研事业和人才培养做出更大的贡献。

3. 坚持社会服务

南京邮电大学分析测试中心显微电镜机组作为学院及学校的重要科研基地，每年都承担着接待上级领导视察和外单位专家参观的重要任务。这些活动不仅是对机组工作成果的全面展示，更是推动机组不断进步、持续发展的动力源泉。

同时，在每年的开学初显微电镜机组都会例行接待新生参观。对于刚进入大学的本科生和研究生，他们对科研和实验室充满了好奇和向往。机组人员会耐心地向他们介绍仪器设备的用途、操作方法以及相关的科研知识,不仅让学生对材料的微观结构、应用前景有了深入的了解,也激发了他们对材料科学的兴趣和热情,培养了同学们的科学实验精神和科学素养,为他们未来的学习和科学研究奠定了基础。

此外,分析测试中心设立了化学与材料课外科普教育志愿活动站,显微电镜机组作为重要组成部分,积极参加科普活动,向中小学生开展科学启蒙教育,为祖国未来人才培养贡献力量。

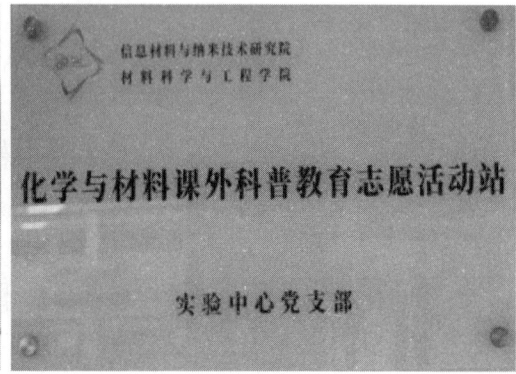

图6　分析测试中心提供的社会服务

提高石化工程人才解决复杂工程问题能力的螺旋递进式实践教学模式构建与实践

马江权　魏科年　黄薇　钟璟　陈群[①]

摘　要：依托化工国家级实验教学示范中心(常州大学)，面向石化产业发展新变化，主动识变求变应变，以提高解决复杂工程问题的能力、适应现代石化产业需求为导向，针对实践教学五个方面存在的问题进行改革创新，系统构建和实施了石化工程人才螺旋递进式实践教学模式；系统构建运行"六位一体"的石油化工工程实践平台，实现了教学情景化、课程模块化、实训平台化、能力工程化和素质综合化，实践育人成效显著，起到了引领示范作用。

关键词：石油化工；复杂工程问题；螺旋递进；实践教学

一、案例简介

常州大学于2013年获批化工国家级实验教学示范中心(以下简称中心)，近10年来，面向石油石化产业发展新变化，中心主动识变求变应变，以生为本，人才培养贴近产业需求，教学内容融合产业技术，学生能力培养匹配行业发展，着力改革创新实践教学模式，提高石化工程人才培养质量，形成了良好的示范效应。

现代石化行业技术、资金和能量密集，节能、环保和安全要求高，技术发展更新快，培养石化人才解决复杂工程问题的能力尤为重要。实践环节是培养解决复杂工程问题能力的关键。然而，在实践教学中，很多高校工科专业在下述五个方面的问题并没有得到较好解决。

（1）实践环节孤立化，相互融合欠缺；
（2）校企合作不紧密，实践平台滞后于先进的工业生产水平；
（3）实验内容理科化，工程性不强，技术创新能力不够；
（4）实习过程仪式化，看多做少；
（5）设计类型残缺化，综合性不足。

[①] 作者简介：马江权，常州大学教授，实验室建设与管理处处长，化工专业负责人。主要研究方向为实验室建设与安全管理、光电催化材料、清洁生产、过程强化技术。
魏科年，常州大学高级实验师，石油化工学院工程中心主任，主要研究方向为实验室建设与管理。
黄薇，常州大学教授，石油化工学院副院长。
钟璟，常州大学教授，石油化工学院院长。
陈群，常州大学研究员，原党委书记。

本案例依托中心,以多项国家级、省级教改课题为支撑,以提高解决复杂工程问题的能力、适应现代石化产业需求为导向,针对实践教学五个方面存在的问题进行改革创新,系统构建和实施了石化工程人才螺旋递进式实践教学模式(见图1)。通过系统运行,取得国家级、省级专业建设项目 20 多项,人才培养成果丰富,本案例可以为化工类院校实践平台建设和工程人才培养提供有益参考和借鉴。

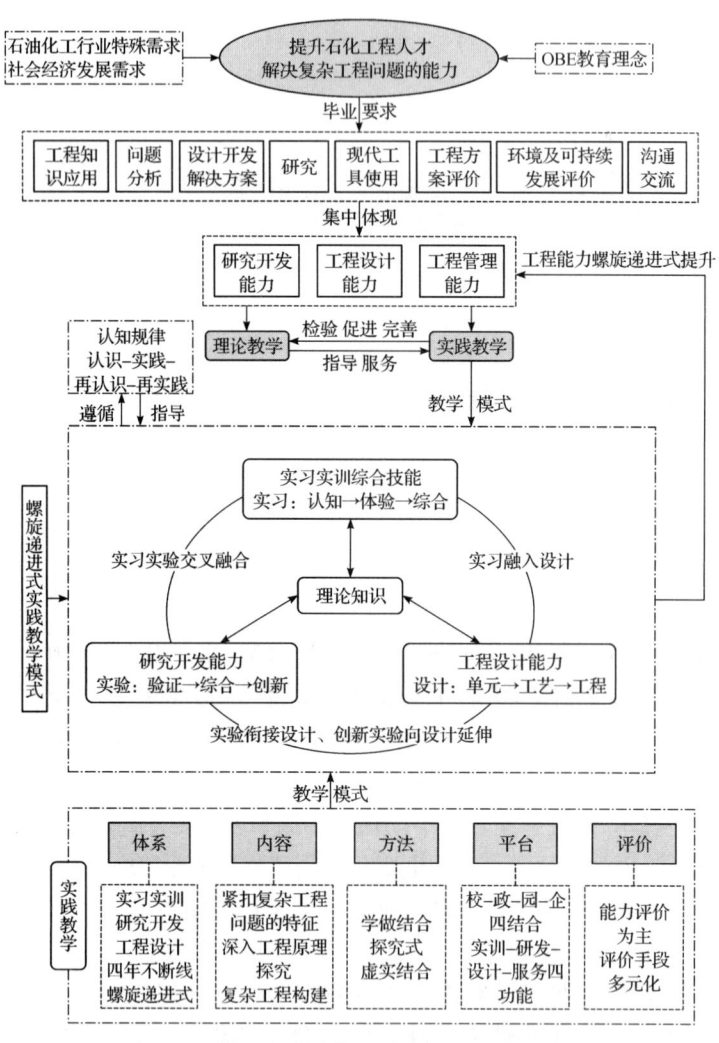

图1 石化工程人才螺旋递进式实践教学模式

二、主要举措

1. 系统构建和实施四年不断线的"实习实训—研究开发—工程设计"实践教学课程体系

围绕专业核心理论课程,第一、第二课堂相结合,实验、实习和设计彼此紧密衔接、融通递进,解决了实践环节孤立化、相互融合欠缺的问题,循序渐进提升研究开发、工程设计和工程管理能力,解决复杂工程问题的能力逐步提高(见图2)。

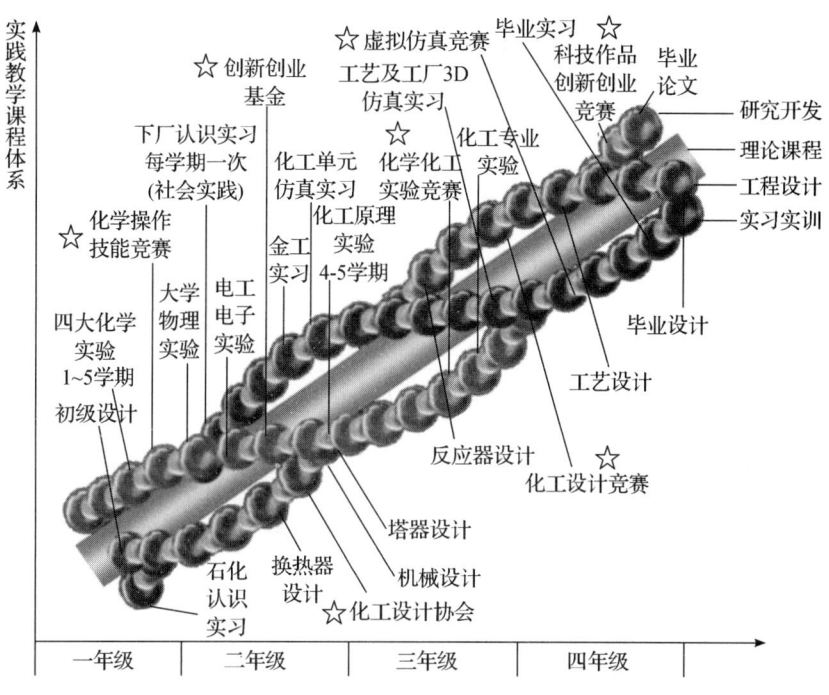

图 2　实践教学课程体系

教学体系:实验、实习和设计彼此衔接紧密、融通递进。

实习:由认知实习、体验实习到综合实习(工厂仿真、工厂实习),逐步强化。

实验:从验证性、综合性到创新性逐步加深。

设计:由单元设计、工艺设计到工程设计,复杂程度逐步提高。

实验实习交叉融合:以精馏为例,精馏实验工程化的装置赋予了较多实习内容(装置、流程、控制等),精馏仿真操作中的开停车和故障处理是对实验内容的延伸补充。

实习融入设计:实习对 PID、PFD、布置图等设计的关键内容也有要求。

实验衔接设计、创新实验向工程设计延伸:设计选题来源于创新实验或论文专利。

打通第一、第二课堂:实现化工设计竞赛与毕业设计、大学生科创项目与毕业论文对接。在国内高校中率先实施毕业设计和毕业论文双要求,该举措在我校化工专业已实施 8 年,已向国内数十所高校化工专业推广实施。

2. 科教融通,产教融合,系统构建"六位一体"的石油化工工程实践创新育人平台

石油化工工程实践创新育人平台如图 3 所示,校政园企协同育人构建先进平台,实现教学情景化、课程模块化、实训平台化、能力工程化和素质综合化,解决了平台滞后于现代工业生产实际的问题。

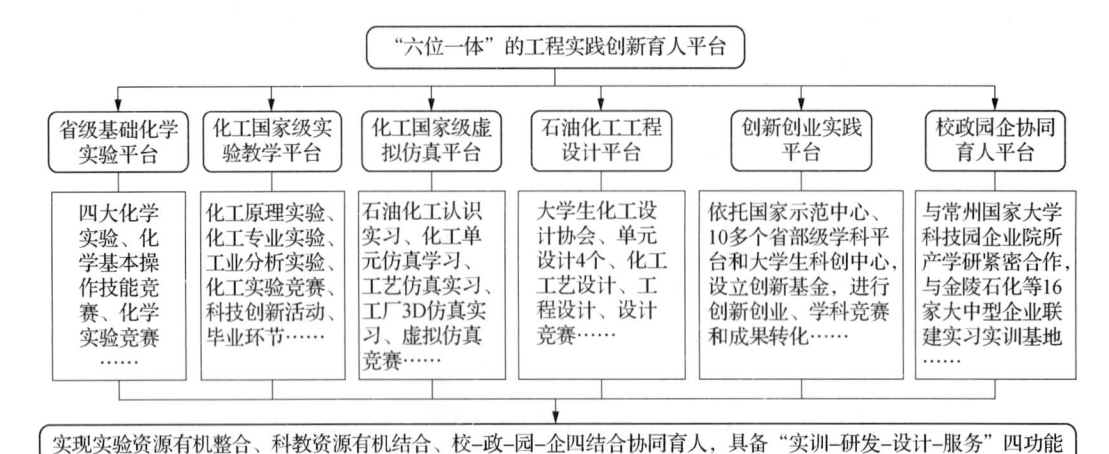

图 3　依托中心系统构建"六位一体"的石油化工工程实践创新育人平台

3. 科研成果和企业的先进技术转化为教学资源，自制多功能化、集成化、数字化、自动化实验装置100多台套，实施现代企业情景式教学

近期部分研制的新装置如图4所示，工程化的装置、先进的DCS、"现代企业情景式"教学环境，为提高解决复杂工程问题的能力提供了平台，解决了装置工程性不强、平台滞后于现代化工工业生产实际的问题。紧扣复杂工程问题的七个特征，实验教学深化了"基于深入工程原理探究"及"复杂工程构建"的改革。

图 4　近期部分研制开发的新装置

4. 以实际工厂为原型建模,虚实结合,开发3D实景式仿真工厂

虚拟实操,多角色互动,创建了化工国家级虚拟仿真中心,获批江苏省化学化工虚拟仿真共享平台,优质资源向全国高校和石化企业开放共享。实习实训基地、实验平台与自建的开放共享的化工国家级仿真中心虚实结合,破解了工业装置只能看不能动、实习效果差的问题,解决了实习过程仪式化、看多做少的困境。

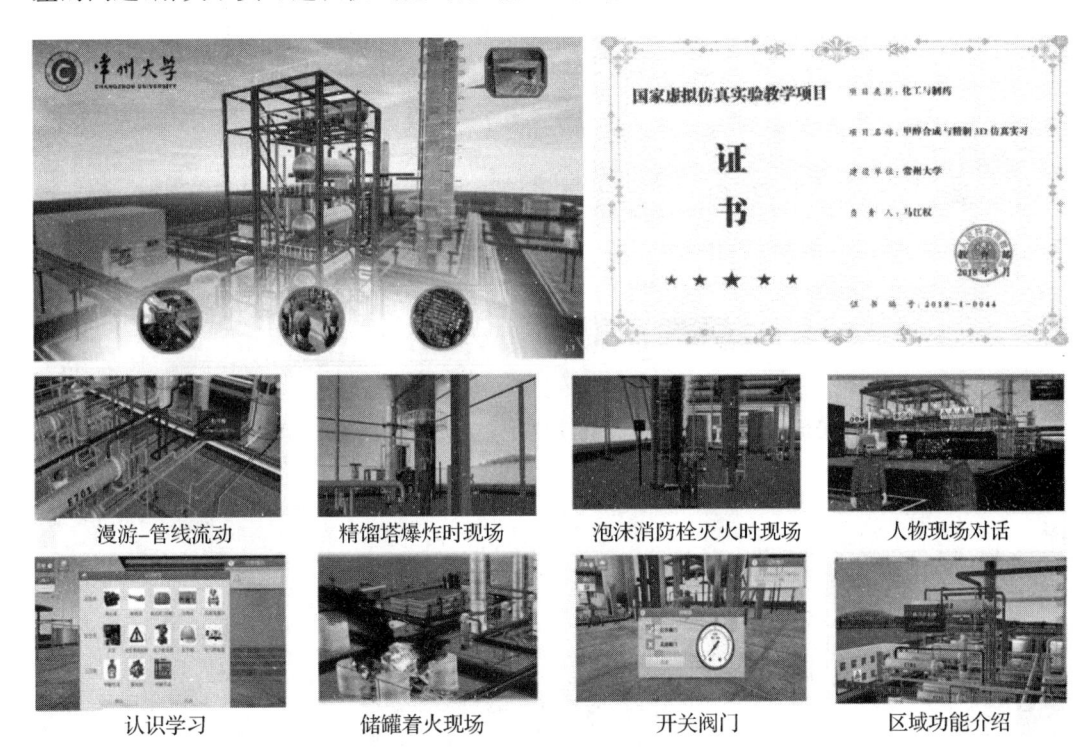

图5 化工虚拟仿真展示

5. 教授基于IT的现代化工设计,工程设计与全国大学生化工设计竞赛相融合

设计由简单→复杂、浅显→深度,解决了类型残缺化、综合性不足的问题。组建大学生化工设计协会,让学生全员参与国内顶级化工设计比赛,基于Aspen、CAD、PDMS等现代工具从事化工设计,安排骨干教师担任各组指导老师,六次获全国化工设计竞赛特等奖(全国仅12项)(见图6、图7)。

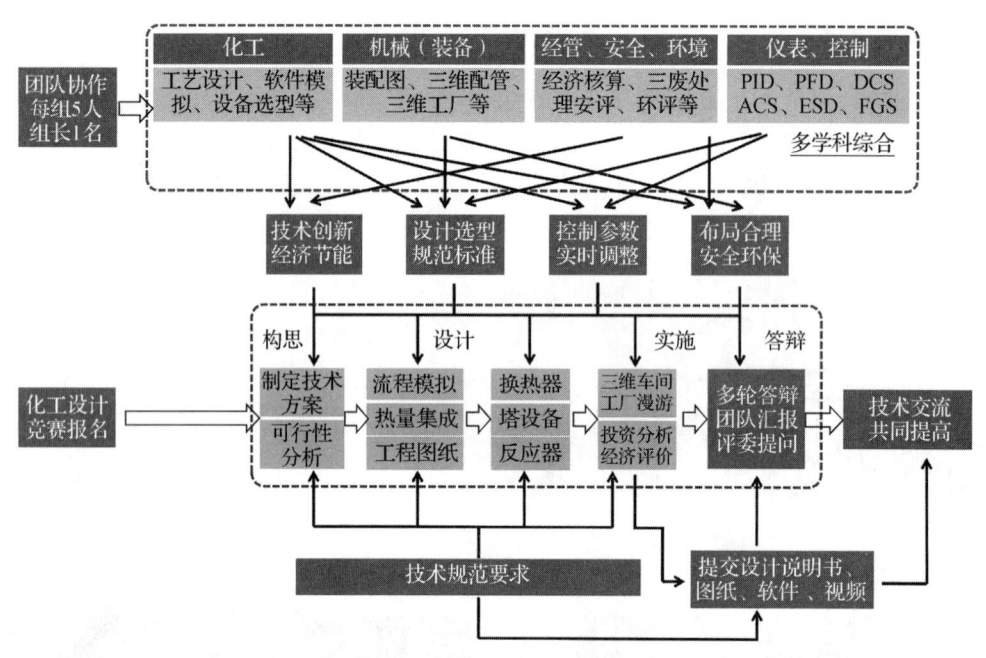

图 6　化工设计复杂工程构建及设计竞赛对学生解决复杂工程问题能力的培养

图 7　常州大学 K.M 团队设计作品(3D 工厂虚拟仿真展示)

6. 强化深度教学,实施主要单元过程"理论—实验—仿真—设计"四位一体式教学改革

以传热、精馏、吸收和反应为例,理论、实验(DCS 控制、工程化装置)、化工 3D 仿真和现代化工设计软件(Aspen、CAD 等)辅助下的设计环节彼此紧密衔接、融通递进,解决了实践环节孤立化、相互融合欠缺的问题,循序渐进提升研究开发、工程设计和工程管理能

力(见图8)。

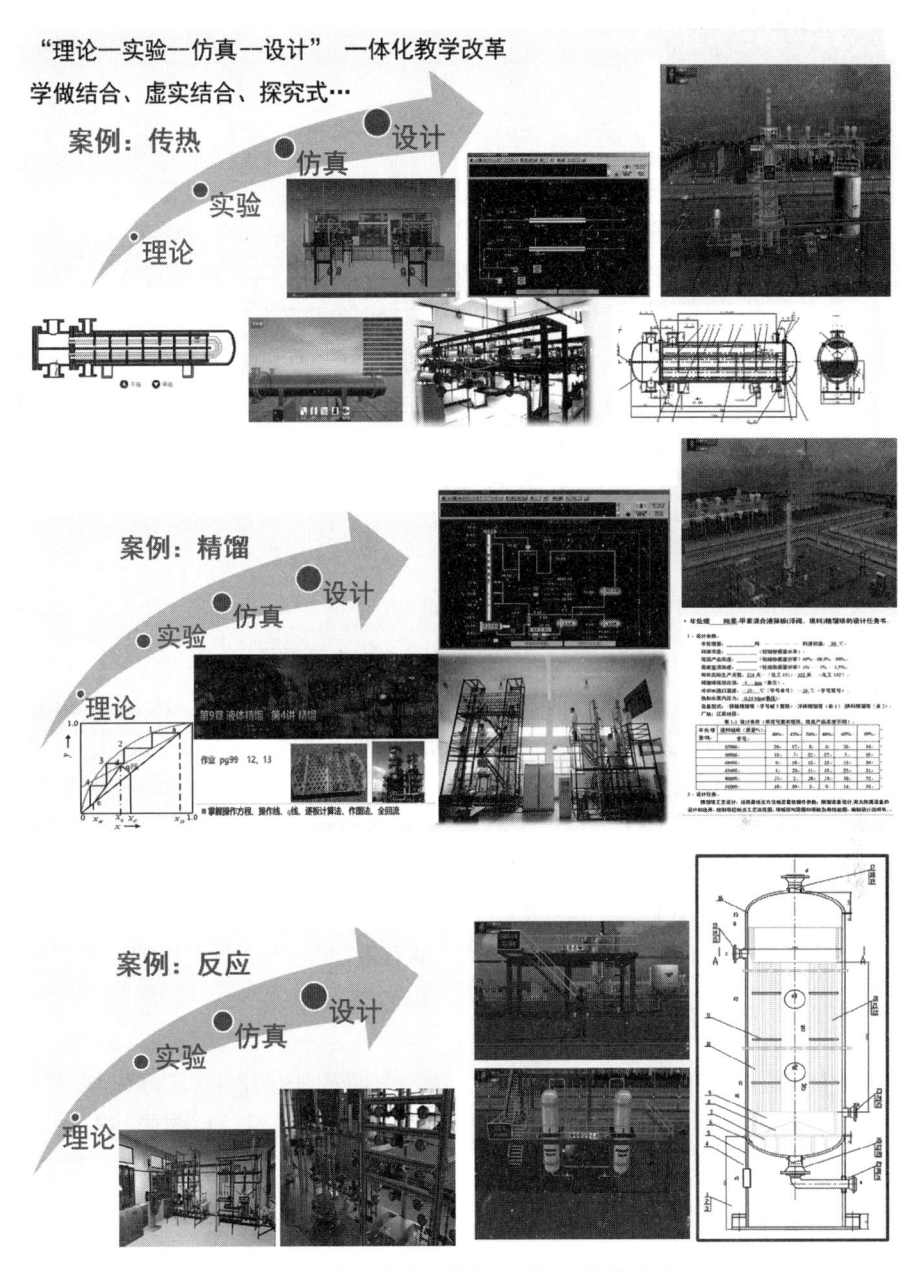

图8 理论—实验—仿真—设计一体化改革

强化深度教学,构建起以学生为中心,以教师为主导,理论与实践结合,培养学生学科知识、综合能力和创新思维全面协调发展的"一条龙"式教学模式。

三、实施成效与示范引领

1. 学生受益,企业欢迎

自2016年以来,提高石化工程人才解决复杂工程问题能力的螺旋递进式实践教学模式在我校化工类专业共6届近1 200多名毕业生中实施,效果显著。学生获全国大学生化工设计竞赛特等奖6项,全国大学生化工实验大赛特等奖2项,"互联网+"大学生创新创业大赛金奖1项,"挑战杯"全国大学生科技作品竞赛特等奖1项,全国大学生创业计划竞赛金奖2项。学生承担省级以上大学生创新创业项目200多项,90%以上获得省级以上学科竞赛奖励,工程人才培养质量走在全国前列。工程院院士、中石化总经理马永生说:"我们中石化,从公司的高层到管理的中层,从科研一线到领军人才都有常州大学化工学子的身影。"化工专业每年35%~50%的学生读研深造,其中50%考入化工专业综合排名前10的大学或985高校深造。

2. 同行关注,专家肯定

近年来中心接待了来自天津大学、华东理工大学、南京理工大学、太原理工大学等100多所高校同行的访问交流,主办和参加全国教育教学研讨会10余次,接受了包括985、211等众多高校的化工专业学生培训以及三大石油企业、神华集团、中国化工集团等企业员工培训,多次就化工一线工程人才培养实验体系创新做大会报告,引起强烈反响,深受好评,相关研究成果在《中国高等教育》[①]上发表。中心践行"提高石化工程人才解决复杂工程问题能力的螺旋递进式实践教学模式",服务石化产业转型升级,凸显地方高校化工类专业人才实验教学培养的行业特色,实现了人才培养贴近产业需求,教学内容融合产业技术,学生能力培养匹配行业发展,提供了产教融合实验教学改革的有效途径,形成了良好的示范效应。

3. 开放共享,示范引领

本案例中的资源和平台体现了开放共享性。资源依托于中心、江苏省化学化工虚拟仿真共享平台、中国大学MOOC等平台,可供全国各高校使用。目前中心开发的相关资源与南京大学、江苏大学、南京师范大学、湖北工业大学等数十多所高校开放共享,并服务于石油石化企业,达到了国家示范引领作用。

四、结语

实践课程体系螺旋递进、教学模式螺旋递进,促进了工程能力螺旋递进式提升;依托中心系统构建运行"六位一体"的石油化工工程实践平台,实现了教学情景化、课程模块化、实训平台化、能力工程化和素质综合化,适应了现代石油化工企业的需求,示范效应好。

---

① 陈群.化工类一线工程人才培养新体系的创新与实践[J].中国高等教育,2022,18:50-52.

践行医教协同育人,线上线下同频共振
——徐州医科大学外科学 1 实验教学新探索

何 毅[①]

一、课程背景

课程名称:外科学 1 实验。

主讲教师:基本外科实验教学中心教师及附属医院临床带教教师。

授课对象:临床医学、急救医学、临床医学(儿科、精神)等专业。

基本情况:"外科学 1"是一门联系基础医学与临床医学的桥梁性学科,在外科教学中占据了很重要的地位和分量,是医学各专业学生的必修课,是医学科学发展产生和重要影响的临床医学学科。它既有自身的理论体系,又与基础医学和临床医学密切相关,包括外科常见病和多发病的病因、发病原理、临床表现、诊断和防治的理论知识和技能,为从事临床外科工作奠定基础,特别是以手术为主要治疗手段的临床医学学科的学习提供理论和实践基础,是临床医学专业的临床技能课。外科学 1 课程总学时 65 学时,其中实验课程占 41 学时,在三年级第二学期开课。为保障实验课程教学计划的完整性和培育医学生临床操作技能的连续性,并结合学校疫情防控要求和外总实验课程特点,基本外科实验教学中心在充分了解学校教务处相关规定的基础上,经过仔细的分析研究,制定出线上直播教学和线下实验操作相结合的实施方案。于 2022 年 4 月 18 日借助于超星在线直播平台,面向临床和急救专业等 19 个班级共计 576 名学生,进行为期两周的在线教学,通过直播软件、操作视频演示、手术案例讲解与讨论等线上形式完成实验课的理论部分内容和外科基本操作考核复习与指导。

二、在线教学主要特色

在线教学中,外总实验课程教学团队立足校情,立足教研,紧扣执医技能考核,通过"是宿舍更是实验室"等各种方式巧妙地将线上教学与课程思政,大医精诚的职业素养相结合,形成了线上线下混合式的特色教学模式。

[①] 作者简介:何毅,徐州医科大学第一临床医学院基本外科实验教学中心主任,教工党支部书记,主要研究方向为专业教学实验室建设、思政教育与专业教学融合。

三、在线教学设计

1. 围绕教学内容，协调两种方式

线上教学中对教学内容的基本理论设计，通过相互听课以及课程研讨等方式，整合优化教学内容体系，丰富完善配套教学资源，教学团队一方面考虑基本知识内在逻辑和联系，另一方面考虑线上教学中如何促进外科基本技能的培养。将实验设备要求严格和实验动物操作的课程内容调整至教学计划的线下部分，将可以在线上开展的实验技能按照知识内在联系合理调整，确保线上线下教学有序，无缝衔接。

2. 加强师生互动，落实三种形式

坚持以学生学习为中心，加强教学中师生互动，创新教学方法手段，在教学形式的设计上，采用了直播＋录播＋答疑三种形式相结合的授课方式。直播教学中要针对教学中的重点、难点进行讲解；录播教学借助于学习通APP中录制教学课件、自制操作视频、动物手术分析等资源促进学生自学；答疑中针对学生学习中遇到的无法解决及困惑内容有针对性解答。

3. 确保教学效果，紧抓两条主线

针对外科操作标准、医学生外科基本技能及职业素质培育的要求，教学中设计中紧紧抓住技能和素质这两条主线，强调在传授课程知识的基础上引导学生将所学到的知识和技能转化为内在德性和素养，注重将学生个人发展与社会发展、国家发展结合起来。提升思想政治高度，突出创新意识，促进引导学生进行探究式、自主性学习。着力培育和塑造医学人文精神，让医学生真正做到有知识、有能力；有温度、有情怀；有尊严、有价值。

四、在线教学实施

1. 深化医教协同、凝练临床经验

为更好发挥附属医院带教教师的辐射带动作用，展现临床经验传授。线上教学期间，构建了"学院教学部门—实验教学中心负责人—附属医院带教教师"梯级教学管理平台，使授课老师培育进入常态化，采用相互学习、医教协同的方式，大大缩短了线上教学期间附属医院带教教师的成长周期。基本外科实验教学中心在何毅老师的带领下，立足校情，立足教研，积极投入线上教学工作，扎根实验课程建设，巧妙地将线上教学与医者仁心、大医精诚等职业素养相结合，用实际行动参与国家重大灾害事故救援工作中，彰显了带教教师的责任担当，发挥着学校教师的引领作用。

2. 立足课程资源，强化教学效果

为切实推进教育创新，深化教学改革，促进现代信息技术在医学教学中的应用，确保在线教学期间的教育教学质量，基本外科实验教学中心对课程的视频、课件、教案、讲稿、教学进度表等教学资源进一步优化设计。考虑到学生没有操作示教，每个部分均增加了教师自制操作视频；考虑到学生线下学习易于疲惫，对平台中的视频进行了精简和截取。学生借助于学习通在线课程，为学习提供了便利的条件，教学团队精益求精的工作，也确保了线上教学的顺利实施。

3. 坚守教书育人，推进课程思政

专业课程教师承担着培养社会主义建设者和接班人的时代重任，进入新时代，培养什么人、怎样培养人、为谁培养人成为中国高等教育必须回答的根本问题。基本外科实验教学中心教学团队深知课程思政不是简单的"课程"加"思政"，而是有机融合、相互促进、协调发展。教学团队于开课前进行整体设计，在传授课程知识的基础上引导学生将所学到的知识和技能转化为内在德性和素养，注重将学生个人发展与社会发展、国家发展结合起来，教学中借助团队成员亲身参与国家重大灾害事故救援工作和感恩实验动物奉献，于课前、课中、课后全方位融入敬畏生命、严谨思维、大医精诚及医道人文素养的思政要素，落实教书育人、德技并修。

4. 培育专业技能，传承大医精诚

外科基本技能操作是一名医学生必备的专业技能，也是临床医学专业学生在学习过程中需要掌握的重点内容，那么线上教学中无疑给医学生外科基本技能的培养带来了挑战。在何毅老师的带领下，团队集思广益，最终决定采用榜样精神结合居宿舍练习的方式来解决这个难题。

例如，"是宿舍更是实验室"案例中为了实现教学中的目标和解决教学中的重点、难点，教学团队将诸多的教学方法进行交叉融合使用，促进医学生自主学习的同时，也培养了医学生外科基本技能。如在对"外科基本操作训练——打结"学习中，何毅老师通过线上视频考核的方式，要求每位同学在宿舍中利用宿舍里的设备（脚梯、椅子横杆等）完成用外科打结考核的安置。有了现代网络技术的支持，同学们克服学习困难，积极完成外科打结练习任务，不断地展示学习成果。这种居宿舍练习的方式不仅使医学生掌握了技能，锻炼了身体，培养了医学生自主学习，在宿舍里有限的条件下更培养了医学生为更好应对复杂工作环境的应变能力。

五、在线教学实施成效

1. 超星直播教学到课率明显提升。
2. 直播＋录播＋答疑三种教学形式，学习效果良好。
3. 线上外科技能考核成绩良好。

4. 讨论参与程度较高,课堂活动参与度较高。

六、在线教学反思

1. "外科学1"实验这门课是一门实践性较强的专业基础课程,但是由于线上课限制,没办法进行动手实践,也缺乏相应的模拟软件。为弥补此处不足,为医学生自制操作视频,鼓励医学生反复观看体会。

2. 由于直播对网速和电脑设备的要求较高,有时遇到网卡、掉线进而影响学习效果,因此采用录制直播课程回看功能解决相应问题。

3. 由于在线课程为统一授课,不能很好地实施分层教学,也无法迅速捕捉每个学生的掌握情况,学生在线课堂学习效果存在差异。为防止后进学生由于知识链接问题失去学习兴趣和动力,开展线上直播教学和线下实验操作相结合的教学方案。

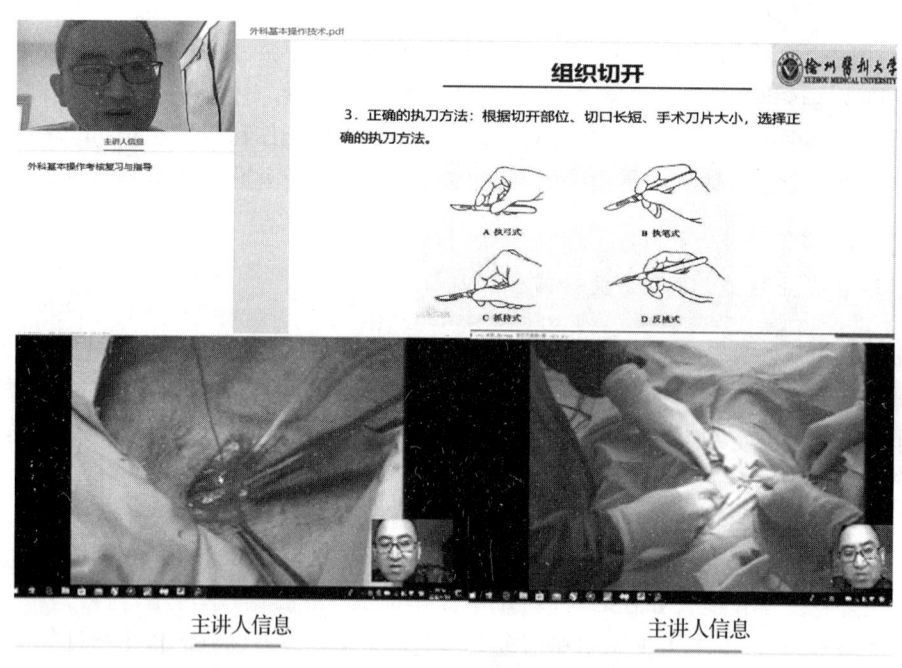

图 1　超星直播讲解图片

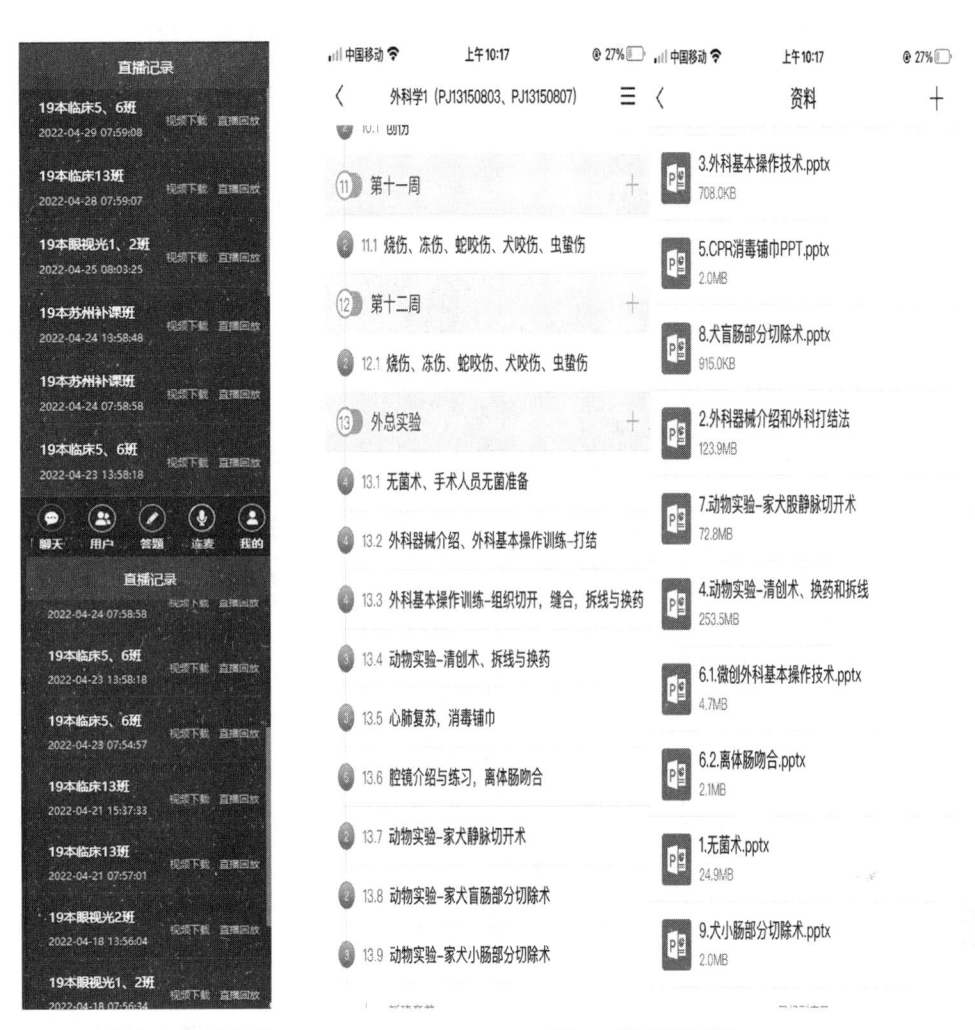

图 2　直播课程回看图片　　　　　图 3　学习通录课

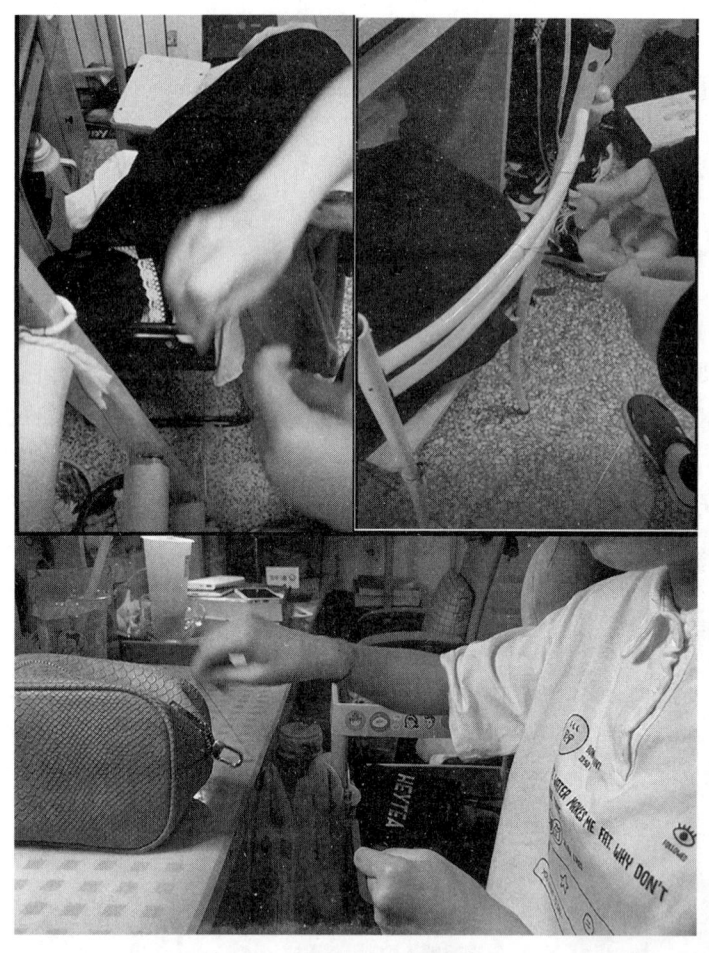

图4 线上外科打结考核

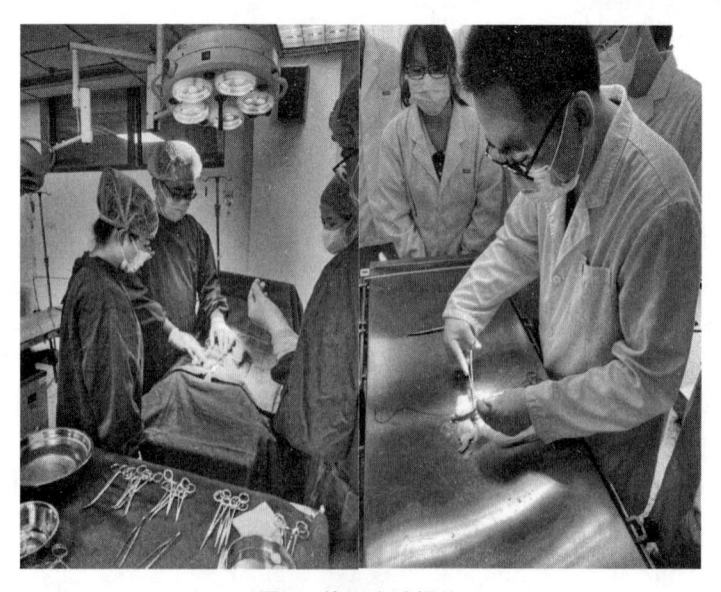

图5 线下实验操作

无锡职业技术学院机械制造工程中心实训基地建设案例

杨 飞 王 骏[①]

摘 要：机械制造工程中心是国家"双高计划"重点建设任务之一，对接区域优势产业，从装备升级、文化浸润、三教改革、现代管理四个方面，整合已有实践教学资源，对接企业岗位、实验实训课程、技能大赛、技能证书等人才培养需求，建立机械制造实训集群、劳动教育文化育人、新型教学技术应用、国家技术标准应用四个示范区，培养大批适应装备制造、具有工匠精神的高素质技术技能人才，助力"双高"建设，为现代化实训基地建设提供经验。

关键词：实训基地；三教改革；现代管理

一、建设概况

1. 基本情况

机械制造工程中心（简称"中心"）是国家"双高计划"A 档校无锡职业技术学院 2020 年校长履职亮点工程，于 2020 年完成建设，获得江苏省高等教育学会高校实验室研究会高校优秀实训基地案例一等奖，入选中国职业技术教育学会"百所数智化标杆实训基地"建设案例。中心重点围绕高水平专业群数控技术专业群建设要求，对接江苏省无锡市重点发展的高端装备、汽车及零部件和"两机"叶片（燃气轮机和航空发动机）等先进产业集群"智改数转"过程中对高素质技术技能人才的迫切需求，以打造培养工程意识、学习制造工艺、提高操作技能、训练创新思维和涵养工匠精神的智能制造"大国工匠"摇篮为目标，兼顾学校智能制造专业集群中物联网应用技术、集成电路技术应用等其余 6 个专业群共计 26 个专业的金工实训、机械基础制造技术教学要求，开展实践教学、考证培训、技能鉴定、技能大赛、创新训练和社会培训。中心建设响应习近平总书记号召，是培养更多的高素质技术技能人才、能工巧匠、大国工匠的摇篮；是践行"五育并举"，培养德智体美劳全面发展的社会主义事业接班人的重要实践基地。

中心下设手工加工区、数控加工区、电加工区、热加工区、虚拟仿真等 12 个实训室以

[①] 作者简介：杨飞，无锡职业技术学院机械工程学院实训部主任，实验师。研究方向为数控加工技术、高职教育。

王骏，无锡职业技术学院机械工程学院院长，教授，研究方向为数字化设计与制造、高职教育。

及1个培训部和1个证书中心,开设"多轴加工技术"等20门实验及实训课程,年均开展15 000人次的实训教学、社会培训任务,其组织架构如图1所示。

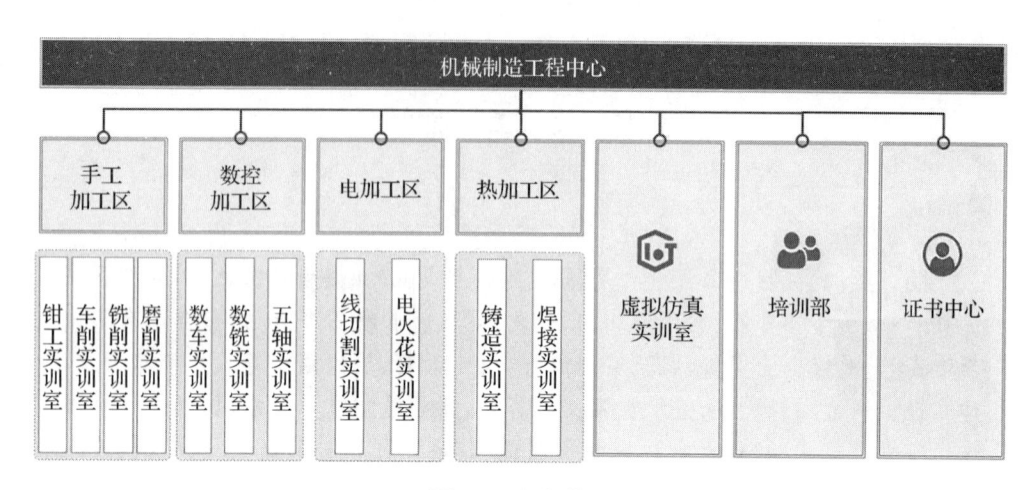

图1 组织架构图

中心现有专兼职教师30名,其中专职人员20名,校内与企业兼职员10名,现有使用面积约3 000平方米,设备200余台/套,仪器设备总值超2 000万元。中心是国家级数控技术基地的重要载体,也是江苏省智能设计与生产产教融合集成平台的重要组成部分。机械制造工程中心各实训室及文化建设等现场图片如图2所示。

图 2　机械制造工程中心现场

2. 建设思路

牢牢把握"双高"数控技术专业群技术发展方向、"1+X"证书试点考证、师资及社会培训、文化育人四大现实需求,从装备升级、文化浸润、三教改革、现代管理四个方面入手,突出实践教学主体,统筹规划布局、挖掘文化素材、构建新型教学空间、研发智能化实训系统、搭建可视化及过程质量控制监测平台,建成机械制造实训集群、劳动教育文化育人、新型教学技术应用、国家技术标准应用四个示范区。

根据实训室现状、建设目标、建设路径,设计了图 3 所示的实训基地建设路线图。

现状	规划	目标
实训室分散相对独立 设备陈旧且故障频繁 运行和管理制度失效	• 统筹规划建设,按需升级装备,合理规范布置实训场所 • 制定实训集群运行与管理制度,研究绩效评价体系	机械制造实训集群示范区
实训环境维护不力 文化内涵建设薄弱 学生劳动意愿不足	• 引入企业"7S"现场管理标准,纳入教学任务和考核 • 挖掘无锡工业、中心历史、技术革新、技能大师文化素材	劳动教育文化育人示范区
信息化教学环境不足 教学组织与实施不一 考核与评价方式单一	• 构建三位一体的新型教学空间,研发智能信息化实训系统 • 利用SPC技术形成基于过程的多元评价机制	新型教学技术应用示范区
实训室可视化程度低 设备状态监测功能缺 教学诊断改进数据无	• "GB/T36531—2018生产现场可视化管理系统技术规范" • "GB/T37942—2019生产过程质量控制设备状态监测"	国家技术标准应用示范区

图 3　实训基地建设路线图

二、建设举措

1. 建设过程

中心建设紧扣四个示范区建设目标,本着重基础、求发展、物尽其用、安全化、现代化、特色化、绿色化原则,合理规划布局,充分论证建设方案,二级院系协同职能部门,规范建设流程,严格把关工期进度和质量。建设过程以建设理念和方案为指导,以下为四个示范区的建设过程。

（1）机械制造实训集群示范区

坚持"规范化、安全化、现代化、特色化、绿色化"建设理念,通过资源整合、优化布局,设立实训区、研讨区、阅读区和休闲区完善集群配置（如图4）；通过张贴安全标识标牌和应急疏散演练提高安全防范意识（如图5）；通过开发信息化管理平台推行现代化、绿色化管理。

坚持"技术引领、双高导向"原则,机械制造工程中心更新制造装备,提升制造技术,服务好全校装备制造、交通运输、电子与信息、财经商贸和文化艺术等专业大类的30多个专业,构建集机械制造工程系统认知、机械加工技术领域实践教学、职业技能训练、科技创新制作以及工程素质教育等于一体的多学科、综合性、开放性、多层次、模块化的机械制造实训集群示范区。

图4　机械制造工程中心全局图　　图5　区域疏散示意图

（2）劳动教育文化育人示范区

坚持"立德树人"的育人理念,通过在课程标准中融入职业标准、操作规范等强调职业规范；通过在教学内容中导入劳动思想、劳动态度和劳动方法教育强化劳动育人；通过在教学组织环节实施分工协作、团队评价来强调团队合作加强养成教育,促进学生职业素养的提升,培养德智体美劳全面发展的社会主义事业建设者。

中心注重环境建设、文化育人,教学现场融入无锡机械工业发展史（图6）、工程中心历史沿革、技术革新成果展示、现场7S管理理念（图7）等文化要素,以及宣传大国工匠和技能大师、弘扬民族品牌等课程思政内容,以浸润式的文化体验,传承"取机械规范,育行业栋梁"的机械文化,涵养学生敢于创新、勇于担当、精益求精的工匠精神。

图6 无锡机械工业发展史 　　　　图7 7S管理

(3) 新型教学技术应用示范区

坚持"以学生为中心",通过引入人脸识别、5G 云教学、SPC、虚拟仿真、设备互联互通、状态监测和可视化管理等新型教学及管理技术手段,融合全国信息化教学能力比赛一等奖作品"零件尺寸测量"中 SPC 技术成果,形成基于过程的多元评价机制。

不断实践与创新"三教"改革,基于工作过程开发和升级来源于企业生产实际的数字化教学资源和新形态教材;高起点架构信息化管理系统,在各教学区域建立摄像头+电子屏+蓝牙耳机的现场直播示教系统,形成多媒体教室、机房车间三位一体的新型教学空间,如图 8 所示。

通过线上线下混合式教学,线下实践教学由"集中示教—分批后练"向"工位同步—随时跟练"的教学模式迭代更新(图9),线上教学形成课前预习、课中互动、课后巩固的闭环模式,进一步拓展学生学习途径,切实提高实践教学质量。

图8 三位一体的新型教学空间 　　　　图9 "工位同步—随时跟练"新模式

(4) 国家技术标准应用示范区

秉承"双标同步",即教学标准与国家标准同步优化的理念,中心建设过程中在实训场所规划、设备安装、信息化管理等方面贯标我校牵头制定的"GB/T 36531—2018 生产现场可视化管理系统技术规范""GB/T 37942—2019 生产过程质量控制设备状态监测"等多项国家标准和"高等职业学校智能控制技术专业实训教学条件建设标准"等教学标准,促进教学内容、教学装备、现场管理等与行业领军企业保持一致性。

"两标同步"牵头国标,融入教学杆位,体现过程考核,培养职业素养。通过设备间数据互联互通,设备运营状态监测,进而对设备加工过程质量进行监控,有助于工艺优化、设备维护;现场生产可视化管理,有利于提升教学设备的利用率,提高教学现场管理水平,如图10所示。

图10 机械制造工程中心实时数据

2. 校企共建

随着新一代信息技术与先进制造业的深度融合,制造业企业进行技术更新迭代、生产线改造及智能制造生产组织模式应用的内生动力强大,数控技术专业群面向的就业岗位的职业能力、素养和知识也随之发生变化。中心围绕人才培养需求,积极引入新技术、新工艺、新装备和新规范,结合数控技术专业群升级和数字化改造,优化了实训课程体系,以"数字化设计与制造"为主线,联合世界500强企业西门子(中国)有限公司,国内龙头企业华中数控、宝鸡机床、上海曼恒数字等,以及国内细分制造行业领军企业江苏永瀚特种合金、无锡透平叶片、无锡威孚高科、无锡贝斯特精机等,校企共同投入3 000余万元,其中行业企业投入1 200万。校企双方秉持"资源共享、优势互补、协同发展"的理念,深化校企合作机制,推进校企人才双向交流,聚焦人才培养、团队建设、"四新"引入、资源开发、科技创新和社会服务等重点领域深度合作,在国家级实训基地建设、职业教育国家在线精品课程、国家优秀教材建设、省级工程技术研究中心和全国职业院校技能大赛等方面业已形成一系列以国家级成果为代表的标志性成果。

3. 运行管理

为适应工程中心的安全运行和管理,契合育人实际,完善了实训室安全管理、工作人员职责、设备安全操作规程等制度;制定了各实训室的"7S"现场管理实施标准;建立定期消防应急疏散演练制度,强化安全教育意识;研究"专业技能+劳动教育"的育训结合课程建设模式与路径,开发了基于金工实习的育训结合劳动教育课程标准;基于"诊改"理念,开发覆盖教学全生命周期的智慧实训平台,采集实时数据,实现实时纠偏和阶段改进功能,持续提升教育教学实效,如图11所示。

图 11　智慧实训平台框架

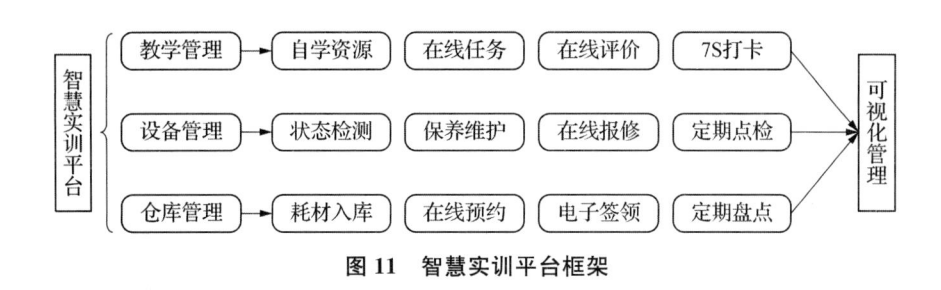

三、特色创新

1. 创建"三新三全"实践教学模式改革

贯彻理虚实一体化教学改革理念，开辟集"教室、机房、车间"三位一体的新教学空间，实现全环节集中，解决传统实践教学分散且占用资源多的困点；开发基于"场景摄像头＋电子屏＋蓝牙耳机"的工位同步示教新教学条件，实现全人员同步，解决传统示范教学分批多、效果差的痛点；团队成员参与研制了国家标准《生产现场可视化管理系统技术规范》，贯彻标准自主开发了智能实训管理系统，对接数字化车间管控场景，实现"基于工作流程的引导""基于关键步骤的示范""基于核心指标的控制""基于生产过程的监控"，开创基于智能实训平台的新教学手段，实现全过程可溯，解决传统实践教学过程失范、差异化结果难以精准溯源的盲点。

2. 利用虚拟仿真技术解决"三高三难"实践教学问题

针对数控技术专业群中一些"高投入、高难度、高风险、难实施、难观摩、难再现"的实践课程教学痛点问题，如金属液态铸造、材料热处理、冲压成型、多轴复杂零件数控加工和自动化生产线装调等，一是依托智能制造国家虚拟仿真实训基地建设，新建了VR、AR、MR虚拟仿真资源开发和应用平台，结合平台各种虚拟仿真技术特点，开发虚拟仿真资源，解决情景展示、仿真操作和设备台套数不够等问题；二是利用CAD、CAE、CAM等工业软件的仿真验证功能，对设备选型、切削要素选择、工艺优化等进行验证，形成闭环；三是利用数控技术国家级专业教学资源库，开展线上线下结合教学，将一些浅显易懂的内容由学生在线上学习，线下着重教授重点、难点内容，培养学生学习自主性。

3. 对标国家标准利用信息化手段解决教学过程增值评价问题

秉承"双标同步"，促进教学内容、教学装备、现场管理等与行业领军企业保持一致性。开发了智能实训管理系统，通过设备间数据互联互通，设备运营状态监测，进而对设备加工过程质量进行监控，既有助于帮助学生工艺优化、设备维护，又能通过现场生产可视化管理，有利于提升教学设备的利用率，提高教学现场管理水平，还可以通过实时数据分析，对学生实训教学进行过程监测、评价，对教学项目之间增值和学生学习前后增值情况进行综合考核,以便于进一步改进教学方法。

四、建设成效

1. 强化双创教育,人才培养成效显著

依托机械制造工程中心软硬件设施,组建由金牌教练、行业专家和杰出校友构建的结构化创新创业指导教师团队,构建了校级—省级—国家级的创新创业大赛选拔体系。近三年,学生获得中国国际互联网＋大学生创新创业大赛金奖1项、全国职业院校职能大赛模具高职组赛项一等奖1项、第十七届"振兴杯"全国青年职业技能大赛获得银奖1项,获得省级互联网＋、技能大赛、挑战杯三大赛奖项17个,其他省级创新创业、学科竞赛40余项;学生申获各类专利180余件;入选教育部就业育人项目2个,年终就业率保持99％以上,通过"专转本"继续深造的占比40％左右,毕业生在世界500强、上市公司和高新技术企业等从事技术技能密集型岗位占比达40％以上。

2. 深化内涵建设,专业建设成果丰硕

利用机械制造工程中心建设,引入"四新",通过深化"三教"改革,及时高效地将新技术、新工艺、新装备和新规范融入课程教学。2022年获得江苏省教学成果特等奖1项,2023年,入选"十四五"职业教育国家规划教材7部;入选国家级精品在线课程3门、省级课程思政示范课程1门;机械制造及自动化专业入选工信部产教融合型专业建设试点院校专业;牵头专业教学标准、实训条件建设标准等2项,教师获省级教学能力大赛三等奖1项,省高校微课教学比赛一等奖项;教师入选江苏省科技副总和江苏高校"青蓝工程"项目7个,1名教师入选2022年江苏教师年度人物。

3. 深化产教融合,校企合作树立标杆

以中心建设为契机,深化校企合作机制建设,构建了"命运共通、集成共进、利益共享"的校企合作共同体合作模式,累计吸引行业企业投入3 200多万元,校企彼此成就、携手共进。以机械制造工程中心为载体,学院联合江苏永瀚、无锡威孚等成员单位,政行企校共建"数字化设计与制造"产业学院入选工信部"专精特新"产业学院;联合无锡威孚高科申报的"无锡职院-威孚高科:智能设计与生产产教融合集成平台"入选2022年江苏省职业教育校企合作示范组合;与威孚高科、无锡村田电子、华润燃气等联合开展定向化人才培养,组建校企混编教学创新团队,进一步促进学生高质量就业;学院获评"全省教科研工作先进集体""江苏省教育系统先进集体"等荣誉称号。

4. 坚持共建共享,社会服务引领示范

依托中心行业领先的软硬件设施,积极开展技术创新和社会服务工作。近三年,主持和参与制定国家标准6项,服务中小微企业"智改数转"项目20余项、"四技服务"到账近3 100余万,获得"机械工业科学技术奖""江苏机械工业科学技术奖"等省级及以上科技进步奖 8 项；统筹中心相关资源开展社会培训，2022 年入选教育部机械设计类国家级职业教育"双师型"教师培训基地，全年完成职业院校、企业在岗职工和社会人员等培训工作 45 000 人天。

机械制造工程中心作为 2020 年江苏省属普通高校高质量考核"校长履职亮点工程"，本着高规格、高标准、高起点、高质量建设要求，业已成为学校对外交流的窗口部门。自投入使用以来，中心工作场景随学校办学成果展示、优秀教师宣传和实训基地介绍等多次登上中央电视台、中国教育电台、江苏教育以及《人民日报》《新华日报》等主流媒体；承担了"加工制造（含机电、机加工、数控）类专业骨干教师教育教学能力提升"等国家级、省级培训班 20 余个，开展数控车铣加工、多轴数控加工等"1＋X"职业技能等级证书师资培训，累计培训近 1 300 人次；2023 年接待各省部级教育主管单位、职业院校、企事业单位来访已达 80 多批次 1 700 多人次，中心建设获得来访人员的高度评价，起到了良好的辐射引领作用，如图 12 所示。

图 12　机械制造工程中心接待来访

长三角现代航海技术虚拟仿真实训基地建设与实践

完剑侠　苏文明　丁振国[①]

摘　要：长三角现代航海技术虚拟仿真实训基地是教育部职业教育示范性虚拟仿真实训基地培育项目,基地始终遵循现代航海人才终身学习与终生就业能力提升路径,紧密对接航海技术高端产业与产业高端,现已逐步建设成为沉浸性深、交互性好、共享度高、可持续发展性强的现代航海技术虚拟仿真实训生态系统,辐射带动了长三角地区航海教育协同创新和高质量发展,产生重大溢出效应,成为具有高度产业对接性、资源先进性、学生针对性、教学融合性、效能达成性和项目示范性"六性"兼备的全国航海人才培养高地、航海师资培训基地、海事虚拟仿真技术应用创新重地、海事数字化学习资源锚地、中国海事职教标准输出地、航海文化传承与传播发源地"六地"合一的高水平区域共享型虚拟仿真实训基地。

关键词：虚拟仿真；实训基地；海事；航海技术

一、建设背景

1. 服务海洋强国战略急需构建虚实结合智能船舶生态体系

向海则兴、背海则衰。从国际层面看,全球海洋经济版图深刻重构,东方新兴经济体加速向海洋价值链高端攀升,新一轮的海洋科技革命和产业变革蓄势待发。国家"海洋强国""一带一路"对海洋主权维护、海上安全保障提出重大需求,新航线开辟、极地科学考察、深海运载作业、海洋环境监测及智能船舶、海洋工程装备等领域的技术创新实践勃然兴起。

2. 破解传统航海教育"三高三难"问题急需建设虚拟教学平台

船舶建造成本高,远洋航行耗时长、天气海况多变,操纵难度高、航行风险高。截至目前,全国只有大连海事大学、上海海事大学、集美大学拥有航行教学实习船和我校拥有停泊教学实习船。传统的航海教育多将船舶和设施设备拆解后搬进教室,船舶航行过程能

[①] 作者简介：完剑侠,江苏海事职业技术学院副教授,教育部课程思政教学名师,长期从事航海教育研究和专业建设工作。
苏文明,江苏海事职业技术学院副教授,研究方向为航海教育、海上通信。
丁振国,江苏海事职业技术学院教授,研究方向为航海教育、高等职业教育。

局部观摩、难整体认知,能教师讲解、难学生操作,能固定数据模拟、难复杂海况重现。破解航海职业教育高投入、高难度、高风险和难整体认知、难实际操作、难复杂海况重现等一系列问题,急需紧随产业与技术发展步调、建设现代航海技术虚拟仿真中心。

3. 推动区域经济发展急需建设共享型航海职教虚拟仿真基地

"一带一路""长江经济带""江苏沿海开发"等多重国家战略实施,在江苏全境产生沿江沿海政策叠加效应。以江苏海事职业技术学院发起的国家级职教集团"泛长三角港口与航运职教集团"为统筹,以学校建成的国家发改委产教融合工程项目"长三角现代航运技术公共实训基地"为基础,建设长三角区域共享型现代航海技术虚拟仿真中心,是整合长江三角洲沿江沿海航海职业教育资源,推动航海职业教育高质量发展,为江苏乃至长三角"争当表率、争做示范、走在前列"贡献航海教育力量的亟需。

二、建设思路

1. 坚持规划科学、技术先进

遵循"能实不虚、以实带虚、以虚助实、虚实结合"原则,对标现代航运业发展,一体化、高标准设计集实践教学、社会培训、科学研究、企业真实生产和社会技术服务于一体的高水平航海人才职业教育实训基地,仪器设备和技术能力达到国际一流水平,实现现代航运业的新技术、新模式、新业态,与新一代信息通信、人工智能、大数据和虚拟现实等技术的深度融合。

2. 坚持问题导向、创新驱动

紧密对接航海职业教育实训过程中高投入、高难度、高风险、难实施、难观摩、难再现的"三高三难"问题,优化人才培养方案,科学建立与虚拟仿真相适应的课程体系,研究开发配套的虚拟仿真教学资源,系统建设智慧虚拟实训云平台,运用现代信息技术改进教学方式方法和教学管理模式,打造高水平教学团队,系统化构建"线上线下结合、软硬融合"的船员终身教育服务体系。

3. 坚持产教融合、共建共享

建立多元化、多渠道投融资机制和区域共建共享机制,整合区域内虚拟仿真教学资源成果,组建权责明晰、互利共赢的校企共建共享联合体,形成政校行企多元投入、各具特色的实训基地建设模式,实现优质虚拟仿真实训资源的开放共享和持续应用,形成可复制、可借鉴的改革经验和模式,发挥示范引领作用。

三、建设过程

"长三角现代航海技术虚拟仿真实训基地"建设包括前期的硬件建设和后期的软件建

```
┌─一个体系─▶         ┌─三个线上平台─▶
"四船递进"虚实融合      船员终身教育云平台
的航海人才综合实训体系   虚拟仿真协同创新平台
                      智慧管理云平台
```

① ③ ③ ① ──▶   提升航海人才培养质量
                    服务产业转型升级
                    助推产业高质量发展
                    辐射区域职教协同发展
                    推进职教现代化进程

```
   ┌─三个线下平台─▶    ┌─一个可持续发展机制─▶
    虚拟教学平台         基地共建的协同机制
    协同创新平台         项目开发的激励机制
    虚拟仿真公共服务平台  资源共享的保障机制
```

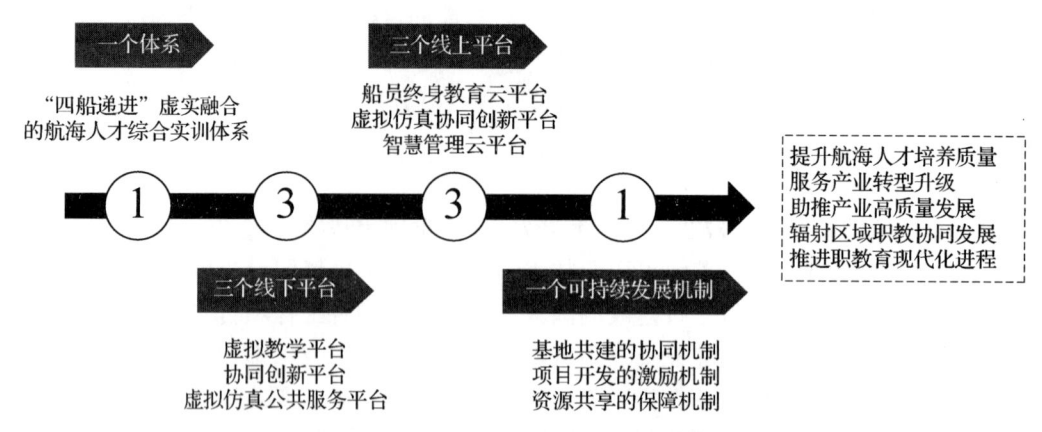

图1 长三角现代航海技术虚拟仿真实训基地建设路径

设两个阶段,建设成效主要源于后期(2020—2023年)软件建设与资源的整合优化阶段。此阶段,建设过程主要分为四个系统打造,即:1体系、线下3平台、线上3平台和1个可持续发展机制。

1体系:主要指健全基于"四条船"的航海人才综合实训体系,蓝色部分是现有基础、绿色部分是本次优化升级内容、紫色部分是拟新建内容。

线下3平台:完善船舶驾驶、智能船舶机电虚拟仿真中心功能,新建资源共享型虚拟仿真公共实训中心,开拓性地将原独立于各个专业的各大仿真系统通过5G网络实现业务互联、数据互通,升级打造基于航海技术专业群的协同联训的全任务虚拟仿真教学平台,解决船舶三大岗位群之间的协同训练问题。

对接现代航海技术新工艺、新规范,以技术研发反哺教育教学,推动智能交通安全研发中心、船舶智能机电研发中心的功能发挥,新建虚拟仿真技术研发中心,建设跨学科的专业技术与虚拟仿真协同创新平台。

对接海事服务需求,以服务航海技术人才培养和推动航海文化传播为导向,推动国家级海事调查实验室、船员评估中心、航海科普教育等公共服务平台提质增效,打造立足长三角的现代海洋运输公共服务平台。

线上3平台:投入500万元。依托虚拟仿真实训教学项目和教学资源,建立船员终身教育的一站式服务中心,构建基于虚拟仿真的"线上线下教学+综合实训"的学习体系,形成船员终身教育云平台。

推动海事服务与"互联网+"的融合,建设海事技术创新的立体化技术服务中心,加快科技创新成果转化为现实生产力,形成海事科技创新云平台。

强化基于新一代信息技术的虚拟仿真教学管理,新建虚拟仿真操作系统,突破时间、场地限制,实现共享WEB实时交互虚拟仿真教学,形成基地智慧管理云平台。

1机制:依托国家示范性职教集团——泛长三角港口与航运国际职教集团,建立健全多主体参与、多渠道投入、多层次合作的基地共建机制,虚拟仿真资源开发以及科技创新的激励机制,虚拟仿真教学资源实时开放共享的保障机制,实现基地可持续发展。

四、资金投入

基地建设先后分为三个阶段,第一阶段(2008—2018年)投入2 220万元,建设了船舶操纵模仿真实训中心;第二阶段(2014—2020年)投入9 800万元,建设了自动化机舱;第三阶段(2020—2022年)投入3 546万元,整合了前两个阶段的建设成果,融合建成"长三角现代航海技术虚拟仿真实训基地"。

五、建设成效

1. 硬件条件

长三角现代航海技术虚拟仿真实训基地线下占地面积5 320 m²,各虚拟仿真中心面积见表1。

表1 长三角现代航海技术虚拟仿真实训基地场地规模

序号	虚拟仿真中心	占地面积/m²
1	船舶驾驶虚拟仿真实训中心	2 645
2	智能船舶机电虚拟仿真中心	1 500
3	水上智能交通安全研发中心	20
4	智能船舶机电研发中心	30
5	国家海事调查联合实验室	25
6	海员体验馆	1 100
	合计	5 320

长三角现代航海技术虚拟仿真实训基地建设定位于现代航海技术虚拟仿真生态系统,其整体架构可归纳为虚拟教学的线下三平台和全虚拟仿真基地线上三平台的"3+3"架构体系。

(1) 虚拟教学的线下三平台

由虚拟教学平台、协同创新平台和虚拟仿真公共服务平台构成。

① 虚拟教学平台

根据驾机合一原则分为航海技术虚拟仿真实训中心(全任务船舶仿真训练系统的"大脑",承担全任务虚拟船舶通信、导航和驾驶任务)和智能船舶机电虚拟仿真中心(全任务虚拟船舶仿真训练系统的"心脏",承担全任务虚拟仿真船舶能源与动力供给任务),满足船舶甲板部岗位群、轮机岗位群和电气岗位群的全任务实训,形成航海技术专业群协同联训大实训平台,如图2所示。

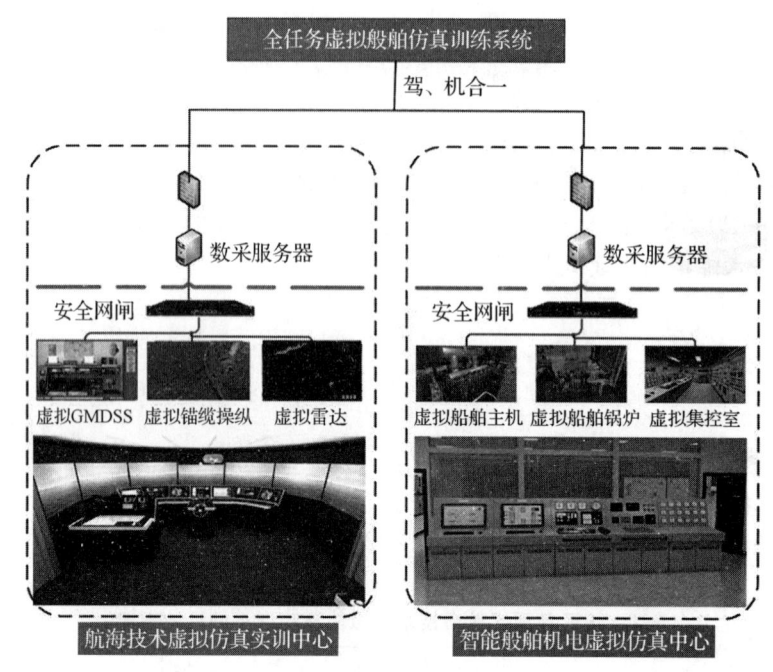

图 2　虚拟教学平台——航海技术专业群协同联训大实训平台

② 协同创新平台

该平台构成和各子平台功能见图 3。

图 3　协同创新平台构成

③ 虚拟仿真公共服务平台

该平台构成和各子平台功能见图 4。

图 4　虚拟仿真公共服务平台构成

（2）全虚拟仿真基地线上三平台

由船员终身教育、虚拟仿真协同创新和智慧管理3个云平台构成，见图5。

图 5　全虚拟仿真基地线上三平台

长三角现代航海技术虚拟仿真实训基地空间布局和部分实景展示如图6至图8所示。

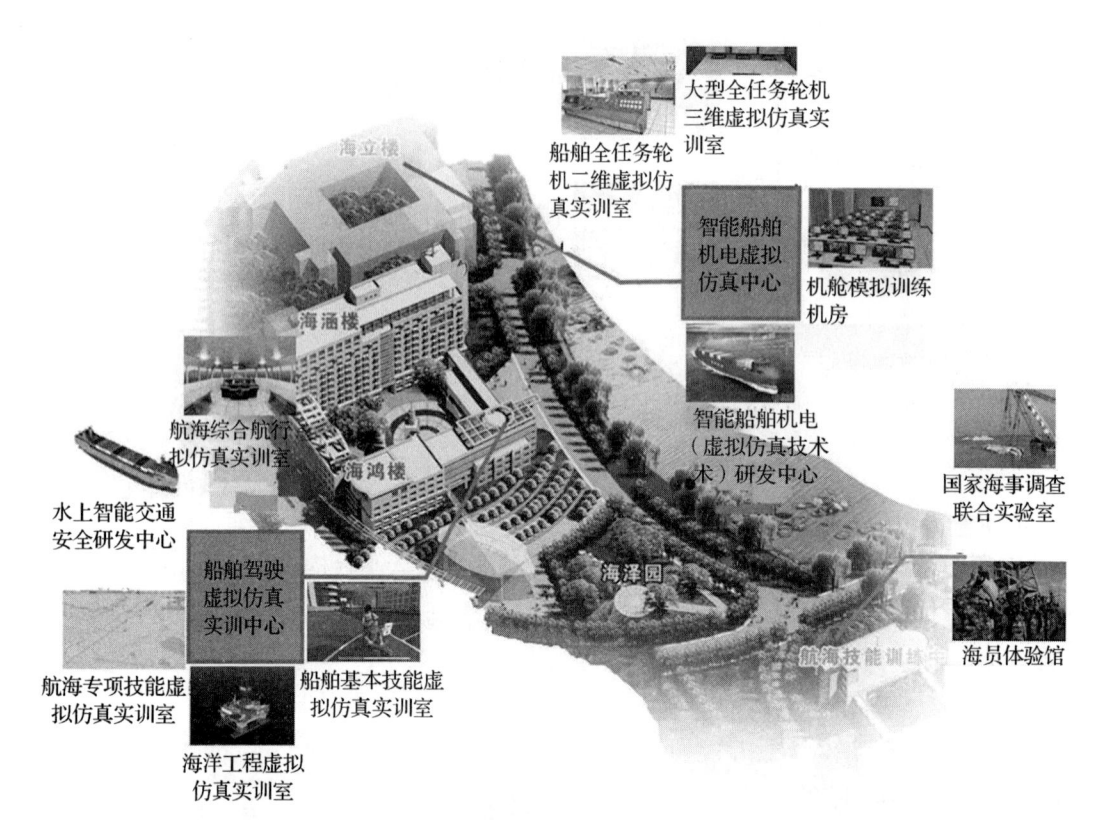

图 6　长三角现代航海技术虚拟仿真实训基地空间布局

图 7　大型全任务轮机三维虚拟仿真实训室

图 8 航海综合航行虚拟仿真实训室

校企联合开发了 360°海洋工程虚拟仿真训练系统,完成船舶主机温度、压力、流量、液位、转速、功率、状态指示、执行电机和阀门等输入输出信号的信息化与数字化升级改造,建成了国内领先的 ME、RT-Flex、双燃料、DP 型、MC 型 5 种类型全任务轮机模拟器。编写《求生信号识别与操作》《雷达设备操作与维护》《货物积载与系固工作手册》等基于虚拟仿真教学的工作手册 16 本。以船舶智能化机舱为蓝本,采用数字孪生技术,建设了国内领先的智能化机舱三维虚拟仿真系统,该系统为船舶智能化机舱的虚实交互、信息映射开发奠定基础。

水上智能交通安全研发中心　　　　智能化机舱

船舶驾驶虚拟仿真中心实训　　智能船舶机电虚拟仿真实训中心　　航海综合仿真训练

图 9 各类虚拟仿真资源平台

2. 校企合作

(1) 面向智能船舶及海洋工程发展方向,开发虚拟仿真实训项目

依据智能船舶发展的需求,依托全任务型虚拟船舶仿真训练系统、自动化机舱和三维虚拟船舶机舱,采用校企联合开发的模式,与上海远洋运输有限公司、招生局南京油运股份有限公司共同开发基于虚拟仿真实训基地的自主Ⅰ级和自主Ⅱ级智能船舶的"智能船舶物联网技术管理与维护"和"智能船舶资源管理(SRM:Ship Resource Management)"虚拟仿真实训项目。以海洋工程产业对高端航海专业人才需求,深化与马士基集团的校企合作,创新开发"船舶动力定位系统(DP)"等涉海工程虚拟仿真实训项目,填补我国在海上风电安装、抛起锚作业、海上重吊和ROV操作等高技术附加值的涉海工程人才培养的空白。

(2) 对接岗位真实生产任务,开发新型活页式、工作手册式教材

借鉴OBE理念,按"通识课程职业化、专业课程项目化、配套教材立体化"建设思路,充分考虑专业群面向的传统岗位、符合岗位和新兴岗位相互交叉融合的特点,推动专业平台模块、专业核心模块虚拟仿真实训项目新型活页式、工作手册式教材建设,便于及时融入STCW、SOLAS、MARPOL等国际公约的变化及行业的新技术、新工艺、新规范、新要求。校行企联合建设专业平台模块虚拟仿真实训项目新型活页式教材3本;建设专业核心模块项目新型活页式教材7本,工作手册式教材6本。

(3) 行动导向,推进"三教"改革点燃课堂革命

校企联合组建结构化教学团队,运用现代信息技术改进教学方式方法,采用任务驱动、翻转课堂、线上线下混合等课堂教学形式与方法,形成学生主动参与、乐于探究、勤于动手、善云思考的良好学习氛围,倡导课堂革命,打造有料、有用、有趣、有效的虚拟仿真课堂,推动教师由"教"向"导"转变。基于虚拟仿真实训基地建设,打造了10门学生认可度高、行业影响大、社会评价好的虚拟仿真校级金课。

(4) 校企联动,建立校企团队协同机制

学校联合大连海大智船科技有限公司,江苏海事局等企事业单位建立新型的政-企-校合作模式,共同打造"三方共定项目-校企共同开发-机构、企业提供经费和激励机制-基地实现自我造血功能-师生实战经验增加"的互利多赢生态圈。通过多维度协同创新型虚拟仿真研发团队进行虚拟仿真软件教学实训功能设计,模型制作和程序开发,同时以虚拟仿真建设为基础,辐射其他专业教学,为信息类专业学生提供实习、实践岗位,研发成果归属学校、教师、企业三方所有,共享收益。

3. 机制建设

(1) 基地共建的协同机制

依托泛长三角港口与航运国际职教集团,组建长三角现代航海技术虚拟仿真实训教学基地建设合作委员会,优化基地共建共管共享机制、校企协同育人机制、协同创新技术设备持续更新机制、人员互兼互聘机制,探索多主体参与、多渠道投入、多层次合作的实训基地共建共享模式。依托江苏船员学院,创新基地运行管理模式,打造基地建设、资源建

设与推广协作的发展共同体,系统开展培训与指导,加强资源共享、协同研究创新,推进共同体作用的发挥,形成虚拟仿真实训基地产教一体、良性互动与可持续发展。

(2) 项目开发的激励机制

通过签署《知识产权归属协议》,保护虚拟仿真资源开发者的知识产权,鼓励教师积极参与虚拟仿真实训教学资源的开发与共享,促使更多的学习者收益。每年设立虚拟仿真资源开发与应用专项研究课题,鼓励教师积极开展研究,输出新技术在教学中的运用,产出高质量虚拟仿真教学资源,形成一批高质量的虚拟仿真教学资源。

(3) 资源共享的保障机制

通过签订校校合作协议,构建资源建设共同体,建立资源命名规则和接口规范,实现校校资源共同开发、共同保护,实现资源整合和持续应用,实现半实物仿真设备定时开放远程共享,虚拟仿真教学资源实时开放共享。依托学校智慧校园环境,充分发挥船员终身教育云平台、海事科技创新云平台和智慧管理云平台的作用,保障虚拟仿真教学资源的远程共享,为资源广泛推广做好保障。

4. 课程建设

以船员职业生涯全生命周期的职业能力培养为主线,在原有虚拟仿真教学资源基础上,以成果导向(OBE)为指导,对航海技术专业群《船舶定位与导航》《航海仪器操作》《船舶结构与货运》《GMDSS综合业务》《机舱资源管理》《主推进动力装置》《船舶辅机》等专业核心课开展基于虚拟仿真教学的二次开发,形成符合船员教育培养要求的虚拟仿真教学课程15门。

5. 社会服务

(1) 打造了船员终身教育云平台

结合国家海事局海船船员适任考试评估中心建设,关注行业新技术、新工艺、新规范、新要求,依托学校教学云平台,利用三维反向建模,校企合作研发具有MOOC或SPOC特征、涵盖船员终身教育主要科目系列化3D网络学习课程资源包,配合线下虚拟仿真实训,形成一个跨时间、跨地域、线上线下结合互动学习平台。

(2) 打造了智慧管理云平台

推进虚拟仿真实验实训教学资源共享和实训室管理一体化,实现具有虚拟实验实训教学综合运行管理、统一信息门户、统一身份认证、统一决策管理等功能。该平台通过接入国家海事局船员终身教育服务平台、幸福船员、智慧校园等平台,实现平台最大化利用。智慧虚拟实训云平台基于新一代云计算技术和先进的服务管理体系,采用了资源智慧调度、服务方案管理、供应自动化等主流核心技术,通过把云计算资源转化为服务,构建随需应变的IT架构,实现服务交付和服务支持管理,采用中台+微服务的高度可扩展设计。

(3) 打造了基于虚拟仿真的协同创新平台

运用人工智能、现代信息科学、先进传感与监控、云计算与大数据等理论与技术,聚焦航海技术、轮机装备、节能减排、大数据等五大领域,加强产教、科教融合,建成江苏省航运技术转移转化服务平台,助力研究团队的技术和科研成果转移转化,破解科技人才线下流

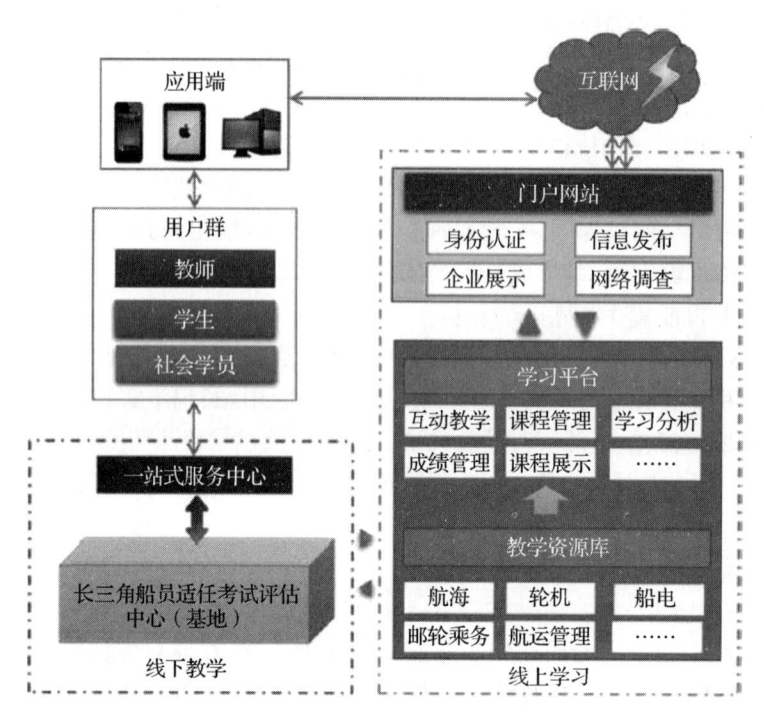

图 10　船员终身教育云平台架构图

图 11　智慧虚拟实训云平台架构

动频繁难题,产出一批对接国家战略和产业转型升级需求的技术创新成果,促进技术成果转移转化,服务江苏乃至长三角地区航运企业的技术研发和产品升级。

6. 培育了教学与开发并重的高水平虚拟仿真师资团队

学校先后成立了水上智能交通安全研发中心，智能船舶机电设备研发中心，虚拟仿真技术研发中心。依托三大研发中心建设组建了一支高水平的虚拟仿真师资团队。其中，电气自动化技术团队入选国家级职业教育教师教学创新团队。

近五年，各团队累计承接了 102 个具有独立知识产权的虚拟仿真类高端技术服务项目，重点在船舶动力定位系统、航海模拟器、轮机模拟器等领域开展科技攻关，为长征十一号运载火箭发射母船提供了水动力数学模型，为宁波舟山港 LNG 接收站开展了虚拟系泊试验，为某战区开发了 052D 型驱逐舰水动力模型，目前团队正参与国内领先的智能船舶全景三维虚拟机舱建设，国内先进的大型集装箱船舶、江海联运集装箱船舶、内河 LNG 船舶全任务轮机模拟器建设。

7. 所获荣誉和成绩

针对航海技术技能型人才教育培养存在的高成本、高耗能、高风险以及船舶航行实习难、实操操纵教学难、应急应变重现难等海员教育培养的共性问题，基地着力沉浸性深、交互式好、共享度高、可持续发展的虚拟仿真实训教学资源建设。近 3 年，取得了一定的成绩，具体如下：

表 2　近三年与基地相关的国家、省级荣誉一览表

序号	年份	荣誉称号/奖励等级	级别
1	2021	入选国家职业教育示范性虚拟仿真基地培育单位	国家级
2	2022	"熟悉海上基本安全""船舶消防""航海气象与海洋学"3 门课程入选 2022 年职业教育国家在线精品课程	国家级
3	2022	入选全国科普教育基地（2021—2025 年）	国家级
4	2022	"四船交替虚实结合能力递进——现代航海技术虚拟仿真实训生态系统建设与实践"入选职业教育示范性虚拟仿真实训基地培育项目典型案例	国际级
5	2020—2022	全国职业院校教学大赛一等奖 1 项、三等奖 1 项	国家级
6	2021	入选江苏省中小学生职业体验中心	省级
7	2022	入选江苏省科普教育基地（2022—2026 年）	省级
8	2021	"基于专业集群的协同共生型产教融合集成平台构建与实践"获江苏省教学成果奖二等奖	省级
9	2022	"熟悉海上基本安全""船舶消防""航海气象与海洋学""主推进动力装置""船舶导航设备维护与管理"5 门课程入选"十四五"江苏省职业教育首批在线精品课程	省级
10	2022	《船舶定位与导航》《船舶值班与避碰》《船舶辅机》《内燃机构造与管理》4 部教材入选江苏省"十四五"规划教材	省级
11	2020—2022	江苏省职业院校教学竞赛一等奖 6 项、二等奖 1 项、三等奖 1 项	省级

六、创新经验

1. 创新机制

紧密围绕区域航运产业升级和技术迭代,开创性将实训基地与产业学院融合建设、协同发展。以实训基地建设为载体实现产业链、人才链与教学链的有机对接,促进产业学院落地生根。以产业学院为机制保障形成政行企校价值共同体,切合公办院校产权政策组成"松耦合"的组织架构,基于需求导向实行"协商制"理事会决策,以项目为载体形成"契约式"共建共享,形成责任共担、利益共享、多方共赢的微观制度设计,整体构建内外部创新要素和各方优势资源顺畅集聚的服务支持体系,保障现代航海技术虚拟仿真实训基地的高效运行和可持续发展。

2. 创新模式

创建"1(校)+0.5(船)+1(校)+0.5(船)"育训一体、双元分段的人才培养模式,实现虚拟仿真技术与专业教育教学的深度融合。聚焦航海职业技术"三高三难"问题,按"认知职业""乐于专业""岗位适任"能力递进原则,以虚补实、虚实结合,系统构建"四船递进"的航海人才综合实训体系,融合课堂教学和企业人才技能需求,建立基于虚拟仿真技术的专业人才培养方案及专业实训教学标准,打造航海类技术技能人才培养和技术创新高地,助力现代航运产业向智能、绿色、安全发展。

3. 创新驱动

学校对接航海职业教育高投入、高难度、高风险、难实施、难观摩、难再现的"三高三难"问题,优化人才培养方案,科学建立与虚拟仿真相适应的课程体系,研究开发配套的虚拟仿真教学资源,系统推进"虚实融合、线上线下结合"的"3(线下)+3(线上)"平台建设,运用现代信息技术改进教学方式方法和教学管理模式,系统化构建了"线上线下结合、软硬融合"的船员终身教育服务体系。

4. 创新融合

学校建立多元化、多渠道投融资机制和区域共建共享机制,整合区域内虚拟仿真教学资源成果,组建权责明晰、互利共赢的校企共建共享联合体,形成政校行企多元投入、各具特色的虚拟仿真基地建设模式,实现优质虚拟仿真实训资源的开放共享和持续应用,形成可复制、可借鉴的改革经验和模式,发挥了示范引领作用。

七、未来建设重点

1. 始终聚焦教学质量,持续提升虚拟仿真实训基地环境建设质量

实训基地建设始终以教和学为核心,以提高师生教学成效为宗旨,基于先进航运企业的生产环境和生产设备,升级建设与实际职业情境对接的虚实结合实训环境,持续提升应用型研究能力,形成升级版《航海技术专业人才培养方案》和《航海技术专业群实训教学方案》,以实训基地升级带动专业升级和数字化改造,同时推进生产、培训、测评、竞赛、创新创业和科技成果转化。

2. 探索扩大资源辐射范围,持续提升虚拟仿真实训基地团队建设质量

基于"科学规划、共享资源、突出要点、提升效益、持续发展"的建设原则,以共享优越实践教学资源为核心,实现虚拟仿真实训教学场所、虚拟仿真实训设施设备和虚拟仿真实训资源进行跨专业、跨院校、跨地域的设计与共享。以产教融合共同体为依托,吸纳更多高水平教师、企业专家和技术开发专家,形成多资源、多角色分工协作的创新型团队和多元构成、管理有序的虚拟教研室。

3. 注重数字化思维迭代,持续提升虚拟仿真实训基地数字化资源建设质量

按照"盘活存量、优化增量,注重过程、注重效能"的思路,注重数字化思维的持续迭代,聚焦真资源,不断增加资源总量,提高资源质量,并以数字化思维管理和使用实训基地。

产教谱系指引,共享工厂融汇
——汽车关键零部件智能制造虚拟工厂的建设与应用

许爱华　许成中　杨　晨　郑伶俐　束亚林　唐　悦[①]

摘　要: 以服务学校人才培养和区域产业发展为根本,以"团队、平台、体系"三要素建设为重点,以产教谱系为指引,以共享工厂为平台,聚焦智能制造人才培养实训中"设备风险高、实训效率低、实训过程评价难"的问题,校企共建"一个虚拟工厂、一个运行机制、一个教学资源库、一个教学模式、一个教学团队""五个一工程项目",打造"1+1+N"虚拟工厂集成育人平台,构建"全景式、三嵌入"实践教学资源,创建"三场互通、四层递进"的混合学教模式,组建"专兼混合、虚实结合"多功能师资队伍,形成"多元集约、技术超市"的虚拟工厂运行机制,实现产业资源和学校资源的有效融合,形成汽车关键零部件智能制造虚拟工厂的建设与应用模式,服务学校人才培养,打造高水平技术技能型人才;服务区域产业发展进步,增强企业在市场竞争中的竞争力,在专业人才培养中起到引领示范作用。

关键词: 产教谱系;共享工厂;汽车关键零部件;智能制造;虚拟工厂

一、背景

习近平总书记强调:"我们要乘势而上,加快数字经济、数字社会、数字政府建设,推动各领域数字化优化升级"。常州大力实施"532"发展战略,奋力建设国际化智造名城,全力打造新能源之都。

常州机电职业技术学院服务区域产业发展需求,对接汽车及零部件、智能数控和机器人等重点产业链,依托工业机器人技术、模具设计与制造两个中国特色高水平专业群,聚焦智能制造人才培养实训中"设备风险高、实训效率低、实训过程评价难"的问题,打造开放型区域产教融合实践中心,建设职业教育汽车关键零部件智能制造虚拟工厂(以下简称"虚拟工厂")。

[①] 作者简介:许爱华,常州机电职业技术学院机械工程学院副院长,副教授,长期职业教育教学研究。
许成中,常州机电职业技术学院机械工程学院实训室管理员,实验师,从事实训室建设与管理。
杨晨,常州机电职业技术学院机械工程学院实训室管理员,助教,从事实训室建设与管理。
郑伶俐,常州机电职业技术学院机械工程学院实训室管理员,实验师,从事实训室建设与管理。
束亚林,常州机电职业技术学院机械工程学院教学秘书,研究实习员,从事实训室管理。
唐悦,常州机电职业技术学院机械工程学院教学秘书,研究实习员,从事实训室管理。

二、举措

1. 产教谱系指引,打造"1＋1＋N"虚拟工厂集成育人平台

学校创新应用谱系学,突出产教动态耦合,构建了智能制造专业群与产业链、培养规格与职业能力对接谱系,开发专业群能力素养集,优化人才培养规格,建立专业群实训教学资源支撑专业学生知识、能力、素质培养目标要求的关联矩阵。针对智能制造实训过程中"三高三难"的痛点难点,绘制专业群实训教学资源配置图,构建虚实结合的智能制造专业群实训体系,系统建设基于汽车关键零部件的智能制造虚拟工厂(如图1)。

图1 产教谱系指引,建设汽车关键零部件的智能制造虚拟工厂

围绕汽车零部件智能制造产业链长、技术域宽等特点,对接区域人才需求,以学校为主体,常州科教城协同,集成 N 家上中下游龙头企业和科研院所,建立契合智能制造产业发展的"共享工厂"联盟,根据依据企业真实汽车零部件智能制造生产场景,共建专业虚拟仿真实训中心、公共虚拟仿真实训中心、虚拟仿真体验中心、虚拟仿真研创中心、智能制造单元数字孪生实训中心、智能检测质量管理实训中心、精密制造产业学院、常州市虚拟制造与精密加工重点实验室等 8 个模块,虚实结合,以虚助实,打造集实践教学、技能大赛、创新创业、技能鉴定、产业培育、社会服务、科学研究于一体的"1+1+N"虚拟工厂集成育人平台(如图 2)。

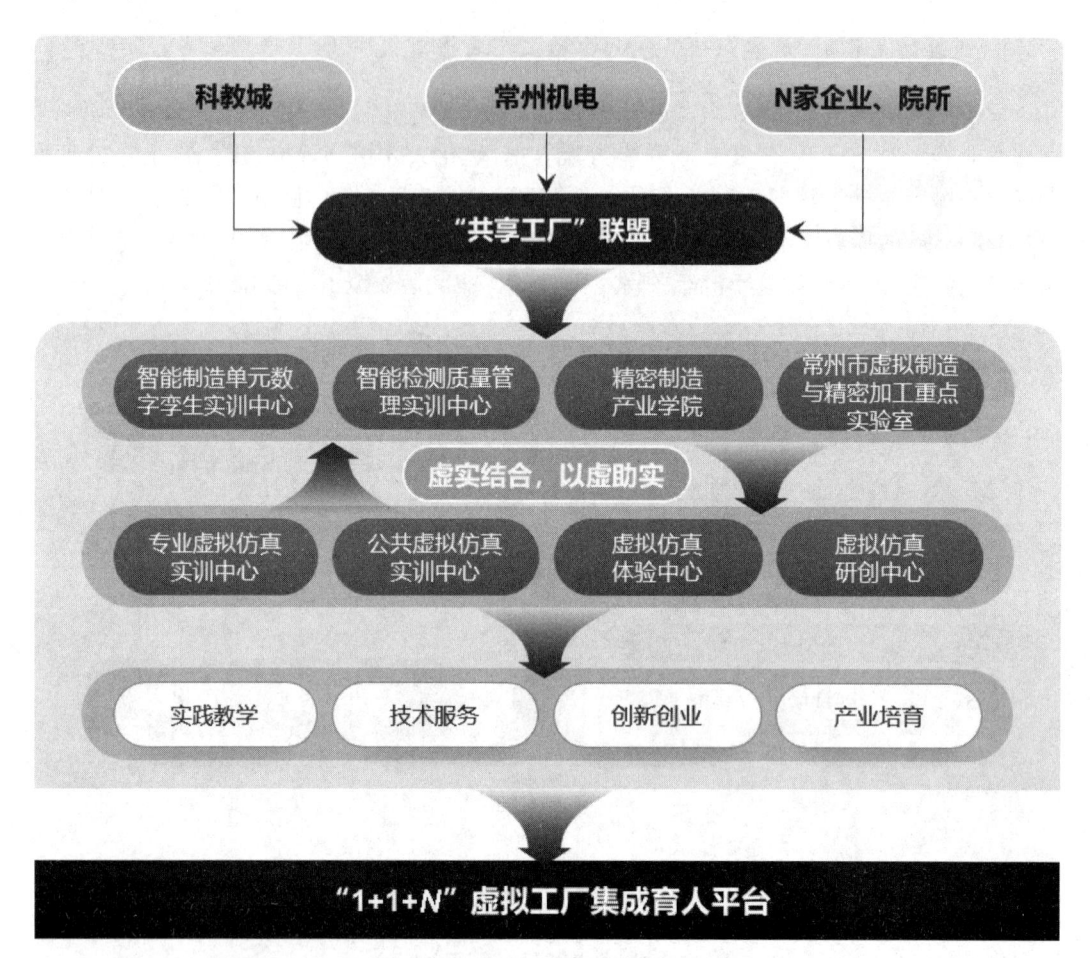

图 2　共享工厂融汇,打造"1+1+N"虚拟工厂集成育人平台

2. 共享工厂融汇,构建"全景式、三嵌入"实践教学资源

依托"共享工厂"联盟,产业链全覆盖、技术链全辐射,实现实践教学资源的综合集成与互联共享。围绕汽车关键零部件"智能设计→智能制造→智能检测"技术链,建立校企混编建设团队,引入企业新技术、新工艺、新场景,结合智能制造职业技能等级证书项目,构建"以实带虚的纯虚拟资源→以虚助实的模块化资源→虚实结合的数字孪生资源"全景式资源体系,开发了智能制造单元运行等虚拟仿真项目,全面覆盖学生职业技能实训。

结合常州三杰精神、江苏机械工业等地方特色元素,系统开发常州三杰精神育人、江苏机械工业科技虚拟馆等职业素养教育项目,利用沉浸式头盔、MR 交互大屏、桌面式交互一体机等多样化虚拟现实交互设备,建设 VR 思政课堂,将"思政教育""劳动教育"和"双创教育"元素嵌入专业教育,全面提升学生职业素养。

图3 "全景式、三嵌入"实践教学资源

3. 创建"三场互通、四层递进"的混合学教模式

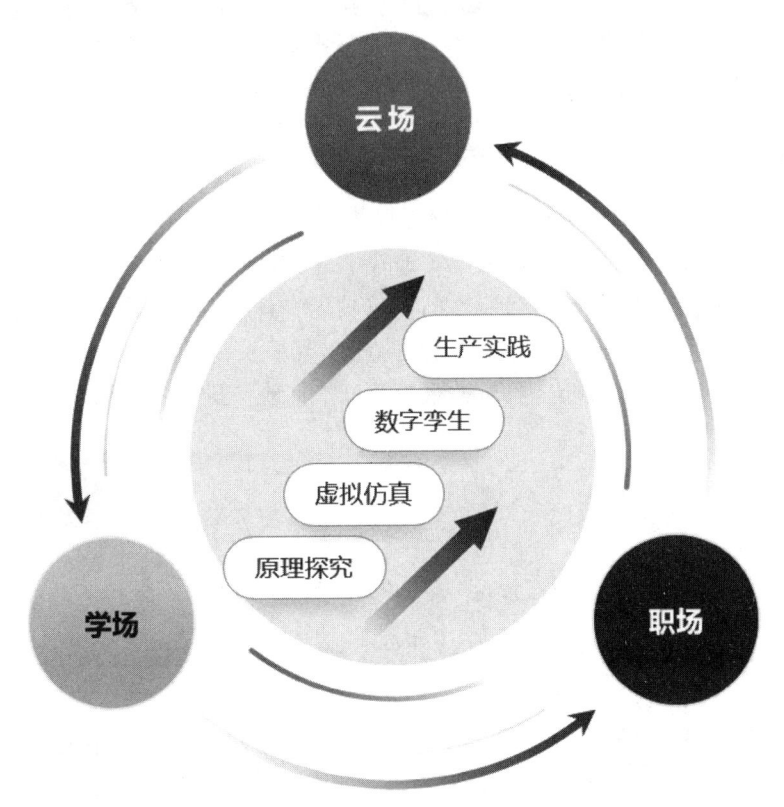

图4 "三场互通、四层递进"的混合学教模式

精准对接学与教对象,利用"学场"云平台推送学习任务、教学包,完成原理探究,制定任务实施方案。利用"云场"空间连接学习内容与工作任务,基于虚拟仿真与数字孪生技术,完成专项技能实践,验证方案可行性。利用"职场"引入企业真实项目,学生在真实的工作情境中展开生产实践,"学场"阶段采用云平台自动评价＋教师评价;"云场"阶段采用

教师评价＋小组互评双主体评价；"职场"阶段采用企业专家评价，打造了"学场＋云场＋职场"有机融合的立体化、场景式学习空间。

根据汽车关键零部件智能制造相关岗位新业态，以提升学生对不断变革的岗位的适应性为目标，利用以实带虚的纯虚拟资源完成原理探究，利用以虚助实的模块化资源和虚实结合的数字孪生资源完成专项能力实践，利用虚拟工厂企业项目资源完成综合能力实践，通过动态切换学习场景，满足学生个性化发展的需求，形成了"原理探究→虚拟仿真→数字孪生→生产实践"的四层递进教学策略。

4. 形成"多元集约、技术超市"的虚拟工厂运行机制

借助"共享工厂"联盟，构建契约式合作关系，建设虚拟仿真教学管理与资源共享平台，集聚校企优势资源，动态发布资源开发和培训教学需求，供需匹配、智力共享、精准转化，实现虚拟仿真资源迭代。

建立"技术超市"推广应用机制，转化企业生产案例，个性化服务各类虚拟仿真资源开发；灵活选用虚拟仿真资源，个性化服务企业技术创新、专业人才培养、社会培训、国际化教育及中小学职业体验等需求。

5. 组建"专兼混合、虚实结合"多功能师资队伍

打破传统实训体系师资团队结构，外引虚拟现实技术骨干，北京精雕常州分公司入驻，校企共建"专兼混合、虚实结合"的集实训教学、社会服务、资源开发于一体的多功能师资队伍；制定虚拟仿真技术应用培训计划，内培校内专任教师，探索制定虚拟仿真实训师资培训标准；采用项目制方式，探索师资激励制度，保障资源开发与日常教学开展。依托虚拟仿真资源研创中心，开展对内、对外服务，实现"基地自我造血，资源持续升级"。

三、特色

1. 采用新一代信息化技术，打造"数字化、网络化、智能化"虚拟工厂

采用物联网MQTT协议及二次协议开发定制，实现与智能制造数字孪生实训区和智能检测实训区的设备互联；采用5G技术，构建虚拟工厂"低延时、高可靠、低功耗"的互联网络体系，实现设备与智核共享平台互联，解决设备利用率低难题；采用数字孪生技术，建立可视化数字模型来模拟虚拟工厂设备运行，实现全方位的监测和优化。

2. 依托虚拟工厂，构建"虚拟认知—虚拟实训—真机实训"的实训体系

智能制造生产环节多、操作复杂，学生在不熟练的情况下实训，极易将设置好的智能产线的参数设定、排产布局打乱，恢复成本高、时间长，也会对学生安全造成风险。通过虚拟工厂构建"虚拟认知＋虚拟实训＋真机实训"的实训体系，先进行岗位体验，再进行岗位技能虚拟训练，最后进行真实设备训练，虚实结合，切实降低实训风险。

3. 利用虚拟仿真管理共享平台,形成"实时监测—精准分析—智慧评价"的教学评价模式

基于 SaaS 构架,采用分布式服务器集群部署方式,建立包含综合信息门户网站、虚拟仿真实训资源管理(虚拟仿真软件库、课程资源库)、实验实训室及预约管理系统、理虚实一体化在线教学与管理系统、在线自学平台、企业培训、数据统计与分析等功能,具有"多终端、国际化、开放性、安全性"特色的虚拟仿真实训教学管理及资源共享平台。通过平台,实时监测、精准分析、智慧评价"育训教学"全过程。

四、成效

1. 人才培养质量显著提升

近两年,虚拟仿真实训总学时数达 38 168 学时,其中校外 13 048 学时,惠及 9 120 余人;学生获国家级技能大赛一等奖 4 项、省优秀毕业设计 3 项、省级以上创新创业获奖 7 项,学生授权专利 11 项,学生获批江苏省大学生创新创业训练计划项目 21 项。

2. 专业建设水平稳步提高

开发并应用了虚拟仿真实训项目 35 个;建成国家专业教学资源库 1 个;立项国家课程思政示范课程 1 门,立项省级精品在线课程 9 门;获批"十四五"规划教材 2 部、江苏省重点教材 2 部;获得省级以上教学能力大赛 4 项;教师参与虚拟仿真应用技术类技能大赛 15 人次;获得江苏省教学成果奖特等奖、一等奖和二等奖各 1 项;获批江苏省职业教育智能制造装备技术"双师型"名师工作室 1 个、江苏省职业教育智能机械加工技艺技能传承创新平台 1 个、江苏省中小学职业体验中心 1 个。

3. 社会服务能力不断增强

获批江苏省校企合作示范组 1 个;协办国家级、省级师资培训以及智能制造类社会培训共 10 项,虚拟仿真类实训总人时 12 520,惠及 5 431 人;开发 6 个双语综合培训包,为走出去企业、"一带一路"沿线国家高校、各类组织机构培训各类人员 459 人次。

4. 示范辐射作用持续扩大

虚拟工厂入选中国职业教育学会"百所数智化标杆实训基地",《六维共举虚实结合助力智能制造技术技能人才培养》案例入选国家智慧教育平台试点职业院校典型案例,《"引企融教、工学交替"高职精密制造类专业人才培养模式的探索与实践》获得中国高等教育学会"校企合作双百计划"案例,《精密制造产业学院》入选中国现代产业学院协同创新平台现代产业学院建设优秀案例,案例相关成果获得江苏省教学成果奖特等奖、二等奖,并在江苏教育发布、江苏教育信息化、苏 e 直播等平台进行推广;建设经验已推广到贵州装备职业技术学院、广东机电职业技术学院等 13 所职业院校,示范辐射效果明显。

参考文献

[1] 熊宏齐.基于虚拟仿真的线上线下融合专业实验教学体系构建[J].实验技术与管理,2022,39(3):5-10.

[2] 熊宏齐.虚拟仿真实验教学助推理论教学与实验教学的融合改革与创新[J].实验技术与管理,2020,37(5):1-5.

[3] 祖强,闫燕.虚拟仿真实验教学课程建设与管理路径探析[J].中国大学教育,2021,12(10):29-34.

[4] 农春仕,孟国忠,周德群,等."双一流"行业高校建设虚拟仿真实验教学项目的探究[J].实验技术与管理,2021,38(5):15-19.

[5] 戴宇杰,洪敏,刘致祥.基于虚拟仿真平台实践教学体系研究[J].武汉工程职业技术学院学报,2015,27(4):85-88.

电工电子基础课程实验教学规范的研究与达成体系的设计

胡仁杰　堵国樑[①]

由东南大学等四所高校的国、省两级电工电子实验教学示范中心组成的课题组,以培养学生自主研学、工程实践、探索创新综合能力素质为目标,从教学基本要求、教学实施方案、环境条件建设等几个方面开展电工电子实验教学基本标准的研究与设计工作。针对《电路实验》《模拟电子电路实验》《数字逻辑电路实验》《信号与系统实验》《电子电路综合设计》等实验课程,形成了由实验知识、实验技能、技术方法、实践能力、综合素质5个方面、38个大类、130项细则指标要求体系构成的电工电子实验教学基本标准。

课题组在广泛调研"985""211"、教育部直管、部省共建、省属重点、普通高校等不同类别,以及"研究型"、"应用型"不同层次本科高校的人才培养目标、电类专业开设基础课程、课程教学要求等多个方面的要求,提出了电类基础课程实验教学的教育教学目标,见图1。

观察现象与发现问题	探索未知与研究规律	寻找方向与目标决策	自主学习与信息获取
构建知识与技术积累	方法应用与技术迁移	任务分析与项目设计	项目管理与工程规划
创建条件与营造环境	**交流沟通与互助协作**	**标准规范与技艺创新**	**创新思想与践行能力**
风险意识与价值准则	**开拓进取与集成创新**	**评价分析与总结展演**	**精益求精与持续发展**
严谨求实与批判进取	**研究探索与拓展创新**	**逻辑分析与推理决策**	**独立辨识与反思针砭**
社会伦理与职业道德	科学素养与技术伦理	国际视野与社会价值	探索求知与追求真理
家国情怀与责任担当	执着坚毅与敬业奉献	探索未知及利用机遇	绿色发展与尽善精美

图1　电工电子基础课程实验教学目标

课题组根据电类专业在学科基础课程层面的实验教学要求,设计规划了实验知识方法、电路基础、数字电路设计、模拟电路设计、电子电路综合设计5个模块构成,见图2。

[①] 胡仁杰,东南大学电工电子实验中心主任、教授,长期从事电工电子基础课程实验教学。
堵国樑,东南大学电工电子实验中心原副主任、教授,长期从事电工电子基础课理论与实验教学。

图2 电工电子实践教学规范体系

实验知识

实验规范	电子元器件特性
电能系统	器件识别、特性
用电安全	参数、参数测量
实验规范	应用特点

电气元件设备特性	测量对象与方法
结构功能、参数	信号参数、曲线
规格、应用条件	电能参数
应用特点	测量方法

实验技能

常用仪器设备	电压源设计、特
功能性能用途	性测量、使用
工作原理、使用	连接线接插件特
方法、操作技巧	性、用途、选择

其他仪器设备	设计仿真软件使
电源、激励源	用方法、技巧
器件测量	信号发生、转换
时域、频域测量	输入、调理
	驱动、显示电路

技术方法

线性元件特性、电路定律应用、无源、有源网络特性；谐振应用、受控源设计、交流电路特性测试、交流控制电路设计	二级管、三极管、场效应管特性及应用设计、信号产生、转换、驱动电路设计、放大器增益、带宽、级联、驱动设计应用
门电路特性、组合、时序逻辑设计、混合逻辑、数字系统设计	AC/DC、DC/DC、DC/AC变流技术
电子系统结构设计、处理器、传感器及检测电路、执行机构及驱动、人机交互通道选择与设计	数模模数转换、增益控制、电压控制设计应用
	FPGA应用设计、优化、仿真、下载方法技巧、数字系统设计方法

实践能力

实验设计	电路设计
基本信息、实验原理	电路选择、电路设计
实验方案、电路设计	器件选择、模块选择
测量方法、实验进程	参数匹配
数据记录、结果分析	调试测试
电路实现	调试方法、调试内容
电路载体、电路搭试	电路测试
实现途径、实现方法	数据处理
参数测量	表格设计、数据记录
仪器选择、测量类型	数据分析、数据处理
测量电路、测量方法	数据表示
系统设计	误差处理
需求分析、环境建立	有效数位、误差类别
系统规划、硬件设计	来源分析、误差估算
系统实现、软件设计	误差消除
系统测试、分析总结	故障排除
展示演讲	故障类型、故障分析
	故障检查、故障排除

综合素质

创新思维开拓精神、文献检索资料分析、问题分析工程建模、方案设计论证评估
知识综合系统设计、软件设计仿真优化、争取资源创造条件、工程实现综合测试
项目性能综合评价、工程项目综合管理、团队合作沟通协调、系统总结演讲表达

图2 电工电子实践教学规范体系

为了便于理解并达成教学规范，课题组设计了以突出"多知识点融合、跨课程知识融合、已有知识与拓展知识融合、课内实验与课外研学融合"为指导思想的示范性实验教学体系。见图3。

电工电子实验方法	电路实验	模拟电子电路实验	数字逻辑电路实验	电子系统综合设计
常用电子仪器使用及电子元器件识别	印制电路板设计	三极管放大电路基本参数测量	门电路静态与动态特性测试	温度的测量与控制
电子元器件参数测定	电路设计仿真及应用	交流控制电路参数测试	2位二进制数比较器设计	高精度电子秤设计
常用电气元件参数测定	电路设计仿真及状态分析	交流电压源的特性参数测试	多路抢答器设计	转速控制电磁式继电器特征参数测试
电路实现方法	双端口网络频率特性测试	受控源的设计	变量程及变步长计数器设计	DC/DC开关电压源设计
	黑箱电路元件判别及测试	串并联谐振电路及谐振条件分析	基于存储器的信号发生器设计	
		放大电路的频率响应应用	微波炉控制器与控制	
		信号的产生分解与合成		
		多级放大比例运算电路设计及负反馈实验		
		自动增益控制放大器的设计与实现		
		有源滤波器设计		
		音频功率放大电路设计		

图3 达成规范的示范性课程体系

示范性课程体系由32个强化"项目内容工程性、知识应用综合性、实现方法多样性、实践过程探索性、项目实现挑战性"的实验项目构成。每个实验项目分别设置了基本任务、提高要求及拓展要求；在使用实际中，电类学科不同专业可以根据各自的目标定位、学时学分等具体要求，对项目及内容进行整合、选择，构建符合自身需求的课程体系。

课题组还设计了指标体系与课程实验的达成矩阵图,提出了与实验内容相对应的实验综合环境建设要求,其中包含实验装备与教学资源要求、实验教学运行管理机制、实验教学信息化管理;提出了师资队伍建设中道德素质和职业素养、理论基础和实践能力、系统设计及工程素养、教学组织与课堂掌控、进修培训与自我提升、人才引进与多元渠道、政策引导与考核激励等核心要素,见图4。

图4　规范体系达成矩阵图

该项工作2017年申报获得教育部高等教育司高校实践教学规范课题立项,2018年底完成项目结题验收,《电工电子基础课程实验教学规范》共42页2.6万余字2019年4月在《电工电子实验教学建设成果集萃(2019)》中出版。

在2019年至2021年间,通过"国家级实验教学示范中心联席会研讨会""国家级实验教学示范中心联席会电子学科组年会""电气名师大讲堂""中国电子信息学院院长年会"国内大型学术会议上报告交流,获得了热烈反响,同行纷纷通过邮件、微信、朋友圈等索要项目研究成果。据各种渠道获得的不完整反馈,不少于200所高校的电类实验中心将《电工电子基础课程实验教学规范》作为电类基础课程实验教学目标要求的主要参考;项目中提供的"目标达成教学体系"及典型实验,成为实验教学内容和教学设计的范本;在2018年入围中国高等教育学会教师教学能力排行榜的"全国高校电工电子基础课程实验教学案例设计竞赛"中,每年有700多位教师参赛,有60%以上参赛案例参考了"规范"的内容,借鉴了典型案例教学设计。

长江经济带科技资源共享优秀服务案例
——激光粉末床熔融增材制造系统

顾冬冬[①]

江苏省高性能构件激光增材制造工程研究中心通过共享南京航空航天大学激光粉末床熔融增材制造系统,助力长江经济带航空航天高端客户群体解决复杂构件制备痛点,推动了激光增材制造高性能金属构件在重点型号上的应用。

一、仪器信息

激光粉末床熔融增材制造系统(图1),该系统由电磁导行波结构损伤检测系统、激光发生器、激光扫描振镜运动平台、激光成形粉床铺粉、控制系统与功能缸体多向运动系统集成,可支撑复杂金属零构件高效、精准成形。平台运行管理制度健全,积极开放共享,开展科技创新和对外服务,支撑运行团队入选江苏省创新团队、南京航空航天大学百强团队(首批),支撑教育部"复合材料构件智能化高性能制造技术与装备"学科创新引智基地。支撑研究成果发表在 Science 等国际顶级期刊,相关技术在中国商飞、航天八院、中航工业成飞等单位9种航空航天型号20余种型号产品研制生产上获得应用,推动了高性能金属构件激光增材制造形性调控理论的应用及。

平台与南京晨光集团有限责任公司合作开展了增材制造热端部件内流道表面质量和结构精度控制研究,解决了传统热端部件流道内流体压力损失大和性能不稳定的难题。与上海设备制造总厂有限公司在轻质高强铝合金构件多功能集成设计与复杂构件一体化成形方面开展了研究,实现了多功能轻质高强铝基构件的精密激光成形。与中航工业成飞合作制备复杂异形管类构件,提高了材料利用率和产品综合性能。支撑研发的金属基复合材料,得到空军认可荣获第一届空军"创新杯"科技创新大赛优胜奖。

二、仪器共享管理

1. 规范管理,保证服务质量

平台运行管理制度健全,积极开放共享,开展科技创新和对外服务。为保证仪器服务

[①] 作者简介:顾冬冬,博士,南京航空航天大学材料科学与技术学院院长,研究方向为高性能金属构件激光增材制造。

图 1 激光粉末床熔融增材制造系统

质量,研究中心为激光粉末床熔融增材制造系统配备管理老师及日常巡查人员。按规定要求对设备操作平台过滤器、振镜、气体系统进行维护,做到定质、定量、定期、定人,确保设备安全运行;每月进行一次维保,确保设备的性能和可靠性,延长设备使用寿命,减少突发故障的风险,提高工作效率和安全性;如果设备出现故障或异常,及时进行故障排除,并根据需要进行维修或更换部件。

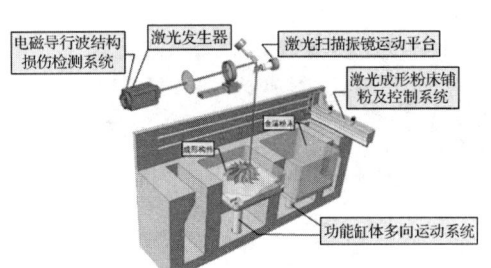

制定仪器预约—审核制度,借助大型仪器设备共享信息化服务平台、钉钉预约平台面向校内外 24 小时开放共享。可在线查看仪器设备运行状态、可预约时间,在线提交用户拟开展加工事项,并提供相关仪器设备使用参数及原料信息,进一步由管理员审核仪器设备对用户需求的满足情况,在保证加工安全及加工方案可行的条件下批准预约申请。结合贵重仪器设备使用登记表,实现大型共享仪器运行状态的可追溯管理:平台制定了在线—离线设备使用情况信息记录制度,采用实验室仪器设备使用记录本、实验耗材使用台账记录共享设备型号、设备运转情况、使用人员、使用原料、运行时间、耗材消耗情况等信息。机制借助设备打印界面信息实时记录软件,记录每层打印路径规划、加工总时长、每层加工时长、氧含量等信息,实现打印过程可追溯。

为确保平台操作人员具备足够的知识和技能,能够安全、高效地操作设备,并在紧急情况下采取适当的措施以保障人员安全和设备正常运行,平台制定了相应的培训课程和"传帮带"制度,对操作人员进行全方位培训。培训课程分为理论学习和实操训练两部分,包含但不限于仪器设备的工作原理、规范操作流程、维护保养方法、安全注意事项、紧急情况处理等;同时,通过有经验的操作成员帮助熟悉工作流程、指导操作规程。

a. 共享管理平台界面 　　　　　　　　　　b. 移动端仪器设备预约–审批

c. 安全规范培训 　　　　　　　　　　　　d. 操作规程培训

图 2　仪器共享管理

2. 服务社会，促进共享成效

平台通过共享激光粉末床熔融增材制造系统年有效运行机时 916.8 小时，年对外服务机时 166.98 小时，年服务单位 5 家，年对外服务 8 次。该平台采用全天 24 小时开放的仪器预约—审核制度。运行管理制度健全，积极开放共享，实施成果转化计划，建立完善成果转化机制，支撑顾冬冬教授领衔的江苏省高性能构件激光增材制造工程研究中心入选江苏省创新团队、南京航空航天大学百强团队（首批），支撑教育部"复合材料构件智能化高性能制造技术与装备"学科创新引智基地。支撑研究中心立足国家航空航天、国防军工领域的重大需求开展科研攻关任务，近年来培养 20 余名研究生投身航空航天科研生产单位，为国家重点型号技术攻关及应用提供科技支撑。平台与江苏大学、江南大学、上海理工大学等长江经济带辐射院校科研机构合作，取得多项成果，研究论文被发表于 Science 等国际一流期刊，引发学术界关注（图 3）。

图 3　相关研究论文发表

通过在平台的共享过程中的交流合作,研究中心在长江经济带区域与多家单位合作,形成了设备共享—技术共建的正反馈合作模式。同南京晨光集团有限责任公司、航空工业南京机电、中航工业航空动力控制系统研究所、南京师范大学、江苏大学、江南大学等多家江南地区的高校及企事业单位合作承担江苏省重点研发计划,与上海航天设备制造总厂联合承担国防科技创新特区等项目,通过共享平台设备支撑,开展校—校、校—企联合攻关,有效促进了长江经济带区域科学技术发展。

3. 技术攻关,助力国防事业

基于共享平台的激光粉末床熔融增材制造系统,研究中心逐渐积累了一定的高精度高性能激光增材制造的跨尺度形性调控技术,协助长江经济带区域航空航天相关企业解决了企业传统零件制造工艺周期长、用料成本大、产品性能不满意的技术痛点,在创新型复杂构件设计和成形技术的研发中起到促进作用。

研究平台与南京晨光集团有限责任公司在对镍基高温合金热端部件结构设计和一体化成形的技术攻关中,依托激光粉末床熔融增材制造系统,解决了传统不同直径流道在相交截面发生突变而导致的流体压力损失大和性能不稳定的难题,在产品使用性能上取得了新突破。通过激光增材制造镍基高温合金热端部件冷却流道表面质量和精度测试研究发现:激光增材制造镍基高温合金热端构件尺寸精度达 $0.1 \, mm/100 \, mm$,冷却流道渐缩(或渐扩)截面积变化最优角度为 $a < 11.5°$,内流道表面粗糙度为 $3.16 \, \mu m$,直径为 $10 \sim 20 \, mm$ 的流道截面圆形度达到 GCTG2 标准(公差小于 $0.27 \, mm$),流道压力损失比传统机加 X 形流道减少了 26%,流道能量损失相对减小率为 22.3%,实现了激光增材制造镍基高温合金热端部件流道成形精度和流体效能的协同提升。

研究平台与上海设备制造总厂有限公司在对隐身卫星蒙皮和具有复杂内腔的十一孔接头的联合技术攻关中,解决了薄壁、高曲率弧面、内孔道结构、悬垂结构、精细填充点阵等复杂结构特征成形难的问题,研究了构件结构设计、支撑排布方式和激光扫描策略对构件成形过程传热条件与热积累的影响,实现了多功能轻质高强铝基构件的精密激光成形。采用表面微结构设计成形卫星蒙皮,降低了微信表面的电磁反射,实现了卫星隐身功能;一体化成形具有复杂内腔的十一孔接头,通过通道内部表面控制,降低电磁干扰。本成果成功突破了多功能轻质高强铝基构件结构优化设计与激光增材制造控形控性的关键技术,为轻质高强铝基复杂构件的工程化应用提供了重要的技术支撑。

a. 镍基高温合金热端部件　　　　　　　　b. CAD 模型

c. 卫星蒙皮　　　　　　　　　　　　d. 十一孔接头

图 4　技术攻关成果

4. 平台支撑,促进科技传播

据不完全统计,共享平台支撑用户在国内外知名期刊发表 SCI 论文 90 余篇(近 5 年),在国际权威期刊 Science 发表第一作者/通讯作者论文"Material-structure-performance integrated laser-metal additive manufacturing",9 篇论文入选 ESI 高被引论文,被 SCI 他引 7 000 余次,单篇最高 SCI 他引 1 500 余次。出版英文专著 2 部,2022 年由美国 Elsevier 出版英文专著"Laser Additive Manufacturing of Metallic Materials and Components",2015 年由德国 Springer 出版英文专著"Laser Additive Manufacturing of High-Performance Materials"。支撑研究团队在高性能金属构件激光增材制造装备、材料、结构、工艺等方面形成了具有自主知识产权的关键技术,申请/授权国家发明专利 38 项、PCT 国际专利 3 项。同时,支撑用户获得江苏省科学技术奖一等奖、高等学校科学研究优秀成果奖(自然科学奖)二等奖、德国洪堡基金会 Fraunhofer-Bessel 研究奖、德国科学基金会 Mercator Fellow 奖、中国航空学会青年科技奖、空军"创新杯"科技创新大赛优胜奖等奖项。此外,还服务学生们在江苏省"互联网+"大学生创新创业大赛、中国(国际) 3D 打印创意设计大赛、江苏省研究生先进材料科研创新实践大赛、南京航空航天大学创新奖、南京航空航天大学"天宫杯"研究生创新实验竞赛等多项赛事中获得荣誉奖项,有力支撑了学校各类人才培养。

在促进长江经济带科技传播方面,共享平台支撑在南京主办"先进材料研究国际研讨会-3D 打印材料分会场",承办"材料+"国际高端材料论坛、全国增材制造青年科学家论坛、中德智能制造合作峰会等多项学术会议;同时,依托共享平台形成的学术成果,支撑南京航空航天大学、江南大学、江苏大学、江苏科技大学、上海理工大学等高校的老师/学生参加国际学术会议或出国访问交流,开阔研究思路和国际视野,促进学术自信,永华在中、德、美、澳、新加坡等国召开的本领域重要学术会议上做大会共同主席、执行主席、学术委员会委员主旨/特邀报告、分会场报告共计 46 次,提升了用户的国际视野和思维模式,打造了一支国际化的高水平合作研究团队。

图 5　相关成果

图 6　组织或参与有关会议

基于创新驱动的语言学实验教学供给侧改革与实践

杨亦鸣　朱祖德　张　强　耿立波[①]

摘　要：知识变革推动语言学发生深刻变化，成为关涉文化软实力、科技硬实力和国家语言安全的多学科交叉前沿，语言学人才培养已从传承为主，转变为传承与创新并举。语言与认知神经科学江苏省重点实验室根据社会"需求侧"深刻变化在培养"供给侧"开展改革，遵循创新能力逐层发展规律，建立了分层次全过程模块化语言学实验教学体系，以获得国家人文社科优秀成果最高奖的文科实验研究成果等原创内容反哺教学，学生创新思维培养成效显著，在 SSCI/SCI 和国内 CSSCI 期刊发表高水平论文，获得挑战杯、创青春等最高奖。以实验教学培养拔尖人才成果获得国家级教学成果一等奖 1 项（2014 年）和二等奖 2 项（2018 年、2023 年）。实验教学经验为全国 100 多高校借鉴，受邀在全国新文科建设工作会议交流，引起热烈社会反响。

关键词：实验教学体系；新文科；创新

一、建设理念

在知识爆炸和科技产业快速变革背景下，语言学与前沿科学关系日益紧密。语言学的快速发展，形成了既关涉文化软实力，又关涉科技硬实力和国家语言安全的全新语言学架构。科技革命和国家创新驱动发展战略背景下，社会对语言学人才培养要求从传承为主转向了以传承和创新并举。需求侧的深刻变化要求人才培养供给侧开展改革。

江苏师范大学语言与认知神经科学江苏省重点实验室提出，语言学人才培养改革的目标是培养创新能力，有效路径之一是开展文科实验教学（见图 1）。长期以来，语言学的人才培养仍然以传统的理论思辨模式为主，少量学校开展实验课程以语音听辨、语音分析软件类使用课程为主，注重观摩模仿，仍是重在对知识的接受，而不是创新思维的训练，其关键原因在于忽视了创新思维能力分层发展的内在规律，使得培养机制不明、实效不强。为此，中心遵循创新思维能力从质疑批判能力到综合建构能力再到原始创新能力分层发

[①] 作者简介：杨亦鸣，江苏师范大学语言科学与艺术学院教授，研究方向：神经语言学。
朱祖德，江苏师范大学语言科学与艺术学院，教授，研究方向：神经语言学。
张强，江苏师范大学语言科学与艺术学院，副教授，研究方向：神经语言学。
耿立波，江苏师范大学语言科学与艺术学院，副教授，研究方向：神经语言学。

展的规律,确立逐层递进的实验教学目标,形成创新思维训练新模式,建立了实验教学体系。

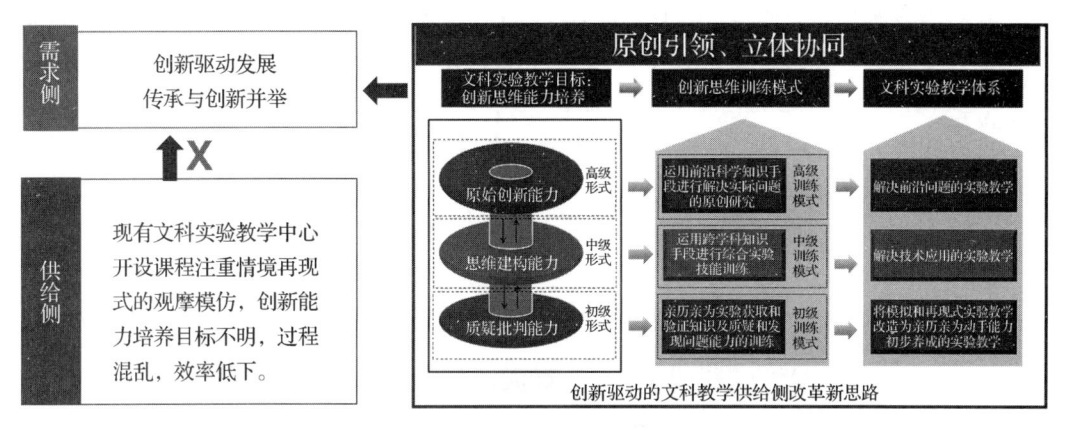

图1 "原创引领、立体协同"的育人理念

二、建设举措

1. 建立了343语言学专业实验教学体系

设置了验证型实验类工具技术课程,培养学生基于基本动手实验的质疑批判能力;综合型实验类跨学科知识课程,培养学生综合运用跨学科知识手段的复合思维建构能力;创新型实验类前沿课题研究模块,培养学生运用前沿知识手段解决前沿问题的创新能力,建立了语言学实验教学体系(见图2)。

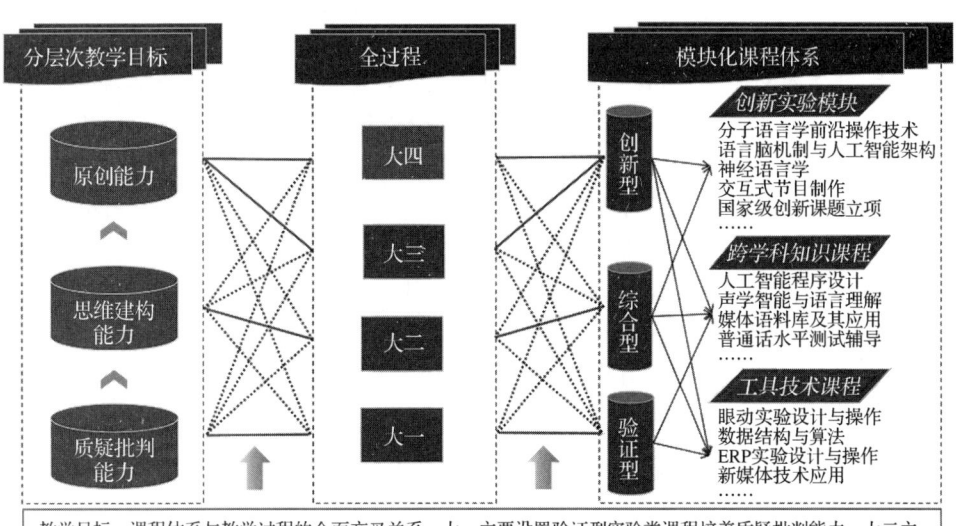

图2 分层次、全过程、模块化"343"实验教学体系

2. 实施了重过程重监控的语言学实验教学过程质量评价体系

在对语言实验教学质量进行评价时,改变过去以知识掌握为中心的评价方式,把创新思维能力作为核心要素。重过程重监控指将教学质量监控和评价覆盖到实验教学的设计、实施和结果汇报的全过程。针对验证型、综合型和创新型各层次类型实验设置相应的评价内容和评价重点,检验学生是否达到相应要求,进而找出薄弱环节、明确改进方向。比如在验证型实验课程中,注重对学生实验知识理解、技术操作规范及质疑批判能力的培养进行评价;在综合型实验课程中,注重考查实验设计的科学合理性、综合技术的运用水平和思维建构能力,在创新型实验课程中,注重评估课题设计的创新性、先进技术手段的运用和解决前沿问题的原创能力及最终解决问题的水平。

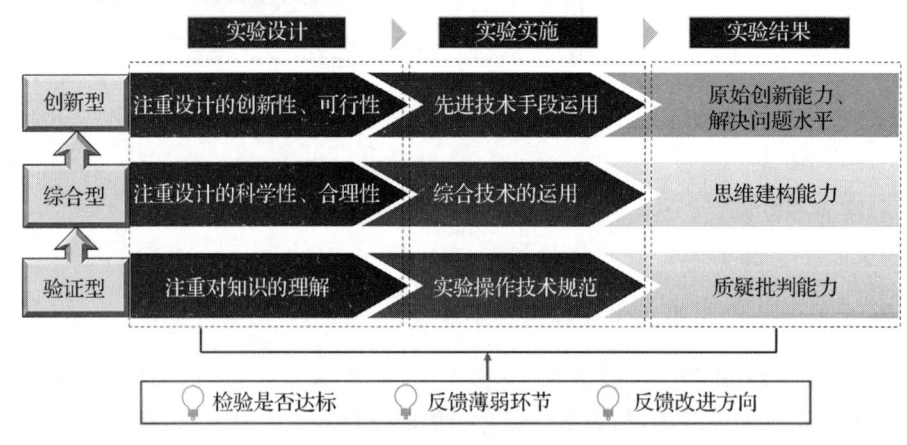

图 3　重过程重监控的实验教学过程质量评价体系

3. 建立了语言学实验教学要素全面立体交叉的整合机制

语言学创新人才需要具备运用语言学、脑科学、人工智能等紧密关联学科的知识和解决前沿科学问题的能力,如运用脑科学(如神经影像技术、神经生物学技术)和人工智能(基础编程技术、语言大模型技术)技术的能力,也需要配备相应的师资、教材等教学要素,因此语言学实验教学必须通过全面立体交叉来实现教学要素和能力培养的跨学科整合(见图4)。因此,中心首先在课程及教材、师资队伍、学生来源、实验层次等各教学要素整合中,实行文理工医之间全面立体的交叉,增加了"Python""系统神经科学""分子语言学""深度学习与神经网络"和"神经影像技术"等跨学科知识和技术课程,配备相应教材;师资队伍也包括了具有文理工医各科背景的教师或复合型教师;生源方面文科专业实行文理多学科兼招。其次,在能力培养层次之间,实现跨学科课程模块、实验层次与能力层次之间的全面立体交叉,即在各层实验教学过程中都运用跨学科知识对质疑批判能力、思维建构能力和原创能力进行交叉培养。

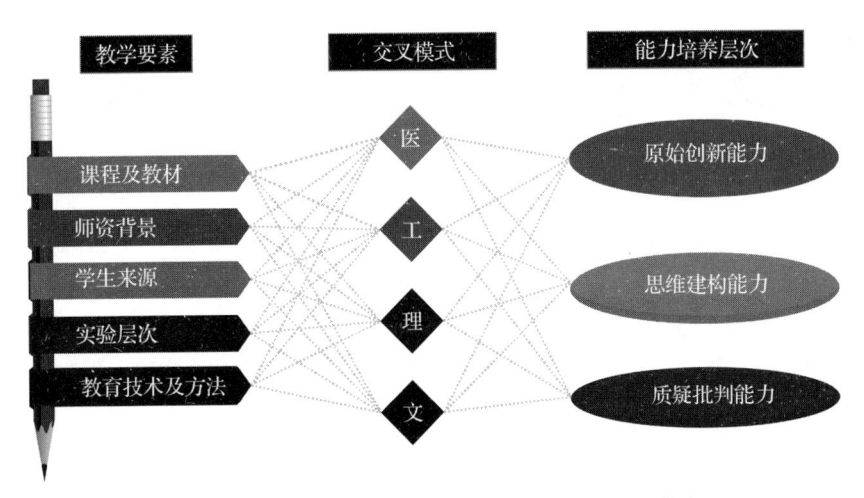

图 4　全面立体交叉解决教学要素的跨学科有机整合

4. 建立了立体协同的教学资源保障体系

实验室所在的语言科学与艺术学院建立了全国首个语言学领域的省部共建协同创新中心,牵头成立了教育部语言学课程虚拟教研室,同时还作为重要成员参与了清华大学牵头的教育部重点领域虚拟教研室"面向智慧教育的知识图谱研究与构建虚拟教研室",形成了以实验室为主、多方立体协同的课程、教材、教师保障路径;通过教育部语言学课程虚拟教研室,形成了与相关高校单位共建共享教学资源有效路径(见图5)。

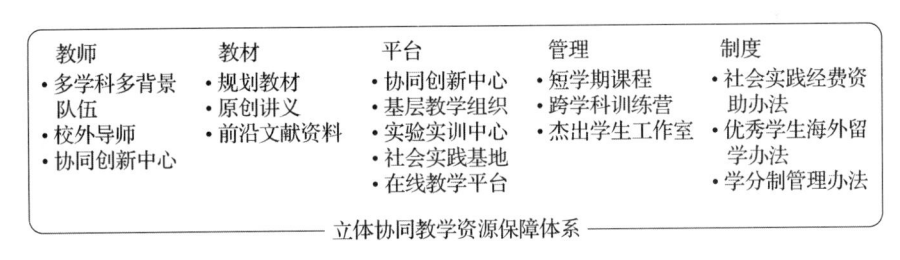

图 5　立体协同的教学资源保障体系

三、建设成效

实验室建设成效斐然。中心自 2008 年成立以来,连续获得 2014 年、2018 年和 2022 年高等教育国家级教学成果奖一、二等奖(见图6),以实验教学推动获批两个国家一流专业建设点、一项教育部新文科教学研究与改革项目,两门国家级一流本科课程。

图6　中心连续获得高等教育国家级教学成果奖一、二等奖

近5年来,学生依托实验室获得省部级以上奖励219项。学生主动参与"推普脱贫攻坚""推普助力乡村振兴"等国家重大任务(见图7)和"语言筑桥""阿尔茨海默病智能筛查"等慈善服务。

图7　学生主动参与国家重大任务受央媒报道

通过参与社会实践所撰写的咨政报告获习近平等中央领导圈阅批示,并获得挑战杯特等奖、中国青年志愿服务项目大赛金奖和创业大赛国赛银奖、全国高校毕业生基层就业卓越奖等综合性奖项;学生当选全国学联代表,入选全国大学生年度人物、中国大学生自强之星。学生参与学科竞赛,获得蓝桥杯、齐越节等专业性奖项;近5年基于文科实验的学生论文获得省级优秀毕业论文5项,含一等奖1项(见图8);毕业生升学率、进入世界顶尖高校学习的比例逐年提升,其中2023届毕业生中10%的学生进入世界前200名高校深造。

实验室建设成果成为新文科改革样板(见图9)。来自清华大学等100多家高校学者来我校调研实验教学经验;中南大学、中国传媒大学、云南大学邀请中心人员协助建立语言传播实验教学中心;山东大学、华东师大等学校人文学科参观学习后升级换代,成立"语

图8 实验教学培养学生取得显著成效

言科学实验中心"平台。江苏高等教育学会会长丁晓昌教授认为,中心"以原创知识和实验教学推动新文科人才培养,形成了新文科改革的江苏师范大学范式"。剑桥大学大学校长助理袁博平教授,国际中国语言学会会长、美国南加州大学李艳惠教授均认为,江苏师范大学的人才培养已经走在了国际前列(见图10)。

图9 中心建设成果为全国新文科改革工作提供宝贵经验

图 10　实验教学成果示范引领效果显著

近年来,实验室得到各级领导肯定。实验室主任得到习近平等党和国家领导人接见,全国人大常委会副委员长严隽琪、全国政协副主席罗富和等多位国家级领导人参观中心并指导工作,教育部、江苏省、江苏省教育厅等相关领导多次到实地考察指导,并给予高度评价。中央电视台《新闻联播》《新闻 30 分》《焦点访谈》等栏目,《人民日报》《光明日报》等权威媒体报道中心情况几十次,社会反响热烈(见图 11)。

图 11　中心发展得到各级领导关心指导,并获权威媒体报道

产教融合背景下 ICT 实验室的建设与实践

李清波 朱立砚 武 超[①]

摘 要：产教融合模式是应用型专业建设的重要途径，校企合作是实现该模式的有效平台，校企共建实验室是提升学生实践能力的有效途径。有力推动"产业链、人才链、教育链、创新链"深度融合。本文以"教育部-ICT 产教融合创新基地"为例，给出了产教融合模式下通信工程专业实验室建设路径与成效。

关键词：产教融合；通信工程；实验室建设

一、教育部-ICT 产教融合创新基地项目背景介绍

淮阴师范学院 ICT 产教融合创新基地（以下简称 ICT 基地）是 2016 年淮阴师范学院经过"院校申报、地方推荐、专家审核、现场考察、远程答辩"的程序正式获得第二批教育部发展规划司启动的教育部-ICT 产教融合创新基地项目。该项目获批后，淮阴师范学院与北京华晟经世信息技术股份有限公司（以下简称"北京华晟"）校企双方领导高度重视教育部-ICT 产教融合创新基地专业嵌入式人才培养项目，淮阴师范学院与北京华晟共同投资建设，总经费一千余万元。此项目的获批旨在把 ICT 行业前沿技术及主流设备引入到电子信息科学与技术工程专业的教学体系中，标志着电子信息科学与技术工程在探索应用型人才培养和产教融合协同育人模式创新上又迈出了重要的一步。

依据共建协议书，由物理与电子电气工程及企业方各安排一名负责人，实施"双主体"管理。此外，学校还配备高素质的教学管理人员，联合成立教研组、"一课双师"团队，以确保项目实施质量。同时学校还有一支经历多项建设工程考验的物资、基建工作队伍，能确保建设项目按计划实施，各项后勤工作及时到位。

ICT 基地位于淮阴师范学院理工南楼，占地 1 000 余平方米，2017 年年底完成光通讯、移动互联、数据通信、云计算、4G-LTE、学生创新创业等实验室的建设工作，目前基地运行状态良好。已建成的 ICT 产教融合创新基地包括 4G-LTE 移动通信实训室、光传输

[①] 作者简介：李清波，博士，淮阴师范学院教授，美国纽约州立大学布法罗分校访问学者，江苏高校"青蓝工程"优秀青年骨干教师，江苏省通信学会无线通信专业委员会委员。

朱立砚，博士，淮阴师范学院教授，江苏高校"青蓝工程"中青年学术带头人，江苏省"六大人才高峰"高层次人才计划。

武超，企业高级工程师，获得阿里云、工信部数据通信、中兴通信云计算高级工程证书，作为负责人组织实施宁夏移动、江苏移动等运营支撑系统开发、淮安市市民卡项目等。

实训室、数据通信实验室和云计实训室四个实践基地以及1个教学大数据中心、1间创新创业中心、1间专业教研中心,使大部分实践教学基地成为集教学、培训、职业技能鉴定、生产性实训和研发于一体的多功能生产性实训基地,实现与企业生产的深度融合。企业根据双方培养人才的需求,提供一定设备和实训材料,学校提供基地场所和基础设施,合作共建生产性实训基地。在此基础上形成"企业主导、师生参与、校内实施、市场应用"的产学研合作新模式。

经过几年的探索与完善,校企建设成具有保障教学运转的组织机构及人员,在专业教学管理、规范制度、质量监控、考核评价等方面形成校企协同机制和制度。专业建设取得了显著成效。先后获批江苏省一流专业建设点、江苏省产教融合型品牌专业、江苏省产教融合重点基地建设点、工信部产业学院建设点、工信部产教融合专业合作建设试点、中国高等教育学会"校企合作 双百计划"典型案例等。

二、实施情况

1. 合作模式

根据淮阴师范学院办学定位和区域经济的发展需求,围绕新一代信息产业关键核心技术对信息与通信技术(ICT)人才的迫切需求,聚焦国家战略、区域产业发展需要,产教深度融合,让教育链、产业链、人才链、创新链有机融合。

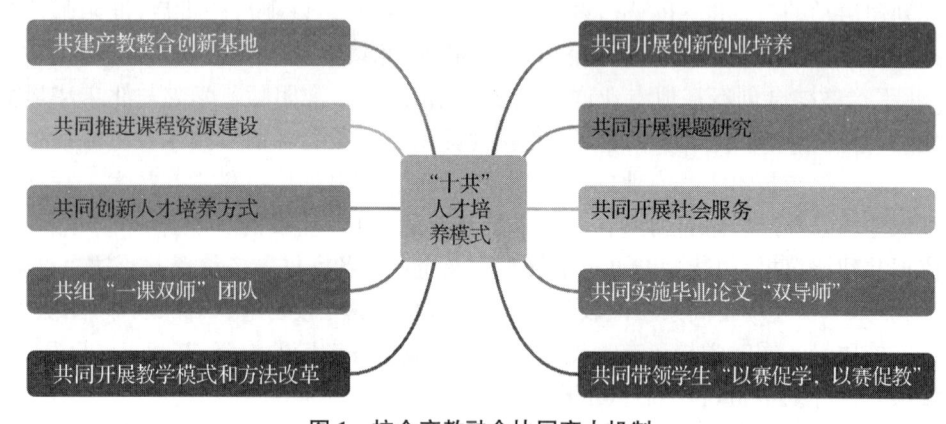

图1 校企产教融合协同育人机制

2. 措施及过程

校企联合通过对电子信息行业发展和人才岗位需求调研,以学生为中心的人才培养理念进行人才培养方案重新修订。通过校企共建专业实践教学平台,引入行业先进设备,将标杆企业项目资源、工程实际案例引入实践教学体系,实施理实一体教学,校内和校外实践相结合的方式,来实现实践教学体系重构。

通过引入行业认证标准,以"面向于实战、企业需求人才"教育理念,以学生中心、成果导向、持续改进,全面落实课程思政育人,实施以培养职业素质和实践能力为目标的"双主线"教学方法改革。

图2 实习实训基地

(1) 基于工程现场、科学合理设置实践教学环节

根据专业能力培养要求,在实践教学体系上,通过源于实际工程现场的实训环境和实训软件反复验证所学内容,达到理实相结合,培养专业能力突出的应用型人才。

(2) 采用 MIMPS 项目教学法、案例教学法

通过企业真实项目案例,把课程内容整合成一系列任务,并设置研究型实训课题,引导学生主动思考,分组探讨,使学生深刻理解理论知识、掌握实操技能的同时培养职业素养。

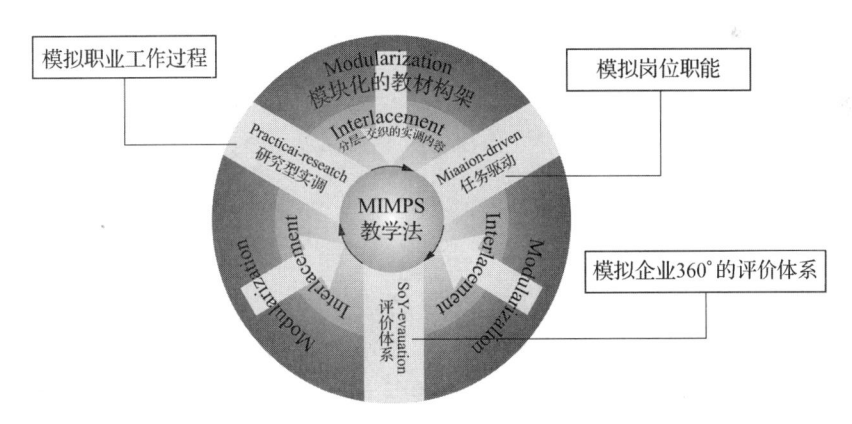

图3 MIMPS 项目教学法

(3) 校企联合打造线上学习平台,推进学习方式多元化,共同开展课程资源建设

校企共同打造项目案例库、题库、微课、慕课、精品课程资源建设,完成课程资源建设。《移动互联导论》等获批省高校重点建设教材。一课双师课程"数据通信技术""三网融合竞技实战"获评省级首批一流本科课程。"4G 移动通信技术"获批省级首批产教融合型一流课程。

图4 数字化教学资源

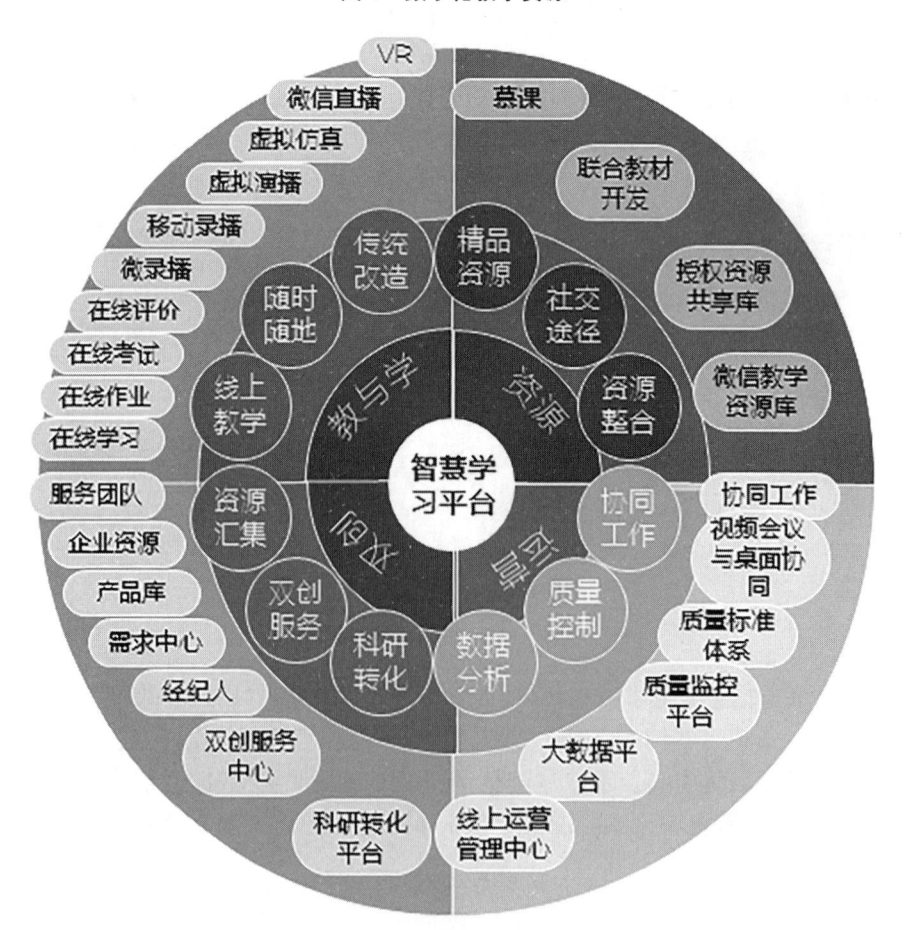

图5 智慧学习平台

(4) 校企混编师资"一课双师"教学模式与研发的运行机制

企业高级工程师与学校老师组建完成校企混编"一课双师"师资队伍，共同承担教学任务、共同开展企业科研项目、共同制定教学大纲、共同开展实践教学活动。

图6　校企联合教研和指导学生科研

图7　校方师资参加暑期培训

三、实验室建设成效

1. 入选首批工信部专精特新产业学院建设点

2. 入选江苏省产教融合重点基地建设点

3. 合作专业入选江苏产教融合型品牌专业建设点

4. 通过2022年度中国高等教育学会"校企合作　双百计划"典型案例

校企协同应用型本科"课、赛、证"融通的建设实践

李锦辉　孟正大[①]

摘　要:产教融合、校企合作,是国家倡导的应用型本科育人模式。我们联合当地企业,合作成立"龙芯处理器产业人才联合培养实验室",通过共建课程、优化赛事组织和加强赛事参与、设立相关职业技能考点等改革,探索"课、赛、证"融通的应用型人才培养模式。

关键词:校企协同;"课、赛、证"融通;应用型

一、目的与思路

2021年4月,全国职业教育大会首次提出"岗课赛证"综合育人的新要求,2021年10月中共中央办公厅、国务院办公厅印发的《关于推动现代职业教育高质量发展的意见》进一步提出完善"岗课赛证"综合育人机制,2021年12月,教育部连续两次发文,提出大力开展"岗课赛证"融通型课程、教材建设工作。一系列政策的出台,体现了国家对"岗课赛证"融通的高度重视和认同。"岗课赛证"综合育人机制的落脚点是培养适应行业企业需求的复合型高素质技术人才,目的是提升学生的能力,这不仅对职业院校适用,也契合应用型本科高素质应用型人才的培养目标,对应用型本科的人才培养也具有指导和借鉴意义。

"岗课赛证"综合育人机制是一种将教学、比赛、考证以及岗位融合在一起的教学模式。"岗"是指企业对岗位的技能标准、能力要求,是学生能力培养的需求来源,也是人才能力培养的目标。"课"是指高校根据培养需求开设的课程,或是根据培养需求进行的课程建设,是育人机制的基础。"赛"是指校级、市级、省部级、国家级、国际级等专业学科赛事,是课程教学的示范和标杆。"证"是指技能证书,对于不以考取职业技能证书为主要目标的应用型本科院校,则更多是融入技能证书中行业对工作岗位知识、技能的考核要求[②③]。

"岗课赛证"融通不是"岗位、课程、竞赛、证书"四者的简单叠加,而是以高素质技术人

[①] 作者简介:李锦辉:博士,高级工程师,东南大学成贤学院电子与计算机工程学院电工电子实验中心副主任。研究方向:嵌入式系统技术与应用。
孟正大:教授,东南大学成贤学院教务处处长。
[②] 刘海.递进式"岗课赛证"融通分层育人实践[J].教育教学论坛,2023(29):185-188.
[③] 余愿.基于"岗课赛证"融通的"专业综合实训"课程改革与实践[J].湖北开放大学学报,2023,43(2):41-46.

才供需为导向,四者基于内在逻辑的有机融合。"岗"是学生技能学习的方向;"课"是育人的载体,是学生技能学习的基础;"赛"和"证"是对学习成果的评价和检验,也是育人的途径。"岗课赛证"融通离不开企业的参与。

基于此,东南大学成贤学院电子与计算机工程学院与龙芯中科技术股份有限公司深度合作,成立"龙芯处理器产业人才联合培养实验室",以"嵌入式系统"课程为基础,以"嵌入式芯片和系统设计"竞赛为抓手,通过课程共建、赛事合作及设立"1+X"技能证书考点等多种举措,探索社会需要的创新型、应用型人才培养模式。在课程实践中,我们面向嵌入式应用行业的应用开发、淡化特定岗位,校企全方位、多维度参与和协同,结合产业前沿的真实案例对理论知识进行拓展,实现"课、赛、证"融合,取得了一定成效。

二、内容与特色

我们的建设实践如图1所示。基于校企合作共建的产业人才联合培养实验室,企业多维度参与"课、赛、证"融通的建设。行业领域的基本能力要求和"证"的要求有机融入"课"的内容,"课"程内容支持了"赛"的开展,"赛"的案例可作为综合示例引入课程,良好的赛事成绩又促进了"课"的建设。"课、赛、证"最终都将服务于行业领域所需的高素质应用型人才培养。

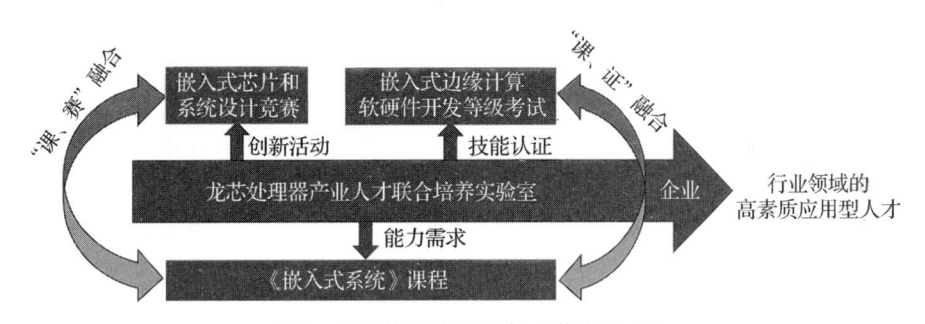

图 1　校企协同的"课、赛、证"融通建设

1. 立足地方,引入企业资源

应用型本科教育,旨在提升学生应用能力,为社会培养具有较强适应能力和竞争能力的应用型人才。在实际操作中,怎样引入企业参与、激发学生兴趣、培养对社会有用的人才,需要不断探索与实践。

学校位于南京市江北新区,江北新区是国家集成电路产业发展的重要基地之一。将学校学科优势、专业特色与江北新区发展规划的重点产业领域相结合,通过区域内南京集成电路产业服务中心,与产业领域相关企业建立合作,成立"龙芯处理器产业人才联合培养实验室"。立足实验室,逐步开展校企合作,让企业多方位参与到"课、赛、证"融通的建设中。

2. 校企合作,共建专业课程

基于人才联合培养实验室,企业老师深度参与"嵌入式系统"专业课程建设中。课程包括理论和实验,企业老师与学校专业教师共同制定教学内容和实验项目,采用双师课堂联合授课,协同项目指导,为学生培训相关行业领域工程师应知应会的专业技能,帮助学生建立专业课知识"有什么用、怎样用"的概念。在企业的支持下,我们还基于企业提供的开发板,设计制作了课程教学用实验箱,精准支持实验项目的设计和实施。

"课"是学生学习知识和技能的主要来源,是人才培养的基本途径。课程内容由企业和学校共同商定,学习领域是行业应知应会的技术和能力要求,这样以终为始的方式可以有效地引导应用型人才的培养方向。同时,企业老师参与实验项目的指导,融入企业级项目研发规范要求,潜移默化中培养学生严谨求实、精益求精的工匠精神,培养学生分析和解决实际问题的能力,锻炼学生的沟通和团队协作等能力,为专业领域的人才培养奠定基础。

3. 整合创新,推动以赛促学

人才培养的评价,除了考试考核成绩之外,竞赛成绩也是一个普遍认可的参考手段。近年来,不少高校将学科竞赛作为人才培养的有效手段,已取得了一些成效。我们成立了竞赛管理小组,优化竞赛的组织工作,加强"嵌入式芯片和系统设计"专业赛事宣传。我们适当简化赛题,将赛题任务转化设计为教学项目,把"赛"融到"课"中来,激发学生的学习兴趣和参赛积极性。

基于人才联合培养实验室,企业老师还可以将企业的能力需求转化成项目需求。参与到学生的创新创业项目指导中。我们进一步将创新实验室、竞赛备赛训练室等和创新活动相关的场所在物理上统一管理安排,推动参加不同活动的同学之间的交流,引导学生从实验项目、到创新创业项目、再到竞赛项目的一系列创新活动的逐步深入学习和实践。不同深度的创新活动的整合和"课、赛"融合,推动了以赛促学,助力学生创新能力和应用能力的培养。

4. 技能认证,提高竞争能力

职业技能认证是人才培养评价的一个社会标准。应用型本科教育中,职业技能认证虽不是必需的环节,但职业技能认证要求对应用型人才培养有很好的参考意义。为此,我们申请设立"嵌入式边缘计算软硬件开发""1+X"职业技能试点,提供技能认证平台,通过技能认证,提高学生的企业认可度和社会竞争力。试点申请于2023年9月获得省教育厅批准。

技能认证的需求,也体现了行业领域对人才的要求。我们将认证要求融到课程练习和实验习题中,"课、证"融通,从社会要求的角度促进人才培养。

三、成果与成效

"课、赛、证"融通的建设探索始于2021年秋季的双师课堂,经过近三年的实践,已在教师课程建设和学生赛事成绩上取得一定成果。

教师课程建设方面,基于龙芯1B处理器编写"嵌入式系统"课程讲义和实验指导书各

1份,目前已有三个批次近300名学生使用;基于龙芯1B工业开发板开发制作的课程试验箱,形成实用新型专利1项,并于2023年10月授权。在"课、赛"融合过程中,将一项竞赛赛题形成一例综合实验用例,其设计和实现又形成一篇IEEE会议论文,*Design and Implementation of Intelligent-pharmaceutical-delivery-system Based on Loongson* 1B 于2022年5月发表。

图2 课程建设的阶段性成绩

学生赛事成绩方面,2021年至2023年参加嵌入式芯片和系统设计大赛的学生队伍逐年递增,参赛人数从之前的个位数到2021年的20余人再到2023年的50余人,数量上翻了两番,三年的获奖率都高于60%,其中2021至2023年国家级奖项共7项:

2021年国家二等奖1项、国家三等奖1项;
2022年国家一等奖1项、国家二等奖1项、国家三等奖1项;
2023年国家一等奖1项、国家三等奖1项。

图3 2021—2023年嵌入式芯片和系统设计赛事中取得的国家级奖项

良好的赛事成绩,给"课、赛"融合带来了正反馈,也进一步激发了学生的学习兴趣和参赛积极性。

四、结语

"岗课赛证"融通是在"知行合一、工学结合"基础上形成的培养模式,以促进学生成人、成才为目标,解答学生"学什么"和"怎么学"的问题[①]。"岗课赛证"在实践中不一定"四味俱全",需要把握其基本要义,因地制宜,有机融合,不断探索。在后续的工作中,我们将继续推进"课、赛、证"融通的建设,进一步理解其实践内涵,探索国家、社会和行业需要的高素质应用型人才培养模式。

---

① 曾天山.试论"岗课赛证"综合育人[J].教育研究,2022,43(5):98-107.

MEMS 电容式加速度计虚拟仿真实验

卜雄洙　吴志强　姜　波　张　晶　王　宇　朱蕴璞　苏　岩[①]

摘　要：MEMS 传感器技术是现代科技领域的核心技术之一，对于国家的科技创新和产业发展具有重要意义，同样也是测控技术与仪器专业的关键技术之一。本实验根据测控技术与仪器专业相关课程要求，结合 MEMS 传感器的军民两用的需求，从 MEMS 传感器的基本原理、结构设计与加工工艺、测控电路、标定与数据处理等各阶段开展虚拟仿真实验，以传感器设计指标为任务导向，开展自主容错探究式虚拟仿真实验，使学生仅在 4 学时内深入了解传感器从设计到成品的每个环节与最终的传感器静动态特性指标之间的关系，激发学生学习兴趣，提高学生认知和分析推理能力，实现理论与实践良好结合的目的。采用多方面、多角度、多层次的全方位实验教学考核评价体系，实现了优化迭代过程的评价，保证了评定成绩的客观性。

关键词：虚拟仿真实验；MEMS 传感器；测控技术与仪器；加速度计

一、虚拟仿真实验简介

传感器作为信息科技的三大基石之一，在智能制造、国防建设、智能移动终端等各领域发挥着核心作用，已成为衡量国家科技水平的重要标志。MEMS 传感器芯片具有低成本、低功耗、小体积、高精度、寿命长等特点，是未来传感器的发展方向[②]。

本实验以贴近工程实践为宗旨，首次以虚拟仿真实验的方式，把 MEMS 电容式加速度计的结构设计、加工工艺、调理电路、标定及应用案例进行展现，通过研讨式、任务驱动式、交互式、沉浸式以及探索式教学方法应用于本实验教学[③]，具有知识量大、系统性强、科学性高、综合性强等特点；把 MEMS 传感器的加工工艺引入仪器科学与技术学科本科

[①] 作者简介：卜雄洙，南京理工大学机械工程学院教授，研究方向为测控技术及仪器。
吴志强，南京理工大学机械工程学院讲师，研究方向为测控电路及应用。
姜波，南京理工大学机械工程学院副教授，研究方向为传感器工艺。
张晶，南京理工大学机械工程学院讲师，研究方向为传感器结构及工艺。
王宇，南京理工大学机械工程学院副教授，研究方向为测控技术及仪器。
朱蕴璞，南京理工大学机械工程学院副教授，研究方向为测控技术及仪器。
苏岩，南京理工大学机械工程学院教授，研究方向为传感技术。
[②] 卜雄洙,吴志强,姜波,等.新形态下 MEMS 传感器虚拟仿真实验课程建设与实践[J].卓越之路,2024,57-66.
[③] 王篮仪,罗通.基于虚拟仿真技术的传感器实验教学改革研究[J].福建电脑,2017,33(4):165-166.

实践教学中,使学生们及时了解现代传感器复杂的工艺流程,先进的加工设备与使用[1];同时将MEMS传感器工艺制造误差与电路噪声的影响引入虚拟仿真实验中,帮助学生更加深入地理解传感器的精度与设计、制造的关系,充分体现虚拟教学"能实不虚"的特点;设计与标定过程中,针对影响传感器指标的每个细节,在注重把握与实际环节一致性的前提下,既注重科技感,同时也考虑趣味性[2];利用应用案例,直接显示MEMS传感器在测量过程中其内部的工作过程,使学生们能够了解传感器输出信号的产生机理,生动直观[3][4];紧随现代科技的潮流;通过本实验,把影响MEMS传感器指标的"卡脖子"技术展示出来,积极引导当代学生树立正确的国家观、民族观、历史观,鼓励学生们进行原创性、开拓性、引领性研究。

二、虚拟仿真实验教学目标

本实验根据《传感器原理及应用》《测试技术》等课程大纲以及知识点的要求,从MEMS电容式加速度计原理、梳齿结构设计与加工工艺、微弱电容检测电路、静动态标定与数据处理等各阶段开展了虚拟仿真实验,其实验方案如图1所示。以电容式加速度计设计指标为任务导向,开展沉浸、自主、容错、探究式虚拟仿真实验,使学生深入了解电容式加速度计从设计到成品的每个环节与加速度计静动态特性指标之间的关系,实现理论与实践良好结合的目的。

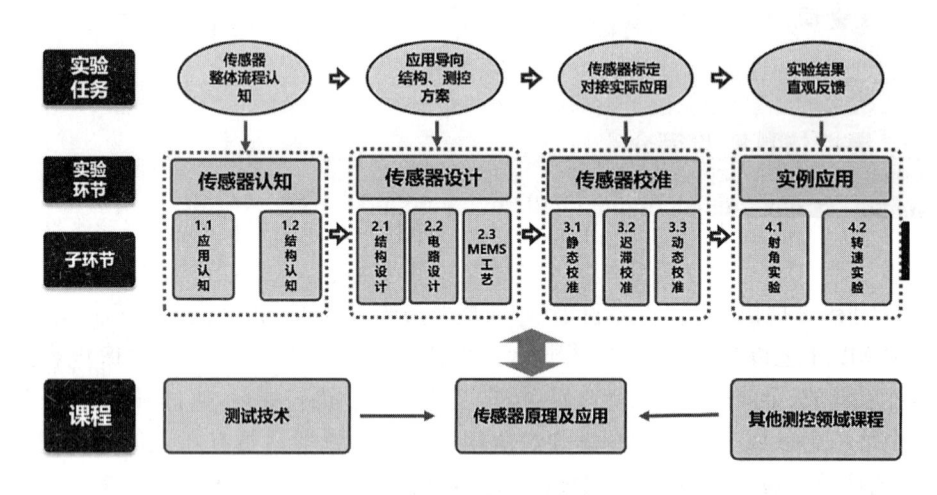

图1 虚拟仿真实验方案

---

[1] 邹丽敏,王伟波,谭久彬.新工科背景下仪器类专业内涵建设的思考与实践[J].高等工程教育研究,2021(5):23-28.
[2] 朱诚,张勇,陈琦.基于虚拟仿真平台的传感器课程新型实验的教学模式[J].办公自动化,2021,26(21):6-8.
[3] 荆丽丽,刘凌云.传感器实验教学改革探索[J].教育教学论坛,2016(46):275-276.
[4] 潘欢,杨国华,蔺金元.虚拟现实技术在电气工程本科教学中的应用[J].实验室科学,2023,26(2):61-64.

三、虚拟仿真实验过程和实验方法

本实验项目通过改革测控专业课程教学理念、教学内容、教学方法,实行任务驱动式、探讨式实验教学,利用文字、图片、3D模型、视频等多种新媒体,虚实结合,通过学生线上MEMS电容式加速度计设计的虚拟仿真实验及课程的教科书等混合式学习,突破时间与空间限制,让学生对测量系统中的每个环节有一个全面的认识,培养学生自主设计创新型测控系统的能力。

(1) 通过多媒体技术、虚拟现实技术构建了高度逼真的MEMS加速度计设计到校准及应用的教学环境,并对MEMS加速度计的原理、结构、工艺、电路、校准等进行详细地认知说明;同时构建了典型的MEMS加速度计的三维模型,根据任务驱动,学生根据性能指标设计结构参数,直观地了解加速度计结构组成、加工工艺流程、校准过程及应用特点;图2给出了认知环节场景。

图2 生动形象地展示MEMS传感器三维结构模型

(2) 利用虚拟仿真实验展示MEMS加速度计制作工艺流程,通过交互式操作加强学生对MEMS工艺以及器件制造流程的理解,包括:学生依次开展晶圆选择、光刻、深硅刻蚀、牺牲层释放、金属层沉积、引线键合、真空封装部分,学生将融合MEMS制造的全过程,其中每一个参数设置都对应工艺中的关键要素,同时实验以动画的方式,再现了洁净室的工艺环境。通过该实验,学生可以了解和掌握MEMS工艺(半导体工艺加工器件的方式以及基本流程)。图3给出了MEMS光刻工艺流程场景。

图3 MEMS 光刻工艺及交互场景

（3）构建传感器调理电路的设计实验场景，由学生根据总体任务和分项任务，根据提供的调理电路模型库，自行选择调理电路和设计相应的参数，获取调理电路的性能参数，引导学生根据电路的性能参数或信号特征，分析调理电路是否满足任务要求。图4 给出了电路设计环节。

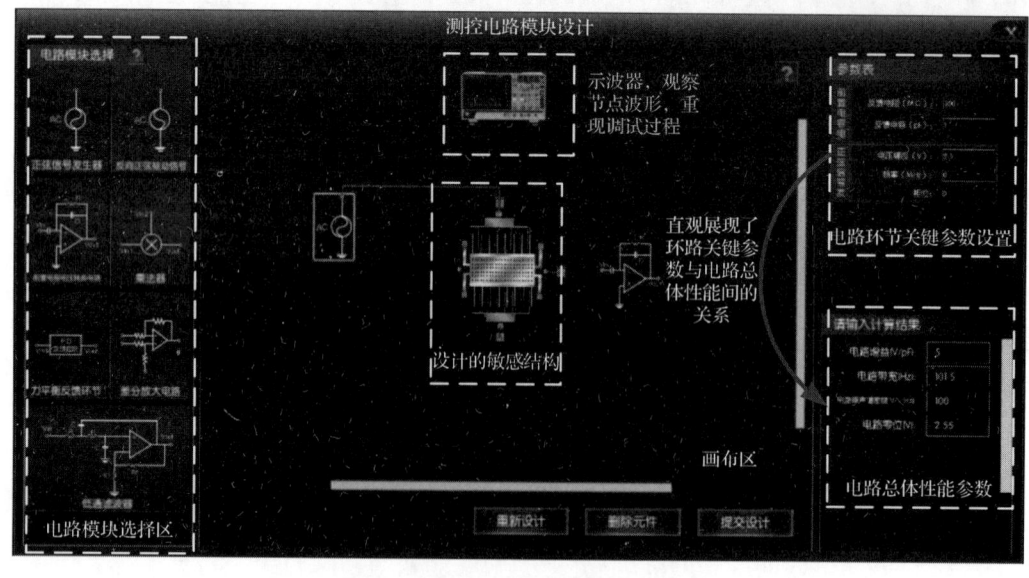

图4 灵活地进行调理电路迭代设计

（4）构建加速度计的静动态标定环境，包括离心机、振动台等标定设备、安装要求及位置和方向等,形象地揭示不同影响因素(包括环境因素)对加速度计的静动态特性的变化规律,并利用数据处理方法求出静动态特性指标,加深学生对计量校准中抽象概念的理解,提高学生数据处理、分析与推断能力。校准环节如图5所示。

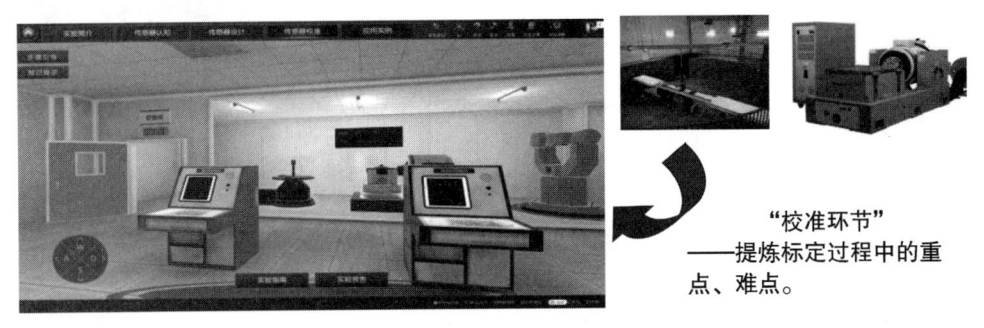

图 5　多组校准实验场景

（5）搭建虚拟仿真环境,利用学生自己设计的加速度计测量系统,对典型的火炮身管的射角和弹丸飞行过程中的转速等静动态运动参数进行测量,如图6所示。以射程与击中目标为依据,帮助学生了解和掌握加速度计的设计指标与应用背景之间的关系,分析误差源及其影响因素,评估测量不确定度。

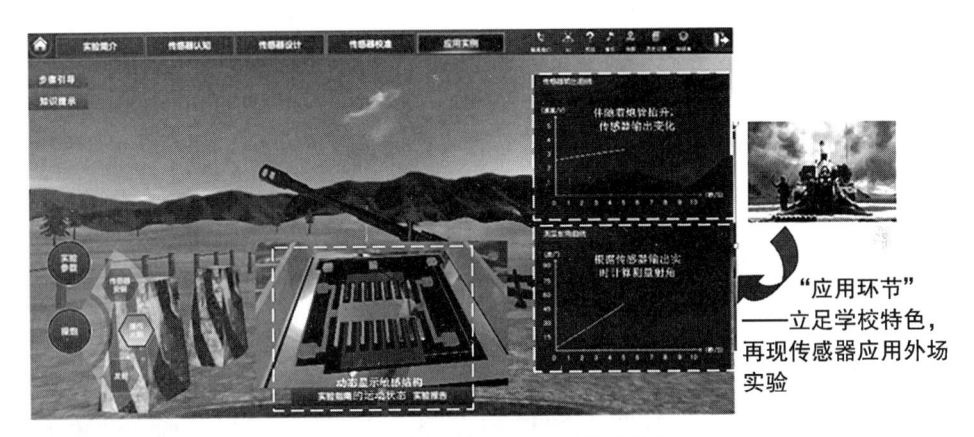

图 6　设计与应用结合实现设计迭代

四、虚拟仿真实验步骤

本实验以"MEMS 电容式加速度计"为设计对象,秉持"能实不虚"的原则,以 2 种应用需求为导向,结合研讨式、交互式、探索式等教学方法,以及多角度、多层次的实验教学考核评价体系开展虚拟仿真实验,实现"两性一度"金课标准。通过实验,激发学生学习兴趣,鼓励进行原创性、开拓性、引领性研究,达到理论与实践良好结合的目的。

实验提供了 24 步的交互实验步骤,遵循"循序渐进"的原则,在潜移默化中实现教学目标。完整的实验步骤及流程如图 7 所示。

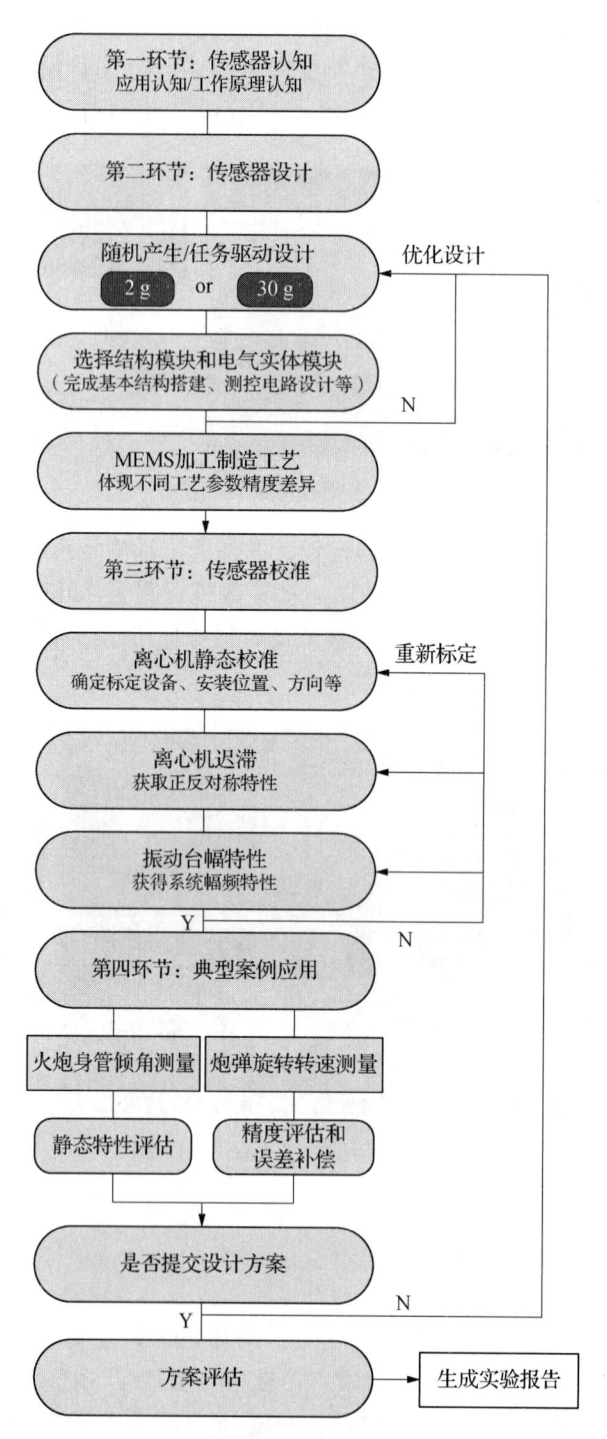

图 7 完整的实验步骤及流程

五、虚拟仿真实验特色

本实验秉承以"学生为中心,服务于社会"的发展理念,应用于测控技术与仪器类、机械工程等专业的本科教学实验工作。实验突破专业课程界限,以 MEMS 设计电容式加速度计为主要任务,综合结构与电路设计、制作加工工艺(多学科交叉现象极其明显)、校准与数据处理等,系统掌握加速度计相关知识,提升实验教学水平。学生根据设计任务要求,参与到高逼真度的虚拟仿真环境。整个实验设计了加速度计原理认知、加速度计设计、加速度计校准、应用案例四个逐层递进的实验项目,能够激发学生科研兴趣,培养科研思维,实现科研反哺教学,为培养高素质新工科人才提供有力支撑。课程特色包括:

(1) 个性化定制实验,开放性任务,寻优式设计,激发学生创新动力。

(2) 实验逼真度高,底层数据和模型源于科研实际,一体化实验内容,引导学生深度参与实验,激发研究兴趣,熏陶科研素养,锻炼创新思维。

(3) 将 MEMS 加工工艺技术引入本科教学过程,使学生及时熟悉现代传感器复杂的工艺流程及先进加工设备的使用方法,体现了课程的前瞻性和挑战度。

(4) 采用多方面、多角度、多层次的全方位实验教学考核评价体系,实现了学生的优化迭代过程的评价,保证了评定成绩的客观性。

本实验已入选江苏省第一批本科一流课程,第二批国家级本科一流课程。

六、结束语

在深化传感器实验教学改革的过程中,南京理工大学专注于培养学生的创新精神和实践能力。经过对传感器实验教学现状和问题的综合调研,建立了高度仿真的虚拟实验环境和典型实验对象。通过开展包括 MEMS 传感器结构设计与加工工艺、测控电路构建以及校准及数据处理等多个阶段的虚拟仿真实验,学生得以深入了解传感器从设计到成品的全过程,掌握关键概念和原理,激发学习兴趣,培养科学严谨的态度和实验素养,达成教学大纲所规定的目标。

南京理工大学"废旧仪器设备拆装工坊"
——让废旧设备成为激发学生原始创造力的新能量

张小兵　王亚群　魏　亚　丁　浩[①]

摘　要: 废旧仪器设备处理一直是困扰高校的难点问题,如何挖掘废旧设备的新价值,让其在人才培养中发挥新作用,具有重要的研究与实践价值。南京理工大学工程训练中心收集学校废旧仪器设备,创办"废旧仪器设备拆装工坊",建立配套管理机制,让学生在大胆拆装中提升创新意识和能力,破解了废旧仪器设备处理难题,让其成为激发学生创新能力的新能量。

关键词: 废旧仪器设备;创新;工程训练

一、工坊成立的初衷

工程训练中心作为大学工程实践综合能力的培养平台,依托自身师资和平台优势,整合学校报废的仪器设备,为学生创造一个放心动手、大胆尝试的环境。首先,学生在动手实践中可以加深对专业知识的理解,增加对设备结构原理的认知。其次,学生在动手实践的过程中会面临各种问题和挑战,需要他们运用知识和技能寻找解决方法,这种锻炼可以培养学生的创新思维和解决问题的能力,激发他们的创造潜能。此外,工坊作为传播科技知识和弘扬科学精神的平台,能够为学生提供丰富多样的学习资源和交流机会。成立工坊,可以对培养更多具有工匠精神、能解决复杂工程问题的高水平创新型人才发挥一定作用。

二、筹备与成立

1. 精心筹备

南京理工大学工程训练中心在学校国资处的支持下,历时半年精心准备,收集全校200余件废旧仪器设备,安排专门房间,组织整理相关资料,研究相关规章制度,建立了一

[①] 作者简介:张小兵,南京理工大学工程训练中心主任,教授,研究方向为兵器科学与技术。
王亚群,南京理工大学工程训练中心书记兼副主任,助理研究员,研究方向为高教管理。
魏亚,南京理工大学工程训练中心办公室主任,副研究员,研究方向为高教管理。
丁浩,南京理工大学工程训练中心,高级工程师,研究方向为实验室管理。

套管理机制。

2. 正式成立

2022年9月29日上午,在工程训练中心B209室,隆重举行了"废旧仪器设备拆装工坊"启动仪式。活动由工程训练中心、国有资产与实验室管理处和科学技术学会三方主办,副校长及学校相关部门领导、各学院分管教学工作的领导、师生代表共50余人参加了活动。

3. 工坊布局

工坊总面积接近200 m²,按照使用功能划分为4个区域。首先是设备及工具存放区,内部细分为机械设备存放、电子仪器设备存放区以及工具存放区。其次是拆装操作区,分别设置了台上操作区和地面操作区,以满足不同体积、不同重量的设备拆装需求。再次是交流区,设有研讨交流板和留言板,为学生提供了一个互动交流和思想碰撞的平台。最后是个人物品存放区,为学生提供了存放私人物品的便利。

设备及工具存放区陈列着200多件已报废的各式仪器设备,每件设备旁配备了拆装指导资料盒,以指导学生进行拆装操作。此外,经过精心布置的拆装操作台由十余张废旧实验桌拼搭而成,一字排开,上面为拆装活动准备了各类工具仪表,其宽敞的空间为拆装活动提供了充足的场地。

交流区设置了研讨交流板和留言板,为学生在实践操作中展开交流和研讨提供了便利,也为他们碰撞思想火花、激发创意注入了新的活力。

三、运行管理

1. 管理机制

工程训练中心在废旧仪器设备拆装工坊的管理方面,建立了一套完善的管理机制,以确保学生的安全和规范操作。

首先,工程训练中心制定了《拆装工坊管理规定》和《工具仪表使用管理规定》,明确了学生在使用工坊时需要遵守的安全规范和操作流程。这些规定被张贴在工坊内醒目的位置,以提醒学生注意安全并规范操作。

其次,由工程训练中心内部的大学生"无人机协会"负责工坊的日常管理,每周一、周三、周五下午14:00—17:00工坊对外开放使用。开放时,有值班学生负责工坊的使用管理,指导学生按照规定使用工坊内的工具与设备,提供简单帮助,还配备了操作指导教师在学生拆装过程遇到困难时进行专业技术指导。

此外,学生在使用工坊时,需要填写《废旧仪器设备拆装登记本》和《废旧仪器设备拆装报告》。这些记录为工坊的规范管理提供了依据,同时也鼓励学生总结拆装心得,相互启发交流,帮助学生对于拆装过程进行反思和总结,促进彼此交流与合作。

图 1 废旧仪器设备拆装工坊实景

（图中标注：电子仪器设备存放区；计算机存放区；工具、个人物品存放区；机械设备存放区；电子仪器设备拆装操作区；无人机、无人车拆装台）

2. 安全措施

工程训练中心通过配备拆装指导资料、操作指导教师以及进行安全预处理，为学生创造一个安全、可靠的拆装工作环境。图2为学生现场操作照片。

首先，为确保学生在拆装工坊内的活动安全和有获得感，工程训练中心为每件仪器设备配备了拆装指导资料和操作指导教师。拆装指导资料包括使用说明书、图纸等技术资料，以便学生能够正确理解和操作各个设备。同时，专门的操作指导教师将现场进行操作指导，确保学生在实践过程中能够得到必要的支持和指导。

其次，为确保学生在操作中的人身安全，工程训练中心在将废旧仪器设备放入拆装工坊之前，对其进行了无害化安全预处理。这样的处理措施能够有效减少拆装操作过程中的安全隐患，保障学生的人身安全和工作环境的安全。

图 2　学生现场操作

四、实践成效

工程训练中心依托自身师资与平台优势,整合学校报废的仪器设备,为学生创造一个放心动手、大胆尝试的环境。学生通过这一平台,加深对专业知识的理解,增加对设备结构原理的认知,产生创意和灵感。拆装工坊的活动,还为传播科技知识,弘扬科学精神,培养更多具有工匠精神和解决复杂工程问题能力的高水平创新型人才发挥了作用。

1. 提升学生实践创新能力

拆装工坊自成立后,已接待近 400 余名学生。学生通过识图、辨图、动手拆装,了解设备结构与工作原理,更深入地理解所学专业知识。通过实践锻炼,学生将逐渐培养自主学习、思维创新和问题解决的能力,为将来从事工程领域提供了坚实的基础。工坊开放性、包容性的管理模式,让学生可以把兴趣、专业和志向得到充分发挥,从而更好地提升学生的创新能力。

计算机学院本科生李同学反馈:"平时配置电脑或者专业学习的时候总会接触到一些专业名词,比如内存卡、主板、硬盘等。但是一直不知道这些硬件长什么样,自己的电脑也不敢随便乱拆。通过分解拆装工坊里的废旧电脑主机,让我对电脑内部有了更直观的认识,加深对专业知识的理解,以后在帮助同学配电脑、修电脑方面更能胜任了。"

电子工程与光电技术学院的本科生刘同学反馈说:"拆装工坊的操作体验,对我准备学科竞赛有很大帮助,开拓了我设计作品的思路。"

博士二年级学生安同学反馈:"我的研究方向是制冷与低温工程,通俗一点讲就是研究新型高效节能的空调系统,现在正处于组成样机小试阶段。最近,在样机结构设计、机械加工方面感觉有点吃力。我这次来主要是想将传统的空调拆开,看看里面各部件的构造连接方式,通过拆装,确实获得了一些研究思路上的新启发。"

2. 传播科技知识和弘扬科学精神

通过参与工坊活动,学生不仅可以将所学知识应用到实践中,还能与其他同学分享自己的经验与成果,促进彼此的交流与合作。同时,工程训练中心也将依托工坊平台举办展览、科技论坛等,向校内外传播科技知识,激发更多人群对科学的兴趣和热爱。

3. 引发社会广泛关注

拆装工坊不仅得到了学校师生、校友的广泛关注与肯定,在2023年6月,获评南京理工大学2021—2022年度精神文明建设"五个一工程"好活动类一等奖。工坊也受到了社会的广泛关注,新华网、腾讯新闻、南报网、现代快报网、国家科研设施与仪器平台公众号等十余家媒体进行了相关报道或新闻转发(图3)。

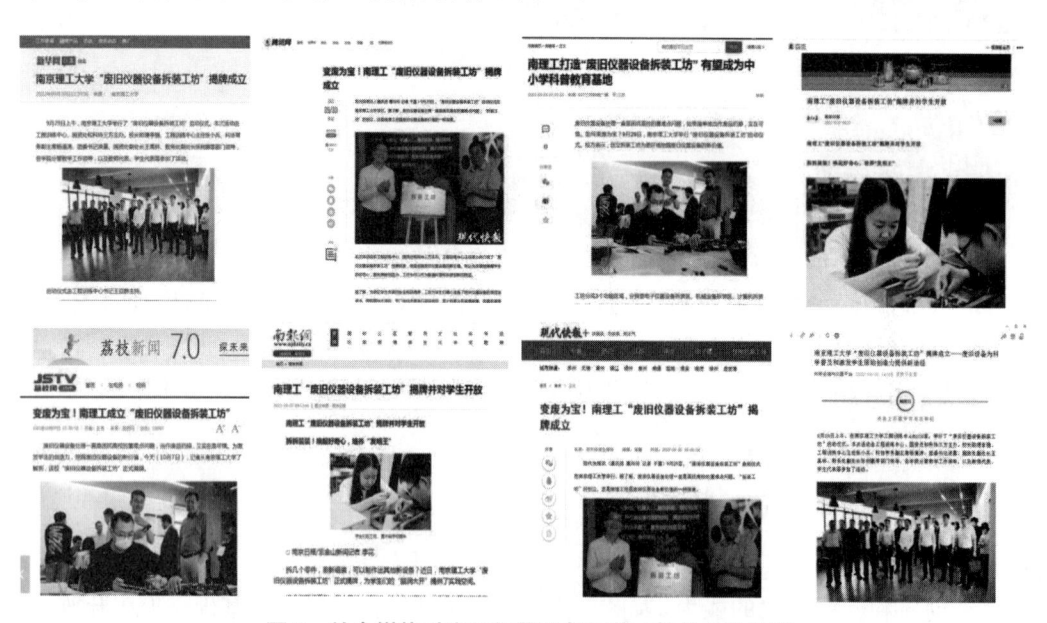

图3 社会媒体对废旧仪器设备拆装工坊的部分报道

自拆装工坊成立以来,共接待了北京大学、中山大学、华中科技大学、浙江大学、西北工业大学、南京邮电大学等近20所高校以及科技部领导实地参观交流。

图 4　拆装工坊接待校外单位参观交流

五、未来努力方向

在满足部分动手能力强的学生需求之外,工程训练中心还将推进"废旧仪器设备拆装工坊"的科学普及以及教育价值,研究进一步融入工程实践教学、专业课程教学的方式与途径,让更多学生受益。

首先,工程训练中心将与相关学院合作,探索将拆装工坊纳入工程实践教学的可能性。通过与课程结合,将学生引导至拆装工坊进行实践操作,使他们能够将课堂上学到的理论知识应用于实际操作中,提高实践能力和专业素养。

其次,工程训练中心将积极倡导在相关专业课程中引入拆装工坊活动。通过与教师的合作,将拆装工坊的技术要点和实践经验纳入课程内容,为学生提供更加综合和深入的学习体验,培养他们综合运用知识和技能解决实际问题的能力。

最后,工程训练中心还将积极开展科学普及活动,将"废旧仪器设备拆装工坊"的教育价值和意义向更广泛的学生群体传播。通过举办讲座、展览、工坊开放日等活动,向学生宣传拆装工坊的重要性和成果,激发他们对工程实践的兴趣和探索的欲望。

化工大类课程教学与实践耦合提升学生工程创新能力的探索

钟 秦 丁 杰 张舒乐[①]

摘 要：化工大类课程是连接通识课与专业课的"桥梁"，其主要包括化工原理、化学反应工程和化工机械与设备基础三门课程，是南京理工大学两个国家级一流本科专业——化学工程与工艺和应用化学的核心基础课程群。本成果以"基础理论课程为本—实践课程为魂—专业竞赛为翼"为主线，打通"基础理论—课程实践—化工竞赛"三层次进阶，构建知行耦合的课程教学体系。在该体系中，首先，通过线上线下课程教学，使学生深入理解和掌握基础理论；其次，通过实验、实习和课程设计，以"知识融于实践，实践检验知识"推进实践教学，使学生深入理解和掌握化工设计的方法；最后，通过参与化工设计竞赛、化工实验竞赛和"互联网+化学反应工程"课模设计竞赛等，学生反复锤炼和深入理解化工设计要素，全面掌握工程实践与理论结合的方法，以竞赛推动知识的应用与创新，培养其工程设计和创新能力。

关键词：化工大类课程；知行耦合；线上线下课程教学；化工竞赛

一、现状及意义

随着智能化时代的到来，化工企业正面临着智能化转型，为完成这一变革，化工企业亟需善于发现问题、敢于提出问题、勇于解决问题，又能自主学习、自主创新、跨界协同创新的卓越人才。该类人才培养的核心是提升工程设计和创新能力。化工大类课程是连接通识课与专业课的"桥梁"，是化工类学科体系中的基础课程群，在培养学生的工程观念、应用理论解决工程实际问题方面发挥着举足轻重的作用。但现阶段，由于课程教学模式重知识传授，轻能力培养，导致化工人才多数缺乏工程设计和创新能力。

为解决上述问题，国内外化工专业开展了广泛研究并实施了各类举措，以应对工程设计和创新能力培养需求。麻省理工学院（MIT）于2017年实施了新工程教育改革，通过变革教学内容、加强实践教学，改变学生的思维方式，从而提升其工程创新能力，让他们成为

[①] 作者简介：钟秦，南京理工大学化学与化工学院教授，主要开展化工专业课程教学和大气污染物治理研究。
丁杰，南京理工大学化学与化工学院副教授，主要开展化学反应工程的教学和二氧化碳催化转化研究。
张舒乐，南京理工大学化学与化工学院教授、副院长，主要开展化工设计课程教学和大气污染物治理研究。

满足社会需求的创新者和发现者[①]。斯坦福大学于2018年开展了斯坦福协作解决方案催化项目改革,通过鼓励学生参与教师研究课题,增加学生的实践机会,并配备了50多个实验室和研究中心,为师生提供知识、产品和技术改革与创新平台,以提升学生的工程设计和创新能力[②]。欧林工学院通过加强与其他高校、知名企业和公司合作,实行基于项目的工程技术人才培养模式,培养学生的工程创新和团队协作能力[③]。清华大学通过紧密结合工程前沿,倡导教师了解实际需求和工程前沿,并实施科教融合转化为工程案例,用于帮助学生深入理解基础理论知识,同时,鼓励教师挖掘工程研究课题,学生参与教师研究项目,增加学生工程设计和创新的机会,使学生发挥思维优势,促进工程创新能力培养[④]。天津大学以激发学生学习与创新热情为出发点,通过鼓励科教融合、校企联合、学生参与教师科研项目等方式,培养视野开阔、基础扎实、综合素质高、创新能力强的行业亟须人才[⑤]。

综上所述,提升学生的工程设计和创新能力的基本思路主要为加强基础理论知识学习、理论实践结合以及增强工程实践。为此,2007年,本教学团队编写了《化工原理》教材,并先后进行了四次修订,2020年编写第四版,修订为新形态教材;2007年,本教学团队负责的实验教学中心获批"国家级实验教学示范中心",2011年通过验收并挂牌;2008年,团队负责人获国家级教学名师奖;同年,本教学团队获批"国家级教学团队";2012年,《化工原理》教材获批了"十二五"国家级规划教材;2013年,本教学团队负责的化工原理课程获国家精品资源共享课程;2014年,团队负责人钟秦教授获"万人计划"教学名师;同年,本教学团队负责的虚拟仿真中心获批"国家级虚拟仿真实验中心"。一流的教学团队为教学改革奠定了坚实的基础。本教学团队面向学生工程设计和创新能力不足的问题,采取的教学改革措施主要有如下几个方面。

二、教学改革措施

本案例构建知行耦合的课程教学体系,凝练"基础理论课程为本—实践课程为魂—专业竞赛为翼"的主线,打通"基础理论—课程实践—化工竞赛"三层次进阶,使学生基础理论知识扎实、实践能力突出、专业竞争力强,显著提升工程设计和创新能力,具体的研究思路如图1所示。

[①] 丁潇颖,李玮轲,赵致远,等.创新与融合——麻省理工学院新工程教育改革概况及启示高等建筑教育[J].高等建筑教育,2023,32(2):28-35.
[②] 郑雅倩.斯坦福大学创业教育生态系统中的学科角色及其形成逻辑[J].黑龙江高教研究,2023,41(5):136-142.
[③] 袁广林.欧林工学院:工程教育的一种新范式[J].高教探索,2022(1):80-86.
[④] 侯德义,邢佳,宗汶静.基于科教融合理念的课内外深度协同教学体系改革与探索[J].高等理科教育,2023(1):9-15.
[⑤] 赵林,乔治,杨永奎.线上线下混合式教学改革建设及评价方法探索——以创新理论方法应用课程为例[J].创新创业理论研究与实践,2023,6(4):180-183.

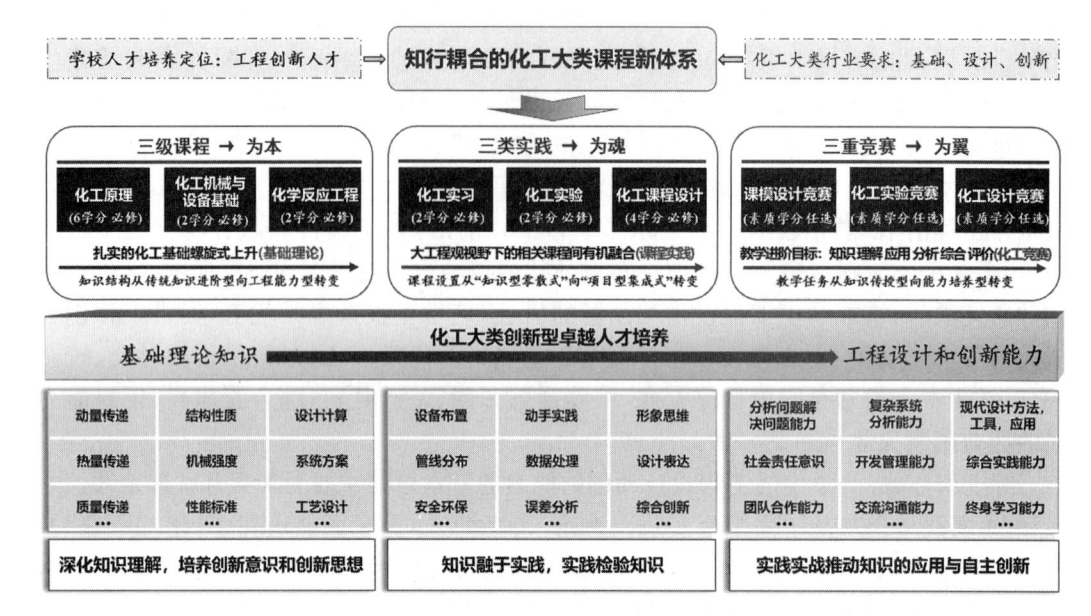

图 1　本课题的研究思路

以"化工原理""化工机械与设备基础"和"化学反应工程"三级基础理论课程为本,以三类实践课程"化工实习""化工实验"和"化工课程设计"为魂,以"课模设计竞赛""化工实验竞赛"和"化工设计竞赛"三重竞赛为翼,按照布鲁姆"知识、理解、应用、分析、综合、评价"六个层次确定进阶目标,构建知行耦合的课程教学体系,打通"基础理论—课程实践—化工竞赛"三层次进阶,使学生在学习和应用知识的同时,享受进阶的快乐,促使学生从被动式学习向自主式学习转进,同时,提升学生工程设计和创新能力。

1. 课程方案改革

在现有培养方案和教学大纲基础上,借助培养方案和教学大纲四年一大修、两年一小修的机会,实施了进一步完善,打通了"基础理论—课程实践—化工竞赛"三层次进阶,使化工大类基础理论课程、实验实践课程以及化工类竞赛符合学生自主学习规律,增强学生深入理解、掌握并应用相关知识解决工程实践问题的能力,帮助学生构建自主认知的"基础理论—工程实践"知识体系。同时,做好资源整合和划分,使"基础理论—课程实践—化工竞赛"三层次之间层次分明,利于学生进阶式学习,提升学生的学习兴趣,激发其创新潜力。例如,在基础理论教学中,传授学生动力学、非理想流动及物料衡算等基础理论知识;在实践教学中,传授学生如何使用所学的基础理论知识构建非理想反应器模型,使学生感受到学而有趣、学而有用,加深其对基础理论知识的掌握;在化工竞赛阶段,传授学生针对实际情况,如何选择反应器类型,如何通过模型构建和组合实现实际反应器的设计与创新,不仅进一步加深学生对知识的理解,而且帮助学生运用所学知识解决复杂工程问题,并在此基础上实施工程创新。

2. 课程教学资源优化

优化课程教学资源,营造"自主学习—创新"新舞台。针对现有的"化工原理"国家级线上线下教学资源、"化学反应工程"江苏省线上线下一流课程和"化工机械与设备基础"校级线上线下教学资源,实施资源整合和优化,助力学生自主预习、学习和复习,自主构建基础理论知识体系,加强学生对基础理论知识的深入理解和掌握。

在现有"5万吨/年乙酸乙酯仿真生产系统"等仿真实验平台的基础上,将科研成果转化为创新实验项目,进一步完善教学资源,实验来源于教师的科研项目,具有前沿性,助力激发学生的兴趣和创新潜力。例如,丁杰老师长期致力于二氧化碳催化加氢研究,其多个实验项目"二氧化碳与氢气变换实验""二氧化碳光催化加氢""二氧化碳光热催化加氢"等均转化为化工实验和创新性实验项目,每年吸引近百位学生选题开展该类实验。在实验教学过程中,融入反应器设计基础知识,不仅加深学生理解,而且促进其理论联系实际,激发创新意识。

依据化工设计竞赛、化工实验竞赛以及课模设计竞赛的要求,进一步优化教学资源,使"基础理论—课程实践—化工竞赛"三层次进阶明确,使学生在学习和应用知识的同时,享受进阶的快乐,在不知不觉中完成自主学习到自主创新的蜕变,并收获化工设计竞赛、课模设计竞赛等各类成果。

3. 课程评价改革

创新课程评价模式,探索课程的形成性评价、结束评价和持续改进的方法。依托化工大类课程资源,探索实施线上线下的"MOOC+SPOC+TBL"混合式教学。探索采用SMART机制对学生全过程学习状态和多元化能力进行评价;探索对理论课程采用"过程考评(50%)+期末非标准答案考试(50%)"评价方式;探索对实践类课程及竞赛采用"三段式报告(问题发现+问题分析+解决方案)+答辩"考查方式。最终,形成课程的形成性评价、结束评价和持续改进的系统方法。

三、教学改革方法

1. 理论研究方法

文献调研与交流及对应的分析。通过文献调研掌握化工设计课程教学改革较为先进的理念和方法,并通过与兄弟院校的交流获得关键信息,对上述调研和交流结果进行汇总和分析,结合自身情况取长补短,注重细节,以打通"基础理论—课程实践—化工竞赛"三层次进阶为目的,使培养方案和修订教学大纲具有可操作性和先进性。

2. 实证研究方法

给予实验和竞赛类课程的授课实证。在半年的时间内,对全部化工学生持续进行化工设计实践课程的授课,包括化工实验竞赛辅导、化工设计竞赛辅导、课模设计竞赛辅导、课程大作业等,同时,强化化工大类课程和实践耦合的化工原理、化学反应工程、化工机械与设备基础等专业核心理论课,互为学习和应用,并通过课程的实施实证工艺论证、工艺设计、设备选型等关键环节的优化等。

3. 考核研究方法

基于形成性评价、专家评分和课程考核的数据挖掘以及系列课程整体持续改进。在授课过程中,强化课程形成评价,包括师生评价、小组评价和个人自我评价;在化工设计竞赛和课模设计竞赛中整合各评委评分,明确短板,并在后续的课程设计中进一步总结和修改,保证问题在学习时间内全部解决;制定合理的考核比例,且考核指标量化,以此为基础给出合理和准确的课程考核结果;采用考核结果分析的方法进行课程结束评价,在学期末教研室研讨会上对评价进行分析,结合工程认证评价,对相关课程进行联合的持续改进。

四、创新点

1. 理论创新

以提升工程设计和创新能力为目标,通过整合和优化化工大类课程、实践课程和各类竞赛的资源,打通"基础理论—课程实践—化工竞赛"三层次进阶,将其体现在培养方案修订和实施中,同时,探索出理论教学、实践课程和竞赛耦合的教学之路,为兄弟院校的教学改革提供理论思路。

2. 实证研究创新

依据学生的自主学习知识体系构建的规律,进一步优化教学资源,使"基础理论—课程实践—化工竞赛"三层次进阶明确,使学生在学习和应用知识的同时,享受进阶的快乐,促使学生从被动式学习向自主式学习转进。

3. 考核研究创新

创建以虚实维度、过程维度、多元维度互动为特征的课程评价和考核新模式,系统地进行课程评价、课程考核以及持续改进,保证准确性、合理性以及课程的不断提升性,使其满足社会和行业的需求。

五、取得成果

2018年,"化工大类工程创新型人才培养体系构建与实施"获国家级教学成果二等奖;2019年,"5万吨/年乙酸乙酯生产仿真实习"获国家级虚拟仿真一流本科课程;2020年,《化工原理》第四版教材获江苏省优秀教材;同年,"化工原理"课程获批国家级一流本科课程;2021年,"服务于向强国跨越的化工大类课程教学改革与实践"获江苏省教学成果一等奖;2022年,"规划设计、分类开发、优势共享的化工虚拟仿真实验建设与共享应用实践"获批中国石油和化工教育教学优秀成果;2024 年,"化学反应工程"课程获批江苏省一流课程。

本案例聚焦化工人才培养最为重要的工程设计和工程创新能力培养,从重要性的角度上能够引起兄弟院校教学改革的关注,同时,课题教学理念先进务实,教学实施可操作性强、普适性强,适用于大多数兄弟院校,因此,在校内化学工程与工艺专业开展教学改革获得经验和成果后,逐步向全国兄弟院校推广,使更多学生参与,形成良好的辐射效应。另外,借助我校国家级化学化工虚拟仿真中心、化学化工教学指导委员会、国家级教学名师、化工系列课程国家级教学团队等优质资源,可在各教学研讨会上对课题实施进行展示和宣传,加快推广,取得显著示范效应。

六、结语

在已有国家级教学资源和平台的基础上,以"基础理论课程为本—实践课程为魂—专业竞赛为翼"为主线,打通"基础理论—课程实践—化工竞赛"三层次进阶,构建知行耦合的课程教学体系,使化工大类基础理论课程、实验实践课程以及化工竞赛符合学生自主学习规律,增强学生深入理解、掌握并应用相关知识解决工程实践问题的能力,帮助学生构建自主认知的"基础理论—工程实践"知识体系。同时,"基础理论—课程实践—化工竞赛"三层次进阶分明,使学生在学习和应用知识的同时,享受进阶的快乐,促使学生从被动式学习向自主式学习转进,同时,提升学生工程设计和创新能力。

一流资源集聚、辐射强、影响广的车辆工程国家级虚拟仿真实验教学中心建设

耿国庆　江浩斌　尹必峰　曹晓辉[①]

摘　要：本成果是国家级虚拟仿真实验教学中心,该中心创建了5大虚拟仿真实验仿真平台,60个实验项目,为学校车辆工程、交通运输及相关学科的实验教学提供全方位的支持。自建成以来,该中心一直以建设网络化、信息化实验教学资源为重点,从实验教学思想、模式、内容、方法手段等方面进行系统化设计,建设了一批国家级虚拟仿真项目、国际一流课程,形成了"虚实互促互补、教研深度融合、一流资源集聚、辐射能力强、影响范围广"的现代化虚拟仿真实验平台,解决了长期困扰车辆工程、交通运输、机械工程及相关学科专业的高成本、高消耗、高危险性的实验难题。

关键词：虚拟仿真实验教学；一流教学资源；在线实验教学案例

一、虚拟仿真实验教学中心简介

本成果自2016年获批国家级虚拟仿真实验教学中心以来,依托国家级工程训练中心、国家级工程实践教育中心、混合动力车辆技术国家地方联合工程研究中心、车辆工程国家一流专业建设点等教学科研平台,不断汇聚优质教学资源,建设了汽车构造原理与虚拟拆装、汽车性能虚拟仿真、汽车电子与虚拟测试、新能源汽车虚拟仿真、汽车制造技术虚拟仿真等5大虚拟仿真实验教学平台,如图1所示。

[①] 作者简介：耿国庆,江苏大学汽车学院副院长,教授,主要研究方向：智能及新能源汽车性能动态模拟及控制。
江浩斌,江苏大学汽车工程研究院院长,教授,主要研究方向：车辆动力学理论与控制技术。
尹必峰,江苏大学教务处处长,教授,主要研究方向：节能与新能源动力系统。
曹晓辉,江苏大学汽车学院中心实验室副主任,高级实验师,主要研究方向：内燃机设计、有限元分析。

图1 国家级车辆工程虚拟仿真实验教学中心网站

二、实践案例

1. 依托中心资源,获批了"车身结构耐撞性与乘员保护评价虚拟仿真实验"与"新能源汽车动力电池安全性检测虚拟仿真实验"两个国家级虚拟仿真实验项目,以汽车构造虚拟资源作为重要支撑的《汽车构造》课程获批国家级一流在线课程和国家级一流混合式课程,如图2所示。

图2 国家级虚拟仿真实验项目

2. 利用虚拟仿真实验教学平台的软件开设18门次在线实验教学，不但圆满完成本校相关专业教学任务，虚拟仿真资源还辐射广西大学、杭州电子科技大学、东北林业大学、东南大学、常熟理工学院等高校和上汽通用五菱、中创新航、江苏好孩子集团等国内头部汽车企业，累计校外培训超过5 000人次，如图3所示。

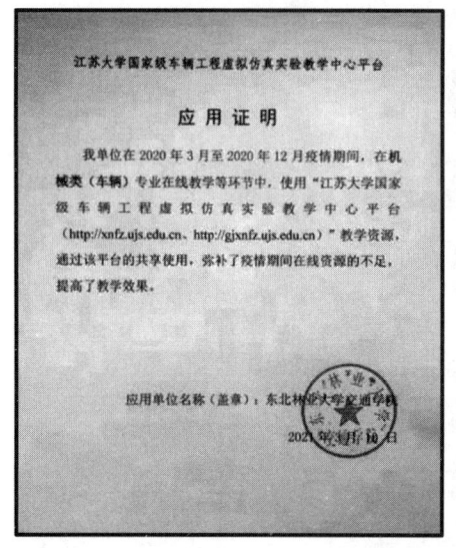

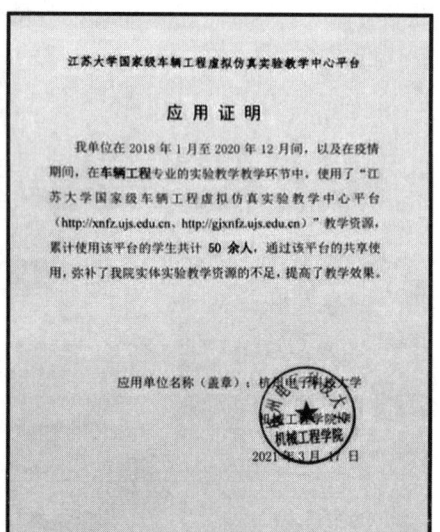

图3 国家虚拟仿真实验教学中心平台应用证明

3. 虚拟仿真实验教学平台整合优化建设了38个优质虚拟仿真实验教学项目，上传到"江苏省高等学校虚拟仿真实验教学平台"，免费向全国高校学生开放，国内有东南大学、北京林业大学、杭州电子科技大学等20多所高校3 000多名学生在线使用了仿真实验，学习强国、扬子晚报网、荔枝网、中国江苏网、新浪网等媒体进行了一系列报道，如图4所示。

图4 学习强国、扬子晚报网报道本专业开展虚拟仿真项目建设

分析测试中心"核磁共振波谱仪"机组

郑 超 赵 惠 亓媛媛[①]

摘 要:核磁共振波谱仪是进行分子结构定性解析、定量分析的强有力工具,在化学、材料、生物、医药等领域有广泛的应用,核磁设备开放共享对于推动院校内外的科研工作有重要意义,本文介绍了南京邮电大学分析测试中心核磁共振波谱仪的开放共享管理经验,包括仪器维护、信息化管理、学生培训、个性化服务等方面,并介绍了开放共享取得的成效。

关键词:核磁共振波谱仪;开放共享;管理经验;成效

一、机组及仪器设备概况

南京邮电大学分析测试中心(简称中心)成立于2020年,挂靠在实验室建设与管理处,统筹管理全校大型仪器设备开放共享工作,是学校科研测试和仪器实验教学的公共服务平台,现为江苏省分析测试协会理事会员单位、江苏省分析测试协会高校分会理事单位、江苏省科技统筹服务中心大仪共享成员单位。依托省部共建有机电子与信息显示国家重点实验室、有机电子与信息显示协同创新中心等,中心下设有机结构表征、光谱分析、生物功能表征、纳米材料表征、器件性能表征五大类仪器实验室,集科研、教学、开放共享为一体,全面提供技术支持,可提供成分结构、微观形貌、表面分析、材料性能、生物检测等分析测试服务,是学校科学研究的有力支撑、现代分析的重要基地和学科交叉的创新平台。

目前,中心有两台核磁共振波谱仪(Nuclear Magnetic Resonance Spectrometer, NMR),型号分别为:布鲁克 Avance Ⅲ 400M 和布鲁克 Avance NEO 400M,现都部署于材料科学与工程学院学科楼一楼的分析测试中心。作为中心最早购置使用的大型仪器设备,自2008年开始,核磁共振波谱仪支持并保障了学院高分子材料与工程、材料化学、材料物理等本科专业学生的教学和实验实践,以及每年超过三百名研究生顺利开展科研工作和毕业成果的产出,是我院目前服役时间最长、状态保持良好的典型仪器设备。该仪器是对各种有机和无机物的成分、结构进行定性、定量分析的强有力的工具之一,广泛应用

---

① 作者简介:郑超,博士,南京邮电大学材料科学与工程学院分析测试中心主任,研究方向:有机光电子材料的理论模拟、结构分析与性能研究。
赵惠,博士,研究方向为有机光电功能材料。
亓媛媛,博士,研究方向为大型仪器定性定量测试技术、光电材料性质的理论研究。

于化学、材料、食品、医药学、生物学以及遗传学等学科领域。中心两台核磁共振波谱仪的使用频率都较高,每年平均工作机时超过 7 000 小时,为南京邮电大学材料科学与工程学院、化学与生命科学学院及其他校内外单位提供了重要的科研支撑。

二、仪器共享管理

由于设备面向校内外开放,其测试样品量较大,使用频率非常高,两台核磁共振设备已经实现了全年全天候 24 小时开放共享。为了更好地服务师生,平台主要采取了以下管理措施。

1. 专人定期维护,保障科研工作

超导磁体是 NMR 波谱仪中最根本的部件,要持久维持磁体的超导性就必须保证液氦、液氮的持续供给及有效避免铁磁性物体的接近。对 NMR 波谱仪维护的首要目的是维持磁体的超导性,需求维护者定期加注液氦、液氮,这是保证仪器正常运转的关键环节,因此每天察看和记载液氦、液氮的量十分重要。另外,需要定期检查、维护辅助设备并确保集中供气系统密封完好,避免漏气影响系统寿命。核磁共振波谱仪日常需要大量时间进行精心维护。

机组成员实行 A&B 岗管理,负责日常接样测试,每周定时补充液氮,并确保仪器各项参数正常,使用状态良好;机组团队每月定期对设备进行常规维护,如 3D 匀场、脉宽校准等。日常仪器出现任何故障,机组成员都会在第一时间立即响应并及时自主排除简易故障,当发生无法处理的故障时,会积极联系专业工程师进行检修。近二十年的仪器管理工作过程中,机组成员的三位女同志巾帼不让须眉,前赴后继,无论春节假日、刮风下雨、严寒酷暑,坚持冲锋在岗位一线,亲力亲为进行维修、排除仪器故障,以高度的职业操守和责任感,兢兢业业做好服务和保障工作每个细节,实现无重大事故平安运行六千天的记录。图 1 为两台核磁共振波谱仪的信息化管理预约界面。

2. 信息化管理,快捷透明又高效

为切实加强核磁共振波谱仪的常态化管理和管控工作,更加规范仪器的使用,提高工作效率,确保各项工作的合法合规性和安全性,不断建立健全设备管理制度,加强监管监督,机组人员从自行编程设计软件开始,一直致力于探索仪器的信息化管理提升途径。经过十几年的持续推进和优化,在中心全面实行预约平台管理系统之后,核磁机组仍是目前唯一一个自主建设了数据中心的设备节点,有效提升了设备的数据采集、数据交换、数据整理和分析等过程的实验结果的准确性和可靠性。

为进一步推动大型仪器开放共享,现已将仪器的基本信息、使用状态和收费价格公示于大型仪器设备开放共享平台,方便校内外师生、企事业单位人员时时查询、预约和送样测试。针对校内用户,平台具备"学生预约—导师审核—管理员审核"机制,使得每一项学生预约都有导师把关,避免无效测试浪费机时,测试效率也有很大提高。此外,平台还兼具微信小程序功能,方便测试人随时在手机上查询仪器使用情况并预约使用,如样品配置出现问题,也可随时取消预约测试。预约方式可选择送样人自主上机和送样检测,既满足了用户需求,也极大提高了设备的使用效率。

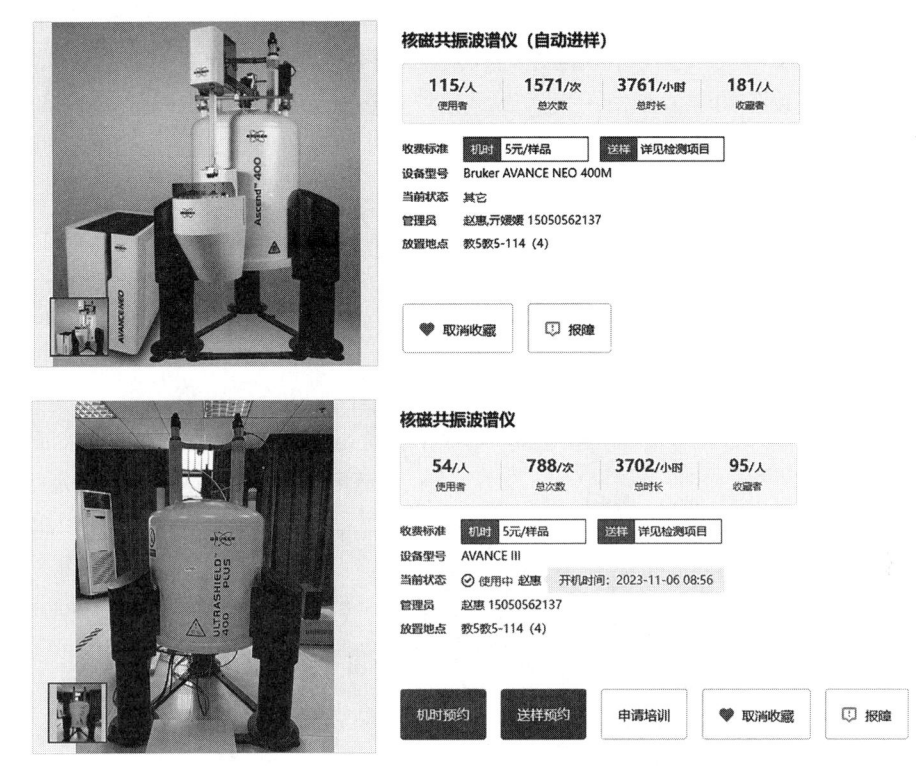

图1 两台核磁共振波谱仪的信息化管理预约界面

3. 定期开展线下培训,组织笔试和上机考核

作为材料表征中最有用的一种仪器测试方法,核磁共振波谱技术与紫外吸收光谱、红外吸收光谱、质谱被称为有机化学"四大谱图",是对各种有机物和无机物的成分、结构进行定性分析的最强有力的工具之一。通过与其他技术的配合使用,可帮助研究生鉴定各类新型结构的化合物及材料。为了进一步增强我校师生对核磁共振波谱仪应用领域、仪器功能和操作规范的了解,提高其使用率和共享率,全面提升人才培养质量,中心核磁机组每年召开至少2批次/台以上设备线下培训活动(图2)。培训内容涵盖核磁共振波谱仪的应用范围、结构原理、仪器操作及谱图分析处理等理论和实践内容。通过培训,使研究生们可以直观系统地学习掌握核磁共振波谱仪的应用、操作流程以及数据处理,不仅提高了数据分析能力,还提升了自主上机能力,保障院内每个有核磁测试需求的课题组内均有足够的成员具备自主上机测试资格,为进一步扩大仪器设备的开放共享,更好地开展科研工作奠定坚实的技术基础。

此外,还组织笔试和上机考核(图3),让培训更有效果。

4. 实时提供个性化测试服务

核磁共振波谱技术除了化学类基础表征之外,还可开展核磁共振成像教学实验、综合应用实验等三维、四维实验,探索更多结构信息。为方便与学生交流沟通,建立了核磁分析测试群,机组成员可以通过测试群及时发布各项通知、公告,针对学生的样品制备、测试预约、设备使用、仪器状态等一系列问题,实时在线答疑解惑和指导。目前群成员保持在400余人,不仅在设备的学习和使用交流方面起到非常重要的作用,也畅通了测试用户与机组成员之间的交流渠道,大大提高了服务效率。

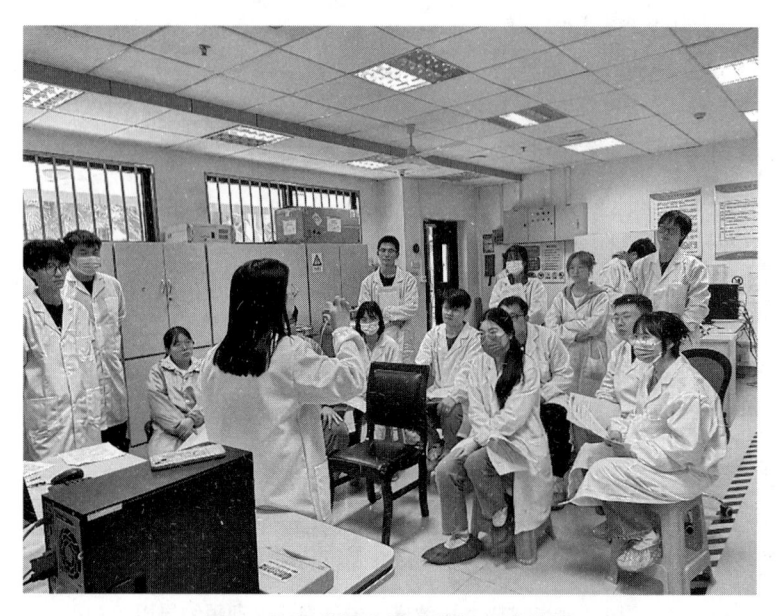

图2 机组成员为学生进行日常培训

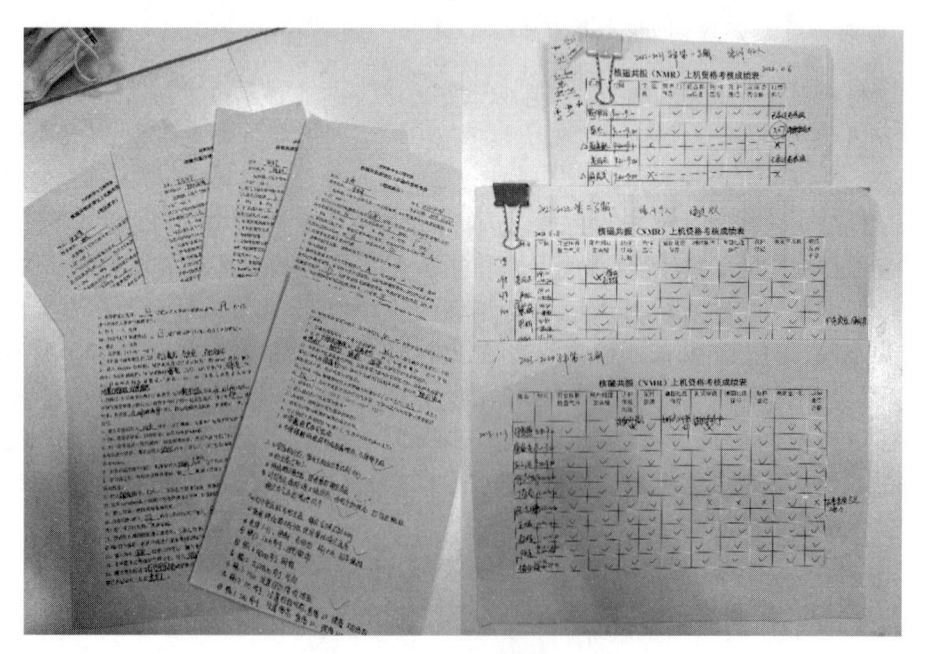

图3 学生笔试和上机考核记录

5. 全天候运行，开放共享

机组成员三名女同志均为中共党员，核磁共振波谱机组自2012年起即挂牌成为党员先锋岗。为了全方位服务教学科研，支撑广大师生使用需求，机组全天候提供技术支持和保障。为满足非工作日时间和每年寒暑假期间广大师生的测试需求，设备在周末及寒暑假仍旧正常开放测试，机组成员在假期内随时待命，有任何问题及时予以解决。

三、设备共享成效显著

1. 开放共享机时饱满，满足全校使用需求

机组成员全力保证仪器设备全年、全天候开放测试。每台仪器年测试机时都超过3 000小时，远远超过考核要求，平均每年培训人数200人次，测试样品数超过11 000个，机组成员郑超两次获得高校大型仪器共享服务工作先进个人（图4），赵惠获得校级开放共享先进个人荣誉称号。

图4 机组成员郑超老师获得高校大型仪器共享服务工作先进个人

2. 全力保障科研创新，助力取得"双一流"学术成果

自设备安装使用以来，支撑用户在高水平期刊，如 *Nature Communications*、*Advanced Materials*、*Angewandte Chemie International Edition*、*Journal of the American Chemical Society*、*Research*、*ACS Nano*、*Science Advances* 等国际顶级刊物发表论文几十篇，其他高水平论文超过千余篇，仅2022年使用核磁共振设备测试数据发表高水平论文就有百余篇。

3. 不断提升社会服务职能，面向企业和社会需求

分析测试中心是面向全校及全社会的测试平台，日常接待全校师生进行仪器参观和学习，以及校外人员访问交流活动。每年中心会与周边中小学联合组织趣味实验、化学知识小科普等活动，丰富孩子们的学习生活，给孩子们的心里种下科研的种子。每学期开学

之际,机组成员都会接待院内及院外新生进行参观仪器活动,为大学生即将展开的新生活打开新的一页(图5)。机组成员还定期开展开放实验项目,为有兴趣的本科生同学开展基于核磁设备的开放实验,加深学生对基于大型仪器的科研认识的深度。中心还日常接待省市级领导、高层专家工作指导和参观,及接待到访同行进行友好交流活动。除此之外,积极为校外送样需求服务,为大型仪器开放共享的持续推进贡献机组的力量。

图5 核磁机组成员赵惠老师为大一新生讲解核磁共振波谱仪设备

四、参与科研教学取得较好成果

机组3名成员均为博士研究生学历,在高效完成本职岗位工作的同时,利用良好的专业基础,发挥专业特色优势,积极开展科研创新工作。先后主持国家自然科学基金青年项目、面上项目、江苏省青年科学基金项目等省部级以上科研项目超过8项,总金额超过400万元。参与有机光电材料设计、合成、制备、性能研究工作,提供高质量的数据和研究成果,合作署名发表论文100余篇;参与发表的多项研究成果作为重要支撑,荣获省部级、市厅级科研教学奖励超过7项。图6为机组成员郑超老师获得奖项。

未来,机组成员将在已取得成果的基础上继续努力,将核磁设备的管理、测试、开放共享、服务、合作交流推向新的高度,为校内广大师生、校外企事业单位的科研工作,发挥自己的光和热!

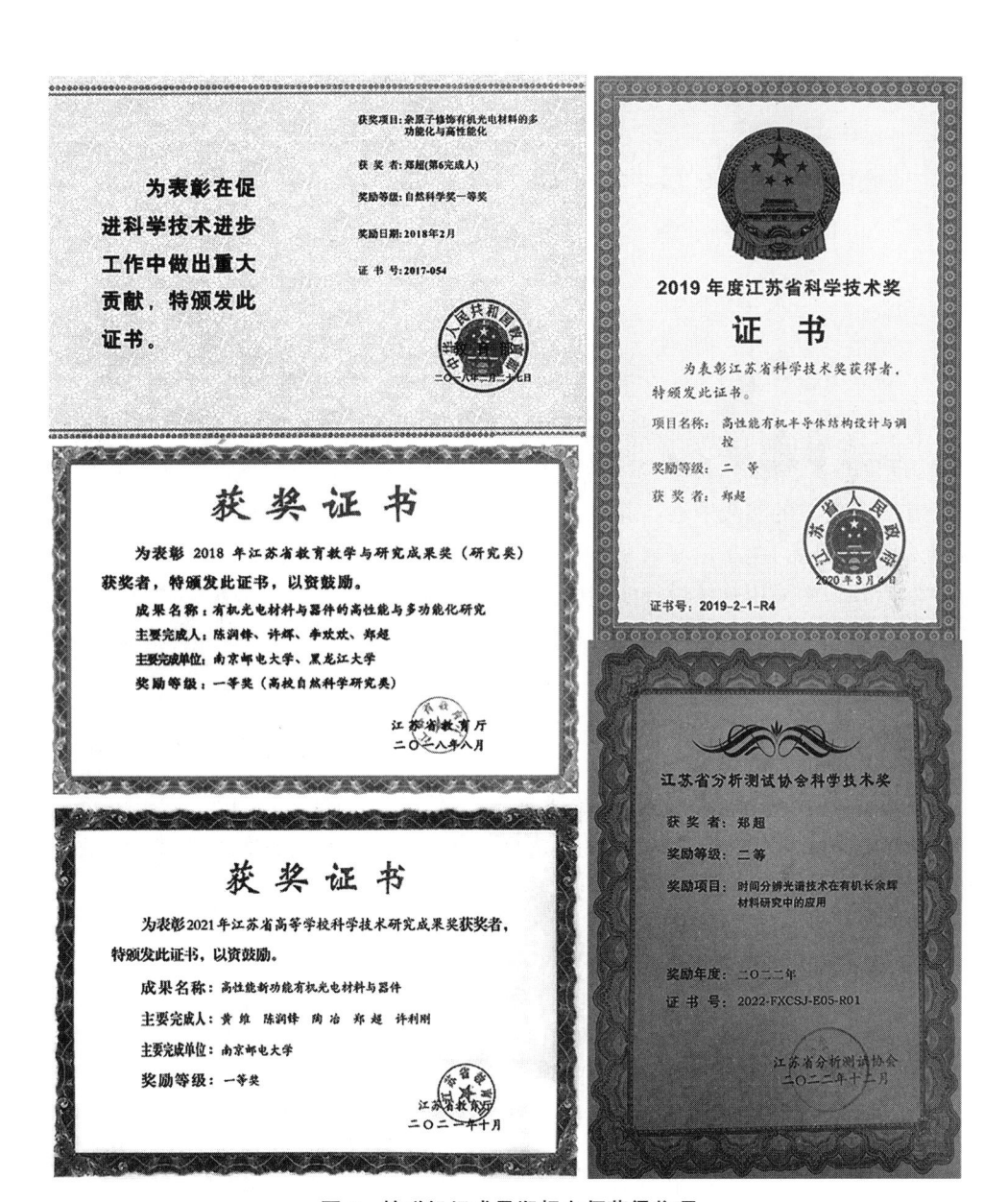

图 6 核磁机组成员郑超老师获得奖项

创新线上线下混合多元化实践渠道

胡仁杰　郑　磊　黄慧春　王凤华　徐莹隽[①]

实验教学模式对环境条件有很大依赖性,仪器设备、实验平台、实验对象、网络资源等环境条件的充裕度及开放性将制约实验模式与成效。东南大学电工电子实验中心创新教学模式,理论与实验融合、作业与实验融合、线上与线下结合、虚拟仿真与实物实现结合,让学生在充分自主的实践中逐步养成自主学习、自主管理、自主服务的习惯。

从 2018 年开始,电工电子实验中心在教学中,推行"1+3"的实践模式。其中,"1"是要求在实验预习中采用软件设计实验电路及测试方法,仿真优化电路参数;"3"是指在"线下综合实验室""个人实验箱实验""远程线上实物实验平台"这三种实物实验模式中选择其一完成实验。

1. 软件设计仿真优化

在 Multisim 等软件平台上学习设计、仿真与优化,用软件虚拟仪器进行电路测试。实物实验前的仿真可以提高效率,但是元件参数差异、元件及电路连接线分布参数、接触电阻、环境干扰等因素导致仿真运行与实物电路运行之间存在差异。

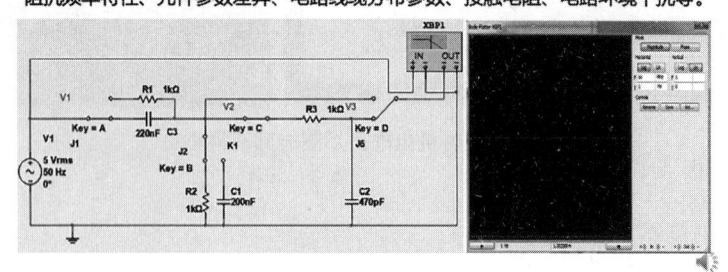

图 1　软件设计仿真

[①] 作者简介:胡仁杰,东南大学电工电子实验中心主任、教授。
郑磊,东南大学电工电子实验中心教师、工程师。
黄慧春,东南大学电工电子实验中心课程负责人、副教授。
王凤华,东南大学电工电子实验中心课程负责人、高级工程师。
徐莹隽,东南大学电工电子实验中心课程负责人、高级工程师。

2. 线下实验室实验

在线下综合性实验室中,学生使用直流稳压电源、数字万用表、信号发生器、数字存储示波器等实验仪器,及在面包板上搭接、测试、分析、排障,完成数字、模拟、电子电路综合或FPGA、单片机等电子系统设计实验。

图2　线下综合性实验室

3. 个人实验箱实验

实验中心将具有面包板、开关量输入输出、LED&数码管显示、键盘、按钮、FPGA等资源的实验装置配发给每个电类专业学生,学生将装置连接笔记本计算机,可以实现示波器、万用表、电源、信号源、辐频特性测试仪、逻辑分析仪、频谱仪等虚拟仪器功能,构成学生可随身携带的个人实验箱。

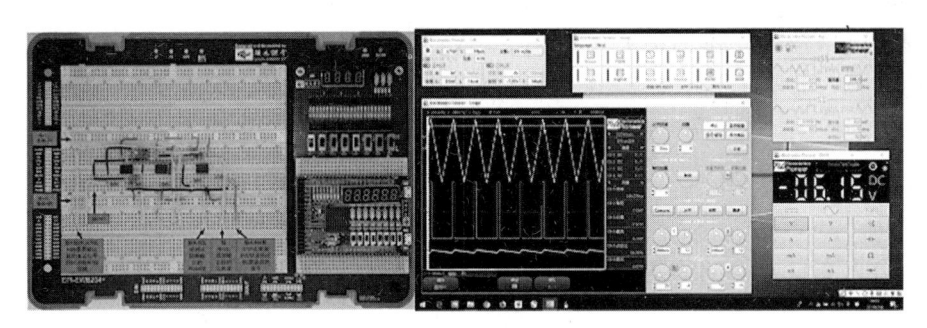

图3　个人实验室

4. 远程在线实物实验

学生通过浏览器访问在线实验平台,将真实电子元器件通过开关矩阵构建电路,用虚拟仪器或真实仪器对电路进行测量。实验中,学生可设计电路结构、选择元件参数、设计测试方法、设置仪器模式,通过测量电路参数、分析信号波形检验实验成效,最终分析处理数据、撰写提交实验报告。可替代线下实物实验,完成设计性、综合性、探究性实验,有特殊要求时,可以控制或检测现场声、光、温度、湿度、速度、高度、距离等物理参数。

线上实物实验平台无人值守、全天候开放、24小时连续运行;教师在教学中可随时调用实验资源;实验中过程片段可随时保存、快速恢复再现;实验便于修改调整,也可碎片化,有片刻时间也可用来实验,避免了传统实验搭接、拆卸的时间。如果设置实验过程记录功能,可以成为示范实验。系统还支持多人合作实验、一人实验多人观摩等特殊模式;为校外学生及社会学习者的自主研学。

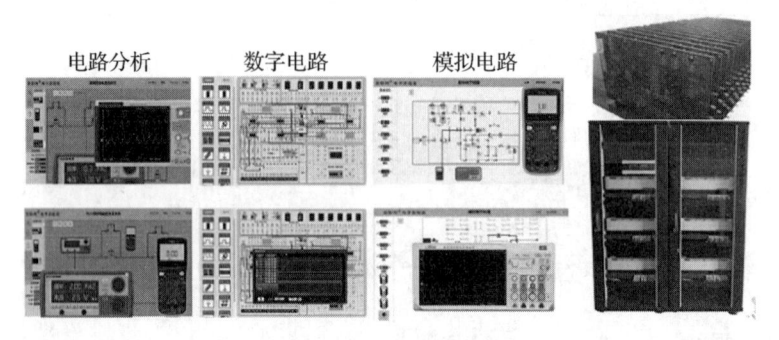

图 4　在线实物实验

我们还提供了实验资源的时空条件,例如,2020 年新冠疫情以来,以此为基础建立"东南在线实验"平台,为国内 90 多所高校的 5 万多名学生组建了 700 多个实验班级,完成了 46 万多人时数的远程实物实验服务。

线下与线上实验、虚仿与实物实验可供自主选择,学生根据项目任务指定的功能及指标自主设计电路结构、选择元件参数、制定实验过程、选择仪器设备、采集数据波形、分析实验结果。在充裕的环境条件下,有多种实验模式可供学生自由选择;教师可以在教室随堂做实验,可以在实验室现场教学,也可以在线上开展实验教学;学生在课程实验、课程设计、课外研学和学科竞赛活动中有充分的实践资源,在宿舍、教室、图书馆等任何场地都可以进行实验。也为行动不便、外出交流等特殊学习群体提供了实践的可能。

虚实结合的土木工程专业实验教学体系构建
——以土木工程国家级实验教学示范中心（东南大学）为例

徐伟杰　徐　明　郭　彤　熊宏齐　陆金钰　黄　镇
王燕华　胥　明　刘　艳　杜二峰　徐向阳　顾大伟[①]

摘　要：当前土木工程实验教学以传统实体实验为主，缺乏科学前沿和课程思政等元素，导致现有的课程体系无法发挥充分锻炼学生的实践能力的作用。针对上述问题，土木工程国家级实验教学示范中心（东南大学）以虚拟仿真实验项目为抓手，依托"全国虚拟仿真实验教学创新联盟土木类专业委员会""土木类专业虚拟仿真实验教学改革虚拟教研室"和"土木类专业在线实验室"等平台，探讨虚实结合的土木类实验教学体系构建原则、开展虚实结合的土木类实验教学体系的教学改革、建立土木工程专业实验教学体系化标准化矩阵并进行推广应用。将科学前沿和思政元素融入虚拟仿真实验，获国家虚拟仿真实验项目3项，省级虚拟仿真实验项目1项。利用江苏省土木建筑虚拟仿真实验教学共享平台等线上平台，实现优质教学资源共享。采用元宇宙，开展未来虚拟仿真实验教学新形态的探索。中心在全国产生了广泛影响和引领示范效应，特别是促进西部高校实验发展，相关成果获国家教学成果二等奖2项。

关键词：土木工程；虚实结合；教学体系；虚拟仿真；示范中心

土木工程专业具有较强的工程实践性，学生只有通过实验才能真正掌握相关知识。然而，现有的土木工程实验教学体系中的教学实验多为传统实体实验，缺乏科学前沿和思

[①] 作者简介：徐伟杰，东南大学土木工程学院实验中心主任助理，高级工程师，主要从事土木工程实验技术研究与管理研究。
徐明，东南大学土木工程学院实验中心主任，研究员级高级工程师，主要从事土木工程实验管理研究。
郭彤，东南大学土木工程学院院长，教授，主要从事土木工程学科发展研究。
熊宏齐，东南大学实验室与设备处处长，教授，主要从事高校实验技术管理研究。
陆金钰，东南大学教务处副处长，教授，主要从事高校教学管理研究。
黄镇，东南大学土木工程学院副院长，副教授，主要从事土木工程实验室管理研究。
王燕华，东南大学土木工程学院实验中心书记，研究员级高级工程师，主要从事土木工程实验技术研究与管理研究。
胥明，东南大学土木工程学院实验中心主任助理，高级工程师，主要从事土木工程实验教学研究。
刘艳，高级工程师，主要从事土木工程实验教学研究。
杜二峰，东南大学土木工程学院实验中心主任助理，高级工程师，主要从事土木工程实验技术研究与管理研究。
徐向阳，工程师，主要从事土木工程实验教学研究。
顾大伟，工程师，主要从事土木工程实验教学研究。

政元素的内容,无法充分锻炼学生的实践能力。此外,大型土木工程实验往往需要进行结构工程施工,具有较长的周期和较大危险性。虚拟仿真实验采用计算机仿真技术对真实实验进行模拟,使学生在虚拟的环境中进行训练,有效地解决了土木工程实验"高成本、高风险和高周期"的缺点。将虚拟仿真实验引入土木工程专业,构建虚实结合的实验教学体系,是土木工程实验教学的重要发展方向[1][2][3][4][5]。

2017年起,土木工程国家级实验教学示范中心(东南大学)(下简称中心)以虚拟仿真实验项目为抓手,将科学前沿和思政元素融入虚拟仿真实验,获国家虚拟仿真实验项目3项,省级虚拟仿真实验项目1项。采用元宇宙技术,开展未来虚拟仿真实验教学新形态的探索。依托"全国虚拟仿真实验教学创新联盟土木类专业委员会""土木类专业虚拟仿真实验教学改革虚拟教研室""新型实验课程建设虚拟教研室""土木类专业在线实验室"和"江苏省土木建筑虚拟仿真实验教学共享平台"等平台,探讨虚实结合的土木类实验教学体系构建原则、开展虚实结合的土木类实验教学体系的教学改革、建立土木工程专业实验教学体系化标准化矩阵并进行推广应用,实现优质教学资源共享。

一、依托虚拟仿真创新联盟,构建虚实结合的土建领域实验教学体系

2019年,中心联合清华大学、北京大学、中国人民大学等40余所高校成立了全国虚拟仿真实验教学创新联盟,担任土建学科组(土木、建筑、测绘、水利、矿业、地质6个专业)组长单位,牵头完成土建学科6个专业虚实结合的实验实践课程体系。通过虚拟仿真创新联盟,确立虚实结合的土木类实验教学体系构建原则。要求体系满足人才培养标准、教学大纲要求,满足毕业生应具备的知识、能力、素质要求,以共享效益为先,偏、窄等项目不考虑纳入规划,实验内容要精彩,构思要巧妙,技术要先进,做法要灵活。根据"虚实结合、能实不虚"的基本要求,确定专业基础类实验以实为主,专业平台类实验能实则实、虚实并重,专业方向类实验以虚为主、结合实体验证实验的原则。

二、融入学科前沿和思政元素,开发高水平虚拟仿真实验教学资源

中心成员承担了包括国家重点研发专项等国家级科研项目和国家重大工程的关键技术研究。基于此开发的"大跨空间索结构性能分析与监测虚拟仿真实验"(天眼FAST为工程背景)、"钢筋混凝土墩柱抗爆设计虚拟仿真实验"(国防重点项目)、"重型运载火箭高精度三维动态变形测量虚拟仿真实验"(重型火箭测试)等为代表的虚拟仿真实验项目16项,其中国家虚拟仿真实验项目3项,省级虚拟仿真实验项目1项,实现前沿科研成果反

---

[1] 徐明,刘艳,陆金钰,等.土木工程虚拟仿真实验教学资源的建设[J].实验技术与管理,2015,32(12):116-119.
[2] 熊宏齐.基于虚拟仿真的线上线下融合专业实验教学体系构建[J].实验技术与管理,2022,39(3):5-10,25.
[3] 熊宏齐.国家虚拟仿真实验教学项目的新时代教学特征[J].实验技术与管理,2019,36(9):1-4.
[4] 徐明,熊宏齐,吴刚,等.土木工程虚拟仿真实验教学中心建设[J].实验室研究与探索,2016,35(2):139-142,216.
[5] 徐伟杰,徐明,郭彤,等."金课"背景下土木类虚拟仿真实验教学发展趋势——基于2018年国家虚拟仿真实验教学项目共享平台公示数据[J].高等建筑教育,2020,29(1):74-85.

图1 2019年成立虚拟仿真实验教学联盟

哺实验实践教学,将社会责任、职业道德、工程伦理等德育要素植入教学项目,让学生身临其境地感受国家重大工程的设计施工过程,触发学生对大国工匠精神的理解,将正确的价值追求、理想信念和家国情怀有效地传递给学生,真正将立德树人融入教学全过程、各环节。其中,"钢筋混凝土墩柱抗爆设计虚拟仿真实验"在2019年中国慕课大会部长通道进行了实时展示,负责人宗周红教授作为第二批国家虚拟仿真实验教学项目负责人代表,登上主席台接受项目认定证书。

图2 中心成果转化为国家级虚拟仿真实验教学资源

图3 中心项目在中国慕课大会部长通道实时展示并接受认定证书

三、基于元宇宙技术,开展未来实验教学新形态的探索

中心积极开展跨越时空的未来实验教学新形态探索,率先开展了元宇宙视角下虚拟仿真沉浸式实验教学探索与实践。依托VS·Work元宇宙平台,联合师生在虚拟场景下进行了一场虚拟仿真实验教学示范课。课程以《大跨预应力空间索结构性能分析与监测虚拟仿真实验》为主题,来自青海大学、西藏大学、兰州理工大学、内蒙古科技大学、新疆工程学院、贵州大学、桂林电子科技大学、贵州师范大学等8所中西部高校30余名教师和学生参加了教学实践。通过"古筝琴弦发音""拉索结构实验""大型工程实践"等场景布置,以及虚拟环境下的实物模型、动画视频等展现,师生进行了有效的互动交流。师生身临其境地参与到大跨预应力空间索结构的性能实验中,取得了良好的教学效果,是高等教育数字化战略背景下"智慧+"实验教学新形态的初步尝试。

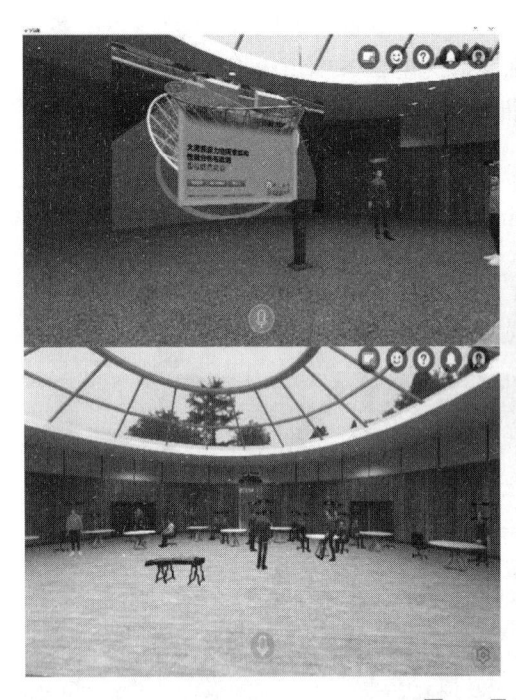

图4 元宇宙实验教学

四、对接领军人才培养,构建土木工程专业实验教学体系化标准化矩阵

中心紧扣《普通高等学校本科专业类教学质量国家标准》所规定的专业类人才培养目标原则要求,结合土木工程专业认证的要求,提出了土木工程专业实验能力的12个要求(实验方案设计、实验技能、实验数据分析、实验现象分析、实验安全与伦理、现代测试技术应用、信息技术应用、工程规范、工程意识、个人与团队、沟通与交流、终身学习)。规定了实验教学资源,包括实验课程、实验项目、主讲教师和辅助人员配备、每组实验人数等,建

立了支撑专业领军人才培养具体目标要求的"专业实验教学体系化标准化矩阵",作为日常实验教学运行的基本遵循。

图5　土木工程专业实验教学体系化标准化矩阵

五、基于江苏省土木建筑虚拟仿真实验教学共享平台,实现优质虚拟仿真实验教学资源共享

中心联合扬州大学、南京工业大学、苏州科技大学、南京林业大学、常州工学院、淮海工学院、南京工程学院、中国民航大学、南京航空航天大学、金陵科技学院等十所高校,建设江苏省土木建筑虚拟仿真实验教学共享平台,发挥不同高校优势,实现优质资源共享。江苏省土木建筑虚拟仿真实验教学共享平台包含"滑坡堰塞体稳定测试与评价虚拟仿真实验"(河海大学2019年国家虚拟仿真实验项目)、"大型建筑结构风洞仿真实验教学项目"(南京航空航天大学2018年国家虚拟仿真实验项目)、"混凝土框架抗震实验"(扬州大学2018年国家虚拟仿真实验项目)等14个校外虚拟仿真实验。

图6　江苏首批虚拟仿真实验教学平台

六、牵头成立虚拟教研室,联合兄弟院校共同开展虚实结合的土木类实验教学体系改革

2022年,中心牵头同济大学、福建工程学院、西南交通大学等十所高校以及高等教育出版社,联合申报土木类专业虚拟仿真实验教学改革虚拟教研室(教育部首批虚拟教研室),后期增加了西安建筑科技大学、青海大学、新疆工程学院、西藏大学、兰州理工大学、贵州大学、攀枝花学院、昆明理工大学等多所西部高校。此外,中心还获批了"新型实验课程建设虚拟教研室"(教育部首批虚拟教研室)。两个教研室紧紧围绕虚拟仿真实验这一新型实验教学技术手段与方法,开展虚实结合的土木类实验教学体系实践。针对"工程结构抗震与防灾""工程结构设计原理""工程结构检验"等课程实验部分,将国家虚拟仿真试验项目等线上资源纳入课程,推进现代信息技术与实验教学项目深度融合,有效拓展了实验教学内容广度和深度,延伸了实验教学时间和空间。

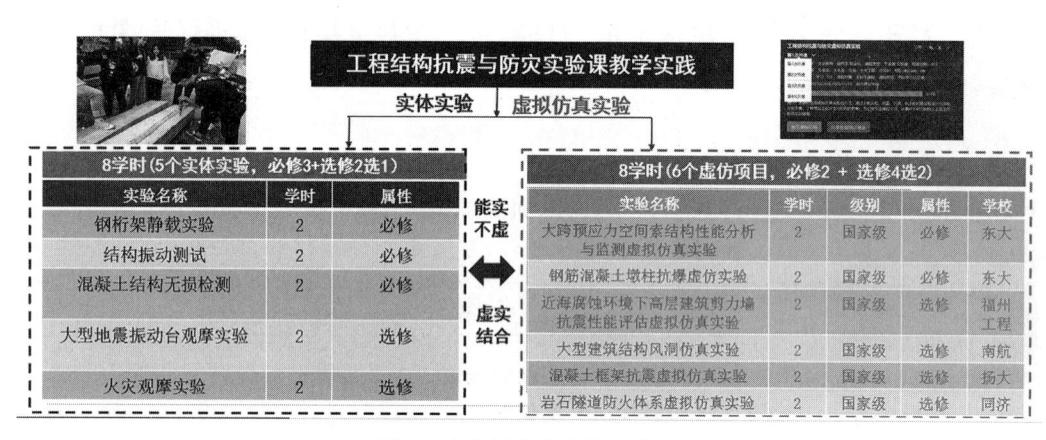

图7 虚实结合实验课程建设

七、搭建国际首个土木在线实验室,实现虚实结合的土木工程专业实验教学体系及标准化矩阵的推广应用

2022年,东南大学联合高等教育出版社,搭建土木类专业在线实验室。青海大学、西藏大学、兰州理工大学、内蒙古科技大学共4所中西部高校参与在线实验室建设,后期又吸纳了内蒙古科技大学、新疆工程学院、贵州大学、桂林电子科技大学、贵州师范大学共同参与。在线实验室跨校联合共建、构建虚实融合专业培养方案及课程体系、实验资源共享建设、智能实验室引入示范课程、展示观摩课、教研及相关活动专题(线上/线下)等。现已开设示范课程6门课程,浏览量累计478人次,总浏览量累计2 038人次。协助青海大学、西藏大学、兰州理工大学、内蒙古科技大学制定了符合本校特色的土木工程专业实验项目矩阵图表。该成果"基于虚拟仿真的东西协同土木工程实验教学改革与实践"作为唯一实验教学案例入选教育部"慕课西部行"现场推进会典型案例,并作为代表由熊宏齐教授向

吴岩副部长、各省教育部门领导、兄弟高校负责人进行报告，相关成果国家教学成果二等奖2项。

图8　国际首个土木类在线实验室

图9　"慕课西部行"现场推进会典型案例汇报

八、结语

土木工程国家级实验教学示范中心（东南大学）以虚拟仿真实验项目为抓手，构建了虚实结合的土建领域实验教学体系，开发了高水平虚拟仿真实验教学资源，开展了未来实验教学新形态的探索，构建了土木工程专业实验教学体系化标准化矩阵。依托江苏省土木建筑虚拟仿真实验教学平台、土木类专业虚拟仿真实验教学改革虚拟教研室、新型实验课程建设虚拟教研室、土木在线实验室等平台，向包括中西部高校在内的全国土建专业推广应用，相关经验可供其他专业类国家级实验教学示范中心参考。

南京理工大学大型仪器设备开放共享"五个一"全生命周期管理模式介绍

贺薇 严瑞[①]

南京理工大学历来高度重视大型科研仪器开放共享工作,为贯彻落实《关于国家重大科研基础设施和大型科研仪器向社会开放的意见》(国发〔2014〕70号)、《国家重大科研基础设施和大型科研仪器开放共享管理办法》(国科发基〔2017〕289号)等文件要求,成立了由校领导担任组长的实验室建设与指导委员会,国资、人事、发规等多部门统筹规划、协同推进,逐步形成一套制度、一类载体、一种保障、一组考核、一次创新的"五个一"全生命周期管理模式(图1)。

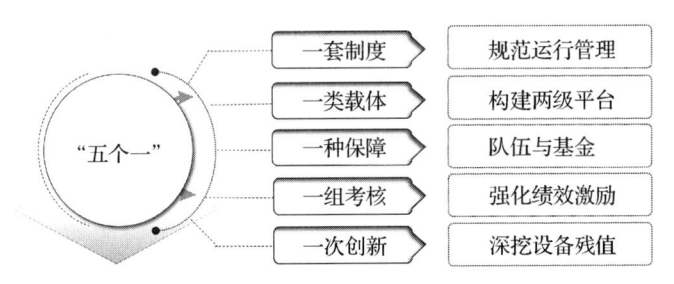

图1 南京理工大学大型仪器设备开放共享全生命周期管理模式

一、完善一套制度

先后制定下发了南京理工大学《大型仪器设备管理办法》《仪器设备开放共享管理办法》《大型仪器设备维修基金管理办法》《仪器设备开放基金管理办法》等近10项制度,进一步规范了购置论证、运行管理、绩效考核评估等流程,40万元以上设备重点开展共享论证,着重论证校内同类设备情况、运行维护人员及存放场所环境、开放共享安排、承诺年开放共享机时,切实做好论证工作的前置把关,夯实开放管理基础。

---

① 作者简介:贺薇,南京理工大学国有资产与实验室管理处助理研究员,长期从事高等教育研究。
严瑞,南京理工大学国有资产与实验室管理处助理研究员,长期从事高等教育研究。

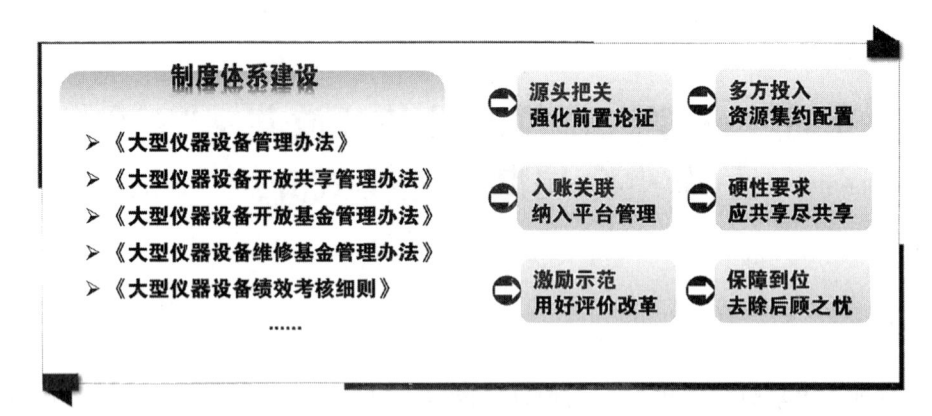

图 2　一套制度体系建设

二、构建一类载体

学校高度重视公共平台"前店后坊"建设,按照"学科主张—平台主建—管用分离"的原则,围绕"双一流"学科发展规划,建设校院两级公共平台,对大型设备统一管理和开放。面向兵器、化工、材料等重点学科,做大做强军工试验中心、分析测试中心、高性能计算中心等校级共享平台,做实做精电波暗室、光学前沿交叉研究中心等院级共享平台。通过实体平台的建设,一方面统筹了有限资源、集中建设,另一方面也为仪器的开放服务奠定了基础。

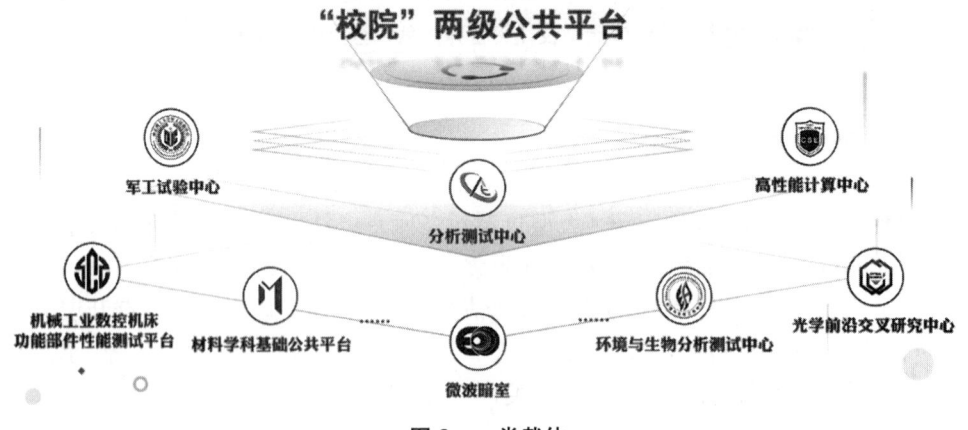

图 3　一类载体

分析测试中心是学校公共平台建设的先行区、学科交叉研究的先试区和大仪开放共享的示范区,建筑面积约 2 000 平方米,拥有波谱/质谱机组、光谱机组、X 射线机组、物性/热分析机组、扫描电镜机组、透射电镜机组、原子探针机组等 9 大机组,包含双束电子显微镜、三维原子探针等 40 余台套精密仪器设备,总值 1.3 亿余元。近年来,学校科研团队依托中心设备,产出了一大批高水平论文,年均支持 300 余篇 SCI 论文的发表。同时,中心坚持"开放、共享、协作、共进"的理念,与国内外科研院所开展了大量合作研究和测试服务,通过学术交流不断提升测试水平。2023年,中心高质量通过国家市场监督管理总局"国家计量认证信息产业评审组"的现场评审,获得了国家级检验检测机构资质。

光学前沿交叉研究中心具有完备的薄膜蒸镀、光刻、刻蚀、形貌表征、光电性能测试能力,为新型光电探测成像与传感,微纳光学等方向的基础与应用研究提供了扎实的硬件基础。

学校自2015年起开发建立了"大型仪器设备共享管理系统"统一门户,将分布在各院系、各课题组的大型仪器设备逐步纳入开放管理,以信息资源开放带动实物资源开放。截至目前,平台已登记大型仪器设备500余台套,总值5亿余元,涵盖电镜、光谱、电化学、物理性能等类别,现有注册师生用户2 000余名,累计访问量742万人次。为全面推进信息化管理,进一步完善了开放测试服务流程,实现了查询、预约、审批、结算、报销、考核的线上全流程管理,并在南理工公众号开发手机端应用,便于师生实时使用。通过一系列工作推进,有效搭建起设备管理者与用户沟通的桥梁。

图4 大型仪器设备共享管理平台

三、强化一种保障

学校高度重视实验队伍专业化建设,围绕职称制度、人才引进、技术开发、操作培训等多种路径进行建设。一是深化职称制度改革,出台修订了《实验室队伍人事管理办法》《主系列专业技术职务申报条件》,设置实验中心主任、实验教学、实验技术(关键、一般)和实验室管理岗位,其中"关键实验技术岗"津贴与师资等同,新进人员可享受人才引进政策;在职称评定要求中增加实验技术序列的正高级职称,同时将实验技术研究、设备功能开发等工作纳入职称评定条件,打通实验队伍晋升通道,先后有2名教师获评教授级实验师。

二是强化高层次实验技术人才引进,围绕三维原子探针使用,学校引进全球知名专家沙刚教授,在高性能纳米合金领域成果在"Nature"等国际顶尖期刊发表。三是加强实验技术开发,年均设立实验技术开发课题20余项,举办首届南京理工大学自制实验教学仪器设备大赛,充分调动广大教师投身实验教学改革和实验技术研究的积极性,提高师生实验实践创新能力,连续多年组织实验人员参加全国自制仪器设备大赛,其中材料学院刘吉梓老师依托透射电镜自制的"全自动一体化金属纳米针尖制样系统及纳米针尖三维重构样品杆"已初步形成产业化,被浙江大学等多个科研院所购买使用。四是加强操作技能培训,充分发挥校院两级平台引领示范作用,面向师生开展大型设备操作培训,年度受益师生1 000余人次。

图5 强化一种保障,打通实验队伍晋升通道

为推动大型仪器设备开放共享,学校制定了《南京理工大学贵重仪器设备开放基金管理办法》,连续十几年支持资助师生开展测试服务,特别注重向新进入校、项目经费紧张的青年教师倾斜,年均支持金额40万元。同时为保证大型仪器设备的完好率,促进仪器设备的开放共享,学校修订了《南京理工大学大型仪器设备维修基金管理办法》,优先支持管理水平高、使用机时多、使用效益突出的大型仪器设备,充分发挥精准的正向激励作用。

图6 运维基金

同时,为提高学校科研创新支撑能力,实现高水平科技自立自强,设立仪器设备创新专项,重点支持对突破"卡脖子"技术具有重要支撑作用的原创性科研仪器设备和核心零部件的研制。

四、抓好一组考核

聚焦管理规范性、使用效益、开放共享成效以及示范引领等方面,制定了《南京理工大学大型仪器设备开放共享绩效考核细则》,并于 2021 年正式开展校内考核评价工作,通过机组自查、现场核查、专家审查等形式,评选优秀单位和优秀机组,激励引领示范,并将考核结果纳入年度教学科研机构办学水平监测指标体系。通过一系列工作,学校开放共享成效显著提升,相关共享案例和咨询报告得到国防科工局、工信部书面表扬,并于 2021 年度、2022 年度连续两年获得科技部考核"良好",2023 年度获得"优秀"。

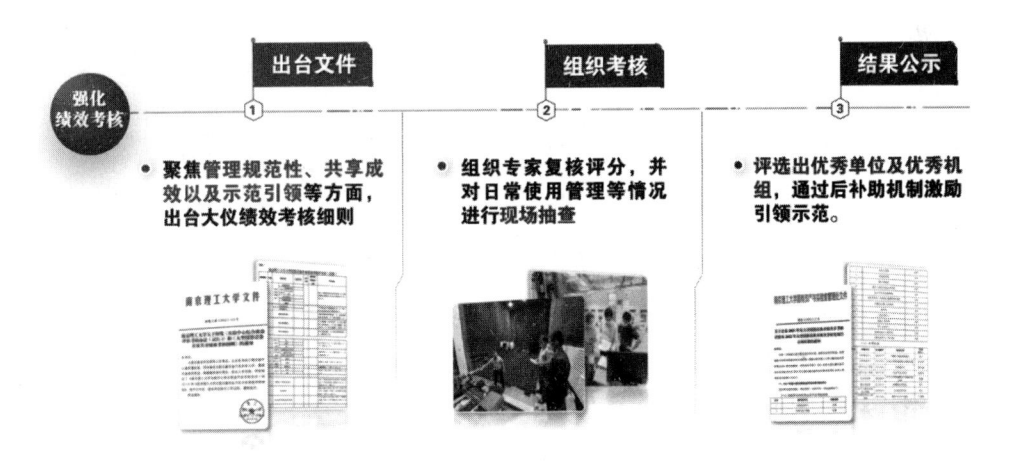

图 7 大仪绩效考核

构建国有资产管理绩效考核评价体系,首次在全校范围内开展资产管理绩效考核评价,通过创新工作手段,聚焦重难点问题,深入基层一线,切实做到单位、房屋、设备全覆盖。构建三级 35 项指标体系,并特别针对仪器设备使用效率等资产管理难点设立考核项,充分引导各单位关注资产管理工作要点,重点检查资产日常管理情况、贵重仪器设备和公房使用情况等。通过考核,表彰优秀单位,给予资源倾斜,树立榜样,充分调动各单位的积极性;警示不合格单位,下达整改项、暂停或减少资源投入等,帮助相关单位迅速提升资产管理规范性,解决突出问题。

五、推动一次创新

为做好资产盘活和废旧资产再利用,切实提高资产使用效益,学校双管齐下,一是针对功能局部丧失的老旧设备,允许拆卸重装,使用国产零部件进行替代,实现功能再现;利用逆向工程进行整机改装,形成国产新设备的雏形;保留有用功能并进行技术强化,供专

图8 资产管理绩效考核

业课题组使用。如材料学院刘吉梓教授通过样品杆开发,改造球差矫正电镜原有设备的功能,引进了纳米针尖三维重构技术,使得其在与新设备的竞争中另辟蹊径;通过将三维原子探针与单球差校正电镜关联起来,利用 TEM 图像校正三维原子探针重构数据的局部畸变,反而可以获得比最新设备更加可靠的数据重构结果。二是针对功能完全丧失的老旧设备,进行拆卸分解,用于教学演示、陈列展览等或拆分局部有用部件,用于其他设备维修。同时,为创新资产处置方式,学校成立国内首家"拆装工坊",将报废留用的大型设备用于实验教学和培养实验技术人员,核心部件形成配件库。拆装工坊分为教学设备和科研设备两个区域,摆放着 200 多件已经报废的各式仪器设备,教学设备工坊用于实践教学,科研设备工坊专门用于实验技术人员开展仪器设备拆装自制。北京大学等 16 所高校前来调研,示范效应显著,被新华网等 10 余家媒体进行了专题报道,也成为江苏省科技资源统筹中心推广的优秀典型案例。

图9 一次创新 深挖设备残值

图 10　新华网、腾讯新闻、现代快报、国家科研设施与仪器平台公众号等十余家媒体进行了报道

严守安全底线,全面提升实验室安全精细化管理水平

李 强 颜 雪 余雅昕[①]

摘 要:安全生产事关人民福祉,事关经济社会发展大局。近年来,南京工业大学高度重视实验室安全管理工作,坚决贯彻习近平总书记关于安全生产的重要论述和指示精神,认真落实省委、省政府决策部署和省教育厅各项工作要求,全面统筹学校事业发展和安全生产,切实增强政治判断力、政治领悟力、政治执行力,重点围绕高校实验室及危险化学品安全管理突出问题和薄弱环节,不断压紧压实安全责任,健全完善体制机制、从严从细落实防范措施,扎实开展隐患排查整改,有效遏制实验室安全事故,坚决守住安全稳定底线。

关键词:高校实验室;危险化学品;精细化管理

一、引言

习近平总书记多次强调,"生命重于泰山""要坚持统筹发展和安全,坚持发展和安全并重,实现高质量发展和高水平安全的良性互动"。党的二十大报告指出,必须坚持科技是第一生产力、人才是第一资源、创新是第一动力,深入实施科教兴国战略、人才强国战略、创新驱动发展战略。对于高校而言,人才培养、科学研究、社会服务、国际交流合作、文化传承创新等工作的开展,同样离不开安全稳定作为保障。

为深入贯彻落实党的二十大精神,坚定不移贯彻总体国家安全观,筑牢校园安全防线,以新安全格局保障新发展格局,构建科学、长效的实验室安全管理体系,教育部印发了《高等学校实验室安全规范》[②],围绕实验室安全责任体系、管理制度、教育培训宣传、准入机制、条件保障、危险化学品管理等方面提出明确要求。把实验室安全工作的重要性提升到新的高度,规定学校应统筹管理实验室安全工作,把实验室安全工作纳入学校事业发展规划。进一步明确校级、二级单位、实验室负责人责任体系与岗位职责,细化实验室安全管理制度内容以及安全工作的奖惩机制,强调二级单位和实验室在宣传教育培训、准入机制建设方面的主观能动性,突出了危化品全生命周期管理的相关要求。

[①] 作者简介:李强,南京工业大学实验室建设与管理处科长,主要从事高校实验室安全管理。
颜雪,南京工业大学实验室建设与管理处科员,主要从事高校实验室危险源管理。
余雅昕,南京工业大学实验室建设与管理处科员,主要从事高校实验室安全管理。
[②] 教育部办公厅.教育部办公厅关于印发《高等学校实验室安全规范》的通知:教科信厅函〔2023〕5号[Z].2023.

南京工业大学化工及相关学科在全国具有重要影响,具有实验类型多、危险源种类多,实验人员流动性高,科研创新性强,涉化风险高等特点。学校"十四五"事业发展规划中,强调要高水准建设平安校园,在"压紧压实安全责任""精心打造智慧安防""做深做实安全教育""多措并举保障实验室安全"等方面提出明确要求。学校高度重视实验室及危化品安全管理,将其列为学校安全工作的重中之重,始终绷紧安全生产这根弦,不断"下功夫、出实招",在实验室安全管理工作方面取得了一定进展和成效。

二、高校实验室及危化品管理存在的难点与痛点

高校实验室具有自身的特殊性,如实验室数量多且分散,危险源种类繁多,尤其是危化品具有种类多、存量少、储存和使用分散、采购频繁、管理难度大等特点[1][2],又涉及采购、运输、存储、使用和处置等多个环节;实验人员众多且流动性大,实验时间不确定,实验具有一定的创新性与未知性[3][4][5]。尽管教育部、教育厅等上级部门对高校实验室及危化品安全管理做出了一系列规定和要求,包括教育、培训和应急预案制定等,但高校实验室危化品事故依然频发,充分暴露出存在责任压紧压实不够,危险源精细化管理程度不够,实验室安全教育不到位,师生安全意识不够强、应急处置能力不足等问题。

三、学校实验室及危化品安全精细化管理重要举措

1. 压紧压实实验室安全责任,形成上下联动合力

学校始终绷紧安全这根弦,始终保持"隐患无处不在、成绩每天归零"的责任感和危机感,坚持党内严于党外、干部严于师生、越往后越严,将要求进一步落实、责任进一步压实。建立健全学校、二级单位、实验室、实验人员四级实验室安全责任体系,让师生真正担起责任。修订《实验室安全与环保管理办法》,进一步明确校领导、二级单位领导班子的实验室安全管理职责及监督检查任务,并作为年终述职内容之一。重点建立实验室安全协同联动与应急沟通机制,推动各部门既各司其职、各负其责,又协同谋划、一体推进,形成职责边界清晰、责任压实有力、统筹贯通高效的工作机制。充分发挥考核"指挥棒"作用,构建《二级单位实验室安全环保工作考核指标体系》,并纳入学校年度综合考核,不断夯实二级单位主体责任。

---

[1] 路贵斌,石磊,李勤华,等.化学实验室安全检查指标的构建与探究[J].实验室研究与探索,2016,35(10):284-290.
[2] 王勤.基于"五位一体"安全管理体系下的实验室安全检查工作路径探索[J].实验技术与管理,2019,36(11):7-10+14.
[3] 宋志军,房升,蔡美强,等.高校实验室安全闭环管理的实现路径探索[J].实验技术与管理,2021,38(3):288-293.
[4] 冯建跃,金海萍,阮俊,等.高校实验室安全检查指标体系的研究[J].实验技术与管理,2015,32(2):1-10.
[5] 韩光宇,何森,赵明,等.高校实验室危险化学品全周期信息化管理实践与探索[J].实验技术与管理,2021,38(6):278-281.

2. 完善实验室安全制度体系,深化科学规范管理

以制度建设为抓手,推进实验室管理规范化、精准化、长效化,先后出台了20余项规章制度,涵盖责任体系、教育培训、危险源管理、安全检查、奖惩机制等各个方面。修订《实验室安全环保责任追究管理办法》,对存在重大安全环保隐患或发生安全环保事故的责任单位和人员,从严从重追责问责。出台《实验室安全分类分级管理办法》,按照危险源及安全风险程度对实验室进行安全分类和风险等级认定,并制定专业化管理规范和防范措施。同时,协助省教育厅研究制订《高校实验室危险化学品安全管理工作指南》,助力提升江苏省高校涉化类实验室安全管理水平。

3. 常抓安全教育宣传培训,营造安全文化氛围

构建"六位一体"的实验室安全宣传教育模式,全方位、多途径增强师生安全环保意识。制作危化品安全、气瓶安全、消防安全、用电安全、危废管理、生物安全6门校本课程;同时依托"学习强国"实验室安全培训课程,优化整合、编制8个系统化课程,并编制考题600余道,打造具有学校特色的实验室安全优质教学资源。建立常态化课程学习与准入考试机制,确保实验室安全考试通过率100%。编印发放《实验室安全口袋书》,全校师生人手一册。定期举办实验室及危化品安全管理讲座和培训班。开展"实验室安全文化月",通过宣传展板、讲座、应急演练、知识竞赛、微视频大赛、安全风险评估大赛等系列活动,积极营造浓厚的实验室安全文化氛围。

4. 强化危险源及化学品管控,防范化解安全风险

实验室危险化学品管理坚持最小化、精细化原则,全力推进危化品的采购、运输、存储、使用、转移、处置等环节的全生命周期管理。定期开展全校实验室危险化学品安全专项排查整治行动,所有化学品柜分层、分区域编号,化学品严格分类整理放置。张贴化学品安全技术说明书二维码,便于随时查询化学品物理性质、化学性质和应急处置方式。通过危险源管理系统定期填报、更新管控化学品、非管控化学品、气瓶、特种设备和加热设备等各类危险源信息,建立实验室危险源清单和安全风险分级分类档案。实行实验室安全风险告知制度,包括危险源类别、防护措施、应急预案、安全责任人和应急联系电话等。

5. 夯实检查与隐患整改体系,从严从重问责追责

学校牢固树立"隐患就是事故"的理念,以"零容忍"的态度整治存在的问题隐患。出台《实验室安全环保检查与隐患整改实施办法》,健全学校、二级单位、实验室三级闭环管理体系,推行"月查""周查""日查"制度。编制《实验室安全检查扣分指标体系》,推行量化考核和"黄牌""红牌"警告制度。定期在学校办公系统公布检查情况和人员处理情况,对违规实验室及相关人员从严进行责任追究。

6. 开展实验室安全应急实操演练,提升应急处置能力

修订实验室突发事故应急预案,完善应急体系,明确应急组织机构、应急报告和响应

程序等。深入开展灭火器、灭火毯和防毒面具等消防器材实操演练,切实增强师生的安全意识及事故应急处理能力。

7. 推进实验室安全信息化建设,赋能数智化管理

大力推动校园安全防控体系及智能平台建设,"实验室安全数智管理子平台"通过风险管控系统、安全检查系统、监测预警系统等业务应用的一体化建设,实现了实验室安全的数字化、网络化、智能化管理。在涉化实验室逐步配备视频监控、烟感、气体泄漏报警等装置,有效解决了传统监管效率低下、应急处置不及时等问题。

编制高校实验室危险化学品安全管理指南，助力提升高校实验室本质安全化水平

潘 勇 周 汝 王静虹[①]

摘 要: 实验室安全是校园安全的重要组成部分,高校实验室危险化学品种类繁多,使用条件复杂多变,管理难度大,做好高校实验室危化品安全管理是一项重要且艰巨的任务。在现行国家有关法律法规、部门规章及标准规范的基础上,由省教育厅指导、南京工业大学编制了《江苏省高校实验室危险化学品管理指南》。该指南是借鉴国内外先进的高校实验室危险化学品安全管理经验和相关管理体系编制而成。指南明确了江苏省高校实验室危险化学品安全管理规范,具体包括危险化学品采购、验收、储存、使用、处置等过程中涉及的组织架构及管理、流程管理、设备设施与环境管理、安全风险辨识、评估及管控、隐患管理、应急处置与应急管理、事故管理等内容,为高校实验室危险化学品体系化、规范化安全管理提供依据。

关键词: 高校实验室;危险化学品;管理指南;本质安全

一、引言

高等院校存在众多科研和教学实验室,在各类实验过程中常用到危险化学品[②]。因此,实验室危险化学品的安全监管至关重要。通过对国内外实验室安全规范管理现状的调研,以及分析实验室出现的各类安全事故原因,我们发现危化品安全事故是最常见的实验室事故类型之一。表1列出了近年来国内外高校发生的一些危化品事故案例。

表1 近年来国内外高校实验室发生的危化品事故

时间	地点	原因	结果
2023年8月17日	台湾某大学化工系实验室	学生做实验时因不慎引起爆炸起火	9名学生受伤,包括2名烧烫伤、7名吸入性呛伤

[①] 作者简介:潘勇,博士,教授,博士生导师,南京工业大学党委研究生工作部部长、研究生院院长,研究领域:危险化学品安全与化工本质安全,新能源与新材料安全,工业过程防火防爆与风险评估。

周汝,博士,教授,博士生导师,江苏省安全生产科学研究院党总支书记、院长,研究领域:建筑消防、新材料消防、工业过程防火防爆、应急管理。

王静虹,博士,教授,博士生导师,南京工业大学安全科学与工程学院副院长,研究领域:人群疏散与管控机制、风险评估与量化模型、化工事故动态监测预控、人工智能与大数据分析。

[②] 国家安全生产监督管理总局.危险化学品目录[S].北京:2015(安监厅管三第80号)。

续表

时间	地点	原因	结果
2023年7月4日	哥伦比亚某大学麦德林校区	学生因操作不当发生实验室爆炸事故	一名学生死亡、两人受伤
2022年12月6日	香港某大学化学楼四楼	学生因操作不当发生实验室事故	一博士生灼伤眼部
2022年11月26日	南京某高校生科楼实验室	着火点是7楼的生科院实验室，随后火势顺着通风管道烧到了4楼	没有发生人员伤亡
2022年11月15日	四川某大学	唐某某称被投毒	没有发生人员伤亡
2022年7月21日	北京某研究院	实验操作人员在实验室分装含有甲基铝氧烷（为自燃固体，遇空气燃烧）的催化剂时发生泄漏，催化剂遇空气发生剧烈燃烧	造成1人死亡，1人受伤
2022年6月7日	深圳一所高校的实验室	博士生因操作不当发生玻璃仪器爆炸事故	一博士生面部、颈部、手臂等10多处被炸伤
2022年4月20日	湖南长沙某大学材料与工程学院一实验室	学生操作不当导致铝粉发生爆炸	一名博士研究生烧伤
2021年10月24日	南京某大学材料科学与技术学院一材料实验室	实验室爆燃引发火情	2人抢救无效死亡
2021年7月27日	广州某大学药学院505实验室	博士研究生在清理通风柜时发现之前毕业生遗留在烧瓶内的未知白色固体，用水冲洗时发生炸裂	产生的玻璃碎片刺破该生手臂动脉血管，后经治疗无生命危险
2021年7月13日	深圳某大学化学系302实验室	学生在实验过程中发生火情	轻微烧伤
2021年3月31日	中国科学院化学研究所发生实验室	学生操作不当导致反应釜高温高压爆炸	一名研究生当场死亡
2020年12月21日	成都某大学材料科学与工程学院	一研究生在分析测试中心准备XRD测试时，违规用塑料样品袋携带金属粉末样品，导致粉末氧化放热，造成塑料袋燃烧的事故	未造成人员受伤和财产损失
2019年12月26日	南京某高校六楼实验室	实验室屯放大量易燃溶剂发生火灾	一名学生死亡
2019年2月27日	南京某大学一实验室	实验室发生火灾	未造成人员伤亡
2018年12月26日	北京某大学东校区2号楼	学生进行垃圾渗滤液污水处理科研实验时发生爆炸	造成3名参与实验的学生死亡

相关文献指出，危化品引发的安全事故占高校安全事故的80%。高校实验室涉及的危化品种类繁多，使用条件复杂多变，实验室危化品不正当使用、购买、存储是各类安全事

故的直接导火索。随着科技的进步,实验项目也发生了巨大的变化,危险化学品在复杂的环境中会产生未知的物理和化学反应,这些反应是无法预测的,如果不小心操作,就可能导致火灾、爆炸、中毒等严重的安全事故[①]。

根据目前情况,高校减少安全事故的首要任务是加强实验室危险化学品的安全监管,这就要求学校各职能部门守好一段渠,种好责任田,从根本上落实实验室危化品安全监管制度,提高全体师生安全意识,严格排查实验室各类危化品可能存在的安全隐患,将安全隐患尽早消除。

为深入贯彻执行党中央、国务院关于加强学校安全工作指示的重要措施,落实江苏省委、省政府和教育部提出的关于加强危险化学品安全生产工作的具体要求的落地,时任江苏省委书记吴政隆专门作出批示,要求江苏省各学校进行全面部署,务必抓好实验室危险化学品安全管理工作,坚决遏制事故的发生。江苏省教育厅牢牢坚守"发展决不能以牺牲安全为代价"这条红线,定期召开党组会专题研究部署开展高校危险化学品安全综合治理专项整治工作。南京工业大学安全学科受江苏省教育厅委托,开展《江苏省高校实验室危险化学品管理指南》编制工作,为全面树立和培养广大教职员工和学生的安全意识、有效加强和改善高校实验室危险化学品安全工作的管理、彻底消除实验室危险化学品安全隐患提供支撑。

二、教育部对高校实验室危险化学品安全管理相关要求

针对高校实验室责任落实、制度执行、宣传教育和工作保障等方面,教育部于2019年5月22日印发了《关于加强高校实验室安全工作的意见》(教技函〔2019〕36号),提出了15条相关建设性意见。之后,教育部办公厅于2020年5月25日印发了《教育系统安全专项整治三年行动实施方案》(教发厅函〔2020〕23号),于2021年12月8日印发了《关于开展加强高校实验室安全专项行动的通知》(教科信厅函〔2021〕38号文),于2022年9月29日印发了《教育部直属高校实验室安全事故事件追责问责办法(试行)》(教科信〔2022〕4号)。2023年2月14日,教育部办公厅印发了《高等学校实验室安全规范》的通知(教科信厅函〔2023〕5号),作为高校实验室安全规范性文件,在责任体系、管理制度、教育培训和宣传、安全准入、条件保障和危化品安全管理等方面出台了三十一条细则。

三、高校实验室危险化学品安全管理存在的问题

尽管教育部对高校危化品安全管理做出了一系列规定和要求,包括教育、培训和应急预案制定等,高校实验室危化品事故依然频发。高校实验教学是国家课程方案和课程标准规定的重要教学内容,是培养创新人才的重要途径。实验室是高校开展教学、科研的主要阵地,是支撑教学和科学研究工作的重要场所,各高校学科范围广,参与学生和教师人数多,实验任务量大,仪器设备和材料种类多,特别是危险化学品使用频繁,潜在安全隐患

---

① 陈燕清,江欣欣,谢雅丽.高校实验室安全管理队伍建设[J].化工管理,2023(21):4-6.

与风险复杂。高校实验室危险化学品的安全,直接关系广大师生的生命财产安全,关系高校和社会的安全稳定。

近年多起高校实验室安全事故,引起了教育主管部门对高校危险化学品安全管理的高度重视,但在危险化学品全流程管理过程中依然存在诸多困难和问题,主要体现在以下五个方面。

1. 采购流程不规范

实验室危险化学品普遍存在超量采购现象,一些高校没有建立统一的采购规程和采购程序,危险化学品采购数量和采购渠道难以管控,虽然目前已有很多高校建立了试剂采购平台,但未强制要求使用。

2. 使用过程不合理

实验过程中,部分学生不能严格遵守危险化学品使用规范和仪器设备等操作规程,记录不完善、台账不完整是危险化学品使用过程中的常见问题。危险化学品使用阶段既是出现安全隐患、发现安全问题的敏感阶段,也是防范安全风险的重要契机。

3. 储存设施不健全

实验室中危险化学品专用存储设施不齐全,缺少相应的通风柜、防爆柜等专用存储设施,特别危险化学品分类存放意识不强,混存混放现象仍然普遍存在,隐患较为严重。日常管理中危险化学品合理存储是降低安全隐患、减少安全事故的重要保证,是日常管理中不容忽视的关键环节。

4. 危废处置不恰当

与工业危废相比,高校实验室危废在数量上相对较少,但种类多、组成复杂,若不统一处置,不仅存在安全隐患,还将对环境造成很大影响。多数高校已形成实验室危废的安全处置规定,但要做到科学合理、及时、有效地进行处置,还存在一定困难。

5. 应急处置方法不恰当

实验室操作人员普遍缺乏必要的事故应急知识,缺乏将事故消灭在初期状态的能力,从而造成事故的扩大和蔓延。实验室应急预案的制定较为形式化,缺乏针对性;实验室平时对应急预案的培训、演练不足。

四、高校实验室危险化学品安全管理指南内容

针对上述问题,本指南从实验室危险化学品"采购、验收、存储、使用、废弃处置"等全生命周期的管理出发,围绕"人、机、环、管"四个要素进行阐述说明。指南重点针对易燃易爆、有毒有害危险化学品,首先从机制体制入手,强化高校领导和管理机构、人员的担当,建立健全高校实验室安全责任体系;其次,细化危险化学品全生命周期管理,完善和强化

实验室危险化学品过程管理;第三,考虑"机""环"影响,构建完善的设备设施运行体系和合规的环境;第四,提高安全风险辨识水平,建立危险化学品安全风险评估体系并做好动态风险管控;第五,全面开展危险化学品安全隐患检查,落实安全隐患整改工作;第六,统筹落实应急预案,提高实验室安全应急能力;最后,重视突发事件与事故管理,妥善处置应急事件。

(1) 在落实安全责任制方面:根据"党政同责、一岗双责、齐抓共管、失职追责""管行业必须管安全、管业务必须管安全、管生产经营必须管安全"及"谁使用、谁负责,谁主管、谁负责"原则,严格要求各高校落实主体责任制,细化高校党政领导、部门领导等具体职责,确保责任到岗、到人。建立健全学校、院系、实验室三级联动的安全责任体系,做到守土有责、守土尽责。建立健全安全工作的考核体系和责任追究制度,把安全工作纳入各单位考核体系,把安全工作与各单位、各部门的聘任、业绩考评相挂钩,强化"一票否决制"。

(2) 在安全培训方面,各高校要建立有效的实验室准入机制和定期安全培训机制,提高师生安全意识。要按照"全员、全程、全面"的要求,系统宣传普及与危险化学品安全相关的法律法规、标准和知识,如危险源辨识、实验操作技能、安全操作规程、事故预防措施等,未经相关安全教育并取得合格成绩的人员不得进入实验室开展实验。对于有重要危险源的相关院系和专业,应开设有学分的安全教育必修课或将安全教育课程纳入必修环节,并加强对学生实验实践过程中实验室安全的指导。组织开展警示教育,让广大师生增强敬畏之心、树牢安全意识。

(3) 在强化危险化学品全流程管理方面,各高校应建立健全危险化学品全流程管理体系,强化采购、验收、存储、使用、废弃处置等全流程管理。特别是剧毒、易制毒、易制爆等管制类危险化学品,加强源头管理,严格执行审批程序;基于"最小化原则",严格控制危险化学品数量,台账清晰规范,严格落实"一书一签"。充分利用信息化手段加强危险化学品管理,了解自己的危险化学品底数,确保危险化学品存放地点、数量等实时透明。严格落实气瓶管理,定期清理危险废弃物。强化监测预警,加强危险化学品储存安全管理,严格执行标准规范,强化重点环节、重点部位安全管理,严禁在校园内开展化工中试项目。

(4) 在危险化学品设备设施与环境管理方面,各高校应明确危险化学品仪器设备管理机制,仪器设备相关部位应有安全警示标志,并提供安全操作规程或作业指导书;仪器设备均应由培训合格的授权使用人进行使用,并按要求做好特种设备管理;强化危险化学品安全设施管理,专人负责火灾报警器、可燃气体报警器、有毒有害气体报警器、氧浓度报警器等自动监测和安全报警设施维保;实验室应针对性选用防火防爆设备设施,并配备充足有效的消防设施;实验室应提供安全信息,各场所和设备设施等应设置响应警示标识,做好电气安全工作。

(5) 在全面深化风险辨识和隐患治理方面,各高校应提高安全风险辨识水平,建立教学科研项目风险评估与管控机制;针对危险化学品全流程管理中所涉及的人、机、物、环、管等方面,建立危险化学品安全风险评估体系并做好动态风险管控;实行实验室分级分类管控,特别是对安全风险较高的实验室,要进行重点监管,同时重点针对重大风险清单,制定措施消减风险,并配备足够、有效且适用的个体防护装备;以防火、防爆为重点,全面开展危险化学品安全隐患检查,实施事故隐患分级分类管理,限期完成隐患治理;重大事故隐患应组织制定并实施重大事故隐患治理方案,做到整改措施、责任、资金、时限和预案"五到位";全面实行"闭环管理"的安全隐患整改工作。

(6) 在提升应急处置能力和事故管理方面,各高校要根据本校学科与专业特点,建立健全实验室危险化学品安全事故应急预案,并定期组织演练,并及时进行演练效果评估,并形成记录;实验室内发生危险化学品泄漏、中毒、火灾、爆炸等紧急情况时应立即做出响应,启动应急预案,迅速采取有效应急措施控制事故;要加强应急救援队伍建设,配备应急救援器材和物资,定期检查并做好维护保养;加强实验室危险化学品安全应急能力建设,并形成完整的应急体系;严格遵守"四不放过"原则,及时、准确地查清事故原因,查明事故性质和责任,评估应急处置工作,总结事故教训,提出整改措施。

五、小结

本指南在现行国家有关法律法规、部门规章及标准规范的基础上,借鉴国内外先进的高校实验室危险化学品安全管理经验和相关管理体系编制而成。本指南明确了江苏省高校实验室危险化学品安全管理规范,具体包括危险化学品采购、验收、储存、使用、处置等过程中涉及的组织架构及管理、流程管理、设备设施与环境管理、安全风险辨识、评估及管控、隐患管理、应急处置与应急管理、事故管理等内容,为高校实验室危险化学品体系化、规范化安全管理提供依据,并给出了高校实验室危险化学品安全管理方面的一般性、原则性、方向性信息、指导或建议,重点在构建合理、系统、适应江苏高校实际情况的危化品安全管理体系;重点在依法依规防控实验室安全风险、消除实验室事故隐患、减少或避免发生实验室安全事故;对建制度、顺机制、保执行做出了明确规定,重点在制修订并执行相关法规、文件、规章制度的重要性;是高校实验室危险化学品安全管理的重要遵循,重点在依法构建知法、懂法、敬法、畏法、尊法、守法的良好环境和氛围,提升高校整体安全意识和能力。

指南编写完成并经专家评审之后,教育厅组织召开了《江苏省高校实验室危险化学品管理指南》宣传贯彻培训会,47所在宁高校180余人参加现场会议,128所宁外高校4 800余人通过线上直播参会,为夯实我省高校实验室危险化学品安全工作提供了坚实的基础。

理论实验一体化教学模式

堵国樑　黄慧春[①]

东南大学吴健雄学院"模拟电子电路"课程理论和实验的计划学时分别为64和32，采用了理论实验一体化教学模式，由一位教师统一承担。课程以理论教学、课堂实验、课程实验三种形式呈现。学生是学习的主体，教师由与"演员"身份调整为"编剧""导演"和"监制"角色。

课程以三种形式呈现：

（1）理论教学：着重分析介绍模拟电子电路、通道及系统的基本物理概念、分析方法和设计思路。

（2）课堂实验：通过单元实验的设计、仿真、搭试、测量及分析，巩固理论知识，掌握实验技术方法技能。

（3）课程实验：通过一系列由浅入深，具有探索性、设计性特征的系统综合性实验，让学生尝试解决具有工程应用背景的复杂专业技术问题。

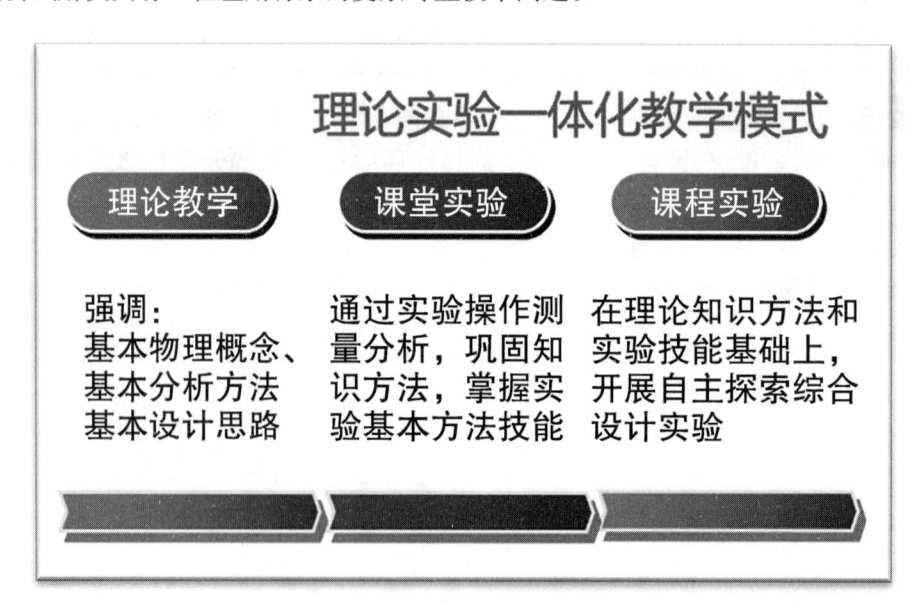

图1　理实一体教学模式示意

[①] 作者简介：堵国樑，东南大学电工电子实验中心原副主任、教授，长期从事电工电子基础课理论与实验教学。黄慧春，东南大学电工电子实验中心课程负责人、副教授，长期从事电工电子基础课理论与实验教学。

在每次 2 学时的理论教学中留出 10～15 分钟,让学生在个人实验室或"东南在线实验"平台上完成一个单元实验,如反相比例放大、微分、比较器电路、波形产生、精密整流电路等,将现场采集的数据和带学号水印的波形截屏植入实验报告替代实验结果验收。课程实验选择"波形的产生分解和合成""可控增益放大电路""光线强度测量及显示电路""卡拉 OK 音响"等突出探索性、工程性、设计性、综合性、系统性、多样性的项目,经软件设计仿真优化后在开放的线下实验室进行,在面包板上搭试,用常规仪器测试。

教室或实验室都是课程教学场所,实验进入理论课堂,理论可以在实验室授课,理论与实验一体,形式和内容上紧密结合;引入信息化教学技术,让手机成为教与学过程中的工具,用雨课堂讨论问题、答题测试,用手机视频展示实验实况、讨论问题现象;学生上讲台讲解,教师点评,探讨介绍设计思路、实验方法、分析问题。学生是学习的主体,教师由与"演员"身份调整为"编剧""导演"和"监制"角色。

图 2　教室与实验室教学场景

磁共振成像原理与序列应用虚拟仿真实验课程

孙　钰　万遂人　张　宇　付德刚　周光泉[①]

摘　要：磁共振设备是技术含量和附加值最高的医学影像设备之一，是显示人体机构和功能过程最重要的可视化工具。"磁共振成像原理与序列应用虚拟仿真实验"针对医学成像教学实践中存在的设备昂贵且受限于医学伦理及临床诊疗规范而难以进入课堂教学的难题，通过基于临床采集的真实数据和真实场景的虚拟仿真，沉浸式地实现了对磁共振成像原理的深入学习和对序列应用的专业实践，培养了学生的创新思维和创新能力，为医工交叉事业的发展培养优秀的复合型人才。

关键词：磁共振成像原理；序列应用；虚拟仿真；实验课程

一、课程目的

1. 实验旨在响应习近平总书记号召加快补齐我国高端医疗设备短板，培养新时代具有家国情怀和国际视野的国产高端医疗设备的高层次医工人才，加快关键核心技术攻关，突破技术装备瓶颈，实现高端医疗装备的自主可控

磁共振设备是技术含量和附加值最高的医学影像设备之一，也是当前显示大脑结构和功能过程最重要的可视化工具，但是国产高端医疗装备的发展存在严重的技术瓶颈和高端人才短缺的问题。因此，本实验坚持全员、全过程、全方位"三全育人"，将思想政治工作融入人才培养各环节，推动价值塑造、知识教育与能力培养"三位一体"有机结合，旨在培养未来能够在生物医学工程及相关领域从事科学研究、技术开发和管理等高层次工作，有志为国家重大医疗设备国产化做出杰出贡献，具有家国情怀和国际视野，并可担当引领未来和造福人类使命的医工行业一流领军人才。

[①] 作者简介：孙钰，东南大学生物科学与医学工程学院教授，东南大学-伯明翰大学生物医学工程联合中心执行主任，主要研究方向为脑影像智能分析。
万遂人，东南大学生物科学与医学工程学院教授，中国生物医学工程学会副理事长。
张宇，东南大学生物科学与医学工程学院研究员，生物科学与医学工程学院党委书记，主要研究方向为纳米生物学。
付德刚，东南大学生物科学与医学工程学院教授，生物医学工程国家级实验教学示范中心（东南大学）主任，主要研究方向为纳米生物学。
周光泉，东南大学生物科学与医学工程学院副研究员，生物科学与医学工程学院智能医学系副系主任，主要研究方向为医学超声成像和医学图像智能分析。

2. 该实验针对因医疗器械设备昂贵且受制于医学伦理及临床诊疗规范而难以进入课堂教学的难题,是高端医疗器械设备课堂实验教学的新尝试

一方面,磁共振成像本身的原理非常抽象与复杂,涉及物理、化学、电磁学、信号理论等多门学科;另一方面,医学成像设备实验成本高,单机造价上千万元,且临床试验受制于医学伦理及临床诊疗规范,学生无法在真实人体上进行反复操练,不利于理论和实践的结合以及批判和创新思维的建立。因此,迫切需要一种能充分揭示磁共振成像原理和应用的虚拟仿真教学系统,弥补传统课堂教学中"纸上谈兵"的不足之处。

二、课程简介

1. 教学目标

根据生物医学工程专业对医学成像原理的授课要求,通过本次实验,学生应当获得的知识与能力如下:

(1) 掌握磁共振成像技术的发展史和前沿应用。

(2) 深刻理解核自旋、磁旋比、拉莫尔频率和进动等物理概念,掌握磁共振现象的原理,理解磁共振的基本机制,了解其宏观现象的描述,学生能运用控制变量法,推理法验证拉莫尔公式的正确性。

(3) 掌握单个磁矩的合成、宏观磁化向量(磁矢)、旋转坐标系、RF脉冲、磁矢的弛豫(T_1、T_2、T_2*)、回波的形成、TE、TR、部分饱和效应的机制和概念,学生能运用等效的方法将复杂模型化简,掌握弛豫时间的概念与计算方法。

(4) 了解磁共振序列的基本定义和典型成像脉冲序列的选择和应用,掌握空间编码的概念和方法,K空间的定义和图像重建的典型方法和过程,通过观察推理结合的方法,掌握K空间与实际图像空间的对应关系。

(5) 通过虚拟扫描的实验,掌握成像过程和图像质量评估的指标,学生自行设计、比对不同序列参数扫描方案的扫描结果,在试错与优化中掌握磁共振扫描参数设定的技巧。

2. 教学设计

本实验教学设计合理,内容严谨翔实,教学过程由易到难、由理论到实践,遵循学生学习规律,具体情况如下:

(1) 教学内容设计从磁共振成像原理到医学应用出发,兼具创新性与高阶性

① 理论知识内容设计:医学成像是新兴的、发展迅速的交叉学科,是现代医学的重要组成部分和衡量医学水平高低的主要标志。本实验理论知识教学内容按照"医学成像原理"课程的参考教材《Introduction to Medical Imaging》中的磁共振知识点总结设计,覆盖课程的全部理论知识内容,具有较高学习难度,满足学生学习需求。

② 实验应用内容设计:以让学生掌握磁共振扫描技术与分析基本流程为指导思想设计实践应用内容,涉及临床应用全过程。根据南京医科大学附属儿童医院的磁共振扫描

间和控制室等真实场景进行虚拟仿真 3D 建模,实验操作尽可能还原现实工作情境,仿真扫描结果最大化地取自真实临床数据。

(2) 教学环节层层递进,从磁共振成像的基本原理、核心知识到应用方法,遵循学生学习规律

教学环节设计由易到难,由知识理解到实践应用,遵循学生的学习规律。包含 4 个层层相扣的实验教学环节:"磁共振物理基础"和"磁共振信号基础"着重讲述磁共振物理的微观原理,以及磁共振信号的产生机制;"成像设备和成像原理认知"展示了磁共振扫描间的布局和硬件部件的功能,原理认知部分介绍 K 空间的形成和磁共振影像的生成过程;"扫描和成像质量控制和评估"模拟了真实磁共振扫描的过程,包括序列选择和参数设定。学习者可以在仿真情境中,循序渐进学习磁共振成像的基本原理、核心知识和应用方法。

(3) 学生为中心的教学理念与项目式的教学方法相结合,培养学生自主探索、独立思考的能力

打破传统单一的教学方式,创新教学方法。以"学生为中心"的理念贯穿课程全过程,采用灵活多样的学习方法,调动学生学习兴趣,激发学生的学习潜力。使用自主教学、探究教学、互动式教学、任务驱动教学和合作学习的教学方法,将学习的主动权交给学生,以教师讲授为辅,学生自主探索为主,学生的学习结果取决于个体的课程学习情况,同时可以根据自己的能力水平和学习情况,自主安排深入探索的内容。

(4) 评价体系兼顾学生的知识掌握程度和灵活运用的能力

本实验课程不仅要求学生对磁共振成像原理涉及的知识点有深入的理解,还需要能够将其灵活地运用于实际的扫描任务中,对学生理论结合实践能力的要求较高。评分环节也精心设计了函数赋分模型,对不同专业基础和学习能力水平的学生具有明显的区分度,能为教师教学效果提供较为精准的参考。

三、实验设计

本虚拟仿真实验围绕"磁共振成像"这一主题,设计了 4 个递进的实验环节,"磁共振物理基础"和"磁共振信号基础"从微观的角度演示磁共振物理的知识点,"成像设备和原理认知"展示了磁共振扫描间的硬件设施与布局,以及 K 空间的形成和生成磁共振影像的过程,"扫描和成像质量控制和评估"模拟了真实磁共振扫描的过程,包括线圈选择、序列选择、参数确定等多个,递进式的实验环节,四个环节环环相扣,具体实验原理和结构见图 1。

1. 实验原理

(1) 磁共振物理原理

通过观察 B_0 主磁场强度对磁矩进动频率的影响,了解不同种类的原子核磁矩进动频率的差异,运用拉莫尔定律测算未知元素。

(2) 磁共振信号形成原理

通过认识旋转坐标系,90°脉冲与 T_1 弛豫,180°脉冲回波与 T_2 弛豫,验证部分饱和效

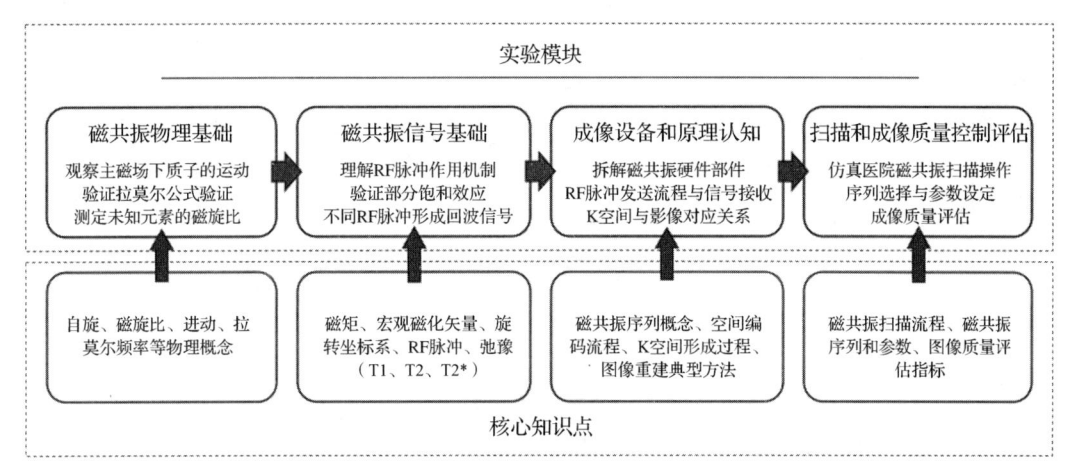

```
┌─────────────────────────── 实验模块 ───────────────────────────┐
│  ┌──────────────┐  ┌──────────────┐  ┌──────────────┐  ┌──────────────┐  │
│  │ 磁共振物理基础│  │ 磁共振信号基础│  │成像设备和原理认知│ │扫描和成像质量控制评估│ │
│  │观察主磁场下质子│  │理解RF脉冲作用机制│ │拆解磁共振硬件部件│  │仿真医院磁共振扫描操作│ │
│  │的运动验证拉莫尔│  │验证部分饱和效应│ │RF脉冲发送流程与信号接收│ │序列选择与参数设定│ │
│  │公式验证测定未知│  │不同RF脉冲形成回波信号│ │K空间与影像对应关系│ │成像质量评估│ │
│  │元素的磁旋比   │  │              │  │              │  │              │  │
│  └──────▲───────┘  └──────▲───────┘  └──────▲───────┘  └──────▲───────┘  │
│         │                 │                 │                 │         │
│  ┌──────┴───────┐  ┌──────┴───────┐  ┌──────┴───────┐  ┌──────┴───────┐  │
│  │自旋、磁旋比、│  │磁矩、宏观磁化│  │磁共振序列概念│  │磁共振扫描流程│  │
│  │进动、拉莫尔频│  │矢量、旋转坐标│  │、空间编码流程│  │、磁共振序列和│  │
│  │率等物理概念  │  │系、RF脉冲、弛│  │、K空间形成过程│  │参数、图像质量│  │
│  │              │  │豫(T1、T2、T2*)│  │、图像重建典型│  │评估指标      │  │
│  │              │  │              │  │方法          │  │              │  │
│  └──────────────┘  └──────────────┘  └──────────────┘  └──────────────┘  │
└─────────────────────────── 核心知识点 ───────────────────────────┘
```

图1 实验原理框图

应,让学生理解磁共振信号产生的关键步骤——回波形成的过程,对磁共振信号的形成的抽象过程有具体的认知。

(3) 磁共振成像设备原理

通过高度仿真的磁共振扫描间,观察磁共振扫描设备的整体布置,学习和实践磁共振扫描仪硬件部件的结构与功能,使学生对磁共振系统有一个整体的认知,对各部分的功能也建立起清晰的认识。

(4) 磁共振成像过程和K空间原理

深入理解磁共振编码和成像的全过程:从RF脉冲发射选层编码开启,到频率编码和相位编码,并逐行将K空间填补完整,最后重建为磁共振图像。通过频域滤波实验,让学生对高低频域与重建图像不同部分对应关系有深入的理解。

(5) 成像质量控制和评估原理

学习临床实践中磁共振扫描前的安全检查、病人放置与线圈选择,临床磁共振扫描的基本流程和操作界面,进行基本序列的应用,为后面实验模式奠定基础。

实验模式侧重不同序列的应用,共有三个案例:正常案例、肿瘤案例、体模案例。共有5个序列供选择:自旋回波序列、反转恢复序列、梯度回波序列、平面回波序列、快速自旋回波序列。

正常案例着重学习不同序列下灰质、白质、脑脊液的图案对比度;肿瘤案例着重学习如何选择多种序列并调整参数突出肿瘤增强区、瘤周水肿区与正常脑组织的对比度;体模案例着重学习如何调整多种参数完成脂肪抑制和水抑制效果。学生可多次根据当前任务重新选择序列、更改参数进行扫描,直至获得最好的成像效果。

2. 核心要素仿真设计

(1) 情景仿真:"沉浸式"还原磁共振成像临床应用环境

本虚拟仿真实验的场景是根据南京医科大学附属儿童医院的磁共振扫描间和控制室等真实场景进行虚拟仿真3D建模,真实再现应用磁共振设备扫描病人的完整过程,增强了学生的"沉浸式"体验感。

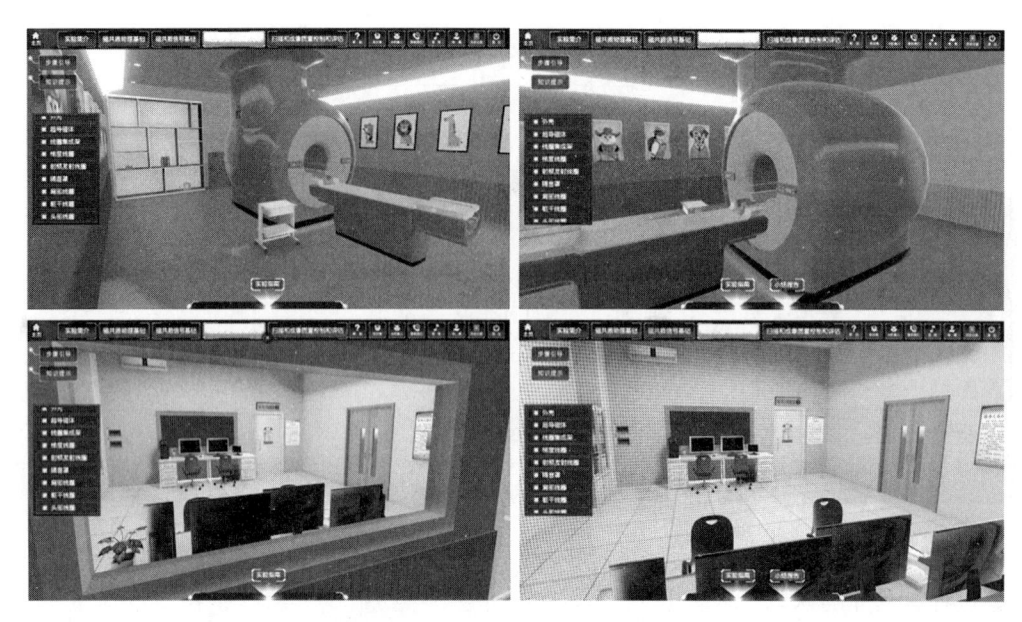

图 2　磁共振扫描间和控制室情景仿真

（2）设备仿真：直观展现磁共振硬件设备的硬件构造与成像过程

在"成像设备和原理认知"环节，通过由外入内的剖析方法，根据磁共振制造商提供的真实硬件数据进行 3D 建模，直观真实地再现了磁共振内部的硬件构造和成像过程，加深学生对磁共振设备和原理本身的认知和对所涉及的成像原理的理解。

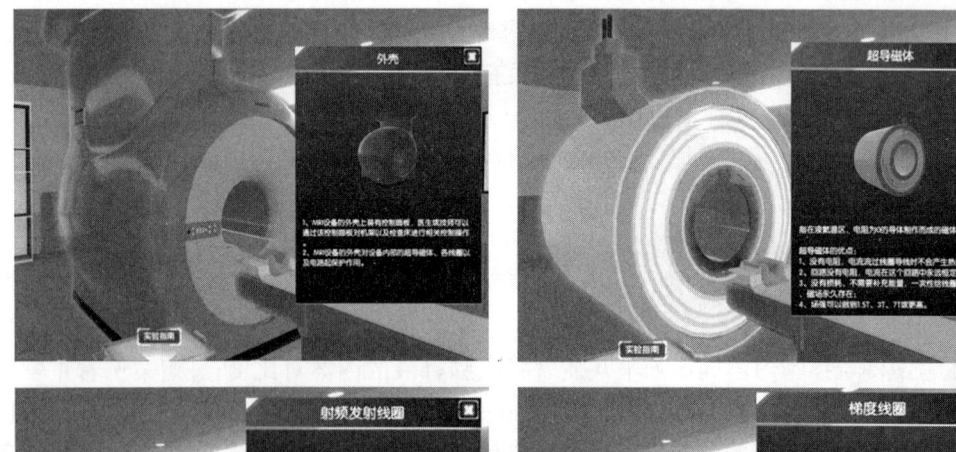

图 3　磁共振成像设备由外到内剖析仿真

(3) 交互仿真:"互动式"仿真呈现真实磁共振操作系统

在本实验中,学生操作的磁共振操作界面均是基于飞利浦公司的 3T 磁共振操作界面和系统开发设计的,增强了学生的真实体验感。

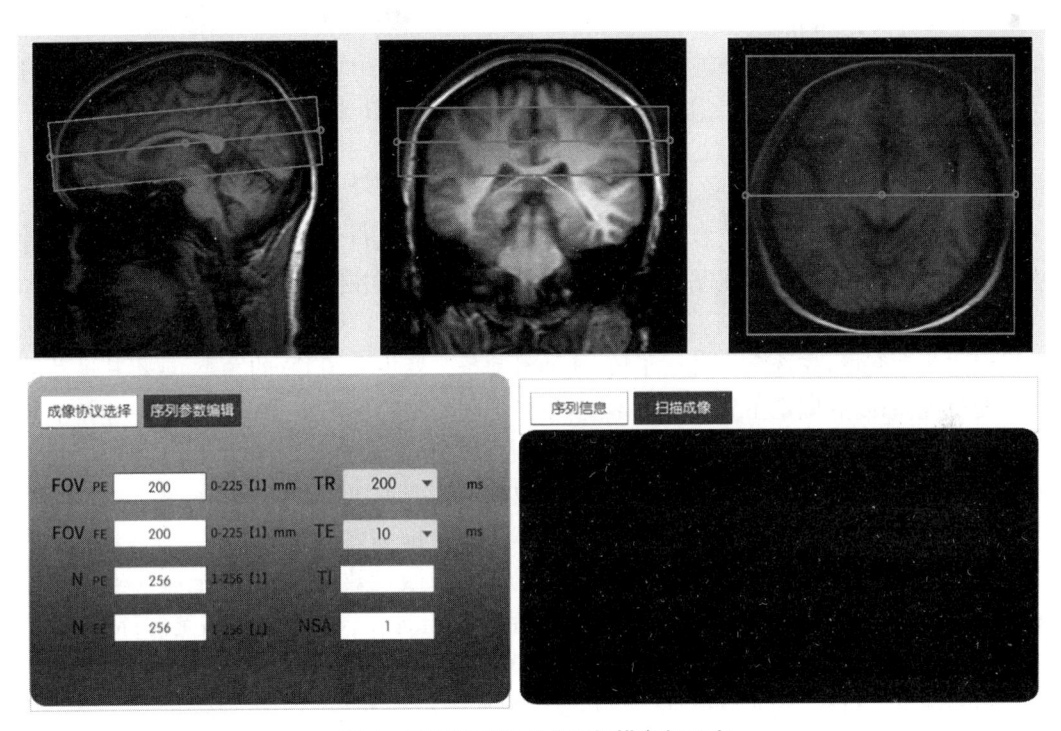

图 4　学习模式下磁共振扫描参数设定

(4) 数据仿真:基于真实磁共振影像数据建立虚拟仿真案例

本实验所用的磁共振图像,大部分是在医院放射科的临床磁共振设备上得到的临床数据,已通过了伦理审核,保证了仿真实验数据的真实和准确性。

四、教学过程与实验方法

1. 实验教学过程

(1) 认识实验背景和实验目的

第一阶段让学生对该门实验课程的学习目标有一个清晰的认知,同时还有一些磁共振成像最前沿技术科技文献的推送供学生选读,让学生了解国际前沿和国内前沿的磁共振水平,激发学生对磁共振成像技术的学习兴趣。

(2) 完成四个递进式的实验模块

"磁共振物理基础"和"磁共振信号基础"从微观的角度演示磁共振物理原理,涉及自旋、磁旋比、拉莫尔频率等知识点;"成像设备和原理认知"展示了磁共振扫描间的硬件设施与布局,并演示了 RF 脉冲信号的发送与接收、K 空间的形成、影像重建的过程;"扫描和成像质量控制和评估"设计了具体的扫描案例:正常案例,肿瘤案例和体模案例,操作步骤包括线圈选择、序列选择和多个参数的设定,模拟临床磁共振扫描的场景,训练学生扫描参数设定的技巧。

(3) 评分讨论环节

系统会给出详细的分步骤评分报告,学生对照得分与相应评语分析失分原因,并通过讨论区实现师生间交流互动,对课程相关问题展开讨论。具体实验流程如图5所示。

2. 实验方法

本实验使用控制变量法、科学推理法、等效法、观察法、自主设计法和比较法等实验方法,使学生更好地理解磁共振基本原理,掌握具体操作分析技能。

(1) 控制变量法主要用于磁共振物理基础模块。该模块中的实验存在质子种类和磁场强度这两个变量,先选定一种原子核,拖动滑动条改变主磁场 $B0$ 的大小,观察其进动波形的变化规律;随后固定主磁场大小不变,更换不同类型的原子核,由于磁旋比不同,不同原子核的进动频率不一样,故波形存在差别。通过控制变量的方法,学生将分别理解两个变量对此举运动状态的影响,并掌握磁旋比、拉莫尔频率等知识点。

(2) 科学推理法运用于磁共振信号形成模块部分饱和效应验证过程中,当学生观察到了短时间内密集的多个 RF 并不能一直起到同样的激发效果,故需要推理产生如此现象的原因。因为短时间内磁矩难以恢复,推得后面的脉冲仅仅作用在了恢复的部分,所以才能造成部分饱和效应的现象。通过这一实验方法,学生需要深刻理解磁矩在 RF 作用下翻转并恢复的过程,进而掌握部分饱和效应的具体表现和形成原因。

(3) 等效法主要用于磁共振信号形成模块。将分散进动的磁矩起点合到一起,进行矢量相加,相加的结果等效为合磁化矢量,经过等效简化过后,学生能更清楚地观察到 RF 脉冲对磁矩的影响,进而理解磁共振信号产生的机制。

(4) 观察法主要用于成像设备和原理认知模块。学生观察磁共振扫描间的空间布局,以及硬件结构和功能。学生观察磁共振编码的全过程,从 RF 脉冲发射选层编码开启,到频率编码和相位编码,并逐行将 K 空间填补完整,最后重建为磁共振影像。通过观察法,原本抽象难懂的磁共振信号发射与接收和 K 空间编码过程变得简洁明了,大大减少了学生理解的困难。

(5) 自主设计法和比较法主要用于磁共振虚拟扫描和成像质量控制和评估模块。学生根据具体需求选取自行选择不同的序列,设计与之对应的参数,以达到不一样的目的。内含正常案例、肿瘤案例、体模案例三个案例,让学生根据不同的扫描目标结果自主设计扫描方案,选择不同的序列,并设置该序列相关的参数。正常案例着重学习不同序列下灰质、白质、脑脊液的图案对比度;肿瘤案例着重学习如何选择多种序列并调整参数突出肿瘤核心区、水肿区与正常脑组织的对比度;体模案例着重学习如何调整多种参数完成脂肪抑制和水抑制效果。对于多次扫描图像,系统都会暂存结果,学生对比不同方案的结果,择优进行最终的提交评分。通过这两种方法的结合让学生掌握磁共振扫描的基本技巧。

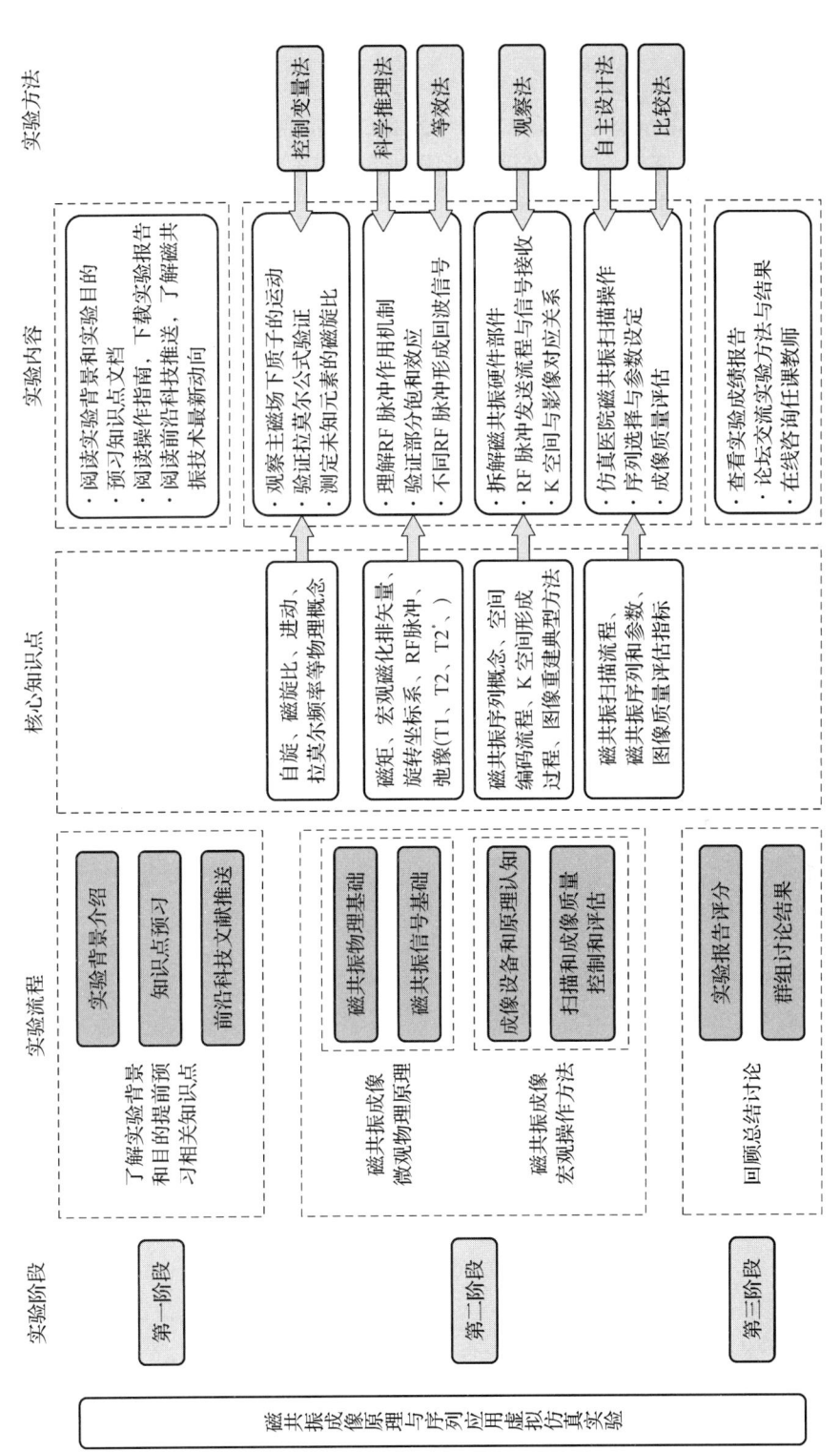

图 5 实验教学流程及实验方法

五、教学成果

2021 年 7 月,本课程获评江苏省教育厅发布的首批省级一流本科课程。

2023 年 5 月,《教育部关于公布第二批国家级一流本科课程认定结果的通知》确定本课程获批虚拟仿真类国家级一流本科课程。

截至 2023 年 11 月 1 日,课程总实验人次为 17 023 次,覆盖全国 23 个省、5 个自治区、4 个直辖市的 276 所高校,为国家医学成像原理在线实验教学做出了突出贡献。

大型科研仪器开放共享平台课程构筑博士生创新技能

陆 巍 钱 猛 何琳燕 王国祥[①]

摘 要: 创新能力的培养是博士研究生教育的重要组成部分。通过分析农业生物学类博士研究生创新技能培养的必要性,探讨了南京农业大学"生命科学研究方法与技术"专项培训体系构建的意义,重点阐述了建设内容、建设方式及教学成效。该培训体系分为五个功能模块,每个模块由专题讲座和实验技能培训两部分内容组成,是提高博士研究生创新能力和实践能力的有效途径。

关键词: 创新技能;大型仪器;开放共享;博士研究生

农业生物学是一门实践性、应用性、综合性很强的课程,其本质是以实验为主,农业生物学中许多理论和原理都是通过科学家反复实验发现和归纳而来。农业生物学类博士研究生是高层次专业人才,是知识经济时代社会发展的重要人力资本。博士研究生的教育是一个科研训练的过程,通过科研训练来提高博士生的科研能力,培养科研意识和塑造科研精神。因此,如何培养博士研究生掌握大中型仪器设备的实验技术及应用方法,了解现代农业生物学研究方法的前沿技术和应用发展,对于提高博士研究生培养质量、拓展研究思路、改善研究效率、掌握先进实验方法、提升学位论文研究水平起到至关重要的作用[②③]。

南京农业大学"生命科学实验中心"是国家"211"工程重点建设的科研共享平台,为国家生物学理科人才培养基地、国家生命科学与技术人才培养基地的支撑单位,设有"农业与生命科学博士生创新中心""农产品质量分析中心",面向校内外开展技术服务和技能培训。目前该中心建有四个实验技术平台,拥有 UltraVIEW VoX 3D 活细胞激光共聚焦显微镜、LTQ Orbitrap XL 高分辨质谱仪、透射电子显微镜、扫描电子显微镜等大中型仪器设备 45 台(套),价值约 4 000 万元[④]。

[①] 作者简介:陆巍,博士,南京农业大学生命科学学院生物学实验教学中心副主任,研究方向为植物生理学。
钱猛,博士,南京农业大学生命科学学院生物学实验教学中心副主任,研究方向为植物营养和逆境生理。
何琳燕,博士,南京农业大学生命科学学院生物学实验教学中心教师,研究方向为微生物发酵与生物修复菌剂研发。
王国祥,博士,南京农业大学生命科学学院生物学实验教学中心教师,研究方向为生物活性物质的分离纯化。
[②] 刘敏.全日制教育硕士专业学位研究生实践能力培养的探索与实践——以曲阜师范大学为例[J].学位与研究生教育,2015(2):32-35.
[③] 陶俊勇,邝溯琼,杨定新.以创新人才培养为导向的研究生实践教学体系探索[J].实验室研究与探索,2013,(32)11:317-320+363.
[④] 杜喜玲,盛哲津,张敬.大型仪器平台在本科创新人才培养中的探索与实践——以同济大学生物电镜平台为例[J].高校生物学教学研究(电子版).2023,13(2):43-46.

一、"生命科学研究方法与技术"培训体系的构建

南京农业大学为进一步增强博士研究生学术创新能力,提高博士研究生培养质量。由研究生院依托学校"农业与生命科学博士生创新中心",开展了以"生命科学研究方法与技术(Current Methods and Technologies of Life Science)"为主题的专项培训项目。培训由研究专题讲座、实验技能培训两部分组成。以专题讲座为引领,以模块实验加强实验技能训练、实验技术学习,掌握现代大中型仪器设备的应用与操作。内容分为五个模块:(1)蛋白质组学研究技术;(2)现代分子生物学研究技术;(3)生物信息学分析技术;(4)代谢组学研究中分析检测技术;(5)显微影像解析技术及其应用。

1. 专题讲座

(1)蛋白质组学研究技术进展。主要包括以下四个方面内容:① 蛋白质组学研究前沿与技术进展;② 化学蛋白质组学研究与应用;③ 蛋白质提取分离与鉴定技术的分类及其应用;④ 蛋白质相互作用的分析检测技术及其应用。

(2)现代分子生物学研究技术进展。主要包括以下四个方面内容:① 现代分子生物学研究技术前沿与进展;② 基因的克隆、PCR 技术;③ 基因表达与调控:荧光定量 PCR 技术、RNA 干扰、基因敲除,Northern 杂交、Western 杂交、酵母双杂交技术;④ 基因工程技术:转基因技术、表达载体的构建、转基因检测技术等。

(3)生物信息学分析技术应用与进展。主要包括以下三个方面内容:① 基因组学分析在农业领域中的应用;② 基因表达调控网络构建;③ 基因组变异与复杂性状形成的分子进化机制。

(4)代谢组学研究技术进展。主要包括以下两个方面内容:① 代谢组学研究前沿与技术进展;② 代谢组学分析在农业领域中的应用。

(5)显微影像观测技术与图像解析。主要包括以下三个方面内容:① 透射电镜影像观测技术及其在生物学方面的应用;② 扫描电镜影像观测技术及其在生物学方面的应用;③ Nipkow 转盘式激光共聚焦技术在生物学成像方面的原理及应用。

2. 实验技能培训

(1)蛋白质组学研究技术技能培训。主要包括以下五个方面内容:① 生物大分子的分离纯化和方法优化——在分子筛、离子交换柱模式下的分离条件与方法优化;② 生物大分子二维液相分离技术和双向电泳技术;③ 荧光差异双向电泳技术(DIGE)——盐胁迫下青菜叶片差异蛋白组学分析;④ 蛋白质的相互作用分析与鉴定技术——等温滴定量热仪的应用;⑤ 质谱分析技术在蛋白质组学研究中的应用——LTQ Oribtrap 质谱胶内条带蛋白和提取总蛋白的分析鉴定。

(2)现代分子生物学研究技术技能培训。主要包括以下两个方面内容:① 小麦中 Cu/Zn-SOD 基因的相对定量测定。包括总 RNA 提取、RT 合成 cDNA 第一链、荧光定量 PCR 扩增、定量计算与结果分析等;② 大肠杆菌中 rRNA 基因拷贝数的定量分析。包括

大肠杆菌中基因组 DNA 的提取、荧光定量 PCR 应用、rRNA 基因拷贝数的绝对定量和相对定量分析等。

(3) 生物信息学分析技术技能培训。主要包括以下八个方面内容：① 植物数量性状主基因＋多基因混合遗传分析，操作 SEA 软件包；② 分子标记连锁图构建，操作 DistortedMap 软件包；③ 连锁分析，操作国际上通用的软件包；④ 关联分析，操作国际上通行的软件包；⑤ 遗传交配设计上位性 QTL 定位与设计育种；⑥ 生物信息学分析，操作国际上通用的比较基因组学和基因分子进化的软件包；⑦ 遗传多样性分析，操作国际通用的软件包；⑧ 品质性状遗传分析方法介绍与软件操作。

(4) 代谢组学研究中分析检测技术技能培训。主要包括以下三个方面内容：① 无机元素总量测定及形态分析鉴定。包括等离子发射光谱法(ICP-AES)测定中药材中的微量元素、液相-原子荧光联用技术分析测定海藻中砷的形态；② 有机小分子的色谱分离与质谱鉴定。包括超高效液相色谱(UPLC)分析检测植物内源激素、气-质联用技术(GC-MS)检测鲜花中头香等挥发性物质成分；③ LTQ Oribtrap 质谱在小分子化合物定量分析中的应用。

(5) 显微影像解析技术及其应用技能培训。主要包括以下四个方面内容：① 扫描电镜样品制备、影像观测技术与图像解析；② 透射电镜负染色制样、影像观测技术与图像解析；③ 激光共聚焦扫描显微镜影像观测技术与图像解析；④ 荧光显微镜样品制备、影像观测技术与图像解析。

3. 培训对象

"生命科学研究方法与技术"专项培训面向全校自然科学类博士研究生开展，为了保证培训质量，每期培训名额限定 100 人，名额实行学院分配制，其中农学院 12 名、植物保护学院 12 名、资源与环境科学学院 12 名、园艺学院 12 名、动物医学院 10 名、动物科技学院 6 名、食品科技学院 14 名、生命科学学院 18 名、其他学院 4 名。获得参加资格的博士研究生需参加四个模块的研究专题讲座，根据自己的研究方向及兴趣在五个模块实验技能培训中任选两个参加培训。

4. 考核方式

"生命科学研究方法与技术"专项培训采用百分制进行考核，由现场作业、实验技能掌握情况、结合自己研究方向的设计性实验报告三部分组成，每部分分别占 20、30、50 分。考核成绩合格者计 1 学分。无故缺席者，按 0 分计入个人成绩。

5. 专题讲座专家及实验技能培训教师的挑选

每期培训中心均聘请校内相关学术领域中的资深教授和知名企业的高级工程师做专题讲座，每个模块邀请 2 名教师或高级工程师担任主讲，每期邀请不同的专家进行讲座（每期约 30%～50% 的更新率），以便学生能了解到最新的研究热点和前沿技术。

实验技能培训教师由"农业与生命科学博士生创新中心"的 12 名专职实验技术人员担任，其中 6 人具有博士学位。这些实验技术人员的岗位职责就是面向校内外提供大型仪器的技术服务,他们有多年的实践经验、工作责任心强、具有团队精神、较好科研背景。在实际的技术服务和课程讲授中学生反响极好。

二、教学成效

自2012年3月开始,农业与生命科学博士生创新中心已成立12年,共举办了11届"博士生创新技能培训"项目,全校来自生命科学、园艺学、农学、植物保护学、环境科学、食品科学等10个学院的1063名博士生参加了研究专题讲座和实验技能培训。7年来共邀请37位校内外专家举办专题讲座80场次,有12位专业技术人员组织了178项实验技能培训,具体教学成效如下。

1. 省级和校级研究生教改课题立项

(1)江苏省研究生教育教学改革课题3项:(1)慕课式大型仪器在线开发课程在生命科学研究生培养中的应用(JGLX19-035);(2)大型仪器平台虚拟仿真实训系统在农业与生命科学类研究生培养中的应用机制(JGLX17-020);(3)大数据技术辅助创新型农业与生命科学研究生实践实验技能培养(JGLX18-092)。

(2)校级研究生教育教学改革项目1项:农业与生命科学类博士研究生实践创新技能培养模式的构建与实践。

2. 发表相关教改文章

共发表6篇相关教改文章(表1)。

表1 发表相关论文

题名	第一作者	其他作者	来源	发表时间
农业生物学创新实践平台建设的研究与实践	杨娜	陈军,钱猛	高校实验室工作研究	2016,4:76-78
大型仪器平台虚拟仿真实训系统在农业与生命科学类研究生培养中的应用机制	钱猛	杨娜,刘园园,朱昌华,成丹,崔瑾	高校实验室工作研究	2018,3:125-128
微信公众平台在大型仪器共享平台管理中的应用与探索	钱猛	杨娜,刘园园,朱昌华,成丹	高校实验室工作研究	2018,4:67-70
现代生物学实验技术三位一体教学模式的探索与实践	钱猛	杨娜,朱昌华	高校生物学教学研究(电子版)	2021,11(4):37-41.
农业生物学虚拟仿真实验教学资源建	张炜	崔瑾,成丹	高校生物学教学研究(电子版)	2015,5(1):51-56
"虚实互补"的农业生物学实验教学体系的构建与实践	崔瑾	成丹,鲁燕舞,包浩然,卢亚萍.	高校实验室科学技术	2019,1:1-4

3. 出版配套培训教材

在研究生院资助出版的中心自编教材已经正式在科学出版社出版使用(图1)。教材内容与培训模块和大型设备相匹配,方便学生进行实验理论的学习和技能的培养,大大提高了培训效果。

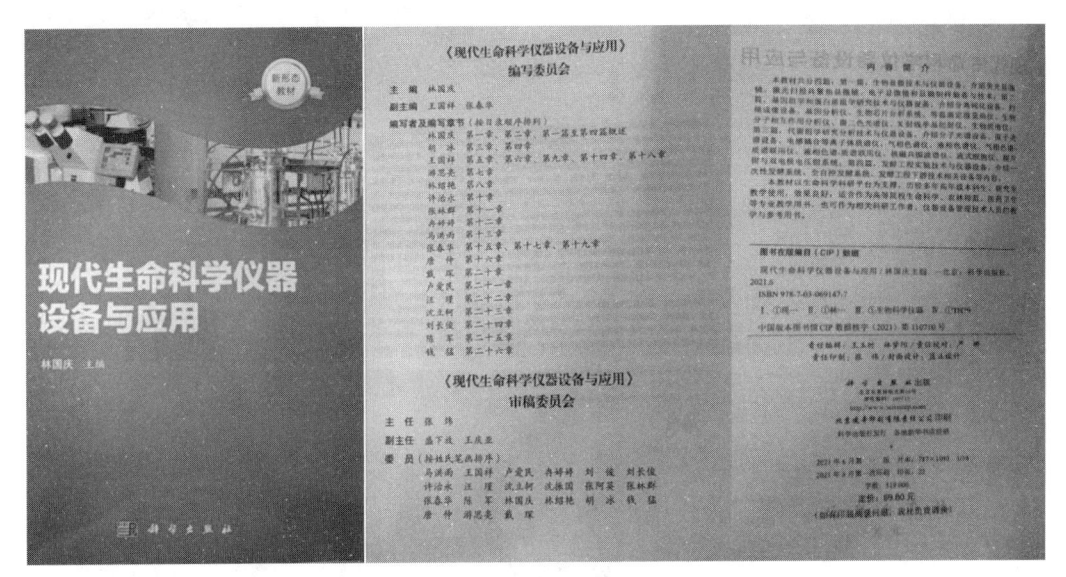

图 1 出版配套培训教材

4. 建设配套在线课程和大仪虚拟仿真实验项目

目前,我们已经制作完成9个大型仪器在线开放课程(图2),此次培训采用"线上自主学习+线下交流互动"相结合的原则,将传统的课堂教学活动与信息技术进行互补的全新教学方式,将在线开放课程与研究生实践创新能力培养有机结合。

大型仪器平台虚拟仿真实训系统已开发了ICP、激光共聚焦、透射电子显微镜等相关的虚拟仿真实训项目及标准化操作视频(图3)。将演示教学、软件操作的虚拟教学和多人一组的现场实践教学相结合,应用到"生命科学研究方法与技术(Current Methods and Technologies of Life Science)"为主题的"博士生创新技能培训"和"生物学实验技术概述"2门课程中。每年近100名博士研究生和180名硕士研究生在参加实验技能培训过程中使用该大型仪器虚拟仿真实训系统。其中,激光共聚焦虚拟仿真实训系统软件(2016)、扫描电子显微镜虚拟仿真实训系统软件(2016)已获得软件著作权(图4)。

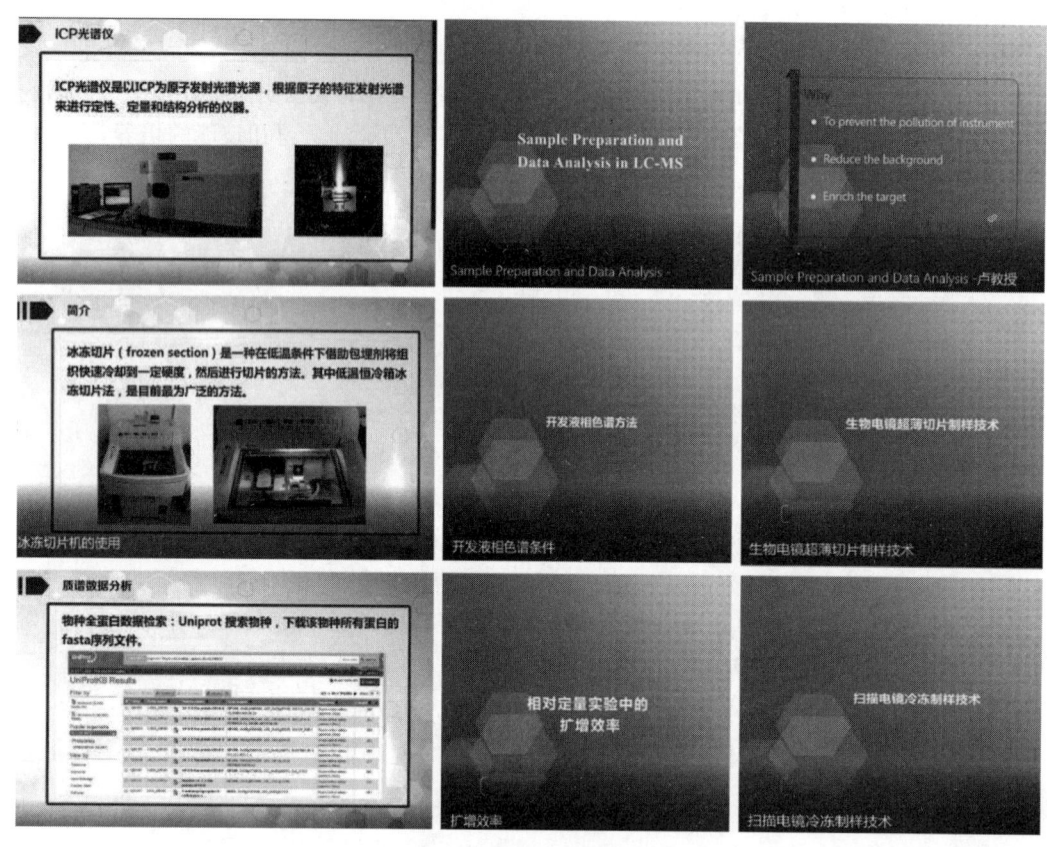

图 2　在线开放课程

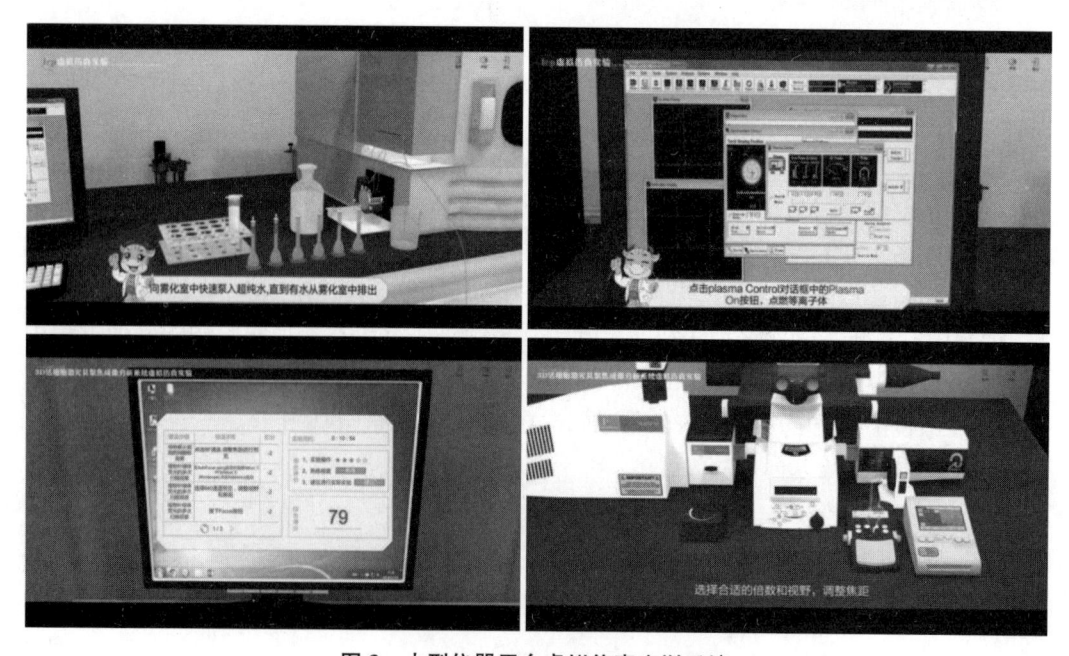

图 3　大型仪器平台虚拟仿真实训系统

图 4 软件著作权

5. 获评江苏省优秀博士论文

参加过博士生创新技能培训的学生中有 19 位是江苏省级优秀博士论文获得者。具体名单如表 2 所示。

表 2 江苏省优秀博士论文

论文题目	作者
施肥对稻麦轮作体系中对土壤线虫群结构的影响及调控机制	刘婷
禽致病性大肠杆菌 O2:K1 菌株 IMT5155 基因组特征及 DE205B 株黏附素和转录因子的功能研究	诸葛祥凯
白菜类作物基因组及重要农艺性状相关基因的生物信息学分析	宋小明
独脚金内酯参与氮、磷调控水稻根系生长发育的机制研究	孙虎威
噬菌体抑制土传青枯菌入侵番茄根际的效果及进化生态学机制研究	王孝芳
棉铃虫 CYP6AE 基因簇对异源化合物的代谢功能及其基因表达调控研究	王慧东
冷暖季型牧草表面微生物菌群对青贮发酵品质及微生物群落结构的影响	王思然
酿酒酵母 Vps21 模块蛋白与 ESCRT 复合体协作参与自噬前体封口的分子机制	周帆
蚯蚓及其堆肥对番茄抗虫性的影响机理研究	肖正高
磷脂酶 D/磷脂酸参与梨自交不亲和反应的功能分析	陈建清

6. 培养优秀青年学者

参加过培训的学生近三年发表约 312 篇 SCI 论文。多人获得"333 高层次人才"培养对象、"六大人才高峰"高层次人才、江苏省高校"青蓝工程"中青年学术带头人、农业部神农中华农业科技奖一等奖、江苏省科学技术奖二等奖等荣誉称号。

三、结语

创新技能是知识时代和信息时代对博士研究生培养的基本要求,大型科研仪器开放共享平台课程是以全面提高博士研究生创新精神和实践能力为宗旨,设置多个创新型实用功能模块,将理论教学与实践教学融为一体,以现代化的手段拓展科研训练领域,提高科研水平,为博士研究生完善自身知识结构、培养实践能力和创新能力构建了一个良好的平台①②③④。

---

① 吴智丹,马洪雨.校院两级大型仪器设备开放共享体系建设与实践[J].科学管理研究,2023,41(2):51-56.
② 韩晓敏.高校大型仪器设备档案管理的探索与思考[J].中国现代教育装备,2021(3):4-6.
③ 李卫芳.聚焦学生创新能力培养,探索高新技术教学实践——"微量热泳动法定量分析生物分子间相互作用"微课教学[J].高校生物学教学研究(电子版),2023,13(1):3-5.
④ 吴冠仪.科教融合视角下高校大型仪器设备全生命周期管理[J].实验室研究与探索,2021,40(4):280-283.

新型动物科学类专业人才核心能力培养体系的构建与创新

毛胜勇　姜　平　王　恬　蒋广震　曹瑞兵　熊富强　张艳丽[①]

摘　要:近十年来,我国养殖业已从传统的"家庭式养殖"发展成为现代集约化产业,并向现代智慧化产业发展,产业的高速发展和科技进步对动物科学类人才的实践创新能力培养提出了新要求。在国家卓越农林人才教育培养计划项目、江苏省教改项目"高校专业建设水平评价理论和指标体系研究"和"基于MOOC资源的混合式金课建设与实践——以动物繁殖学课程为例"研究基础上,依托"动物科学""水产养殖学""动物医学"国家级一流专业和"动物药学"江苏省特色专业建设,以国家实施"乡村振兴"战略为契机,在动物科技学院(含渔业学院)和动物医学院的动物科学类4个专业(动物科学、水产养殖、动物医学和动物药学)中,通过修订人才培养方案,全面梳理与调整课程设置,依托国家实验教学中心平台,整合校内外资源,跨学科专业构建人才核心能力培养体系,培养新型动科类人才,适应现代畜牧业发展需求,提高学生创业精神和实践创新能力,走出了一条培养与现代畜牧业需求相适应的动物科学类人才的新路子。

关键词:动物科学类人才;实践创新能力培养;现代畜牧业

一、成果简介及主要解决的教学问题

1. 成果简介

我国畜牧业正在由集约化向现代智慧化产业发展,对动物科学类(简称动科类)人才培养提出了新的要求。本成果基于2013年国家农科教合作人才培养基地建设实践,并在2个国家卓越农林计划与2个省部级教改项目的引领下,以国家实施"乡村振兴"战略为

[①] 作者简介:毛胜勇,南京农业大学动物科技学院教授,院长,教学与科研方向为动物营养与饲料科学。
姜平,南京农业大学动物医学院教授,院长,教学与科研方向为动物传染病诊断与免疫。
王恬,南京农业大学动物科技学院教授,教学与科研方向为动物营养与饲料科学。
蒋广震,南京农业大学动物科技学院副教授,副院长,教学与科研方向为水产动物营养与饲料学。
曹瑞兵,南京农业大学动物医学院教授,副院长,教学与科研方向为动物疫病诊断与免疫。
熊富强,南京农业大学动物医学院教授,院党委副书记,从事思想政治教育方向。
张艳丽,南京农业大学动物科技学院教授,副院长,教学与科研方向为"动物繁殖学""羊生产学"。

契机,通过修订动科类4个专业人才培养方案,全面梳理与调整课程设置,依托国家实验教学中心平台,整合校内外资源,构建培养新型动科类专业人才核心能力体系,适应现代畜牧业发展需求。

(1) 构建培养新型动科人才核心能力体系

以国家战略和社会需求为导向,以提升学生自主学习能力和综合素质为中心,坚持立德树人,以乡村振兴为引领,实施"引路人"计划,培养学生"学牧爱牧兴牧"素养,跨专业构建了动科类人才"创新能力、学习能力、实践能力"3类9项核心能力体系(图1):以"国际视野、价值践行、专业认知"为抓手,着力培养学生的自主创新能力;以"审辩思维、解决问题、创新思维"为突破点,着力培养学生的创新能力;以"组织管理、沟通协调、实践应用"为着力点,培养学生的实践能力。

图1　新型动物科学类专业人才核心能力体系

(2) 制定新型动科人才核心能力培养方案

坚持以学生发展为中心,提升动科类人才核心能力为培养目标,修订4个专业人才培养方案,全面梳理与调整课程设置,构建了以"通识教育＋专业课程＋素质拓展""两路径、三保障"的新型动科类课程体系,突出价值塑造教育与专业核心能力的培养(图2)。

(3) 建设"342"新型动科类人才核心能力培养通道

构建校企融通、校地融通、专业融通("3融通")模式,建设教学实习、毕业实习、专业竞赛、社会实践("4环节")的综合能力培养环节,利用国家级、省级实验教学中心("2平台")加强实践训练,培养学生的科技创新思维和与现代养殖业发展需要的实践应用能力。

本成果实施成效显著。学生的创新精神、创业意识和解决实际问题的能力得到明显提高,本科生获各类国家级奖49项、省级奖127项,涌现出许多优秀典型,毕业生受到用人单位好评。建设3个国家级一流专业建设点、17门国家与省级精品课(含3门国家级

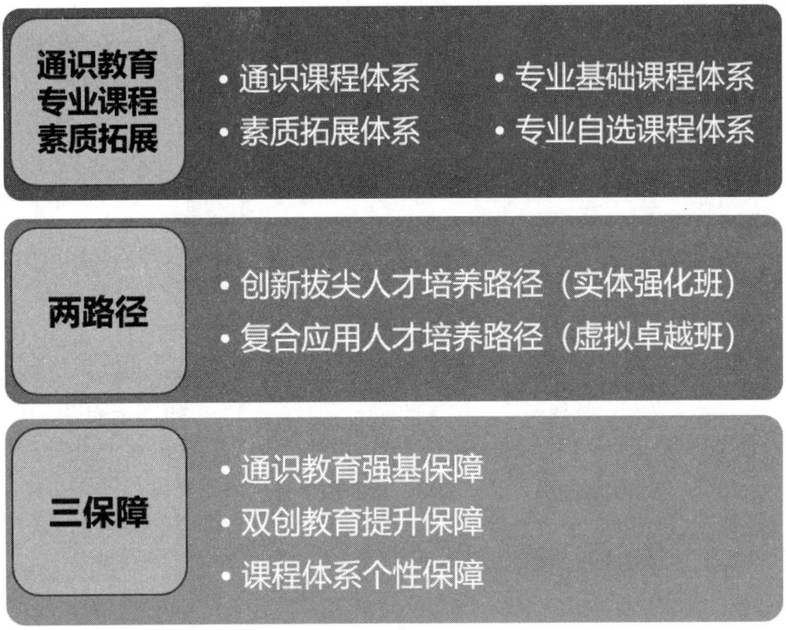

```
┌─────────────┬─────────────────────────────────────────┐
│ 通识教育    │ • 通识课程体系      • 专业基础课程体系  │
│ 专业课程    │                                         │
│ 素质拓展    │ • 素质拓展体系      • 专业自选课程体系  │
└─────────────┴─────────────────────────────────────────┘

┌─────────────┬─────────────────────────────────────────┐
│             │ • 创新拔尖人才培养路径（实体强化班）    │
│  两路径     │                                         │
│             │ • 复合应用人才培养路径（虚拟卓越班）    │
└─────────────┴─────────────────────────────────────────┘

┌─────────────┬─────────────────────────────────────────┐
│             │ • 通识教育强基保障                      │
│  三保障     │ • 双创教育提升保障                      │
│             │ • 课程体系个性保障                      │
└─────────────┴─────────────────────────────────────────┘
```

图 2　新型动物科学类专业人才核心能力培养课程体系

一流课程），出版 19 种规划教材。136 人次企业专家与行业名家进校参与协同育人，受到社会与兄弟院校的积极关注与好评。

2. 主要解决的教学问题

（1）学生综合能力培养与产业科技进步和社会需求脱节

传统人才培养存在"重知识灌输、轻能力培养"的倾向，课程体系过度专业化，学生专业以外领域知识不足，缺乏个性化培养和国际化视野，影响综合能力的培养效果，导致人才能力培养不能满足产业、社会需求。

（2）校内教学资源不能满足人才能力培养需要

在国家"乡村振兴"战略和产业快速发展背景下，校内教学资源与产业发展不匹配，学生缺乏对新技术、新产业、新业态认知，导致人才培养与产业科技进步和企业实际需求脱节。

二、成果解决教学问题的方法

1. 修订培养方案，构建核心能力体系

坚持"学生发展为中心、能力培养为核心"理念，修订培养方案，优化课程体系，构建新型动科类人才核心能力体系和"两路径，三保障"能力培养体系。"两路径"：构建拔尖创新和复合应用人才培养新路径。"三保障"：① 通识教育强基保障，强化人文、社会科学教育，培养学生具备人文素养、国际视野、审辨思维的综合能力。② 双创教育提升保障，建立课堂教学—科研训练—项目实施—以赛促学的双创教育体系,培养学生创新创业和解决实际问题的能力。③ 课程体系个性化保障,搭建新型课程体系,使选修课程数占专业课程65%,鼓励学生根据择业导向选修课程,促进学生差异化发展。

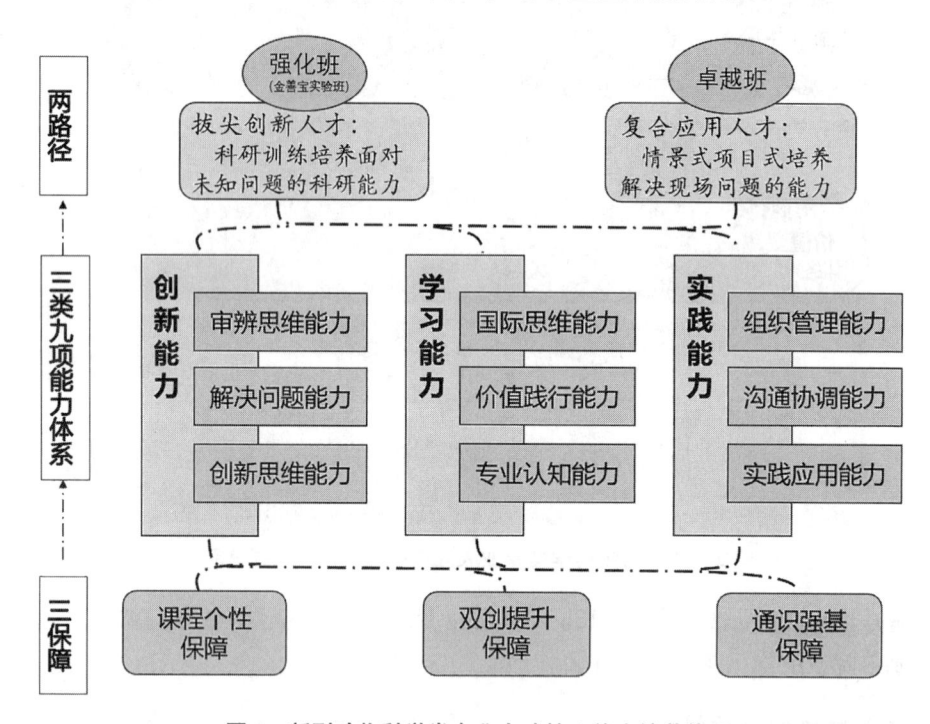

图 3　新型动物科学类专业人才核心能力培养体系

2. 推行"引路人"计划,深化三全育人改革

(1) 全面贯彻"四个引路人""四个相统一"讲话精神,落实"三全育人"现代教育理念,在新生入学第二个月,建立"引路人"导师库,构建新型师生关系,让学生提早进入一对一导师指导阶段,增进学生对专业的了解。

(2) 将 SRT 训练、本科毕业实习与"引路人"计划有机结合起来,使学生更早了解产业前沿和科技创新前沿。

(3) 开设行业企业专家课程,邀请政府、行业、企业领导与专家进校讲座,加深学生对社会、行业、企业的了解。

3. 构建"3 融通"模式,提升实践创新能力

(1) 校企融通:构建以"产业研究院"引领的新平台,使教学与产业科技进步和企业发展紧密相连。

(2) 校地融通:组织学生深入基层开展"三技"活动,应用所学知识服务"三农"。依托三下乡社会实践,到贵州麻江河坝村调研,积极参与脱贫攻坚工作。

(3) 专业融通:面向动科类专业,建设教学实习—毕业实习—专业竞赛—社会实践"4 环节"的综合能力培养环节。

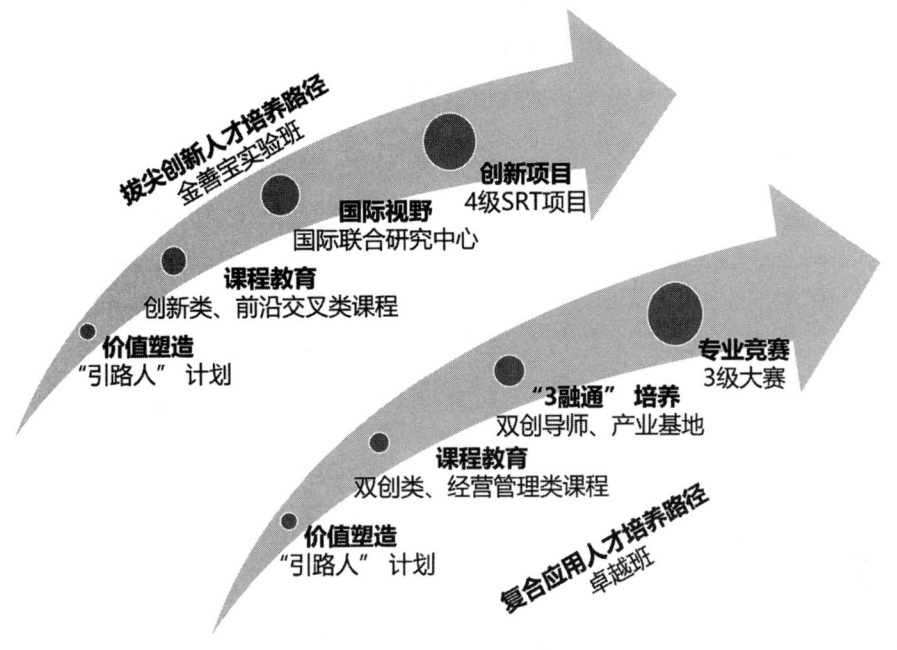

图 4 "两路径"分类培养体系

教师设立"创新性实验实践教学项目",促进科研成果转化为实验教学内容。学生设立院—校—省—国家 4 级创新训练计划,80%以上学生获得资助受到训练。

4. 整合校内外资源,构建实践教学平台

与地方、企业共建开放共享的 3 个国家级、1 个省级实验教学中心/基地,搭建以国家级实验教学中心和 70 多个校外产学研基地构成的校内-校外"2 平台"人才培养通道,培养学生实践能力。利用省级重点学科、优势学科,省部级重点实验室和国际联合研究中心优势,培养学生国际视野和国际思维能力。

5. 加强师资队伍建设,建设优质教学资源

通过"走出去、引进来"加强师资队伍建设,聘任双创导师,鼓励教师走出校门参加国内外进修及产学研合作,增强创新能力培养。建设了 3 个国家级一流专业建设点、3 个省级一流专业、3 门国家级一流课程,出版了 19 种规划教材。

三、成果的创新点

1. 构建了新型动科类创新人才核心能力培养体系

根据不同类型人才培养目标,构建了"价值塑造—课堂教育—国际视野—创新项目"创新人才核心能力培养模式;施行一对一的"引路人"导师计划,培养学生"学牧爱牧兴牧"素养;开设学科前沿、现代生物技术、智慧畜牧和学科交叉课程,注重个性化培养,以提升

学生多元化创新思维能力与解决复杂问题能力为核心;加强研究性教学,依托国际联合研究中心等平台优势,拓宽学生国际化视野;设立院—校—省—国家4级创新训练计划,项目驱动,着力提升学生创新意识、创新能力和科研素养。

2. 创新整合资源、协同育人的"3融通"综合能力培养路径

在国家实施"乡村振兴"战略与畜牧业快速转型发展背景下,针对校内优质实践教学条件与资源不足问题,突破在校内闭门"找资源、建资源"局限,融合学校教师、企业专家与行业名家资源,整合教学、科研和产业3类基地资源,创新建设校企融通、校地融通、专业融通的"3融通"的综合能力培养路径,满足学生专业核心能力培养需要,培养学生与现代畜牧业发展相适应的专业核心能力。

四、成果的推广应用情况

1. 学生受益面广,创新能力显著增强

本成果建设了高水平师资队伍和平台,近5年来教师承担了305项国家和省部级科研课题、304项产学研合作课题,400多名学生参加了教师的各类课题,毕业论文选题约60%来自科技前沿、40%来自产业问题。学校的植物与动物学是ESI世界排名前1‰学科,"畜牧学""兽医学"为江苏省优势学科,"动物科学""动物医学""水产养殖"为国家一流专业建设点和省品牌专业,"动物药学"为江苏省特色专业,专业对应的支撑学科均有博士学位授予权。超过80%学生(免推读研生为100%)参加各级创新计划训练,近5年来发表论文70篇。研究生录取率由2009届26.7%提高到45.0%(2017—2019届平均值),优秀生被中科院、北京大学、清华大学、浙江大学、中国农大等免试录取或赴国外一流大学深造,学生的创新能力受到广泛认同。

2. 学生专业素质高,价值践行能力强

本成果实践增强了学生学习的主动性与针对性,与现代畜牧业发展相适应的专业素养与价值践行能力提高,涌现出许多优秀典型,如李琳倩等2016年获全国大学生动物科学专业技能大赛特等奖,臧新威等2017年获全国大学生动物科学专业技能大赛特等奖,员阳2018年获得全国农林高校牛精英挑战赛一等奖。学生依托社会实践三下乡活动,到贵州麻江河坝村调研,积极参与脱贫攻坚工作。

图 5 学生参与各类专业技能大赛获奖情况

3. 学生实践应用和解决问题能力好,得到社会各界广泛认可

学生 100% 参加各类专业技能竞赛、创新论坛与社会实践活动,实践创新能力增强,使 4 个动科类专业学生受益,获国家级奖 49 项、省级 127 项。汪长建 2019 年获得伯藜创业计划大赛一等奖,许秋华等 2019 年获第十六届"挑战杯"全国大学生课外学术科技作品竞赛二等奖,李力枢等获第十六届"挑战杯"全国大学生课外学术科技作品竞赛三等奖等。毕业生中超 40% 的人直接到生产一线就业,学生无论是直接就业,还是读研深造,都受到用人单位好评,就业率一直保持在 100%。

畜禽食品安全科普团	校志愿服务优秀组织奖	 平安阿福流浪猫狗救助
 博爱安养庇护中心服务	 孙中山纪念馆义务讲解	青春助残志愿服务
关爱自闭症公益活动	 本土动物养护与文明养宠调研活动	 科技支农实践团赴江苏盐城进行病理诊断技术服务

图 6 各类实践活动

4. 形成成果的示范效应好

本成果构建了跨学科专业的人才核心能力培养体系,整合了校内外资源,解决了传统动科类人才培养模式中缺乏核心能力培养手段的问题,激发了学生学习主动性,提高了创新实践能力和综合应用能力,有很好的示范推广价值。项目组在校内外通过研讨会、高校间互访交流、基地观摩等积极宣传与推介成果,扩大受益面和影响力。成果培养学生核心能力、建设能力培养体系,受到兄弟院校的积极关注与好评。

江苏大学实验室全流程、精准化安全管理案例

吴云龙　夏姣姣　李　静[①]

实验室安全工作是一项长期性的基础工作,事关全校师生生命安全和学校事业发展大局。我校实验室安全管理工作采用了全流程、精准化管理模式,以提升安全责任意识为目标,构建职责明确的三级安全责任体系,建立健全完善的全流程管理制度、打造专业化管理队伍、强化安全管理培训、分解和压实安全责任、安全隐患闭环管理、组织和实施绩效管理等措施手段,基本实现实验室安全管理的源头把控、过程监督、全程覆盖、全程可追溯的预期目标。

1. 构建三级安全管理体系,层层压紧压实安全责任

根据"谁主管、谁负责,谁使用、谁负责,谁指导、谁负责"的原则,建立了校、院(中心)、实验室三级安全管理体系,层层抓落实,切实将实验室安全责任落实到人。每年按时完成逐级签订实验室安全管理责任书,学校与设有实验室的二级单位签订实验室安全管理责任书,各二级单位与实验室负责人、各实验室负责人和相关实验人员签订实验室安全责任书,进入实验室开展实验的学生签署实验室安全承诺书。

通过实验室安全工作领导小组会议,进一步明确安全保卫处、科学技术处、教务处等9个相关职能部门的工作职责。院级层面成立实验室安全工作委员会,建立了职责明确的校、院(中心)、实验室三级实验室安全管理责任网络。学校配备了专职实验室安全管理人员5名,聘请了实验室安全督查员16名。在二级单位还有专兼职的实验室安全管理员28名、危险化学品管理员20名、实验室危险废弃物管理员20名、实验室准入管理员28名、实验室特种设备管理员21名,同时各单位的课题组(实验室)还须指定专人担任实验室安全管理员。

2. 建立健全安全管理制度,实现实验室全流程管理

近三年,为适应国家法律法规的变动与新的教育教学管理形势,学校要求在全面梳理已有的相关规章制度的基础上,制订和修订了一系列实验室安全管理制度,确保实验室安全管理有章可循、按章办事。

制定和修订了《江苏大学实验室安全分类分级管理办法(试行)》《江苏大学实验室危

[①] 作者简介:吴云龙,江苏大学实验室与设备管理处技术安全科科长,高级实验师。
夏姣姣,江苏大学实验室与设备管理处技术安全科,实验师。
李静,江苏大学实验室与设备管理处技术安全科,讲师。

险化学品使用安全专项治理行动实施方案》《江苏大学特种设备管理办法》《江苏大学实验室危险废弃物处置管理办法》《江苏大学危险化学品安全管理办法》《江苏大学实验室安全教育与准入管理办法》《江苏大学实验安全事故事件追责问责办法》《江苏大学实验室考核办法》《江苏大学实验室管理办法》《江苏大学实验气体与气瓶使用管理实施细则(试行)》《江苏大学仪器设备采购实施细则》等文件。

各二级单位根据上级部门和学校的要求,结合本单位实际,出台了本单位实验室安全相关制度或相关细则。各课题组(实验室)建立值日值班制度,编制操作规程和应急预案。

3. 规范实验室安全教育培训,有计划开展应急演练

实验室安全教育培训是预防实验室安全事故的有效手段,一直是我校实验室安全工作的重点工作。在《江苏大学实验室安全管理规定》《江苏大学实验室安全教育与准入管理办法》等文件中,明确规定了开展新的实验项目前须进行风险安全评估,所有人员进入实验室前的安全知识、安全技能和操作规范培训与考核标准,各级各类实验室安全管理人员以及在实验室工作的师生应继续接受安全教育培训。

学校通过江苏大学实验室安全教育与管理网络平台,对全校师生开展校级层面的安全教育与考核。各二级单位根据学科与专业特点,完成本单位教师、研究生和本科生的院级和实验室层级的实验室安全教育、准入培训与考核工作。同时,学校和部分学院还根据需要开设了"涉化实验室安全教程""实验室安全教程""实验室安全检查岗位实践""化工安全工程概论""设备安全技术""固体废物处置与处理""防火防爆技术""电气安全技术"等共计11个学分的安全教育课程。

严格按照"全面、全员、全程"的要求,对各二级单位分管领导、实验室安全管理人员、实验指导教师以及进入实验室的人员,通过多种多样的形式,进行全面、分层次、有重点的安全教育培训,明确实验室安全管理岗位职责,提高实验室安全技能,提升实验室安全管理水平。

定期或不定期开展实验室应急演练,提升实验人员应急救援能力。学校每年根据工作计划和事故应急预案,开展实验室应急演练,并组织全校观摩,演练内容包括消防、危险化学品泄漏、特种设备事件等。同时,督促各二级单位结合本单位实际,至少每年一次开展实验室安全应急演练,作为实验室安全管理考核内容之一。

4. 强化实验室安全检查,实现安全隐患闭环管理

实验室安全检查是预防实验室安全事故发生的重点环节。在《江苏大学实验室安全管理规定》《江苏大学实验室安全督查实施办法(试行)》《江苏大学实验室分类分级管理办法(试行)》等相关制度中,明确了各级各类实验室的安全检查频次、内容与标准、发现问题的反馈、限期完成隐患整改等要求。

校级实验室检查分为常规检查、专项检查、重要时间节点检查、不定期抽查等类别。学校常规检查由实验室与设备管理处牵头,联合学校安全保卫处、后勤管理处等部门,每年开展不少于4次的实验室安全普查,检查结果现场及时反馈并在校内信息网全校通报。校实验室安全督查组采取"四不两直"的方式,按每周不少于1次的频率抽查全校实验室,

重点检查危险源多的实验室,发现问题及时反馈,要求各单位举一反三、限期完成隐患整改,学校组织人员跟踪复查隐患整改情况,实施闭环管理。院级层面的检查由各单位组织实施,检查频次不少于每月1次。课题组层面的检查不少于每周1次,实验室层级的日常检查每天进行。对检查中发现的问题必须记录在案,后附整改情况,形成隐患排查整改闭环管理文档备查。

5. 全生命周期管理危险源,加大安全设施建设力度

近三年,根据全流程管理理念,对实验室危险源实施从源头把控、使用过程到末端处置的全生命周期管理。全校实验室管制类危险化学品统一由危险化学品管理中心负责采购,其他非管制危险化学品须通过实验材料综合管理平台采购,实现了全校危险化学品的源头管理。

制订和实施《江苏大学危险化学品安全和危险废物处置综合治理实施方案》,全面推进危险化学品安全和危险废物处置工作,加大对危险化学品管理、危险废物存储与中转相关安全隐患的排查整改力度,督促各涉危实验室制订应急预案与开展应急演练。2020年9月,启用校级危险废物暂存场所。学校每周定时转移各单位的危险废物,有效降低危险废物在二级单位和实验室留存的安全风险。2022年,通过有资质的第三方公司处理危险废物83.46吨。

与此同时,进一步强化和规范特种设备的安全管理。2021年,出台《江苏大学特种设备管理办法》,全面梳理并建立了全校特种设备管理台账。组织开展全校特种设备相关人员专项培训,相关人员取得管理证20本、操作证46本。

实验室安全工作是一项长期性、基础性的保障工作,成于众人之力,持续改进,只有逗号,没有句号。在全面、全员、全程的努力下,才能不断提升实验室安全管理工作水平。

后　记

当你看到这一页的时候,这本成果集也到了结尾,但我们的路还很长,还有许多事情要做。成就归于过去,梦想属于未来。

江苏省高等教育学会高校实验室研究委员会(简称"研究会")第八届理事会副理事长、秘书长张徐祥教授在序中回顾了这本成果集的创意过程,尽管成果集只是收集了近五年全省高校有关实验教学、实验室建设与管理以及实验室安全等相关领域优秀研究成果和管理案例,但是凝聚了三十年来江苏省高校实验室从业者的薪火传承。一直以来,在江苏这片教育沃土中,一代代、一批批师德高尚、业务精良的实验室人,他们弘扬并践行着教育家精神,教书育人、培根铸魂。成果集的出版,同时也是研究会历届领导班子赓续接力、奋楫扬帆的奋斗史,是江苏省所有高校实验室管理者呕心沥血、继往开来的记录册,更是一线实验室从业者辛勤耕耘、开拓创新的高质量发展史。

在此,我们首先要向江苏省教育厅与江苏省高等教育学会致以深切的谢意,感谢您们长期以来对研究会工作的坚定信任、悉心指导与无私帮助。同时,我们也对中国高等教育学会实验室管理工作分会及全国各省市的兄弟实验室研究会表达诚挚的感激,感谢您们对江苏省高等教育事业,尤其是实验室工作的深切关怀与鼎力支持。

我们同样要感谢研究会第六、七届理事会的全体领导,包括理事、常务理事、副理事长及理事长等,感谢您们的远见卓识与精心策划,为研究会的发展指明了方向。此外,我们还要对这本成果集的编委会与评委会专家表示崇高的敬意,感谢您们凭借精湛的专业知识与严谨细致的工作态度,为成果集的编纂提供了有力的保障。

在此,我们还要特别感谢研究会秘书处的章奕晖副研究员、田正云老师、李婉婷博士以及魏麟苏老师等人,您们在成果集的评选、校对与整理过程中付出了巨大的努力与艰辛,为成果集的顺利出版奠定了坚实的基础。同时,我们也对南京大学出版社的相关领导表示衷心的感谢,您们在编辑与出版过程中提供了专业的指导与帮助,确保了成果集的高质量呈现。

更要感谢的是,这本成果集中所有文章的作者们。您们凭借在工作实践中的深厚积累与智慧提炼,总结出了宝贵的管理理论与工作方法,为高校实验室建设与管理等相关领域提供了极具价值的参考与借鉴。没有您们的辛勤耕耘与无私分享,便没有这本成果集的诞生。

积微成著,这本成果集不仅是对我们过去工作的生动见证,更是每一位工作者智慧与汗水的璀璨结晶。从基础理论的深入研究到前沿技术的勇敢探索,从实验室一线数据的精准分析到创新成果的转化应用,再到宝贵经验的总结归纳,每一步都凝聚着我们对高校实验室建设与管理工作、对高等教育事业的无限热爱与不懈追求。

展望未来,研究会将继续秉持"求实创新、追求卓越"的精神,勇敢探索高校实验室建设与管理的未知领域,积极解决行业痛点,为推动教育事业的进步贡献力量。让我们携手并进,以更加饱满的热情、更加坚定的信念,迎接每一个新的挑战,共同书写高校实验室建设与管理更加辉煌的篇章,为教育强国建设贡献我们的智慧与力量!

江苏省高等教育学会高校实验室研究委员会